JN437068

기술사업화 전략과 제도

Technology Commercialization Strategy and System

이영덕 저

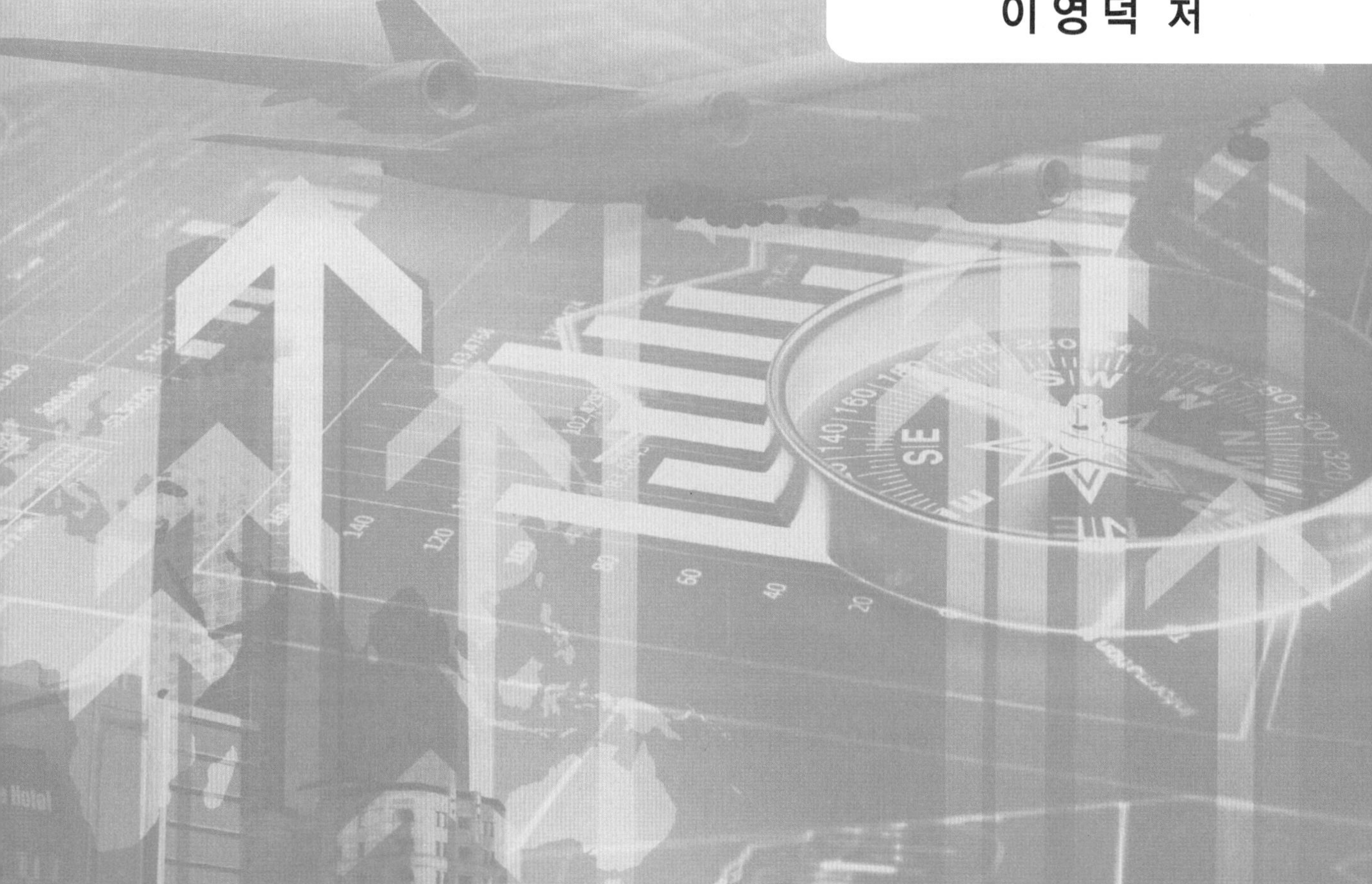

도서출판 두남

머리말

디지털 기술시대에 대중에 인기 있는 시리즈 그림의 화가는 뛰어난 창조자인가 아니면 탁월한 기술 사업가인가? 21세기는 혁신을 기반으로 기술의 융합화와 복합화를 중요시하고, 각자가 최고일 수 있는 것(기술)만 직접 수행하여 서로 공유함으로써 공동이익을 중요시하는 시대임을 의미한다. 각자의 경쟁력은 국가와 지역에 국한되지 않고 세계적으로 경쟁우위가 될 수 있어야 하며, 나아가 새로운 변화에 대한 신속 정확한 의사결정의 중요성이 무엇보다도 증대되고 있다.

이와 같은 21세기의 환경변화를 누가 정확하게 예측하고, 슬기롭게 대처방안을 마련할 수 있느냐? 창조경제사회에서 창업적인 개인, 기업, 국가 간에 어떻게 잘 상호작용하며, 협력하고, 융합하는가? 등이 우리 모두에게 성공적인 성장 발전의 원동력이 되고 있다. 이러한 현상은 연구개발 및 기술개발 전략의 수립에서 더욱 중요시된다고 하겠다. 기업경쟁력의 중요 원천인 기술경쟁력을 제고시키기 위해서는 사업화율이 아주 낮은 공공부문의 개발기술에 대한 산업적 활용을 촉진시킬 뿐만 아니라 시장 니즈를 반영한 연구개발 전략을 수립하는 것이 무엇보다도 중요하다.

이러한 필요성에도 불구하고 대부분의 경우, 기술사업화율의 제고에 있어서 가장 큰 난관은 개발기술을 활용하여 생산된 신제품의 마케팅에 관한 여러 문제에서 야기된다고 할 수 있다.

첫째, 개발제품의 시장성과 관련하여 '시장진입의 적시성(Time-to-Market)'과 '고객수용성(Time-to-Acceptance)'의 문제라 할 수 있다.

둘째, 개발제품의 첨단성과 기술성이 사업의 성공을 보장할 수 있는가와 함께 초기 시장진입에 성공한 하이테크 제품이 왜 갑자기 시장에서 실패하는가에 관한 문제이다.

셋째, 시장지향 연구개발에 있어서 전제가 되는 '고객인 소비자가 반드시 연구개발을 선도하는가'에 관한 문제이다. 이는 시장 풀(market-pull) 전략이 불연속적 혁신에서도 타당한가에 관한 질문이기도 하다.

선진국들은 지난 1970년대부터 연구개발 정책결정에 있어서 상업적 가치를 실현시키는 연구를 중요시하는 한편, 정책차원에서 각종의 법·제도, 프로그램을 시행해

오고 있다. 우리정부도 지난 30년 간 기술자립을 위하여 많은 연구개발 예산을 국책 및 민간연구소, 대학의 기술개발에 투자해 왔다. 이러한 노력에도 불구하고 개발기술의 산업계 확산이 부진할 뿐만 아니라, 개발기술의 사업화도 기대만큼의 성과를 이루지 못하고 있다. 정부는 관련법의 개정, 기술이전 조직의 활성화, 기술이전 거래를 위한 제도와 인프라의 확충 등을 통하여 2014년까지 기술사업화율을 선진국 수준까지 상승시키는 데 정책적 노력을 경주하고 있다.

본서는 기술사업화를 연구개발프로세스의 전반적인 과정과 연관된 것이란 인식을 기반으로 내용을 구성하고 있으며, 기술사업화와 관련된 주요한 전략을 장별로 설명하고 있다. 이러한 구성체계를 택한 이유는 기술사업화를 연구하는 연구자들에게 주제별 연구 아이디어를 제공하는 동시에, 기술사업화 정책 및 실무 담당자들에게 기술사업화관련 지식을 제공하는 데 있기 때문이다.

따라서 본서는 저자가 그동안 학문적으로 연구한 내용을 중심으로, 기술을 이전받은 기업, 기술이전 실무자, 지원기관 담당자와의 면담 및 공동연구 활동에서 얻어진 경험을 보완하였다. 또한 저자가 기술이전협의회장으로서 2003년부터 5년간 세미나와 강연을 통하여 만난 연구자, 기술사업화 정책담당자, 기술사업화 현장에서 실무를 담당하시는 분들의 경험도 이 책을 저술하는 데 크게 도움이 되었다. 아울러 충남대학교 경영대학원의 기술관리 전공주임교수로서 강의, 토의, 논문지도를 포함하여, 기술사업화 단기교육프로그램에서 기술업화 전략과 성공사례에 대한 강의경험 및 2002년부터 시작된 기술사업화에 대한 수차례 저술에서 나타난 문제점 등을 반영하였다.

그러나 이 책의 내용과 관련된 오류는 전적으로 저자에게 책임이 있음을 밝혀드리며, 관심 있는 독자 여러분의 질책과 충고가 있기를 부탁드린다.

끝으로 이 책의 저술에 직·간접적으로 도움을 주신 모든 분과 함께, 출판의 기회를 제공해 준 도서출판 두남 전 두표 사장 및 관계자께 감사를 드린다.

2014년 3월 2일

유성(儒城)에서 이영덕 씀

http://www.cnu.ac.kr/~younglee

차 례

제4장 ❙ 기술기획 • 93

제5장 ❙ 기술사업화 전략과 기술사업화 모형 • 131

제6장 ❙ 지적재산관리 • 181

제13장 ❙ 주요 국가의 기술사업화 법·제도 및 프로그램 • 395

부 록 • 439

///////// 표 차례 ////////

///////// 그림 차례 ////////

제1장 기술사업화와 정책구도

제1절 기술사업화의 개념과 유형

1. 기술사업화의 중요성 대두

지난 1980년대 중반 이후 미국, 일본을 비롯한 선진공업국과 한국, 대만을 비롯한 선도 개도국들은 국가과학 및 공학기술 정책차원에서 크게 두 가지를 중요한 해결과제로 하여 왔다. 그 하나는 국가정책차원에서 연구개발의 우선순위 결정 및 효율적인 연구개발수행을 위한 국가연구개발 포트폴리오를 결정하는 것이고, 다른 하나는 국가연구개발결과를 민간분야로 원활히 이전하여 효율적으로 사업화함으로써 국제경쟁력을 증대시키는 것이다.

사업화 촉진목표와 관련하여, 선진국에서는 국가연구개발결과의 효율적인 산업계 이전이 국가경쟁력의 원천이라는 측면에서 1980년대부터 정부부처 및 관련기관이 중심이 되어 활발한 연구(미국의 경쟁력위원회(NCC) 보고서, 미국 국립표준기술연구원(NIST) 연구, 미국 국가과학재단(NSF) 연구, 일본의 통산성 연구, 영국의 통상산업부(DTI)연구 등)가 이루어졌다. 이러한 연구결과를 바탕으로 여러 각도에서 효율적인 기술이전메커니즘을 조성하거나 또는 기술거래의 활성화를 위한 시장조성 등을 통한 사업화에 노력하고 있다.

미국은 국가연구개발의 효율적인 이전을 위한 법적/제도적 장치를 마련하였다. 구체적으로 미국은 국가경쟁력 기술이전법(1989), 국가방위권한법(1993) 등의 법제정, 상무성·에너지성·국방성 등의 연방정부 부처에 효율적인 기술이전을 담당하는 국

또는 센터(기술이전국, 기술활용국, 오-크리지센터 등)를 설치, 국가차원에서의 효율적인 기술이전시스템(TTIS), 제조업확장프로그램(MEP)을 구축하였으며, 더 나아가 국가연구개발사업자체에 기술이전 및 상업화 촉진이라는 개념을 도입하여 민군겸용(Dual-use), 민수통합(CTI)을 추진하고 있다.

우리나라의 경우 국가연구개발사업은 지난 1980년대부터 특연사, G7, 대체에너지 등의 정부주도사업과 공기반사업 등의 관민협력사업이 이루어져 왔다. 정보통신분야의 경우에는 1990년 제조업경쟁력강화사업을 시작으로, 국책, 산학연, 초고속, 우수신기술, 경쟁력강화사업으로 나누어 출연 및 융자사업이 이루어진 바 있다. 특히 작금에는 녹색성장 관련산업 및 거대 융·복합산업의 발전을 위한 연구개발에 주력하고 있다.

또한 정책적 측면에서 1998년부터 기술 및 산업관련 부처에서는 IMF극복을 위한 국가연구개발결과의 활용도 증대를 위한 노력의 중요성을 인식하기 시작하였다. 이에 따라 기술기획과정에서부터 고객니즈 반영을 통한 사업화의 고려, 기술거래 및 기술거래시장의 활성화, 창업기업의 활성화, 이를 위한 종합적 지원 등의 정책을 추진하게 되었다.

이러한 인식변화에도 불구하고 우리나라의 기술정책은 연구개발 투자나 기술개발에 대한 직접적인 지원에 집중되어 있을 뿐만 아니라, 과거의 공급자 중심의 사고방식에서 크게 벗어나지 못하고 있다. 이로 인해 정부출연 연구소에서 개발한 기술을 산업체로 이전하는 것이 활성화되어 있지 못하며, 기술이 이전되었다 하더라도 실제 사업화까지 도달하지 못하는 경우가 많은 실정이다.

따라서 21세기 글로벌 환경변화에 따른 우리나라의 연구개발 및 관련정책은 창의적 연구개발, 융/복합 연구개발, 네트워크형 기술정책 등을 반영하는 방향으로 변화하여야 하겠다. 이러한 필요성을 반영한 1990년대의 특성에 대비한 2000년대의 특성의 바람직한 변화방향을 보면 <표 1-1>과 같다.

• 표 1-1. 국가 연구개발/기술정책 변화

	특성변화		
R&D 내용	대량생산기술중심 H/W 기술기반 경쟁력 경제성장에의 기여	⟶	창의적 연구개발중심 정보/지식기반 경쟁력 삶의 질 추구병행
R&D 방식	내부완성형 R&D 개발능력 배양위주 공급자 중심 R&D	⟶	개방형 네트워크 R&D 기술확산 중시 수요자 지향 R&D
정부의 R&D 정책	직접적 개입 산업육성중심 지원제도	⟶	공공적 기반조성 기술혁신 유인제도

자료 : 이정원, "21세기 과학기술선진국 실현을 위한 과학기술능력 확충방안", 1996. 6, p. 71.

우리나라의 과학기술 수준은 그 동안 정부의 적극적인 기술개발 지원정책으로 많이 향상되었다고 할 수 있겠으나, 기술개발관련 지원이 주로 보육 및 시제품개발에 집중되어 있다. 따라서 개발기술의 상품화 및 판로개척에 대한 지원은 상대적으로 취약한 실정이다. 1999년부터 2008년까지 정부에서 기술사업화와 관련한 사업 및 투입예산 등의 추진 현황을 지식경제부의 예산을 중심으로 보면 <그림 1-1>과 같다.

1999년 산기반사업으로 지원된 국제기술시장개설사업 예산 8억 원을 시작으로 2008년에는 정보통신부 IT기술사업화촉진, 공공R&D 추가기술 개발사업 등의 이관에 따른 기술사업화 예산이 474억 원으로, 동 기간 동안 60배 정도 증가하였다. 그러나 이러한 예산규모는 전체 R&D 예산의 0.72% 수준으로, 미국의 소기업혁신연구사업(SBIR) 예산이 약 2.5%인 것을 감안해 볼 때 상당히 빈약한 예산규모라고 할 수 있다. 또한 우리나라의 주요 선진국대비 기술이전 및 사업화 성과는 상당히 부진한 것을 알 수 있다<표 1-2>.

이러한 현상은 국가연구개발 사업에 대한 정책 및 성과에 관한 연구결과에서도 알 수가 있다. 그 동안 추진된 우리나라의 국가연구개발 사업에 대한 연구는 대부분 국가연구개발의 우선순위 결정 및 자원배분결정(과학기술처 1995), 국가연구개발사업의 분석과 평가(황용수와 이재억 1994) 등 연구개발 사업선정과 종합적인 평가에 치중하고 있다. 정보통신분야도 마찬가지로 많은 연구들이 각 분야의 연구개발과제 선정 및 연구개발 사업설정(ETRI 1992, 현창희 1996, 노화준 1996, KISDI 1997 등), 각종사업에 대한 성과평가방안(홍성표 1994, 김능진과 홍성표 1996, KISDI 1996, 삼성경제연구소 1998, 정통부 1998 등), 참여 연구자 및 팀의 성과평가(ETRI 1997)에 치중되고 있다.

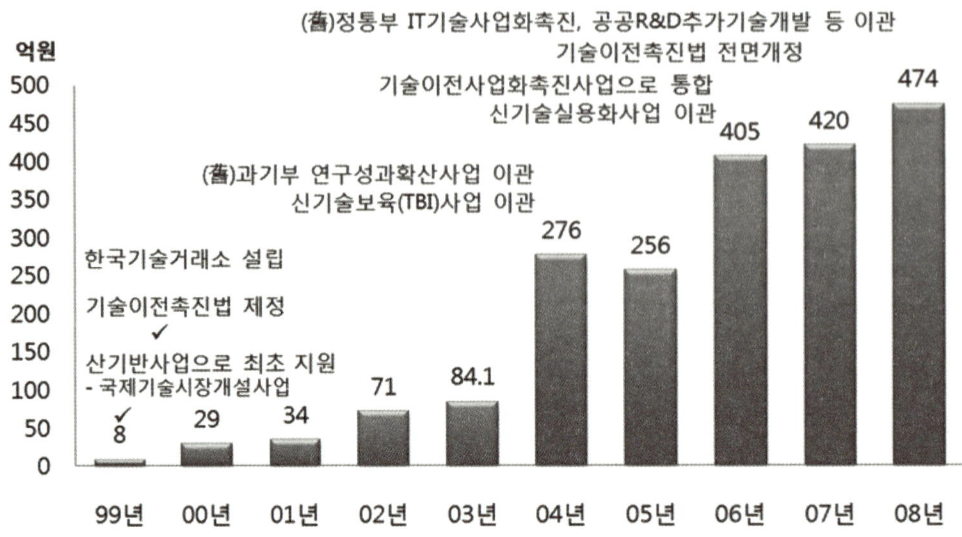

자료 : 지식경제부/한국기술거래소(2008/9/26), P.11

그림 1-1. 우리나라의 기술사업화 추진현황

표 1-2. 주요 선진국대비 기술이전사업화 성과비교

구분	내용
연간 기술이전율(%)	46.9(유럽) > 35.9(미국) > 24.2(한국)
연간 연구개발비 대비 기술료 수입비율(%)	4.8(미국) > 3.5(유럽) > 1.5(한국)
평균 기술이전인력(명)	9.3(미국) > 8.7(유럽) > 5.2(한국)
정부R&D 과제 사업화성공률(%)	70.0(영국) > 69.3(미국) > 54.1(일본) > 46.9(한국)

자료 : 지식경제부/한국기술거래소(2008/9/26), P.6

우리나라에서 수행된 국책연구개발사업과 관련된 기존 연구에서는 연구개발사업의 사업화 및 기술이전은 여러 평가요소의 일부 또는 하나로서 다루어졌을 뿐 그 자체를 효율화하기 위한 체계적인 연구는 상대적으로 많지 않은 편이다. 이러한 결과로 인해 실제 국책연구개발 기술의 이전이 부족하고, 여러 분야에로의 2차 확산을 통한 사업화의 성공률이 상대적으로 낮은 수준일 뿐만 아니라(이영덕(f) 1999), 국내에서 출원된 특허를 포함한 산업재산권의 휴면율이 60% 수준에 이르고 있다(기술거래소 2008).

한편 기술활용의 주체인 기업의 기술개발 활동은 이윤추구를 전제로 한 경쟁력 증대라는 전략적 고려에서 추진된다. 따라서 기업의 경쟁력은 우수한 개발기술을 얼마나 많이 보유하고 있느냐가 아니라, 해당기술을 어떻게 생산으로 연결시켜 목표시장에 신속하게 진입시키느냐에 달려있다. 세계적인 선도 기업은 개발기술의 실용화를 기업 경쟁력제고의 최우선 과제로 삼고 있다.

따라서 기업의 기술전략은 자체 연구개발(in-house R&D), 공동 및 위탁연구, 혹은 기술도입 등의 방법을 통하여 획득한 필요기술을 조직 내에 소화·흡수·확산하는 즉 효율적인 사업화에 있다고 하겠다. 이와 같이 연구개발기술의 사업화가 중요함에도 불구하고 우리나라에서는 기술이전 메커니즘 및 기술마케팅 전략이 체계적으로 구축되지 못하여 이전기술의 사업화가 미미하며, 연구개발결과가 사장되는 경우가 많다.

2. 기술사업화의 개념

기술의 사업화를 기술혁신과정으로 보면 연구개발 활동인 기초연구나 응용/개발연구가 끝난 뒤 시제품 제조단계부터 시작된다고 볼 수 있다. 즉 시제품 제조, 시험생산, 양산체제 구축, 마케팅 및 판매활동의 연속적인 과정으로 이어진다. 그러나 Nevens et al. (1991)은 사업화 단계를 보다 광범위하게 적용하여 하나의 신제품에 대하여, 아이디어 형성단계, 설계 및 개발단계, 생산 및 출하단계, 제품개선단계로 구분하고, 각 단계들은 기능별로 독립되어 선형적인 과정으로 이어지는 것이 아니라 각 단계별로 기능이 중복되어 수행될 수 있다고 하였다. 이는 기술의 사업화(commercialization)를 새로운 기술을 소화·개량하여 기업의 생산 활동에 직접 응용하는 과정으로 보고 있는 것이다. 또한 사업화는 제품혁신 과정의 마지막 단계를 말하는 것으로 구체적으로 연구개발 활동의 결과를 실제 생산 활동으로 연결하기 위한 엔지니어링 활동, 시험, 생산, 양산 체제의 구축 및 판매 활동을 의미한다.

가. 사업화의 개념

사업화란 대상이 되는 연구개발 및 연구개발 기술의 활용에 대한 구체적인 합의가 없는 만큼 일정한 정형화 된 개념이 없다. 또한 활용대상이 되는 연구개발기술의 개발목적이 응용연구인가 기초연구인가, 기초개발주체가 민간인가 공공인가에 따라 사업화의 특성이 다소 상이해질 수 있다. 이러한 특성에도 불구하고 많은 전문가 및 실무자가 공통적으로 사용하고 있는 개념을 보면 아래와 같이 정의할 수 있다.

사업화를 협의로 보면 자체 연구개발 또는 외부조달을 통하여 획득한 신기술을 생산 활동(즉 엔지니어링 및 제조공정활동)에 투입하여 대량생산을 통한 제품의 제작·출하 및 판매에 이르는 과정을 의미한다. 사업화를 중 범위의 개념으로 보면 연구 개발된 기술의 이전을 통하여 시제품을 제작하고 엔지니어링 기술과 결합하는, 즉 구체적인 시장도입의 전(前)단계에 이르기까지의 활동을 의미한다. 끝으로, 사업화를 광의로 보면 연구개발계획의 수립(initiation)과 아이디어의 창안(imagination)을 통하여 연구개발 및 기술을 개발하고, 개발된 기술을 사용하여 신 공정, 신제품, 또는 기존 공정과 제품을 개량함으로써 시장에서 제품의 수명주기를 연장하거나 새로운 수명주기를 창출하는 것과 관련된 일련의 제 활동이라고 할 수 있다(기술전략론자).

이상의 기술사업화의 다양한 범위에 따른 개념을 비교하여 보았는데, 이러한 비교과정에서 여러 분석에서 공통되는 기술사업화의 개념을 정리하면 아래와 같다.

- 아이디어의 취득과 숙성
- 아이디어 구현을 위한 연구진행 및 기술개발
- 개발된 기술이 체화된 시작품의 제작
- 제품의 대량생산을 위한 신 공정 개발 및 기존 공정 개선
- 신제품의 대량생산, 시장출하 및 판매
- 시장 수용 용이성을 위한 필요 마케팅 인프라 구축
- 신제품의 시장우위 지속과 관련된 활동

나. 사업화 관련 유사개념

사용자 및 사용용도에 따라 사업화와 병용하여 사용되는 개념으로는 실용화, 상업화, 기업화 등이 있다. 따라서 이들 개념에 대한 특성을 살펴보고, 이들 간의 관계를 비교하면 다음과 같다.

첫째, 실용화란 제품수명주기나 기술수명주기와 관련하여, 실제적 의미에서 기술이나 제품의 시장도입 여부와는 관련 없이 실질적 이용자의 이용여부를 강조하는 경우로서 사업화의 결정, 시제품 제작 및 시험판매 등과 관련된 행동을 의미하며, 과학기술부 및 관련 기관에서 주로 사용하고 있다.

둘째, 상업화란 기술이나 제품이 시장에 도입되어 하나의 사업조직 또는 기업의 전략적 사업단위(SBU)로 자리 잡아 본격적인 사업에 연결되는, 즉 협의의 사업화개념에 해당되는 활동으로, 산업자원부 및 관련기관에서 사용하였다.

셋째, 기업화란 연구개발을 통화여 창출된 기술 및 제품이 시장에 도입되어 영리를 창출함에 있어 기업으로 집단화된 경우로서, 장기전략 관점에서 기술채택·생산·마케팅활동 및 시장개척 활동이 이루어진다. 따라서 기술전략과 사업전략이 통합적으로 수행되어지는데, 이는 사업화와 대동소이하다. 이러한 개념은 산업관련 민간단체 및 기업에서 주로 사용하고 있다.

넷째, 기술 확산이란 기술이 동일 지점내의 한 영역에서 나머지 영역으로 얼마나

빨리, 어느 정도까지 이동하느냐 즉 확산형태에 중점을 둔 과정을 의미한다. 따라서 기술 확산은 사람 간 단순한 기술이동, 다른 기술 및 산업에의 응용, 다른 기술에 대한 보조 및 촉진하는 역할 등을 포함하는 것이며, 이를 통하여 연계효과, 학습효과, 부산물 효과를 기대할 수 있다(오재건 1997).

다. 이들 개념간의 관계

먼저 이들 개념간의 관계를 보면 사업화가 가장 광의의 개념이고, 실용화는 상대적으로 가장 협의 개념으로 볼 수 있는데, 이들 간의 관계는 '사업화 > 기업화 ≥ 상업화 > 실용화'로 표시될 수 있다. 그러나 이러한 범위의 차이에도 불구하고 이들 개념 모두가 "연구개발 결과의 실제적 이용과 관련기술의 확산과정"이라는 면에서는 모두 동등한 의미를 갖는다고 하겠다.

따라서 어떠한 용어를 사용하는가는 연구자의 성향과 환경 조건을 감안하여 취사 선택되는 것이라 볼 수 있다. 왜냐하면 외국에서는 이들 개념 모두를 공통적 영문 명칭인 'commercialization'으로 사용하고 있을 뿐만 아니라, 기술 활동과 관련하여 기술의 수용 및 확산 과정 즉 하부흐름(downstream)에 초점을 둔 것으로 보고 있기 때문이다.

3. 기술사업화의 중요성과 특징

가. 기술사업화의 중요성

기술사업화의 목적이 개발기술에 대한 산업계의 효율적인 활용에 있는 만큼, 이에 대한 중요성도 다음의 몇 가지로 정리할 수가 있다.

첫째, 기술사업화는 기술개발결과의 실용화 정책과 연구개발 활동 수행간의 연계에 따른 효율성을 제고시키고, 나아가 효과성을 강화한다는 측면에서 중요하다고 하겠다.

둘째, 기술사업화는 실제적인 기술의 확산과정에서 발생할 수 있는 부가가치의 축적을 위하여 해당기술과 관련된 시장수요를 창출하고, 나아가 부가가치의 실현을 위해 필요한 인력에 대한 고용을 창출한다는데 그 중요성이 있다.

셋째, 기술사업화는 개발기술을 이용한 제품화 및 시장진입을 통하여 해당 국가 또는 기업이 시장에서 선도적인 지위를 확보하는 한편, 이러한 활동을 통하여 지속적인 경쟁우위를 유지한다는 차원에서 중요하다고 하겠다. 일례로서 미국이 연구개발 활동 면에서 다수의 기술 분야에서 선도적 연구개발 활동을 유지해왔음에도 불구하고, 실제로 제품이 시장에 도입된 후 동 산업분야에서 일본에게 시장의 선도적 지위를 넘겨준 점은 사업화과정에서의 경쟁우위의 약화 또는 상실으로 볼 수 있다.

나. 사업화의 특징

기술사업화는 연구개발 기술을 활용한 제품개발, 생산 활동, 마케팅 활동 등 제 활동으로 이루어져 있어서 포괄적인 기능을 가지고 있는데, 중요한 특징은 아래와 같다.

o 복합적 기능 (Multi-functional) : 연구개발 활동뿐만 아니라 자금지원, 생산, 마케팅 활동 등 다수직능이 요구되는 복합적 기술/ 경영 활동
o 사람이 성공의 핵심 (Key individual or Gate keeper) : 성공의 핵심은 개발자(팀)의 기술적 역량과 이에 따른 실행정도에 의해 결정됨
o 네트워크의 강조 : 연구개발 활동에 관련된 내부 조직 간의 긴밀한 협동과 높은 상호작용 및 소비자와의 연계 즉 외부적 연계를 강조

4. 기술경영 및 연구개발전략과의 관계

가. 기술경영

1) 기술경영의 개념

기술경영이란 일반적으로 기술을 중시하는 경영으로서 기술을 경영의 관점에 접근시키는 것을 의미한다. 기술경영은 연구, 개발, 생산, 관련기능의 통합 활동을 기술 전략차원에서 운영하는 것을 의미하는 것으로, 인적 자원과 여러 자원에 포함되어 있는 기술기능을 유기적으로 통합하여 조직 목표를 달성해가는 경영과정인 것이다.[1] 따라서 기술경영은 기업의 목표달성을 위하여 제 경영 자원에 내재된 기술적 기능을 통합하여야 하며, 기업을 구성하는 각 조직의 무문별 기능을 기술관점에서 상호의존 및 유기적으로 연동되도록 하나로 통합하여야 한다. 이러한 기술경영에 대한 다양한 관점에서의 정의를 보면 다음과 같다.

o 미국 국가연구위원회(National Resrarch Council: NCR): 공학, 과학, 및 경영원리를 결합하여 조직의 목적달성을 위하여 기술적 능력을 기획, 개발, 운영하는 활동
o 미국 SRI (Stanford Research Institute): 기술투자 비용 대비 최대의 효과를 내는 것
o D. Kocaoglu: 기존 기술과 신기술을 이용하여 선도적 경쟁력 확보를 위한 조직 의사결정과 실행에 관한 전략적 원리

- o 한국 기술경영경제학회: 공학과 경영을 통합 연결하여 기술 중심 기업의 성공을 다루는 학문
- o 신용하 외 2인: 조직이 보유하고 있는 기술 및 경영 노하우 등 제반 지식을 기업의 재화와 서비스의 생산에 적용하는 과정을 효율적으로 관리하기 위한 체계적 기법의 총체이며, 조직의 기술경쟁력을 확보하기 위한 여러 경영활동

이상의 기술경영에 대한 다양한 견해를 종합해볼 때, 본장에서는 기술경영을 다음과 같이 정의하고자 한다. 즉 기술경영은 인적 자원의 범위를 확대하고, 상품/서비스 생산을 위한 지식을 축적하고, 적용해 가는데 필요한 일연의 통합시스템이다. 따라서 기술경영은 기술관련 모든 조직부문에서 기술요소의 체계적 관리와 함께, 경영기획, 인사/재무/마케팅 전략 등의 제 활동을 총괄하는 하나의 연계된 통합경영시스템이다.

2) 기술경영의 범위

기술경영의 범위는 R&D전략 수립과 기술개발관리, 개발된 기술을 관리/조합/획득하여 제품화, 금융기법과 마케팅기법 등 적절한 경영 기법을 활용한 개발제품의 출시, 대량생산/대량판매를 통한 지속적 이윤 및 성장을 추구하는데 관련된 전반적 과정으로 볼 수가 있다. 이러한 관점에서 볼 때 기술경영은 조직이 보유하고 있는 기술 및 지식자원(즉 지적자원)을 새로운 체계로 개편하는 것으로서, 조직자원·조직하부구조·조직 활동 등의 기술경영 요소를 통합하고, 조직구성이 개별적으로 보유하고 있는 자원을 조직 전체가 공유하도록 하는 것이다. 따라서 기술경영의 요소는 크게 세 가지로 볼 수 있는데, 기술자원, 기술하부구조, 및 조직 활동 등으로서 다음과 같다.

- o 기술자원: 기술의 경쟁력을 결정하는데 가장 중요한 요인으로서, 효율적 기술개발과 활용에 관련된 여러 관련 요소들을 유기적으로 연결시켜 주는 주체인 인적 자원이 가장 중요하다. 또한 기술관련 환경의 불확실성이 증대됨에 따라 경기변동주기, 기술개발시기 및 자원투입시기의 결정 등에 관련된 시간적 요소가 가지는 중요성도 증대하고 있다.
- o 기술하부구조: 조직의 목표달성에 중요한 역할을 담당하는 기술경영의 인프라로서, 조직구성원이 조직의 목표, 목적, 조직전략에 어떻게 대응할 것인가의 방향성을 제시하는데 기초가 되는 요소이다. 따라서 이러한 기술하부구조는 조직구성원들이 충분히 이해하고, 효율적 의사결정에 대한 이해의 기반을 이루는데 유용하여야 한다.

o 조직 활동: 기술경영자원과 하부구조 요소에 대하여 특수기능의 수행을 요구하는 한편, 각기 상이한 영향을 미치는 동태적 기술경영요소이다. 조직 활동에는 개인 활동과 그룹 활동으로 나누어 볼 수가 있다. 개인 활동은 개인 특성, 사고, 지식, 노하우, 자신감 등에 기반을 둔 활동으로서, 기업조직 전체차원에서의 자원 및 하부구조와는 독립적이라 할 수 있다.

3) 기술경영의 필요성과 중요성

기술경영의 필요성에 대한 인식은 무엇보다도 기술혁신환경의 변화에서 찾을 수가 있겠다. 20세기 후반의 기술혁신환경 변화의 중요한 특징은 디지털화에 따른 패러다임의 변화, 지식정보기반사회의 도래에 따른 지식자산의 중요성 증대, 기술수명주기의 단축에 따른 기술간 또는 기술과 산업간 융합화 현상의 증대를 등을 들 수가 있다.

첫째, 이러한 환경 변화에 따라 기업의 중요한 경쟁 자원도 변화하게 되었는데, 종래의 유형자원에서 전통적 지적재산, 신지적재산 등 무형자원의 중요성이 크게 증대하게 되었다.

둘째, 시장의 급속한 변화와 함께 고객의 수요도 다양화하게 되었는데, 기업의 전략결정에 있어서 적시성(Time to market)이 중요하게 되었다. 따라서 기업의 전략 마인드도 종래의 '어떻게 생산할 것인가(공정혁신)' 중심에서 '무엇을 생산할 것인가(제품혁신)'로 변화하게 되었다.

셋째, 경쟁의 글로벌화는 기술수명주기의 단축과 함께 경쟁우위의 지속성을 약화시켜 선발기업의 선도적 시장지위를 위협하게 되었다. 이에 따라 새로운 경쟁우위의 도출과 경쟁우위의 지속성 증대를 위하여 기업들은 전략제휴를 추진하는 한편 기술간 또는 기술과 산업간 융합화 현상을 확대하고 있다.

이러한 기술경영의 필요성에 대한 인식의 증대와 함께 기술경영의 중요성도 크게 증가하고 있다. 연구개발 기술이 제품화하고, 제품화된 기술이 시장에 판매를 통하여 기업의 이윤증대를 통한 지속적인 성장을 촉진하기 위해서는 기술전략과 사업전략의 결합 즉 기술경영에 대한 올바른 이해와 수행이 필요할 수밖에 없다. 연구개발 프로세스에서 성공적인 기술사업화를 위해서는 연구기획과정에 무엇을 개발할 것인가에 대한 시장마인드의 투입이 이루어져야 한다. 또한 개발기술을 활용한 사업화 과정에서 발생하게 되는 연구와 개발간의 부조화, 개발과 사업화간에 발생하는 죽음의 계곡(캐즘, chasm)을 효율적으로 극복하기 위한 노력이 중요하게 된다. 따라서 이러한 측면을 고려해 볼 때 기술경영의 중요성은 증대하게 된다.[2)]

나. 연구개발전략

1) 연구개발전략의 개념

연구개발 전략은 연구개발 활동에 대한 전략계획을 수립하는 과정으로 정의할 수 있다. 즉 연구개발 전략은 기업목표달성을 위하여 연구개발 활동과 관련된 '연구기획-연구수행-성과평가' 등 일련의 과정에 대한 의사결정 및 이러한 과정을 효율적/체계적으로 관리하는 것이라 할 수 있다. 또한 연구개발 활동을 분석적 그리고 논리적 준거의 틀을 이용해 목표달성을 위한 합리적 대안 모색의 과정으로 이끄는 것을 말한다. 궁극적으로는 연구개발에 있어서 경영자들의 숙제인 "어떤 연구개발을 수행해야 하며, 얼마만큼의 자원을 배분해야 하고, 우선순위는 어떻게 결정해야 하는가에 대한 분석적 적용의 과정이라 할 수 있다.

전략의 개념은 1980년대에 마이클 포터(1980)의 5가지 영향요인과 본원적 전략에서 출발했다고 해도 지나치지 않을 것이다. 마이클 포터의 상품-시장 관점(product-market views)은 기업이 상품과 서비스의 경쟁력을 어떻게 갖추어 나가는가에 관심을 두고 있다. 반면에 자원기반 관점은 기업이 핵심 역량과 경쟁우위를 확보하고 지속시키는 능력을 창출하는 요소들을 획득하는 방법에 중점을 두고 있다.

최근의 전략에 대한 규범적 관점은 상품-시장 관점과 자원기반 관점을 통합하는 방향으로 나아가고 있는데, 이것은 결국 전략과 기술의 연계를 의미하는 것이다. 연구개발을 불확실성과 수익성의 관점에서 전략을 적용하여 보면, 지식구축, 전략적 위치 선정, 사업투자의 단계에 따른 R&D 활동의 변화로 볼 수 있다(Tushman & Anderson, 1997).

대기업의 경우, 대부분의 기술개발은 충분히 파악된 사업 투자의 개념이다. 기술개발 활동이 대개 개발과 엔지니어링이고, 재정적 개념도 투자수익률이나 예산계획에 대한 평가로 본다. 탐색적 연구나 기초연구의 대부분은 그 반대편 선상에 놓이며, 이러한 지식 구축은 기업의 비용으로 간주된다. 그러나 응용연구, 탐색적 개발연구(exploratory development) 혹은 가능성 증명(feasibility demonstration)에 해당하는 기술개발 활동은 상기의 두 가지 전략적 목적간의 차이를 감소시키는 변환과 관련된다. 즉 기술적 강점을 수익성 확보가 가능한 투자로 전환할 수 있는 확신이 있다는 점에서 기술적 불확실성의 감소와 함께, 강력한 기술적 위치를 구축하는 것이다.

연구개발을 간접비나 비용으로 본다면, 경영진들은 이러한 연구개발비용을 당연히 발생하는 지출로 간주하게 된다. 반면에, 투자 수익율 관점에서 잠재적 가치를 지닌 투자로 생각할 수도 있다. 연구개발의 전략적 위치선정은 이 두 가지 축의 어느 편에도 속하지 않는다. 그러나 오늘날 글로벌 기업들이 연구개발을 신사업의 구축이나 새로운 성장기회의 모색이란 전략적 차원에서 추진하고 있는 측면에서 볼 때, 수익성과 시장성 있는 전략적 행위로 본다고 하겠다.

2) 연구개발전략 프로세스와 중요특징

연구개발전략 프로세스는 사업전략과 연계된 '기술전략의 수립- 연구개발 포트폴리오 전략의 수립-개별 프로젝트 계획의 수립/실행/평가' 등이 이루어지는 연속적 흐름을 의미한다. 이를 연구개발의 흐름으로 보면 먼저 연구기획단계로서 무엇을 개발할 것인가와 관련된 기술 및 시장조사, 특허조사 등을 통한 연구개발 아이디어를 발굴하는 탐색적 단계이다. 이 단계에서는 시장조사를 통한 고객의 니즈에 대한 분석이 아주 중요하다고 할 수 있다.

다음으로는 연구개발단계로서 발굴된 아이디어를 구체적으로 구현하고, 이를 제품화하기 위하여 연구와 개발 활동을 수행하는 것이다. 이 단계에서 구체적 연구개발 활동과 관련된 연구개발 인력의 채용·순환배치·성과평가·재교육, 연구개발 조직관리, 연구개발 프로젝트관리, 및 연구개발 예산관리 등이 이루어지게 된다.

끝으로 연구개발평가는 연구개발 평가와 연구개발 성과평가로 나누어 볼 수 있다. 연구개발평가는 연구개발 활동 자체 및 연구개발을 통해 얻어진 결과물의 당초 목표에 비추어 보았을 때의 성취도에 대한 측정 및 이에 대한 판단을 하는 활동이다. 연구개발 평가는 연구개발목표와의 관련성에 따라 효율성, 효과성, 적합성의 기준에 따라 평가될 수가 있다. 반면에 연구개발 성과평가는 연구개발사업의 성과목표의 달성도를 성과지표에 따라 평가하는 활동을 의미한다. 이 때 성과목표란 연구개발을 통하여 달성하고자 하는 구체적인 목표이며, 성과지표란 성과목표의 달성도를 객관적으로 평가할 수 있는 지표이다.

다. 기술경영·연구개발전략·기술사업화 간의 관계

기술경영, 연구개발전략, 및 기술사업화 간의 관계를 보면 다음과 같다고 할 수 있다. 기술경영은 기술전략과 사업전략을 포괄하는 활동인 만큼 상대적으로 그 범위가 넓고 크다고 하겠다. 반면에 연구개발전략은 연구개발 활동을 중심으로 '연구개발의 기획-연구개발 수행-연구개발 평가'에 관련된 일련의 전략적 활동들을 수행하는 관계로 기술경영보다는 상대적으로 범위가 좁다고 하겠다. 또한 기술사업화는 협의와 광의로 이해할 수가 있는데, 협의에서는 연구개발 전략의 마지막 단계인 성과실현의 한 유형으로 볼 수가 있다. 그러나 광의의 기술사업화를 고려한다면 기술사업화는 연구개발전략 프로세스와 그 범위를 같이 한다고 할 수 있다.

이상과 같이 세 개념간의 차이와 유사점을 종합하여 이들 간의 관계를 보면 <그림 1-2>와 같다.

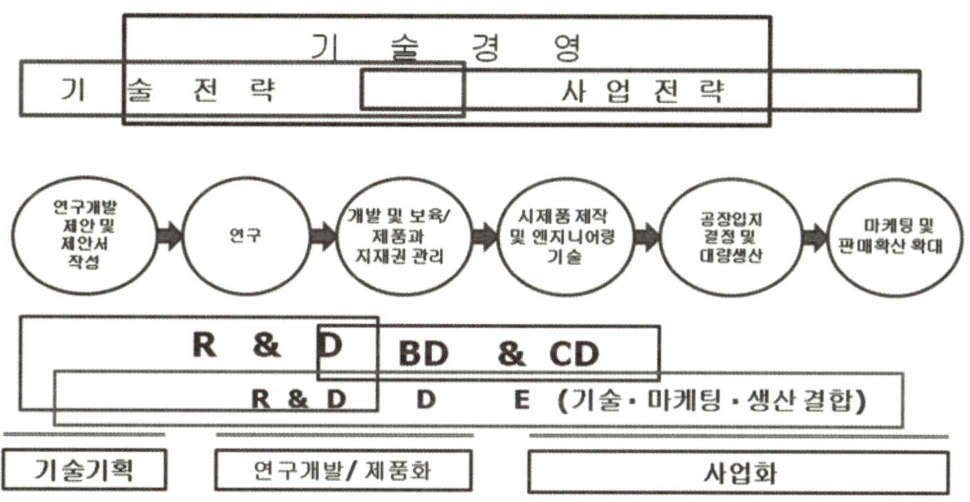

자료 : 이영덕, “기술사업화”, Mini MBA 2기 기술경영, 2010.6.26, p. 4.

그림 1-2. 기술경영·연구개발 전략·기술사업화 간의 관계

제2절 기술사업화 정책구도

1. 우리나라 부처별 기술사업화의 범주

우리나라의 기술사업화에 대한 부처별 특성을 살펴보기 위해서는 먼저 기술사업화가 처음으로 중요한 기술정책 대상으로 인식되기 시작한 1990년대 말부터 10년간을 세 단계로 구분하여, 각 단계별로 추진된 기술사업화에 관련된 특성을 분석할 필요가 있다.

첫 번째 단계는 1990년 말부터 2000년까지로서, 기술이전촉진에 관한 법률 제정을 통하여 기술이전 및 사업화를 위한 법적 인프라를 구축하였으며, 기술사업화를 전담할 한국기술거래소를 설립하였다. 이 시기에는 범부처적인 기술사업화 계획이 수립되는 한편 부처별로 기술사업화 계획을 수립하는 시기였다.

두 번째 단계는 2001년부터 2005년까지 기간으로, 기술이전 지원인프라를 구축하는 시기였다. 기술사업화와 관련해서는 영어표현의 사업화를 부처별 또는 기관별로 각각 필요에 따라 사용하였다. 기술사업화 관련성이 큰 부처인 과학기술부, 산업자

원부, 정보통신부는 연구개발에서 마케팅활동에 이르는 기술사업화의 전 과정에 대하여 각각 상이한 용어를 사용하였다.

세 번째 단계는 2006년부터 2008년까지 기간으로 기술사업화 중심 지원정책을 수행하는 시기였다. 산업자원부에서는 2006년에 기술이전촉진에 관한 법률을 전면적으로 개정하였으며, 과학기술부는 연구성과관리활용 기본계획을 수립하였다. 또한 산업자원부에서 변화된 지식경제부에서는 기술거래 활성화를 통한 사업화 촉진을 위하여 특허신탁제도 등을 추진하였다.

이상의 기간별 기술이전 및 사업화 관련정책의 특성변화를 정리하면 <표 1-3>과 같다.

따라서 이들 부처 간에 기술사업화에 대한 대상범위, 주안점, 추진전략 등에서 어떠한 차이점이 있었는지를 파악해보아야 하겠다. 이를 위하여 해당 부처의 관련분야 정책을 전문적으로 연구 또는 추진한 과학기술정책연구원, 산업기술평가원, 정보통신연구진흥원 등 세 기관의 담당자와 면담한 결과를 보면 다음과 같다.

• 표 1-3. 기술이전사업화 정책변천 과정

(1999~2000년) 기술이전 법체계 종합구축	(2001~2005년) 기술이전 인프라 구축지원	(2006~2008년) 기술사업화 중심지원 전환
✓기술이전촉진법 제정(舊산자부) ✓법부처적인 기술 이전촉진계획수립 (舊산자부) ✓기술거래소 설립 (舊산자부)	✓사업기술기반조성 사업 中 기술이전 중점추진(舊산자부) ✓부처 전담조직신설 (舊 산자부) ✓중기이전기술개발 사업 추진(중기청)	✓기술이전촉진법 전면개정(舊산자부) ✓연구성과관리활용 기본계획수립 (舊과기부) ✓특허신탁추진 (지경부)

자료 : 지식경제부/한국기술거래소(2008/9/26), P.9 수정/작성함

가. 과학기술부의 개념

연구개발기술의 사업화 문제는 본질적으로 취급할 문제가 아니다. 단지 출연(연)이 보유한 '중소기업 기술무상영허사업'의 일환으로, 개발기술이전이란 차원에서 이전채널, 형태, 특성 등을 연구한 예(현재호와 오재건 1996)는 있으나, 구체적으로 사업화 전 과정에 대한 관심보다는 연구개발단계에 초점을 두고 있다. 따라서 사업화라는 전과정적 의미보다는 실용화란 의미를 사용한다<그림 1-3>.

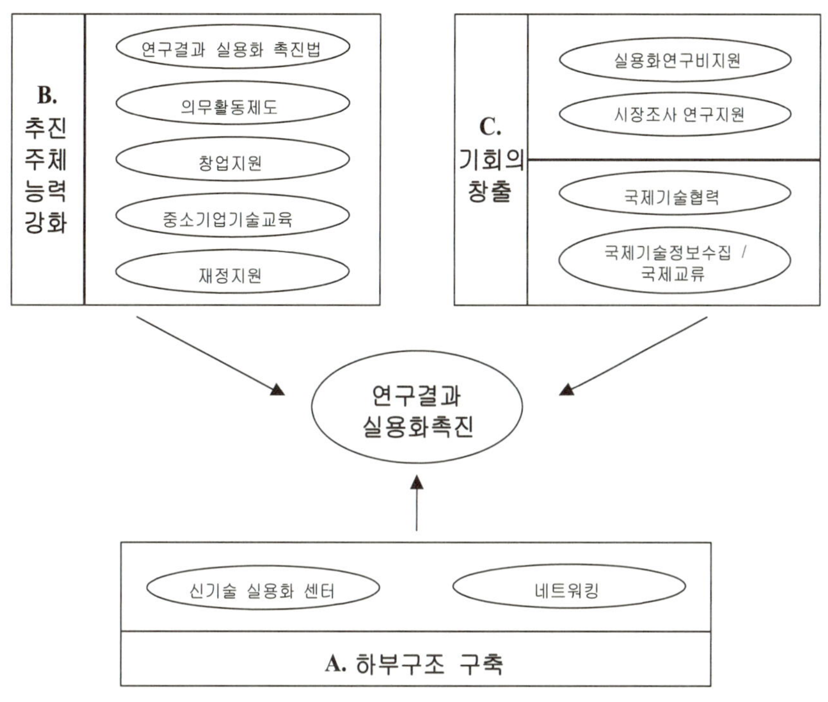

자료 : 배종태, 1997.7, p.123 그림 인용

그림 1-3. 과학기술부의 사업화 연구

과학기술부는 특정연구개발사업의 연구결과에 대한 산업계 확산증대를 위하여 1993년에 기술이 취약한 중소기업을 대상으로 출연기관보유 기술을 무상으로 양허하는 '중소기업 기술무상양허사업'을 추진하였다. 그 후 이 사업이 더욱 확대되어 연구 성과의 실용화를 통한 확산사업의 일환으로 중소기업 기술무상양허사업, 산업계의 기술혁신지원 사업, 출연 연구기관별 기술집약형 중소기업 창업지원 사업, 기술개발 상담센터의 설치와 운영 등으로 구분되어 추진되고 있다.

나. 산업자원부의 개념

역시 연구개발의 사업화는 전 과정을 취급할 문제는 아니다. 산업자원부가 산업화에 관련된 영역에 주안점을 두는 부서인 만큼 특정한 목적의 연구개발 사업(공기반 사업)을 제외하고는 사업화 프로세스의 전 과정 중 상부단계인 연구개발과 관련된 부문에는 정책적 주안점을 두지 않는다. 따라서 하부단계에 있어서도 실제 생산 및 제품화를 통하여 마케팅활동과 연결되는 부분에 주안점을 두고 있는 관계로 벤처창업, 산업지원, 품질 및 표준, 테크노마트 등에 관련된 개념을 중요시하고 있으며, 확산 또는 기업화란 용어를 사용한다(박동규 1999).

다. 정보통신부의 개념

1994년에 출범한 정보통신부는 과학기술부의 연구개발 기능과 산업자원부의 산업화 기능을 결합하여 상대적으로 넓은 범위에서 연구개발과 개발기술의 제품 및 시장으로의 확산문제를 다루고 있다고 본다. 사업화 프로세스에서 볼 때, 연구개발과제의 제안에서부터 수행된 연구개발 결과를 제품화시키는 전 과정에 걸쳐서, 이를 원활히 하기 위한 정책, 제도, 프로그램을 개발하고자 한다. 먼저 앞의 두 부처의 기능과 중복되는 부분과 고유한 부분이 정리되어서 취급하고자 하는 사업화의 범위를 정하고, 이에 따라 해당영역에 적합한 제도, 정책, 프로그램이 필요하다(삼성경제연구소 1998, 산업기술진흥협회 1998).

라. 지식경제부의 개념과 확대

새로운 환경변화에 따라 2008년 2월에 산업자원부에서 전환된 지식경제부는 종래의 산업자원부가 수행하던 기술사업화 관련 업무를 계승하고, 나아가 과학기술부와 정보통신부가 수행하던 기술사업화와 관련된 정책 및 프로그램을 이관 받아 기술사업화의 총괄기관 역할을 하고 있다.

따라서 지식경제부는 종래의 연구개발과정에서 하부과정의 위주의 상업화 또는 기업화에서 사업화로 개념을 확대하였으며, 광의의 기술사업화 영역 전반에 걸쳐 기술사업화 촉진을 위한 조직지원, DB구축, 인력양성 등을 통한 국가전체 R&D의 이전사업화 활성화에 주력하고 있다.

아울러 2013년 3월에 통상기능을 확대한 산업통상자원부가 산업간 협력사업 발굴, 산업별 기술사업화 전략 수립, 성과홍보, 정책포럼운영, 사업화 성공사례 공유 등의 기술사업화 활성화 촉진을 위해 2014년 4월 '기술사업화협의체'를 발족하였다. 기술사업화협의체는 에너지, 농림식품, 국토교통, 해양수산, 환경, 국방, 보건, 문화 등 범 부처 산업분야별 전담기관 20여개 기관이 참여하고 있다.

따라서 연구개발기술의 사업화를 전담하는 조직은 개발기술의 사업화문제를 특수한 영역으로 포커스 할 것인지, 아니면 '과제의 제안-연구개발-기술창업-시연-제조-마케팅'의 전 과정으로 할 것인지를 업무적으로 규정하는 것이 필요하다고 하겠다 <그림 1-4>.

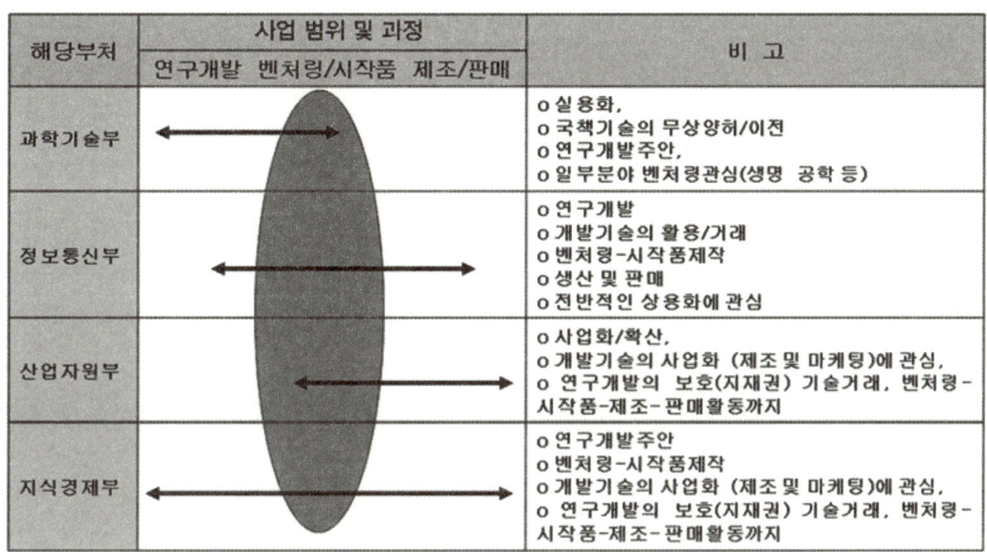

해당부처	사업 범위 및 과정 연구개발 벤처링/시작품 제조/판매	비 고
과학기술부		o 실용화, o 국책기술의 무상양허/이전 o 연구개발주안, o 일부분야 벤처링관심(생명 공학 등)
정보통신부		o 연구개발 o 개발기술의 활용/거래 o 벤처링-시작품제작 o 생산 및 판매 o 전반적인 상용화에 관심
산업자원부		o 사업화/확산, o 개발기술의 사업화 (제조 및 마케팅)에 관심, o 연구개발의 보호(지재권) 기술거래, 벤처링-시작품-제조-판매활동까지
지식경제부		o 연구개발주안 o 벤처링-시작품제작 o 개발기술의 사업화 (제조 및 마케팅)에 관심, o 연구개발의 보호(지재권) 기술거래, 벤처링-시작품-제조-판매활동까지

그림 1-4. 부처간 사업화에 대한 영역별 특성차이

2. 기술사업화 관련정책의 구도

사업화는 연구개발을 담당하는 주체(기술공급자), 개발된 기술을 사용하는 주체(기술사용자)들 간의 상호작용이 주된 활동이며, 이들의 관계를 촉진하고 원활하게 함으로써 사업화의 활성화를 담당하는 촉진주체(유관기관)간의 상호작용과정으로 구성된다고 할 수 있다.

이러한 3자간의 기능적 활성화는 해당기술과 관련된 산업의 연계, 필요한 산업-기술-제품에 관한 정보의 제공, 생산된 제품의 유통과 관련된 사회간접자본, 필요한 전문 인력의 양성과 훈련, 전 과정에 필요한 자금의 제공 등과 같은 국가인프라의 개별적 부문뿐만 아니라 이들 간의 유기적인 네트워크의 구축이 중요한 역할을 한다고 볼 수 있다.

가. 사업화 기술의 수요자

사업화의 수요자 즉 기술사용자는 연구개발프로세스에서 볼 때 연구소에서 연구개발된 결과를 활용하여 신규로 사업을 시작하는 벤처기업(가), 기술개발에 공동으로 참여하여 개발된 기술을 이전 받거나 기술이전계약체결과정을 통하여 개발기술을 실제로 사용하는 기존 기업(개인사업자) 등이다. 한편 사용자를 소비자와의 관계에서 보면 최종소비자, 최종소비재를 생산·공급하는 기업, 최종재생산에 필요한 중간재를 생산·공급하는 기업으로 나누어 볼 수 있다. 이에 대한 것을 정리하면 <표 1-4>와 같다.

나. 사업화 기술의 공급자

사업화의 한 주체인 기술공급자 즉 연구개발자의 유형을 크게 분류하면 공공기관, 민간부문, 민·관 컨소시엄으로 대별할 수 있으며, 자세한 것은 <표 1-5>와 같다. 또한 연구개발 컨소시엄의 구체적인 형태 또는 방식을 보면 산업계간 협력, 산학 간 협력, 산학연간 협력, 산학연관간 협력으로 나누어 볼 수 있으며, 연구개발관련 참여형태에 따라서는 지분형과 비 지분형으로 분류할 수 있는데, 이를 정리하면 <표 1-6>과 같다.

다. 사업화의 지원기관

사업화의 또 다른 한 주체인 지원기관은 기술개발자와 기술사용자를 연계시켜주고, 양 당사자의 기능이 효율적으로 수행될 수 있도록 할 뿐만 아니라, 개발된 기술이 사업화되는 과정에 직·간접적으로 관련된 각종의 지원기능을 수행하게 된다<표 1-7>.

• 표 1-4. **연구개발기술의 사용자 유형(민간부문)**

구 분	담당주체 특성	
발전단계	신생기업, 성장기업, 성숙기업, 쇠퇴기업	
규 모	대 기 업	기존기업
	중소기업	기존독립기업, 하청기업, 창업기업, 벤처창업기업
생산제품	소 비 재	소비재 생산자
	산 업 재	중간재 생산자

• 표 1-5. **연구개발기술의 공급자 유형**

구 분	담 당 주 체
공공부문	국책연구소, 대학, 정부산하기관, 학연파트너십
민간부문	기업연구소, 대기업, 산업협회중소기업, 대-중 컨소시엄, 대-대 컨소시엄, 중-중 컨소시엄
민간/공공 합동	산학컨소시엄, 산연컨소시엄, 학연산컨소시엄, 학연산관컨소시엄

● 표 1-6. 연구개발 컨소시엄의 형태

컨소시엄 형태		특 징
합작 1투자	① 자본 합작투자 (equity joint venture)	• 가장 오래된 형태로서 두 개 이상의 회사가 재정, 소유, 위험, 손실 및 의사결정을 공유함 • 참여 회사는 주식의 비율에 따른 지위를 가지며, 프로젝트 종료시 한 회사가 모두 사거나, 해체되거나, 자기들 간에 나누게 됨.
	② 비자본 합작투자 (non-equity joint venture)	• 회원사간에 아무 소유관계가 존재하지 않는 방식으로서 고전적 모델임 • 상호 라이선싱(cross-licensing), 상호 마케팅협약(corss-marketing agreement), 이차 자원공급자(second source vendor)등이 해당됨
③ 연구개발 합자회사 (R&D limited partnership)		• 미국 세법에 근거해 만들어졌으며, 공공의 동참을 통한 장기적 재정을 확보함. • 한 주요 회원사가 다른 회원사나 연구기관과 연구계약을 맺어 연구활동을 수행하며, 연구결과를 공공투자가들에게 판매함.
④ 산업 연구개발원 (industry R&D institute)		• 같은 산업 내 회사들이 그들 산업의 연구개발을 위해 투자하는 방식임.
⑤ 무역/산업 협회 (trade/industry association)		• 같은 산업계의 산출, 판매, 고용 또는 이익을 늘리기 위해 경쟁자 또는 비 경쟁자들이 비영리로 조직하는 연합체임.
⑥ 기초연구 협동조합 (basic research cooperative)		• 기초 및 위험이 수반된 연구에 사용되거나 또는 각자가 추구 시에 중복적 낭비가 예상될 때 조직하는 컨소시엄임.
⑦ 대학연구센터 (university research center)		• 대학 내에 기업 또는 정부의 자금으로 세우는 협동연구소를 말함.
⑧ 연구개발지원단 (R&D sponsor pool)		• 회원들이 대학이나 다른 연구기관에 자금제공자로서 공동 출자하는 방식임.
⑨ 산업개발 협동조합 (industrial development cooperative)		• 지방정부와 지방기업들이 자금을 모아 지역 과학기술과 지역 산업경쟁력 강화를 위해 조직하는 컨소시엄임.
⑩ 정부지원 산업프로그램 (government agency-industry program)		• 단기적이고 목적이 분명한 과제 수행을 위해 민간기업들이 정부관할 아래 연구개발을 수행하는 컨소시엄임.

자료 : 배종태, 1997, p. 28을 수정함.

• 표 1-7. **연구개발 및 기술이전의 관리·지원 담당자의 유형**

정책결정 및 집행기관	지식경제부, 교육과학기술부, 문화관광부, 농림식품부, 특허청, 중소기업청
정책연구 및 평가관리기관	한국전자통신연구원, 정보통신정책연구원, 한국산업기술원, 한국산업기술평가관리원, 정보통신산업기술원, 한국전산원, 한국과학기술평가원
창업지원기관	대학창업지원센터, 출연연 창업지원센터, 공공/민간 창업지원센터
이전기술, 마케팅, 금융, 정보, 표준지원 전문기관	한국정보보호센터, 한국S/W 지원센터, 한국정보문화센터, 한국무선관리사업단, 한국데이터베이스 진흥센터, 정보통신기술협회, 한국전파진흥협회, 한국정보통신 진흥협회, 한국정보산업연합회, 한국소프트웨어산업협회, 한국통신산업협회, 한국통신사업자연합회, 한국인증원, 기술보증기금, 기술거래사협회, 벤처캐피탈협회, 변리사협회, 기술평가사협회, 대덕R&D특구본부

이상의 연구개발기술의 사업화 촉진을 위한 정책적 구도를 살펴보면 다음과 같다. 사업화 대상기술이 사용자(기업)의 자체개발 또는 정부부처의 자체 사용목적에 의하여 개발되는 경우를 제외하면, 대부분의 개발기술의 사업화관련 정책은 기술사업화의 직접적 당사자인 연구개발자와 기술사용자간의 관계 및 이들 관계를 지원하고 사업화를 촉진하는 기능을 수행하는 지원관리기관 등 3자간의 관계와 역할을 고려하여 마련되어야 하겠다.

범세계적 환경변화에 능동적 대처를 위한 국가차원에서의 협력관계 구축뿐만 아니라 산업수준 또는 개별기업수준에서 연구개발에서부터 최종제품의 마케팅활동까지 전 범위에 걸친 구체적인 제휴협력관계를 구축하여야 한다. 아울러, 관련 인프라의 확충을 위한 외부적 네트워크의 구축을 위하여 해외 현지에로 직접진출, 외국공공기관 또는 민간부문과의 연계관계수립, 재외 한인 전문가네트워크의 구축 등과 같은 세계화 활동을 수행하여야 하겠다<그림 1-5>.

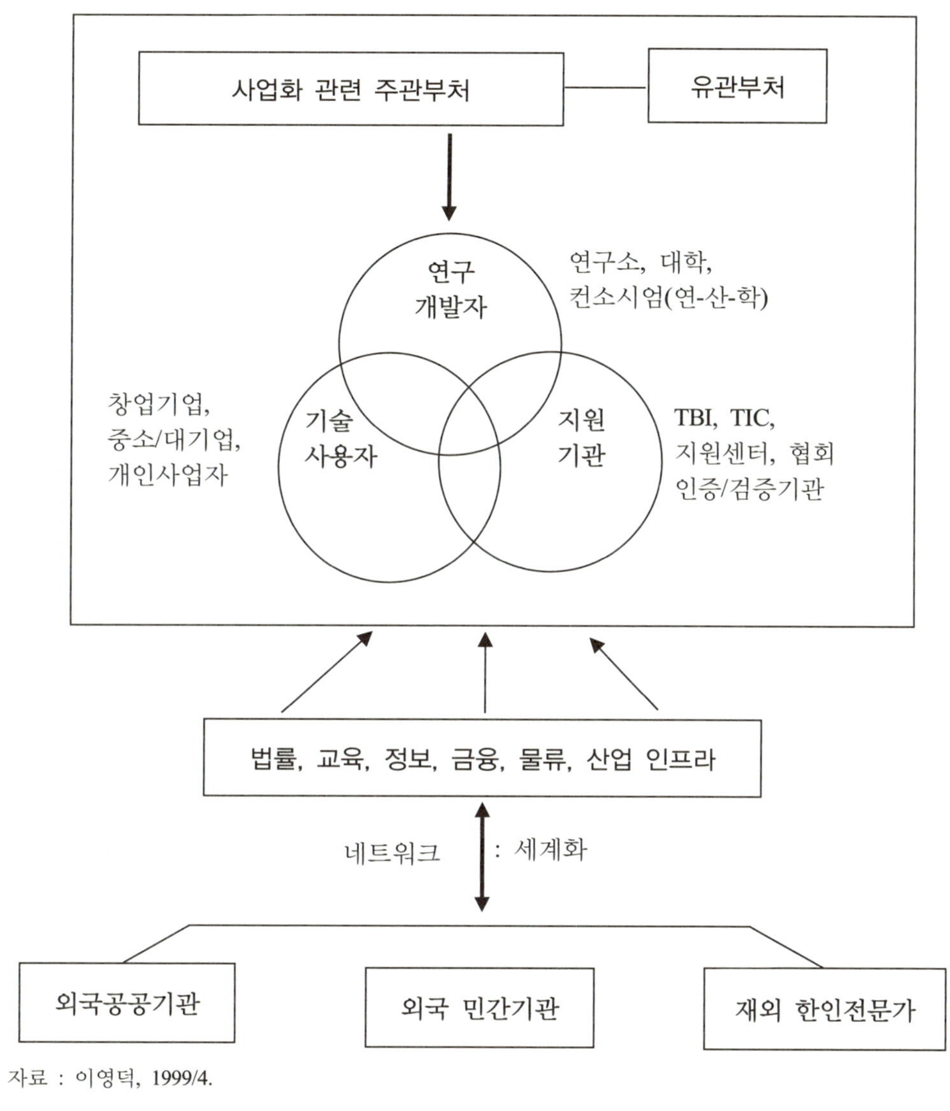

자료 : 이영덕, 1999/4.

그림 1-5. 연구개발기술 사업화의 정책구도

각주

1) 홍성도, 「기술경영 및 투자전략」, 특허청, 2002, p. 39
2) 신용하, "왜 기술+경영이 필요한가", Mini MBA 2기 기술경영, 2010.6.25, p. 10.

제2장 글로벌 기술환경

제1절 세계 환경의 변화

1. 세계 기술 환경의 변화

가. 기술관련 환경의 주요 내용

작금의 세계경제환경은 그 변화를 예측할 수 없는 방향으로 전개되고 있다. 한편으로는 각국이 경제의 상호의존성 증대에 따른 국제경제활동을 촉진하기 위한 노력의 일환으로 국가 간 장벽을 제거하고, 각종의 국내법에 의한 규제를 완화하는 방향으로 공동의 행동규범을 제정하고 있다. 다른 한편으로 세계 각국은 이해당사국과의 쌍무협상을 통하여 자국 산업에 유리한 환경조성에 전력을 다하고 있는데, 이러한 과정에서 협상상대국의 양보의 폭을 확대시키기 위하여 국내법의 적용을 강화하는 등 새로운 장벽을 형성하고 있다.

OECD는 규제완화를 위한 공동 행동규범제정 노력의 일환으로 신 국제기술표준 및 보다 광범위한 과학기술규범의 제정을 추진 중에 있다. 그런데 선진국들이 이러한 규범을 관련국가의 경제활동에 적용시킴으로써, 그 국가의 산업 및 기술정책의 수립과 집행에 미치는 영향은 막대하다고 하겠다.

또한 범세계적인 시장개방과 국가간 장벽 제거의 대표적인 산물이 지난 1993년 말에 타결된 우루과이 라운드 협정(UR)과 이에 따른 세계무역기구(WTO)의 형성이다. 특히 WTO는 과학기술활동에 대한 국제적인 규범을 마련하고 있는데, 연구개발활동에 대한 정부의 개입을 제한하고 지적재산권의 보호를 강화하는 규정을 두고 있다. 동 협정의 연구개발 관련 주요 내용으로는 수출경쟁력을 왜곡시키는 각종 보조금과 상계관세의 허용기준 설정, 반덤핑조치의 적용요건과 제소요건의 강화, 신지적소유권 보호대상의 확대 등이 있는데 <표 2-1>과 같다. 이러한 정책적 노력의 특성을 정리하면 아래 세 가지로 요약할 수가 있다.

첫째, 연구개발에 대한 정부의 정책적 개입을 근본적으로 배제하자는 움직임이다. UR, 북미자유무역협정(NAFTA)과 같은 국제협정에 있어서 연구개발에 대한 보조금 지급에 대한 규제조치 및 피해당사국에 의한 구체조지를 명확히 규정하고 있다. 이를 위하여 보조금의 유형화와 구체적 내용 명시, 판단기준의 명시, 제재조치의 명시에 대하여 규정하고 있다.

둘째, 새로운 국제기술 환경으로서 신지적소유권 즉 정보통신 관련 재산권에 대한 보호를 강화하고 있다. 아울러 복수국가에 있어서의 발명가의 이익을 보호하기 위하여 국제복수특허협정(PCT)을 주도하고 있다.

셋째, 기술 장벽으로서의 표준화(예: ISO 9000, 14000)제도와 강제규범의 제정을 강화하고 있다. 강제규범으로 발전할 기술라운드에서 기초과학, 기술개발에서의 정부역할, 인력개발, 국제협력 및 개도국 지원 등에 대한 새로운 규제와 방향이 전개될 것이다.

• 표 2-1. **글로벌 환경변화 특징: '글로벌 – 지역 – 쌍무' 환경**

보조금/상계관세	지적재산권/기술라운드	개방화/보복정책
O 보조금: 자격기준 산 업 연 구: 75% 경쟁전 연구: 50%	O 신지적소유권 컴퓨터 S/W 반도체설계/칩	O 독점금지법 적용완화 국내: 공동연구촉진 외국: 공정경쟁 강화
O 특정성: 수혜자의 노력없이 부가적 이득 획득	O 국제복수특허제도 특허의 초국가적 보호	O 개방화 제품/서비스 시장개방
- 지역적 적용 - 해당주체: 국가 국가기관 공공기관	O 신 국제표준 ISO 선진국 기술장벽	O 정부조달시장 개방 시장개방 참여제한 철폐

자료 : 이영덕, 기술사업화 강의교재, 두산인프라코어 미니 MBA, 2010/6/26

나. 기술환경 변화 특성

기술관련환경은 경영환경의 변화와 궤를 같이하여 불확실성, 복잡성, 동태성을 기반으로 범세계적으로 변화하고 있다. 이와 같은 환경변화에 따라 기업 경영자들이 실감하는 환경특성은 위기의식, 경쟁의 범세계화, 혁신을 포함한 지속적인 진보, 및 이에 따른 연구개발의 세계화 등으로 표현할 수 있다.

위기의식(Crisis)

- o 종래 기술에 대한 위기감과 기술에 대한 자원투자 증대
- o 모든 기술계통은 수명 주기가 있다는 가정
- o 기술의 시스템화에 따른 공급망 관리와 플랫폼 기술의 확보가 성공여부 관건
- o 기술시스템 간 전환에 있어서 새로운 시스템에 필수인 기술출현의 촉진 노력 필요
  - 예 후발주자인 한국조선업의 특징: 공기단축과 비용절감을 위한 모듈 생산(UNIT) 및 조립, NO-DOCK 시스템

지속적인 진보(Sustained Progress)

- o 근본적인 프로세스의 발견과 적용사이의 시간차 점점 감소
- o 기술의 복잡화, 복합화, 변환의 심화
- o 발명과 R&D에 의한 제품개발을 위한 일괄연구 증가
- o R&D 투자와 기술혁신 간 관계의 정형화 노력 :
  - 'R&D 투자 → 기술혁신성과(제품, 공정, 학습) → 경영성과' 일연의 선형적 관계

경쟁의 세계화 (Global Competition)

- o 미·일·유럽 선진 3국에 의한 기술주도
- o 선진 3국(미국, 일본, 유럽)의 기술력을 바탕으로 한 고부가가치 산업 집중화 현상:
  - 핵심 부품산업 국산화와 기술경쟁력 확보
- o 고급기술 산업의 큰 이익잠재력

연구개발의 세계화(Global R&D Center, R&D Labs)

- o 다국적기업을 중심으로 네트워크화 및 기술교환 일환으로 추진
- o 미국과 유럽 다국적 기업의 기술 집약형 제품의 해외생산 증가와 병행
- o 일본 다국적기업의 연구개발 국제화 진전
- o 선진국가 또는 선진국 기업의 해외 연구개발 투자 증가

o 선진 5개국(미국, 일본, 독일, 프랑스, 영국) 기업 간 공동 연구개발과 특허 공유 증가
o 특정국가와 특정기업의 연구개발 결과의 과점현상 심화
o 산-학-연의 공동 연구개발 증가
o 범국가 차원의 초대형 R&D프로젝트의 증가
  - 국가 간 R&D 협력과 글로벌 연구개발 컨소시엄의 형성

2. 경제 환경의 변화와 지식정보사회

가. 경제 환경의 변화 특성

지난 2007년 말 미국의 주택금융 부실로 부터 발생한 세계금융위기는 세계 경제의 또 다른 침체의 위험을 야기하였다. 이러한 침제를 탈출하기 위하여 각국에서 수행한 재정지출을 통한 경제 살리기 정책은 재정의 건전성 약화를 가져왔으며, 그 결과 남부 유럽 일부 국가들의 국가부도라는 또 다른 위기를 증대시키고 있다. 이러한 세계경제환경의 급격한 변화는 새로운 양상으로 전개되어지며, 이에 따른 각국의 정책도 변화하게 되겠다.

한편 1998년 IMF 금융위기를 맞아 혹독한 시련을 경험한 바 있는 우리나라도 작금의 세계 금융위기에 잘 대처할 수 있는 정책적 노력이 필요하겠다. 이와 같이 세계적 측면과 우리나라 측면에서 새로운 변화의 특성을 볼 필요가 있는데, 아래의 몇 가지로 정리할 수가 있다.

첫째, 기술라운드, 환경라운드 등의 새로운 라운드의 전개가 계속되는 한편 개방화·자유화에 따라 경제적 국경붕괴 및 세계경제통합이 가속화될 것이다. 또한 상품·생산요소·기업의 국가 간 이동이 급속하게 확대되어지며, 그 결과 기업 간 글로벌 전략적 제휴가 증대될 것이다.

둘째, 21세기 새로운 산업적 필요에 대처하기 위한 노력이 국가 간에 증대되겠다. 선진국들은 국가경쟁력 강화를 정책의 최우선 순위로 하고, 지식·기술 인프라 확충을 기반으로 전략기술개발 등을 통한 미래 유망산업에 대한 선점에 주력하고 있다. 이를 위하여 산업구조의 고부가가치화·첨단화·지식화와 지식기반산업 육성정책을 추진하고 있다.

셋째, 선진국들의 경제성장 원천에 대한 인식의 변화를 볼 수가 있다. 경쟁우위의 원천을 전통적 우위인 노동·자본에서 기술·지식우위로, Hard ware에서 Soft ware우위로 변환하고 있다. 또한 정보·지식혁명의 전개에 대비하여 디지털화, 멀티미디어

화, 및 네트워크화 정책을 추진하고 있다.

넷째, 우리나라에서도 기존의 산업의 구조적 문제를 해결하고 새로운 산업정책의 필요성이 대두되고 있다. 먼저 기존 산업구조의 문제점을 보면 정부주도의 대기업위주 성장전략과 요소투입확대에 의한 급속한 양적성장이 주를 이루고 있었다. 이로 인하여 고비용구조의 고착으로 지식·정보사회의 도래에 대한 적응능력이 부족하고, 일부를 제외한 대부분의 기술집약 첨단산업부문에서의 선진국과의 기술격차의 심화, 및 지식기반산업으로의 이행이 부진한 실정이다. 이러한 문제점을 해결하기 위한 새로운 산업 정책적 노력은 지식기반산업의 발전, 상생협력을 통한 대기업-중소기업-벤처기업의 균형발전과 기술확산 기반의 확대, 개발기술의 산업계 확산을 통한 기술사업화 확대 등이 이루어져야 하겠다.

다섯째, 우리나라의 산업구조를 21세기형 산업구조로 변환하고, 신산업의 효율적 육성이 이루어져야 한다. 이를 위하여 과학기술, 문화, 환경이 융합된 인본적이며, 환경 친화적 산업으로 발전하여야 하겠다. 또한 지식·정보가 결합된 새로운 산업패러다임에 적합한 지식산업의 육성을 기반으로 기존산업과 정보산업의 결합을 통한 부가가치의 창출이 이루어져야 한다.

나. 지식정보사회와 지식정보기반경제

지식정보사회는 고도화된 정보통신 시설과 이용의 기반 위에서 온갖 정보와 창의적인 지식이 융합되어 기술과 산업을 이끄는 사회를 말한다. 21세기에는 지적재산이 정보로 가공·상품화되어 초고속정보통신망을 통해 전 세계적으로 유통되고, 산업분야도 창의적인 지적재산권이 모든 산업을 견인하며, 사회 또한 지식정보를 중심으로 급격히 이동될 것이다.

1) 지식사회의 발생

지식사회가 탄생하게 된 역사적 계기가 무엇인지에 대한 설명은 제 5의 물결이란 인식에서 볼 수가 있다. "새로운 기술은 세상을 바꾼다. 지식혁명은 인류의 삶을 또 다시 변화시킬 것이다. 그것은 농경사회, 산업사회, 글로벌 산업사회, 정보화 사회에 이어 인류사회의 패러다임을 바꾸어 놓을 '제 5의 물결'이라 할 것이다"(매경 지식프로젝트팀 1998)

하인호(1998)의 정보화 사회, 학습사회, 지식사회로의 이행이라는 주장이나, OECD (1996)의 지식구분에서 정보사회를 know-what, know-why에 대한 부호화단계로 보고, know-how와 know-who를 지식사회의 핵심적인 요소로 보는 주장에서도 모두 지식사회가 정보사회보다 고도의 발전단계라는 생각을 엿볼 수 있다.

정보사회에서는 지식이 인간적 전유에서 벗어나 기계적 형태(정보)로 가공 또는 유통, 저장되는데 초점이 있다. 따라서 정보기술의 능력, 즉 정보를 생산, 유통, 저장하는 기술적 능력을 중요시한다. 반면에 지식사회에서는 정보로 전이될 수 없는 지식의 성격, 즉 인간의 의미적 성격 또는 창조적 성격에 그 핵심이 있으며, 그러한 지식의 창조에 가치증대의 원천이 있다<표 2-2>.

• 표 2-2. **정보사회와 지식사회의 특성비교**

	정보사회	지식사회
역사적 계기 및 내용	• 정보기술혁신과 정보매체 발달 (1970년대 이후) • 조직혁신 및 사회구조의 변화	• 경제활동의 지식고도화 • 경제적 전략변화(지식경영의 중요성)
경제적 특징	• 네트워크 경제/디지털경제/사이버경제/전자상거래 • 정보저장, 전달, 가공의 기술기반 및 인적 활용능력이 관건 • 정보통신산업의 발달과 동시에 기존산업구조의 혁신	• 지식상품경제 및 혁신경제 • 지식의 저장, 배분체제 못지않게 인간(지식생산/분배/소비자)의 지식능력이 중요 • 지식산업의 발달과 기존산업의 지식화
경제주체	• 정보기술자, 정보검색사 등.	• 지식노동자, 지식전문가 등.

2) 통합적 관점으로서의 지식정보사회

지식정보사회는 개념적으로 지식사회와 정보사회의 통합모델로 그 복합성은 "정보기반의 지식사회"와 "지식기반의 정보사회"의 이중적 성격으로 표현할 수가 있다. "정보기반의 지식사회"는 정보의 전달/가공/저장하는 기술기반 위에서 어떻게 좀 더 질 높은 부가가치지향의 지식을 생산하고 창조하는가 하는 점이 중요한 사회이다. 반면에 "지식기반의 정보사회"는 단순한 정보의 유통/가공/전달이 아니라 고도의 지식이 신속하게 유통되고 저장/가공되어 정보 활용이 고도화되는 사회변동이라 할 것이다.

지식정보사회에로의 변동을 지식정보사회를 구성하는 '서로 연계된' 다양한 시스템의 변동이라고 할 때, 지식정보네트워크의 기술체계를 변동의 기반으로 한, 정치체계, 경제체계, 사회문화체계 등 일련의 체계의 상호 연관된 변동이라 규정할 수 있다. 특히 지식정보네트워크의 구축은 보다 근본적이고 총괄적인 사회의 재구조화를 의미한다.

3) 지식정보사회의 이행

이러한 지식정보화 사회에로의 이행에 대하여 선진국의 경우에는 비교적 명확한 위상을 가지고 있다. 선진국은 정보화이전에 이미 고도산업사회를 거치면서 경제적으로나 사회적으로 지식의 활용과 창조가 중요해졌으며, 지식산업사회에서 정보기반의 구축과 정보화의 진전으로 '정보기반의 지식사회'에로의 이행을 하여 왔다는 것이다. 다시 말하면 지식화란 전략적 목표를 달성하기 위하여 지식화를 확산시키는 수단으로서 정보네트워크를 구축하고 정보사회적인 재구조화를 추구하였던 관계로 지식의 정보화와 정보의 지식화가 동시에 추구되었다(서이종 1998) <표 2-3>.

한편 우리나라의 경우에는 지식의 사회경제적 활용수준이 상대적으로 낮은 단계에서 지식정보화사회로 발전하여야 하는 특수성에 직면하였다. 우리나라는 지식창조 및 생산에 대한 경험이 없이 지식의 체계적 활용과 지식창조를 기반으로 하는 지식화와 정보화가 동시에 이행되고 있다(임현진외 4인 1999). 따라서 기존산업의 고도화와 지식정보화와 연계된 정보산업의 육성이나, 또는 지식정보의 생산 및 유통시스템의 고도화와 연계된 정보네트워크의 구축 등과 같은 정책적 선후관계 및 연계관계에 대한 체계화가 필요하다.

• 표 2-3. **지식화 수준과 정보화 수준에 따른 사회유형**

		지식화 수준	
		낮다	높다
정보화 수준	낮다	(농업사회) (산업사회 초기)	지식사회 ↓
	높다	정보사회 고도정보화 사회 →	지식정보사회

4) 지식정보기반의 경제

(1) 지식정보기반 경제의 개념

21세기 세계경제 특징은 글로벌 지식정보기반경제라고 할 수 있을 것이다. 정보통신기술의 급속한 발전과 세계화의 확산으로 세계 모든 나라가 대량의 정보와 지식을 창출할 뿐만 아니라 창출된 정보와 지식을 생산요소, 또는 그 자체를 하나의 제품 및 서비스로 경제 전반에 걸쳐 매우 광범위하게 유통·활용하는 경제로 이행하기 때문이다.

따라서 20세기가 노동과 자본 등 물적 생산요소를 근간으로 하는 제조업 중심의 산업기반경제였던 것과 달리, 21세기는 지식·정보·기술과 같은 무형의 자산을 개인, 기업, 산업, 국가의 경쟁력과 부가가치 창출의 원천으로 삼는 지식정보기반경제라고 할 수 있다.

(2) 정보통신 혁명과 지식정보기반 경제

지식기반경제의 성립 배경은 정보통신 부문에서의 획기적인 기술혁신과 관련이 있다. 이는 Toffler가 일찍이 주창한 '제3의 물결'이라 불리는 정보통신 기술혁명을 의미한다. 실제로, 정보통신 기술의 급속한 발전은 연구학습체계의 혁신, 지식의 기호화(디지털 혁명), 세계화 현상을 가속화하고 심화시킴으로써 지식정보기반 경제의 성립을 가능케 하였다.

첫째, 연구학습체계의 혁신으로 지식생성의 양이 풍부해지고 기술변화의 폭이 거대화되며 지식의 변화속도가 빨라졌다. 이는 구체적으로, 기초 조사와 연구 개발을 위한 도구와 장비의 개발 속도가 빨라지고, 비용이 감소하였으며, 가상적 시뮬레이션 기법의 실용화, 및 전자 네트워크의 구축에 의해 정보와 지식의 공유 확산이 촉진된 것에 영향을 받았다.

둘째, 지식의 기호화(codification of knowledge)가 실현되어 대량의 지식이 정보인프라를 통해 신속하고 손쉽게 전달될 수 있게 되었다. 지식의 기호화란 추상적이고 복잡다기한 지식의 내용을 정보통신 기술을 활용하여 단순한 형태로 전환하는 것이다.

셋째, 정보통신기술의 발달은 세계적인 전자상거래의 활성화, 금융거래의 국제화 등을 촉진하여 경제 활동의 세계화 현상을 더욱 심화시키고 있다. 경제 활동의 세계화 현상은 경쟁의 가속화를 통해 상품수요의 다양화를 촉진하고 상품 생명주기의 단축 등을 초래하며, 나아가 새로운 지식의 활용에 의한 더 나은 부가가치 창출이 종래보다 더 신속히 실현될 것을 요구하고 있다.

(3) 지식정보기반 경제의 특성

이러한 지식정보기반경제의 특징을 보면 다음과 같다. 첫째, 훨씬 더 직접적으로 상품생산보다는 지식정보생산을 지향한다. 산업사회와 비교하여 지식정보사회에서는 대학과 연구소의 연구개발이나 기업의 신상품아이디어, 디자인개발이 중요하며, 부가가치도 지적재산권의 설정이나 실질적인 생산이전의 시제품제작 단계에서 발생하게 된다. 왜냐하면 엄청난 양의 정보를 저장, 실행할 수 있는 능력을 가진 정보기술에 의해, 산업사회에서 중요했던 '어떻게 생산하느냐'와 관련된 인간의 체화된 숙련이나 생산의 다양한 노하우가 상대적으로 중요성을 상실하는 반면에, 지식정보사회에서 '무엇을 생산하느냐'하는 문제가 더 중요하기 때문이다.

둘째, 지식정보기반경제는 정보통신매체를 통해 심화되고 글로벌화 되는 성격을 특징으로 한다. 오늘날 현대사회에서 경제활동이 급격하게 국내중심에서 세계화하고 있는데, 이러한 특질은 정보기술기반 없이는 이해될 수 없기 때문이다. 정보기술기반은 시공간을 뛰어넘어 실시간으로 경제활동을 가능하게 하고 있어, 산업사회에서 국제적으로 확산된 경제적 시장공간을 더욱 확대시켜 범세계적으로 생산과 소비체제가 재편된다 할 것이다(Castells, 1998: 342-4).

셋째, 지식정보사회는 혁신을 그 본질로 하기 때문에, 기업의 고용구조와 직업구조에 매우 큰 변화를 초래한다. 지식정보기반 경제에서는 상품의 기획·디자인·연구개발, 및 소비시장의 예측 등 생산이전의 아이디어 창출단계가 중요하다. 이에 따라 산업구조가 점차 지식정보와 문화산업이 중심이 되며 사이버공간을 이용한 구조로 변화하게 된다. 따라서 연구개발이나 디자인, 상품기획을 담당하는 기술전문직, 시장조사와 마케팅, 광고효과조사 등을 담당하는 마케팅전문직, 컴퓨터프로그래머나 온라인/인터넷상에서 정보서비스를 제공하는 정보전문직, 그리고, 금융, 인력, 조직, 환경 등의 분야에 종사하는 전문직이 중요하게 된다.

제2절 연구개발 환경변화

1. 연구개발 환경의 변화

연구개발 환경의 변화를 파악하기 위해서는 먼저 시대별로 연구개발의 관리방식이 어떻게 변화하여 왔는가를 분석해보아야 할 것이다. 이러한 연구개발 관리 방식의 발전을 살펴보기 위해, Roussel 외(1991)의 "제3세대 R&D"를 참고로 하여 시대별 특징들을 파악하기로 한다. 시장에서의 무한한 가능성을 가지고 있던 1930년대에서 1950년대의 연구개발은 풍부한 기술과 많은 잠재력, 그리고 상당한 자금이 있었다. 이 시기는 연구자들이나 기업이 낚싯대를 던지는 곳마다 고기를 낚을 수 있는 것처럼 보였다. 그러나 세계시장의 통합화와 글로벌화가 급진전된 1990년대 이후에는 기업들은 성장과 세계 시장에서의 경쟁적 위치를 지속적으로 유지하기 위해서는 연구개발 관리 즉 제3세대 R&D가 절대적으로 중요한 것을 인식되게 되었다.

또한 2000년대 이후부터는 연구개발의 전략적 과제가 신사업의 확대 및 혁신역량의 제고로 확대되면서 네트워크형 연구개발관리가 중요하게 인식되게 되었는데, 이를 제 4세대 연구개발관리라고 한다.

가. 연구개발 관리방식의 변화

1) 제1세대 연구개발 관리

1950년대 말과 1960년대 초반까지의 연구개발과 기술관리는 전략적 체계가 결여되었던 시기이다. 연구개발은 간접비용으로 간주되었으며, 일반관리자는 연구개발 계획이나 과제의 선정에는 거의 참여하지 않았으며, 자금은 비용중심점에 배분되었다.

제1세대 관리는 사업부문 관리자와 연구개발 관리자는 간의 상호신뢰가 부족한 상황에서, 연구개발에 대한 결정은 연구개발 관리자의 직관에 의해 이루어졌으며, 이에 대한 예산 반영은 일반관리자가 결정하는 형태였다. 제1세대에서는 기술자와 사업관리자들이 서로 이해하지 못하는 기술과 시장에 대한 불확실성을 각각의 입장에서 별개로 다루었던 관계로, 기술 개발은 우선, 사업적 활용은 나중이었다. 제1세대 연구개발 관리방식은 소수의 경영자와 연구자의 통찰력과 직관에 의한 것이었으며, 뚜렷한 연구개발의 전략체계가 없었다.

2) 제2세대 연구개발 관리

제2세대 연구개발 관리는 직관적 관리에서 목적 지향적 관리체계로 변화하는 과도기적 단계이다. 이 시기는 조직기능 상호간 연결 관계를 강화시키고, 프로젝트 수준에서 연구개발에 대한 전략적 관리체계를 갖추기 시작하였다. 1세대와의 차이점은 개별 프로젝트의 비용, 사업에 대한 영향, 불확실성, 관리방법, 실행측면 등에 대한 결정을 내릴 때 사업부서와 연구개발 관리부서의 상호 협조가 이루어진다는 것이다.

또한 프로젝트별로 연구개발과 기술을 사업의 요구에 연결시키도록 노력하게 되었다. 연구개발계획은 각각의 사업부문과 기업전체를 위해 프로젝트별로 분리되어 수립되었으며, 각 프로젝트별 연구개발 관리는 자원배분과 활용에 대한 체계적인 방법을 제시해 주지는 못하였다.

3) 제3세대 연구개발 관리

전사전략과 사업전략이 연구개발 전략과 통합되어야 하는 한편, 연구부문과 사업부문이 기업의 참된 동반자로서 파트너십 구축을 강조하는 제3세대 R&D에서는 목적 지향적이고 전략적인 연구개발 관리를 원칙으로 한다.

제3세대에 속한 일반관리자는 연구개발부문과 기타 핵심적인 기능 사이에 전략적이고 조직적인 동반자 관계를 구축하며, 연구개발이 현재와 미래에 있어서 기업에게 실제로 필요한 기술을 규정하도록 도와주고 그러한 요구를 충족시키도록 만든다. 이러한 과정에서 일반관리자와 연구개발 관리자 사이에 동반자 의식과 상호 신뢰감이 창출된다. 연구개발에 관해 무엇을, 언제, 왜 할 것인가, 그리고 얼마나 많은 돈을 투입할 것인가를 탐구하고 평가하며 결정하게 된다. 제3세대 연구개발 관리방식에서는 연구개발 활동 전반에 대한 전체적인 관점을 가지고 개별 활동 간의 차이를 이해하며, 관련 활동 간의 상호관계를 고려하고 이해하는 것이 매우 중요하다.

• 표 2-4. **연구개발 관리 방식의 변화**

구 분	1세대	2세대	3세대
관리방식	소수의 경영자와 연구자의 통찰력과 직관	프로젝트관리시스템	목적지향적이고 전략적
경영과 전략적 상황	장기 전략체계 없음	전략체계는 부분적으로 존재	전체적인 전략체계
기술과 연구개발전략	사업 전략과의 뚜렷한 연계 결여	프로젝트단위의 전략적 체계	기술/연구개발, 기업전략 전사적 통합
혁신상황	연속적 혁신	연속적 혁신	연속적 혁신

나. 제 4세대 R&D와 연구개발 패러다임의 변화

1) 제 4세대 연구개발 관리

Miller & Morris(1999)는 R&D 관리에 대한 변화를 다음과 같이 설명하고 있다. 제1세대 R&D는 새로운 시장을 향한 기초과학연구를 중점으로 실제적인 관리가 불가능하고, 예측불가능한 과학적 도약(scientific breakthroughs)에 의한 비제한적 탐색이었던 반면에, 제2세대 R&D는 프로젝트 관리를 활용한 응용성(applicability)에 중점을 둔 것으로 변화하였다. 그리고 제3세대 R&D는 기존 시장에서의 소비자 욕구를 파악하고, 이를 충족시키키기 위한 상품과 서비스 생산을 위한 기술개발을 목표로 하고 있다. 이것은 명시적 시장 지식의 내재적 한계를 지닌 채, 연속적 혁신을 추구하였다.

제4세대 R&D는 전통적 R&D관행의 범위에서 벗어나, 조직전체의 상당한 변화를 요구하게 된다. 어느 한 부서가 혁신을 수행할 수 있는 모든 지식을 보유할 수 없기 때문에, 전체 조직의 활동과 공급업자, 소비자, 그 밖의 외부 파트너들과의 활동도 혁신에 포함된다.

과거에는 혁신은 R&D부서의 책임으로 인식되었고, 공급 주도적 시장에서의 기술개발에만 중점을 두었다. 그러나 최근 시장이 완전히 소비자에 의한 수요 주도적(demand driven) 형태로 변화하였기 때문에, R&D, 기술개발, 상품/서비스 개발을 중심으로 하는 기업구조보다는 혁신을 중점으로 하는 기업과정이 요구되고 있다. 결과적으로 4세대 R&D는 혁신과 R&D 관행에 관련된 패러다임의 변화로 태동되었다.

2) 제 4세대 R&D관리의 특징

제 4세대 R&D의 중요한 특징은 이전의 R&D관리와 상이한 목표 인식에서 찾아볼 수가 있다. 4세대 R&D관리의 목표는 혁신의 핵심장벽을 극복하고, 기술혁신을 통하여 지속적 경쟁우위의 확보와 수익성 있는 성장가능성을 확보하는 것이다. Miller(2005)는 제 4세대 연구개발에서 혁신에 대한 핵심장벽으로 다음의 몇 가지를 제시하였다.

첫째, 혁신자의 딜레마와 '앎-행위 간의 갭'(Knowing-Doing Gap)이다. 혁신자의 딜레마는 대부분의 연구자들이 자신 앞에서 이루어지지 않은 발명에 대하여 믿지 않는데서 기인하는 것으로, 일반적으로 Not-Invented-Here(NIH) 증상이라고 하는 것이다. 또한 '앎-행위 간의 갭'(Knowing-Doing Gap)은 연구자들이 어떤 지식을 습득하고 난후 지식을 구체적으로 활용하는 사이에 발생하는 시차를 의미한다. 이러한 현상은 대부분의 사람들이 보편적으로 가지고 있는 '인지하는 것과 행동하는 사이에 발생하는 시차' 뿐만 아니라, 기술수용수명주기에서 의미하는 기술의 발명과 실제적으로 그 기술로 개발된 제품을 활용하는 것 사이에 갭이 있다는 것을 포함한다고 하겠다.

둘째, 연구개발은 지배적 디자인(DD)과 제품·공정관련 기술, 시장, 사업으로 된 아키텍처(Architecture)에 의하여 구속되어진다는 것이다. 연구개발은 연구개발을 위한 사업의 지배적 디자인 내에서 제한되어지며, 또한 사업은 시장의 지배적 디자인 내에서 구속되어진다. 연구개발, 시장, 사업 간의 이러한 관계를 정리하면 <그림 2-1>과 같다.

셋째, 제 4세대 R&D는 종래의 성과중심을 탈피하여 신사업 발굴을 관리목표로 하고 있다는 것이다. 이러한 변화는 기업연구소 연구자들이 연구소 중심-기술 중심의 사고에서 벗어나서, 고객과 함께 아이디어를 고안하고 이를 바탕으로 차세대 수요서비스에 부합하는 기술을 개발한다는 것이다.

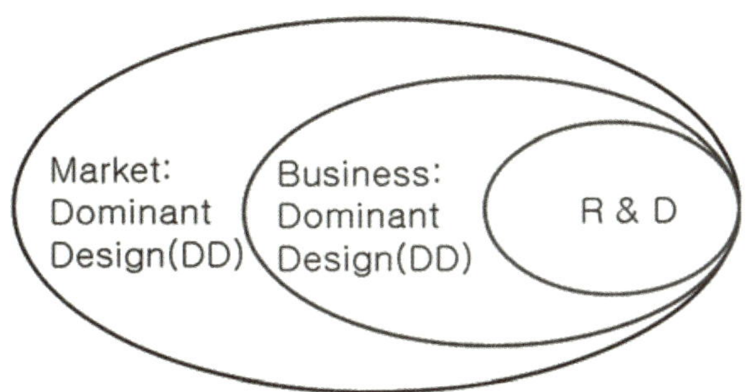

R&D = F (DD, Architecture With Technology, Market, Business)
Technology = Y (Product, Process)

자료 : 이영덕(2010), 기술사업화: 전략, 제도, 마케팅, 기술사업화 강의안

그림 2-1. 연구개발, 사업, 시장 간의 관계

이러한 현상은 기업들이 연구개발 조직 중심의 신사업 발굴 및 스크리닝 프로그램을 운영하게하고 있다. 그 일례로 GE사는 Imagination Breakthrough(IB)를 운영하고, 상업위원회를 설치/운영함으로써 신사업 발굴을 위한 연구개발 활동을 수행하고 있다. 이러한 활동의 결과 차세대 청진기, 하이브리드 기관차 등 20여 개의 과제발굴을 통하여 연간 30억 달러 이상의 매출액을 발생시키고 있다. 또한 미국 IRI사의 2008년도 R&D투자조사에서 신사업관련 연구개발 투자가 증대된 것으로 나타났는데, 조사대상 101개 기업 중 40개 회사가 신사업부문에 대한 투자를 5%이상 증가시킨 것으로 나타났다.

넷째, 제 4세대 연구개발에서는 연구개발 환경의 변화 속도가 빨라지고, 변화에 따른 불확실성이 증대됨에 따라 국가 간, 또는 기업 간 협력적 연구개발의 증대와 함께 개방형 혁신에 따른 연구개발 네트워크의 구축이 활발해지고 있다. 이러한 이유는 종래의 폐쇄형 연구개발은 내부시스템을 연구시스템과 개발시스템으로 양분하는 관계로 내부시스템 간에 갈등이 야기되기 때문이다. 양 시스템의 특성을 보면 <표 2-5>와 같다.

또한 Bain & Company사의 2006년 선진기업 1221사를 대상으로 실시한 조사에 의하면, 개방형 혁신의 채택률이 2004년 26%에서 2006에는 53%로 2배 이상 증가한 것으로 나타났다. 특히 P&G사는 개발 신제품 중에서 50%는 외부개발을 채택하였으며(Business Week, 2007/5), Microsoft사는 대학을 중심으로 한 열린 연구정책을 진행하며 기술거래 팀도 운영하고 있다.

• 표 2-5. 폐쇄형 연구개발의 문제

연구시스템	개발 시스템
비용 센터	이윤 센터
발견: 원리 (WHY ?)	실행: 방법 (HOW?)
예측의 어려움	목표에 집중
계획화의 어려움	계획의 집중
가능성의 창출	위험의 최소화
문제 및 문제에 대한 사고방법을 도출	제약조건하에서 문제에 대한 해법 도출

자료 : H. Chesbrough, Open Innovation,Harvard Business Press (2006)

개방형 혁신은 기업의 경계가 열려있어 내부연구과제가 자체사업으로만 가는 형태를 지양하고 연구와 개발과정이 개방되어 있는 것으로 <그림 2-2>와 같다. 개방형 혁신은 혁신의 개방방향에 따라 외향형과 내향형으로 나누어 볼 수 있다. 외향형은 혁신이 내부에서 외부로 향하는 것으로 기술자산 판매, 분사화, 프로젝트 공개 등이 있다. 또한 내향형은 혁신이 외부에서 내부로 향하는 것으로 인-소싱, 공동연구, 벤처투자 등이 있다. 이러한 특징에 따른 개념 및 대표 사례를 보면 <표 2-6>과 같다.

이상에서 설명한 바와 같이, 기술 및 연구개발에서의 패러다임은 극적인 전환을 맞고 있다. 이러한 새로운 패러다임들은 이중순환학습(Double-loop Learning)을 통한 조직학습을 격려하고, 많은 다양한 원천으로부터의 지식 관리, 명시적/ 암묵적 지식의 통합, 새로운 조직 모델, 새로운 혁신 과정, 이러한 요소들의 통합과정과 도구 등의 특징을 갖는다.

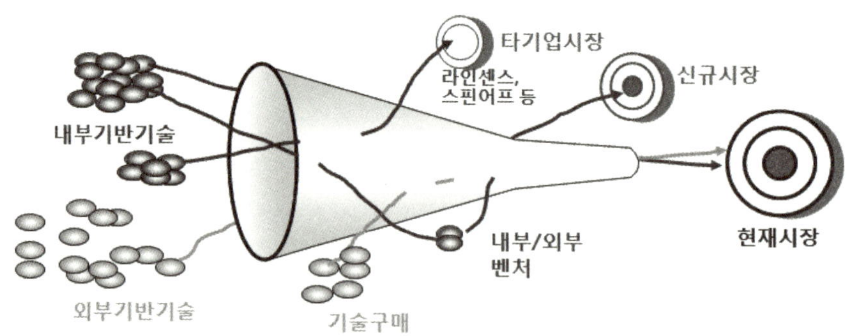

자료 : H. Chesbrough, Open Innovation: Renewing growth from Industrial R&D, Sept 27, 2004

—• 그림 2-2. 개방형 혁신

• 표 2-6. 개방형 혁신의 유형별 특징과 사례

구분	방법	개념	대표사례
외부 ↓ 내부	In-Sourcing	•창조적 아이디어와 핵심 기술을 외부에서 조달	•P&G의 C&D •Kimberly-Clark, Spindle 등
	공동연구	•외부 기관(주로 대학)과 공동으로 기술개발 프로젝트를 추진	•인텔의 'Lablet' •듀퐁, 노키아, 에릭슨 등
	벤처투자	•기술가치가 높은 벤처기업에 선행 투자하거나 벤처캐피털과 협력	•HP Lab과 벤처캐피털 협력 •노키아, 인텔, 일라이릴리 등
내부 ↓ 외부	기술자산판매	•회사 내에 사장되어 있는 기술을 라이선스 형태로 제공	•MS의 MIPV •IBM, TI, NEC 등
	분사화	•기술 활용 및 검증을 위해 관련 조직을 분사화	•루슨트의 New Venture 그룹 •DSM, 필립스, 캐터필러 등
	프로젝트공개	•내부 프로젝트를 일반에 공개하여 타 개발사나 소비자의 참여 촉진	•IBM의 XML Parser •리눅스 등

2. 기업의 전략 변화

가. 환경변화에 따른 기업 변화

연구개발 관련환경의 변화에 따라 기업의 내부적 기능과 조직도 변화할 수밖에 없는데, 이러한 변화 특성을 보면 다음과 같다. 첫째, 정보기술의 발달로 인하여 기업의 공급·생산·배송 프로세스가 통합되면 기업으로서는 고객의 요구에 즉시 대응할 필요가 발생하는 관계로 고객-기업, 공급자-기업 간의 연결을 강화하게 된다. 둘째, 고객의 개성화 추구가 더욱 왕성해짐에 따라 다품종 소량생산이 확대될 수밖에 없는 관계로 마케팅전략차원에서 고객 세분화를 강화하게 된다.

셋째, 자동화 기술이 발달하고 이에 따라 생상성이 향상되게 되면 조직의 개별구성원 간에 경험과 지식을 공유하고 이를 공동으로 활용하는 지식경영이 촉진됨으로써 구성원들은 지식작업자로 전환하게 된다. 넷째, 기술과 제품의 수명주기가 점차 짧아지고 있으며, 어떤 기업이나 기술자도 차세대의 기술플랫폼에서의 리더를 확신할 수 없는 관계로 혁신을 가속화하게 된다.

다섯째, 세계화의 촉진과 함께 시장의 통합화 및 개방화 현상이 확대됨에 따라 기업의 생존 여부는 일 국내에서의 수준을 벗어나서 글로벌 수준에서의 경쟁에 살아남는가 여부에 의하여 결정되게 된다. 끝으로, 이상과 같은 연구개발 관련 제반환경의 변화와 경쟁의 세계화가 심화되는 가운데서 기업이 생존과 발전을 위해서는 비용의 최소화를 통한 성과의 최대화를 기할 수밖에 없다. 이를 위해서는 기업은 생산, 구매, 유통, 판매, 기술 부문을 효율적으로 결합하는 결합기능 조직을 추구하게 된다.

이상과 같은 연구개발 환경변화에 따른 기업의 변화특성이 개별적으로 가지는 의미도 있겠지만, 기업의 전략적 측면에서 볼 때, <그림 2-3>과 같이 이들 현상이 상호 영향을 미치는 순환구조를 갖는다고 하겠다(R.B. Kaplan & D.P. Norton, 1996).

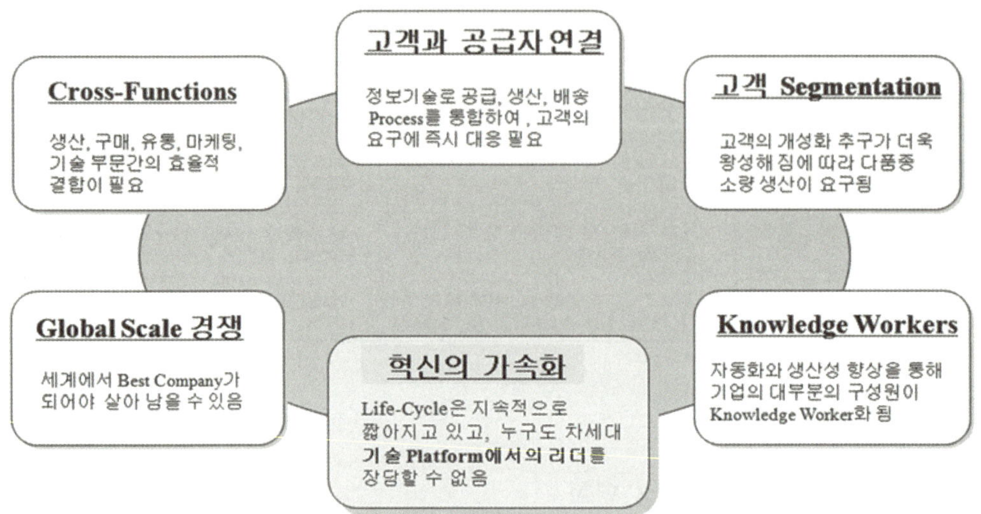

자료원 : Robert S. Kaplan & David P. Norton, "Balanced Scorecard : Translating Strategy into Action", Harvard Business School Press, 1996

그림 2-3. 환경변화와 기업의 변화 요소

나. 기업에서의 R&D 부문의 변화

전통적으로 연구개발은 불확실성과 위험 하에 이루어지는 전략적 행위인 만큼 기업에서는 매몰비용으로 인식되어왔다. 이러한 전통적 인식은 연구개발 환경의 급격한 변화와 혁신의 불연속성이 증대됨에 따라 변화하게 되었다. 특히 지식정보기반 경제하에서는 종래의 통념과 달리 연구개발이 기업의 새로운 가치를 창출하는 가장 중요한 원천으로 인식되기 시작하였다. 이러한 연구개발은 기업의 중요한 경쟁원천인 동시에 돈 되는 연구개발, 즉 시장성이 있는 연구개발로 인식되어, 전략적 차원에서는 신사업 발굴전략의 일환으로 추진되게 된다.

따라서 연구개발은 기업의 가치사슬에서 최상류단계인 혁신프로세스를 담당하게 되었으며, 연구개발 책임자는 새로운 환경변화에의 적응을 위한 선도자의 역할을 수행하게 되었다. 연구개발의 역할은 기업의 가치사슬에서의 연구개발 프로세스를 보면 알 수가 있다.

<그림 2-4>를 보면 가치창출 프로세스는 고객을 중심으로 혁신 프로세스, 운영 프

로세스, 판매 후 서비스 프로세스로 나누어 볼 수 있다. 혁신 프로세스에서는 먼저 고객니즈의 확인을 통하여 대상 시장을 명확히 하며, 이를 기반으로 고객에게 제공할 재화와 서비스를 창조하는 것이다. 운영프로세스는 재화와 서비스를 생산/구축하고, 이를 시장에 인도하는 것이다. 끝으로 판매 후 서비스 프로세스는 소비자에게 애프터서비스(AS) 등 서비스를 제공함으로써 고객의 니즈를 충족시키는 것이다.

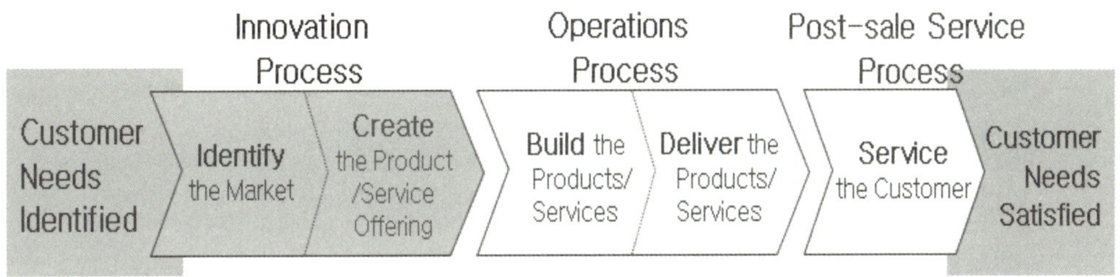

자료 : LG종합기술원(2002/2)

그림 2-4. 기업가치사슬에서의 R&D의 역할

기업의 제품개발관련 프로세스에서 나타날 수 있는 문제점을 보면 다음과 같다. 먼저 제품개발 프로세스를 컨셉의 탐색 단계, 컨셉의 평가 및 결정 단계, 신제품 개발 단계, 신제품 제조/출시 단계 등으로 구분할 수가 있다. 또한 기업의 관련 경영관리 활동을 보면 자원, 마케팅, 경영관리, R&D조직, 프로젝트, 생산 등으로 나누어 볼 수 있다. 신제품 개발과 관련하여 이들 간에 나타날 수 있는 문제점을 보면 <그림 2-5>와 같다.

먼저 제품개발프로세스와 관련하여 발생하는 문제점이 점하는 비율을 볼 때 가장 큰 부분이 신제품 제조/출시 단계에서 발생하는 것을 알 수 있다. 이를 경영활동별로 보면 자원부분이 14.4%, 마케팅 부문이 9.1%, 경영관리부문이 3.7%, R&D조직 6.2%, 생산 4.6%인 것을 알 수 있다. 신제품 컨셉 탐색 단계에서는 문제점 비율이 19.8%인데, 경영관리 활동별로 보면 자원부분이 9.2%, 마케팅 부문이 6.0%, 경영관리부문이 4.6%인 것을 알 수 있다. 신제품 컨셉 평가/결정 단계에서는 문제점 비율이 20.8%인데, 경영관리 활동별로 보면 자원부분이 6.9%, 마케팅 부문이 5.5%, 경영관리부문이 5.9%, R&D조직 2.5%인 것을 알 수 있다. 신제품 개발 단계에서는 문제점 비율이 21.4%인데, 경영관리 활동별로 보면 자원부분이 10.8%, 경영관리부문이 2.8%, 프로젝트 부문이 7.8%인 것을 알 수 있다.

또한 경영활동 별로 문제점이 발생하는 주된 요인을 보면 다음과 같다. 자원 활동에서는 부적절한 자원투입이 주된 요인이며, 마케팅에서는 고객에 대한 인지부족과 빈약한 마케팅전략을 들 수가 있다. 경영관리 면에서는 최고경영층의 지원 부족과 부적절한 계획 및 의사결정 등에서 문제가 발생하였다. R&D조직에서는 빈약한 기술자원과 인력이 문제이며, 프로젝트 및 생산 면에서는 부적절한 개발과정과 생산 공정의 오류 등에 기인하는 것으로 나타났다.

	신제품 Concept 탐색	신제품 Concept 평가/결정	신제품 개발	신제품 제조/출시	주요요인
자원	9.2%	6.9%	10.8%	14.4%	•부적절한 자원투입
마케팅	6.0%	5.5%	-	9.1%	•고객에 대한 인지부족 •빈곤한 마케팅 전략
경영관리	4.6%	5.9%	2.8%	2.7%	•최고경영층 지원부족 •부적절한 계획/의사결정
R&D조직	-	2.5%	-	6.2%	•빈곤한 기술 자원(인력)
Project	-	-	7.8%	-	•부적절한 개발과정
생산	-	-	-	4.6%	•생산공정의 오류
	19.8%	20.8%	21.4%	37.0%	

자료 : LG경제연구원 경영컨설팅센터 자료 (2002년)

그림 2-5. 제품개발 단계별 문제점 분석

이러한 기업 연구개발의 시대별 변화를 보면 연구개발 관리의 단계별 변화와 궤를 같이 하는 측면이 있다. 앞에서 설명한 바와 같이 2000년대 이후의 제 4세대 연구개발은 네트워크형 연구개발을 기반으로 신 성장산업 발굴의 중심에 위치하고 있다. 이러한 변화 현상을 대표적인 글로벌 기업인 IBM의 R&D 시대별 진화의 예를 들어 설명하여 보자<그림 2-6>.

먼저 1970년대 IBM의 연구개발은 과학을 대상으로 기업이 자금을 지원하고 대학과 협력하는 형태였으나, 1980년대는 협력 팀의 구성을 통한 공동 연구개발 프로그램의 운영이 주를 이루었다. 이시기는 제 1, 2 세대 연구개발 관리 활동에 해당한다. 한편 1990년대는 고객에게 초점을 맞춘 시장지향적 연구에 주력함으로써, 연구개발의 목표가 고객으로 먼저 설정되고. 이에 맞춘 연구개발이 이루어지는 제 3세대 연구개발 형태였다.

이러한 연구개발은 2000년대에 들면서 크게 변화하게 되었다. 연구개발이 시장지향의 고객 중심에서 벗어나서, 향후 성장전략 차원에서 새로운 사업의 발굴 또는 확대를 추진하는 주된 조직 활동으로 추진되게 되었다. 따라서 연구개발은 신사업의 발굴과 이를 위한 협력전략추진 차원에서 외부와의 파트너십이 강조되게 되었다. IBM사는 최고경영층의 주도하에 신사업 발굴을 주도하기 위하여 Emerging Business Opportunities(EBO)를 조직하는 한편 신흥공업국에 Co-laboratory를 설치하여 현장연구와 글로벌 연구네트워크를 구축하였다. 또한 고객의 니즈를 연구개발과 제품화에 반영하기 위하여 몇 가지의 전략적 실행을 수행하였다. 먼저 고객과 함께 일하기 사업으로 ①연구시간의 25%를 고객과 함께하기, ②업무시간의 최대 50%까지를 차세대 수요서비스 고안을 위하여 소비자와 함께하는 On Demand Innovation Service 운영, ③ 같은 유형중 가장 먼저(First-of a- Kind: FOAK), ④ 산업문제 해결 랩(Industry Solution Labs: ISL) 등을 운영하고 있다. 다음은 신사업 발굴 연구프로그램으로 시장분석을 통한 주요 성장 분야의 배치 효율성 향상을 위한 연구를 위하여 Research EBO Program을 운영하고 있다.

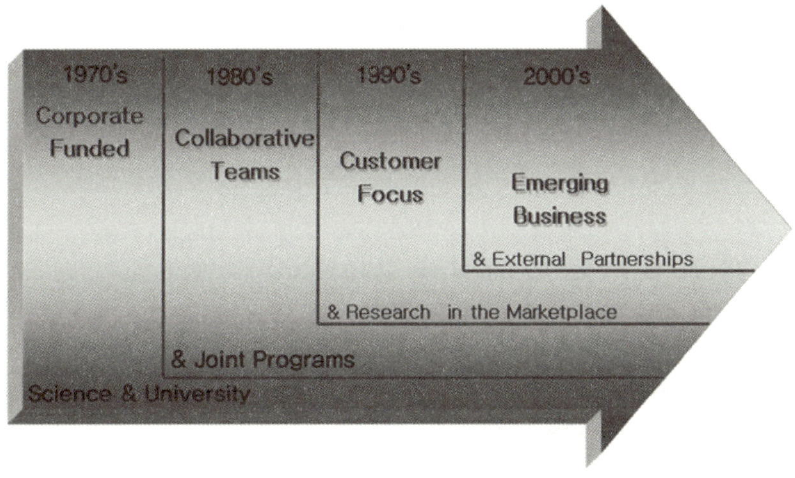

그림 2-6. IBM의 R&D 진화의 예

다. 기술전략의 변화

<그림 2-7>에서 보는 바와 같이 오늘날 기술 환경의 변화는 종래의 기술 환경의 개별적 변화와 달리, 글로벌 경영환경 변화와의 관련성 하에 상호작용 함으로써 변화한다는 것이다.

먼저 글로벌 경영환경 특성은 세계시장이 통합화 개방화함에 따라 글로벌 경쟁이 심화되고 고객선호도 세계적으로 동질화하는 한편, 전통적으로 구분되어진 산업간 경계가 허물어지면서 산업의 규모가 세계화하게 된다. 이러한 변화는 기업들에게 글

로벌 시장에 일치할 수 있는 마케팅믹스전략의 필요성을 증대시키게 되어, 사업전략 또는 기술전략에 이를 반영하게 하는 압력으로 작용하게 된다.

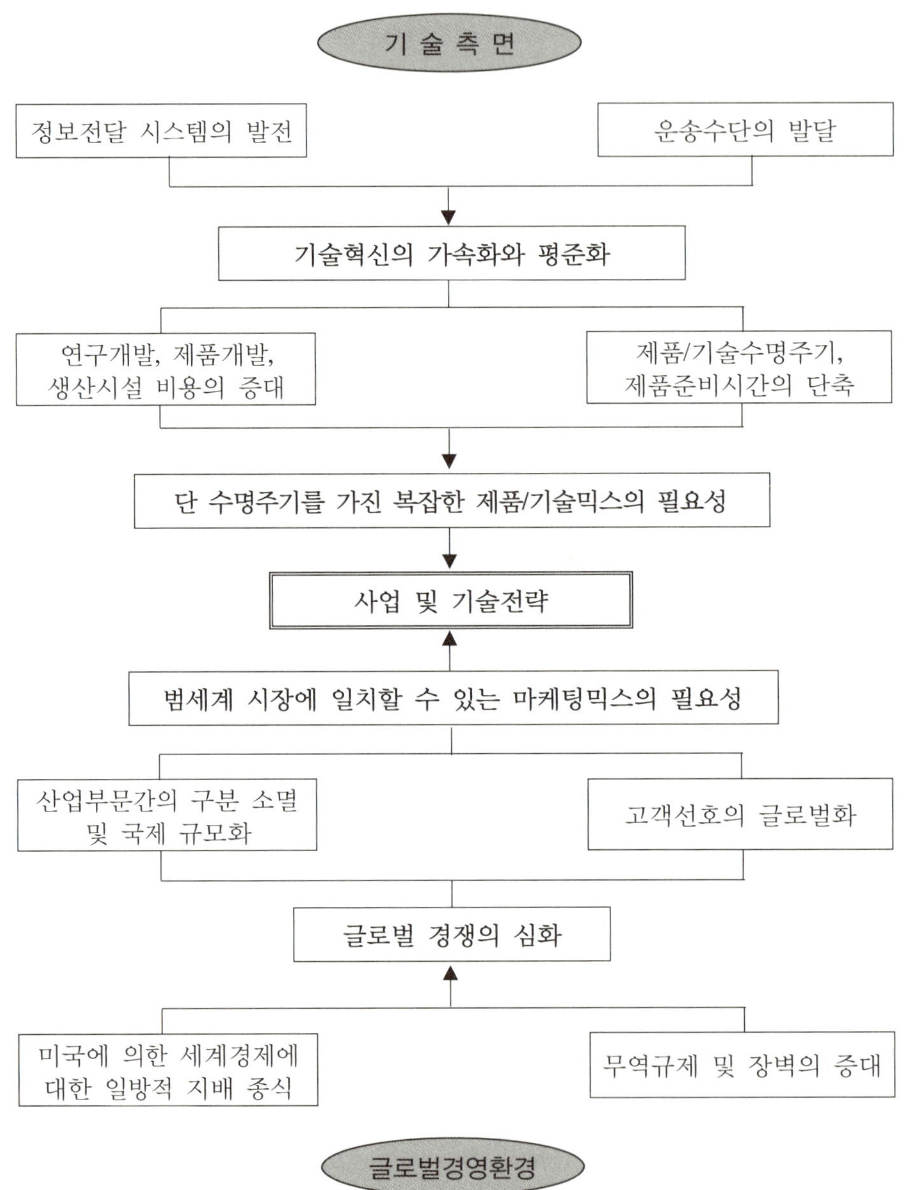

자료 : 무역협회, 전략적 제휴 및 사례. 1993 해당되는 부분을 수정함

그림 2-7. 글로벌 기술 및 경영 환경하의 기술전략

또한 글로벌 기술환경 특성은 기술관련 정보시스템의 급속한 발달로 세계적으로 기술혁신이 가속화 및 평준화 되고, 기술·제품 수명주기의 단축과 제품준비기간의 단축에 따라 복잡한 제품 및 기술 믹스의 필요성이 증대하는 것이다. 이러한 변화는 기업들에게 글로벌 기술시장 환경변화 즉 기술수명주기의 단축에 따른 적기 시장진입 대한 고려를 사업전략 또는 기술전략에 반영하도록 하게 한다.

제3장 경영전략과 기술전략

제1절 경영전략

1. 경쟁전략과 전략적 위치설정

가. 경쟁전략과 구성요소

1) 경쟁전략의 개념

경쟁전략이란 기업이 사명을 설정하고 목표를 달성하기 위하여 효과적 전략을 수립하고 실행하는 일련의 의사결정 및 행동의 과정이다. 해당기업이 직면하고 있거나 직면하리라 예상되는 환경상의 기회와 위험을 자사의 내부능력과 서로 결합시킴으로써 사업영역의 설정 및 경쟁우위를 확보하며, 확보된 경쟁우위를 활용하여 다른 경쟁기업보다 유리한 상황(즉 매력적인 사업영역을 확보하고 지속적인 경쟁우위를 보유함)에서 보다 잘 경쟁할 수 있도록 계획-수행-성과평가 및 피드백을 하는 순환과정이다.

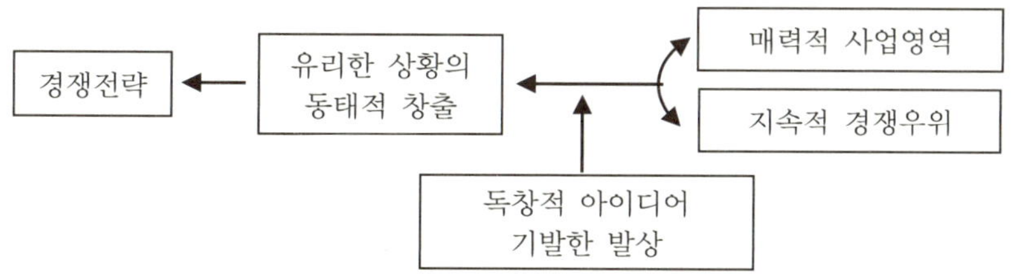

경영자들이 기업경영과 관련된 의사결정과정에서 어떠한 전략을 선택하는 가는 '기업-환경-전략 '의 3자간의 관계에 경쟁우위를 결합하여 볼 수가 있는데, <그림 3-1>과 같다. 기업조직 면에서는 조직 시스템, 기업 목표 등에 대한 이해가 있어야 하겠으며, 환경면에서는 외부 환경시스템에 대한 이해로서, 환경의 국제적 측면과 국내적 측면에 대한 이해가 있어야 하겠다. 또한 전략 면에서는 전략의 시스템적 사고와 기간에 대한 이해가 있어야 하겠는데, 시스템적 사고에 있어서는 기업차원, 사업차원, 과업차원으로 나누어 볼 수 있다. 끝으로 경쟁우위는 해당기업만이 가지고 있는 우위인 기업특유우위(Firm Specific Advantages: FSAs)에서 찾아 볼 수가 있다.

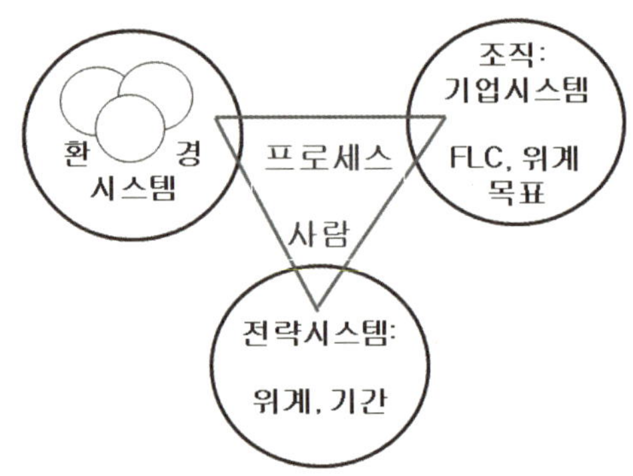

자료 : 이영덕, 국제경영전략론 강의교재, 2009, p. 7.

그림 3-1. 기업조직-환경-전략 및 경쟁우위 간의 관계

이러한 경쟁전략은 크게 세 가지의 체계인 유리한 위치설정, 사업영역의 선택, 경쟁우위의 동태성 등으로 구성되어 있다. 유리한 위치설정이란 기업이 활동하는 3차원 공간에서 좌표 즉 전략적 위치를 설정하는 것이다.

첫째, '유리한 위치'의 개념은 기업이 현재의 위치에서 향후 나아갈 위치 즉 전략방향(사업영역)을 결정하는 것과 관련된 것으로, 기업의 성장성, 수익성, 및 안정성과 관련된 결정이라고 할 수 있다. 이러한 결정에는 반드시 외부환경의 분석과 함께 기업의 경쟁능력(지속적 경쟁우위)에 대한 분석이 있어야 한다.

둘째, 사업영역의 설정은 기업이 위치의 변경에 따라 복합 사업으로 나아갈 것인가 또는 단일사업으로 나아갈 것인가에 관한 결정으로서, 전자를 사업다각화라 하며, 후자를 전문화라 한다. 그런데 대부분의 기업은 성장과 함께 복합 사업으로 나아가는 것이 일반적인데, 이 경우에는 몇 가지의 해결해야 할 문제가 발생하게 된다. 이러한 문제에는 복합 사업에 따른 사업 단위간의 자원의 배분, 사업간 시너지 확보와 관련성 유지 방안, 사업 단위 간에 발생하는 갈등의 조정, 경쟁기업에 대한 우위

의 차별성 확보 등이 있다.

셋째, 시간과 외부환경의 변화에 따른 경쟁우위의 동태성에 관한 문제로서, 경쟁의 시간·장소·상대의 변화에도 불구하고 경쟁우위로서 존재할 수 있는 경영자원과 경쟁역량을 지속적으로 확보할 수 있는가에 관한 것이다.

2) 경쟁전략의 구성요소

- o 기업목표에 대한 정의 및 기업사명의 명확화
- o 기업의 내부적 조건과 기업능력의 파악 : 기업현황파악
- o 기업 외부환경의 파악 : 일반적인 성공인자와 경쟁적 상황
- o 외부환경과 기업능력과의 결합을 통한 대안의 분석 및 선택
- o 장기목표, 기본전략에 부합되는 단기 목표와 단기 전략의 개발
- o 과업, 사람, 조직구조, 정보시스템과 자원배분에 대한 예산화를 기초로 하여 전략적 선택사항의 실제적 수행
- o 전략수행과정을 모니터하고 성공여부를 분석/평가

나. 기업의 사명

기업사명이란 장기적인 방향의 제시로서, 고객의 어떤 욕구를 충족시킬 것인가, 그 욕구를 효과적으로 만족시키기 위해 어떤 방법으로 노력할 것인가를 밝히는 것이라고 할 수 있다. 따라서 기업의 사명은 기업스스로 추구해야하는 것이 무엇인가, 누구를 위하여 어떻게 활동할 것인가 등에 대한 아래와 같은 항목들이 고려되어야 하겠다.

- o 기업에 대한 스스로의 개념정의
- o 기업철학의 핵심요소
- o 대상고객 및 시장 : 지리적 영역, 통합화와 세분화
- o 주요제품과 서비스 : 제품의 깊이와 넓이, 다각화
- o 핵심기술 : 하이테크와 하이터치, 기술의 적정성, 기술획득방법
- o 생존, 성장, 수익성에 대한 각오

이러한 결정에는 반드시 고객의 니즈가 반영된 제품/사업의 선택이 이루어져야 하는데, 고객의 본질적 니즈에 대한 이해가 선결되어야 한다. 본질적 니즈란 겉으로 드러난 소비자의 구매행동이 아닌 소비자의 심리(즉 왜 구매 하는가: Why)에 관한 것으로, 제품중심이 아닌 고객 중심의 사업선정이 이루어져야 한다<그림 3-2>.

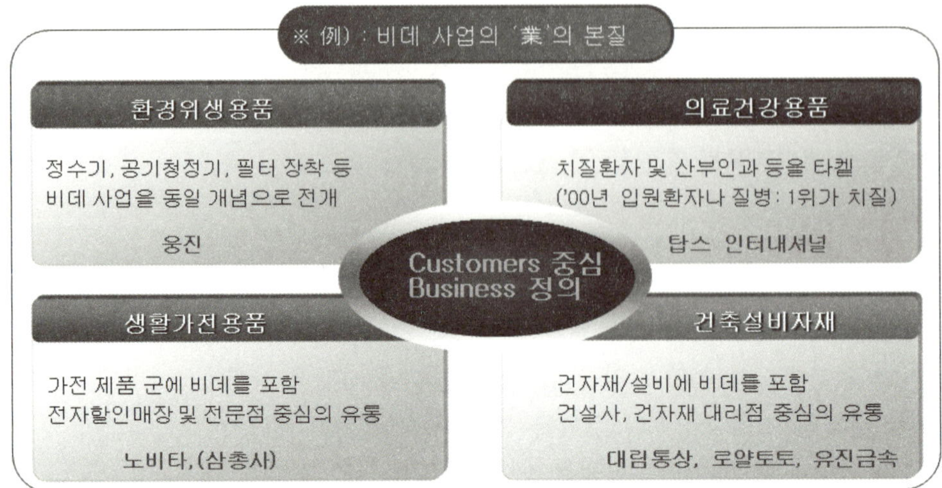

자료 : 삼성경제연구소, 2005

그림 3-2. 고객의 본질적 니즈 이해

다. 전략적 위치설정

경쟁전략의 주요한 구성은 경쟁상황, 경쟁방법, 유리한 전략적 위치의 확보라고 하겠다. 특히 유리한 전략적 위치확보란 기업이 활동하게 되는 3차원 공간에서 현재의 전략적인 위치를 고려하여 수익성과 성장성을 바탕으로 한 장기적인 이윤가능성을 갖는 매력적인 사업영역(business domain)을 설정하는 것 즉 전략적 위치설정(strategic positioning)을 하는 것이다. 기업의 새로운 사업영역 설정은 단일사업을 확대하거나, 또는 복합 사업으로 확장하는 것을 의미한다. 특히 기업이 복합 사업으로 확대함에 있어서 사업 단위간 자원의 배분, 관련성 확보 및 시너지 극대화 등에 대한 의사결정이 중요하다고 할 수 있다.

따라서 기업이 복합 사업으로의 확대를 통한 전략적 사업포트폴리오(strategic business portfolio)를 구성하기 위해서는 매력적인 해당산업에서 필요한 핵심요인의 확보, 해당사업에서 경쟁하고 있는 기업의 경쟁우위에 대비한 차별성 확대, 동태적인 경쟁 환경 변화에 역동적으로 대처할 수 있는 혁신능력이 필요하다고 하겠다.

매력적 사업은 산업매력도와 산업의 경쟁적 구조에 의하여 결정되어진다. 매력적인 사업은 해당산업에서 산업의 수익성과 성장성 양 측면을 고려하여 결정되어야 하는데, 수익성면에서 해당사업이 산업평균 수익률 이상을 확보할 수 있어야 한다. 또한 성장성면에서는 시장성장의 증가가 시장진입기업 수의 증가 보다 크거나, 또는 시장성장의 감소보다 시장 퇴출기업의 수의 증가가 더 큰 경우를 말한다.

산업매력도 평가의 일예를 보면 <표 3-1>과 같다. 먼저 산업매력도지표를 도출하고, 도출된 지표 각각에 가중치를 부여하여야 한다. 다음으로 각 매력도지표에 대한 수준을 5점 척도로 측정하여 도출된 값에 가중치를 곱하여 가중점수를 산출한다. 이렇게 산출된 값을 이용하여 해당산업의 매력도를 평가하고, 가중점수가 높은 산업을 매력적 사업으로 선택한다.

산업의 경쟁적 구조는 과점산업의 구조적 측면에서 경쟁관계와 협력관계를 분석하기 위하여 포터가 이론적으로 제시한 것으로 <그림 3-3>과 같다. 먼저 경쟁관계를 보면 산업 내 경쟁관계로 해당산업에 이미 진입하여 있는 기존 기업 간의 경쟁관계(즉 선도자와 선도자간의 관계, 선도자와 추종자간의 관계), 기존 산업에 신규로 진입하려는 기업과의 관계(진입장벽), 기존기업이 생산하고 있는 제품과 대체될 수 있는 대체품 등이 있다. 특히 기존기업에 의한 진입장벽은 규모의 경제 등에 의하여 발생하며, 대체품의 경우에는 고객의 제품에 대한 충성도와 전환비용 등이 중요한 요인이라고 볼 수 있다.

협력관계는 기존 기업의 수직적 통합과 관련되어 있는 것으로 기존기업의 제품생산에 필요한 부품, 반제품, 원료를 공급하는 공급업자와의 관계(원가우위 원천이며 공급자망관리 등이 있음), 생산제품/서비스를 최종소비자에게 유통시켜주는 유통업자와의 관계(품질우위의 원천이며 고객관계관리 등이 있음)로 되어있다.

• 표 3-1. 산업매력도 평가(예)

산업 매력도 지표	가 중 치	매 력 도	가 중 점 수
시장의 규모	0.1	3	0.3
시장의 성장률	0.3	5	1.5
시장의 수익률	0.2	4	0.8
자본집약도	0.05	5	0.25
기술적 안정성	0.1	5	0.5
경 쟁 도	0.2	3	0.6
순환적 변동성	0.05	2	0.1
합 계	1.0		4.05

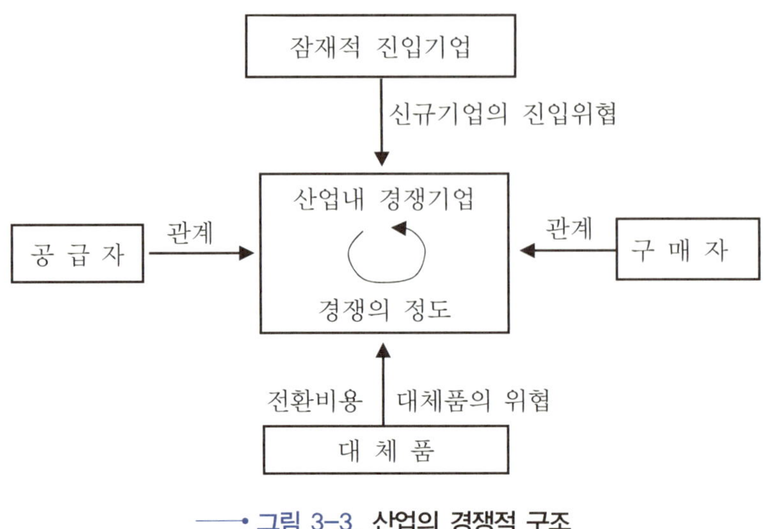

그림 3-3. **산업의 경쟁적 구조**

2. 사업포트폴리오관리와 신규사업

가. 사업포트폴리오관리

사업포트폴리오관리란 기업이 전략적 목표를 달성하고자 여러 전략적 사업단위의 구성을 통하여 다각화하되, 사업의 특성과 보유한 핵심역량을 반영하여 사업간 우선순위를 차등화하고, 자원배분을 차별화함으로써 구성된 전략적 사업 단위들을 유기적·체계적으로 관리하는 것을 의미한다. 이 경우 기업이 설정하는 전략적 목표는 하나가 아니라 여러 목표가 복합되어 나타날 수 가 있는데, 이를 체계화하면 크게 수익성관련 목표, 성장성관련 목표, 안정성관련 목표로 분류할 수 있다.

여러 사업단위를 구성하는 사업다각화는 기존 사업과의 관련성 여부에 따라 관련사업 다각화와 비관련사업다각화로 나누어 볼 수 있다. 또한 다각화의 대상이 되는 사업의 특성은 시장규모, 시장성장률, 시장수익률, 자본집약도, 기술적 안정성, 경쟁도, 순환 변동성 등을 반영하여 <그림 3-4>와 같이 구분되어지기도 한다(BCG, 매킨지, 산업진화 매트릭스 등).

실제로 기업이 사업포트폴리오 전략을 수행함에 있어서 전략적 목표, 경영자의 태도, 핵심역량 등에 따라 포트폴리오의 형태는 상이하게 된다. 일반적으로 바람직하게 제안되는 사업포트폴리오의 형태는 수익성, 성장성, 안정성들을 균형 있게 반영하여 구성되는 균형포트폴리오라고 하겠다. 그러나 기업의 부적절한 전략적 대응이나, 산업특성 등과 같은 환경의 변화에 따라 불균형 사업포트폴리오가 구성되기도 하는데, 매킨지사가 분류한 불균형 사업포트폴리오의 기본 형태를 보면 <표 3-2>와 같다.

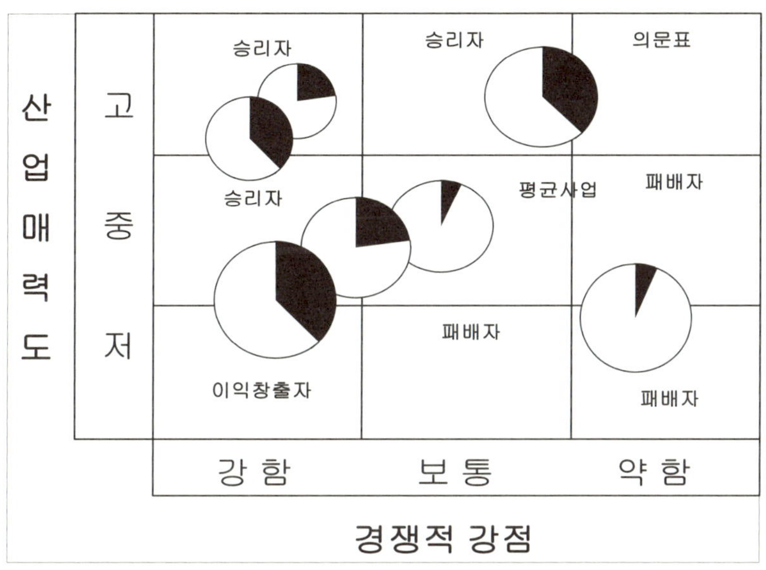

그림 3-4. **매킨지 매트릭스**

표 3-2. 매킨지의 불균형 사업포트폴리오의 4가지 기본형태

구 성 형 태	전형적인 현상	전 략
너무나 많은 수의 패배자 사업을 가지는 경우	부적절한 자금흐름 부적절한 이익 부적절한 성장	패배자 사업에 대한 투자환수/청산/수확 전략 이익창출자 사업의 합병전략 승리자 사업의 합병전략
너무 많은 수의 의문표 사업을 가지는 경우	부적절한 자금흐름 부적절한 이익	의문표 사업에 대한 투자환수/청산/수확전략
너무 많은 수의 이익 창출자 사업을 가지는 경우	부적절한 성장 초과자금 흐름발생	승리자 사업의 합병 의문표 사업의 선택적 육성
너무 많은 수의 승리자 사업을 육성하는 경우	자금의 초과수요 발생 불안정한 성장	선택적인 투자환수 이익창출자 사업의 합병전략

자료 : C. W. Hofer and M. J. Davoust, Successful Strategic Management, p. 52 Hill and Jones, op. cit., p. 285 에서 간접인용

나. 신규 사업의 선정

신규 사업의 선정이란 수익성, 성장성, 안정성 등을 종합적으로 고려하여 기업이

새로운 전략적 사업단위를 기존의 사업단위에 추가하는 것이다. 기업은 이러한 사업단위의 추가를 통하여 새로운 사업영역으로 확대함으로써, 현재 운영하고 있는 사업 포트폴리오를 변경시키게 된다. 따라서 신규산업을 선정함에 있어서는 다음과 같은 내용에 대한 분석이 이루어져야 하겠다.

첫째, 전략적 사업단위에 대한 분석과 아울러, 대상사업이 사업 매트릭스 상에서 어느 상한에 속하는가, 즉 해당사업의 매력도와 성장가능성에 대한 분석이 필요하다(사업 분석). 먼저 전략적 사업단위에 대한 특성과 요건을 보면 다음과 같다.

◎ 전략적 사업단위

o 맥킨지(Mckinsey)사가 제시한 전략적 계획기법
o 전략적 계획을 위한 새로운 조직 단위, 즉 전략적 사업단위조직
o 독립된 전략을 수립하고 실행할 수 있는 사업단위
o 독립된 사업단위로서의 이익센터(Profit Center)

또한 대상사업영역 선택을 위한 삼성의 예를 보면 <그림 3-5>와 같다. 본도에서 기업은 수행하고자 하는 신규 사업이 9개의 사업군 중에서 어떤 사업 군에 해당하는 사업인지에 대한 분석이 필요하다고 할 수 있다.

둘째, 새로운 사업영역의 추가가 기존사업과 어떠한 관련성을 갖는가, 즉 기존사업과 보완적 관계를 갖는 사업인가, 아니면 전혀 새로운 사업인가 등에 대한 고려를 하여야 하겠다(다각화 여부판단).

끝으로 선정된 신규 사업을 성공적으로 추진하기 위해서 요구되는 기업의 핵심역량은 무엇이며, 어느 정도 높은 수준의 기술적 역량을 필요로 하겠는가에 대한 분석이 필요하다(핵심역량분석). 전자의 물음과 관련된 기업의 핵심역량은 <그림 3-6>과 같다. 기업의 핵심역량은 유/무형 경쟁자원과 관리능력이 결합되어 있으며, 핵심성공요인에 부합되는 것으로, 기업의 경쟁우위의 원천이 된다. 전략적 사업단위를 위한 기업의 기술적인 면에서의 핵심역량은 다양한 생산기량을 어떻게 조정하고, 복수의 기술흐름을 어떻게 통합할 것인가에 관한 학습에 있다고 하겠다. 이러한 핵심역량에 대한 기업의 예를 보면 소니사는 소형화 능력, 필립스사는 광미디어 기술을 핵심역량으로 하고 있다. 또한 우리나라 기업들의 핵심 기술 확보방법을 보면 <표 3-3>과 같다.

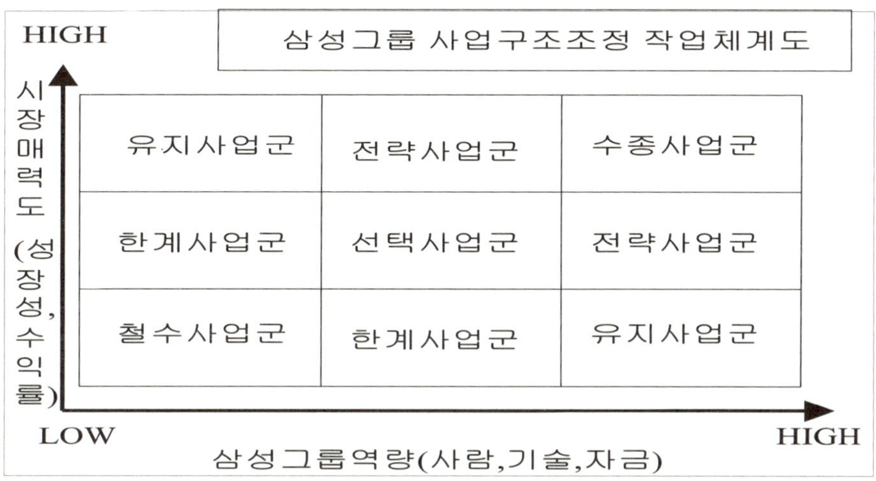

자료 : 매일경제신문, 1998/10/4 기사내용을 정리함

주 : 이는 1998년 삼성의 구조조정과 신규 사업을 위하여 보인 자료이다. 이번 삼성의 사업구조조정 작업은 [시장 매력도]와 [자사 역량]이라는 두 가지 원칙을 기초로 하고 있다. 자체적인 역량은 세 가지 요소로 구성되어 있는데, 개인적 자원, 기술력, 자금력 등이다. 한편 다른 한 축인 시장매력도는 수익성, 성장성, 현재 시장점유율, 경쟁의 치열도 등 7개 항목이 포함되어 있으며, 이들 항목들은 5점-15점까지의 점수로 측정되어진다.

그림 3-5. **삼성그룹 사업구조조정 체계도**

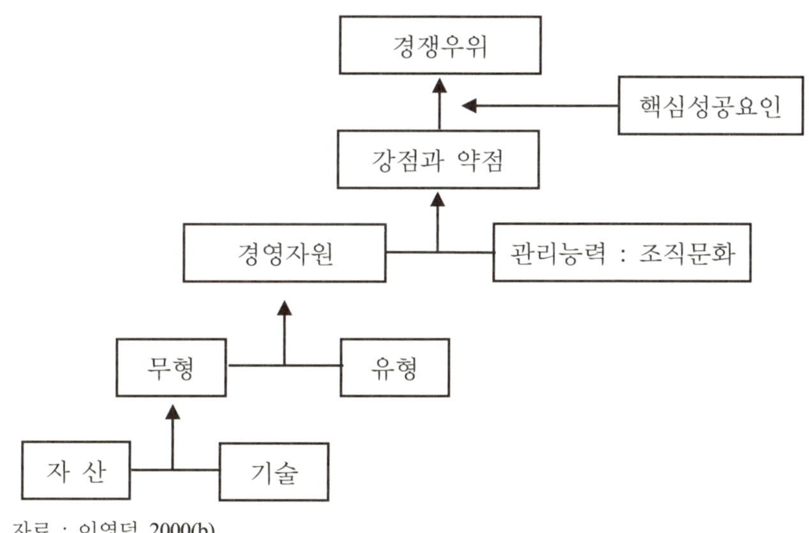

자료 : 이영덕 2000(b)

그림 3-6. **기업의 핵심역량과 경쟁우위의 원천**

<표 3-3>을 보면 우리나라 기업들은 기업규모를 불문하고 자체개발기술(in-house R&D)을 가장 선호하고 있는 것을 알 수 있으며, 그 다음으로 필요 기술을 선진국에

서 도입하는 것으로 나타났다. 한편 오늘날 무엇보다도 중요하게 인식되는 산-학 공동개발 이나 또는 산-연 공동개발에 의하여 필요기술을 확보하는 기업의 비중은 상대적으로 낮은 수준에 머무르고 있다. 이러한 조사결과를 볼 때 국가가 추구하고 있는 산학연 컨소시엄에 의한 기술개발이 원활하지 못할 뿐만 아니라, 국제 공동연구개발 및 국제협력에 대한 국내 기업의 참여는 아직 제 위치를 확보하지 못하고 있음을 알 수 있다.

• 표 3-3. 우리나라 기업의 핵심기술 확보방법

(단위 : 개, %)

구 분	대기업		중소기업		계	
자체기술에 의한 개발	395	39.7	985	44.7	1,380	48.2
대학 및 연구기관에 위탁개발	68	6.8	152	6.9	220	6.9
대학 및 연구기관과 공동개발	158	15.9	319	14.5	477	14.9
연구기관 및 모기업에서 기술전수	31	3.1	168	7.6	199	6.2
선진국으로부터 기술도입	269	27.0	429	19.4	698	21.8
해외대학, 기업, 연구기관과의 공동 연구 및 위탁연구에 의한 개발	61	6.1	85	3.9	146	4.6
기 타	13	1.3	65	3.0	78	2.4
중복응답 총 기업 수	995	100.0	2,203	100.0	3,198	100.0

자료 : 산업기술진흥협회, 1997

제2절 기술전략

1. 기술전략과 기술포트폴리오

가. 사업전략과 기술전략의 연계

기업에서 기술전략을 수립함에 있어서는 항상 현재 추진하고 있거나 또는 향후에 추진할 사업전략과 어떻게 연관관계를 가질 것인가를 염두에 두고, <그림 3-7>과 같은 연계전략 관점에서 이루어져야 하겠다.[1)]

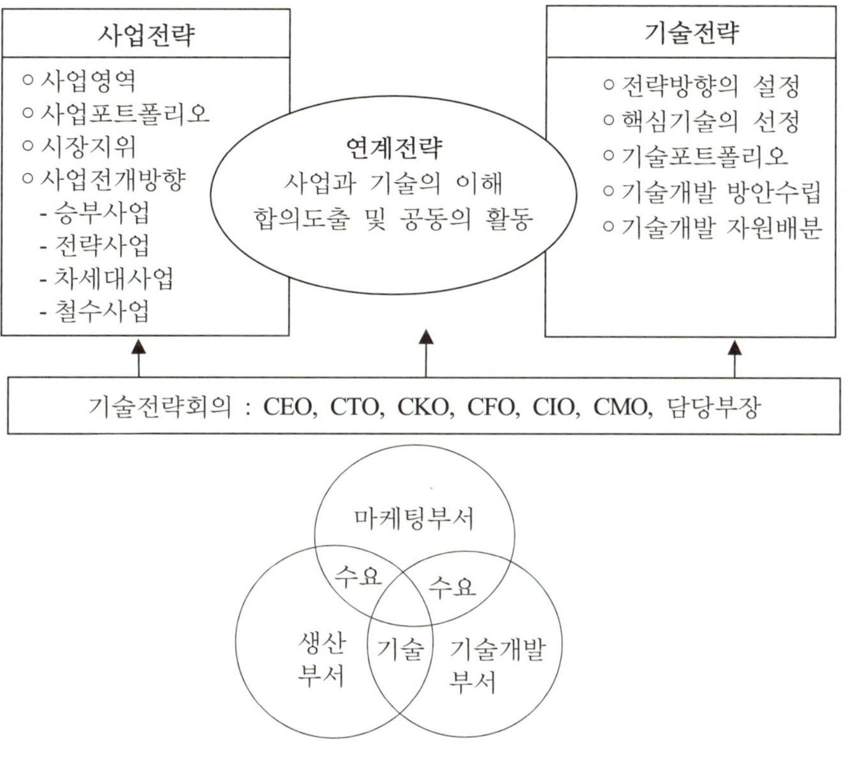

그림 3-7. 사업전략과 기술전략의 연계전략

<그림 3-7>과 같이 사업전략과 기술전략의 연계전략 관점에 따른 기술전략의 수립에는 기술개발계획, 개발기술의 우선순위 선정, 핵심적인 전략기술의 개발 등 아래와 같은 전략 내용에 대한 분석 및 고려가 있어야 하겠다.[2)3)]

o 사업부문과 연계된 기술개발(고객니즈, 고객창조, 시장수요 지향적)
o 사업/제품의 방향성 명확화(매력적 사업영역의 선택)와 우선순위 선정
o 개발기술의 방향성 명확화와 우선순위의 선정(전략적 기술의 개발)
o 기술의 전략적 역할에 대한 사업부문과 연구개발부문의 합의점 도출

나. 기술포트폴리오의 구성

기술포트폴리오란 기업이 전략적 기술목표를 달성하고자 여러 기술의 자산 가치와 기업이 보유한 핵심기술역량을 반영하여 기술군간 우선순위를 차등화하고, 자원배분을 차별화함으로써, 구성된 전략적 기술단위들을 유기적·체계적으로 결합하는 것을 의미한다. 이 경우 기업은 기술포트폴리오의 구성에서 기술가치성, 기술경쟁력, 사업/제품과의 관련성, 기술 기반성 등과 같은 요소들을 중요하게 고려하여야 하

며, 아래와 같은 점들을 중요하게 평가하여야 한다. 또한 기술포트폴리오의 구성은 <그림 3-8>과 같이 기술의 수명주기에 따른 신생-성장-성숙-쇠퇴 단계가 일정비율로 반영된 균형포트폴리오를 이루어야 한다.

- 기술적인 자산 가치를 평가할 중요한 기준
  - o 기술의 경쟁력 : 기술의 차별화 잠재력 여부
  - o 기업의 기술역량 또는 위치

- 사업 및 제품과 관련성하의 기술포트폴리오를 분석
  - o 제품 및 시장지향 전략 : 시장시너지 이용에 초점을 맞추고, 생산라인으로 부터 필요기술을 개발 또는 획득

- 기술기반전략 : 기술역량을 활용할 목적으로 제품이나 사업을 개발

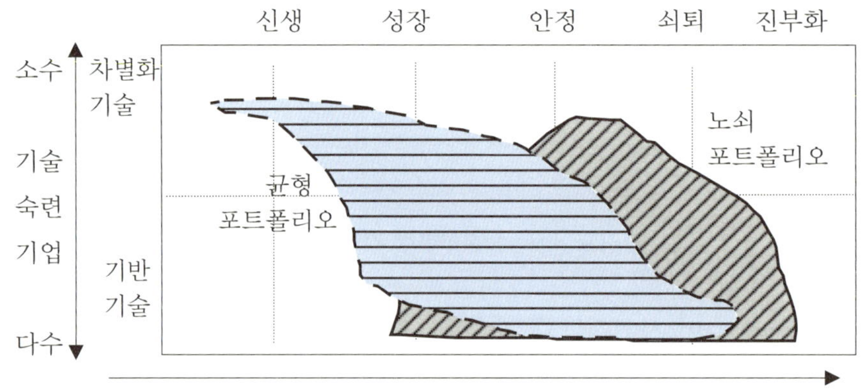

자료 : P. Dussauge et al, (1996), P.82, Figure 4-8 수정

그림 3-8. 노쇠 및 균형 기술포트폴리오

2. 불확실성하의 기술전략: 공간구조의 기술전략

불확실한 환경 하에서 기업이 선택하여야 할 기술전략은 시장성장잠재력, 기업의 전략적 시장위치, 기술의 핵심역량 등을 축으로 하는 3차원 공간에서 기업의 기술적 위치를 설정하고, 설정된 위치에 적합한 기술전략 대안을 선택하는 것이다.(이영덕 2002) 따라서 각 기업은 사업의 성장잠재력을 기반으로 하여 기업의 표준 사업포트폴리오를 설정하여야 한다. 아울러 시장점유율과 판매망을 기준으로 측정한 시장위치를 정하여야 할 뿐만 아니라, 나아가 기업의 핵심기술역량에 대한 분석을 하여야 하겠다. 이영덕(2002)은 이러한 기업의 기술전략에 대한 전략적 위치 및 위치별 적

합한 기술전략 특성을 제시하였는데 <그림 3-9>와 같다.

<그림 3-9>에서 육면체의 8개 꼭지점은 각각 상이한 전략적 특성을 의미한다. 성장잠재력, 시장위치, 핵심기술역량이 모두 높은 A(확대개척형) 전략의 경우에는 star로서, 시장위치를 유지하는 것이 중요한 전략이다. B(인수합병형) 전략에서는 해당 사업에 필요한 기술의 조기 확보가 중요하므로 자체개발보다는 인수합병을 통한 기술 확보가 중요하다. C(업무제휴형) 전략의 경우에는 시장에서의 전략적 위치가 낮은 관계로 시장에서 강한 기업과 전략적 연합이 중요하다. 높은 성장잠재력에도 불구하고 시장능력과 기술역량 측면에서 열위를 나타내는 D(심사숙고형) 전략의 경우에는 경쟁우위 확보를 위한 투자 또는 사업포기에 대하여 심사숙고가 필요하다.

한편 성장잠재력이 낮은 군에 속하는 전략을 분석하면 다음과 같다. E(선도추격형) 전략에서는 기존의 높음 시장위치와 기술능력을 활용하여 새로운 성장분야를 발굴하여 선도기업을 추격하여야 하겠다. F(축소유지형) 전략에서는 성장잠재력과 기술역량이 모두 낮은 관계로 기존의 시장위치를 유지하기 위한 최소한 투자를 하여야 하겠다. G(사업대체형) 전략에서는 다른 축에 비추어 기술역량만 높게 나타나므로, 기존의 기술역량을 다른 분야로 이동하도록 하여야 하겠다. 반면에 세 축의 위치가 모두 낮은 H(사업철수형) 전략의 경우는 dog으로서 사업을 철수 또는 포기하여야 하겠다.

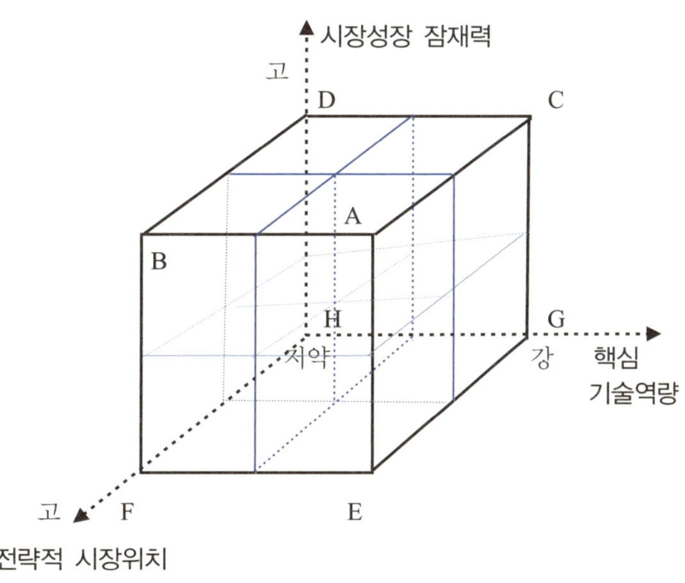

그림 3-9. 공간구조의 기술전략: LYD 전략

이러한 기술전략의 특성에 따른 대상기술의 선택에서는 명확한 경제적 목표에 따라 연구 그 자체가 아닌 사업과 관련성을 갖는 기술이어야 하며, 단순한 마케팅이 아닌 상품 및 재화 등과 관련성을 갖는 것이어야 한다. 따라서 기술은 연구개발 활동을 통해서 상업적인 제품 또는 서비스를 만드는 프로세스, 또는 직접적으로 상업적인 거래의 대상이 되어야 한다.

기업의 8가지 기술전략

전략유형	특 성			비 고
	성장잠재력	시장위치	기술역량	
A(확대 개척형)	고	고	고	Star: 시장위치의 유지
B(인수 합병형)	고	고	저	필요기술 조기 확보 필요
C(업무 제휴형)	고	저	고	시장이 강한 기업과 연합
D(심사 숙고형)	고	저	저	투자 또는 포기
E(선도 추격형)	저	고	고	Cash Cow : 투자필요
F(축소 유지형)	저	고	저	투자 최소화 필요
G(사업 대체형)	저	저	고	기술역량의 이동 필요
H(사업 철수형)	저	저	저	Dog : 포기

3. 신기술의 획득전략

가. 기술스캐닝과 기술선택

새로운 사업에 따른 적합한 신기술을 획득하기 위해서는 무엇보다도 먼저 해당사업에 관련된 기술적 조건에 대한 탐색을 통한 기술스캐닝이 이루어져야 한다. 기술스캐닝은 i) 경쟁업자가 사용하고 있는 기술이 무엇인가, ii) 우리의 사업영역에 적용될 수 있는 혁신이 무엇인가, iii) 다른 사업에 사용되는 기술이 우리 사업에 이전될 수 있는가 등에 대한 해답을 줄 수 있어야 한다(Dussauge et al 1996, p. 88). 따라서 기술선택을 위한 해당기술 관련사항에 대한 탐색기능이 강화되어야 하겠는데, 대상이 되는 탐색대상 내용을 보면 아래와 같다.

o 고객, 공급업자, 경쟁자와의 개인적 관계
o 긴밀한 산학연협동 관계
o 과학기술 행사: 과학심포지엄, 컨퍼런스, 총회

o 전문 저널 및 출판물, 과학기술 DB

o 기업의 기술능력, 보유특허

- 기술맵 또는 특허맵의 활용을 통한 기술궤적의 추적

또한 위와 같은 관련대상에 대한 탐색을 통한 정보를 기반으로 해당기술을 선택함에 있어서는 대상기술의 성공가능성, 잠재적 경쟁력에 대한 영향, 기술관련사업의 위험노출, 기술적 불확실성, 기술의 친숙도, 기술궤적 등을 종합적으로 고려하여야 하겠다. 기술적 선택대안의 평가는 일반적으로 '기술의 성공성-잠재적 경쟁에 대한 영향' 매트릭스, '사업위험노출-기술적 불확실성' 매트릭스, '시장-기술' 매트릭스 등의 방법을 많이 이용하게 된다.

<그림 3-10>은 텍사스 인스트루먼트(TI)사가 개발한 기술선택표와 A. D. Little사가 개발한 기술위험표를 결합하여 작성한 것이다. TI사의 R&D 관리자는 각 셀 별로 정보통신 관련 해당기술분야를 배열하였다. 또한 Little사는 기업의 기술선택은 낮은 기술적 위험에서 점진적으로 높은 기술적 위험을 반영하도록 변화해 간다고 하였다. 그러나 이러한 두 분석기법은 신기술을 선택하는 과정에서 해당기업의 전략적 위치에 대한 고려가 없었다는 한계를 가지고 있다.

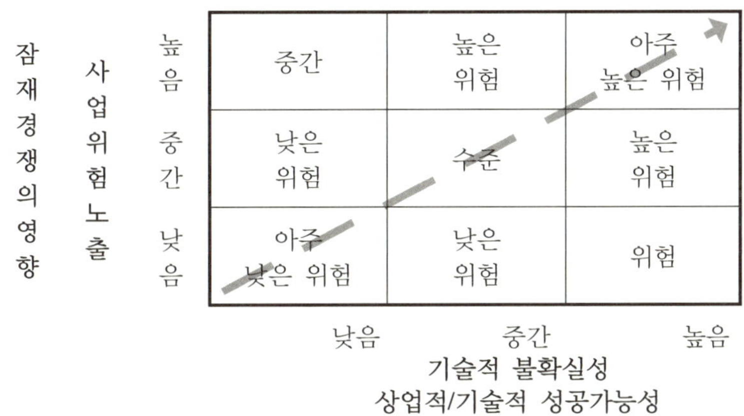

자료 : Dussauge et al, 1996, Figure 5.1, 5.2를 결합 작성함

주 : • 불확실성은 계획된 비용과 시간제약 내에서 설정된 기술성과 목표를 충족시킬 수 있는 정도로 측정

• 사업위험노출은 성과의 미달성시에 기업이 받는 영향의 정도로 측정

그림 3-10. 기술선택 및 위험

<그림 3-11>은 앞의 방법이 기업의 시장지위를 반영하지 못하였다는 한계를 극복하기 위하여 해당시장에 대한 친숙도와 기술적 친숙도를 동시에 고려하여, 기업의

다양한 기술적 선택옵션에 대한 기업의 전반적인 친숙성을 반영하는 방법을 나타내고 있다. 이 표에서 신기술을 선택하고자 하는 기업들은 공격적 관점에서는 대각선으로 되어 있는 빗금 친 부분에 해당하는 기술군을 선택 가능한 기술의 프론티어 경계가 되도록 하여야 하겠으며, 방어적 관점에서는 대각선 셀의 안쪽에 있는 부분에 해당되는 기술군을 선택대상으로 하여야 하겠다.

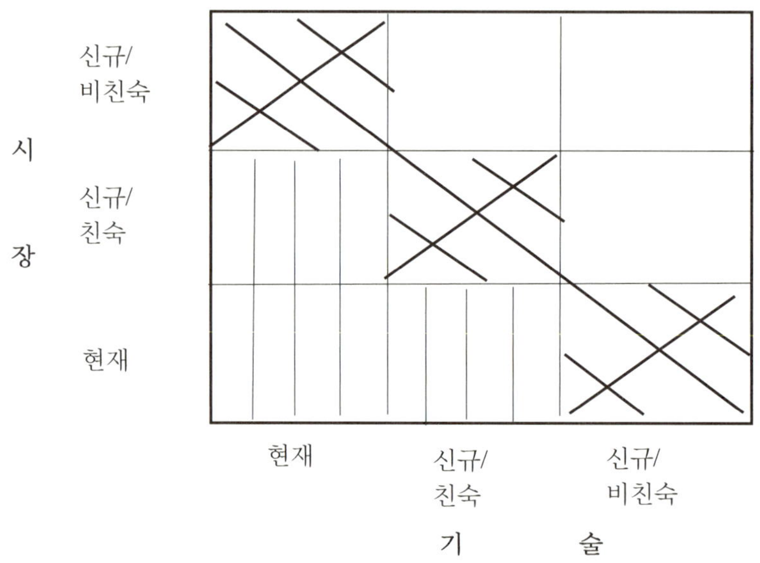

자료 : Dussauge et al, 1996, Figure 5.3을 인용

그림 3-11. 친숙도 매트릭스

기술을 스캐닝 하는 기준으로는 위에서 설명한 기준 외에도 해당기술의 기대효과인 기술수익관련 요인과 기술선택의 제약 조건인 위험관련 요인을 사용할 수가 있다. 수익관련 선정항목으로는 시장성, 경제성, 기술성을 기준으로 한 9개 요인이 있으며, 위험관련 선정항목으로는 경쟁현황, 개발난이도, 요구자원 등을 기준으로 한 10개의 요인이 있다. 이들 요인이 기술개발과 신제품개발의 결정과정에 고려해야 되는 정도를 필수요인과 선택요인으로 분류하여 표시한 것을 보면 <표 3-4>, <표 3-5>와 같다.

• 표 3-4. 수익관련 선정항목

●: 필수 ○: 선택

평가요소 및 항목 (평가대상)			제품개발	기술개발
기대효과	시장성	사업 기술 전략과의 연계성	●	●
		고객 니즈 적합성	●	●
		시장 규모 성장성	●	○
	경제성	출시 시점	●	○
		매출	●	○
		경상이익	●	○
		투자 효율성	●	○
	기술성	기술축적	○	●
		기술 파급효과	○	●

• 표 3-5. 위험관련 선정항목

●: 필수 ○: 선택

평가요소 및 항목 (평가대상)			제품개발	기술개발
제약조건	경쟁 현황	기존 경쟁현황	●	○
		새로운 경쟁사 출현 가능성	●	○
	개발 난이도	목표 Spec. 명확성	●	○
		특허 침해 가능성	●	○
		기술의 성숙도	○	○
		기술의 중요도	○	○
		이전의 원활도	●	○
	요구 자원	R&D 투자금액	●	○
		R&D 투입인력	●	○
		R&D 수행기간	●	○

나. 고객니즈와 기능·기술 매트릭스

기술선택 결정을 위한 또 하나의 중요한 방법은 기술클러스터를 활용하는 것이다. 대상기술을 선택함에 있어서 해당 제품 및 서비스와 관련된 고객의 니즈를 만족시키는 기능들이 무엇인가를 파악하고, 이를 실현시키는 것과 관련된 기술클러스터를 파악하여 반드시 필요한 기술을 파악하는 것이다. 이러한 과정을 정보통신사업의 예를 들어 설명하여 보자. 먼저 정보통신 서비스/제품에 관련된 고객의 니즈를 각 니즈에 부합되는 기능의 집합으로 파악하는 개념으로 고객의 니즈를 만족시키는 기능

들인 기능클러스터를 분석한다. 이러한 분석을 통하여 각종의 정보통신 제품/서비스에 관련된 고객의 요구사항을 기능중심으로 재배열함으로써 가장 중요한 기능집단이 무엇인가를 파악할 수 있으며, 아울러 니즈 간에 공통된 기능도 파악할 수가 있다<표 3-6>. 또한 이렇게 도출된 기능집단을 대상으로 필요한 기술이 무엇인가를 분석함으로써 최종적으로 고객의 니즈를 만족시키는 제품/서비스별 주요 기능을 도출하고 나아가 이러한 기능을 실현하기 위한 주요 기술클러스터도 도출할 수 있다<표 3-7>.

또한 이러한 매트릭스에서 도출된 기술클러스터를 해당 제품/서비스의 세분화된 표적시장과 연계시킴으로써 해당 셀에 적합한 제품/서비스 포지션을 나타낼 수 있다. 제품포지션 분석은 어떤 제품이 주어진 시장 세그먼트에 표적화 되었을 때 어떤 기술의 클러스터와 관계가 있는가를 밝혀주는 것이다. 즉 고객니즈-기능과의 관계에서 고객니즈별 기능클러스터가 먼저 형성되고, 기능클러스터와 기술동인과의 관계에서 기능클러스터별 기술클러스터가 형성되며, 기술클러스터-시장세그먼트 관계에서 해당 시장 세그먼트를 표적으로 한 제품/서비스에 필요한 기술클러스터가 무엇인가를 밝혀준다.

이러한 관계를 통하여 해당 사업자가 어떤 표적시장을 대상으로 제품/서비스를 투입하는 것과 관련된 기술선택에 있어서 관련 고객의 니즈-제품/서비스의 기능-관련 기술과의 관계에서 기술적 속성, 기능적 속성, 고객니즈를 종합적으로 평가하여야 함을 알 수 있다<표 3-8>.

• 표 3-6. 고객니즈와 기능과의 관계(기능클러스터)

기능 / 고객니즈	기 능				
	기능 1	기능 2	기능 3	기능 4	기능 5
니드 1	x		x	x	x
니드 2	x	x		x	x
니드 3		x		x	x
니드 4		x	x	x	

기능클러스터

자료 : H. Boar, The Art of Strategic Planning for Information Technology, John Wiley & Sons, 1993, p. 135, Figure 3.21

• 표 3-7. 고객니즈별 클러스터와 기술동인과의 관계

기술동인	고객니즈별 기능클러스터				
	클러스터 1	클러스터 2	클러스터 3	클러스터 4	클러스터 5
기술 1	x		x	x	x
기술 2	x	x		x	x
기술 3		x		x	x
기술 4		x	x	x	
		↓ 기술클러스터 1		↓ 기술클러스트 2	↓ 기술클러스트 3

자료 : H. Boar, ibid., 1993, p, 135 Figure 3.22를 수정함

• 표 3-8. 시장 세그멘트-기술클러스터와의 관계(제품포지션 매트릭스)

시장 / 기술동인	시장 세그먼트				
	세그먼트 1	세그먼트 2	세그먼트 3	세그먼트 4	세그먼트 5
기술클러스터 1	유선전화				
기술클러스터 2					
기술클러스터 3		이동전화			
기술클러스터 4					고도 부가서비스

자료 : H. Boar, ibid., 1993, p. 137 Table 3.17을 수정함.

다. 신기술획득전략

1) 신기술획득 관련요인과 특성

선택한 사업영역을 수행하는데 필요한 기술분석 및 기업의 기술능력에 대한 분석을 통하여 추가적으로 필요하다고 판단되는 새로운 기술에 대해서는 어떠한 방법으로 조달할 것인가에 대한 전략의 수립과 시행이 필요하다. 기업의 신기술획득 전략 결정에서는 전략적 위치, 기술수명주기상의 위치, 기술적 경쟁우위, 선택가능 기술획득대안, 투입가능 비용과 시간제약, 기술획득 위험, 전략적 자율성 등에 대한 고려와 분석이 이루어져야 하겠다.

기술의 수명주기관점에 따른 신기술전략은 <표 3-9>에서와 같이 공격적 전략, 방어적 전략, 단순한 기술구매 등으로 나누어 볼 수 있다. 도입기에는 일반적으로 공격적인 신제품개발 기술의 비중이 높은 반면에, 성장기에는 방어적 전략에 속하는

품질개선, 쇠퇴기에는 공정개량 또는 기술구매가 높게 나타난다.

• 표 3-9. 산업발전단계별 기술혁신전략

기술 혁신전략 \ 산업발전 단계		도입기 (고성장/저경쟁)	성장기 (시장확대/경쟁)	성숙기 (저성장/고경쟁)
공격적 기술개발	신제품 개발	고	중	저
방어적 기술개발	제품개량	저	고	중
	공정개량	저	중	고
기 술 구 매		저	고	중, 고

자료 : 확실치 않으나, 인용한 자료를 수정함.

• 표 3-10. 기업의 신기술확보 유형별 특성

특 성 \ 기술전략	외부기술구매	진화적 개량	생산규모확장	혁신기술개발
개발 비용	저	저	중	고
성공 확률	고	고	중	저
개발 시간	단	단	중	장
기대 이익	중	소	중	대
조직 내 영향정도	소, 대	소	소	대

자료 : 확실치 않으나, 인용한 자료를 수정함.

또한 기술개발관련 특성을 중심으로 본 신기술 획득전략의 차이를 보면 <표 3-10>과 같다. 이 표에서 사용된 기술개발관련 특성은 개발비용, 성공확률, 개발시간, 기대이익, 조직 내 영향정도 등이다. 외부기술구매의 경우에는 개발비용이나 개발시간이 상대적으로 낮고 짧은 반면에 성공가능성은 높다. 그러나 이러한 방법은 기술자체의 특성으로 인하여 높은 수익성을 기대할 수 가 없을 뿐만 아니라, 조직 내에서의 영향은 높게 나타나거나 또는 낮게 나타나는 등 일정하지가 않다.

한편 혁신기술에 대한 자체개발의 경우에는 개발비용이나 기대이익은 높게 나타나는 반면에, 성공확률이 낮으며 개발에 따른 시간도 상대적으로 장기간이라 할 수 있다. 이러한 전략이 조직에 미치는 영향은 기술혁신의 수행을 위한 조직의 변화를 유도하는 등 상대적으로 크게 나타난다고 하겠다. 마지막으로 기존기술의 개량을 통한 필요기술 획득의 경우에는 전반적으로 기술구매와 비슷한 특성을 보이는 한편 해당기술의 획득에 따른 기대이익은 상대적으로 낮은 수준에 머무를 것으로 판단된다. 아울러 이러한 개량이 해당 공정이나 제품에 대해서만 이루어지는 관계로 담당부서에만 영향을 미칠 뿐 상대적으로 조직전체에 미치는 영향정도는 낮은 것을 알 수 있다.

기업이 신기술획득전략을 결정하는 것과 관련된 여러 요인 중에서 해당분야에 있어서 기술측면에서 기업이 점하는 전략적 위치가 기술리더인가 또는 추종자인가에 대한 분석이 무엇보다도 중요하다고 할 수 있다. 첫째, 일반적으로 기술리더인가 또는 기술추종자인가에 대한 판단에는 신기술개발과 관련된 기술 환경을 분석하고, 나아가 유리한 상업적 환경을 조성할 수 있는 해당기업의 능력을 기준으로 사용할 수 있다. 둘째, 리더와 추종자를 판단함에 있어서 무엇보다도 시장의 반응이 중요한 관계로, 해당기업이 보유한 기술에 대하여 고객들이 인정하는 가치 및 경쟁기업과의 차별화에 의한 고수익 능력 등을 활용할 수 있다. 끝으로, 기술선도에 따른 기술개발비용, 개발지연, 개발의 불확실성 등의 기술적인 위험부담과, 고객반응에 대한 예측 어려움과 같은 고객에 대한 위험부담 등을 고려하여야 하겠다.

2) 신기술획득전략

위 분석을 통하여 기업은 자신이 보유한 핵심적인 기술능력을 바탕으로 새로운 기술 확보를 위한 기술기반전략을 효과적으로 수행하여야 한다. 이러한 과정 속에서 기업이 선택할 수 있는 신기술 확보를 위한 전략대안은 <표 3-11>과 같이 내부개발(in-house R&D), 보유기업 취득(acquisition of possessing firm), 합작투자 및 제휴(joint venture and alliance), 외부 연구개발 계약(external R&D contracts), 기술도입(licensing), 완제품 및 부품 구매(purchase of final products and components), 사내벤처(internal venturing), 벤처자본 지분참여(venture capital & equity participation), 교육적 취득(educational acquisition) 등 9개로 나누어 볼 수 있다(Dussauge et al 1996).

(1) **내부개발**

내부개발은 개발기업에게 많은 시간적 노력과 자본 투입을 유발하게 하는 문제점이 있기는 하나, 기업에게 계속적인 기술응용에 따른 최대한의 자유를 제공하며 아울러 관련기술이 창출할 수 있는 경쟁우위로부터 최대한의 혜택을 얻을 수 있게 해준다. 이 방법은 또한 연구프로젝트의 결과에 대한 기대의 어려움과 결과물의 응용정도에 대한 예측의 어려움으로 인하여 높은 위험을 초래하게 된다. 그러나 이 방법은 기업이 기존의 기술자산을 새로운 출발에서의 시발점으로 활용함으로써 기존 기술자산과 긴밀하게 연관된 기술을 개발하는데 가장 효과적인 방법이다.

• 표 3-11. **신기술 획득전략**

		기술적 속성		
		기존 기술	신규/관련 기술	신규/비관련 기술
시장 속성	기존 시장	합작투자 내부벤처	벤처자본 교육적 획득[4)]	스핀-오프 판 매
	신규/관련 시장	내부개발[2)] 획 득[1)]	내부개발[2)] 라이선싱 획 득[1)]	벤처자본 교육적 획득[4)]
	신규/비관련시장	내부개발[2)]	내부개발[2)] 라이선싱 획 득[1)]	합작투자[3)] 내부벤처

자료 : Dussauge et al, 1996, P. 95, Figure 5.6

주 : 1) 기술보유기업의 인수에 따른 인수기업 연구팀의 흡수비용 발생, 규제가능성

2) 연구개발에 따른 높은 위험 감수, 높은 전략적 자율성, 시간 및 실질 자원투입 필요, 기존기술자산과 연계된 기술개발

3) 비용 및 위험의 공유, 전략적 제휴와 경쟁이 공존

4) 장차 기술활용을 위한 신규기술에 대한 친숙성 유지기회 제공: 지원금 및 관련 프로그램

(2) 보유기업취득

기술보유기업의 취득은 실제적으로 해당기업에 필요한 기술을 보유한 기업이 존재하는 경우에 가능한 방법으로써, 이에 따른 비용은 해당기술의 기술적 가치에 의하여 다양하게 결정되어진다. 그러나 기업들이 이 방법을 실제적으로 사용함에 있어서는 현실적인 어려움이 수반되는데, 신규로 흡수되는 기업의 연구팀을 어떻게 기존 연구팀에 통합하느냐이다. 특히 해당기술이 몇 몇 소수의 개인에게 체화되어 있는 경우에, 해당 기술자 및 연구자의 퇴직은 취득방법의 성공에 중대한 영향을 미치게 된다.

이러한 전략을 취하는 기업의 대표적인 예로서, 통신장비분야에서 자체 기술개발을 기반으로 기술전략을 수행하는 루슨트 테크놀로지사와 전략적으로 가장 대별이 되는 시스코사를 들 수 있으며, 전략적 특성은 <표 3-12>와 같다.

◎ 참고 : 시스코사의 M&A 사례(송병태, 기술관리, pp. 50-52, 2000/4)

o 주력 업종 : 컴퓨터네트워크의 연결을 통한 인터넷 정보를 얻을 수 있도록 하는 네트워크장비 및 SW솔루션 제공업체

o M&A 실적 : 7년간 50여 개 기업인수, 최근 1년간 첨단기업 20개 인수

o 경쟁 상황 : 매출액(120억 달러) 대비 인수투자규모(100억 달러 준비)가 과다 자체의 기술개발능력 부족(경쟁사: Lucent Technology)

• 표 3-12. 시스코사의 기술보유기업 취득사례

핵심사업	기술요구	M& A 사례
데이터 네트워크상의 영상/음성통합솔루션 제공	• 광 네트워크	• 광전송장비(Cerent사, 65억 이태리 Pirelli SpA사, 21.5억)
	• 지능 네트워크	• Web대화기술(Webline사, 3.25억 Growth Network 사, 3.55억)
	• 초고속 인터넷 접속	• VPN(Altiga Network사와 Compatible System사, 5.67억)

자료 : 이영덕, "신규사업을 위한 필요기술 획득전략", 정보통신연구진흥원, *정보통신 이전기술의 사업화 전략, 2000. 4. 26, p. 19 재작성*

(3) 합작투자 및 제휴

합작투자 및 제휴는 참가 기업 간 기술개발에 따른 비용을 분담하고 위험을 감소시킬 수 있다는 장점이 있다. 반면에 연구개발의 대상이 되는 특정분야 및 필요자원에 대한 관련 기업 간 완전 합의가 이루어져야 하며, 이러한 합작 또는 제휴 사업이 파기되는 경우에는 상대기업이 바로 시장에서 경쟁기업이 된다는 한계점이 있다. 그러나 기술을 중심으로 한 합작투자는 향후 전개될 미래에 있어서 보편적 현상이 될 것이다. 또한 1990년대 이후부터 많은 산업분야에서 활발하게 전개되고 있는 관련기업 간 전략적 제휴는 대부분이 기술적 요인에 기인하거나 또는 실질적으로 기술과 관련된 제휴라고 하겠다. 기술기반제휴의 유형은 크게 나누어 보면 기술이전을 위한 것과 기술개발을 위한 것으로 나누어 볼 수 있는데 <표 3-13>과 같다. 실제로 상이한 기술기반제휴에 참여하고 있는 기업들이 가지고 있는 전략적 목표는 아래와 같은 특성을 반영하여 상당히 다양하다고 할 수 있다.

첫째, 시장의 세계화에 따라 일차적으로 관련기업들이 자사제품의 대규모 시장을 확보하고, 나아가 투입된 연구개발비의 회수, 생산시설투자 및 신흥기술에 대한 모니터를 목표로 하고 있다. 둘째, 기술적 변화에 따른 중대한 연구개발 투자에 있어

서, 기업들은 핵심기술 확보를 위하여 보유자원을 공유하여야 한다. 셋째, 신규 사업의 출현에 따라 과거에 각 사업별로 개발되고 구별되어진 기술들이 통합되고 있는 현상을 반영하여, 기업들은 경쟁력 유지를 위한 보완적인 기술능력(technological capability)을 확보하여야 한다.

• 표 3-13. **주요 형태의 기술제휴**

	기술이전	기술개발	
		공동연구개발	제품개발 및 제조
특 성	보완적 제휴	경쟁전 제휴	공동생산협정
예	유통합의/교차-라이선싱 협정	연구개발시설 공유	유럽 항공우주프로그램

자료 : Dussauge et al, 1996, P. 131, Figure 7.1 재작성

(4) 외부 연구개발 계약

외부 연구개발 계약은 기업에서 필요한 특정한 기술을 자체 내에서 개발하지 않고 기업 외부의 연구소, 대학, 전문연구센터 등과 계약을 체결하여 개발하는 것을 말한다. 이러한 유형의 연구개발방식에는 공동연구개발, 연구개발 아웃소싱 등이 있을 수 있다. 먼저 기업에서 사용되어지는 공동연구개발방식은 주로 대학(산-학 연계), 연구소(산-연 연계)등과 협력연구의 차원에서 정부를 포함한 외부의 연구개발 자금 지원에 따라 이루어지는 경우가 일반적이다. 따라서 연구개발의 대상기술은 개별기업의 응용분야와 직결되어있기 보다는 경쟁 전 연구 또는 산업연구 등과 관련된 것이 일반적이다.

한편 기술 및 사업관련 환경이 급변하면서 근자에 들어서 그 중요성이 크게 부각되고 있는 외부계약에 의한 기술개발 방식의 하나가 아웃소싱에 의한 기술개발이라고 하겠다. 아웃소싱은 기업내부에 기술적 역량의 축적이 부족한 신흥기술 분야 또는 전문 인력 팀을 자체 조달하여 운영하는 것이 비효율적인 기술 분야에서 기업이 필요한 기술을 취득하기 위하여 외부 주문을 통하여 필요기술을 확보하는 방안이다. 연구개발에서 아웃소싱전략이 강조되는 것은 아웃소싱이 일차적으로 비용 삭감을 통한 효율성 향상의 수단이 되는 동시에 훨씬 광범위한 효과를 기대할 수 있다는 데 있다. <표 3-14>에 의하면 아웃소싱에 의한 연구개발의 장점은 효율 면에서 강조되기보다는 효과 면에서 찾아볼 수 가 있다. 아웃소싱은 이미 기술기반이 확립되어 있는 기관에 개발을 의뢰하기 때문에 자사에서 개발을 시작하는 것보다도 기술개발의

속도를 증가시켜준다는 것이다(산기협 1999/6).

• 표 3-14. 연구개발 아웃소싱의 장단점

장점			단점
효과		효율	• 사내의 연구자와 기술자육성의 관점에서 교육효과를 기대하기 힘듦
기술	• 사내에 없으며 양호한 기술을 필요할 때 활용이 가능함 • 시간을 들이지 않고 최고수준 기술의 활용 가능함 - 새로운 기술을 활용할 수 있는 계기가 됨	• 사내 연구개발팀 증원억제가 가능	
문화·풍토	• 자사문화에 물들지 않은 특유한 문화의 개발이 가능함 - 사내에 새로운 발상에서의 연구문화를 도입하는 계기가 됨.	• 일시적 수요에 의한 설비, 기기 등에 대한 투자 억제	• 명확한 기술전략을 기본으로 한 사내에서의 기술 개발과 기술육성

자료 : 일본 연구개발 Management 1991/1, R&D강좌, "연구개발의 아웃소싱", 한국산업기술진흥협회, 기술관리, 1999/6, p. 43, <표 1>을 재인용.

따라서 아웃소싱을 활성화하기 위해서는 아웃소싱전략 수행에 장애가 되는 환경을 제거하여야 하겠는데, 이와 관련된 환경요인은 다음과 같다.

o NIH(Not Invented Here) 증후군의 존재
o 기술전략의 부재
o 기술효과와 교육효과 동시고려 부족
o 기술개발에서 자사의 리더십에 대한 집착
o 자사 기술비밀 누출에 대한 우려

(5) 라이선싱 및 교차 라이선싱

라이선싱은 기술도입계약에 따라 지리적, 산업적으로 상이한 기업이 보유하고 있는 기술을 일정한 조건하에서 비용을 지불하고 일정기간 동안 실시권을 확보하는 방법이다. 따라서 도입 기업은 기술의 사용에 있어서 엄격한 제한을 받게 되는데, 독점실시권이 부여되지 않을 수도 있다. 기술료의 경우에도 통상적인 사용료를 비롯하여, 지분할당 및 부품공급계약 등으로 다양하다. 또한 라이선싱을 통하여 기술을 제공받은 기업이 추가적으로 기술을 개발하는 경우에 개발기술을 원 기술보유자에게 제공하는 교차 라이선싱을 하기도 한다.

이러한 방법은 시장에서 기술추종자의 위치에 있는 기업이 리더가 보유한 기술을 도입하여 사용함으로써, 기술개발에 따른 위험과 비용을 감소시키는 동시에, 두 기업 사이에 존재하는 기술격차를 축소하는 목적으로 사용되어진다. 그러나 대부분의 경우에 라이선싱을 통하여 제공되는 기술이 기술수명주기로 볼 때 성숙 및 쇠퇴기에 속한 기술이 많다. 아울러 제공되는 방법에서도 해당기술만 개별적으로 제공되는 것이 아니라 패케이지 형태로 제공되는 관계로, 실제적인 면에서 기술경쟁력을 제고시키는 데는 부적합한 경우가 많다는 한계가 있다.

(6) 완제품 및 부품 구매

이 방법은 직접 관련기술을 취득하는 것이 아니라 완제품 또는 부품을 구매하여 자사의 상표로 판매함으로써 필요한 기술을 확보하는 것이다. 이러한 방법은 해당기업이 일시적으로 특정시장에서 시장지위를 유지하거나 사업 자체에 진입하는데 필요한 지식 또는 핵심시장지식을 확보하기 위한 일환으로 사용되어진다.

(7) 사내벤처(internal venturing & intrapreneurship)

이 방법은 해당기업의 특정 조직 메커니즘에 기초한 내부 기술역량을 개발하기 위한 일환으로, 기존의 기업조직 내에 독립적인 단위들로 구성된 조직을 통하여 필요한 기술을 개발하는 것이다. 이들 단위 조직은 신기술 및 신제품 개발과 같은 명확한 목표를 가지고 있으며, 해당 기업의 공식적 시스템이나 절차로부터 보호를 받게 된다. 아울러 이들은 자신의 동태성, 창의성, 위험추구 행동, 및 기업정신에 따라 활동하게 된다.

미국에서는 GE, AT&T, IBM, 3M 등 다수의 대기업들이 기술혁신을 촉진하기 위하여 이러한 형태의 활동을 장려하고 있다. 3M사는 종업원들이 작업시간의 10% 정도를 자신이 선택한 프로젝트와 과제에 사용하는 것을 권장하고 있다. 이러한 과정에서 수많은 실험적 제품이 출현하며, 이들 중에서 실제 시장에서 성공하는 기술 및 제품 아이템이 나오게 되는 챔피언쉽을 강조하고 있다. 이러한 활동방식에서 강조되는 것은 내부기업가(intrapreneur)들이다. 이들은 단순한 연구자가 아니라 디자이너, 매니저, 및 협상가를 겸하고 있어서, 연구실에서 개발한 기술을 자연스럽게 이전시켜 시장에 연결시키는 기능을 통합하여 수행하게 된다.

(8) 벤처자본의 지분참여

이 방법은 기술 혁신을 활용하기 위하여 설립된 신규기업 또는 확장기업의 지분에 참가하는 것이다. 이는 해당기업이 신기술관련 지식과 기술개발에 관한 일정 한도의 통제권을 가진 기업에 참가하는 것을 의미한다. 이 경우 참가기업이 차후에 자사의 전략적 지위를 강화하도록 선택하거나, 경우에 따라서 고려대상 기술이 시연될 것이 확실하면 취득으로 발전시킬 수도 있다. 이 방법은 미국의 듀퐁사, 제너럴 일렉트릭, 엑손 등과 같은 많은 대기업들이나 프랑스의 앨프-아퀴테인 등이 사용하고 있다.[4] 또한 일본계 기업에서도 신기술 취득을 위한 대표적인 방법으로 많이 사용되고 있다.

(9) 교육적 취득

이 방법은 기술에 대한 창을 가진 기업에서 주로 사용하고 있다. 보조금이나 협력 프로그램을 통하여 가까운 장래에 당해 기술들이 사용될 긴요한 의도가 없는 신기술에 대하여 기업들에게 친숙해질 수 있는 기회를 제공하기 위한 목적으로 이 방법이 이용되어진다.

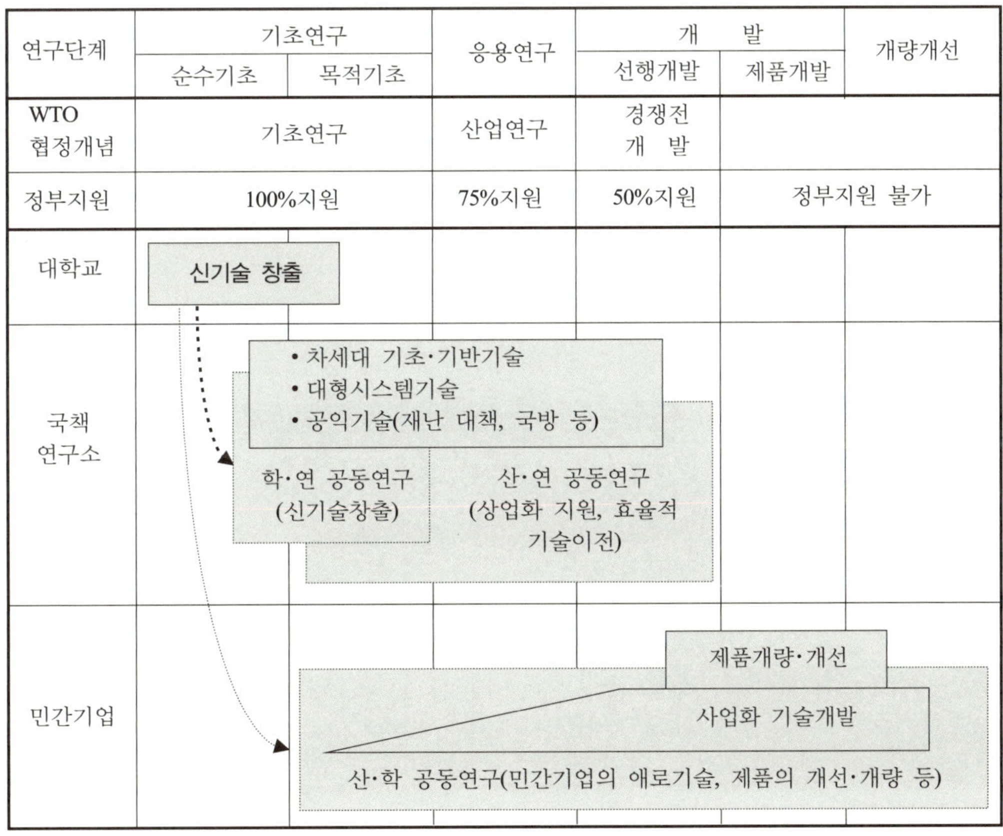

자료 : 정보통신연구관리단, 정보통신 중장기 기술기획, 1996년, p. 87

그림 3-12. 연구개발 스팩트럼과 기술개발전략

이상과 같이 신규기술을 획득할 수 있는 방법은 상당히 다양함을 알 수 있다. 기업의 특정한 방법에 대한 선택은 비용, 위험, 및 시간 측면에서의 제약조건과 기술의 이용가능성에 의하여 결정된다고 하겠다. 아울러 이러한 선택에는 기업이 해당기술을 활용하는데 따른 자율성, 필요기술 및 해당 사업 특성 등도 큰 영향을 미친다. 마지막으로 이러한 제 요인들을 고려하여 신기술의 획득방법을 결정함에 있어서 해당기업은 반드시 사업전략 및 기업의 전사적 전략과의 연계성을 고려하여야 한다.

특히 필요한 기술을 산학연 파트너십을 활용하여 공동연구개발하는 경우에는 <그림 3-12>에서 보는 바와 같이 글로벌 기술 환경에 따른 연구개발의 스펙트럼에서 대상기술이 어느 부분에 해당하느냐에 따라 구체적인 개발방식은 달라져야 할 것이다.

각주

1) 기술전략이란 '기업이 처해있는 환경 하에서 기술적 위협과 기회에 대처하기 위하여 기업들이 사용하는 선택과 계획들의 포트폴리오'(Maidique & Patch 1988), 또는 '경쟁적 이점의 성취를 목적으로 입력요소를 출력으로 전환하기 위한 경영적 의사결정과 행동의 집합'(Spital & Bickford 1992)이라고 정의된다. 그러나 경영현실에서는 기업의 연구개발과제 선정과 재원배분에 관련하여 논의되는 의사결정 수단이다. 한편 기술개발전략은 전략의 정책적 의도에 따라 아래와 같이 네 가지로 유형화 할 수 있다.

① 공격적 전략(선도정책)
- 하이테크를 바탕으로 한 시장 지배적 전략
- 기술 리더형 제품을 시장에 최초 도입하는 전략으로 기초 연구기능을 중시
- 강력한 특허정책
- 개발, 생산, 마케팅기능도 중점
- 예 : IBM, SONY, PHILIPS 등의 전략

② 방어적 전략(추종정책)
- 제 2인자로서 보다 나은 전략(Second But Better)
- 기초연구보다 응용연구에 중점
- 원천특허보다 개량특허 강화로 경쟁자의 시장지배 위치를 약화시키는 교섭력 확보에 주력
- 예 : MATSUSHITA, SANYO 등의 전략

③ 모방전략
- 연구보다는 개발에 역점
- 원가절감, 기능향상, 신뢰성 등 개량기술로 차별화 도모
- 라이선싱, 노하우계약을 통해 모방적 기술 습득
- 예 : 많은 한국 전자업체들의 전략

④ 틈새전략
- 1차 혁신기업의 강·약점과 전략분석을 통해 아직 공략되지 않은 시장기회, 용도 등을 연구
- 새로운 시장, 용도 등에 대한 연구에 중점
- 기술 시드보다는 사용자 니즈에 밀접함
- 디자인 및 응용엔지니어링을 강조함으로써 고객, 및 가격의 차별화 도모
- 예 : SHARP의 전략

2) 연구개발 포트폴리오의 결정과 관련하여 기술개발분야를 선정함에 있어서는 다음과 같은 분석이 있어야 한다.

① 보유기술의 수준 및 공급정도 분석
- 개발하고자 하는 기술이 기업 내 다른 연구개발과제와 연관성, 파급성 여부와 당해 기술을 통합하여 시스템으로 융합하였을 때 새로운 기술의 창출가능성
- 기술표준을 설정하는 능력을 제공할 수 있는가 등에 대하여 종합적으로 분석하여 의사결정.

② 기술 원천의 확보 방법

- 기술 변화속도가 빠르고 기술 수명주기가 짧은 최근의 기술환경 하에서는 외부적 유효기술과 내부적 자원의 효과적 결합을 위한 공동연구개발 파트너의 탐색 가능성 등.

③ 기술자원의 적정 투입량 분석

- 개발기술을 세분화하여 요소기술에서부터 제품의 제조공정까지 모든 프로세스에 맞추어 기술을 분해함
- 분해된 요소 기술 간의 중복된 기술자원을 최대한 배제한 후, 각 요소기술에 투입된 추정치를 합산하여 전체적인 투입 기술자원을 산출함

④ 개발기술의 성숙도 및 중요도 분석.

- 개발기술의 발전단계는 신생기, 성장기, 성숙기, 쇠퇴기로 구분되고 있으나, 개발대상기술이 어느 단계에 속하는지 간단히 판단하기 어려움
- 따라서 ㉠ 상업화가능성 ㉡경쟁사의 당해 기술담당자수 ㉢개발의 독점성 ㉣ 시장성 면에서의 신규 참여난이도 ㉤공개정보의 빈도 ㉥공개정보의 내용 과 수준 ㉦ 당해 분야에 대한 기술경쟁의 촛점 ㉧결과의 개연성 ㉨활용 가능한 기술개발의 재원 ㉩마케팅 활동의 분위기 등 10가지 평가지표에 의해 발전 단계를 분석한 후 개발진입 여부를 결정함(小久保 厚郞, "기술을 살리는 경영전략")

3) 연구개발 포트폴리오 전략결정에 중요한 영향을 미치는 기준중의 하나가 연구개발 사업 또는 프로젝트에 대한 자원배분 우선순위의 결정문제이다. 이는 기술전략 또는 기술정책관점과 관련을 가지는 것으로서, 기술 및 미션 지향적이냐, 또는 시장 및 확산지향적이냐에 따라 고려되는 요소와, 그들의 중요도가 상이하게 된다는 것이다. 특히 국가수준의 연구개발 전략의 경우에는 미션지향 부분의 비중이 큰 반면에, 민간 기업 수준의 경우에는 시장 및 확산지향성이 비중이 크다고 볼 수 있다. 이러한 비중을 결정하는 방법으로는 전문가 집단을 통한 델파이 기법이 많이 사용되어지는데, 우리나라 초고속정보통신 연구개발사업의 우선순위 결정에 대한 일 예를 보면 다음 표와 같다.

<table>
<tr><th>단계</th><th>우선순위</th><th>결정요인 기준</th><th>구체적 요인</th><th>측정방법</th><th colspan="3">가중치</th></tr>
<tr><td rowspan="2">1단계
(탑-다운
지향)</td><td rowspan="2">국가목표
관련:기술
영역관련</td><td>하부목표</td><td>하부정책목표에 대한
파급효과</td><td>5점 척도</td><td colspan="2">0.5</td><td rowspan="2">0.5</td></tr>
<tr><td>기술영역중요도</td><td>기술영역 영향평가</td><td>5점 척도</td><td colspan="2">0.5</td></tr>
<tr><td rowspan="4">2단계
(보텀-
업지향)</td><td rowspan="4">기술목표
관련 :
기술개발
과제관련</td><td>기술의 중요도</td><td>기술발전/혜택의 효과
경쟁력 증대효과</td><td>5점 척도
5점 척도</td><td>0.5
0.5</td><td>0.2</td><td rowspan="4">0.5</td></tr>
<tr><td>기술 불확실성</td><td>기술구현의 난이도</td><td>3점 척도</td><td>1.0</td><td>0.1</td></tr>
<tr><td>기술성</td><td>선진국과의 기술격차
경쟁적 위치(산업파급,
기술파급, 핵심성 종합)</td><td>3점 척도
3점 척도
(고/중/저)</td><td>0.3
0.7</td><td>0.3</td></tr>
<tr><td>기술관련
서비스의
확산가능성</td><td>사용자서비스필요성,
서비스 개발 시기
수익성 : (상/중/하)
개발추진방법:(민/관/협동)</td><td>5점 척도
3점 척도
3점 척도
민/관/합동</td><td>0.3
0.3
0.2
0.2</td><td>0.4</td></tr>
<tr><td colspan="5">총 계</td><td></td><td>1.0</td><td>1.0</td></tr>
</table>

자료 : 이영덕과 이성덕, “초고속정보통신 기술개발사업에서의 기술 확산을 고려한 자원배분 우선 순위설정에 관한 연구” 한국정보기술응용학회, 정보기술응용연구, 창간호, 1999/2, p. 25

4) ElfAquitaine사는 새로운 세대 컴퓨터를 개발하여 시장에 투입시키기 위하여 만들어진 미국국적의 소기업인, Trilogy사를 설립하는데 필요한 자금지원을 위한 회사인 Bull사의 지주회사로, 자사의 벤처자본을 투자하여 Innovelf라는 자회사를 설립하였다.

제4장 기술기획

제1절 기술기획의 개념과 절차

1. 기술기획의 개념[1)]

작금에 우리를 둘러싸고 있는 환경적 특성은 이른바 복잡하고 급변하며 예측 불가능한 것으로 요약할 수 있다. 이와 같은 환경적 특성은 여러 가지에 기인할 수 있겠지만 가장 중요한 원인중 하나는 과학기술이라 하겠다. 따라서 신기술이 갖는 수많은 기술적 가능성과 불확실성이 공존하는 상황에서, 어떻게 유망한 신기술을 선택하고, 또 언제 어떠한 방식으로 집중과 선택을 통해 효율성을 높일 수 있는가를 결정하는 소위 전략적 기술기획의 중요성이 부각되고 있다.

기술기획은 기술의 역할변화, 시장 및 기술 환경의 변화, 기술 확산경로 예측의 어려움, 한정된 자원 등의 제반 여건 하에서, 상대적으로 희소한 자원을 전반적인 관점에서 가장 효율적으로 사용하여 성과를 극대화하는 방법을 강구하는 것이다. 즉 기획을 통하여 기술의 표준화를 구체화 하고, 어떤 기술에 역량을 쏟을지, 얼마나 시너지효과를 창출해 나갈 수 있는지 예측할 수 있게 된다. 따라서 기술기획은 전략적 기술경영과정 전체를 나타내는 것으로, 기술전략에 따른 구체적인 실행기획, 연구개발 프로젝트의 선정, 자원의 배분 등을 수행하는 것이다. 또한 기획활동을 효과적으로 수행하는데 필요한 다양한 요인들을 요약한 일련의 과정이라고 할 수 있다.

기업은 기술기획을 시행하는 것이 이익창출에 있다는 것을 인지하여 개발을 원하는 기술, 적정한 투자규모, 총비용 등을 고려하는 것이 중요하겠다. 일반적으로 기획은 현재보다 바람직한 미래를 추구하기 위해 이에 대한 목표를 설정하고 목표를 달성하기 위한 세부 행동지침을 마련하는데 있다. 그런데 목표가 상황에 따라 다르게 설정될 수 있다면 기획은 예측 가능한 상황 하에서 적합한 목표를 도출하는데 많은 비중을 두어야 한다. 이때 합리적인 목표를 수립하기 위해서는 예측된 환경 내에서 외부의 환경변화를 잘 예측하고, 인력, 자금 등 관련 자원의 가용성 및 수행능력 등과 같은 내부의 제약조건을 잘 검토하여야 한다.

기술기획의 사명은 우선 전사 또는 사업부를 위한 기술전략의 입안, 전략실행에 대한 감독, 및 기술관련 일상 업무의 수행이다. 전략적 기술기획은 경영전략에 따라 기술투자의 방향을 설정하는 것이다. 기술투자에는 즉 연구개발 투자, 생산설비 투자, 기술 인력투자, 정보화 투자 등이 있다. 이러한 측면을 고려해 볼 때 기술기획의 역할은 기업의 기술에 관계되는 업무를 폭넓게 담당하는 것이다. 관련 업무로는 전략적 업무 외에 전사공통의 기술관련 업무, 사업부 및 사업본부에서 담당하지 않는 기술관련 업무를 포함하고 있으며 아래와 같다.

o 중장기 기술개발전략의 입안
o 기술전략회의의 사무국
o 연구개발비의 예산 작성
o 위탁연구계약
o 외부기술위원회 창구
o 외부기술의 심사
o 전사 기술체계의 정리
o 연구개발 과제의 정리
o 기술정보의 수집
o 정부 정책 관계 연구수탁 창구
o 외부 기술제휴 계약
o 특허관리

기술기획의 일반적인 프로세스는 경영방침에 따라서 우선 기술기획부가 top-down 방식으로 중장기 전사적 기술전략을 만드는 것으로부터 시작된다. R&D 실행부문을 포함한 기술투자실행부문은 기술기획부가 입안한 전사 level의 기술전략을 따라 각 사업부에 맞는 기술전략을 구축하고 기술투자계획을 책정하는 것이 된다. 이 경우에 나타나는 문제는 전사 level의 기술전략과 부문 level의 기술전략을 어떻게 연계시킬 것 인가 이다. 연계가 확실히 되기 위해서는 기술기획부가 만든 전사 level의 기술전략이 사업부나 연구소를 납득시키기에 충분한 품질과 논리성을 갖고 있느냐에 달려 있다. 이울러 이러한 연계를 촉진하기 위한 기술전략회의가 중요하게 된다.

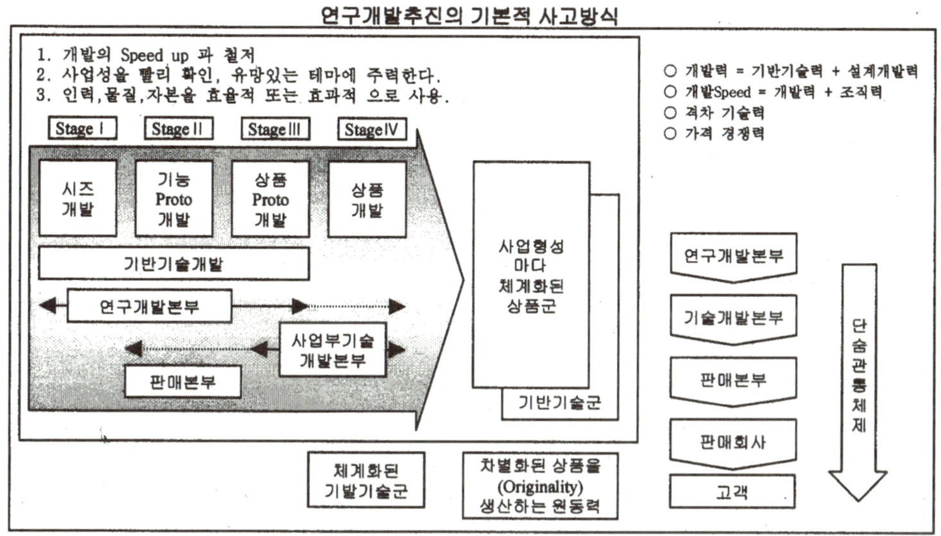

그림 4-1. 연구개발 추진의 전략적 사고

그런데 기술기획의 중요성이 증대됨에 따라 효율적인 기능수행을 위하여 조직화된 CTO기능이 요구되고 있으며, 아울러 CTO를 지원하기 위한 기술기획부의 위치가 중요하게 된다. CTO는 기술전략의 총괄책임자로서 CEO의 참모 및 경영회의의 멤버로 기술전략회의의 의장이 되며, 기술기획부는 기술전략회의의 사무국이 된다. CTO는 전사적 기술전략에 관하여 CEO로부터 권한을 위양 받는 대신에, CEO에 대해 전면적으로 책임을 지게 된다.

2. 기술기획절차와 연구개발 기획

가. 기술기획절차의 개괄

목표기술의 선정은 사업부에서 현재의 경쟁적 위치파악과 향후 지향하고자 하는 경쟁목표를 도출해 내는 것이며, 기업에서는 경쟁목표를 효과적으로 달성하기 위해 어떤 기술을 개발할 필요가 있는지를 파악해야 하는 것이다. 따라서 일차적으로 목표를 정했다면 이에 맞는 이상적인 기술개발의 방향을 결정한 후 목표기술들의 개발 및 활용에 필요한 자원의 종류와 크기, 및 조달시기를 결정하게 된다.

다음으로는 연구개발 프로젝트의 평가인데, 연구개발 프로젝트 후보군을 형성하여 프로젝트를 수행하는데 필요한 비용, 이익, 및 위험에 대한 개별적인 평가가 이루어진 후 반복평가를 통해 적합한지를 파악하게 된다. 이러한 연구개발 프로젝트

평가가 이루어졌다면, 연구개발포트폴리오를 통해 그다음 과정으로 나아가야 한다.

연구개발 프로젝트를 종합적 평가를 위해서는 먼저 연구개발 포트폴리오를 구성하여야 한다. 그런데 포트폴리오의 구성에는 전체적인 관점에서 이루어져야 하며, 프로젝트의 균형과 상호 연관성을 고려해야 한다. 포트폴리오는 주로 사업부 차원에서 이루어지는데, 사업부는 연구개발 프로젝트의수가 너무 많지는 않은지를 검토해야 한다. 위험과 수익에 관련하여 균형 있는 포트폴리오를 구성하여야 하겠으며, 각 프로젝트의 위험과 이익을 면밀히 검토하여 단/중/장기에 걸쳐 수행할 수 있는 포트폴리오를 구성해야 한다. 또한 기존에 실행하고 있는 프로젝트의 지속적인 수행 및 중단여부에 대한 검토도 있어야 한다. 기업은 모든 사업부들이 추진하려고 하는 연구개발 프로젝트들을 망라하여 장기프로젝트를 어떻게 관리할 것인지, 각각의 프로젝트에 몇 명의 연구 개발자들을 종사시키고, 얼마의 시간을 투입하게 할 것인지를 검토하여 기술기획을 형성하게 된다.

이 때 기업 내에서 전사적 관점으로 총괄적으로 평가하였다면, 외부적으로 경쟁기업과의 비교검토도 실행되어야 한다. 이 단계에서는 검토된 기술기획을 경쟁기업과 비교하여 보다 심층적으로 검토하는 단계로, 각각의 목표 기술들을 세밀하게 검토하고 종합적인 기술계획의 원가, 이익, 위험 등을 세심하게 평가한다. 이 평가를 통해 전사적 차원에서 총 자원 소요량을 객관적으로 파악하며, 기술적 역량의 변천과정을 객관적으로 파악하여 미래 성장 기회에 집중할 수 있게 한다.

기술기획의 마지막 단계인 실행가능성 검토는 지금까지 마련된 기업의 종합적인 기술계획안을 실행가능성의 측면에서 최종적으로 검토하는 단계이다. 기업이 기술을 놓고 기획했던 이점과 단점을 평가하고 그 동안 마련된 기술계획안을 통해 기업이 실행할 최종기술계획을 확정한다. 기술기획을 구성하는 과정에서 가장 중요한 것은 기업이 기획을 추진하는데 충분한 정도의 자원을 동원할 수 있는가를 중점으로 검토하는 것이 중요하다. 자원을 비롯하여 기술기획과정에서 고려되어야 할 점이 몇 가지 있다. 변화하는 기업여건에 부응하는가, 기업전체에 공유되는 내용을 창출해야 하며 사업부문과 기술부문의 의사소통을 촉진시켜야 하며, 실행시의 척도를 측정, 평가할 수 있는 수단을 제공해야 한다.

한편 기술기획과정은 기술자들만이 참여하는 것이 아니라 여러 관련 부문들이 모두 참여해야 한다. 개발부문 뿐만 아니라 마케팅, 생산, 경영기획 부문도 주도적으로 참여해야 한다. 일반적으로 개발 및 응용연구를 수행하는 민간에서 이루어지며 기술포트폴리오 분석, 기술나무, 기술지도 등 주로 단기 R&D 기획방법이 요구되는 반면 국가는 R&D 기획 등을 통해 장기적이고 신규성이 높은 분야를 대상으로 R&D기획을 수행하는 게 일반적이다.[2)] 이러한 특성을 반영한 기술기획의 구성을 보면 다음과 같이 분류할 수가 있다.

1) 목표기술의 체계 파악

먼저 해당기술의 내용 및 체계를 파악한다. 이것은 대상기술의 체계 및 세부요소기술을 파악하는 기술 체계도 라고 할 수 있다. 그 후에는 핵심, 전략기술의 파악을 통해 각 기술 요소별로 기술 성숙도를 파악한다. 기술성숙도에 따른 기술의 응용잠재력을 파악할 수 있다. 기술이 태동기에서 성장기, 성숙기를 거쳐 쇠퇴기로 점차 성숙화 될수록, 부가적인 기술진보의 잠재력은 점차 줄어드는 반면, 불확실성도 점차 감소하게 된다. 기술성숙도에 따른 기술획득 용이성의 변화를 통해 기술이 태동기에 있는 경우에는 기술획득이 어렵고, 쇠퇴기에 있는 경우에는 기술획득이 용이해진다.

여기서 기술의 전략적 중요성에 따른 기술의 분류를 볼 수 있는데, 먼저 기반기술이 있다. 기반기술은 해당 산업의 모든 기업이 꼭 알아야 하는 기술이다. 그다음의 핵심기술은 타사에 비해 경쟁우위를 가지도록 해주는 기술이다. 미래기술은 앞으로 경쟁우위를 결정할 것으로 기대되는 기술로 아직은 사업화 되지 않았다. 각 기술요소 별 기술의 전략적 중요성을 파악해야 한다. 제품과 기술의 연계관계, 핵심기술과 전략기술영역을 통해서 이루어진다.

2) 기업의 상대적 기술능력 파악

그 다음의 과정으로는 기술 요소별로 기업의 상대적 기술능력을 파악한다. 각 기술 요소별로 경쟁기업과의 비교를 통해 해당기업의 우위기술 영역을 파악한다. 프로파일이나 평점모형을 통한 기술능력분석과 세부 기술별 평가 또는 경쟁위치 평가요인별 평가가 이루어진다. 그리고 해당 기업의 핵심역량이 무엇인지 파악하여 유지, 확보하여 원천기술과 핵심요소 기술 개발 등을 할 수 있다.

또한 기술전략 수립과정인데, 목표달성을 위해 요구되는 기술적 노력들을 검토, 파악하여 중장기 연구개발계획의 수립 및 수정과 보완이 이루어진다. 아울러 기술포트폴리오 작성 및 자원능력이 파악되는데 기술개발투자의 적정배분원칙을 결정하며 확보가능자원의 파악이 용이해진다. 각 기술, 요소별 기술개발 우선순위 및 확보방법, 확보시기가 결정되어 각 기술개발과제 및 확보방법 별 위험도, 성공시의 이익, 비용 시기가 분석되며, 필요한 자원의 파악이 이루어진다.

그런데 새로운 기술개발 프로그램의 구성을 통해 새로운 R&D 프로그램을 발굴할 수도 있으며, 기존 R&D 프로그램을 수정/보완/발전시킬 수도 있다.

3) 기술전략 실행과 성공요인 분석

기술기획은 기술전략 실행시스템을 조정하고, 구축하여 진척도 및 중간성과를 측정, 점검할 수 있는 수단을 제시한다. 이때 실행시스템의 설계시의 고려사항은 인력, 기술기반, 조직, 환경탐색, 기술전략, 성과평과 및 보상체계, 예산 등이다.

기술기획의 성공요인으로는 기술기획을 잘 할 수 있는 기본 토양, 여건을 조성해야한다. 사업의 고유임무를 명확화하며, 기술의 중요성에 대한 전사적 이해, 최고경영층의 지원과 관여, 경영전략과의 연계 등이 기초가 되어야 한다. 그다음으로 기술기획을 추진하는 주체, 기본 틀을 구성해야 한다. 조직의 구조 및 문화에 부합하는 기술기획과정, 고객수요 만족을 위한 다양한 의사소통방식의 활용, 핵심역할 파악 및 적합한 인물의 배치를 통해서 이루어진다.

기틀을 구축했다면 이들이 충실하게 되도록 지원하는 과정상의 요인이 필요하다. 그 요인으로는 다양한 기술정보 및 시장정보의 원천, 기획팀에게 실행의 책임을 부여하며, 기술기획이 운영계획 속에 구체적으로 반영 되도록 해야 한다. 기술의 변화속도가 빠르지 않았던 전통산업주도 시기에는 투자 자체가 성장의 주요 요소였으나, 산업이 고도화되고 복잡화된 현대에는 유형의 투자자산 보다는 지식이 핵심요소로 등장하게 되었다. 또한 국가의 발전 단계에 따라 국가의 역할도 변할 수 밖에 없다고 할 때, 지식의 창출에 있어 가장 중요한 활동인 연구개발에 있어서 국가의 역할도 변할 수밖에 없다.

일반적으로 연구개발에 있어서 정부개입의 정당성은 민간 스스로 연구개발 하기에는 기술적, 시장적 불확실성이 크고 비전유성 혹은 외부성이 크게 나타나며 연구개발에 투입되는 연구자원의 규모가 기업자체의 규모에 비해서 감당하기 어려운 특성을 갖기 때문에 부적절한 투자가 초래된다는 이른바 시장실패로 설명되고 있다. 주류 경제학에서는 시장 실패를 보완하기 위한 정부의 개입은 간접적인 지원 방식만을 정당한 것으로 인정하며 직접적인 기업 연구개발 지원 및 불필요한 보조금은 비효율적인 방식으로 보고 있다.

그러나 일부 선진국에서는 전통적인 정부 역할에 대한 수정이론을 제기하여 정부가 기술개발과 시장 창출에 있어서 어느 정도의 직접적인 역할을 담당함으로써 성공적인 기술혁신을 가져온 사례가 있어, 전통적인 정부 역할은 혁신 주도적 경제성장을 위한 필요조건이나 충분조건이 아니라고 주장하는 이도 있다.

• 표 4-1. **기술기획의 절차**

<table>
<tr><th>기술기획의 5 단계</th></tr>
<tr><td>■ 전제 조건 : 경영전략 및 전략제품의 파악 (What is business strategy?)

STEP 1 : 해당기술의 내용 및 체계 파악
- 대상기술의 체계 및 세부요소기술 파악 ⇒ 기술체계도

STEP 2 : 핵심/전략기술의 파악
- 각 기술 요소 기술 성숙도(Maturity) 파악
- 각 기술 요소 별 기술의 전략적 중요성 파악: 제품/기술 매트릭스

STEP 3 : 기술 요소 별 기업의 상대적 기술능력 파악
- 해당기업의 우위기술 영역 (DTCs) 파악
- 해당 기업의 핵심역량 파악, 유지/확보

STEP 4 : 기술전략 수립 (What technical efforts must be made?)
- 연구소 목표달성에 요구되는 기술적 노력들을 검토/파악
기술전략 = 기술획득전략 + 기술관리전략 + 기술활용전략
- 기술포트폴리오의 작성 및 지원능력 파악
- 각 기술(요소)별 기술개발 우선순위 및 확보방법, 확보시기 결정
각 기술개발과제, 위험도, 예상이익, 비용(Cost), 시기에 대한 분석, 필요자원 파악
- 새로운 기술개발 프로그램의 구성: R&D 구축 및 수정

STEP 5 : 기술전략 실행 (How can technology strategies be implemented?)
- 기술전략 실행메커니즘 조정/구축
- 진척도/중간성과를 측정/점검: Milestone 제시
- 기술격차분석: Gap Analysis
- 실행시스템의 설계시의 고려사항
• 인력 • 기술기반 (Technology Base) • 조직 • 환경탐색
• 기술전략/경영전략 • 성과평가 및 보상체계 • 예산</td></tr>
</table>

자료 : 이영덕, “연구개발전략 강의안”, 충남대학교 경영대학원, 2009.

나. 연구개발 기획

연구개발 활동에 대한 기획과정은 기획의 일반적인 과정에서 연구개발 활동에 대한 특성을 고려하면 되며, 구체적으로 살펴보면 다음의 다섯 단계와 같다. 아울러 이러한 연구개발 기획을 올바르게 수행하기 위해서는 각 단계별로 중요한 활동과 그 활동 수행을 위한 기법들이 필요한데, 이를 정리하면 <표 4-2>와 같다.

• 표 4-2. **단계별 연구기획 주요기법**

단 계	주요활동/테마	주 요 기 법
전략적 목표의 설정단계	제품분석기법	제품 포트폴리오(PPM)
	경쟁사 분석	벤치마킹
	전략의 수립	장기 전략계획, 경쟁전략
환경 분석 및 여건파악 단계	기술의 연관관계 및 체계 분석	기술체계도(Technology Tree)
	기술예측	델파이법, 시나리오, S곡선 등
	시장수요예측	시계열분석, 회귀분석법, 델파이법
	기술영향평가	상호영향분석(Cross Impact Analysis) 등
대안검토 및 최적대안선정 단계	선정평가	평점모형, 점검표모형, 프로파일모형
	자원배분	AHP, Linear Programming, Integer Programming
세부실행계획의 작성 단계	일정계획	Gantt Chart, PERT/CPM 등
	소요 연구비	활동중심 비용관리(Activity Based Costing) 등
	소요 연구인력	타임카드, Engineering Man/Month 등
실행계획에 대한 통제 및 모니터링 단계	일정계획에 대한 통제	Gantt Chart, PERT/CPM 등
	전략평가	전략평가시스템

자료 : 배종태,『R&D 기획방법론』, 연구개발 프로젝트리더 육성 프로그램 교재, STEPI, 1996

① 1단계 : 전략적 목표의 설정 : Scoping

연구개발 활동을 통해 궁극적으로 달성하고자 하는 것에 대한 전략적인 목표를 설정한다. 이는 기업의 경영목표 혹은 전략과 연계된 거시적인 연구개발의 목표이다. 즉 기업의 경영목표 속에서 연구개발 계획에 대한 전략적인 목표를 설정하는 것이다.

② 2단계 : 환경 분석 및 여건 파악 : Searching

연구개발의 전략적인 목표를 달성하기 위한 대안을 도출하기 위해 이와 관련된 연구개발 환경을 분석하고 현재의 연구개발 능력과 여건을 파악하는 것이다. 연구개발 환경에 대한 분석은 개발 대상기술과 관련된 지금까지의 연구개발 활동에 대한 동향을 파악하고 관련 기술에 대한 앞으로의 기술발전방향에 대해 조망해 보는 것이다. 즉 개발 대상기술들에 대한 연구개발의 방향과 시장성을 살펴보는 것이다.

이와 함께 개발 대상기술에 대한 연구개발의 여건과 능력을 점검해 보는 절차도 필요하다. 즉 연구개발 활동에 동원될 수 있는 연구자원(연구비, 연구인력 등)의 가용성을 점검해보고 이와 함께 연구개발을 수행할 수 있는 연구능력과 그 수준을 점검한다. 또한 이를 토대로 연구개발에 대한 계획수립시 제약요인으로 작용하는 여러 가지 조건과 가정을 설정한다.

③ 대안의 검토 및 최적대안의 선정 : Evaluating

개발 대상기술과 관련된 연구개발 환경과 여건을 분석한 자료를 토대로 연구개발의 목표를 달성할 수 있는 여러 가지 대안들(개발 대상후보과제)을 도출하고 도출된 대안들을 비교·검토한 후 최적의 대안을 결정한다. 즉 우선순위에 대한 기준을 마련하고 그 기준에 따라 대안들을 평가한 후 최적의 대안을 결정한다. 여기서 최적대안이란 연구개발을 수행할 연구개발 테마와 이에 대한 구체적인 목표를 제시한 것을 의미한다.

④ 세부 실행계획의 작성 : Committing

최적의 대안에 대한 세부실행계획을 작성한다. 세부실행계획에는 세부추진과제의 도출 및 연계, 추진전략 및 추진방법, 연구자원(연구비, 연구원)의 투입규모, 연구결과의 보상체계 등 구체적인 실천방안이 포함되어 있어야 한다.

⑤ 실행계획에 따른 실천 및 모니터링 : Committing

세부실행계획에 따라 실행을 하고 실천사항을 중간에 점검함으로써 세부실행계획이 본래의 목적을 잘 달성할 수 있도록 유도한다. 즉 실천과정 및 중간결과를 모니터링하여 세부실행계획에 대한 수정이 필요한 부분에 대해서는 수정을 한다. 또한 계획대비 미진한 부분에 대해서는 추가로 지원하여 본래의 목표를 잘 달성하도록 이에 필요한 지원을 한다.

3. 우리나라 기술기획의 문제점과 새로운 대응

기술기획을 보는 관점은 과거의 '관리기능'으로 보는 것과 달리, 오늘날에는 정책결정방법론의 하나로 보는 것이 일반적이다. 기획에 있어서 바람직한 방향으로의 변화지향성, 즉 나아가야 할 방향을 어떻게 설정하고 어떠한 실행전략을 세우는 가가 중요한 요소이다.

이에 따라 기술기획은 과거의 사후 대응 중심에서 사전 대응 중심으로 변화하고 있다. 기획의 중요성을 인식하고, 기획과정은 정책의 목적을 달성하기 위한 필요조건이 되었다. 기획을 할 수 있는 여유 시간을 개인과 조직 차원에서 우선적으로 확보하며, 초기 기획단계에서 정보 분석, 활용을 최대한 수행한다. 이러한 준비로 연구개발의 불확실성과 이후 연구개발단계에서의 조정 비용 및 재작업 시간을 최소화할 수 있는 것이다. 이러한 사전 연구개발 기획의 중요성이 대두되기 시작한 까닭은 혁신체제론의 수용과 정부 역할의 변화 외에도 현실적으로 정책 조정의 대상인 국가 연구개발사업의 규모가 급격하게 증가하고 이 과정에서 나타나는 비효율성의 문제가 나타났기 때문이다.

• 표 4-3. 기술기획에 대한 인식의 변화

구분	과거(사후 대응 중심)	미래(사전 대응중심)
중요성	• 기획 중요성의 인식 미흡 • 기획과정은 정책의 절차적 정당성을 확보하기 위한 수단	• 기획의 중요성을 인식 • 기획과정은 정책의 목적을 달성하기 위한 필요조건
여유(준비)시간	• 기획을 할 수 있는 여유 시간이 개인과 조직차원에서 거의 없거나 형식적임	• 기획을 할 수 있는 여유 시간을 개인과 조직 차원에서 우선적으로 확보
정보 분석 활용	• 불확실성을 최소화하기 위한 정보 분석, 활용 미흡 • 연구개발 수행단계에서 다수의 문제 및 자원 낭비 발생	• 초기 기획단계에서 정보 분석·활용을 최대한 수행 • 연구개발의 불확실성과 이후 연구개발단계에서의 조정 비용 및 재작업 시간 최소화
정책 슬로건	• 모든 것은 성과가 말한다.	• 올바른 기획 없이는 성과도 없음
정책 초점	• 자원의 최적 활용	• 새로운 기회 포착
연구 사업 운영	• 시의성이 크고 가시적인 결과를 낼 수 있는 연구 사업을 먼저 수행 • 기능간 연계가 필요한 사안에 대해 문제 발생 후 해결 노력보임	• 가시화되는데 시간이 소요되나, 전략적 중요성을 지닌 연구 사업을 먼저 수행 • 기능간 연계가 필요한 사안을 미리 예측하여 문제발생 이전의 기획단계에서 예방

이와 함께, R&D의 복잡화 및 거대화, 기술발전의 가속화 등과 같은 기술 환경의 불확실성이 증가하면서, 새로운 기회 포착 및 사전 대응 중심의 연구 기획 활동으로의 전환에 대한 필요성이 증가하게 되었다. 또한 기술기획 패러다임도 변화하고 있다. 노동과 자본 등 유형 생산요소를 근간으로 하는 산업기반 경제에서 규모의 경제는 양적 확대를 통한 이윤추구가 가능함을 의미했다면, 지식, 정보와 기술 등 무형 생산요소를 근간으로 하는 지식기반경제에서는 규모의 지식이 이를 대체하고 있다. 무형자산의 중요성이 크게 증가했으나, IT산업에서처럼 단위기술의 수명주기가 짧아지고 있음을 감안할 때 지식기반경제에서는 지식축적의 양적 확대뿐 아니라 질적 향상이 수반되어야 한다. 무형자산 중 기술개발을 위한 국가들의 노력과 의지는 과

학기술정책에 의해 대변될 수 있으며, 현재 우리나라뿐 아니라 미국, 일본 등 선진국들이 향후 기술개발을 위한 중장기적 과학기술정책을 발표하고 있다.

이러한 과학기술정책의 바탕에서는 공급측면을 고려한 단 방향적, 단선적 기술개발이라는 과거의 방식과 달리 수요, 공급, 및 쌍방향 상호작용에 의한 기술개발을 추구하고 있으며 궁극적으로 국민 삶의 질 향상과 국가 발전을 위한 경제, 사회, 문화 등 다방면에 걸친 기술개발의 수요를 충족시키기 위한 노력으로 볼 수 있다.

• 표 4-4. **국가 연구개발 기획체계 변화**

	과거	현재	미래
특징	• Top-down 방식 • Bottom-up 방식	• Bottom-up + Top-down의 혼합 • 자원의 최적 활용	• 혁신기회 탐색/포착 • 과학적 기획기법 추구
주요 내용	• 기술 추격형 기획 • 연구수행자 의존형 기획 • 부문별 합의형 기획	• 연구개발 성과의 수요자 등 전문가 참여 기획	• 기술 선도형 기획 • 지식지도, 사전타당성 분석 등 기획관련 기법 활용 • 정보 분석기능 강화
패러다임 변화	자원활용 중심	⇨	기회창출 중심

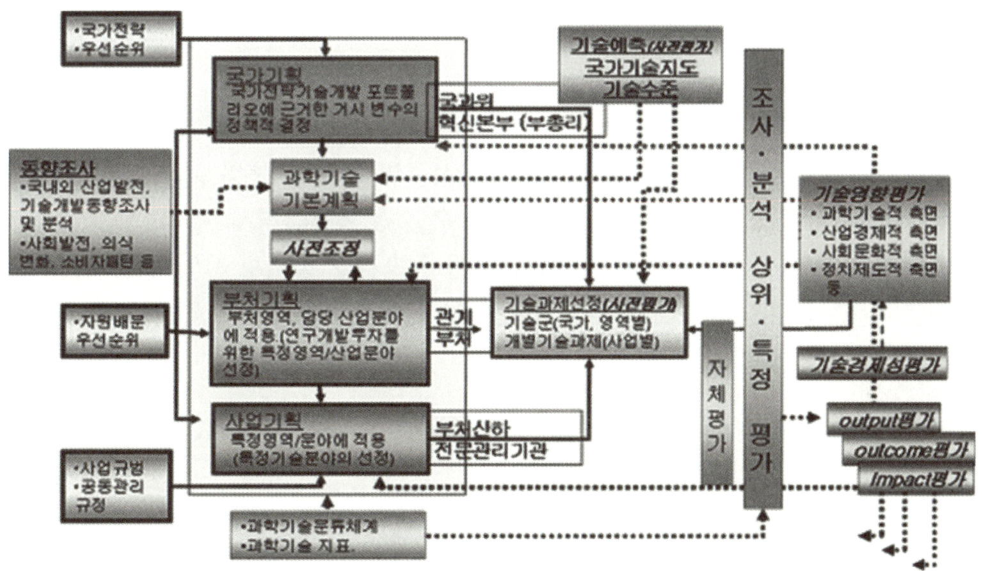

자료 : 이장재·박병원(2004)

그림 4-2. **국가 연구개발 기획 체계도**

우리나라 과학기술정책은 경제발전을 위한 중요한 정책적 수단으로 소수의 정책 담당자와 전문가들에 의해 과학기술정책이 입안, 결정, 집행, 및 평가되고 있다. 특히 우리나라 과학기술정책의 핵심이 하드웨어 과학기술 중심이면서 연구개발주체의 육성과 자원 확대에 주안점을 두었던 적극적 육성 정책이어서 대통령을 비롯한 정부 관료의 역할과 영향이 크다는 점이 특징이다.

과학기술이 전 세계적으로 중요한 정책 아젠다로 부상한 가운데, 우리나라는 모방형에서 혁신형으로 과학기술정책의 패러다임이 변화되면서 과학기술의 혁신을 통한 국가 경쟁력의 향상이 국정수행의 매우 중요한 과정 과제로 대두되었다. 특히 과학기술정책의 경우 국가경쟁력 제고와 국민 생활의 질 향상과 밀접하게 관련되어 있는 과학기술정책 결정시스템의 전환이 줄곧 요구되어 왔다. 또한 과학기술의 국제화가 급속이 진전되고 있는 상황에서 전 세계의 연구개발 동향 및 기술개발 상황에 대한 정량적이고 객관적인 기술정보를 체계적으로 수집하여 주기적으로 연구개발 기획의 갱신에 투입하여, 연구개발 기획에 대한 정책결정자나 의사결정자의 신뢰성이 증가시켜야 한다.

현재까지의 다양한 발전전략 수립에 활용된 지식 및 정보는 기존에 단선적으로 수행된 개별 사업들의 결과를 상호 연관성 없이 활용하고 실정이다. 이에 국가기술기획 사업의 사업간 연계방안을 제시하며, 체계적인 국가기술기획 통합시스템 구축을 위한 방안을 설계해야 한다. 국가기술기획 통합시스템을 구축하기 위해서는 각 개별 기획 사업이 만들어내는 결과물 및 공통으로 활용하는 지식, 정보를 데이터베이스화하는 것이 필요하다.

이를 위해 각 개별 기획 사업에 대해 투입과 산출을 분석하고자 한다. 먼저, 투입 부분을 살펴보면 공통 기반과 각 개별 기획 사업별 고유한 투입 요소로 구분될 수 있다. 미래의 산업 및 생활환경에 영향을 줄 수 있는 정치, 경제, 사회, 문화 전반에 걸친 미래 이슈 및 미래기술에 대한 동향 분석은 모든 기술기획 사업에 필요한 기초 자료 및 그 자료의 가공을 상시적으로 운영한다는 관점이다.

• 표 4-5. 국가 기술기획의 각 개별 기획 사업별 투입 및 산출

<table>
<tr><th rowspan="2">국가
기술기획</th><th colspan="2">투 입</th><th rowspan="2">산 출</th></tr>
<tr><th>공통
기반</th><th>고 유 요 인</th></tr>
<tr><td>기술
예측</td><td rowspan="4">사회
및
기술
동향</td><td>• 국내외 예측 동향
• 전문가의 지식</td><td>• 이슈 및 니즈 목록
• 미래시나리오
• 비전, 목표 및 전략
• 미래기술</td></tr>
<tr><td>기술
영향
평가</td><td>• 대상기술 국내/외 기술 영향평가 동향
• 전문가, 시민단체, 일반시민 지식 및 의견</td><td>• 기술적 분석
• 사회·문화적 분석
• 정책제언</td></tr>
<tr><td>기술
수준
조사</td><td>• 주요기술 전문가 지식
• 특허 및 논문 분석</td><td>• 기술수준 및 기술격차
• 기술개발 역량</td></tr>
<tr><td>전략
로드맵</td><td>• 주요기술 전문가 지식</td><td>• 동향분석 자료(기술개발동향, 시장동향, 산업동향 등)
• 이슈 및 니즈 목록
• 전략기술·제품·기능·서비스영역 리스트
• 포트폴리오 제시 및 연구개발 추진전략
• 중점기술에 대한 전략 로드맵</td></tr>
</table>

제2절 기술로드맵의 활용

1. 기술로드맵을 통한 기술기획

세계적으로 시장 제품은 더 복잡해지고 다양화되고 시장 출하 시기는 점차 짧아져 국가연구개발의 전략기획을 위한 새로운 연구기획방법론 개발됨에 따라 기업들이 당면하는 문제는 많아지고 있다. 제품수명주기는 점차 짧아지고 있다. 단기적 대응은 투자를 줄이는 것이다. 경쟁이 심해지면 투자 삭감이 일어난다.

이러한 환경변화는 기업이 보다 선택적이어야 하며 산업과 시장을 보다 잘 이해해야 하도록 한다. 좋은 기술기획은 치열해 지는 경쟁 환경을 극복할 수 있도록 한다. 많은 미국의 기업들이 이러한 이유로 경쟁력을 보다 강화하기 위해 기술로드맵(TRM)을 기술기획의 도구로 활용하고 있다. TRM은 기술자원과 경제사회적 요구를 연계 시키는 핵심적인 관리 도구로 출현하였다. 활용 목적과 활용하는 조직 특성에 따라 다양한 형태로 작성되고 있다. 기업의 경우 기업이 속한 산업이 무엇이며, 작성의도가 시장기회 성취냐 또는 기술 잠재력 탐색이냐 등에 따라 작성의 초점과 작성 팀의 구성이 달라진다. 기업부문의 주요사례를 살펴보면 다음과 같다.

기업의 최초 사례로서는 1970년대 모토롤라사의 기술로드맵인데 신생기술(Emerging Technology)의 중장기 기술예측을 통해 자사의 기술능력을 객관적으로 평가하여 현재와 미래의 경쟁사들과 비교하는 것에 초점을 두었다. 이 과정에 있어서 각 사업부간의 의사소통과 조정을 위해 부서장들이 참석한 가운데 모든 주요사업에 대한 기술로드맵을 연 2회씩 검토하는 방식을 채택하였다. 스웨덴의 에릭슨사는 1980년대 초반 새로운 개념인 음성뿐만 아니라 데이터 수신이 가능하고 멀티미디어 기술이 접합된 3세대 이동통신 통신사업에 대한 연구기획을 위해 TRM(Technology Road Map)을 작성하여 성공적인 성과를 거둔 것으로 평가되고 있다.

영국의 BP(British Petroleum)사도 기업의 핵심 사업영역을 포착하기 위한 연구개발 전략에 활용하기 위해 TRM을 개발하였다. 각 부서의 모든 사람이 참여하여 토론의 결과를 논리적 분석과 그래픽을 이용해 시각적으로 나타냄으로써 고객 요구를 이해하기 쉽게 하여 기술전문가와 비전문가가 모두 참여할 수 있도록 하였고, 사업전략과 개별기술의 영향을 신속하게 파악함으로써 시장수요와 기술개발이 밀접하게 연계되도록 하였다. 일본 기업에 있어서 대표적인 사례는 무라타제작소 사례를 들 수 있다. 세라믹계 전자부품에 있어서 세계 초일류 부품업체인 일본의 무라타 제작소는 부품수요에 대한 10년에 대비하는 TRM를 작성하고 있다.

EIRMA가 <그림 4-3>와 같은 기업 기술로드맵의 표준적인 작성을 위한 가이드라인인 전략기술기획 프로세스를 제안하였는데, 기술로드맵은 기술집약 기업의 기술기획수단으로 널리 사용되고 있다. 따라서 차세대 핵심환경기술개발사업 10개년 종합계획에서 사용한 기술로드맵을 통한 연구기획 또는 기술기획의 단계를 보면 <그림 4-4>과 같다.

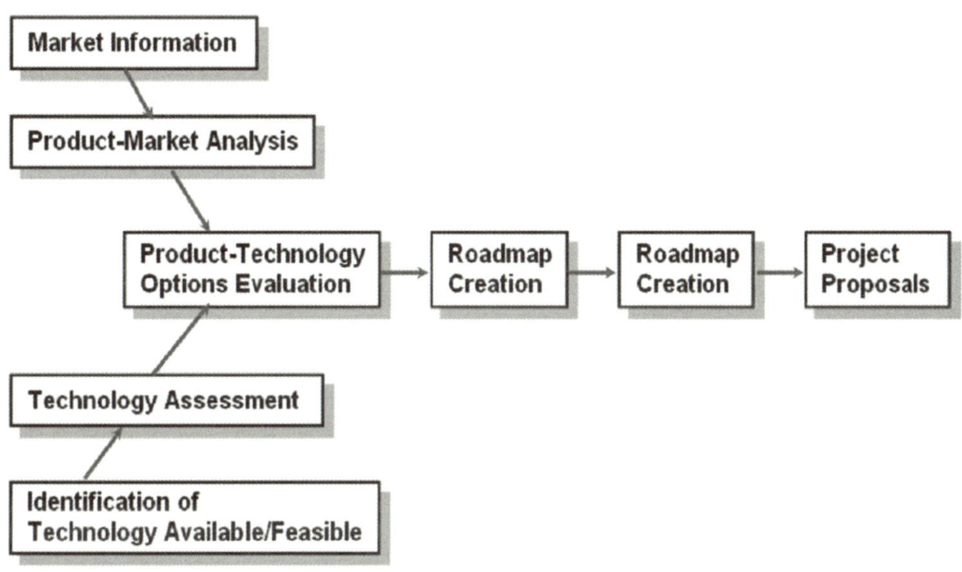

자료 : KISTEP, "국가연구개발의 전략기획을 위한 새로운 연구기획방법론 개발", 2006

그림 4-3. 기술로드맵을 활용한 연구개발 기획

시장전망/예측: Market needs assessment

- 가정, 규제, 정책의지 등을 파악하여 전망을 평가
  Customer/market Needs 파악

▼

분석/기획: Requirement identification

- 이슈를 도출하고, 인과분석을 통해 이슈를 과제화
  Target(product/services) 정의

▼

전략도출: Technology plan

- 이슈를 해결하기 위한 방안을 도출하고 통합
  Technology 계획

자료 : 차세대 핵심환경기술개발사업 10개년 종합계획, 2008

그림 4-4. 기술로드맵을 이용한 기술기획 절차

가. 기술 및 시장 동향 조사

기술로드맵 작성을 위해서는 사전조사를 수행하게 되는데 < 그림 4-5>와 같다. 시장에 대한 조사/분석을 통하여 국내/외 시장동향, 시장-제품에 대한 정보, 소비자의 니즈 파악을 위한 자료를 수집할 수가 있다. 또한 기술에 대한 조사/분석을 통하여 기술동향, 특허동향, 기술개발 현황 및 주요 기술보유 기업 등에 대한 자료를 수집할 수가 있다.

연구개발 아이템 선정을 위한 기술로드맵 작성을 위해서는 사전조사를 수행하게 된다. 시장에 대한 조사/분석을 통하여 국내/외 시장동향, 시장-제품에 대한 정보, 소비자의 니즈 파악을 위한 자료를 수집할 수가 있다. 또한 기술에 대한 조사/분석을 통하여 기술동향, 특허동향, 기술개발 현황 및 주요 기술보유 기업 등에 대한 자료를 수집할 수가 있다. 실제적으로 이러한 조사는 온-라인과 오프-라인 상으로 이루어질 수가 있는데, 국내외 전문가와 공동 작업, 주요 기업에- 대한 설문조사와 인터뷰, 관련단체 및 협회에 대한 인터뷰 등을 통하여 이루어진다. 한편 국내시장동향에 대한 조사에서는 각종 통계자료, 협 회 자료, 및 국내시장 트렌드 분석 자료를 활용할 수가 있으며, 해외 동향의 경우에는 유명 시장동향조사기관 및 컨설팅 기업자료, 국가기관 정책 보고서, 해외 중요업체 현활 보고서 등을 활용할 수가 있다.

특히 기술동향의 분석에서는 특허동향 분석이 중요한데, 선진외국의 특허 및 국내 특허를 검색하게 된다. 특허검색에 있어서는 특허 출원 및 등록 동향을 분석하고, 나아가 특허맵을 작성하여 분석하게 된다. 또한 문헌적 자료의 조사/분석을 통해서도 기술의 동향을 파악할 수가 있는데, 기술관련 전 세계 뉴스/잡지, 국내외 연구보고서, 관련 국내외 저널/논문, 관련단체와 협회의 기술보고서 등을 활용할 수 있다.

그런데 기업에서 일반적으로 선행기술조사 결과를 활용하는 실태를 나타내고 있는 <그림 4-6>을 보면 2009년의 경우에 연구개발 이전(기획)단계에서 활용하는 비율이 65%로, 연구개발 이후단계의 25%보다 훨씬 높게 나타났다. 아울러 이러한 비율은 2007년 이후 매년 계속적으로 그 비중이 증가하고 있는 것을 보여 연구개발과정에서 전략적 기술기획을 실제적으로 수행 및 활용하고 있는 것을 알 수 있다.

연구개발단계별 특허관련 필요 정보서비스를 분석한 자료를 정리한 <그림 4-7>을 보면, 연구기획단계에서는 특허맵 분석을 통한 특허동향조사, 기술정보검색, 권리만료 특허검색 등을 수행하게 된다. 먼저, 특허기술동향조사에서는 최신 기술의 동향, 경쟁기술 동향, 연구개발 테마의 검색, 산업/기술 분석 및 연구기관/ 연구자 탐색 등을 수행하게 된다. 또한 기술정보검색에서는 특허기술 및 연구개발테마와 관련된 일반적인 기술이나 배경기술을 검색하게 된다. 끝으로, 권리만료 특허검색에서는 권리기간 만료일이 닥아 오는 특허를 검색하여 연구개발전략 수립에 활용하게 된다.

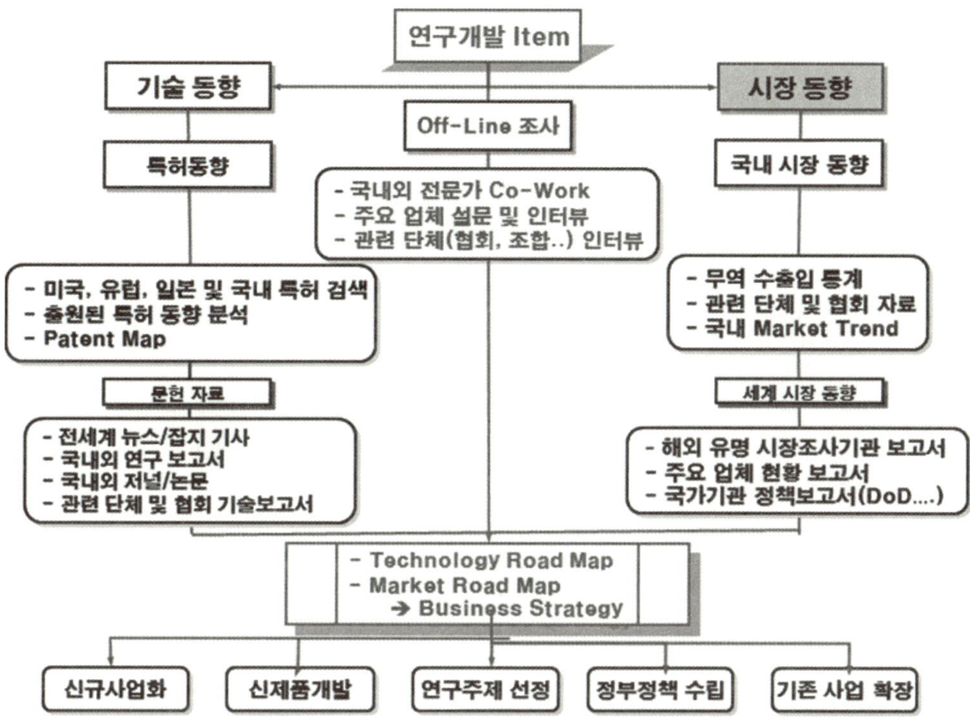

자료 : 기술과 가치(2005)

그림 4-5. 기술로드맵 작성을 위한 사전조사

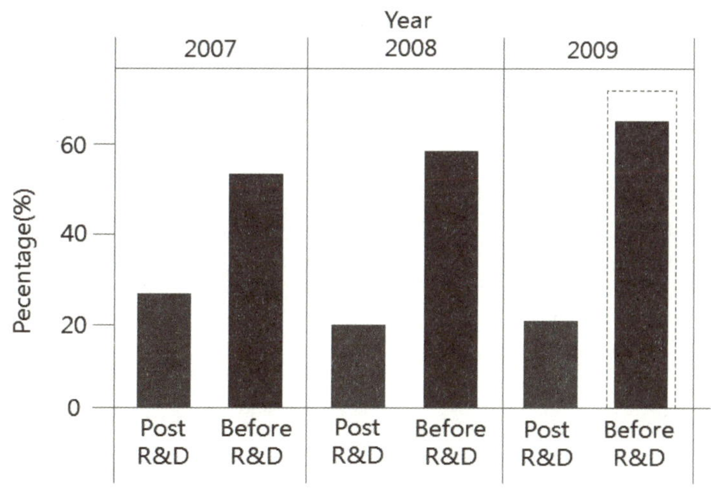

자료 : 류제택, 특허분쟁예방준비 PPT자료, 2006/10

그림 4-6. 기업의 선행기술조사 활용도

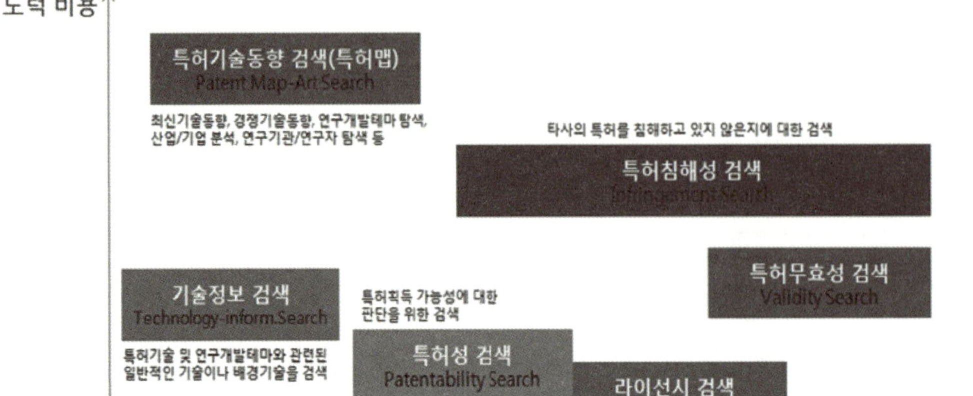

자료 : 류제택, 특허분쟁예방준비 PPT자료, 2006/10

그림 4-7. 단계별 필요 특허정보 서비스

나. 특허분석

기업에서 일반적으로 특허맵의 작성을 통한 특허조사 및 분석을 하는 데는 여러 가지 관점이 있을 수 있다. <그림 4-8>에서 보는 바와 같이 기본관점은 시장관점, 기술관점, 법적관점 등 세 가지로 나누어 볼 수 있다.

첫째, 시장관점에서는 경쟁자의 특성과 관련된 것으로 경쟁자의 수, 주요 경쟁자의 파악, 신규진입을 통한 예상 잠재 경쟁자에 대한 분석을 하게 된다. 또한 기존 및 신규 경쟁자가 어떤 시장 또는 국가에 관심이 집중되는 가 즉 지역별 경쟁정도 및 매력도 등을 분석하게 된다.

둘째, 기술관점에서는 해당기술의 성숙 정도 및 핵심기술 분석하고, 나아가 주요 경쟁자들의 특허포트폴리오의 구축방법을 분석하게 된다. 이러한 분석을 통하여 자사의 포트폴리오와 비교를 함으로써 자사의 강점 기술과 약점 기술을 파악하고, 기술경쟁력을 평가하게 된다. 아울러 이러한 평가 결과를 활용하여 기술협력 파트너를 선정함과 동시에 협력전략 방향을 모색하게 된다.

- 경쟁자가 얼마나 많은가?(crowed or not)
- 주요 경쟁자는 누구이며, 신규 진입자는 누구인가?
- 어느 국가(시장)에 관심이 집중되고 있는가?

- 기술이 얼마나 성숙되어 있으며, 핵심기술은 무엇인가?
- 주요 경쟁자들의 특허포트폴리오는 어떻게 구축되어 있는가?
- 자사의 포트폴리오는 어떠한가? 강점기술과 약점기술분야는 어떠한가? 자사의 기술경쟁력은 어떠한가?
- 기술협력파트너는 누구이며, 협력전략 방향은?

- 주요 특허권으로 보호되고 있는 기술은 무엇인가?
- 어느 국가를 중심으로 기술이 보호되고 있는가?
- 주요 핵심특허의 유효기간은?
- 타사 특허침해 가능성과 리스크는 얼마나 되는가?
- 각 사의 특허 포트폴리오 전략은 어떠한가?

자료 : 기술과 가치(2005)

그림 4-8. 특허조사 기본방향

끝으로, 법적관점에서는 특허권의 보호와 침해에 대한 대응을 위한 분석을 하게 된다. 즉 주요 특허권으로 보호해야 할 기술을 파악하고, 보호대상 중심 국가를 선정하며, 나아가 핵심특허의 유효기간을 분석한다. 또한 경쟁기업에 의한 특허침해 가능성과 리스크를 분석하여, 특허포트폴리오관리에 활용하게 된다.

다. 특허맵

1) 특허맵이란

PM(Patent Map)은 "특허지도"라고 하며, 일본에서 1960년대 말부터 사용되기 시작한 용어로 우리나라에서도 이미 1980년대 초부터 통상적으로 PM이라는 용어가 그대로 사용하고 있다. 특허맵은 연구기술개발을 어떠한 방향으로 어떻게 가야 하는지를 가르쳐 주는 길잡이가 되는 것으로, 한국과 일본 외의 국가에서는 특허분석, 특허 포트폴리오 등의 의미로 광범위하게 사용되고 있다. 특허맵(Patent Map)이라 함은 특허정보를 조사하여 쉽게 파악할 수 있도록 가공·분류·분석하여 시각적으로 표현한 결과물을 말한다.

특허맵은 해당분야 전문가(기술분야, 특허분야, DB분야) 들의 지식이 상호 유기적으로 결합되어야 한다. 기술 분야 전문가는 기술체계의 기준안 정립, 기술발전 동향 제시, 핵심기술 파악 등에 대한 전문지식을 제공한다. 특허분야 전문가는 기술의 진보성 신규성 판단, 특허권의 권리저촉/침해판단, 기본특허/응용특허 선별 등에 대한 전문지식을 제공한다. 특허DB분야 전문가는 검색키워드 선정(IPC, UPC, F-Term), 각 국가별 특허DB의 특성 파악, 다양한 관점의 데이터 추출 등에 대한 전문지식을 제공한다.

2) 특허맵의 필요성

- 중복연구 방지
- 기술판매, 기술도입, 실시권(Licensing) 허여
- 크로스 라이센스(Cross Licensing)
- 특허기술의 동향 파악 및 기술변화추이 분석하여 향후 대책 수립
- 시장동향, 상품의 변혁과 흐름 파악
- 경쟁사의 기술, 상품의 개발동향, 현황추이 및 연구개발 조직운영 파악
- 자사의 권리에 대한 침해 방지하여 특허분쟁 사전 방지
- 효과적인 자사 기술개발전략 수립 및 신사업 방향결정 기초자료

3) 특허맵 작성절차

특허맵의 작성절차는 전략수립을 위한 자료조사, 데이터 입수, 데이터 분류, 특허맵 작성, 결과물 제공 등의 5단계로 구성되며, <그림 4-9>와 같다. 첫 단계인 자료조사 단계에서는 특허맵 대상 기술 분야를 선정하고, 특허맵의 목적을 명확화하여 전략을 수립하게 된다. 이에 따라 관련기술에 대한 자료의 조사를 통하여 기술의 분류체계를 설정하게 된다. 또한 기술 분류체계에 따라 관련 기술의 키워드를 추출하는 한편 에비검색을 시작하게 된다. 이러한 과정의 결과물로서 특허맵 보고서의 구성초안을 작성하고, 기술동향 및 기술분류표 등을 제시하게 된다.

둘째 단계인 데이터 입수단계에서는 예비검색을 바탕으로 검색키워드(즉 동의어, 유사어 등)를 확정하게 된다. 이를 활용하여 검색을 실시하며, 검색결과인 관련 특허에 대한 데이터를 다운로드하게 된다. 이러한 과정에서 검색을 위한 응용프로그램을 선정허여 활용하게 된다. 이 과정에서는 키워드의 선정이 주된 결과물이 된다. 셋째 단계인 데이터 분류단계에서는 다운 로드된 특허 데이터를 서지 사항별(출원인, 대표자명 등)로 가공하여 기술을 분류하게 된다. 아울러 분류된 기술에서 핵심 특허를 발굴하게 된다. 이러한 과정에서 데이터베이스를 선정하고, 정량분석을 통하여 기술의 발전도를 제시하게 된다.[3)]

넷째 단계에서는 전 단계에서 발굴된 핵심특허와 관련하여 경쟁력 강화에 필요한

취약한 분야 특허 및 권리침해에 대응하기 위한 특허 등과 같은 문제특허를 분석하는 한편 특호맵 보고서를 작성하게 된다. 따라서 이 단계에서 중요한 결과물은 침해분석이다. 마지막 단계에서는 앞의 단계에서 수행된 특허맵 보고서를 결과물로 제출하게 되는데, 텍스트 또는 HTML 의 형태로 제공될 수가 있다. 아울러 앞에서 선정된 DB를 기반으로 분류DB(Data Base)가 만들어진다.

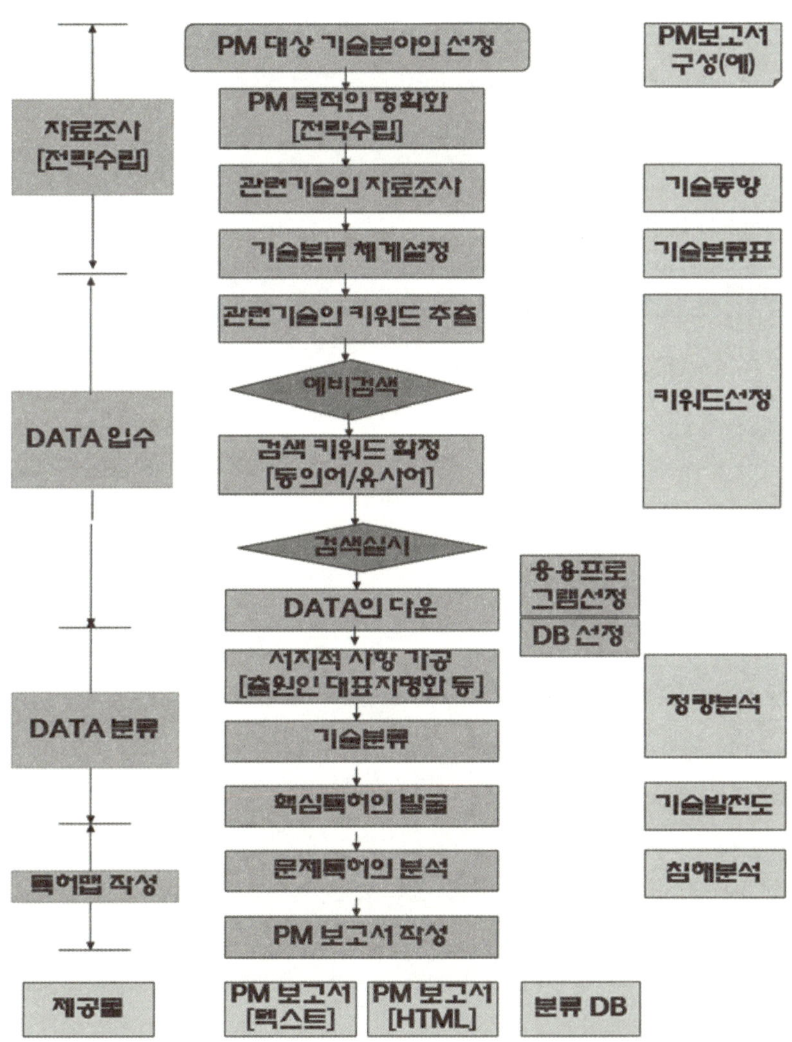

자료 : 백경엽, "특허맵 이론과 실무", 2012년 11월 13일, 발표자료 PPT

그림 4-9. 특허맵 작성절차

4) 특허분석 방법

특허분석방법은 정량적 방법과 정성적 방법, 또는 통계적 분석맵과 내용적 분석맵 등이 있는데, 각각 <표 4-6>, <그림 4-10>과 같다. 랭킹맵 방법은 특허정보를 건수의 많고 적은 순서로 배열함으로써 주도하는 특허가 무엇인가를 파악하는 것이다. 예를 들면 어떤 기업이 기술 분류에 따라 년차마다 특허출원 건수가 많은 순서대로 나열하여 함으로써 주도 특허를 파악하게 된다. 점유분석은 특허정보의 각 분야나 항목이 차지하는 비율, 즉 점유비율에 따라서 특허 상황을 파악하는 맵이다. 구체적으로는 A사가 기술 분류에 따라 년차마다 특허출원 건수/총 출원 건수의 비율 즉 점유비율로 배열하여 중요 특허를 파악하게 된다.

• 표 4-6. **특허분석 방법**

분석방법	개 요
랭킹 분석 (RANKING MAP)	특허정보를 건수의 많고 적은 순서로 배열함으로써 주도하는 특허가 무엇인가를 파악하는 맵 (예; A사 기술 분류에 따라 년차마다 특허출원 건수를 많은 순서대로 나열)
점유 분석 (Share Map)	특허정보의 각 분야나 항목이 차지하는 비율, 즉 점유비율에 따라서 특허 상황을 파악하는 맵. (예; A사 기술 분류에 따라 년차마다 특허출원 건수를 점유 비율로 배열
시계열 분석 (Time Series Map)	특허정보수량 정보를 시계열적으로(예: 5년마다 일정기간으로) 파악하는 맵
레이더 분석 (Rader Map)	시계열분석의 결과를 별 모양이나 구름 형상 등으로 표현한 맵으로, 각 요소의 진전 상황을 한눈에 파악하기 위해 사용.
매트릭스 분석 (Matrix Map)	각 출원인과 각 기술분류의 매트릭스 등, 2차원이나3차원으로 복수의 특허정보를 데이터베이스화한 맵.
상관 분석 (Co-relation Map)	각 데이터 사이에 어떤 상관관계가 있는가를 분석한맵. 일반적으로 다음의 4개로 분류됨: ① 분류상관맵 ② 출원인상관맵 ③ 발명자상관맵 ④ 키워드상관맵
신규진입 분석 (New Entry Map)	시장에 신규로 참가하고 있는 기술 분류, 출원인, 발명자 등에 중점을 두어 신규 참여 실태를 파악하기 위한 맵.
기술발전분석	특허정보를1개의 기술사상으로 정하여 특허기술의 크기나 흐름(기술발전의 모양)을 보기 위하여 사용되는 맵.

자료 : 백경엽(2012), PPT자료

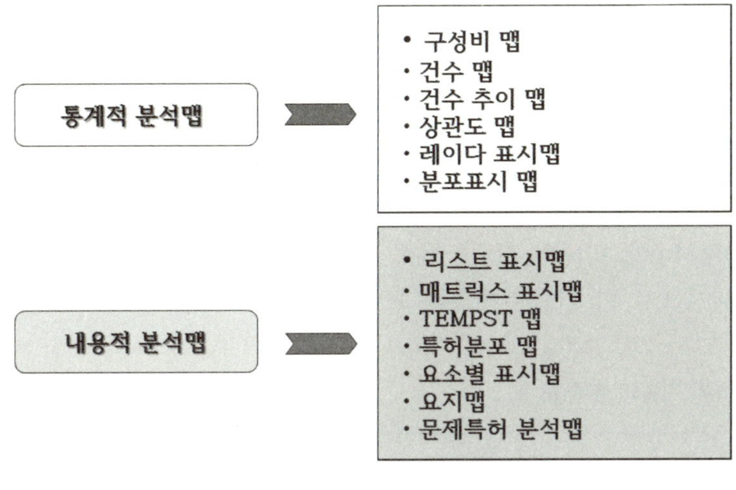

그림 4-10. 특허분석맵

시계열 분석은 특허정보에 관한 수량 정보를 시계열적으로(예: 5년마다 일정기간으로) 파악하여 분석하는 맵이다. 레이더 분석은 시계열분석의 결과를 특정한 형상(즉 별 모양이나 구름 형상 등) 으로 표현한 맵으로서, 각 요소의 진전 상황을 한눈에 파악하기 위해 사용된다.

매트릭스 분석은 각 출원인과 각 기술 분류의 매트릭스 등을 활용하여, 2 차원 또는 3 차원으로 복수의 특허정보를 데이터베이스화한 것이다. 상관분석은 각 데이터 사이에 어떤 상관관계가 있는가를 분석한 맵이다. 일반적으로 분류 상관맵, 출원인 상관맵, 발명자 상관맵, 키워드 상관맵 등의 4개의 유형이 있다.

기타의 분석 방법으로는 신규진입 분석과 기술발전 분석이 있다. 신규진입 분석은 시장에 신규로 참가하고 있는 기술을 분류하는 것으로, 출원인 또는 발명자 등에 중점을 두어 신규 참여 실태를 파악하기 위한 맵이다. 기술발전 분석은 특허 정보를 1개의 기술사상으로 정하여 특허기술의 크기나 흐름(즉 기술발전의 모양) 등을 보기 위하여 사용되는 맵이다.

5) 기술분류표

기술 분류표란 분석하고자 하는 기술들을 분야별로 분류하기 위해, 미리 기술을 여러 분야로 나누어 한 눈에 기술 전체의 구성을 파악할 수 있도록 체계적으로 표현한 표이다.

각국의 특허청이 거의 모두 국제특허분류를 사용하고 있음에도 불구하고 기술분류표를 작성하는 이유는 국제특허분류는 기능적으로 분류되어 있어 가장 일반적으로 이용하는 분류방법인 제품의 구성을 반영하지 못하고, 또한 특허맵을 작성하는 목적이 반영될 수 있는 기술분류표가 필요하기 때문이다.

분석하고자 하는 기술 테마를 구조적인 구성으로 분류할 것인지 아니면 기능이나 용도, 공정을 중심으로 할 것인지를 기술의 특징에 따라 적절하게 설정하여야 한다. 기술분류의 범위는 대분류, 중분류 및 소분류로 나누는 것이 좋고, 하위분류는 상위분류를 3개 내지 6개 이내의 기술분류로 분류하여 구성하는 것이 바람직하다. 휴대폰 기술을 대상으로 한 기술분류표를 보면 <표 4-7>과 같다.

• 표 4-7. **휴대폰 기술의 분류표**

대분류		중분류		소분류	
분류	코드	분류	코드	분류	코드
휴대폰	A	사용자 인터페이스	A	Display	A
				입력조작부	B
				송수화부	C
		케이스/안테나	B	케이스	A
				안테나	B
		부가장치	C	카메라	A
				진동자	B
				액세서리	C
				기타	Z

6) 후방 특허인용

인용평균값이 클수록 타기업 기술의 영향을 많이 받은 것이며, 자사 재인용 값이 큰 것은 신규(독창적인) 발명보다는 진보된(개량) 발명이 많다는 것을 의미한다. 따라서 핵심기술, 원천기술은 자사재인용 값이 낮은 기업이 보유할 확률이 높으나, 전체적인 기술보유정도는 자사재인용 값이 큰 기업이 높다.

후방인용의 기업사례를 들어보면 <그림 4-11>과 같다. 휴먼로봇 분야에서 SONY 특허기술의 33%는 HONDA 기술에서 인용되었고, HONDA의 특허기술은 자사 재인용 비율이 50%이다. 따라서 휴먼로봇의 구동(보행) 부분 특허 수는 HONDA와 SONY 두 기업이 비슷하나 원천기술은 HONDA에서 보유하고 있을 가능성이 높다고 할 수 있다.

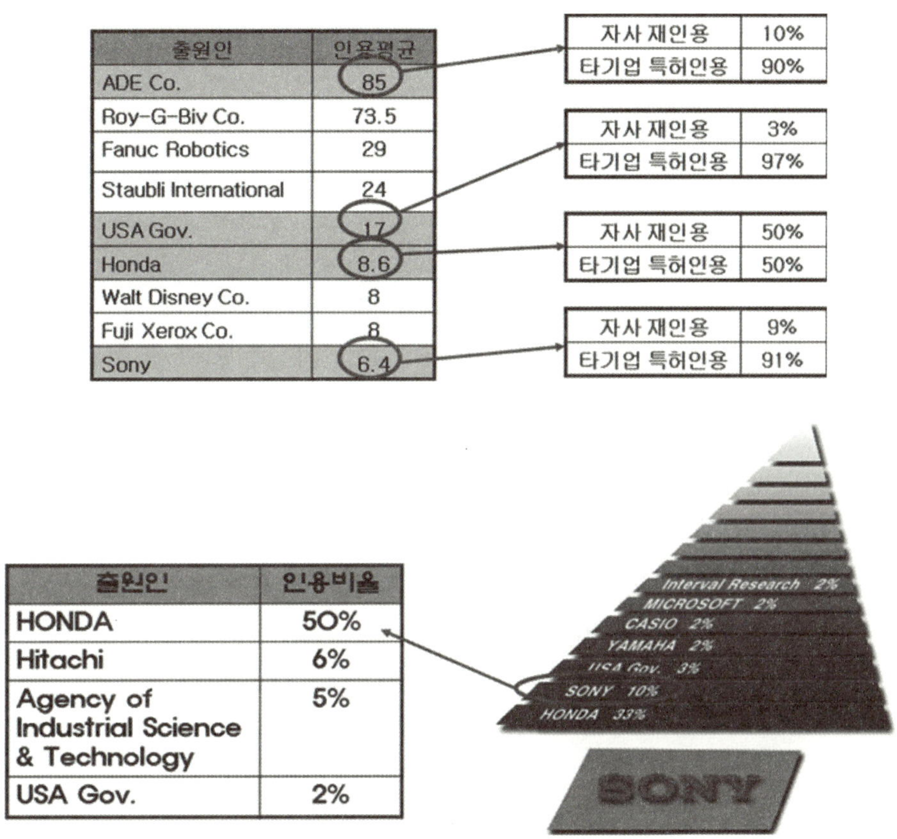

그림 4-11. 후방특허인용: 혼다 사례

7) 전방 특허인용

어떤 기업(개발자)가 등록한 특허가 자신을 포함하여 다른 기업(개발자)의 특허에 활용되고 있는 것을 전방특허인용이라고 한다. HONDA 특허의 50%는 HONDA에서 재인용하고 있는데, 이는 HONDA에서 꾸준한 기술개발(개량발명)이 이루어지고 있음을 의미한다. 이 외에도 HONDA의 기술은 SONY, Deka는 물론 한국의 KIST에서 로봇 기술영향력이 미치고 있음을 나타낸다.

<그림 4-12>에서 예시하는 것을 보면 특정기업의 인용상관분석을 통해 해당 기업 기술의 국제화, 기술수출 가능여부를 판단할 수가 있다. 즉 해당 기업기술의 Forward 인용이 높으면서, 선행특허장벽이 없다고 가정했을 때, 외국출원인에 의한 인용도가 높고 인용기업수가 많을 경우 해당 기업의 기술은 세계화될 가능성이 높다는 것을 의미한다.

특허 인용도에 대한 전반적인 해석을 보면 다음과 같다. 첫째, 전방인용도가 크면

그만큼 중요한 특허이며, 후방인용도가 크면 그만큼 성숙된 분야의 특허로 신뢰성이 높은 특허라고 할 수 있다. 둘째, 과학기술 논문인용이 많으면 그만큼 과학적으로 뒷받침되는 발명이며, PCT 출원이 되어 있으면 가치가 클 확률이 크다고 할 수 있다. 셋째, Patent Family가 많으면 그만큼 중요하고 가치가 있는 특허이며, 우수한 Law Firm이 개입되어 있으면 특허의 Quality가 그만큼 높다. 넷째, 특허 Renewal이 되어 있으면 그만큼 특허의 질이 높다. 또한 독립 청구 항수가 많고, 청구 항이 간결하고, 광범위하면 그만큼 특허의 질이 높다. 다섯째, Nature, Science, 언론 등에서 하이라이트 되었던 기사와 관련된 특허는 가치가 높을 가능성이 크며, 우수한 연구자가 발명한 특허는 그만큼 중요한 특허일 가능성이 크다. 끝으로, 특허침해 또는 무효청구소송이 많이 제기되면 그만큼 중요한 특허이며, 발명인이 여러 명이면 그만큼 특허의 질이 높다고 할 수 있다.

자료 : 백경엽(2012), PPT자료

그림 4-12. 전방특허인용: 혼다 사례

또한 특허 인용도를 사용하여 기술의 특성과 관리전략을 설명할 수가 있다. <그림 4-13>에서 보는 바와 같이 전방인용도의 고저와 후방인용도의 고저를 활용하여 4개의 기술특성을 유형화할 수가 있다.

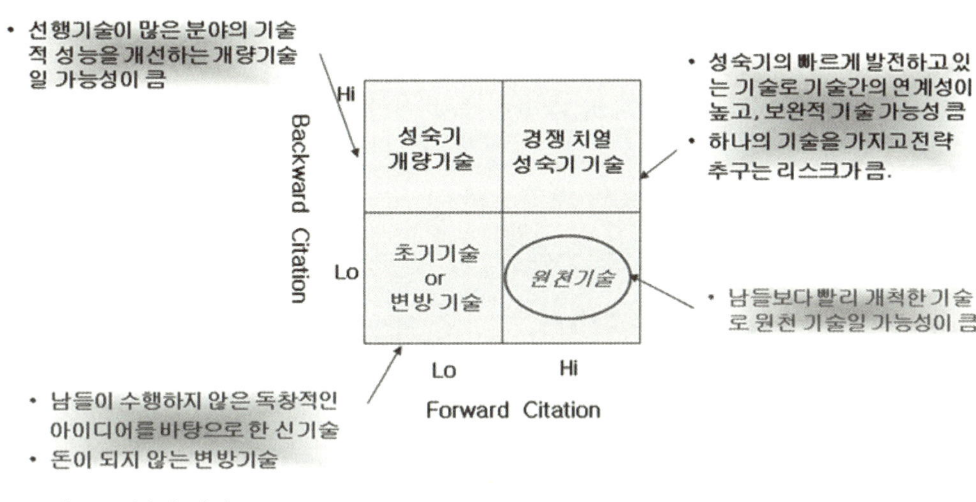

자료 : 기술과 가치(2005)

그림 4-13. 정성적 특허분석: 인용도 분석

첫째, 전방인용도와 후방인용도가 다 높은 상한 2는 경쟁이 치열한 성숙기 기술이다. 이러한 기술의 특성을 보면 성숙기의 빠르게 발전하고 있는 기술로서 기술간의 연계성이 높고 보완적인 기술의 가능성이 크다. 따라서 하나의 기술을 가지고 전략을 추구하는 경우에는 위험이 크다고 할 수 있다. 둘째, 전방인용도와 후방인용도가 다 낮은 상한 3은 초기기술 또는 주변기술이다. 이러한 기술은 남들이 수행하지 않은 독창적인 아이디어를 바탕으로 한 신기술이나, 수익이 보장되지 않는 주변기술일 가능성이 크다. 셋째, 전방인용도는 낮고, 후방인용도는 높은 상한 1은 성숙기 개량기술이다. 이러한 기술은 선행기술이 많은 분야에서 기술적 성능을 개량/개선하는 기술일 가능성이 높다. 끝으로, 전방인용도는 높고, 후방인용도는 낮은 상한 4는 원천기술이다. 이러한 기술은 다른 경쟁자보다 먼저 개척한 기술로서 후발 기술의 중요한 원천이 될 가능성이 큰 기술이다.

라. 특허정보의 활용

1) 특허정보

특허정보DB에 수록되는 특허정보에는 출원인, 출원 국가, 발명인. 특허Family, 출원 연도, 인용정보, 명세서 등이 포함되는데, <표 4-8>과 같다. 이러한 특허정보는 제공정보의 80%가 다른 곳에서 공개되지 않는 기술정보이며, 다른 곳에서 얻을 수 없는 경쟁자의 기술정보가 포함되어 있다. 아울러 특허정보는 미래시장, 미래제품,

미래기술, 미래경쟁자를 예측 가능하게 하는 동시에 기술협력파트너, 핵심기술인력, M&A대상 기업의 탐색 등 외부기술자원에 대한 정보를 함유하고 있다. 따라서 특허정보는 특허침해제기, 라이선싱 등 보유기술의 적극적인 활용을 위한 기초 정보의 성격도 갖는다.[4)]

• 표 4-8. 특허정보 예

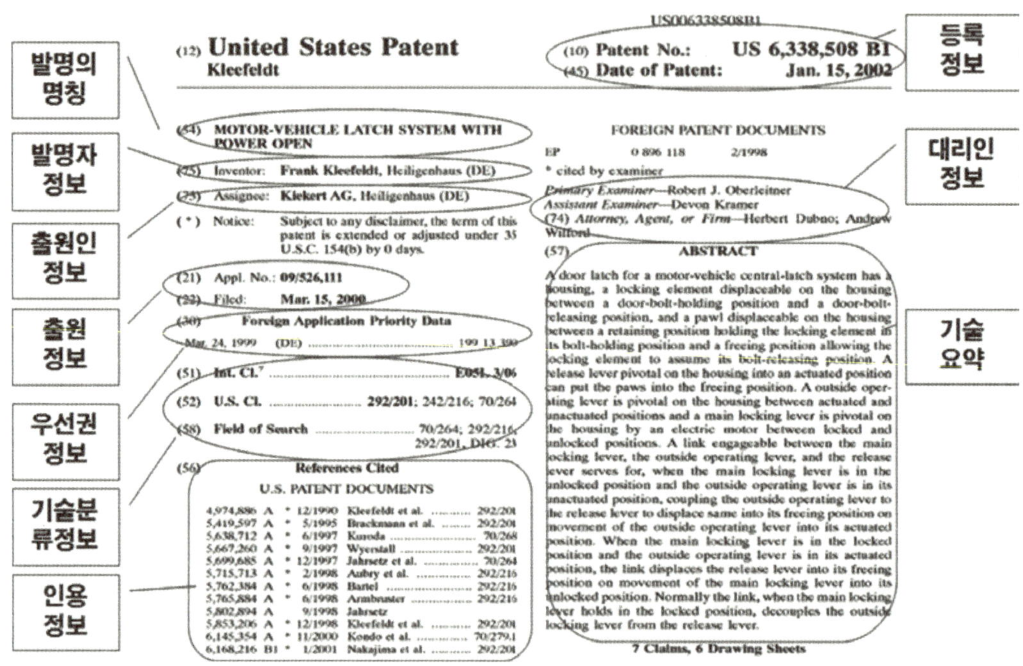

US006338508B1

(12) United States Patent
Kleefeldt

(10) Patent No.: US 6,338,508 B1
(45) Date of Patent: Jan. 15, 2002

(54) MOTOR-VEHICLE LATCH SYSTEM WITH POWER OPEN

(75) Inventor: Frank Kleefeldt, Heiligenhaus (DE)

(73) Assignee: Kiekert AG, Heiligenhaus (DE)

(*) Notice: Subject to any disclaimer, the term of this patent is extended or adjusted under 35 U.S.C. 154(b) by 0 days.

(21) Appl. No.: 09/526,111

(22) Filed: Mar. 15, 2000

(30) Foreign Application Priority Data

Mar. 24, 1999 (DE) 199 13 390

(51) Int. Cl.⁷ E05L 3/06

(52) U.S. Cl. 292/201; 242/216; 70/264

(58) Field of Search .... 70/264; 292/216, 292/201, DIG. 23

(56) References Cited

U.S. PATENT DOCUMENTS

4,974,886	A	*	12/1990	Kleefeldt et al.	292/201
5,419,597	A	*	5/1995	Brackmann et al.	292/201
5,638,712	A	*	6/1997	Kuroda	70/268
5,667,260	A	*	9/1997	Wyerstall	292/201
5,699,685	A	*	12/1997	Jahrsetz et al.	70/264
5,715,713	A	*	2/1998	Aubry et al.	292/216
5,762,384	A	*	6/1998	Bartel	292/216
5,765,884	A	*	6/1998	Armbruster	292/216
5,802,894	A		9/1998	Jahrsetz	
5,853,206	A	*	12/1998	Kleefeldt et al.	292/201
6,145,354	A	*	11/2000	Kondo et al.	70/279.1
6,168,216	B1	*	1/2001	Nakajima et al.	292/201

FOREIGN PATENT DOCUMENTS

EP 0 896 118 2/1998

* cited by examiner

Primary Examiner—Robert J. Oberleitner
Assistant Examiner—Devon Kramer
(74) *Attorney, Agent, or Firm*—Herbert Dubno; Andrew Wilford

(57) ABSTRACT

A door latch for a motor-vehicle central-latch system has a housing, a locking element displaceable on the housing between a door-bolt-holding position and a door-bolt-releasing position, and a pawl displaceable on the housing between a retaining position holding the locking element in its bolt-holding position and a freeing position allowing the locking element to assume its bolt-releasing position. A release lever pivotal on the housing into an actuated position can put the paws into the freeing position. A outside operating lever is pivotal on the housing between actuated and unactuated positions and a main locking lever is pivotal on the housing by an electric motor between locked and unlocked positions. A link engageable between the main locking lever, the outside operating lever, and the release lever serves for, when the main locking lever is in the unlocked position and the outside operating lever is in its unactuated position, coupling the outside operating lever to the release lever to displace same into its freeing position on movement of the outside operating lever into its actuated position. When the main locking lever is in the locked position and the outside operating lever is in its actuated position, the link displaces the release lever into its freeing position on movement of the main locking lever into its unlocked position. Normally the link, when the main locking lever holds in the locked position, decouples the outside locking lever from the release lever.

7 Claims, 6 Drawing Sheets

자료 : 강대신, "전략적 R&D 수행을 위한 특허 및 논문 분석", KIST, 2006/11/17, PPT자료

2) 특허맵 정보의 유형별 특성

특허조사의 기본방향에서 설명한 바와 같이 특허맵 정보의 유형별 특성도 기술정보, 권리정보, 경영정보 등 세 가지로 분류해서 설명할 수가 있다. 기술정보 면에서는 기술개발동향, 핵심기술, 융합기술, 니치기술 등을 파악하고 기술분포 현황도 파악한다. 이러한 현황 파악을 통하여 수집된 정보는 연구테마의 선정이나 기술개발방향의 설정 및 변경에 활용되게 되며, 아울러 향후 출현 가능 상품예측과 이에 따른 사전매입 특허의 확인에도 활용된다. 따라서 이러한 정보의 확보를 위해서는 특허항목 중에서, 특허요지, 기간, 권리자 등을 분석하게 된다.

권리정보 면에서는 특허권리의 범위, 특허취득과 침해가능성, 기본 특허 등을 파악하고 권리상태와 권리기간 및 권리권자를 확인하게 된다. 이러한 현황파악을 통하

여 수집된 정보는 특허출원여부의 결정과 클레임 처리 등에 활용되며, 자사특허권리 범위의 확정에도 활용된다. 아울러 매입특허확인 및 협력기업의 확인과 이에 따른 사용료 산정이나 자사 생산개시일자의 확인에도 활용되어진다. 따라서 이러한 정보를 확보하기 위해서는 권리범위, 특허요지, 인용/역이용 특허, 특허계보, 특허일자 및 권리자, 특허포대의 권리사항, 청구항수·쪽수 등의 항목을 분석해야 할 뿐만 아니라 해외출원, 국가 수·병합출원 국가 수, 출원 국가별 심사경과 등도 분석하여야 한다.

• 표 4-9. 특허맵 정보의 유형별 특성

구분	파악정보의 종류	활 용	특허분석항목
기술 정보	기술개발동향파악 핵심기술의 파악 융합기술(기술상관관계)의 파악 니치기술의 파악 기술분포현황파악	연구테마선정 기술개발방향설정, 변경 향후출현상품예측 사전매입특허확인	특허요지(분류)/기간/권리자 특허요지(분류)/특허요지(분류)
권리 정보	특허권리범위파악 특허취득, 침해가능성 파악 기본특허파악 특허망확인 권리상태, 권리기한 및 권리권자확인 (이전, 양도, 소멸)	특허출원여부결정 CLAIM처리 자사특허권리범위확정 매입특허확인 협력기업확인 로열티산정 자사생산개시일자확인	권리범위 특허요지(분류) 인용,역인용특허 특허족보 특허요지/권리자 특허일자/권리자 특허포대의 권리상황 청구항수/쪽수/해외출원 국가수/병합출원수 출원국가별심사경과
경영 정보	기업 기술동향동향파악 상품개발동향 파악 기업 연구관리동향파악(과제 및 조직운영) 기업특허관리동향 파악 시장참여현황파악 기업상관계파악 국가별시장규모예측	연구개발관리벤치마킹 연구개발전략수립 특허관리방향설정 기업협력, 매수전략수립 특허출원국가선정 우수연구원영입 특허, 소송대리인 선정 기술판매할 회사파악	발명자/권리자/기간 발명자/발명자/기간 대리인/권리자/기간/특허요지(분류) 권리자/권리자/기술요지(분류)/기간 해외출원국가 인용특허

자료 : 백경엽, "특허맵 이론과 실무", 2012년 11월 13일, 발표자료 PPT

경영정보 면에서는 기업의 기술동향, 상품개발동향, 연구관리 동향, 특허관리 동향, 시장참여현황 등을 파악하고 국가별 시장규모를 예측하여야 한다. 이러한 현황 파악을 통하여 수집된 정보는 연구개발전략 수립과 벤치마킹에 활용되며, 특허관리 방향설정과 이를 통한 기업협력 및 매수전략수립에 이용되어진다. 아울러 특허출원 국가의 선정과 우수 연구원의 영입, 기술판매 대상회사의 파악, 특허소송 대리인 선정에도 활용된다. 따라서 이러한 정보를 확보하기 위해서는 발명자·권리자·기간 등에 대한 분석과 함께 특허 및 기술요지, 해외출원 국가, 인용특허, 대리인 등의 항목도 분석하여야 한다.

이러한 특허맵 목적별 특허정보의 종류, 활용, 및 분석항목에 대한 내용을 표로 작성하면 <표 4-9>와 같다.

3) 특허정보 활용전략 및 분석 범위

특허정보의 활용전략의 변화과정은 전략적 목적, 사용자, 활용대상, 정보 분석방법의 차이에 따라 무 전략시대, 방어적 전략시대, 공격적 전력시대 등 3단계로 구분할 수가 있으며, <그림 4-14>와 같다. 1세대인 무 전략시대는 특허정보를 주로 변리사가 활용하였으며, 선행기술 및 특허성 조사에 주로 특허정보를 활용하였다. 사용한 분석방법은 특허DB 신뢰성 분석이다.

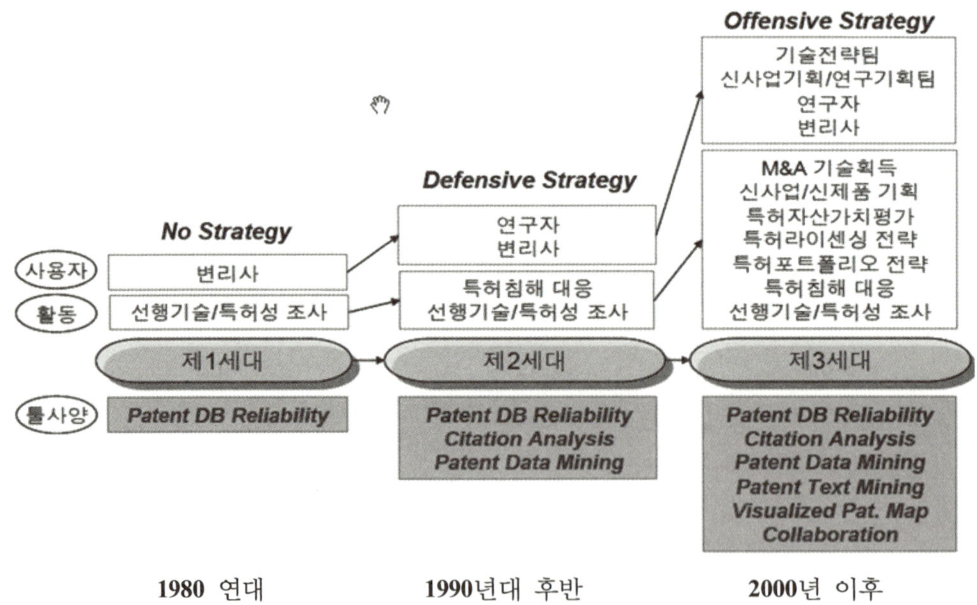

자료 : 강대신, "전략적 R&D 수행을 위한 특허 및 논문 분석(Patent+Paper Map)", KIST, 2006/11/17

그림 4-14. 특허정보 활용전략의 변화

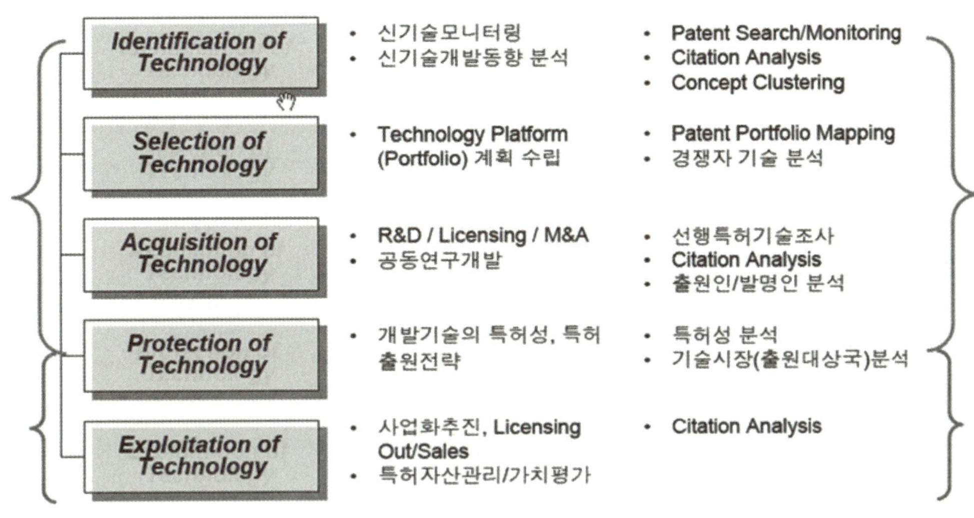

자료 : 강대신(2006), PPT자료

그림 4-15. **특허정보를 활용한 분석 범위**

2세대인 방어적 전략에서는 사용자가 연구자에게로 확대되었으며, 특허침해대응을 위한 선행기술 및 특허성 조사에 주로 특허정보를 활용하였다. 사용한 분석방법은 특허DB 신뢰성 분석, 인용도 분석, 특허 데이터 마이닝 등이었다.

공격적 전략의 시대는 특허정보 분석의 3세대 시기로서 2세대의 사용자의 범위가 기술전략팀, 신사업기획 및 연구기획팀에게로 확대되었다. 활용에 있어서도 훨씬 다양하게 되었는데, 신사업 및 신제품 기획, 특허자산 가치평가, 특허라이선싱전략 및 특허침해 대응 등으로 확대되었다. 아울러 특허포트폴리오전략의 수립과 이를 위한 선행기술조사 및 특허성 조사에로 확대되어 본격적인 기술경영전략에 활용되게 되었다. 또한 구체적인 분석 방법으로는 2세대에 부가하여 특허본문 마이닝, 비쥬얼화된 특허맵, 협력 등으로 다양하게 되었다.

이러한 특허정보의 분석전략을 기술경영에 활용하여 기술기획을 하는 관점에 따라 분석해보면 기술확인, 기술선택, 기술획득, 기술보호, 기술활용 등의 5단계로 나누어지며, 단계별로 해당전략 및 분석방법을 정리할 수가 있는데, 자세한 내용은 <그림 4-15>와 같다. 이러한 기술기획 프로세스를 목적별로 분류하면 2단계로 분류할 수가 있는데, 첫 번째 단계는 기술탐색 및 확보 단계이며, 두 번째 단계는 기술활용 및 보호의 단계이다.

4) 특허정보의 검색

특허분석의 핵심 성공요인은 명확한 분석 목적의 설정, 전문가와 분석가간의 유기적인 팀워크, 신뢰성이 있는 DB, 분석도구로서의 가시화 도구 등의 효율적인 결합으로 요약할 수 있다. 따라서 성공적인 특허정보 분석을 위해서는 무엇보다도 신뢰성 있는 과학기술과 대한 DB에 대한 정보를 확보하는 것이 중요하다고 할 수 있다.

특허관련 정보를 제공하는 세계적인 온라인 검색사이트는 두 개가 있다. 그중 하나는 글로벌 지식재산 전문검색기업인 WIPS가 제공하는 온라인망인 WIPS on(즉 http://search.wips.co.kr/)인데, 한국, 미국, 일본, 유럽 등 세계 주요국의 특허정보를 제공한다. 다른 하나는 Micro Patent사가 제공하는 상업적 특허유통망인 Aureka(aureka, micropat.com)인데 미국, 일본, 유럽 , 독일, 영국 등 전 세계 주요 특허 정보 제공한다. 특히 Aureka의 Themescape 등고선 맵은 상당히 광범위하게 사용된 적이 있다.

이러한 특허정보 검색 방법은 개별적으로 온라인으로 가입을 통하여 활용할 수도 있겠지만, 국가 연구기관 및 대학이나 기업의 망에 연동되어 있는 망에 접속하여 활용할 수가 있다. <그림 4-16 >은 KIST 전자도서관 홈페이지에 연동되어 있는 것을 예시로 제시한 것이다.

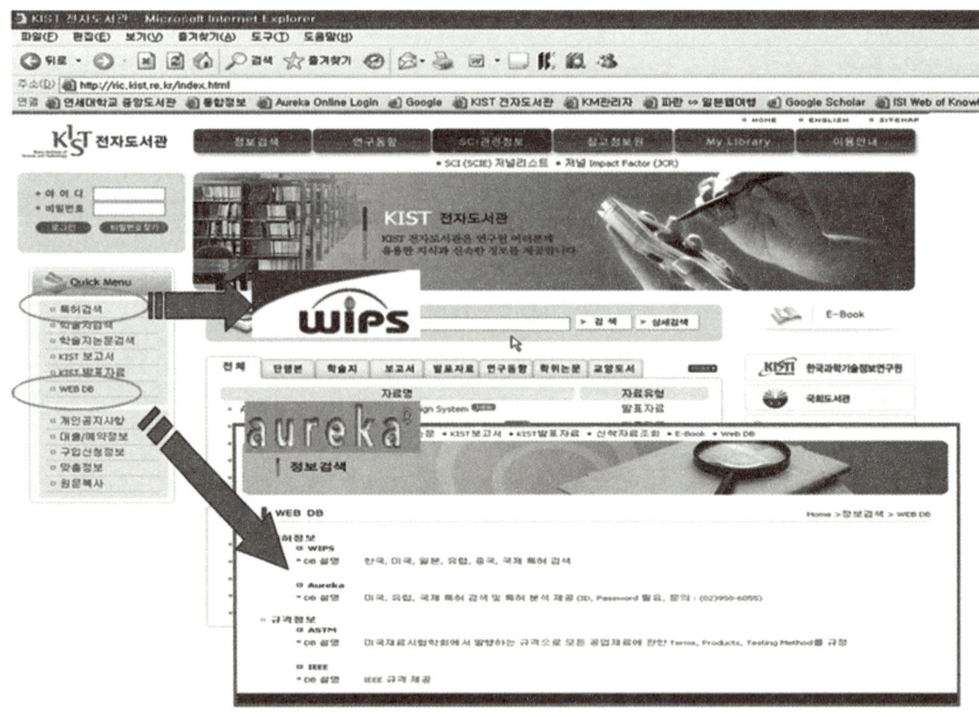

자료 : 강대신(2006), PPT자료

그림 4-16. 특허정보 검색방법의 예: KIST의 예

2. 기술로드맵의 개념과 특징

가. 기술 로드맵(Technology Roadmap)

일반적으로 로드맵이란 어떤 지리학적 공간에 존재하거나 존재 할 수 있는 길, 혹은 경로를 나타내는 이정표이다. 로드맵은 특정 목적지를 향하는 여행자들이 대안이 되는 길 중 하나를 결정하는 과정을 도와준다. 또한 이들이 여행 계획에 대해 이해하고, 목적지에 얼마나 근접한지를 파악하며, 목적지 방향을 확인 할 수 있도록 한다. 이러한 로드맵의 특성이 기술 전략에 적용 되었을 때, 기술 기획에 대한 은유적 표현으로 사용되어 다음과 같이 정의 된다.

① 작성 대상으로 선택된 영역에 대해, 그 영역의 변화를 야기하는 가장 주요한 동인들에 대한 종합적 정보들로 구성된, 그 영역에 대한 미래의 확장된 시각으로 즉 예측수단이다(Galvin, 1998)

② 목적지에 도달하는 방법에 대한 이해 당사자 집단의 시각. 목적 달성에 적합한 능력이 적시, 적소에 존재하는지를 확인하도록 도와주는 수단으로 관리수단이다.(McCarthy 등, 2003)

③ 시간에 따른 제품과 기술의 상호작용을 표현함으로써 사업, 전략의 통합과 기술전략에 기여하는 과정으로 의사소통수단이다.(Phillips, Groenveld, 1997)

기술로드맵은 전략적 기술 관리를 지원하기 위해 가장 널리 사용되는 기획기법 중 하나이다. 즉, 기술로드맵이란 특정 제품개발에 필요한 핵심기술과 지원기술을 순차적으로 서술하는 방법으로 특히 대상제품의 기능과 성능의 발전에 따라 필요한 기술을 시간의 순서에 따라 기록한다. 기술로드맵은 미래 시장에 대한 예측을 바탕으로 미래수요를 충족시키기 위해 향후 개발해야할 필요기술을 예측하고 최선의 기술 대안을 선정하기 위한 기술기획의 특정기법으로 특정분야에서 미래 필요기술과 제품을 예측할 방법과 그것을 달성하는 가장 좋은 방법을 알려주는 실질적인 예측수단이다.

산업수준 또는 국가수준에서 기술로드맵은 미래의 기술발전방향을 예측하고 개발지침을 세우는데 도움을 주는 반면에, 기업수준에서는 시간에 따른 시장, 제품, 기술의 발전 방향을 검토하고 그들 간의 관계를 표현 할 수 있는 시각적 도구를 제공한다. 이는 1970년대 미국 Motorola에서 최초 개발 되어, Corning, Phillips 등의 가전업계를 중심으로 주로 확산되어갔으며, 1992년 미국 반도체 협회가 로드맵 작성에 나서면서 산업차원에서도 주목받기 시작하였다. 이후 GE, ABB, Boeing, Lockheed

Martin 등의 타 업종에 도입되고 국가수준의 기술 기획에도 활용되면서 공동 기술개발과 표준 설정, R&D와 과제기획 등에서 큰 가치를 인정받고 있다.

국내에서는 1999년 후반 삼성 종합 기술원이 미국 SRIC로부터 관련 기법을 전수받아 당시 90% 이상의 과제를 기술로드맵에서 도출한 것을 시작으로, 1999년 1월 정보통신부가 IT 기술로드맵, 2000년 2월 산업자원부 산업기술로드맵, 2002년도 과학기술부 국가기술로드맵 등 정부차원에서 기술 개발의 방향성을 제공하고자 주로 활용해왔으며, 최근 기업 연구소들을 중심으로 확산되어 중소기업까지 전파되고 있는 상태이다.

그러나 기술로드맵은 주로 경영이론이 아닌 경영실무로 발전되어 왔기 때문에, 작성방법론, 작성형태 등이 산발적으로 제시되어 정리되지 못하고 있다. 1987년 Motorola의 논문을 시작으로 초기에는 기업사례 연구에 대한 논문이 주를 이루었으며, 학계에서 주목 받기 시작한 것도 비교적 최근의 일이다. 다행히 2000년대에 들어서 기술경영 대표 학술지들이 특집호로 다루는 등 실무에서 발전되어 온 로드맵을 검토하여 체계적인 방법론으로 확립하려는 시도가 지속되어 기술로드맵 방법론의 발전을 가져오고 있다.

기술로드맵은 제품이나 시장의 요구를 충족시킬 수 있는 기술적 대안을 발굴/선정하고, 그들 간의 관계를 시간 좌표로 표시하는 과정을 거치게 된다. 즉, 미래시장에 대한 예측을 바탕으로 미래수요를 충족시키기 위해 기업 또는 산업차원에서 향후 개발하여야 할 필요기술과 제품을 예측하여 최선의 기술대안(alternative)을 선정하는 기술기획이다. 기존의 중장기계획은 단지 기술개발 자체만을 위해 수립되어왔던 반면에, 기술로드맵은 시장수요에 대한 요구로부터 필요한 기술을 도출함으로써 국가경제에 직접적으로 기여할 수 있는 기술개발의 가이드라인으로 활용 가능하다. 현재 보유기술이 어떤 제품으로 만들어져 어떤 수요를 충족 시킨다가 아니라, "이러한 수요를 충족시키기 위해서는 어떤 제품이 필요하며 이를 위해서는 이러이러한 기술이 요구 된다"라는 개념이라고 할 수 있다.

나. 기술로드맵의 목적

일반적으로 기술로드맵의 목적은 3가지 목적으로 작성되는데 첫째 중장기 목표에서 중요한 역할을 하기 때문이다. 이는 기술개발의 전략적 중장기 목표를 달성하기 위한 이정표 제시와 핵심기술의 파악을 통하여 "선택과 집중"이라는 측면에서, 경쟁력 강화를 위한 기업 및 산업계 기술전략 수립의 지침을 제시한다. 또 기술개발투자 결정시 안내지도 역할을 함으로써 위험요소 경감과 해당분야의 산·학·연·관 전문가들이 해당분야의 비전을 공유하고 중요기술에 대한 폭넓은 공감대(Consensus)를 형성할 수 있는 기회를 제공해 준다. 이때 로드맵 작성과정에서 전문가 네트워크를 자연스럽게 형성하여 향후 효과적인 연구 기획을 위한 기반 조성이 가능하다.

둘째, 기술로드맵은 예측을 목적으로 작성될 수 있는데, 예측기법에는 일기예보와 같이 예측 결과에 의사결정자의 의지가 개입 될 수 없는 탐험적 예측과 의사결정자가 예측결과에 어느 정도 통제를 가할 수 있는 규범적 예측으로 나누어진다. 정부나 산업수준에서 작성되는 기술로드맵의 경우에는 주로 탐험적 예측을 목적으로 작성되는 반면, 기업수준 기술로드맵의 경우에는 주로 규범적 예측을 목적으로 한다. 물론 정부나 산업수준에서의 기술로드맵 또한 기술의 발전방향을 제시하고자 하는 주관성이 개입된다면 규범적 예측 범주에 속하게 된다.

셋째, 기술로드맵 작성의 보다 주요한 목적은 제품과 기술에 대한 계획 수립이다. 계획이란 예상되는 미래에 어떻게 대응 할지에 대한 결정이라는 점에서 예측 또한 실제로는 계획의 일부라 할 수 있다. 전통적인 기술기획 기법과 비교하였을 때 기술로드맵이 갖는 장점은 여러 가지가 있다.

① 기술과 사업니즈를 직접적으로 연결한다. 기술로드맵 작성과정에서 기술기획과 제품기획을 동시에 진행하기 때문에 사업성 없는 기술을 개발하거나 제품생산 시점에 필요기술을 획득하지 못하여 시간과 비용을 낭비하는 일이 줄어든다.
② 시각화 방법이나 작성과정 모두가 매우 유연하기 때문에 미래기획을 위한 다른 여러 상황에도 적용될 수 있다.
③ 성공 가능성이 높은 가장 중요한 전략과 제품, 기술을 규명하고 이에 초점을 맞추도록 함으로써 선택과 집중의 기획을 가능하게 한다.

넷째, 전사적 차원에서 장기적인 기술개발 혹은 기술획득 관련 의사결정을 위해 활용 할 수 있다. 사업별 또는 제품별로 작성된 로드맵들을 공유함으로써 공통 기술을 추출해 낼 수 있으며 장기간이 소요되는 기술개발 프로젝트나 기술획득 과정을 일찍부터 계획하여 기술이 필요한 시점에 바로 활용할 수 있게 된다.

마지막으로, 기술개발 참여주체 간의 의사소통과 전략 및 계획의 공유를 가능하게 한다. 일반적으로 기술로드맵 작성을 위해서는 cross-functional 팀을 구성하게 되므로, 기술로드맵은 다양한 배경을 가진 사람들이 팀 내에서 의사소통 할 수 있는 공통의 언어를 제공한다고 할 수 있다.

3. 기술로드맵의 작성

기술로드맵이 상대적으로 활발하게 작성되고 있는 국가들의 사례를 살펴보면, 우선 미국 에너지부(Department of Energy)의 경우 1998년 이후 다양한 에너지 기술을 대상으로 과학기술 로드맵을 작성하여 국가 수준의 연구개발 지원사업과 직접연계시키고 있다. 한편 캐나다 산업성(Industry Canada)은 1995년 자국의 혁신지원정책의 일환으로 기술로드맵 작성을 시작하였으며, 이후 1,000개 이상의 조직이 26개 기술의 로드맵 작성에 참여해 오고 있다. 기술로드맵을 주도적으로 작성하여 배포하는 것이 아니라 산업계에서 로드맵을 작성할 수 있도록 그 과정과 소요비용을 지원 하는 등의 장려정책에 국한한다는 점이 특징적이다. 우리나라에서도 과거 산업자원부(현 산업통상자원부)를 중심으로 산업기술로드맵, 부품소재로드맵, 항공우주로드맵, 에너지로드맵 등이 주기적으로 작성되었다. 최근 기술로드맵이라는 명칭 대신 청사진이라는 용어를 사용하여 '2008년도 지식경제통합 기술청사진'이 작성된 바 있으며, 융합 신산업 창출을 위한 전략로드맵을 작성 중에 있다.

정부주도 기술로드맵의 경우, 결과물의 신뢰도를 높이고 R&D 투자의 정당성을 확보하기 위해 기술로드맵 작성과정을 공개하는 경우가 많으며, 이에 따라 참고 할만 한 작성 지침이 다수 존재한다. 반면, 기업 주도 기술로드맵의 경우, 기업이 속한 산업 분야, 작성부서, 작성 목적 등에 따라 작성과정이 달라지며 또한 기업의 전략이 포함되기 때문에 쉽게 공개되지 않는다. 따라서 정형화된 작성 지침이나 사례 연구결과가 대체적으로 부족한 실정이다.

기업주도 기술로드맵 작성사례를 살펴보면 다음과 같다. Motorola의 기술로드맵은 과거 회의실 벽에 부착된 종이에 손으로 작성하거나 엑셀, 파워포인트 등으로 작성하던 형태에서 시스템을 통한 표준화된 형태로 디지털화 되었으며, 최근에는 온라인 인터뷰를 통해 단 20~30분내 로드맵이 작성되는 수준까지로 발전하였다. 네덜란드 가전업체인 Phillips는 1993년 제품-기술 로드맵핑 기법을 도입하였으며, 현재는 전사적 차원에서 확대 실시하고 있다(Groenveld, 1997). GM사는 1999년 시범적으로 기술로드맵을 도입한 이후 웹기반 기술 데이터베이스를 구축하여 로드맵과 타 경영기법들을 통합/운영 중에 있다(Grossman, 2004). 국내의 경우 삼성종합기술원의 시나리오기반 로드맵핑이 대표적이다.

이러한 국내외 사례로부터 공통적으로 나타나는 기술로드맵 작성 및 활용의 성공요인을 요약하면 다음과 같다.

첫째, 기술 로드맵 작성에 있어서 뚜렷한 목표 설정이 필요하다. 기술 로드맵 작업은 개념에 비해 작성과정이 복잡하여 목표설정과 최고경영층의 지원 없이는 실패할 가능성이 높다. 실무 팀에서 목표달성에 적합한 기술로드맵의 형태와 작성과정을 명확히 설계하여야 하며, 로드맵핑이 체계적으로 추진될 수 있도록 지원해야 한다.

둘째, 기술로드맵 활용에 있어서, 포함된 정보가 최신의 것 이어야한다. 즉, 기술이나 제품기획에 변화가 생겼을 때 그 변화가 기술로드맵에 즉시 반영 되어야한다. 따라서 기술로드맵은 예산이나 전략주기에 맞춰 주기적으로 갱신 되어야한다. 또한 한 번 생성된 기술로드맵은 저장된 상태로 관련자들끼리의 의사소통을 거쳐 지속적으로 수정, 갱신되어야하므로 이를 도와 줄 수 있는 프로세스나 시스템이 필요하다.

셋째, 일단 조직 내 어떤 한 부서에서 기술로드맵을 작성하였다면, 조직 내 타부서에서도 그 방식을 채택하도록 권유하는 것이 바람직하다. 조직 내에서 동일한 형태로 작성된 기술로드맵은 조직 내 산발적으로 흩어져 존재하는 정보를 통합하여 전사적 차원에서 전략적 의사결정을 보조할 수 있기 때문이다.

끝으로, 로드매핑 방법론이 보다 널리 확산되기 위해서는 로드맵의 생성, 저장, 공유, 갱신을 보조해 주는 전문시스템이 개발될 필요가 있다. 기술로드맵을 생성하는 초기단계에서는 단순한 MS Office나 graphic package만으로도 충분하지만 지속적인 갱신이나 공유의 편의성을 위해서는 로드매핑 전문시스템의 개발이 필수적이다. 그러나 로드맵은 이해당사자들이 한 곳에 모여 미래를 논의하고 함께 준비해가는 의사소통과정이기 때문에, 의사소통과정 자체의 의미를 간과하고 시스템에만 지나치게 의존하지는 않아야 한다.

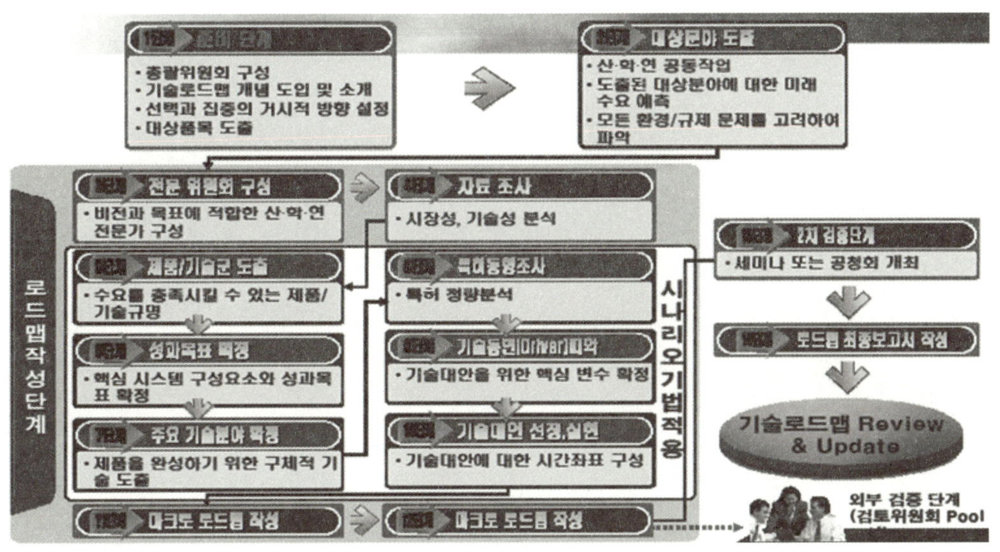

그림 4-17. 국가 기술로드맵의 작성단계 및 절차

각주

1) 이장은 이영덕·조석홍,『기술경영』, 두남, 2013, 5장을 기반으로 수정하고 보완하였음.
2) 이종옥외 3인,『연구개발관리』, 경문사, 2005
3) 핵심키워드 분석에는 다음의 4가지 어에 대한 분석이 있다.
   - 상위 관련어 : 관련된 기술을 포괄적으로 표현하기 위해 필요한 용어(검색 결과가 적을 때, 초기 검색할 때)
   - 하위 관련어 : 관련된 기술 세부기술을 표현하기 위해 필요한 용어(검색 결과가 많을 때)
   - 동의어 : 키워드 다른 표현, 과거 혹은 미래에 사용 가능한 용어(검색 결과가 적을 때)
   - 한정어 : 키워드를 좀더 명확하게 표현하기 위해 필요한 용어(검색 결과가 많을 때)
4) 강대신, "전략적 R&D 수행을 위한 특허 및 논문 분석", KIST, 2006/11/17, PPT자료

제5장 기술사업화 전략과 기술사업화 모형

제1절 기술사업화 전략

1. 기술혁신과 사업화의 관계

가. 기술혁신의 제 개념

기술혁신에 대한 견해는 기술전략관련 연구자들에 따라 다양하게 구분되며, 형태관련 속성에도 다소간의 차이가 있다. 본 장에서는 기술혁신 그 자체를 분석하는 것이 아니므로, 많은 연구자들이 일반적으로 혁신의 형태구분에서 사용하는 유형 즉, 다음의 네 유형으로 설명하고자 한다.[1)]

첫째, 점진적(Incremental) 혁신은 기존 제품이나 프로세스의 질적인 향상을 통하여 기업의 입지를 강화하는 방법으로서, 이에 대한 예로는 마이크로소프트사의 기존 설계와 컴포넌트의 개량을 통한 차세대 MS Word 소프트웨어개발전략을 들 수 있다. 둘째, 급진적(Radical) 혁신으로 전혀 새로운 개념을 도입하여 기업에게 새로운 스킬이나 역량을 개발할 수 있는 능력을 제공하는 것이다. 새로운 시스템의 설계나 핵심컴포넌트의 변경을 통해 나타난 트랜지스터 및 즉석사진 등을 예로 들 수 있다. 셋째, 모듈(Modular) 혁신으로 제품의 전체적 구조의 변경 없이 핵심컴포넌트를 변경시키는 것으로, 아날로그 전화기를 디지털 전화기로 변경하는 것이 그 예라 하겠다. 끝으로, 구조적(Architectural) 혁신은 기존기술과 컴포넌트에 대한 새로운 접근방법을 통하여 시스템 수준에서의 혁신을 유발하는 것으로, CT 스캐너, PC 등이 이에 해당한다고 볼 수 있다.

이러한 혁신을 혁신의 구성 요소 간 연계여부, 구성요소의 보강여부에 따라 구분하면 <표 5-1>과 같다. 이 표에서 연계관계의 변화와 구성요소의 반전이 수반되는 급진적 혁신의 경우에 개발된 기술이 실제적으로 제품화하는데 상대적으로 제약이 많다고 하겠다. 반면에 점진적 혁신의 경우에는 기존의 혁신요소와의 연계도 유지될 뿐만 아니라 구성요소도 보강되는 관계로 개발된 기술의 조직 내 체화 및 확산이 상대적으로 용이하여 제품화가 쉽게 이루어질 수 있다.

• 표 5-1. **기술혁신의 유형과 특징**

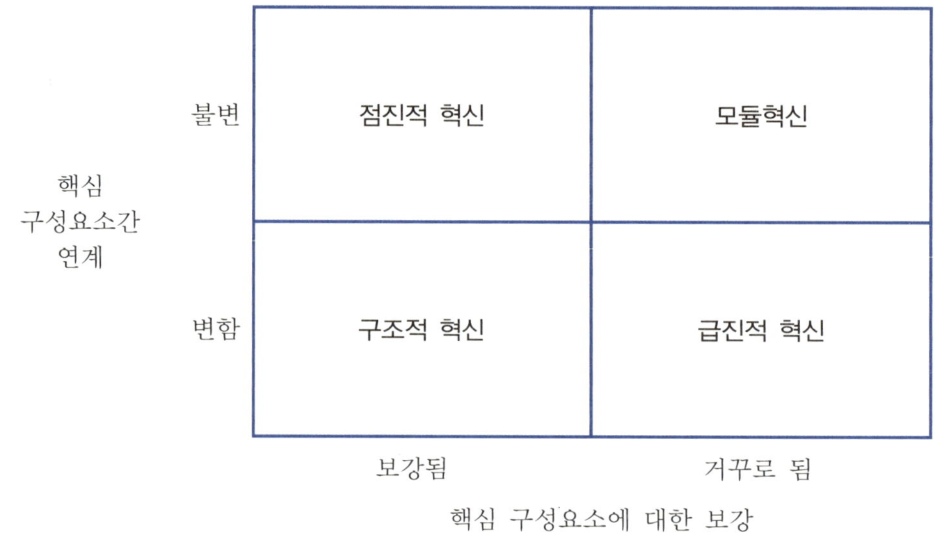

한편 혁신은 기업에서 실제적으로 확산되는 과정에 따라 공정혁신과 제품혁신으로 나누어 볼 수도 있다. 특히 제품혁신의 경우 다시 두 가지 관점으로 볼 수 있는데, 하나는 연구개발 된 기술이 실제로 어떻게 제품화되어 시장에 진입되느냐(신기술 사업화전략), 다른 하나는 새로운 제품개발을 목적으로 필요기술을 어떻게 개발하며 나아가 개발기술을 활용하여 실제적으로 어떻게 제품화하느냐(신제품 기술개발전략)에 관한 것이다.

나. 혁신과 사업화의 관계

기술의 사업화는 기술혁신전략에 있어서 중요한 위치를 점하는 것으로 제품과 기술의 두 차원에서 논의될 수 있다.[2] 제품차원에서 사업화란 '개발제품에 필요한 기술의 개발을 통하여 제품을 설계, 생산, 및 판매 하는 활동'으로서, 기술개발과정에서 볼 때 기술개발의 마지막 단계로 인식할 수가 있다. 또한 기술차원에서 본 사업화란 '개발기술의 궁극적 목적인 가치실현과 관련한 다양한 활동'으로서 기술의 응용과 이전, 아이디어의 구체화, 기술가치의 평가, 연구개발 결과의 후방산업분야에서의 활용이나 이전, 동종업종 또는 유사업종에서의 광범위한 이용, 기술기초결과에 대한 흡수·확산 과정 등을 의미한다(김명관과 신수경 1999/2).

한편 민간부분에서는 종종 기술사업화가 신제품개발전략의 맥락에서 다루어지고 있다. Booz, Allen & Hamilton(1982)의 조사에 의하면 성공적으로 신제품을 시장에 진입시킨 기업들은 신제품의 개발과정에서 보편적으로 공식화 프로세스를 거칠 뿐만 아니라 장기적인 측면에서 전략적인 계획도 수행하고 있었다. 또한 이들 기업이 사용하는 신제품전략은 네 가지의 특성을 갖게 되는데, i) 신제품과 회사의 목적을 연계시키며, ii) 해당 시장 및 관련기술 조사를 통한 신제품관련 조사를 지원하며, iii) 신제품이 추구하고자 하는 시장의 역할을 분명히 하며, iv) 전반적인 기술 및 시장에 대한 스크리닝 기준을 제공하고 있다는 것이다.[3)] 이러한 관점은 기술사업화를 제품차원에서 보는 것이라 할 수 있겠다.

반면에 공공부문에서는 기술사업화는 주로 연구개발 결과의 사업화라는 측면에서 다루고 있는데, 이러한 관점은 기술가치의 실현을 위한 일련의 여러 활동으로 확대되어야 하겠다. 특히 사업화를 추진하는 주체에 의하여 수행되어지는 여러 활동 중에서 중요하게 고려되어야 할 것은 수용과 확산의 과정이다. 먼저 수용에 대한 개념은 '이용 가능한 최선의 행동과정으로서의 혁신을 최대한 이용하기 위한 의사결정(Rogers 1983)'으로 정의할 수 있다. 아울러 이러한 수용은 '사회경제적 특성, 개성변수, 의사소통 행위 등에 의하여 영향을 받는 지식, 설득, 용인과 거부에 대한 의사결정·수행·확인'이라는 일련의 과정이다. 이 경우에 설득은 상대적 우위, 양립성, 복잡성, 시험가능성, 관찰가능성 등에 영향을 받는다.

확산에 대한 개념은 1971년 마케팅 활동과 관련하여 Robertson에 의하여'마케팅 활동으로 조장된 것으로서 사회시스템 내에서 소비자에 의하여 시간에 걸쳐 새로운 제품과 서비스를 수용하는 것'으로 정의되었다. Rogers (1983)는 이를 확대하여 '사회시스템의 구성원들 간에 시간에 걸쳐 어떤 채널을 통하여 혁신이 의사소통 되어지는 과정'으로 정의하였다. 따라서 확산은 수용과 달리 사회시스템의 수준에서 개별적 단위들에 의한 일련의 수용에 대한 의사결정을 반영하고 있으며, 확산과정은 수용, 혁신, 시간, 여러 수용단위, 사회시스템, 의사소통채널 등 여섯 가지 요소를 포함하고 있다고 할 수 있다.

이상과 같은 제품혁신과 기술사업화 간의 특성차이를 보면 <표 5-2>와 같다.

• 표 5-2. 제품혁신과 기술 사업화간의 차이점

특 징	제 품 혁 신	기 술 사업 화
대 상	단일제품에 대한 설계	개발기술의 모든 적용가능 분야
기간 일정	제품개념(1 - 5년)	잠재적으로 가치가 있는 기술개념이 제안됨(10 - 20년)
가치이해 대상	최종이용자로서 고객	기술진보와 관련된 다수의 이해관계자
수요특성	제품별 분할 시장	제조가능 제품에 대한 수요
경쟁 대상	동일기능 및 성능을 갖는 경쟁제품	동일제품의 기능 및 성능에 사용되는 상이한 기술들
마케팅	완성제품의 특유판매포지션 개척	기술의 일정시점에 달성할 수 있는 모든 것의 개척
적정 시기	최종이용자가 요구하는 시점(시장기회)	경쟁적 발명가, 수용자, 자원제공자의 시간스케줄(Time Line)
창출 가치	경쟁적으로 제품을 제조, 판매하는 것으로부터 오는 수익	제품판매 또는 기술수명주기에 대한 협력

자료 : 김명관과 신수경, "신기술의 사업화 촉진을 위한 방안(1)", 한국산업기술진흥협회, 기술관리, 1999/2, p. 53, <표 1>

2. 기술사업화 전략

기술사업화에 관한 정책적 관심이나 학문적 및 실무적 측면에서 가장 먼저 연구를 시작한 국가는 미국이다. 미국에서 이루어지고 있는 기술사업화에 대한 연구의 흐름을 보면 크게 두 가지로 나누어 볼 수 있다. 그 하나는 실제적으로 공공부문에서 대학, 연방연구소 등 연구주체별로 개발된 기술이 i) 어떠한 채널을 통하여 민간부분으로 스핀-오프 또는 확산되어지며, ii) 이러한 확산이 지역경제에 어떻게 영향을 미치는지, iii) 지역 경제에로의 확산을 촉진하기 위해서는 어떠한 인프라가 갖추어져야 하는지에 관한 것이다. 다른 하나는 정부차원에서 지원된 연구개발 기술이 사업화되는 과정에서 성공과 실패를 결정하는 요인이 무엇인지를 분석함으로써, 개발기술의 사업화 촉진을 위한 정책적 환경을 조성하자는 것이다.

실제적으로 미국에서는 1960년대부터 정부차원의 지원을 받아 일차적으로 공공부문에서 연구개발 한 기술의 상업적 활용을 촉진하기 위하여, 사업화관련 성공 및 실패요인에 대한 많은 연구가 이루어져 왔다. 구체적인 연구방법으로는 사업화에 성공한 기술개발프로젝트에 대한 사례연구 또는 사업화 담당자와의 면담을 통하여 사업화의 성공과 실패를 결정하는 요인이 무엇인가를 밝혀내는 것이다.

가. 사업화 모드의 결정

사업화 모드에 관한 실제조사 및 분석은 주로 1980년대 중반이후 역시 사업화분야에서 가장 먼저 연구를 진행한 미국의 연구자(Ehrestment et al 1989, Goel et al 1991, Gibson 1997, Radosevich and Smith 1997 등)들에 의하여 많이 이루어져 왔다. 연구자들이 제시한 사업화의 모드를 유형별로 분류하면 두 가지에서 여섯 가지로 다양한 유형으로 나타나고 있다.

1) 사업화 두 유형

Ehrestment et al(1989)은 정체된 기술의 사업화에 관한 연구에서 참여의 정도와 자원의 투입수준에 따라 사업화 모드를 외부 합작투자와 신규사업부문 창출을 위한 내부 벤처링 등 두 유형으로 구분하였다.

또한 Radosevich and Smith(1997)는 공공기관에서 개발된 기술의 사업화는 수많은 전략적 복잡성에도 불구하고 국가, 연구기관 및 지역경제의 건전성에 중요하다는 인식 하에서, 테크노폴리스의 창출을 위한 기업가 인프라스트럭춰 개발모형에 대한 연구를 하였다. 이 연구에서 그들은 뉴멕시코 주와 같이 민간부문이 취약한 주에서 공공부분에서 개발된 기술을 사업화할 수 있는 방법을 분석하였다. 그들이 제시한 사업화의 주된 모드는 크게 기존기업을 통한 기술이전(일명 발명가-기업가 모형)과 신규 기업가적 노력(일명 외부 기업가 모형) 등이다.

2) Gibson의 세 유형

텍사스대학교부설 기술창업 및 사업화연구소(ICC Institute)에서 글로벌 연구개발 프로그램의 책임자로 있는 Gibson박사는 1997년 발표한 논문에서 기술의 사업화와 기술이전을 '확장된 기간 동안에 개인들 간에 상당한 정도의 전방-후방 교환을 가지는 상호작용과정'으로 개념화하였다. 그는 연구에서 응용에 따른 조직간 기술이전의 중요한 모드로, i) 스핀-아웃 기술이 기술창업보육을 거쳐 신규 설립기업으로 발전하는 형태, ii) 연구조직에서 개발된 기술이 기업실험실을 거치거나 또는 바로 기존 기업으로 이전되어 상업적으로 응용되는 형태, iii) 연구조직 내로 스핀-인된 기술이 직접 활용되는 형태 등 세 가지를 제시하였다. 또한 깁슨은 정부지원 연구소에 의하여 개발된 기술의 사업화에는 주로 i)과 ii)의 형태가 사용되어진다고 하였다.

3) Goel et al(1991)의 여섯 유형

Goel과 연구진은 정부지원 혁신(기술개발)을 성공적으로 이전시키기 위한 전략적 지침을 경영자에게 제공하기 위한 연구를 수행하였다. 이 연구에서 연방정부지원 R&D를 산업계 파트너에게 이전시키기 위한 여섯 가지의 사업화전략 모드 즉 산업 파트너와의 R&D 계약, 산업계 컨소시엄과의 공동작업, 산업계에 대한 라이선싱, 주요 의사결정자에 대한 영향력 행사, 브로커 조직과의 공동작업, 최종소비자의 수요 자극 등을 제시되었는데, 각각의 특징, 장점, 약점 등을 정리하면 <표 5-3>과 같다.

그들은 9개 기술개발사업을 대상으로 사례연구를 하였는데, 그 중에서 5개는 완전 사업화, 4개는 준 사업화된 것으로 파악하였다. 이러한 연구를 통하여 연구팀은 정부연구개발의 사업화를 촉진하기 위해서는 특정연구개발에 대한 맞춤형 사업화전략을 구현하여야 한다고 주장하였다<표 5-4>.

• 표 5-3. 사업화 전략의 유형별 특성, 장·단점 비교

	산업파트너와R&D계약	산업컨소시엄과 공동 작업	산업에 대한 라이선싱	주요의사결정자에 대한 영향력 행사	브로커 조직과 공동 작업	최종소비자의 창출
특성	o 민간부문기업과의 R&D 하청계약 o 기업의 기술개발과 시장창출의 위험경감 및 유인제공 o 잠재적 제공업자와 유통업자의 기술개발에 따른 통합 o 협동 R&D (연방기술이전법 1986)	o 특정R&D와 혁신을 위한 연방 R&D프로그램관리자와 연구소의 연구자가 기업과 밀접한 공동작업 o 민간부문의 비용부담은 일정 비율로, 성과정보는 완전배분 o 신기술관련 특허권의 공유, 비독점적/무로얄티 라이선싱) o 취득사용료의 기업 연공헌도에 따른 배분 o 고위험 연구에 대한 투자풀링 o R&D를 중복 감소시킴	o 공공개발 R&D의 이전촉진을 위한 연방지원과 병행 o 특허화된 발명, 저작권, 및 기술적 자료보호 o 독점적 라이선싱 부여 o 기술의 시장잠재력이 큰 경우는 비독점적 라이선싱 유리 o 기술의 스핀-오프형 활용잠재성이 큰 경우 비독점적 라이선싱 유리	o 주요 의사결정자에 대한 표적화된 정보와 유인 o 특정기술 사용을 고집하는 주요 의사결정자의 확인 o 시장에서의 저항 및 저항감소 방안의 조사 o 주요 의사결정자를 표적으로 한 기술이전프로그램 수행 o 이 전략 사용에 따른 중개기관의 팽창 경계	o 많은 산업의 이해관계를 대변하는 무역, 전문가 및 법적 조직 o 저 거래비용으로 사용자의 니즈 평가, 혁신평가, 사업화 보호	o 사실확인서 유포, o 최종소비자에 대한 표준화된 검사방법, 등급시스템 및 성과기준/지침 개발 o 적정사용을 위한 정부조달정책, 채택유인, 규지감소, 기타 장벽의 제거 o 신기술에 대한 채택자 역할중시 o 공공부서의 신기술 사용에 대한 역할 중시 o 선도적 사용자에 대한 기술채택의 자극이 성공의 관건
장점	o 혁신불가 징후극복 o 잠재 기술이전비용 감소 o 비용공유를 통한 자원증대	o 이전가능 기술 증대를 위한 시장니즈에 포커스 화 o 산업에게로 신속한 정보 확산	o 효과적 기술이전을 위한 보상제공 o 대규모시장에 따른 다수 기업에 혜택제공	o 비 가공된 정보의 공표보다 큰 영향달성 o 특수 마케팅방법 고안에 대한 논리제공	o 산업계 니즈 평가와 R& D 결과공유를 위한 효과적 채널 제공 o 저렴성 o 비용공유를 통한 자원증대	o 소비자교육이 장기적 행동변화 유도 o 소비자교 육비용의 저렴성

단점	o 파트너선정 어려움 o 단일 기업(파트너) 의존에 따른 위험	o 특수한 조직단위의 필요에 따른 고비용 o 재산권적 관심에 따른 정보공유의 어려움 o 비재산권적 정보의 확산이 제품개발 저해	o 부적정한 기술 도입자 선택	o 필요 기반연구에 따른고비용 o 수행에 따른 고비용	o 조직의 맴버쉽이 제한된 경우 비효과적 이거나 불공정함 o 조직에 대한 기득권자의 왜곡 또는 정보이전의 제한 o 정보이전에 따른 통제권 상실	o 직접 시장 간섭이 비의도적 왜곡의 창출 o 소비자 교육활동의 비효과성 o 효과성에 대한 광범위한 가변성

• **표 5-4. 미국 에너지성 건축기술사무국의 사업화방법**

구분	산업파트너와의 R&D 계약	주요 의사결정자에 대한 영향력행사	브로커 조직과 공동활동	최종소비자의 수요창출
완전 사업화	• 소기업과 하청계약	• 핵심인물과의 사적 만남과 라운드 테이블 • AS맨 훈련프로그램 • 개별적 SW시장 창출	• 판매/유통부문 포함 • 관련 표준/코드 사용	• 주요유통업자 체인에 대한 보고서 배분 • 관련네트워크에 책자/사실 확인서 제공 • 주무부처의 사용자 뉴스 활용
부분 사업화	• 소기업과 하청계약	• 1차 관련기관과 계약 • 개별적 SW시장 창출 • 제조업자, 유통업자, 설치 업자에게 연결	• 특수시설 제조업자협회 포함 • 무역/관련 잡지 기사	• 사실 확인서

자료 : Geol et al, "Guidelines for successfully transferring government-sponsored innovations", Research Policy, 1991, p.133 표를 수정함.

기술이전을 통한 사업화를 촉진하기 위하여, 정부 연구개발(혁신)을 분류할 수 있는 기준(지표)으로 기술기준, 시장기준, 정책기준을 제시하였다. 또한 사업화전략 유형과 사업화 결정지표간의 관계를 앞에서 설명한 9개의 사례를 활용하여 분석하였다. 구체적인 관계의 작성에 있어서 완전사업화에 성공한 사례에서 어떤 전략을 1차 전략으로 하면 2점, 2차 전략으로 하면 1점을 부여하였다. 전략과 결정지표의 특정 결합에 대한 평균 가중치가 1보다 크면 '높은 적합성'으로, 2/3-1 사이이면 '경우에 따른 적합성'으로 판단하였다. <표 5-5>에서 나타난 결과를 분석하면 기술적 속성에서 보면 제품혁신은 제품지향전략에서 많이 사용되며 I 유형의 전략과 VI 유형의 전략이 높은 적합성을 갖는 반면에, 라이선싱은 기술이 저작권 또는 특허로 되는 것이 가능한 경우에 공정혁신 또는 제품혁신에 적합하다고 하겠다.

• 표 5-5. **사업화 결정지표(기준)과 전략유형과의 관계**

구 분		변 수	전 략 유 형					
			I	II	III	IV	V	VI
기술 지표	기술속성	공정기술		O	O	◉	O	O
		제품기술	◉		O			◉
	연구개발 속성	탐색적 연구	O	◉		O	◉	
		응용연구	◉		O	O	O	◉
	복잡성	단순성	◉	O		◉	O	
		복잡성	◉		O		O	◉
	정보 특성	사적 전유성	◉	O	◉			
		비 전유성	O			◉	O	◉
	기술적 불확실성	높은 불확실성	O		O	◉	O	◉
		낮은 불확실성	◉	◉				
시장 지표	응용 가능성	단일화	◉	O	O	O		◉
		다양화	◉	O	O	O	O	O
	산업속성	집중화	◉				O	O
		경쟁			O	◉		◉
정책 지표	정부지원	한정적 지원	◉		O			O
		풍부한 지원	O			◉	O	◉
	시장접근 시기	정규적 접근	◉		O	O	O	O
		가속적 접근	O			◉	O	◉

자료 : Goel et al, ibid., p. 138 표

주 : ◉ : 높은 적합성을 가짐, O : 경우에 따라 적합성을 가짐 I : 산업파트너와의 R&D 계약, II : 산업 컨소시엄과 공동작업, III : 산업계 라이선싱, IV : 주요 의사결정자에 대한 영향력, V : 브로커 조직과 공동작업, VI : 최종소비자 창출 등을 의미함.

• 기술이전 및 사업화전략 대안 = f (기술지표, 시장지표, 정책지표)
- 기술지표 : 기술특성, R&D특성, 복잡성, 정보특성, 기술적 불확실성
- 시장지표 : 연구결과의 응용가능성 정도, 산업적 특성
- 정책지표 : 정부지원 정도, 시장도입시기

연구개발 속성 면에서 연구개발의 탐색적 수준에서는 기술적 불확실성이 크므로 무역협회 또는 전문가 협회와의 제휴나 산업 컨소시엄의 지원이 필요하다. 또한 이 단계에서 최종소비자에 대한 시사가 분명하지 않은 경우가 많으므로 최종소비자 창출전략은 적합하지 않다. 반면에 응용연구에서는 혁신의 타당성에 대한 시연 또는

실행을 통한 학습에 의하여 기술적 위험이 크게 감소한다.

그러나 개발기술이 산업계에 완전하게 수용되지 않은 관계로 고도엔지니어링 개발 면에서 높은 위험이 존재한다. 한편 기술 및 시장기회의 증가에 따라 잠재수익이 보장되게 되면 개별기업에 의한 기술의 추가개발이 이루어지며, 산업파트너와의 R&D 계약, 또는 최종 소비자 수요창출 전략이 적합하게 된다.

나. 사업화 성공 및 실패 요인 파악

사업화와 관련된 대부분의 연구에서 제기된 문제는 성공적인 사업화를 위해서는 어떠한 활동이 요구되는가와 관련된 것으로 아래와 같은 물음에 대한 적절한 해답을 찾고자 하는 것이었다.

- o 왜 특정기술은 사업화에 성공하는 반면에 어떤 기술은 실패하는가?
- o 사업화 과정에서 기술제공자와 기술사용자들이 사업화에 어느 정도 영향을 미칠 것인가?
- o 연구개발기술의 사업화를 위한 관리 범위와 수준은 어느 정도가 적당하다고 보는가?
- o 초기단계 기술에서 투자 수익을 발생시킬 수 있는 방법은 무엇이며, 기초 연구를 시장수요로 연결시키는데 필요한 추가적인 노력은 무엇인가?

따라서 이러한 물음을 중심으로 기술사업화의 성공과 실패에 영향을 미치는 요인들에 대한 구체적인 결과를 도출하기 위하여 미국의 연구자들을 중심으로 많은 연구가 이루어졌으며, 우리나라의 경우에는 1990년대 후반부터 이 분야에 대한 연구가 일부 이루어지고 있다.

1) 미국에서의 연구

이 분야에 대한 연구의 대부분이 정부지원 개발기술 또는 정부부처 보유기술의 상업적 활용에 영향을 미치는 요인들을 밝힘으로써 효율적인 사업화 방안을 모색하고자 하는데 있다.

(1) 정부 연구개발기술의 사업화 요인

Little(1976)은 6개의 정부 연구개발프로그램에 대한 사업화에 관한 연구에서 기술사업화에 영향을 미치는 요인으로 사용자의 니즈, 기술적 변화를 추구하는 형태에 있어서 위험부담환경의 존재나 창출과 같은 요인을 제시하였다.

Bear et al(1976)은 24개의 연방시범프로젝트를 기반으로 연구개발 프로젝트의 성공적인 확산을 촉진하는 중요요인에 대한 조사를 하였다. 이 조사에서 제시된 중요 요인으로는 i) 시연 전에 해결해야 할 중요한 기술적 문제, ii) 연방지원자와 위험 및 비용의 공동부담, iii) 민간부문에서 제안되고 주도되는 프로젝트, iv) 잠재적 시장과 제조업자를 포함한 기존의 강한 산업시스템, v) 잠재적 구매자, 제조업자, 규제자, 및 관계당국을 포함한 계획화, vi) 외부적으로 강요되는 타이트한 시간제한의 부재 등이 있다.

McEachron et al(1978)는 집중적 면담을 통하여 11개 연방정부부처의 각종 프로그램에 있는 46개 프로젝트에 대한 조사를 실시하였다. 본 조사에서 정부연구개발의 시장에 대한 이전을 촉진하는 중요한 요인들로서 i) 생산자와 소비자 요구조건을 충족 시킬 수 있는 연구개발부서의 성향, ii) 주된 당사자 간의 의사소통과 협력, iii) 연구개발 관리의 시장적응성 등을 제시하였다.

Goel et al(1991)은 정부지원 연구개발 매니저들이 적절한 기술이전 전략에 대한 확인을 위하여 사용할 수 있는 지침을 개발하였다. 이 연구에서 그들이 제시한 기술이전의 기준은 크게 세 가지로서 앞의 <표 5-5>와 같다.

(2) 대학기술의 사업화 영향요인

McMullan and Melnyk(1988)은 대학이 소유한 기술을 기업에 효율적으로 이전시키기 위한 새로운 지원시스템으로서 학교벤처의 형성에 대한 특성을 분석하였다. 캘거리 대학교에 있는 16개의 교수창업기업을 대상으로 한 설문조사를 통하여, 그들은 시작품의 제작과 마케팅 조사기법을 위한 인적자원을 육성하는데 필요한 중요 요인을 제시하였다. 이 조사에서 제시된 주요 요인은 크게 4가지로, i) 마케팅조사능력, ii) 관심이 있는 기술에 대한 이해, iii) 유용한 정보원천의 발견 및 활용, iv) 산업디자인, 기술이전과 벤처사업 등에 대한 지식의 이해 등이다.

(3) 산업혁신에서의 사업화 영향요인

Rothwell(1992)은 포괄적인 문헌조사를 기반으로 1990년대 성공적인 산업혁신에 영향을 미치는 요인에 관한 연구에서 21개의 영향요인을 제시하였다. 이 요인들 중에서 처음 8개는 1950년대부터 1970년대까지 수행된 9개의 연구결과에서 추출된 것으로, i) 양호한 내/외부 의사소통의 수립, ii) 전 기업수준 과업으로서의 혁신을 처리, iii) 세심한 계획과 프로젝트 통제절차의 시행, iv) 개발 작업과 높은 품질 생산에서의 효율성, v) 강한 시장지향성, vi) 고객에 대한 훌륭한 기술적 서비스의 제공, vii) 확실한 핵심인력의 존재, viii) 높은 관리의 질 등이다. 또한 6개의 변수는 전략적 차원에서 추가되었는데, i) 최고경영자의 참여와 가시적인 지원, ii) 장기 기업전략의 중요성, iii) 주요프로젝트에 대한 장기적인 관여의 욕구, iv) 기업의 유연성과 변화에 대한 적응성, v) 위험에 대한 최고경영층의 수용, vi) 혁신승인 및 기업가-적응 조직문화의 창출 등이다. 또한 그들은 지속적 혁신의 필수적인 선행조건으로 제5세대 혁신의 시스템통합 및 네트워킹(System Integration and Networking; SIN) 모형에서 7개 변수를 추가하였다. 관련변수로는 기업 간 통합 및 네트워킹, 기술적 축적, 통합된 생산 및 제품전략, 조직의 유연성, 제품품질 및 성과, 환경, 시장에 대한 속도 등이다.

Lester(1998)는 민간부문에서 개발된 기술의 사업화에 영향을 미치는 특성들로, 최고경영자의 관심, 조직 및 운영특성, 신제품개념 도출, 벤처팀의 구성, 프로젝트관리 등 5개 영역으로 나누어 각각의 특성변수를 도출하였는데, 자세한 것은 <표 5-6>과 같다. 특히 현장시연(field demonstration)은 기술, 시장, 제조공정, 사업의 경제성에 의해 결정된다고 하였다.

• 표 5–6. 민간부문 개발기술의 사업화 영향요인

	변 수	비 고
최고 경영자 관심	1) 경영자의 비전 ; 전략, 스폰서십, 관리네트워크 2) 조직문화 ; 내부혁신가, 혁신에 대한 보상, 아이디어요구/평가, 동기부여	
조직 및 운영 특성	3) 복합기능 팀 또는 벤처팀을 기반으로 한 신제품 조직 4) 신제품 개발조직 ; 관리 및 지원기능 5) 전략/직능 가이드; 요구자원, 자원배분우선순위, 6) 신제품 개발과정에 대한 공통의 이해 정도	
신제품 개념 도출	7) 전문경험, 스킬, 동기유발 8) 기술/시장 애플리케이션	
벤처팀 구성	9) 개별적 숙련도, 경험 직무수행능력 ; 리더십스타일, 스킬 및 숙련정도, 신제품에 대한 이해정도(concept champion), 보상수준, 팀 구성원의 다양성 10) 역할기대	
프로젝트관리	11) 프로젝트 목표달성을 위한 전술개발(tactical planning) 12) 목표, 마일스톤, 측정치 개발 *1) 13) 외부요인에 초점(외부자원, 고객) 14) 외부기술/시장 전문가 15) 관리적 커뮤니케이션 16) 재평가작업(신축성)	현장 시연

주 : *1) 타당성도출 계획화는 5단계 프로세스를 가짐

Jolly(1997)는 신기술의 사업화에 관한 저술에서 개발기술의 사업화 적용가능성의 선별기준으로 1차 기준과 2차 기준을 제시하였다. 1차 기준은 주로 사업관심도에 관한 것으로 시장의 매력도와 기존기술 및 인프라에 대한 레버리지 등이 해당된다. 2차 기준은 사업화 가능성에 관련된 것으로 사업화의 용이성, 적용의 독특성, 제기된 문제들의 범위 등이 해당된다. 이러한 기준들에 대한 자세한 요인들을 보면 <표 5-7>과 같다.

• 표 5-7. Jolly의 사업화 영향요인

기 준		변 수
1차 기준 : 사업관심도	시장매력도	• 크기 • 성장성 • 고객의 소득수준 • 혁신에 대한 고객의 수용 정도
	기존기술 및 인프라에 대한 레버리지	• 기술적 시너지 • 상업적 시너지 • 미래전략의 적합성
2차 기준 : 사업화가능성	사업화의 용이성	• 사업화의 용이성 • 현안문제의 해결 • 해당분야에 이용 가능한 자원 • 사업화하는데 있어서의 장벽들
	적용의 독특성	• 가장 비용-효과적 해결책 • 유일한 기술적 해결책
	제기된 문제들의 범위	• 제품의 범위를 확장시키는 수단 • 핵심기술의 확장과 특허범위의 확장 수단

자료 : Jolly(1997)

(4) 공동연구에 대한 사업화 영향요인

Corsten(1987)은 대학과의 공동연구를 수행한 기업을 대상으로 공동연구 수행과 관련된 문제점이 무엇인가에 대한 설문조사를 실시하였으며, 조사설문지는 기존 연구에서 추출된 변수들로 구성하였다. 이 조사에서 나타난 기업 측에서 느끼는 공동연구에 따른 문제점을 보면 다음과 같다.

o 기업이 직면한 문제에 대한 관심부족, 연구개발계획의 현실성 부족
o 의사소통의 어려움, 완벽주의/이상적 경향, 기밀유지 어려움, 재원의 부족
o 수익성 및 연구기간 준수에 대한 고려부족, 공동연구 대상선정의 어려움

o 대학으로 지원 가능한 서비스에 대한 정보부족

또한 Onida & Malerba(1988)는 기업과 대학 및 연구소 등의 연구기관을 대상으로 공동연구에 따른 문제점에 대한 특성차이에 대한 조사를 하였다. 조사내용은 연구수행과정 관련부분, 연구수행관리 관련부문, 연구주체관련부분 등으로 나누어 볼 수 있으며, 조사 결과는 <표 5-8>과 같다.

• 표 5-8. **산-학 및 산-연 컨소시엄의 애로요인 조사**

항 목		공동연구 참여자	
		기업	연구기관
연구수행 과정 관련부분	공동연구 수행에 불충분한 기술능력	o	o
	공동연구 수행에 불충분한 연구 장비	o	o
	공동연구 수행에 불충분한 재원	o	o
	내부능력에 대한 과신 및 신기술 과신 현상	o	o
	생산성의 차이	o	o
연구관리 과정 관련부분	연구개발 비용 산정 상의 차이	o	o
	기밀유지의 어려움	o	o
	특허권 활용관련 견해의 차이	o	o
	의사소통의 어려움(용어의 차이, 담당자의 불명확)	o	o
	연구수행체제 변경의 어려움	o	
연구주체 관련부분	기업 및 연구소의 고유 업무에 따른 참여정도의 제한	o	o
	연구 포커스(목표 및 원리)의 차이에 따른 조정 곤란	o	o
	기업의 목적에 부합하도록 연구조정의 어려움(당사자 간이 아닌 국가/지역 등 외부적 기술여건에 기인)	o	

2) 우리나라에서의 연구

우리나라에서의 사업화 및 사업화 영향요인에 대한 조사연구는 상대적으로 취약하다. 이러한 연구의 출발은 김광두(1991)연구로 볼 수 있으나, 본격적인 연구조사는 사업화가 정책적인 측면에서 강조되기 시작한 1990년대 중반이후로 볼 수가 있다.

(1) **김광두(1991)의 조사**

김광두는 일반적인 개발기술의 사업화에 대한 영향요인에 관한 조사를 수행하였다. 이 연구에서 신기술의 사업화를 결정하는 요인으로 기술적 요인, 경제적 요인, 기업특성요인 등 세 가지로 구분하여, 아래와 같이 관련변수들이 제시되었다.

- 기술적 요인

  기술정보능력, 기술선택 능력, 기술의 흡수·소화·개선 능력, 기술의 상품성제고 능력, 생산기술 능력

- 경제적 요인들

  시장조사능력, 시장조건, 상품의 특성, 유통경로와 조직, 마케팅 능력, 자금 능력

- 기업의 특성적 요인

  기업주의 특성, 기업의 크기, 기업의 경험 기업의 자금능력, 기업의 기술능력, 기업의 관리능력

(2) 오재건(1997)의 연구

이 연구는 국가연구개발사업의 추진실적 및 주요성과를 분석하였다. 중요한 결과를 보면 국가연구기술의 산업계 이전을 위한 정책적 노력에 따른 이전대상기술의 사업화 실태에서 응답대상기업 124개 중 상업화를 하고 있거나 추진 중인 기업의 수가 73개로 58.8%를 점하였다. 특히 1994년 대상과제 127개중에서 11개 과제가 사업화에 완전 성공하여 양산체제에 들어갔다는 것이다. 이와 같이 성공한 사업화의 중요한 장점은 다음과 같다.

o 출연연구소와 대학의 기업체 생산현장에 대한 직접체험
o 출연연구소·대학의 첨단연구현장 및 신기술의 접촉
o 산업계의 현실적 수요의 파악과 이를 반영한 연구개발계획
o 참여기업의 산업재산권 취득확대
o 참여기업의 정부공인 우수기술기관인정 취득

한편 공업기반기술 개발사업의 경우에는 기술개발 단계에서부터 기업의 참여를 목적으로 하는 관계로 공동연구개발을 통한 연구결과의 산업계확산을 증대시키고 있다. 이러한 기능을 효율화하기 위하여, 고급기술 인력을 보유한 대학 내에 산학연연구 단지를 조성하고 독자적인 기술개발이 어려운 중소기업의 연구전담 부서를 입주시켜 공동연구를 통한 중소기업의 기술력을 향상시킨다. 또한 정부는 이 사업의 본격적 추진을 위하여 공동시험·평가 장비를 지원하는 산학협동연구단지의 기반을

구축하고 있으며, 아울러 기술보유 기업가들의 창업활동을 지원하기 위하여 신기술보육 사업을 확대하고 있다.

또한 정부가 추진 중인 연구개발사업의 확산효과를 높이기 위해서는 공동연구개발을 통한 사용기업의 참여가 중요할 뿐만 아니라 기술제공자가 참여기업에 대하여 각종의 지원협력을 제공하여야 하는데, 설문조사에 주로 많이 사용되는 것으로 나타난 방법의 중요도를 보면 <표 5-9>와 같다. 이 표를 보면 대학 및 연구기관에서는 전반적으로 모든 지원방안을 높게 평가하고 있는 반면에 기업 측에서는 기술정보지원 및 특허지원에 대하여 아주 낮게 평가하고 있다. 특히 대학과의 협력에 있어서는 전체적으로 낮은 평가를 하고 있는 것으로 나타났는데, 이는 대학과 기업 간에 추구하는 방향과 목표가 불일치하는 데에 기인된다고 하겠다.

사업화프로세스별 기술협력의 실태를 분석한 <표 5-10>을 보면 대학과 연구기관에서는 응용연구단계와 시제품 생산단계에 집중이 되고 있는 반면 기업의 경우에는 기초연구단계에서의 협력의 빈도가 아주 많은 것으로 나타나, 기업에서는 상대적으로 강점이 있는 단계(시제품개발단계)를 강화하거나 또는 상대적으로 취약한 단계(기초분야 연구)의 보완적 협력을 선호하고 있었다. 그런데 기업현장에서의 담당자들과의 면담에서 나타난 높은 지원요망과 큰 애로점으로 지적한 것과 달리 시험평가 및 생산엔지니어링 단계의 협력빈도가 아주 낮은 것으로 나타나고 있다.

(3) 한국산업기술진흥협회(산기협: 1997)의 조사

산기협에서 국내기업을 대상으로 사업화에 성공한 과제를 중심으로 조사한 결과에 의하면 다음과 같은 사업화성공의 특징을 알 수 있다.

먼저 성공한 과제의 공통점은 최고경영자의 관심이 매우 높고, 기술이전에 있어서 연구자의 참여가 매우 높으며, 연구자와 사업부문과의 상호작용이 매우 높다는 것이다. 이는 일반적으로 최고경영자의 높은 관심은 연구 및 마케팅부서 등 관련 부서의 적극적 태도를 유발시키고 구성원으로 하여금 회사방향과 일치된 목표의식을 갖게 함으로써 높은 성과를 발휘하게 한다는 것을 의미한다.

• 표 5-9. 연구개발결과의 확산효과 증대방안

<table>
<tr><th colspan="2" rowspan="3">증 대 방 안</th><th colspan="2" rowspan="2">대학 및 연구기관</th><th colspan="3">기 업</th></tr>
<tr><th>연구기관과 협력</th><th>대학과 협력</th><th rowspan="2">빈도수</th></tr>
<tr><th>평균</th><th>빈도수</th><th>평균</th><th>평균</th></tr>
<tr><td>연구개발</td><td>공동연구</td><td>3.6</td><td>173(47.0)</td><td>3.2</td><td>2.9</td><td>50(54.0)</td></tr>
<tr><td rowspan="2">기술지도 및 훈련 지원</td><td>기술지도 및 자문</td><td>3.7</td><td>118(32.0)</td><td>3.1</td><td>3.1</td><td>22(22.0)</td></tr>
<tr><td>기술훈련</td><td>3.4</td><td>23(6.0)</td><td>3.0</td><td>2.6</td><td>2(2.0)</td></tr>
<tr><td>시설 지원</td><td>연구시설 및 기자재 이용</td><td>3.2</td><td>26(7.0)</td><td>3.2</td><td>2.8</td><td>13(14.0)</td></tr>
<tr><td rowspan="2">기술정보 및 특허 지원</td><td>핵심기술정보 이용</td><td>3.2</td><td>7(2.0)</td><td>2.6</td><td>2.7</td><td>3(3.0)</td></tr>
<tr><td>특허제공</td><td>3.0</td><td>11(3.0)</td><td>2.8</td><td>2.5</td><td>3(3.0)</td></tr>
</table>

자료 : 오재건, 1997, p. 79, 표를 수정함
주 : ( )은 퍼어센트를 의미한다.

• 표 5-10. 사업화단계별 기술협력의 실태

<table>
<tr><th colspan="2" rowspan="2">기술협력시기</th><th colspan="2">대학 및 연구기관</th><th colspan="2">기 업</th></tr>
<tr><th>빈도수</th><th>비율</th><th>빈도수</th><th>비율</th></tr>
<tr><td colspan="2">연구기획단계</td><td>23</td><td>8.0</td><td>7</td><td>10.0</td></tr>
<tr><td rowspan="2">연구단계</td><td>기초연구단계</td><td>42</td><td>15.0</td><td>19</td><td>26.0</td></tr>
<tr><td>응용연구단계</td><td>81</td><td>29.0</td><td>15</td><td>20.0</td></tr>
<tr><td colspan="2">시제품 개발단계</td><td>97</td><td>35.0</td><td>26</td><td>36.0</td></tr>
<tr><td colspan="2">시험평가단계</td><td>25</td><td>9.0</td><td>3</td><td>4.0</td></tr>
<tr><td colspan="2">생산 및 엔지니어링 단계</td><td>10</td><td>4.0</td><td>2</td><td>3.0</td></tr>
<tr><td colspan="2">합 계</td><td>278</td><td>100.0</td><td>100.0</td><td>100.0</td></tr>
</table>

둘째, 해당기술과 영업이 상호작용을 함으로써 문제해결과 기술이전이 효율적으로 이루어지는 경우에 성공가능성이 높은 것을 알 수 있다. 특히 연구결과의 양산체제를 위해 제조시설을 갖추는 경우, 기술이전에 따른 제반 문제해결을 위해 현장과 연구부서의 공동 작업은 필수적이며, 이 때 상호작용의 수준이 기술이전의 성패에 큰 영향을 미치는 것으로 나타났다.

셋째, 사업화의 목표가 매우 명확한 경우에 환경변화에의 적극적으로 대처하고,

관련조직 간의 역할분담 등이 보다 효율적으로 작용하여 성공가능성이 높게 나타나게 된다.

반면에 사업화에 실패한 사례의 분석을 통하여 도출한 실패요인을 보면 다음과 같다.

첫째, 기술적인 면에서 연구개발과제의 성공적인 수행을 위하여 필요한 기술수준이 확보되지 못한 상태에서 과제를 추진하는 경우 기술적 난관에 봉착하여 이를 극복하지 못하고 실패하는 경우가 있다.

둘째, 시장요인에 의해 실패하는 경우가 있다. 대부분의 기업들이 직면하고 있는 문제로 과제개발 초기에는 일반적으로 시장에 대한 낙관적인 예측을 통하여 충분한 시장성이 있다고 오판한다거나 또는 소비자에 대한 잘못된 판단으로 기대한 소비자에 부응하지 못하는 경우에 실패하게 된다. 또한 제품도입 시기가 부적절하여 제품성능의 우수성이나 시장규모의 크기에도 불구하고, 시장경쟁력 상실에 의해 중단되는 경우이다.

셋째, 조직의 내부문제로서 영업부문과의 연계성이 부족하여 기술적으로 성공한 과제가 상업화로 연결되지 못하는 경우가 있으며, 개발착수 시기에는 낮은 목표원가를 제시하여 사업성이 좋아 보인 과제가 원가문제로 채산성을 맞추지 못하여 중단되는 경우도 있다.

넷째, 연구개발 관련 환경요인으로 연구팀의 개발의욕이 부족하여 과제의 진행과정에서 직면하는 난관을 극복하지 못하는 경우에 대부분의 과제는 중단될 수밖에 없다. 또한 팀장이 무능력하거나 팀원들의 선망을 얻지 못하는 경우도 요인으로 작용한다. 아울러 유사과제를 동시에 추진하는 경우 투자의 중복을 막기 위하여 어느 한 과제를 중단하거나, 또는 회사전략의 변화로 과제가 목표로 하고 있는 사업을 철수하는 경우 전략적으로 과제를 중단시키는 경우도 있다.

(4) 이영덕(1999 (f))의 연구

이 연구는 정보통신연구진흥원의 지원을 받아 설문조사를 통하여 정보통신 분야에서 정부의 지원에 의하여 연구개발 된 기술의 사업화에 대한 영향요인을 분석한 것이다. 이 분석에서 1차 적으로 앞에서 요약 기술된 사업화 영향요인에 대한 제 연구의 결과를 종합하여 사업화 영향요인을 정리하였으며, 2차 적으로 우리나라 정보통신 기업과 연구소를 대상으로 실시한 시험조사(pilot test)를 통하여 종합된 요인들 중에서 불필요한 요인은 제거하는 한편, 필요한 요인을 추가하였다.

이러한 과정을 통하여 최종적으로 도출된 영향요인은 크게 4개의 그룹, 즉 기술사용자, 기술제공자, 기술, 및 환경과 제도/정책에 24개의 변수로 정리되었다. 각 그룹

별로 해당되는 영향변수에 대한 자세한 내용은 <표 5-11>과 같다.

• 표 5-11. 정보통신 사업화의 영향요인

집단구분	변 수
기 술 사용자	(1) 경영자의 의지/지원/참여 (2) 위험감수회피 (3) 연구기관(자)에 대한 신뢰 (4) 기술 및 관련프로그램에 대한 정보 (5) 기술이전과 사업화 전문가 (6) 기업의 자금/기술 능력
기 술 개발자	(7) 산학연 연계체계 (8) 기술이전과 사업화에 대한 체계와 경험 (9) 현장기술 감각 (10) 연구개발목표의 일치 (11) 기술이전 및 사업화 인식
기 술	(12) 기술의 성숙도 (13) 기술의 신뢰성 (14) 사용기술의 투자기간 (15) 기존기술과의 연계성 및 공유성 (16) 사업화 인프라기술
정책 및 제 도	(17) 신제품 초기시장 보호 (18) 기술/신제품 보호 (19) 표준, 검사, 테스팅, 인증 (20) 기술이전/사업화 네트워크 (21) 정부 R&D 투자의 일관성 (22) R&D에서 사업화에 이르는 정부정책의 연계성/계속성 (23) 정부의 기술이전/사업화 프로그램 (24) 국책연구소 기본임무와 사업화 활동간 우선순위의 설정

제2절 기술사업화 모형과 프로세스 특성

기술사업화 과정에 대한 연구는 1980년대 중반의 Cooper(1986)연구를 시작으로 Knox & Denison(1990), DuPont(1995), Jolly(1997) 등 많은 연구자들에 의하여 수행되어 왔다. 이러한 연구들에서 나타난 다양한 형태의 사업화 과정에 대한 모형의 특성을 정리하면 크게 두 개의 맥락으로 정리할 수 있다. 그 하나는 기술의 사업화를 아

이이디어의 창출에서부터 시장진입까지 선형적으로 전개되는 일 단계 다 국면으로 구성된 과정으로 보는 견해로서, 1990년대 중반 이전의 연구자들에서 주로 제기된 것이다. 또 다른 하나는 기술사업화를 다단계 다 국면으로 구성된 과정으로 이해하고, 사업화를 촉진하기 위해서는 주된 단계의 활동뿐만 아니라 하부단계의 활동도 원활하게 수행되어야 한다는 것이다.

1. 일 단계-다 국면 모형(one-stage & multi-faced model)

가. Cooper 모형(1986)

Cooper는 신제품 개발에 따른 기술의 사업화과정은 개념개발, 타당성 평가, 현장 시연, 상업적 규모확대 등 4단계로 이루어져 있다고 하였다. 개념개발이란 기술적 또는 사업적 관점에서 경쟁 가능한 신제품에 대한 개념을 도출하는 것이다. 타당성 평가란 해당제품 개발을 위한 기업의 능력에 대한 평가로서 기술적 타당성과 사업적인 경쟁가능성에 대하여 연구소 규모에서 평가를 수행하는 것을 의미한다. 현장시연이란 개발된 기술을 활용한 시제품 규모로 제품성과를 시연함으로써 사업기회의 경쟁가능성을 확인하고, 고객의 관심을 끌어드리는 과정이다. 상업적 규모의 생산은 신제품개발 및 시장진입사업계획을 정당화하고, 나아가 초기의 제조 및 제품판매 전략을 이행하는 것이다.

나. Foxall 모형(1986)

전통적인 기술 관리에 대한 연구는 아이디어를 기반으로 한 기술혁신에 대한 연구(제조자주도 패러다임: MAP)와 개발된 기술을 제품이나 시장으로 확산시키는 연구(고객주도 패러다임: CAP)로 크게 나누어져 왔다. 그러나 현실적으로 완전한 혁신과정에 대한 이해라는 측면에서 아이디어를 기반으로 연구자에 의하여 개발된 기술이 실제 사용자(기업)에 의하여 제조활동을 통한 제품화 및 판매로 연결되기 위해서는 공급측면에서 아이디어의 확보와 혁신에로의 연결부분도 중요하겠지만, 수요측면에서 잠재적 고객을 포함한 고객으로부터 아이디어의 획득이 연구개발 및 기술개발로 연결되는 부분의 중요성이 크다고 하겠다.[4)]

특히 그는 고객주도 패러다임을 정치화하기 위하여 4개의 하부혁신시스템을 제시하였는데, 사용자주도 공정혁신, 소극적 사용자주도 제품혁신, 적극적 사용자주도 제품혁신, 수직적으로 통합된 사용자주도 제품혁신 등이다. 이러한 유형별 특성차이에도 불구하고 아이디어의 발생은 사용자그룹의 감독 하에서 이루어진다고 하였다.

이상과 같이 Foxall이 제시한 혁신에 대한 패러다임별 사업화 과정 특성을 표로 정리하면 <표 5-12>와 같다.

• 표 5-12. 신 산업제품개발에서의 혁신유형별 직능결정 차이비교

신제품 개발과정단계		주체별 혁신유형				
		제조자주도 혁신	사용자주도 공정혁신	소극적 사용자주도 제품혁신	적극적 사용자주도 제품혁신	수직적 통합 사용자주도 혁신
신제품개발 전략개발		제조업자	-	제조업자	공동결정	사용자주도
아이디어 제안		제조업자	사용자주도	사용자주도	사용자주도	사용자주도
아이디어 선별		제조업자	-	사용자주도	공동결정	사용자주도
사업 분석	컨셉검사	제조업자	-	제조자주도	공동결정	사용자주도
	재무평가	제조업자	-	제조자주도	공동결정	사용자주도
	기술(교)개발	제조업자	사용자주도	사용자주도	제조자주도	사용자주도
	제품검사	제조업자	-	제조자주도	제조자주도	사용자주도
	사업화	제조업자	-	제조자주도	제조자주도	사용자주도
	초기 사용	일반사용자	사용자주도	일반사용자	일반사용자	U+Users
	확산	제조업자	-	제조자주도	제조자주도	사용자주도

자료 : Foxall, 1987
주 : U+Users는 사용자주도와 일반사용자가 모두 포함된 경우임.

다. Knox 모형(1990)

1) 일반적 특성

전통적으로 산업혁신의 많은 영역은 민간부문에서 혁신이 어떻게 일어나고, 구체적으로 시장에 투입되는가에 관련되어 있다. 이 경우에 아이디어를 개발하는 회사가 제조업자로서(in-house R&D), 시제품을 제작하고 최종적으로 제품을 시장에 투입하게 된다. 따라서 혁신프로세스에 따른 기술이전과정을 보면, 고객과 제조업자간 또는 한 기업 내에 있는 조직간 혁신적 아이디어가 이전되는 단계, 제조업자와 고객간 최종제품의 형태로 혁신이 이전되는 단계 등 둘로 나누어 볼 수 있다.

기술이전을 포함한 완전한 혁신프로세스는 조직 내 활동인 동시에 조직간 활동을 포함하고 있으므로, 둘 이상 조직 간의 상호작용 즉 아이디어 이전과 제품이전을 연

계시켜주는 기술이전의 중개단계로서 시제품의 이전을 고려하는 것이 훨씬 현실적이다. 따라서 개발기술의 상업화 전 과정을 촉진하기 위해서는 <그림 5-1>과 같이 중개단계를 수행할 주체의 활성화와 함께, 이들이 올바른 기능을 수행하는 것이 필수적이라고 할 수 있다.

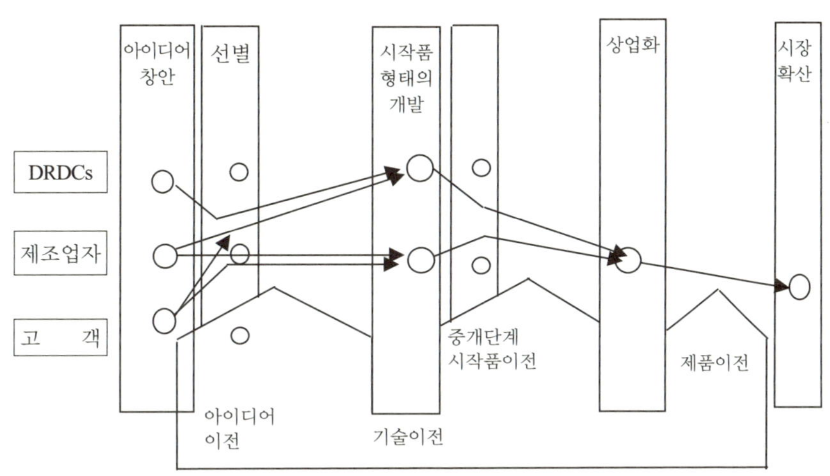

자료 : Knox, S.D. & Denison, T.J., “R&D centered innovation: extending the supply side paradigm, R&D Management, 1990, p. 30, <figure 4>.

그림 5-1. **산업혁신프로세스에서의 기술이전 대체모델**

2) 기술이전의 중개자와 기능

이에 대한 이해는 Rothwell(1979)이 수행한 영국 섬유기계산업의 기술적 혁신에 대한 외부촉매자 즉 제조업자의 대리인으로서의 ‘헌신적인 연구개발센터(Dedicated R&D Centers : DRDCs)’에 대한 연구에서 처음 소개되었다. DRDCs는 모든 형태의 기술연구소를 포함하는 것으로, i) 대학에 기반을 둔 연구단위, ii) 민간부문 독립적 연구개발 컨설팅 회사, iii) 정부지원 연구기관, iv) 산업계 자금지원 연구시설, v) 민간 기업소유 연구센터 등이 있다.

DRDCs의 기능은 제조업자에 대한 시제품개발을 위한 아이디어의 제안, 고객과의 긴밀한 관계를 통한 고객창출 아이디어의 추가적인 개발, 혁신 전(前)단계에서 급진적 혁신의 또 다른 원천제공(주로 공공자금지원 DRDCs가 수행), 제품수정을 통한 점진적 혁신기능(주로 산업컨소시엄 DRDCs가 수행), 혁신전략 및 자금제공원천의 기능수행, 기반연구에서 응용연구의 전(全)단계 수행과 양 연구의 균형된 수행 등이 있으며, 제조업자에게 시제품을 실제적으로 이전하기 전에 아이디어의 창출과 시제품개발 단계에 대한 책임 등도 포함된다<그림 5-2>.

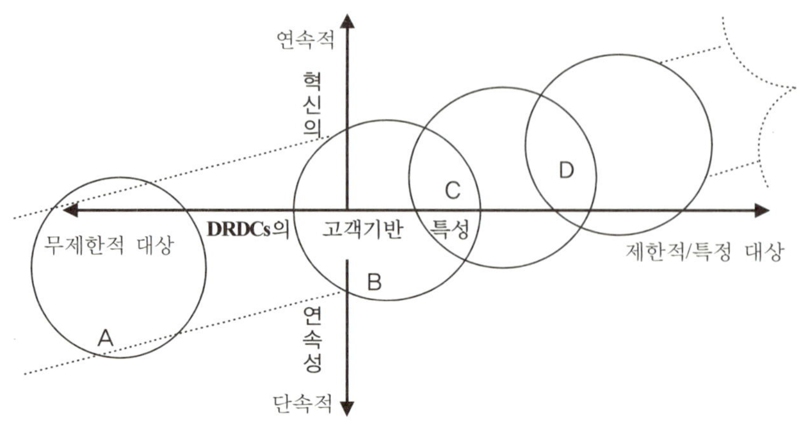

자료 : Knox & Denison, ibid., p.32 <figure 5>
주 : A:공공자금지원 R&D연구소(대학 및 정부지원), B:산업계 자금지원 R&D센터 C:개별기업 자금지원 R&D 센터, D:제조업자 기업내 R&D 단위

그림 5-2 DRDCs의 혁신에 대한 기능의 범위

3) 모형의 특징

이러한 모형은 혁신원천에 관한 두 가지 패러다임을 통합하였다는 데서 그 특징을 찾아볼 수가 있으며, 이와 관련된 보다 자세한 내용은 아래와 같다.

- o 제조자주도 패러다임(MAP)와 고객주도 패러다임(CAP)의 통합모델
- o 산업혁신에 따른 수용자 및 제조업자의 통합모델임
- o 중개단계에서의 시제품 제작 및 아이디어 창출 기능을 수행하는 R&D센터가 상업화를 포함한 기술혁신의 핵심임
- o 공급자 주도의 산업혁신관점에서 DRDCs에 의한 고객지향성을 가미함으로써 공급자주도 혁신의 약점을 보완함

2. 다 단계 - 다 국면 모형(multi-stage & multi-faced model)

사업화 과정에 대한 종래의 일 단계 모형의 한계가 선형적인 관계에 있다는 관점에 따라 주된 활동단계와 하부활동 단계로 된 이 단계 다국면 모형을 제시한 연구는 Jolly(1997)에 의하여 이루어졌다.

Jolly(1997)는 신기술의 사업화라는 저술에서 개발기술의 사업화를 위하여, 종래의 전통적인 선형적 기술혁신모형과 다른 이 단계-다 국면 전략프로세스 모형을 제시하였다. 졸리는 기술의 사업화를 기술사업화주기모형을 활용하여 사업화과정의 핵심활동으로서 신기술의 가치를 실현하는 상위흐름 부문과 각 단계별 관련된 이해관

계자를 만족시키고 목표를 위해 이들을 동원하는 과정으로서의 연계활동인 하위흐름부문으로 나누어 설명하였다.

가. 가치창조활동으로서의 사업화 과정

하나의 기술적 통찰이 아이디어에서 시장에 도입되기까지는 선형적이며 단면적이라기보다는 지속적이고도 연속적 과정으로 다섯 개의 핵심 보조프로세스 과정과 이들 각각의 단계를 상호 연속적으로 연결해주는 일련의 다리활동으로 볼 수 있다. 이에 따라 사업화의 중요한 활동으로서 1차 적인 핵심(주)활동의 중요성 못지않게, 2차 적인 지원활동의 중요성을 부각시키고 있다. 특히 2차 적인 활동에 대한 적정한 지원활동이 이루어지지 못할 경우 사업화 지원의 회색지대가 발생한다고 하였다. 이러한 Jolly의 상호작용 모형을 그림으로 나타내면 <그림 5-3>과 같다.

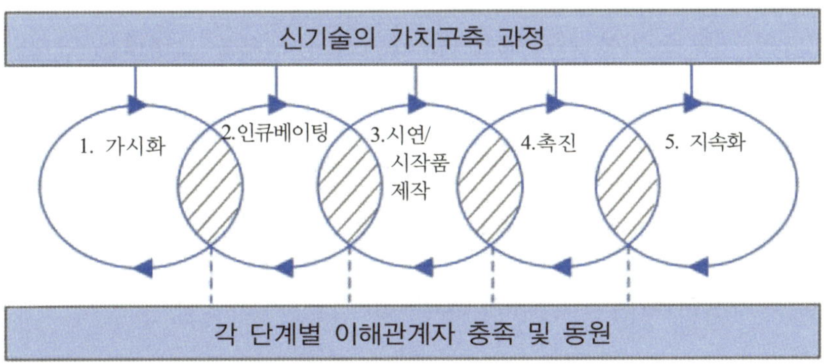

자료 : V.K. Jolly(1997), Commercializing New Technology, Harvard Business School Press, 도1-1

주 : 빗금 친 부분은 사업화 주된 활동의 연결을 위한 다리역할을 하는 것으로, 이해의 이동과 참여, 시연을 위한 자원의 이동, 시장구성요소의 이동, 유통을 위한 보완자산의 이동 등이다. 또한 주된 활동과 연결부분의 교량역할 간의 상호 작용이 부족하면 아래 점선에 따라 갭이 발생하게 된다.

그림 5-3. Jolly의 사업화 프로세스

나. 상위 주요 활동의 내용

1) 아이디어의 가시화(Imaging)

(1) 배경

신기술이 효과적으로 사업화되는 과정을 설명하기 위하여 '아이디어에서 시장도입' 까지를 범위로 한다. 즉 가치인식과정으로서 사업화 마인드는 아이디어 단계에서의 출발을 의미하는데, 기술적 돌파 가능성은 잠재적 시장기회와 결합되는 경우에 발생되기 때문이다.

아이디어 가시화단계에서 주의할 것은 사업화를 추구할 만한 가치가 있는 아이디어인가를 판단하는 문제이다. 이해관계자는 아이디어의 기술적 장점에 초점을 두거나 또는 기술의 시장 잠재력에 비중을 두게 된다. 또한 '나 또는 여기서 발명되지 않은 것은 안 된다는 사고방식(NIH(not invented here) 신드롬)'이 시사하는 바처럼, 사업화에 성공하지 못한 대부분의 발명도 하나의 정상적 아이디어로서 받아들어야지 기술사업화에만 국한되는 특정문제영역으로 치부되어서는 안 된다는 점이다.

(2) **개념**

'새로운 이해를 끌어내는 것'으로부터 '새로운 모형 또는 원리에 대한 증명에 도달하는 것'을 포함하는 결정적 실험단계(decisive experiment)이다. 특히 새로운 이해를 도출하는 경우, i) 새로운 원리와 메커니즘에 관한 조사, ii) 속성을 찾아내고, iii) 새로운 가설을 세우는 것에 관련이 된다.

o 사업화의 출발을 위한 기술-시장 즉 양면적 통찰력을 그려내는 단계 (imaging the dual(technology-market) insight to start commercialization)
o 연구의 초점은 기술-시장에 관한 초기·반복적 탐색단계
o 시장개척과 관련된 예비 니즈와 새로운 니즈에 대한 인식이 있으며, 구체화 된 니즈는 사업화 목적으로 탐색되어짐

2) 사업화 가능성 탐색과 보육(Incubating)

(1) **배경**

시장도입에 따른 불확실성과 위험을 최소화하고 사업화 가능성을 제고하기 위해서 흔히 보육하는 단계가 요구된다. 이 단계는 연구개발의 보완과 유용성 증대, 자원제공자와 이해관계자에게 보다 많은 관심을 유발하기 위한 아이디어와 제품화의 중간단계이다. 보육단계에서 대부분의 기술사업화가 실패하는 이유는 시장상황의 변화나 초기 니즈의 타당성 부족 중 하나에 기인하게 된다. 따라서 사업화의 출발점이 되고 사업화 가능성에 대한 확률을 제고시키기 위해서는, 기술에 기반을 둔 아이디어이어야 한다는 점과 아울러 고객 니즈에 대한 확인과 입증을 위해 최선을 다하는 과정이 필요하다고 하겠다.

(2) **개념**

기술의 사업화 가능성과 한계점을 찾는 단계로서, i) 기술을 보다 심도 있게 연구하고, ii) 연구결과를 사업화이전의 제품과 공정에 통합시키고, iii) 시작품을 제작하거나 시장의 초기고객과 연계하는 테스트 단계, iv) 효과적 수요창출을 위하여 요구

되는 단계와 시장에 관한 분석이 이루어진다.

사업화가능성은 기술개발결과에 대한 지원을 추구하는 관점에서 예견되는 기대가치로서 수익(현금흐름)의 잠재적 크기와 예정된 기간 내에 이를 실현시킬 수 있는 확률과의 결합으로 판단할 수 있다.

(3) 특징

- o 본 단계를 위해서 대학, 기업, 연구소 등과 같은 기관에서 기술관련 및 마케팅관련의 복수직능 스킬을 가진 팀에 의해 수행
- o 기술 탐색활동의 경우에는 통용 가능한 프로세스, 개념, 새로운 알고리즘, 데이터 및 휴리스틱을 찾아 일반적 지식을 조합하거나 원리를 터득
- o 구체적 응용을 위한 시작품의 원리를 시연
- o 실세계에서의 복합적 환경에서 시연 등 여러 가지 응용이 가능한 기술의 테스트에 초점을 둠
- o 시장에서 필요로 하는 원천적·공통적이거나, 제품 및 공정특유의 니즈를 발견
- o 시장개척을 위해 기술결과의 응용을 위한 탐색과정을 통해 구체적인 사업기회로 연결할 수 있는 포트폴리오를 발견
  - 예상결과 : 아이디어의 기술적 타당성, 상업적 잠재력 수용계획 수립
  - 성공핵심 : 사업화 계획 준비, 기술/제품 플랫폼 작성, 선도고객 테스트
  - 주요 이해관계자 : 벤처자본가, 개발 파트너, 잠재적 기술이용자

3) 제품 및 프로세스 시연(Demonstration)

(1) 배경

사업화 가능한 제품의 신기술을 시연하는 것은 어떤 특정한 시점에서 기술자체가 어떠한 제품으로 탄생할 수 있을 것인가, 그 같은 제품 혹은 공정이 시장에 도입될 경우 어떠한 요구내용이 필요한 가 등을 정의하는 단계이다. 흔히 기술시연의 최종결과는 시장에서 경쟁력을 가질 수 있도록 잘 고안된 최종제품 혹은 공정이다. 이를 위해서는 제품개발은 사업화과정에서 하나의 독립된 하부과정으로 보아야하겠으며, 제품 디자인에 대한 구체적 이해가 필요하다.

(2) 개념

제품개발 개념은 사업화 과정에 있어서 보육단계(즉 기술 탐색 및 개발단계로서 기술의 현재적 능력 및 기술궤적을 평가하고, 제품군을 고려한 초점개발에 대한 예비적 아이디어, 보완기술을 고려한 병렬개발 추구, 구체적인 제품개발 아이디어의 인식 및 개념화)의 다음 단계로서, 전체 프로세스와 관련되어 있다. 하부과정으로서

의 제품개발은 '아이디어 선정 → 예비적 평가 → 디자인 명세 및 개발요구 내용의 정교화 → 개발'에 이르기까지의 일련의 연쇄과정을 의미한다.

제품개발은 디자인에서부터 출발하여 시장도입을 위한 제품준비를 포함하는 활동으로서 i) 생산 시스템의 예비적 디자인, ii) 시작품 구축, iii) 테스팅 및 제품 타당성 검토, iii) 제품 및 생산 시스템의 보완, v) 테스트 마케팅 및 입증 vi) 생산개시 및 시장출하의 연속적 과정이다.

본 과정이 성공하기 위해서는 개발과정의 결과가 기술이 아니라 디자인이어야 하고, 제품개발의 출발시점과 시장기회간에 조화를 이루어야 한다. 디자인 개념은 제품의 차별화된 특징 및 제품의 이용과 관련되어 있는데, 핵심변수로는 i) 이용 패러다임, ii) 중심이 되는 이용가능성 요소, iii) 이용의 완전함, iv) 가격, v) 시간 등을 포함한다. 제품디자인을 성공적으로 수행하기 위하여 관리해야할 변수로는 i) 요소기술 제품, ii) 요소기술 공정, iii) 보완기술, iv) 원료 및 스킬이다.

투자가들이 초기에 관심을 갖는 것은 시장을 유인하는 디자인 관련 우선순위 요소와 기술자체의 독자성에 있다. 전자는 제품수용의 편리성을 제공하는 반면에, 후자는 제품과 모델의 추종을 통하여 편익이 증대되는 재산권적 포지션 내지는 장기능력의 구축과 관련된다.

디자인의 초기 목적이 충족되지 않는 경우라도 제품자체는 처음 계획했던 최초의 특질이 변화할 수 있는데, 이 경우 기술적 돌파가 무엇이든 간에 제품특질에 부합하는 마케팅 창출능력이 요구된다.

(3) 특징

o 예상결과 : 기술을 제품과 공정에 통합시킴
o 성공핵심 : 제품 및 공정에 대한 비전 가시화
o 주요이해관계자 : 잠재적 고객, 보완기술의 제공자, 다른 직능의 내부 동료, 사업 파트너

4) 수용 및 체화 촉진(Promotion)

(1) 주요내용 및 전략

제품의 수용과 관련된 3 가지의 형태는 i) 현재의 이용패턴을 고수하거나, ii) 관련기술을 불가시화 하거나, iii) 시장에서 제안된 것을 채택하는 것 등이 있다. 이러한 제품수용의 형태에 따라 구체적인 전략은 아래와 같이 결정된다고 할 수 있다.

o 현재의 이용패턴을 고수 : 구매자는 자신을 위한 주요변화를 가져오는데 자발적이지만 신기술을 채택하는 위험과는 별개로 현재의 구매 관행(루틴화된 과정)의

변경을 꺼리는 경향이 있다. 이러한 행동 패턴을 '시간이 검증한 믿음과 이미 사용하고 있는 방법(고안)'을 고수하는 소비패턴이라고 한다. 이러한 관념을 극복하기 위해서 인지적인 노력이 필요한데, 텔레마케팅이나 텔레뱅킹이 이러한 유형의 사례이다.

o 기술을 불가시화 하는 형태 : 신기술을 기존제품과 연관시키기 어려울 경우에, 최적의 대안으로서 기술을 불가시화하면서 사용자 친화형으로 하는 것이다. 이 경우 불가시화는 주관적이며 이용자의 자질에 달려 있다고 할 수 있으나, 보다 중요한 것은 이용자가 기술을 어떻게 이용하느냐에 즉 이용방법에 따라 결정된다는 것이다.

o 수요에서 제안된 특성을 채택 : 수요측면에서 시장에 제안되어진 제품의 특징이나 기능을 수용하고 채택하는 것으로, 시장에 투입된 신제품을 받아들이게 된다.

(2) 수용을 위한 포지셔닝

포지션이닝이란 소비자들이 제품에 대하여 취하는 행태 면에서 볼 수 있는 것으로서, 소비자들의 구매의사결정에 영향을 미치는 심리적 및 제도적 내용, 개별적 니즈의 표현을 강조한 것이다. 따라서 목표소비자를 어떻게 호의적으로 유인할 것인가 즉 유인방법에 관한 기술적 표현인 동시에 경쟁제품으로부터 자사의 제품을 차별화하는 것을 의미한다.

5) 상업화의 지속 및 장기 수익의 실현(Sustaining)

(1) 개념

기술상업화의 지속은 최종재와 기술의 다양한 속성을 가지고 있는 중간재를 포함하고 있으며, 구성요소로는 단지 소비자뿐만 아니라 다수의 시장 요인 등이 포함된다고 하겠다. 따라서 상업화의 지속과 관련된 주요활동은 기술에 대한 응용 방법이나 패턴을 구축하는 것으로서, i) 핵심기술 내용의 재빠른 진보의 구축, ii) 유통 파트너의 이해관계 지속, iii) 이용자의 공급자에 대한 의존성의 창출 등이 포함 된다

(2) 특징

기술상업화의 지속 및 장기수익의 실현과 관련된 중요한 특징은 예상되는 결과, 성공의 핵심요인, 주요 이해관계자, 기회의 창 등의 면에서 볼 수 있으며, 아래와 같은 내용이 된다.

o 예상결과 : 엔지니어링 및 기술이용 확대를 통한 장기가치 실현

o 성공핵심 : 사업화를 위한 기술과 인프라에 대한 투자수익의 최대화 달성

o 주요 이해관계자 : 기업경영 관리자, 유사고객, 사업 파트너

o 기회의 창 : 경쟁자 대비 비용상 효과적인 제품/공정의 출시

다. 사업화의 갭

기술사업화의 전체적 프로세스를 이해하기 위해서는 사업화 과정에서 존재하는 회색지대인 사업화 갭에 대한 이해 즉 사업화 갭이 어디서, 그리고 왜 발생하는가에 대한 규명이 있어야 한다.

기술사업화 과정에서는 핵심 프로세스 못지않게 중요한 것이 각 단계의 연결(과정)이다. 상위 핵심프로세스는 기술 및 마케팅 차원의 문제를 포함하고 있으나, 하위의 연결과정은 과정별로 포함된 자원이동과 관련되는 것이다. 따라서 하위 과정은 각 단계에서 기술의 이해관계자를 만족시키는 가치창조 활동으로 볼 수 있다. 이해관계자의 욕구충족과 같은 활동을 수행하는 공급자와 수요자의 연계과정이 혁신관리에서 중요한 이유는, 기술적 스킬 부재로 인한 실패보다는 기술 목표시장의 부재와 보조 프로세스를 효과적으로 연결하는 과정에서 실패가 중요하기 때문이다.

이처럼 기술혁신 과정상에 나타나는 하위과정 간의 연계는 사업화 범주 내지는 관리해야 할 초점을 축소시킴으로써 성공가능성을 높여주는 데 필수적인 활동이다. 그러나 위에서 제시된 다섯 가지 핵심과정간의 연계를 충족시키지 못하는 경우 사업화 주기상의 갭(Gap)이 나타나는데, 이를 사업화과정의 회색지대(gray areas of commercialization)라고 한다.

1) 관심부족 갭(Interest Gap)

일반적으로 아이디어 생산과 가치증대를 위한 연구개발 활동과정에서 필요한 자원을 확보함에 있어서, 여러 관계당사자의 관심이 부족하여 참여로 연결되지 못하는 경우에 이해관계의 갭이 발생하게 된다. 이를 해결하기 위해서는 기술결과에 관심이 있는 자원자들에게 이해관계 등을 설명하고 다음 단계에 참여하도록 유도하는 것이 중요하다.

2) 기술이전 갭(Technology Transfer Gap)

이러한 갭은 일반적인 형태의 기술과 그 기술을 적용할 수 있는 시장성 있는 제품개발과의 연계단계에서 발생한다. 이 단계에서는 대규모의 자원을 동원해야 하며, 조직 내 외부로부터 협력파트너를 탐색하며, 지지자의 이해와 독려를 통하여 자원투입(개입)으로 전환하게 하여야 한다.

3) 시장이전 갭(Market Transfer Gap)

이러한 갭은 최초 표적소비자집단, 시장의 요구사항 및 다수의 구성요소에 맞추어 신기술을 통합하는 제품의 적용과 관련하여 발생한다고 하겠다. 특히 다수의 시장 구성요소에는 i) 보완제품의 공급자와 이용자들이 신기술로부터 충분한 편익을 갖기 위해 필요로 하는 인프라스트럭처, ii) 선도적 사용자, 특정한 구체적인 문제에 대한 표준화된 해결방안으로서 신기술을 설정하도록 하는 경쟁자, iii) 신기술의 수용에서 중요한 역할을 하는 제3자등이 포함되어야 한다.

4) 기술 확산 갭(Diffusion Gap)

기술의 장기적인 수익최적화를 도모하기 위하여 여러 형태의 방법을 통하여 기술확산이 이루어지는 과정에서 나타나는 연계 상에서 갭이 존재하게 된다. 초기연계는 기업이 갖고 있는 기술을 내부적으로 이동시키는 방법과 비영리조직 간에 신기술을 이전시키는 방법에 주안점을 두고 있다. 일예로서 대기업 내에서의 일반적인 확산은 '중앙연구소 실험실- 타부서 개발실험실'간 또는 '부서 실험실-개발부서' 간에서 볼 수 있다.

앞에서 본 바와 같이 여러 연구자들이 제시하고 있는 사업화과정모형은 연구개발에서 제품의 생산과 마케팅 활동에 이르는 전 과정을 범위로 하고 있다는 점에서는 공통점이 있으나, 각 연구자별로 자세한 사업화 단계와 범위 및 특성에 있어서는 다소간의 차이를 보이고 있다. 이를 정리하면 <표 5-13>과 같다.

• 표 5-13. **기술 사업화과정에 관한 제 모형의 비교**

슘페터학파 및 전통적 접근법 : 3 단계	브라이트(1970) : 단계적 접근	쿠퍼(1986)의 7단계 신제품 개입	듀퐁(1995)	졸리(1998) : 세분화, 가치 구축 모형
	1. 과학적 제안, 필요 및 기회에 대한 발견, 인식 2. 이론/디자인 개념 제안	1. 아이디어 창출	1. 아이디어	1. 아이디어 제안
1. 개념화 -기초연구 -응용연구	3. 이론 및 디자인 개념의 연구소에 의한 입증	2. 예비 평가 3. 기술적개념창출	2. 채용	2. 기술창업보육
2. 제품개발	4. 애플리케이션에 대한 연구실에서 시연 5. 본격적인 생산 및	4. 개발(엔지니어링, 디자인, 시작품) 5. 테스팅	3. 프로젝트화 4. 시작품	3. 제품시연

	필드 테스트	6. 시제품 및 시장성 테스트		
3. 시장개발	6. 상업적 도입 및 최초 이용	7. 본격적인 생산과 시장진입	5. 시장도입 및 사업화	4. 제품수용 촉진
	7. 광범위적수용(실질 이윤, 공통된 사용, 중요영향) 8. 확산		6. 제품지원	5. 제품수명 주기 연장

자료 : • J. R. Bright, Practical Technology Forecasting, Technology Future Inc., 1970,
• R.G. Cooper, Winning at New Products, Addison-Wesley Pub., 1986
• W. G. Howard, jr & B. R. Guile, (eds), Profiting from Innovation, The Free Press, 1992, p. 62
• Personal communication from DuPont Lycra Division, 1995

제3절 개발도상국의 기술사업화 모형

1. 이영덕의 '세 단계-다 국면' 모형의 총괄(2001)

이영덕(2001(b))의 연구에서 Jolly의 모형은 기술개발과 사업화관련 사회간접자본, 정보인프라, 인프라 기술, 제도 및 정책, 기술 인프라 등 제반 인프라가 잘 구비되어 있는 선진국에서 민간부문에서의 신기술 사업화에 잘 적용될 수 있는 모형이라고 평가하였다. 따라서 기술개발 및 사업화관련 인프라가 제대로 구비되어 있지 못한 개도국의 경우에는 Jolly의 모형을 그대로 적용할 수 없는 관계로 다소간의 수정이 필요하며, 특히 정부자체의 목적이 아닌 정부지원 개발기술에 대한 사업화의 경우에는 상당한 부분의 수정이 필요하다고 하였다. 동 연구에서 제시된 중요한 수정내용은 기술사업화 프로세스의 강화와 사업화 인프라의 구축 등이다.

가. 사업화 프로세스의 강화

1) 연구개발 주도화(Initiating)

개도국의 정부지원 연구개발에 있어서 개발기술의 확산을 촉진하기 위해서는 Jolly가 제시한 연구개발 기술에 대한 아이디어의 가시화단계 이전에 연구개발에 대한 제안과 계획 설정 과정에 사용자와 개발자가 공동으로 참여하여, 연구개발을 제안하고 제안서를 작성하는 연구개발 주도(initiating) 과정이 있어야 한다.

이 단계에서 개발대상기술에 대한 연구개발계획의 수립과정에 사용자의 의견을 반영하는 동시에 사용 기업이 직접 연구개발 제안서의 작성에 공동으로 참여하게 된다.

또한 보텀-업 방식을 통하여 연구개발 과제의 발굴에 산업계의 의견이 반영되도록 하는 한편 실제적으로 연구개발과제를 수행하는 과정에서 사용자가 주도적인 역할을 할 수 있도록 하는 것이다. 이렇게 함으로써 기술 개발자와 사용자간에 발생할 수 있는 연구개발의 목적 및 역할에 대한 갭을 제거할 수가 있겠다.[5)]

2) 공장입지의 결정 및 대량생산(Locating & Producing)

기술창업보육단계를 거쳐서 연구개발 기술을 활용한 시제품의 제작과 선도 고객을 대상으로 한 테스트 마케팅에 성공한 경우에 실제적인 사업을 위한 공장입지의 확보와 양산을 위한 생산설비가 갖추어져야 한다. 따라서 이 단계에서는 현장 생산을 위한 공장부지의 확보, 현장 생산에 필요한 기술과 자문, 대기업과의 기술적 협력, 생산관련 전문 인력의 확보 및 교육/훈련, 아웃소싱에 의한 전문생산, 기존제품 생산기업과 협력 및 연계 등에 대한 전반적인 의사결정이 이루어져야 한다.

그런데 신기술을 활용한 창업기업의 경우에는 사업에 대한 경험이 부족하고, 전반적인 경영관리 활동을 수행할 수 있을 만큼 기업의 규모가 적정한 수준에 이르지 못한 관계로, 생산 활동을 효율적으로 수행하는 데는 상당한 어려움이 발생하게 된다. 특히 이러한 활동에 필요한 자금은 종래의 연구개발 관련 자금이 아닌 시설 및 운전자금인 관계로, 그 규모가 클 뿐만 아니라, 만약 자금부족 현상이 발생하는 경우에 상대적으로 기업실적이나 신용상태가 취약한 기업으로서는 차입을 통한 조달이 용이하지 않다.

따라서 극심한 환경변화와 타이밍이 중요한 산업분야에서 민감한 테스트 마케팅에서 성공한 신기술 관련 제품이 적기에 생산체제로 이행되지 못하여 본격적인 시장진입에 실패하는 경우가 많이 발생하게 된다.

3) 연구목적 역할갭

연구개발 과제제안자와 연구자 사이에 역할의 차이로 인하여 연구목적에 대한 인식과 달성 방법에 있어서 갭이 존재하는 것이다. 이러한 갭은 연구개발 결과의 사업화 가능성을 증진시켜주는 시장 지향적 연구개발에 장애를 발생시켜 성공적인 산업적 활용을 저해하게 된다. 따라서 이러한 갭을 완화하기 위해서는 사용자가 참여한 과제제안자와 연구자를 연결시켜주는 연구개발 사전기획과 연구개발 기획전략회의 등을 운영하는 것이 중요하다.

나. 사업화 인프라의 구축

사업화관련 인프라가 상대적으로 취약한 개도국의 경우에 사업화의 상위 프로세스와 하위의 연결에 따른 갭들이 해결된다고 하더라도 반드시 개발기술이 성공적으로 사업화 될 수 있는 것은 아니다.

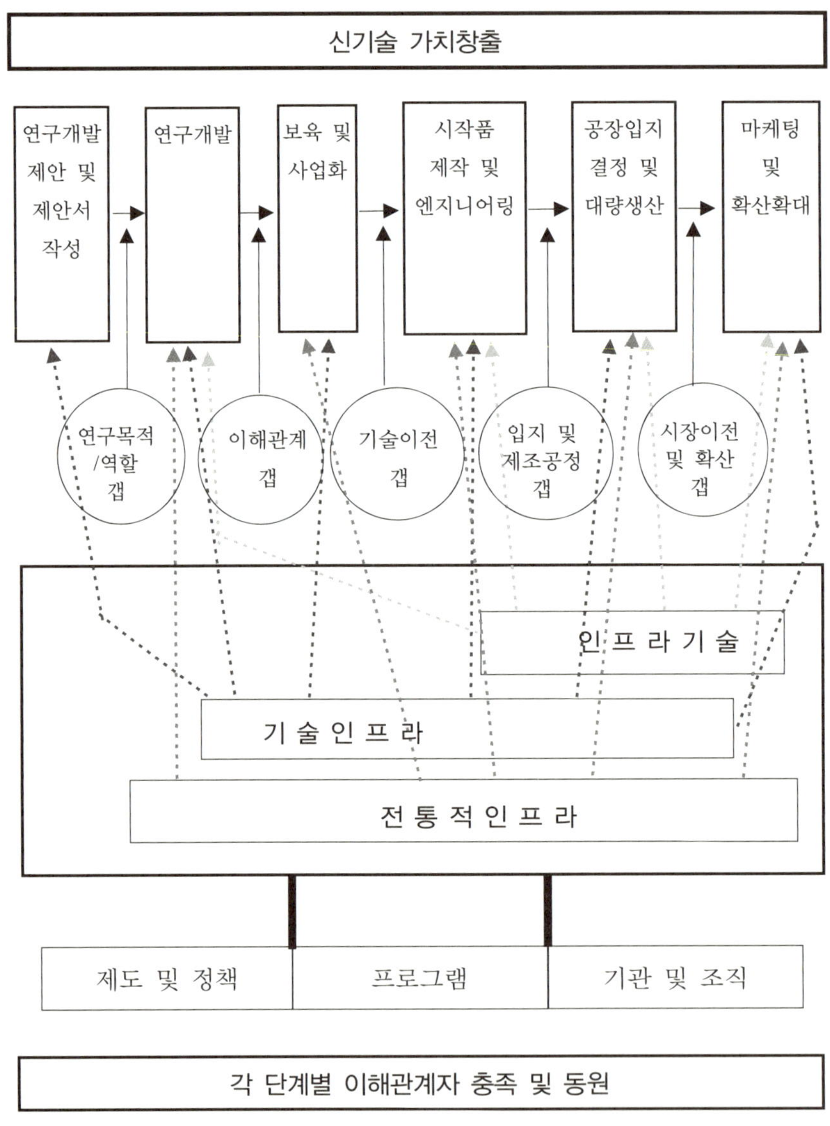

그림 5-4. 정부지원 개발기술의 사업화과정 모형 : LYD 모형

따라서 이러한 기술의 사업화를 촉진하기 위해서는, 기업 활동과 관련된 전통적인 사회간접자본의 확충이 필요할 뿐만 아니라 기술 인프라나 정보인프라가 구비되어야 하겠으며, 실제적인 기업의 생산 활동과 관련된 엔지니어링 기술, 표준 및 테스팅 기술, 측정기술 등과 같은 인프라 기술이 확립되어야 하겠다. 아울러 이러한 인프라의 확립과 관련된 제도 및 정책과 각종 프로그램을 정비하여야 하며, 기술사업화를 효율적으로 추진할 수 있는 기관과 조직이 구비되어야 하겠다.

이상과 같이 우리나라와 같은 선진개도국의 정부지원 연구개발기술의 사업화 촉진을 위한 특성을 반영한 수정 사업화과정 모형, 즉 '세 단계-다 국면' 모형을 보면 <그림 5-4>와 같다.

2. 인프라 유형과 특성

가. 인프라의 개념과 범주

인프라란 국가의 산업 및 과학기술 정책차원에서 연구개발의 활성화, 개발된 기술의 산업계에로의 확산 및 활용증진, 이를 기반으로 한 기업의 발전과 산업발전에 관련된 모든 것을 의미한다.

- o 전통적 인프라 : 사회간접자본투자, 공업단지 및 산업단지의 개발, 산업의 집적화시설 등과 관련된 제도·정책·시스템, 산업 및 과학기술관련 DB의 구축
- o 정보인프라의 구축 : 산업 분야별 전문정보망의 설치 및 이들 간의 네트워크의 구축, 기술개발·벤처창업·산업 활동·마케팅활동 등과 같은 구체적인 기업 활동에 필요한 정보를 이전 및 활용할 수 있는 플랫폼으로서의 초고속정보망 구축
- o 기술 인프라의 구축 : 구체적인 연구개발 활동과 연구개발 기술의 산업화를 촉진하기 위하여 기술적인 측면과 연관된 하부구조로서, 광의로 보면 기술개발자-기술사용자의 관계를 지원하고 조성하는 국가혁신체제를 포함하며 구체적으로 기술개발과 활용에 관련된 지원제도·프로그램·기관·정책 등을 포함

나. 기술 인프라(Technology Infrastructure)와 인프라 기술

기술 인프라란 민간부문이 이용가능 한 과학, 엔지니어링, 기술적 지식으로 구성되어 있으며, 인적이나 제도적인 시설의 형태로 체화되어 있다. 이를 구체적으로 보면 공통기술, 인프라 기술, 기술정보, 연구 및 실험시설에서 시장개발에 필요한 정보 및 포럼, 지적재산권으로 구성되어 있다.

한편 인프라 기술(Infra technology)은 연구개발단계에 있어서는 과학기술, 공통기술, 응용기술에 대한 지원기능을 수행하고, 대량생산단계에서는 필요로 하는 제품 및 공정기술, 공정 및 품질통제 기능을 지원하는 것을 의미한다. 또한 시장개발과 관련해서는 거래특성, 시장특성, 사업특성에 따른 위험감소기능을 통하여 전체적으로 기업가적 활동에 영향을 미치는 하부 시스템을 의미한다. 따라서 인프라 기술은 원천기술과 응용기술을 기술적으로 연계시켜줄 뿐만 아니라 생산·가공공정 및 마케팅 공정에 영향을 미치는 제반기술을 의미한다(Tassey 1992).

전통적 인프라, 기술 인프라, 인프라 기술 간의 관계를 보면 인프라 > 기술/정보/기술이전 인프라 > 인프라 기술의 순으로 범위가 좁아지고 구체화된다고 하겠다.

다. 사업화관련 기술 인프라

사업화관련 기술 인프라의 기관 또는 정책수단은 주체에 따라 민간부문, 공공부문으로 나누어 볼 수 있으며 <표 5-14>와 같다. 민간부문에서 사용할 수 있는 정책기관으로는 각 산업의 협회 및 단체, 컨퍼런스, 교육 센터, 무역자료 공개기관, 기술표준기관, 해외지사 연구기관 등이 있다. 한편 공공부문에서 사업화를 촉진을 위한 정책적 수단은 크게 각종의 연구개발 활동, 사업화에 관련된 법적/행정적 제도 및 규제, 각종 사업화관련 보조금 및 구조와 장비에 대한 지원, 정부조달물자에 대한 공공구매 등이 있다.

OECD에서 기술의 확산과 주도정책에 관한 조사내용 중에서 주요 국가에서의 기술정책 기조에 따른 기술사업화와 관련된 정책, 제도 및 프로그램에 대한 내용을 보면 <표 5-15>와 같다.

• 표 5-14. **사업화 관련 기술 인프라 기관**

민 간 부 문	공 공 부 문
• 산업협회 및 단체 • 컨퍼런스 • 교육 센터 • 무역자료 공개기관 • 기술표준기관 • 해외지사 연구기관	• 연구협회 • 표준제정기관 • 특허사무소(청) : 특허사업화센터 • 연구기관 사업화지원기관 : TBI, 창업지원센터, 기술이전센터, 테크노마트센터 • 서관 및 데이터 베이스

• 표 5-15. 주요 국가의 기술 인프라 정책 및 프로그램

국	가	기업간 네트워크 및 하부구조 차원	기업 및 프로그램 차원
임무 지향적 시스템	프랑스	• 산업과 연구소간 계약 연구 촉진 정책을 통한 연구결과의 응용과 확산	• 기반기술(전자부품, 첨단소재 등) 중심의 확산 • 교육·훈련과 인적자원개발 프로그램
	영국	• 공공·민간부문간, 연구 기관간 협력체제 강화 • 기술예측을 통한 기술 확산 전략사용	• 기술과 교육지원의 연계 • 지역중심의 다양한 계획 • 특별한 기술군의 확산정책 유지(예: ICT)
	미국	• 기술개발프로그램에 공공·민간부문간 협력 강조 • 연방연구소로부터 기술이전 촉진	• 시장원리에 입각한 기술과 사업의 홍보 강화 • 기업의 수요에 부응하는 기술지원 계획 수립
확산 지향적 시스템	독일	• 기존 기술 확산 하부구조의 개선(특히 기업간 네트워크를 촉진하는 방향으로)	• 특별한 협력프로그램에 기업간, 지역간 경쟁의 도입(기술개발)
	스웨덴	• 기업네트워크의 강화 • 정부기관과 산업의 P/PPs 개선	• 대학과 산업간 연구인력 교류 활성화 • 산업간/기업 간 숙련노동자 교류촉진
혼합형 시스템	일본	• 기업간 R&D협력 강화(예: 기업간 공동연구 및 연구소 통합운영)	• 기술혁신정책과 평가정책의 통합 • 대학 연구인력 교류 활성화
	한국	• 기술 중개기관 강화 • 중소기업을 위한 정보인프라 건설	• 외국의 기술 확산 모범사례 도입(예: AMT, 기술센터)

자료 : OECD, “Chapter 9. Technology Diffusion Policies and Initiatives”, 『Technology, Productivity and Job Creation - Best Policy Practices』, Report for Official Use, C/MIN(98)7/ANN2, 1998, pp.207~208, 박동규(1999/1), p. 73 표 인용.

주 : AMT : Advanced Manufacturing Technology, P/PPs : Public/Private Partnerships, MINT : Managing Integration of New Technology, ICT : Information and Communication Technology

3. 사업화 인프라의 구축

가. 거시적 측면

거시적 측면에서 기술사업화 인프라의 구축은 기술의 상업적 활용을 포함한 기술

혁신의 전반적인 활동과 관련된 인프라에 관한 것으로, 기술 인프라의 구축, 정보인프라 및 네트워크의 구축, 산업입지의 조성과 집적화 등 광범위한 활동이 포함되어진다. 이러한 활동은 그 대상이 넓은 만큼 전부를 열거하는 것은 곤란하겠으나, 주요한 활동에 대한 예를 들어보면 아래와 같은 것들이 포함되어야 한다.

- o 연구개발, 기술개발관련 정책 및 제도 (기술 인프라)
- o 기술, 제품, 시장, 지원제도 관련 DB, 전문정보교환시스템 및 네트워크
- o 벤처 및 생산입지 관련 제도 및 정책 : 지역특화 및 산업집적 입지
- o 기술-생산-마케팅, 전시회를 통한 기술거래, 전문 인력 양성-훈련 등을 전문적으로 수행하는 단지의 조성(비즈니스 파크, 리서치 파크, 사이언스파크, 벤처 파크, 기술이전 콤플렉스, 컨벤션 센터 등) : <그림 5-5>

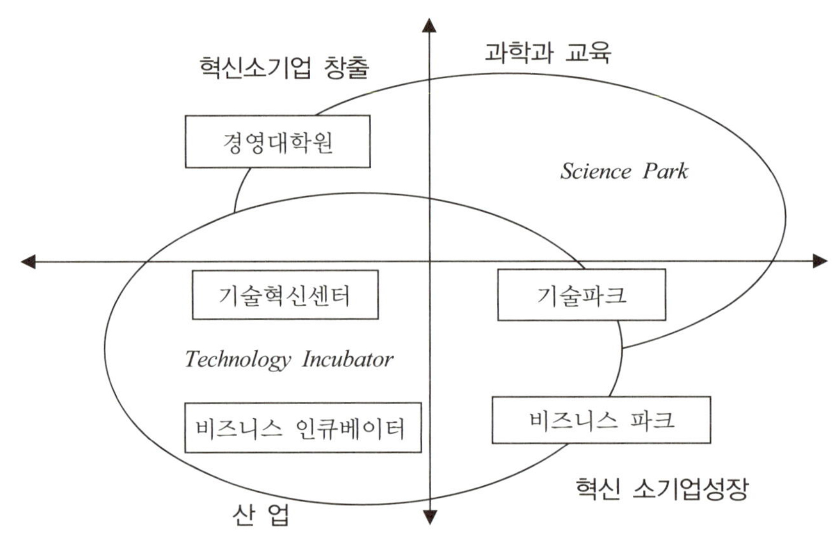

그림 5-5. 기술혁신의 인프라구조

나. 미시적 측면 : 인프라기술

1) 인프라기술의 범주

Tassey(1991)는 인프라기술을 '일차적으로 개발기술 즉 과학적 기반, 응용기술, 원천기술에 대한 영향을 통하여 간접적으로 제품 및 공정기술에 영향을 미치는 기술'이라고 규정하였다. 또한 <그림 5-6>과 같이 사업화 프로세스 면에서 직접적으로 품질 및 공정의 통제를 통하여 생산 활동에 영향을 미치며, 나아가 거래특성에 대한

영향을 통한 위험감소 및 시장개발활동에 영향을 미치는 기술을 의미한다. 따라서 이러한 의미에 따른 인프라 기술의 범주를 보면 아래와 같은 내용이 포함된다고 볼 수 있다.

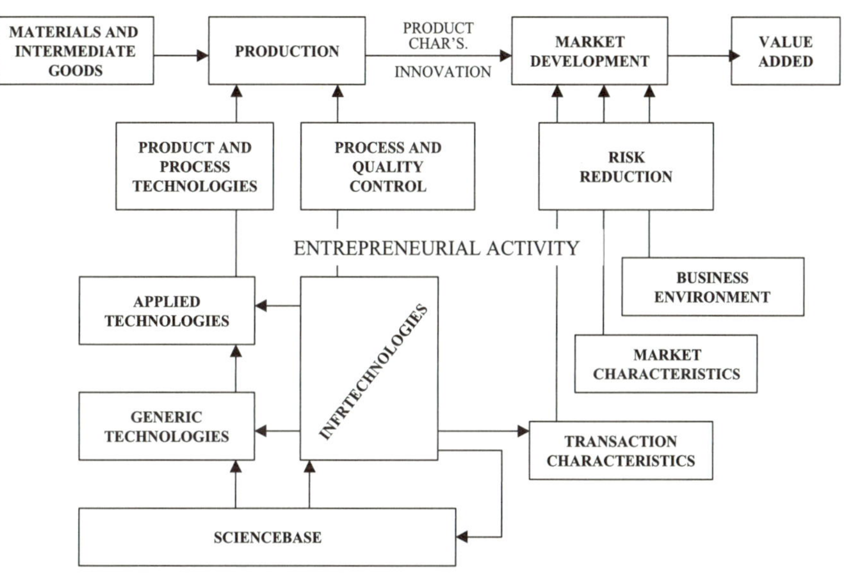

자료 : Tassey, Technology Infrastructure and Competitive Position, Kluwer, 1992, p.59 Figure 3-2

그림 5-6. 타시의 사업화과정과 인프라기술의 구조 : 분해모형

① 과학 및 엔지니어링 데이터(Science and Engineering Data) : R&D수행, 생산 특히 지속적 공정기술(화학 생산 및 석유정제와 같은) 통제에 이용.

② 측정 및 테스트 방법(Measurement and Test Method) : 정교한 R&D 수행, 생산 감독/통제, 시장거래수행에 필수적임.

③ 실무 및 기법(Practices and Techniques) : 공정통제모델로서 전형적 산업기술의 다양한 요소가 조직되고 효율적으로 이용되게 함.

2) 인프라기술의 기능

인프라기술이 사업화과정에서 가지는 기능은 측정 및 테스트, 표준(spec & code), 기술이전, 생산·공정 실무 및 기법 등과 같이 크게 네 개로 구분할 수 있으며, 자세한 내용은 <표 5-16>와 같다.

3) 인프라 기술의 유형

인프라기술의 유형은 개발기술의 사업화진전 단계에 따라 상이한데, 이를 구분하면 연구개발 단계, 기술이전 단계, 대량생산 단계, 시장개발 단계 등 네 단계로 나누어 볼 수 가 있다. 이러한 각 단계에 따른 구체적인 기술 유형은 <표 5-17>과 같다.

• 표 5-16. 인프라기술의 기능

구분	측정 및 테스트	표준 (spec & code)	기술이전	생산·공정 실무 및 기법
기능	• 기초연구 지원 • 공통기술 연구지원 • 생산 지원 • 시장개발 지원	• 생산공정의 표준 • 제조방법 및 활동의 표준화 • 제품관련 부품 및 구성품의 표준화 • 엔지니어링 기술 관련 표준화	• 기술이전/평가/관리 프로그램 지원 • 기술지도/지원 프로그램 지원 • 기술인력 양성/훈련 프로그램 지원 • 기술/시장관련 정보 제공 및 관리자 훈련 프로그램 지원	• 기초연구 지원 • 공통기술연구 지원 • 생산 지원 • 시장개발 지원

• 표 5-17. 인프라기술의 유형

구분	R&D단계	기술이전 단계	대량생산 단계	시장개발 단계
유형	• 과학기술데이터 • 표준시스템 • 국가연구시설 • 직접 자금지원(컨소시엄)	• 기술평가 시스템 • 기술이전 네트웍 • 지적재산권제도 • 교육훈련 및 기술 원조	• 복합 엔지니어링 기술(디자인능력+컴퓨터 활용기술) • 역 엔지니어링 기술 • 총품질관리(TQM) • 총생산성관리(TPM)	• 위험관리 기법 : 표준 및 국립검증 시설 • 소비자보호 체계 • 지적재산권

◆ 참고자료 : 학교 및 연구소 기업과 기술지주회사 ◆

Ⅰ. 학교기업의 기본방향 및 중점과제

1. 기본방향

창조적 인재강국 건설

기본방향

- ▣ 범부처 정책의 효율적 연계·조정과 정부·대학·기업간 역할 정립
- ▣ 자율과 책임을 바탕으로 대학 간 경쟁체제와 인센티브 확충
- ▣ 연구자로서의 대학원생에 대한 보상을 강화, 연구수행능력 극대화
- ▣ 유형별 특성에 따른 산·학 협력 촉진으로 현장 밀착형 산업지원기능 강화

3대 부문 10개 중점과제 추진

대학운영 혁신 (평가·교육제도 혁신)	대학 연구역량 제고 (핵심연구인력 양성)	산·학 연계 촉진 (수요지향적 인재 양성)
▪ 이공계 대학 특성화 발전 유도 ▪ 대학간·대학 내 경쟁촉진 및 자율성 강화 ▪ 교육과정 혁신을 통한 이공계 인력의 질적 제고	▪ 세계 수준 연구중심대학 육성 ▪ 이공계 교육·연구의 국제화를 위한 기반 구축 ▪ 이공계 대학원생의 연구능력 제고	▪ 산·학·연 연계 촉진을 위한 기반 조성 ▪ 산학협력 유형별 인력양성체계 확립 ▪ 이공계 인력의 재교육 및 계속교육 강화 ▪ 산학연계에 의한 개발기술사업화 촉진

2. 3대 부문별 법령 제·개정 관련사항

구분	법령 명	3대 부문		
		대학운영 혁신	대학 연구 역량 제고	산·학 연계촉진
법령 제정	고등교육평가에 관한 법률 및 동법 시행령	○		
	국가연구개발사업의 관리 등에 관한 규정 시행규칙('05.6. 제정 완료)	○	○	
법령	고등교육법 및 동법 시행령	○		○

개정	국가기술자격법	○		
	기술사법	○		
	학술진흥법 및 동법 시행령		○	
	조세특례제한법			○
	교수자격기준 등에 관한 규정	○		○
	직업교육훈련촉진법 및 동법 시행령			○
	초중등교육법 및 동법 시행령			○
	산업교육진흥 및 산학협력 촉진에 관한법률 및 동법 시행령			○

3. 산·학 연계에 의한 개발기술사업화 촉진

◆ 대학 R&D 성과의 사업화를 촉진하기 위해 산학협력기술지주회사 제도를 도입(교육과학기술부)

o 산학협력단에서 기술지주회사를 설립·운영할 수 있도록 산업교육진흥 및 산학협력촉진에 관한 법령 등 정비

- 기술지주회사에 대한 투자 활성화 방안을 강구함으로써 대학이 개발한 기술의 사업화를 촉진: 산학협력단이 산·학·연 협력 사업을 총괄하여 투자재원 마련

◆ 대학-산업체간 네트워킹과 연구 성과의 사업화를 촉진하기 위해 「Connect Korea」 프로그램을 추진

o 권역별 거점대학을 중심으로 산학협력단 컨소시엄을 구축하고 국내외 기술거래 전문기관과의 협조체제 구축(교육과학기술부)

- 연합체 방식으로 지역 기술혁신 주체간 효율적인 연계(connect)를 강화

o 기술통합 관리기관을 통해 기존의 기술이전 사업화조직을 체계적으로 관리(지식경제부):

- 대학·출연(연)의 기술이전 전담조직은 기술의 발굴·관리·시장출시, 지역기술이전센터는 기술거래·마케팅으로 기능을 재정립

◆ 대학의 연구인력·기술의 활용과 산업체 기술개발 기능을 지원하기 위한 R&D 전문기업의 육성 기반을 조성(교육과학기술부)

o 연구개발을 전문적으로 수행하는 연구개발서비스업을 체계적으로 육성

- 「연구개발서비스업」은 연구개발을 독자 수행하는 연구개발업과 기술정보제공, 컨설팅 등 연구개발을 지원하는 연구개발지원업을 총칭

II. 대학의 기술지주회사의 설립

1. 법적 근거

◆ 2007년 7월3일 국회에서 '산업교육진흥 및 산학협력 촉진에 관한 법률 개정 안' 통과

o '산업교육진흥 및 산학협력촉진에 관한 법률 시행령' 및 시행규칙 일부 개정령

2. 설립 형태

◆ 대학 산학협력단을 모회사로 한 기술지주회사

o 대학 보유기술의 사업화를 목적으로 자본금(5000만 원이상)의 30% 이상을 기술 출자해 기술지주회사를 설립

o 발행주식 총수의 50%이상을 보유

o 단 기술출자가 어려운 경우 기술출자분 범위 내에서 현물, 현금출자도 가능

◆ 대학(법인)이 설립한 기술지주회사: 산학협력단이 없는 경우

◆ 대학 산학협력단이 공동으로 조직한 기술지주회사

3. 설립 및 운영요건

◆ 사업화 대상기술

o 특허법 등 관련 법률에 등록된 특허권과 실용신안권·상표권 등 지식재산권

o 출원 중인 권리·정보·노하우 등

◆ 출자대상기술가치

o 기술이전 및 사업화 촉진에 관한 법률에 지정된 기술평가기관이 평가한 가치를 출자금액으로 편입

o 지주회사가 출자 받은 기술을 6개월 이내에 자회사로 재출자하는 경우에는 지주회사가 출자 받은 금액을 그대로 인정

◆ 지주회사의 경영/의무: 해단 영업행위에 관한 별도 규정

o 자회사의 설립, 경영관리 및 그에 부수하는 업무로 대통령령이 정하는 업무 이외에 영리목적사업을 금함

◆ 경영성과의 활용

o 받은 이익 배당금은 대학 연구시설 및 산학협력관련 사업에 사용

o 연구시설 및 기자재 구입·운영·유지·보수 사용

o 연구개발 기획, 성과 보상업무에 사용

o 수익금이 대학 연구개발에 재투자되는 선순환 구조

4. 고려사항 및 문제점

◆ 보유기술의 독자적 활용제약

o 대학의 연구개발 활동은 정부 지원예산이 90% 정도 점유하거나, 나머지도 산업체 및 기타 비영리법인 등에서 지원받음

o 연구결과인 기술의 상당 부분이 예산 투자주체와 연결되어 독자적 활용 곤란

o 기존 정부기술료 규정에 따른 임의 처분곤란 및 기술료도 납부: 기술출자곤란

o 기술출자 시 시장상황에 맞는 가치평가가 필요하나, 기술료규정(정부출연금의 20~30%) 으로 인해 출자기준 산정 곤란

◆ 기술지주회사 및 자회사 출자관련 제약

o 대학(산학협력단)이 지주회사에 30% 이상을 출자하고, 민간기관은 이에 상응해 출자 하도록 정함

o 대통령령으로 정한 회사 주식 또는 지분보유를 통한 자회사 편입

o 대학의 기술증자출자의 경우 민간의 대응투자 조달이 가능할 것인지

o 기술지주회사의 자회사 출자 경우(자회사 지분의 20% 출자보유)에 민간 기관에서 출자자금 확보의 어려움

◆ 자회사의 경영자

o 교수겸직의 경우: 자회사의 경영자가 교수인 경우 신분 및 학내 분위기 문제

예 1999년 '벤처기업 육성에 관한 특별법'에서 교수창업을 허용하기는 했으나 대부분 대학이 신중하게 허용 여부를 판단

o 교수휴직의 경우: 자회사의 대표이사를 위하여 교수가 휴직하는 경우, 복직 및 학내 분위기 문제

Ⅲ. 서울대학교

산학협력단을 모회사로 하는 지주회사 `SNU 홀딩스'(가칭)를 출범

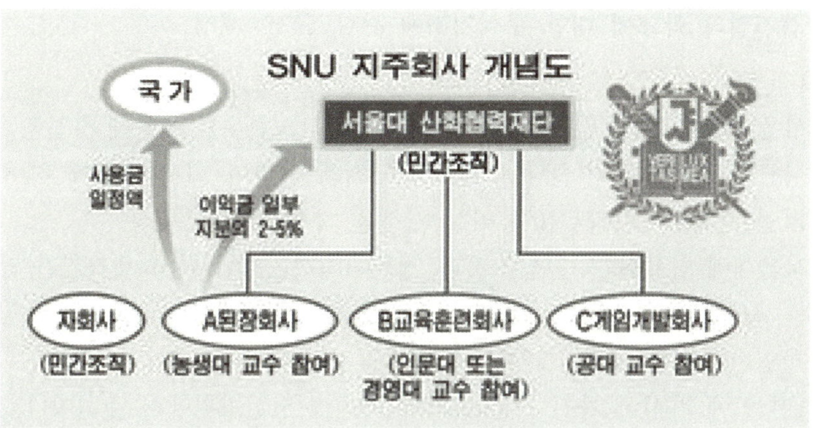

서울대 관련규정 개정

1. 서울대 연구규정 제정

o 세부 항목

▲ 연구자의 권리 ▲ 대학의 의무 ▲ 연구의 개방성 ▲ 연구윤리
▲ 연구결과의 소유권 ▲ 이해의 상충 ▲ 연구계획의 수립 ▲ 대학 재산 활용

o 중요 내용

△ 서울대 교수가 수행하는 연구의 내용과 결과의 무조건 개방
- o 산업적·군사적 목적을 갖는 등 특수한 경우를 제외
- o 무조건 교내 연구자들과 해당 학계에 개방돼야 하며,
- o 그렇지 않을 경우 인사·평가·학위 수여에 사용될 수 없음

△ 교내에서 수행한 연구결과의 소유 및 활용
- o 학교와 해당 교수가 공동 소유하며
- o 지적재산권 및 사업화 문제는 양측의 협의에 의해 진행
- o 다만 국가 또는 민간 연구지원기관과의 협의에 의해 소유권의 일부가 주장되는 경우에는 해당 교수가 먼저 학교 측의 허가를 받아야 함

△ 연구계획과 수행
- o 연구 수행을 위해 작성·제출하는 연구계획서는 학교 측에 미리 보고함
- o 연구협약 역시 교수 개인이 아니라 총장 또는 산학협력단장의 명의로 추진

2. '창업기업의 학교에 대한 주식기부에 관한 규정' 제정

o 중요내용

△ 서울대 교수 등 교원들은 자신의 기술·지식·노하우를 이용해 창업을 주도하고

△ 상근이사나 CTO(기술담당 이사) 등 직책을 맡아 회사 운영에 참여

△ 기업은 회사 주식의 10% 이상 지분을 가진 기업이 대상

△ 서울대에 임용된 지 3년이 경과, 정년퇴직까지 3년 이상 재직기간 남은 교수만 창업

△ 창업한 교수는 6개월 내에 이 사실을 학교에 통보

△ 1년 안에 자신이 가진 지분 크기에 따라 2~5% 범위에서 주식이나 스톡옵션을 학교에 기부

Ⅳ. 국내·외 대학 사례

1. 국내 다른 대학 사례

◆ KAIST: 벤처기업에 투자하는 지주회사 '카이스트 캐피탈(가칭)' 조만간 설립

o 학내 '카이스트 창업보육센터'를 활용, 입주 유망 기업 등을 자회사로 둘 예정

◆ 포항공대: 학교기업 스핀-오프후 기술지주회사에 편입

o 세계 최고의 유전자 정보 분석기술을 지닌 학교기업 'NSB포스텍'을 스핀오프(spin-off)한 뒤 기술지주회사의 자회사로 편입

◆ 한국예술종합학교: 학교 특성을 살려 디자인 회사를 세워 지주회사의 편입

◆ 경희대: '기술지주회사설립 준비위원회'

o '한방재료가공' 등 학교기업 운영 노하우를 이용해 자회사를 거느린 기술지주회사 설립

2. 해외대학 사례

◆ 인도의 명문 뭄바이대학: 지난 해 3월 세계 최초로 인도 증시 상장

o 학교 지분을 상장해 연구비와 학교운영자금을 조달

◆ 중국 베이징대학: 국내 학교기업과 유사한 교판기업 외국에 매각

o '북대녹색과학기술유한공사'를 지난 2005년 미국 카길(cargill)사에 매각, 초기 투자금 대비 7배의 수익

V. 학교기업

1. 학교기업 현황

● 주요 학교기업 현황

대학명	학교기업 명칭	사업내용
서울산업대	서울산업대 Capstone Design	소형 주사형 현미경과 교육용 로봇 제작·판매
인천대	인천대 클린에어 나노테크	실내외 공기 교환하는 청정환기 유니트 생산
충남대	충남대 BIOTech	사료첨가제, 식품첨가제, 의약품 소재 등 바이오 제품 생산, 가공
한밭대	실내환경전문 클리닉	신축공동주택 및 다중시설 유해물질 측정사업
경희대(수원)	경희대 한방재료가공	한방재료 활용 건강보조용 액화식품 조제
한국외국어대(용인)	i-외대	영어관련 교육용 콘텐츠 및 프로그램 사업
충북대	동물의료센터	악성가축전염병의 진단 및 방제
전북대	전북대 햄	햄 가공 생산
군산대	옻나무염색 디자인개발	옻나무 염색 디자인상품 개발, 생산, 판매

※자료:교육부

2. 운영상 문제점 및 개선방안

- 학교기업 입법취지에 따른 미션/목적 구체화: 교육 vs 수익실현
  - o 현행 교육부 주도 학교기업은 현장실습을 통한 실무교육에 치중
  - o 관련제도의 기본취지는 기술사업화를 통한 수익창출과 학교재정 확충기여
- 실태: 전국 168개(4년제 대학교, 전문대학, 실업계 고교) 학교기업 (2006년 기준)
  - o 2004~2006년 3년간 144개 학교기업에 투자된 자금(700억 원) 대비 매출액은 절반 수준 인 360억 원
  - o 대부분 적자, 투자회수율은 0(사업성 없음).
  - o 학교기업에 대한 투자자금(국고: 380억 원, 대학의 대응 투자금: 320억 원)
  - o 매출액 증가세는 있음: 2004년 15억 원, 2005년 116억 원, 2006년 230억 원
  - o 특정 학교기업의 매출액 편중심화:
    - 경희대 학교기업 한방재료가공의 지난해 매출액은 60억 원, 국내 학교기업 총매출액의 1/4
- 학교기업 현행평가방식의 변경필요: 인력양성 vs 사업화
  - o 현행 학생들의 현장교육중심(실습, 인턴십)에서 학교기업의 매출과 이익 증대 고려

◆ 학교기업 규제완화

o 금지업종의 축소(102개 업종에서 21개 업종으로)

o 학교기업의 위치를 교지 내 한정에서 교지 외로 확대

o 지주회사관련 상속세, 증여세 일부 조항과 이중과세, 지분에 대한 비과세 문제 해결

◆ 학교기업에 지원제도의 차별화

o 학생들의 현장실습에 무게를 둔 학교기업에는 정부의 계속 지원

o 수익창출형 학교기업에 대해선 대폭적인 규제완화

◆ 학교기업 해당업종의 선정: 선택과 집중

o 학교기업 목적 실현에 가장 부합하면서 유망한 업종에 한정(업종 선택)

o 학교의 장단기 재정에 기여도가 큰 부문으로 자원의 집중

◆ 학교기업 해당업종 구성: 포트폴리오 관점에 따라

o 장기 성장성과 수익성 실현을 위한 사업포트폴리오관점을 반영

o 연구개발서비스업으로 사업영역 확대

- 연구개발업으로 발전(외부기업 주문형 연구개발:DRDCs)

o 연구개발지원업으로 발전(컨설팅 비즈니스): 경상대학교 학교기업 ‘가스트’

- 소고기, 돼지고기 등 육류의 가공과 저장 처리업, 영농조합과 축산농가를 대상으로 하는 축산컨설팅 사업을 추진 계획

Ⅵ. 관련 법령

◆ “산학협력 기술지주회사 설립법 교육위원회 통과”

o 산학협력 기술지주회사 설립을 골자로 하는「산업교육진흥 및 산학협력 촉진에 관한 법률」개정안이 2007년 6월 25일 국회 교육위원회를 통과하여 대학의 적극적인 연구성과 사업화가 가능하게 됨.

o 동 법안은 2005년 11월 17일 실무진 회의, 2006년 3월 22일 전문가 토론회를 거쳐 2006년 4월 20일에 발의되었으며, 2007년 2월 22일에 교육위원회 상정, 2007년 2월 26일, 3월 2일, 6월 22일 법안심사소위원회 심의를 거쳐, 장장 1년 7개월간의 노력 끝에 결실을 맺게 되었음.

◆ 법안 주요내용

o 대학의 산학협력단은 산학협력 기술지주회사의 주식을 소유, 지배하게 되며, 산학협력 기술지주회사는 산학협력단이 보유하고 있는 지적재산권을 자회사에 출자하는 업무, 자회사의 경영관리업무를 통해 대학의 기술이전 및 연구성

과 사업화를 촉진시킴.

- 다만, 기술지주회사는 자회사의 설립, 경영관리 및 그에 부수하는 업무로 대통령령이 정하는 업무 이외에 영리목적사업을 금함.

o 나아가, 산학협력 기술지주회사 설립시 산학협력단에 대한 증여세 혜택을 담은 「상속세 및 증여세법」 개정안도 함께 발의하였던 바, 현재 재정경제위원회 조세소위에 계류되어 있는 상태임.

◆ 산학협력 기술지주회사 현황과 실적

◆ 기대효과

o 산학협력 기술지주회사는 대학의 연구성과 사업화를 진흥시키는 결정적 역할을 할 것으로 기대함.

o 대학 연구 성과 사업화의 문제점

- 교수벤처창업 활성화를 위한 실험실창업기업, 교육과정과 연계된 학교기업 제도가 운영되면서 대학 연구결과의 사회적, 경제적 역할이 증대되고 있으나, 최근 3년간 대학 특허 등록 및 기술료 수입 현황을 보면 총 특허등록 3,149건 중 기술료 수입은 43.3억 원으로 특허 1건당 기술료 수입은 약 14만원에 불과하였음.

- 또한, 우리대학의 2004년 기술이전율은 10.1%(2,840건 중 286건, '04년)로 미국대학 28.0%('03년), 영국대학 29.0%('02년) 등 선진국의 1/3 수준이며, 2003년 국내 대학의 연구개발비 투입대비 기술료수입 비율은 0.14%(연구비 투입 1.9조원, 기술료수입 28억)에 불과 하는 등 대학 연구 성과의 사업화 수준은 현저하게 취약함.

o 대학의 적극적 수익창출을 목적으로 하는 주식회사 형태의 산학협력 기술지주회사는 대학의 연구 성과 사업화를 진흥시켜 대학재정의 획기적인 기여를 도모할 수 있음.

- 미국은 '80년대 이후 대학발 벤처기업 2,200여개 설립, 8,000여건의 특허취득, 25만개 일자리 창출, 대학과 연구기관의 기술상업화로 매년 300억불이상 경제활동이 증가되고 있으며, 중국의 경우 2004년 현재 중국의 592개 대학산하에 2,355개 과학기술기업을 운영하여, 총매출액 807억 위안(약 10조5천억원)의 가시적인 성과를 내고 있음.

Ⅶ. 연구소 기업의 설립

1. 연구소기업의 설립

◆ 연구 성과물의 활용증대와 가치극대화
- o 기술에 정통한 개발자가 기술을 시장에 투입(R&D)
- o 확산증대를 통한 산업계 발전 및 '학연-산'간 네트워킹 증대
- o 기술 및 자본의 출자를 통한 경영참여: 기술평가, 출자자(기업) 확보:
  기술의 기술성 및 경제성(시장성/사업화 가능성) 평가
  출자자의 기술혁신능력, 사업화 능력, 경영능력, 기술혁신성과 평가
- o 출연연 내부규정 마련:
  기술출자 허용/관련 업무/계약절차, 투자자금 회수방법, 투자수익금 배분
  인력관리(파견, 겸직, 면직), 사업체와 연구소와의 관계

2. 신기술사업전문회사

◆ '투자-경영 및 성과관리-자금지원' 투자 및 지주회사
- o 성공가능성이 높은 기술 발굴, 시장지향적 사업화 전략 수립
- o 출자기업의 효율적 경영과 높은 성과 실현
- o 출자기업 관리 및 실패에 따른 연구소 위험 경감
  예 SRI Holdings & CBD(미국)

Ⅷ. 연구개발 서비스의 확대

1. 연구개발서비스육성방안마련(2004.7, 과학기술부)

R&D 효율화와 일자리 창출을 위한 지식서비스 산업 육성책으로 추진하며, 국가과학기술 경쟁력 강화를 위한 이공계 지원특별법 시행령에 반영

2. 동법에서 정한 업종의 종류

◆ 연구개발서비스업 : 과학기술 지식의 창출, 확산을 촉진 지원하는 지식기반서비스 산업
- o 연구개발업 : 영리를 목적으로 이공계 분야의 연구개발을 독립적으로 수행 하거나 위탁개발(이공계 인력 10인 이상 확보 사업자)
- o 연구개발지원업 : 영리를 목적으로 기술정보 제공, 컨설팅, 시험 및 분석 등으

로 이공계 연구개발 지원(이공계 인력 2인 이상 확보 사업자)

3. 우리나라 현황

◆ 교육과학기술부가 5개 기업을 R&D서비스 전문업체로 인정(2007.9)

o 연구개발업체: 1개 기업

- 항체전문바이오기업으로향후에도소규모인력으로 사업 영위가 가능한 생명공학 업체(의약 분야의 CRO 등)가 주를 이룰 전망

o 연구개발서비스업체: 4개 기업

- 관심을 모은 연구기획평가사(연구개발 기획, 평가, 관리, 전문자격제도)는 '08년 이후 검토함

각주

1) 제품혁신 매트릭스를 제조업자의 관점(기술변화)과 고객의 관점(증가된 혜택)으로 구분하여 4 개의 혁신유형을 도출한 연구(Gobeli & Brown 1987)가 있다. 이 연구는 점진적 혁신은 제품개발에서 주로 수용자의 관점에서 본 혁신이며, 급진적 혁신은 주로 제품개발자의 관점에서 본 혁신이라고 설명하고 있다. 이 밖에도 혁신의 개념적 범주에 대한 많은 연구가 이루어졌으며, 이를 시스템 상태에 따른 혁신유형(Knight 1967, Cyert & March 1963), 초기 초점에 따른 혁신유형(Dalton 1968, Utterback & Abernathy 1975, Grossman 1970 등), 결과 및 효과에 따른 혁신유형(Havey & Mills 1970, Martin 1984, Gobeli & Brown 1987 등)으로 세 단계로 체계화하여 정리할 수 있다(Biermans 1992, pp. 15-16).
2) 기술사업화는 혁신의 영역과 관련을 갖는다고 하겠다. 먼저 혁신의 특정영역으로 보는 견해에 의하면 기술사업화란 새로운 기술적 능력으로부터 파생될 수 있는 수단 및 방법(Souder 1987), 또는 시장진화와 병행된 제품·공정발명의 지속적 통합으로 차별성을 가지는 사다리 혁신들(Gomory 1989) 등으로 정의되어진다. 한편 혁신의 전반적 과정으로 보면 기술사업화는 혁신의 스핀-오프(technology push) 내지는 확산지향 기술개발 과정(market pull 또는 market push)으로 볼 수 가 있다.
3) 제품개발프로세스의 설명에는 다섯 가지의 모형이 제시되고 있다(Biermans 1992, chap 2). 첫째, 부서수준 단계모형은 제품개발이 이루어지는 과정을 업무를 수행하는 부서를 중심으로 설명하는 것으로 신제품개발은 '아이디어 → R&D 부서 → 디자인 부서 → 엔지니어링 부서 → 생산 부서 → 마케팅부서 → 신제품' 순으로 이루어진다는 것이다. 둘째, 활동단계모형은 제품개발을 연속적인 활동으로 보고 '아이디어 제안 → 문제해결 및 아이디어 개발(선택) → 제품의 시장진입'등 세 단계로 구분하였다. 셋째, 의사결정 단계모형은 신제품개발과정은 가용정보를 바탕으로 한 수많은 의사결정단계로 구성된 것으로 보고, 평가가 이루어지는 단계별로 go-no go 로 진행여부를 결정하게 된다는 것이다. 이러한 모형은 근본적으로 활동단계 모형의 확장인 관계로 활동단계 모형이 가지는 장점을 모두 활용할 수 있는 동시에 컴퓨터를 활용한 시뮬레이션을 가능하게 한다는 특성이 있다. 넷째, 수렴과정 모형은 신제품개발과정을 기업의 특성을 고려하여 '투입(R&D 및 기업 자원과 기술) → 블랙박스(신제품개발과정) → 산출(신제품판매, 효과성(성공률 등))'의 과정으로 보고 있다. 끝으로, 반응모형은 혁신이 개인과 조직의 변화(자극)에 대한 반응을 포함하는 것으로 보고, '새로운 아이디어를 인지하는 자극 → 혁신을 위한 아이디어의 개념화 → 혁신프로제트의 제안 → 혁신의 채택과 거부'단계로 되어있다고 하였다.
4) Hippel(1979)은 수용자측면에서의 혁신에 대한 역할을 강조하여, 어떤 면에서 고객주도적 패러다임이 산업제품에 대한 아이디어 발생관행과 고객의 아이디어에 대한 요구수준을 잘 일치시키는 데 더욱 적합하다고 보았다.
5) 미국의 SBIR이나 STTR 프로그램의 운영이 일예라고 할 수 있다.

제6장 지적재산관리

제1절 지적재산의 개념과 유형

1. 지적재산의 개념과 특성

가. 지식의 개념

지식의 사전적 의미는 '사물에 관한 똑똑한 의식과 그것에 대한 판단' 그리고, '알고 있는 내용 또는 그 범위'를 의미한다. 이는 '알고 있음' 혹은 알고 있음에 대한 '체계적 정리'라 할 수 있다. 지식경영에서 말하는 지식은 경영자나 조직의 최적 의사결정을 돕는 결정적인 핵심요소가 된다는 점에서, '환경 속에서 생존해 나가거나 환경을 변혁하기 위한 체계적이고 종합적인 개념의 집합체'라고 할 수 있다. 지식은 정보가 인간의 경험, 상황 및 인간의 인지적 활동과 결합하여 생성되며, 자료나 정보보다 인간의 개입 정도가 더 높은 고부가가치 정보를 말한다. 그리고 지식은 옳고 진실된 통찰력과 경험, 그리고 과정들의 전체적인 집합이며, 그로 인해 전체적인 집합이 사람들의 생각과 행동, 의사소통을 이끌어 가는 것을 말한다(Spek & Spijkervet).

나. 지식의 특성

브래머와 윈슬로는 'Futurework'란 저서에서 지식경영의 대상인 지식이 지녀야 할 특성으로 다음의 여섯 가지를 제시하였다.

첫째, 지식은 응용할 수 있거나, 또는 실용적이어야 한다. 이는 지식은 전에 응용되어 왔던 특성들을 수반하는 정보 즉, 큰 노력 없이 곧바로 응용 가능함을 나타낸다.

둘째, 지식은 내용에 있어서 전후 관계가 있다. 지식은 그 자체로 창조되어 존재하는 것이 아니라, 전후 관계 속에서 특별한 단편적인 지식에 적절한 학습과 경험이 있을 것이라는 추청을 의미한다.

셋째, 지식은 경험적인 것이다. 지식은 정보를 가지고 실생활의 문제에 실제적으로 부딪히고, 테스트함으로써, 새로운 정의에 의해 얻어지는 것이다.

넷째, 지식은 역사적인 것이다. 지식은 '기억을 지닌 정보' 즉, 역사를 가지고 있으며, 시간을 더하여 개발되고, 토론되어 왔다는 것을 말한다.

다섯째, 지식은 사회적인 것이다. 지식이 상호활동 안에서 공동으로 일하는 방법, 말하는 방법, 신념과 가치를 개발하고 공유하는 비공식적 집단으로서의 '실행의 공동체'를 형성하게 한다. 또한 이러한 조직 안에서 대화를 통한 지식 획득과 교환을 중요시 한다는 것이다.

여섯째, 지식은 개인적인 것이다. 지식은 공동체 사람들과의 상호작용 내에서 행위에 의한 학습에 의하여 발생한다. 그러나 지식은 일을 수행하는 근로자의 생활 안에서 차이점을 만들어야 한다는 것이다.

또한 지식경영에 대한 연구를 전개한 스튜어트는 전통적 개념의 대차대조표 상에서 표시되는 유형자산과 무형자산인 지식 간에 나타나는 차이를 제시하였는데, 그 특징을 보면 다음과 같다.(T. Stewart, 1997)

o 유형자산과 달리 사용함에 따라 오히려 더 큰 지식으로 확대될 수 있다.
o 한 명이 지식을 이용하나 100명이 지식을 이용하나 원가는 같다.
o 공간과 시간의 제약이 없다.
o 지식창출을 위한 초기비용은 높을 수 있으나 사용에는 추가비용이 거의 발생하지 않는다.

다. 지식자산

기존의 회계학은 무형자산을 포함하여 여러 자산을 측정할 수 있는 다양한 방법들을 가지고 있다. 하지만 제도상의 각종 제한과 객관적 수치를 필요로 하는 기존의 회계학적 자산측정 방법으로는 지식자산을 효과적으로 측정할 수 없는 한계를 가지고 있다. 이와 관련하여 지식자산 측정의 가용성을 제고하기 위해서는 먼저 지식자산에 대한 정의 및 분류가 이루어져야 하겠다.

1990년대 이후 회계학 분야에서 측정 가능한 지식자산의 분류에 대하여 많은 학자들의 노력이 있어 왔다. 먼저 지식자산을 측정의 관점에서 분류한 학자는 브르킹

스이다. 그는 지식자산을 크게 시장자산, 인간중심자산, 지적소유자산, 인프라자산 등 네 가지로 분류하였다. 또한 슈튜어트는 지식자산을 3개로 분류하였는데, 각각 인적자산, 구조적 자산, 고객자산으로 하였다. 스베이비는 기술자산을 내부적 구조자산, 외부적 구조자산, 개별 능력으로 구분하였다.

라. 지적자산(자본)과의 관계

지식정보화사회의 도래와 함께 형성된 지식정보기반경제 하에서 국가경쟁력과 기업경쟁력을 결정하는 중요한 요소가 기술을 포함 무형의 지식자산이다. 이러한 지식정보화사회는 서문에서 언급한 바와 같이 4개의 노-우 즉, 원리를 앎(Know-Why), 방법을 앎(Know-How), 대상을 앎(Know-What), 사람을 앎(Know-Who)이 경쟁력의 원천이 된다.

지적자산(Intellectual Asset)과 지식자산(Knowledge Asset)과의 관계를 설명하면서 지식자산의 구성트리를 제시한 사람은 에드빈슨과 멀론 이다. 에드빈슨과 멀론은 지적자본(Intellectual capital)을 지식자본(knowledge capital), 비재무적 자산(non-financial asset), 비물질적 자산(immaterial asset)과 동일하게 취급하였다. 지적자산의 구성은 인적자산과 구조적 자산의 결합으로 되어 있으며, 구조적 자산은 고객자산과 조직자산으로 이루어져 있다. 또한 조직자산은 혁신자산과 과정자산으로 구성되어 있다.

- o 인적자산 : 기업의 임직원들이 업무수행을 위해 가지고 있는 지식, 기술, 능력의 결합물을 의미하며, 임직원들이 공유하는 기업의 경영철학, 가치관 등 문화적인 요소도 포함
- o 고객자산 : 고객과의 관계
- o 조직자산 : 기업의 조직시스템, 프로세스, 조직지식
- o 혁신자산 : 신제품 및 서비스 개발능력
- o 과정자산 : 업무제조, 유통프로세스

2. 지적재산권의 유형

가. 지적재산권의 개념

지적재산권은 특허, 영업비밀, 저작권, 및 상표권과 관련된 일련의 법적인 권리를 의미한다. 이러한 권리는 보유자로 하여금 보호된 자산의 생성, 유통, 판매와 관련하여 배타적인 권한을 부여받게 된다. 따라서 오늘날 각 기업은 경쟁우위의 확보와 타인에게 이들 권리를 이전함으로써 발생할 수 있는 다양한 형태의 수익을 얻기 위하

여 가능한 많은 지적재산을 확보하고자 노력하고 있다. 특히 막대한 특허포트폴리오를 구축한 대기업은 특허침해와 관련하여 다른 경쟁기업을 제소할 수 있도록 더 많은 지적재산권을 확보하기 위하여 자신의 특허포트폴리오를 분석하고 있다.[1)]

지적재산권은 인간의 지적 발명과 창작활동에 의하여 생산된 지식에 대해 배타적인 권리를 인정하고, 이에 대하여 경제적 유인책을 제공하게 하는 것이므로 관련 환경의 변화에 따라 지적재산권의 범주는 계속 변화·확대되고 있다. 지적재산권의 확대 문제를 다루었던 우루과이 라운드협상을 거쳐 생성된 WTO에서는 지적재산권에 대한 구체적인 명문규정을 두고 있지는 않으며, 다만 무역과 연계한 다자간 협정의 체결을 통한 다양한 지적재산권의 보호, 뉴라운드 의제를 통한 지적재산권 범주와 보호에 대한 논의의 지속화를 상정하고 있다. 한편 WIPO에서는 2조 8항에서 지적재산권을 8개로 분류하여 정의하고 있는데, i) 문학/예술과 과학 작품, ii) 연출, 예술가의 공연, 음반 및 방송, iii) 인간노력의 모든 분야에 있어서 발명, iv) 과학적 발견, v) 공업의장, vi) 등록상표/서비스마크/상호 및 기타명칭, vii) 부정경쟁에 대한 보호 등에 관한 권리, viii) 산업/과학/문학 또는 예술분야의 지적활동에서 파생되는 모든 권리가 포함한다고 규정하고 있다.[2)]

이러한 지적재산권을 다루는 국제기구로는 세계지적재산기구(WIPO: World Intellectual Property Organization), 세계무역기구(WTO: World Trade Organization), 국제산업재산권보호협회(AIPPI), 국제상업회의소(ICC: International Chamber of Commerce) 및 위조상품정보국(CIB: Counterfeiting Intelligence Bureau), 국제상품위조방지협회, 국제재산권연맹, 국제라이선싱협회 등 많은 단체가 있다.[3)]

우리나라는 지적재산권에 관하여 총괄부서는 없으나 각각의 법률에 의해 부서별로 운영되고 있다. 한국의 행정부처 중 '지적재산권'과 관련이 있는 부처는 문화체육관광부, 지식경제부, 농림수산식품부, 교육과학기술부 등이 있다. 이 부처들은 '지적재산권'이란 용어를 사용하고 있는데, 일부 부처에서는 지적재산권이란 용어 대신 지식재산권이란 용어를 사용하는 경우도 있다.

지적재산권은 원래 일본에서 사용하던 용어로서, 이를 한국말로 표기하기 위하여 '지적재산' 용어 대신에 '지식재산'이란 용어를 대한민국 특허청에서 새로 만들었다. 특허청에서는 1998년 4월 특허행정 정책자문위원회의 심의를 거쳐 지적재산권을 지식재산권으로 이름을 고쳐 사용하기로 하였다. 그러나 일반적으로 학계, 법조계를 비롯한 모든 영역에서 지적재산권이란 용어를 사용하고 있다. 그 일례로, 2007년 6월 말에 서명된 한미 FTA 협정문에서도 '지식재산권'용어 대신에 '지적재산권'이란 용어를 사용하고 있다(협정문 제18장).

지적재산권(Intellectual Property Rights, IPRs) 또는 지식재산권은 지적 창작물에 부여된 재산권에 준하는 권리를 말한다. 지적재산권은 보통 산업분야의 창작물과 관련된 산업재산권(특허권, 실용신안권, 상표권, 디자인권) 또는 공업소유권, 문화예술 분야의 창작물과 관련된 저작권으로 나눈다. 이 밖에도 반도체 배치설계나 온라인 디지털콘텐츠와 같이 전통 지적재산권의 범주에 속하지 않는 것을 따로 분류하여 '신지적재산권'이라고 한다. 우리나라 관련법에서 정하고 있는 지적재산권의 유형을 표로 작성하면 <표 6-1>과 같다.

나. 특허권

1) 개념

특허권이란 특허법상의 대상이 되는 발명을 한 자에게 업(business)으로서 특허발명을 독점적·배타적으로 실시할 수 있는 권리로서 재산권이다. 발명이란 자연법칙을 이용한 기술적 사상의 창작으로서 고도의 것을 의미한다. 특허의 대상인 발명은 자연법칙을 이용하지 않은 자연법칙 그 자체(만유인력의 법칙 등), 새롭게 만들어 낸 것(창작)이 아닌 자명한 사실, 창작을 하였더라도 해당 분야의 전문가가 쉽게 생각할 수 있는 것 등을 제외하고 있다.

2) 특허조건

발명이 법적 보호대상이 되는 특허로 인정받기 위해서는 아래 조건을 만족하여야 한다.

- o 신규성 원칙: 이미 국내에 널리 알려져 있거나, 실시 또는 사용되고 있거나, 국내외간행물에 기재된 발명은 특허의 대상이 될 수 없다. 즉 출원발명은 특허출원 시점을 기준으로 국내에서 공지되었거나 또는 공연히 실시되는 발명인 공지발명과 동일하지 않아야 한다.

• 표 6-1. 우리나라의 지적재산권의 구성

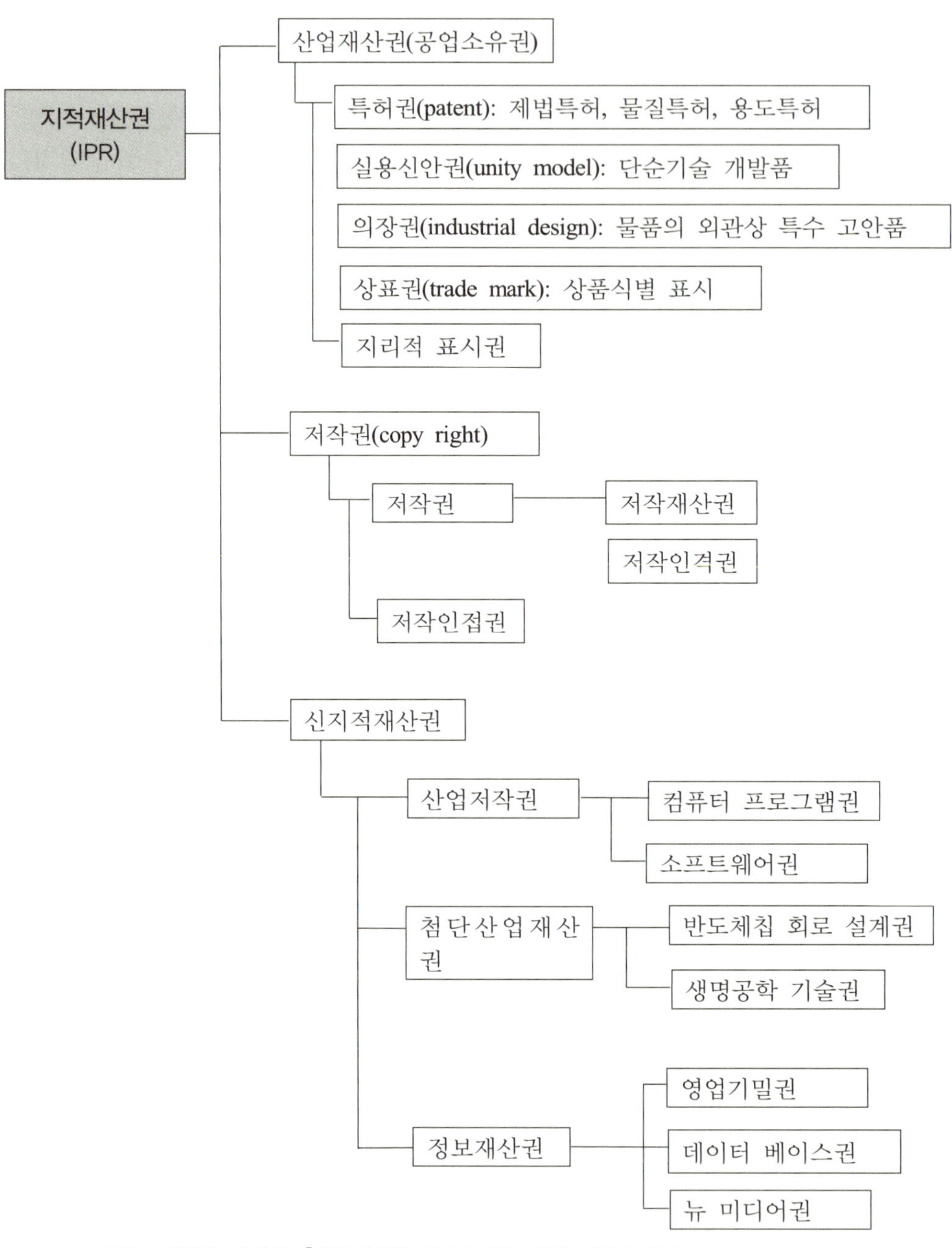

자료 : 김병학·이상선, 「지적재산권 국제브랜드 전략」, 두남, 2003, p.73

o 진보성 원칙: 발명의 창작수준 난이도를 말하는 것으로, 새로운 발명이라도 해당분야에 종사하는 사람이라면 누구나 생각해낼 수 있는 것은 특허의 대상이

될 수 없다. 따라서 공지발명에 있어서 단순한 집합 발명은 진보성이 있는 발명으로 보지 아니한다.

o 산업적 이용가능성 원칙: 산업에 적용할 수 있어야 하는 것이다. 일반적으로, 학술적, 실험적으로 밖에 이용할 수 없으며, 산업에 응용함으로써 새로운 가치를 창조할 수 없는 것은 특허의 대상이 될 수가 없다.

o 공공성 원칙: 발명이 위 세 가지의 요건을 충족하더라도 소극적 요건으로서 공공성 즉 공공의 질서 또는 선량한 풍속을 문란 또는 저해하는 발명은 특허의 권리를 부여받을 수가 없다.

o 절차성 원칙: 발명이 정당한 특허 권리를 부여받기 위해서는 마지막으로 절차적 요건에 위배되지 않아야 한다. 절차적 요건으로는 방식에 적합한 특허출원절차, 법규에 적합한 특허명세서의 작성, 최초의 출원 등이 있다. 또한 특허출원자의 요건과 관련하여, 먼저 출원자가 발명자 본인 또는 그 승계인 등으로 정당하여야 하며, 특허 출원인이 국내법에서 정하고 있는 정당한 권리능력을 가지고 있어야 한다.

3) 출원 및 등록

특허출원이란 발명에 대하여 특허를 받을 수 있는 권리를 가진 자가 국가에 대하여 발명의 공개를 조건으로 특허권의 부여를 요구하는 의사표시행위를 말한다. 이러한 요구가 실현되기 위해서는 특허출원은 엄격한 문서(서식)에 따라 작성되어야 한다. 그리고 그러한 문서는 규범에 의해 요구되는 일반 원칙 및 제반원칙에 부합되게 출원 절차가 행해져야 한다. 그래서 특허출원은 「서면」에 의하여 되어야 하며, 「국문」을 사용하여야 하고, 「양식」에 적합해야 하는 한편, 정부가 정한 일정한 수수료(출원료) 등을 납부해야 한다.[4)]

특허사정을 받은 자는 법정절차에 따라 특허권의 설정등록을 하면 「특허권」의 효력이 발생된다. 특허등록공고란 심사관이 특허출원에 대하여 실체심사를 한 결과 그 출원에 대하여 법정한 거절의 이유를 발견할 수 없을 경우, 최종적으로 특허사정을 하고 그 등록내용을 일반인에게 공고하는 절차를 말한다. 등록공고제도는 일반인에게 심사의 결과를 알려, 또 다른 의견이 있을 경우 이를 제시할 기회를 부여함으로써 심사의 완전성, 공정성을 담보하고자 하는 데에 그 목적이 있다.

4) 특허권의 존속기간

특허권의 존속기간이란 특허권을 적법하게 행사할 수 있는 법정기간을 말한다. 기술의 속성상 특허권은 영구적일 수는 없으며 일정기간만 재산권으로서 보호할 필요가 있고, 그 이후에는 공중에게 개방하는 것이 특허제도의 취지에 부합된다. 따라서 일반적으로 특허권의 존속기간은 해당 특허의 설정등록이 있는 날부터 특허출원일 후 20년이 되는 날까지를 원칙으로 한다.

이상의 원칙에 불구하고 아래의 특허권에 대하여는 존속기간의 연장이 예외적으로 인정되고 있다. 특허발명을 실시하기 위하여 다른 법령의 규정에 의하여 허가 또는 등록을 받아야 되고, 그 허가 또는 등록 등을 위하여 필요한 시험으로 특허발명을 실시할 수 없었던 기간이 2년 이상인 경우에는 5년의 기간 내에서 존속기간을 연장할 수 있다.[5]

5) 특허의 일 국가내 귀속성

각 나라마다 서로 상이한 특허제도를 보유하고 있으므로 국제특허라는 것은 존재할 수 가 없다. 다만, 특허 출원 절차를 통일하고 간소하게 하기 위한 제도로서 특허협력제도에 의한 출원(PCT출원: Patent Cooperation Treaty)이라는 것이 있다. 이 제도를 이용하면 특허를 출원할 때 PCT협약에 가입한 여러 국가를 묶어서 한 출원서로 출원할 수는 있으나, 특허 심사 및 등록은 각 나라에서 별도로 절차를 밟아야 한다. 따라서 특허는 국가귀속적인 관계로 어느 국제기관에서 특허권을 획득하면 전 세계적으로 그 특허권을 인정해 주는 제도는 존재하지 않는다.

다. 상표권

1) 상표권의 개념

특허로 등록될 수 없는 발명은 발명자가 아이디어의 고안자라는 것을 나타내기 위하여 상표 또는 상표권을 표시할 수가 있다. 상표권은 상징 로고, 단어, 소리, 색깔, 디자인, 또는 사업 또는 제품을 확인할 때 사용되어지는 어떤 방법이다. 트레이드마크는 자신이 아닌 타인 또는 타인들의 이익을 위하여 어떤 사람에 의하여 수행된 서비스와 무형자산에 대한 대가를 지불하거나 또는 다른 방법을 확인시켜주기 위한 트레이드 표시, 또는 서비스 표시이다.

2) 상표권의 특성

미국에서 상표권에 대한 관리는 미국 특허청에서 이루어지는데, 관리의 법적 근거는 1946년 제정된 '란함 법(lanham act)', 그 후 수차례 수정된 법 조항에 있다. 이 법에 따르면 상표권이 유효하기 위해서는 세 가지 필수조건을 충족시켜야 한다.

o 표시는 고안, 상징, 이름, 작품, 또는 미국 특허청이 유효하다고 정의한 여러 방

법의 결합으로 구성되어야 한다.

- o 제조업자 또는 상인은 반드시 그 표시를 채택하여야 하며, 사용하여야 한다(사용의도)
- o 표시는 타인으로부터 어떤 당사자에 의하여 판매 및 제조된 재화와 구별되어야 한다.

또한 상표권은 타인들이 혼동이 될 만큼 유사한 표시들을 사용하는 것을 배제할 수 있는 권리를 갖는데, 아래의 경우에 보호를 받을 수 있다.

- o 기본적으로 다른 사람의 표시와 식별이 되지 않는 표시를 사용하는 위조 및 도용
- o 표시가 다른 사람의 표시와 너무 유사하여 혼돈을 야기하는 침해
- o 비록 비경쟁적 상황이라 하더라도 같거나 유사한 표시를 사용하여 원소유자에게 표시의 경제적 가치를 감소시키는 희석

라. 영업비밀

1) 영업비밀의 개념

영업 비밀은 흔히, 노하우 등으로 불리는데, 공공연히 알려지지 아니하였으나 독립된 경제적 가치를 지닌 것으로서, 상당한 노력에 의해 비밀로 유지된 기술상 또는 경영상의 정보를 말한다. 우리나라의 경우 영업 비밀을 보호하기 위하여 부정경쟁방지법 내에 영업비밀보호에 관한 규정을 1991년 12월 31일 이래 삽입하고 있다.

2) 영업비밀의 특성

영업 비밀은 공개와 함께 특허기간 동안 독점적·배타적으로 사용할 수 권한을 갖는 특허권과 성격이 상이하다. 영업 비밀은 특허와 달리 정부부처에 등록이 요구되지도 않는 관계로 취득하기가 용이하며, 별다른 요구조건이 없는 것이 일반적인 특징이다. 다만 영업 비밀에 대하여 유일하게 요구되는 조건은 보호된 정보가 있다는 것을 나타내고, 해당기업이 그것을 생산했다는 것을 증명할 수 있도록 반드시 문서화 되어야 한다는 것이다.

영업 비밀은 공개되지 않는다는 장점이 있으나, 산업스파이, 리버스 엔지니어링 등에 의해 항상 공개될 위험에 노출되어 있다. 또한 일단 공개되어지면 영업비밀로서의 가치를 상실하게 된다는 단점이 있다. 그러므로 어떤 특정기술에 대해 특허 또는 영업비밀로 할 것인가에 대한 전략결정은 각각이 지니는 장·단점을 비교분석하여 결정하여야 한다. 예를 들어 리버스 엔지니어링을 통한 공개가능성이 큰 기술의

경우 영업비밀보다는 특허로 등록하는 것이 바람직하다고 할 수 있다

3) 영업비밀의 사용제한

영업 비밀은 그 소유자에게 일련의 권리가 이전되는 것이 보편적이다. 그러나 특정한 일련의 사람들에게는 영업비밀의 사용, 복사를 금지하거나, 허가 없이 영업 비밀을 이용한 이득의 수취, 또는 공표를 금지하고 있는데, 이러한 특정한 사람의 범주에 해당하는 사람은 아래와 같다.

- o 고용인과 같이 비밀유지의무에 구속을 받는 사람
- o 절도와 같이 비합법적인 방법으로 영업 비밀을 획득한 사람
- o 공표를 허가받지 않은 사람으로부터 영업 비밀을 취득한 사람
- o 만약 이것이 영업 비밀이었다는 것을 합리적으로 가정할 수 있다면 그것을 우연히 또는 우발적으로 학습한 사람
- o 비 공표 및 비밀유지 협정에 서명을 한 사람

마. 저작권

1) 저작권의 개념

저작권은 저작물 즉 문서, 강연, 회화, 조각, 건축, 사진, 악곡, 영화 등 문학, 예술, 학술의 범위에 속하는 일체의 창작물에 대하여 저작자가 가지는 권리를 말한다. 저작권은 소유자가 타인들이 작품의 재생산, 모방작품의 준비, 작품복사본의 배포, 공중에게 작품의 전시 등을 배제하는 권리를 부여하는 것이다.

2) 저작권의 특성

저작권은 권리가 등록된 때부터 발생하는 특허권, 상표권, 의장권 등과 달리 저작물을 저작한 때에 바로 발생하게 된다. 그러나 저작권 전략차원에서는 저작권을 등록하게 되면, 최초 공표 연월일이 등록일이 되게 된다. 따라서 저작관련 분쟁이 발생하는 경우에 저작권 발생 일을 쉽게 입증할 수 있으므로 등록하는 것이 바람직하다고 하겠는데, 이러한 등록업무는 문화관광부에서 관장하고 있다. 끝으로 저작권의 행사기간은 저작자, 저작물의 종류에 따라 상이하겠지만, 일반적으로 저작자 사후 70년간을 그 기간으로 한다.

바. 반도체 및 직접회로

1) 반도체 및 집적회로의 개념

종래의 반도체 집적회로의 제작공정 등은 특허법 등에 의해 보호되어 왔으나 집적회로의 배치설계에 관한 부분은 특허법, 의장법, 저작권법 등에 의해 보호가 분할되어 있다는 한계가 있었으므로, 1992년 12월 반도체집적회로의 배치설계에 관한 법률을 제정하여 이를 보호하게 되었다. 반도체집적회로의 배치설계는 심사를 거치지 않고 바로 등록되며, 권리존속기간은 등록일로부터 10년이다.

사. 컴퓨터프로그램

1) 컴퓨터 프로그램의 개념

컴퓨터 프로그램도 일종의 저작물이나, 우리나라의 경우 별개의 법(컴퓨터그로그램보호법)으로 보호하고 있다. 컴퓨터프로그램 역시 저작권과 마찬가지로 저작자가 저작한 때부터 바로 권리가 형성된다. 등록의 필요성도 저작권의 경우와 동일한데, 등록업무는 한국프로그램보호회가 담당하고 있다. 컴퓨터 프로그램의 보호기간은 최초공표일로부터 창작자가 사후 70년까지 보호하고 있다.

제2절 지적재산권관리전략

1. 지적재산권 보호와 라이선싱계약관리

가. 지적재산권의 보호에 관한 이론

지적재산권의 보호에 대한 합리성과 발명가에 대한 제한적인 독점권을 부여하는 데는 몇 가지의 경제이론을 기반으로 하고 있다. 일반적으로 이 이론은 지적재산권 보호가 발명에 대한 유인책을 포함하고 있으며, 발명을 장려하고 발명의 상업적 활용을 장려하는 활동이라고 보고 있다. 따라서 지적재산권에 대한 이론적 접근은 보호 측면에서의 발명 유인 제공, 공표 유인 제공, 상업적 활용 유인 제공과 보호 반대 측면에서 지적재산권에 대한 유인 제공 금지 등으로 나누어 볼 수가 있다.

1) 발명유인 이론

발명유인 이론은 지적재산권보호에 의한 한시적인 독점적 지위의 부여가 없다면 발명이 도난당하거나 또는 최초발명자가 연구개발비용을 회수하기도 전에 발명이 낮은 가격으로 생산되어질 것이라는데 주안점을 두고 있다. 이러한 상황 하에서는 상업적 이점이 논리적으로 제품개발의 높은 비용을 내재하지 않고 있는 제 2의 주자에게 넘어가게 되며, 제 2 주자는 이를 활용하여 낮은 가격으로 제품을 생산함으로써 효과적으로 원 발명자를 사업에서 떼어내게 할 수 있게 된다.

그러나 특허보호가 이루어지면, 발명가는 경쟁자가 시장에 진입하기 전에 연구개발비용을 회수할 수 있을 만큼 충분히 높은 가격으로 제품을 판매할 수 있는 상당한 기간을 가질 수 있게 되어, 신규발명에 대한 자금과 시간적 투자를 할 유인책을 가지게 된다. 이에 따라서 1990년대 이후부터 지적재산권이 특히 제약 산업, 통신 산업, SW 산업 등과 같은 변동성이 심한 산업에서의 혁신프로세스에서 중요한 역할을 하게 되었다.

2) 공표유인 이론

공식적이고 법적인 지적재산권보호 하에서, 발명가는 법적권리를 상실하거나 또는 가치의 상실에 대한 위험이 없이 자신의 발명을 공공연하게 공표할 수 있다. 나아가 공표는 실무현장에 있는 지식기반을 부가할 수 있을 뿐만 아니라 연구노력의 복제를 방지할 수 있게 한다.

만약 보호제도가 없다면 발명가는 자신의 발명에 대한 가치를 유지하기 위하여 영업비밀의 형태로 보유할 것이다. 이러한 경우에 영업 비밀은 일단 공개되면 전유권적 가치를 상실하게 되기 때문에 판매와 라이선싱에 어려움을 겪게 된다.

3) 상업화유인 이론

연구개발 활동은 경제적 위험에 노출될 뿐만 아니라 제조를 위한 가동준비비용, 자원 확보비용, 및 생산비용 등을 내재적으로 부담해야 하는 제조업자인 전략적 파트너에게 상업화 위험을 유발시키게 된다. 제조업자는 발명가의 한시적인 독점으로부터 이득을 보기도 한다. 예를 들면, 제조업자는 시장에서 직면하게 되는 다른 제조업자와의 가격경쟁을 위하여 비용을 절감할 수 있는 방법을 강구해야만 하는 시기 이전의 일정기간동안 자신의 초기 높은 제조비용조건 하에서 공정한 가격으로 제품을 생산 및 유통시키는 것을 즐길 수가 있다.

4) 지적재산권 유인 제공금지 이론

발명에 대한 투자를 장려하기 위해서는 지적재산권에 대하여 유인을 제공하여야 한다는 주장에 반대하는 유인 제공금지에 대한 4가지의 주장이 있다. 첫 번째 주장은 지적재산권 보호가 실제적으로 소비자와 최종사용자의 이익을 침해한다는 것이다. 이러한 주장의 근거는 발명가가 독점적 이익을 향유하는 기간 동안 소비자는 비특허화 제품보다 특허화 제품에 대하여 높은 가격을 지불하여야 하는데 있다.

두 번째 주장은 특허소유자가 다른 기업들에게 원 특허에 대한 개량개선 및 파생혁신을 허락하지 않는다면, 원 특허는 결코 이익잠재성을 극대로 실현 할 수가 없다는 것이다. 실제적으로 어떤 단일 발명가도 자신 발명에 대한 모든 잠재적 응용과 파생혁신을 인지하도록 완전하게 예측할 수는 없다. 따라서 발명가가 다른 기업들이 자신의 발명기술에 대한 접근을 금지함으로써, 발명으로부터 충분한 이윤을 획득할 수 있도록 가능한 신속하게 기술을 대규모시장에 접근시키는 것은 더욱 어렵게 된다.

세 번째 주장은 종종 원 발명가는 지적재산권의 사업화로부터 충분한 금전적 보상을 받지 못한다는 것이다. 더욱이 두 번째 주자는 연구개발과 관련된 명백한 비용도 부담하지 않았음에도 불구하고 원 발명가 보다 훨씬 더 신속하게 수익성을 달성할 수가 있다.

마지막 주장은 특허는 원 발명에 대해 보완적이라기보다는 대체품을 개발하도록 유인책을 제공함으로써 연구의 방향에 영향을 미치게 된다. 이와 관련된 연구에 의하면 특허화된 혁신의 60%가 4년 내에 원 특허로부터 모방되었으며, 원 혁신비용의 67% 수준에서 모방이 이루어졌다는 것이다.[6]

나. 지적재산권 보호 필요성

지식재산 창출 및 권리화를 통해서 취득한 지적재산권은 기업의 무형자산으로서 인식되어 기업 자산의 일부분으로 위치하고 있다. 특허, 상표, 저작권, 영업비밀 등과 같은 지적재산권을 경쟁기업에서 침해하는 경우는 해당 기업의 경영에 큰 영향을 미친다. 해당 기업은 침해 대응을 위해 많은 비용과 시간이 소요되고 심지어 본업을 중단해야 되는 등 경영 전반에 제약이 따르게 된다. 또한 자기 회사가 타 회사의 지적재산권을 의식적 또는 무의식적으로 침해하는 경우도 동일하며, 종업원의 고용 및 퇴사로 인한 기술유출(영업비밀 등 포함) 등과 관련한 침해 소송에도 노출될 수가 있다.

따라서 기업은 출원/등록 후에 발생하는 각종 분쟁과 관련된 적극적인 보호에 더 역점을 둘 필요가 있다. 기업의 지적재산에 대한 신규 위험의 예를 보면 아래와 같다.

- o 상 표 : 코카콜라 경우, 한 번의 과실에 의해 기업이미지와 수입에 큰 영향을 미침.[7)]
- o 비즈니스 모델[8)]: 유명한 비즈니스 모델 특허 예로는 인터넷 서점인 아마존닷컴에 의한 '원 클릭 특허'가 있다. 이 특허는 최초 사용 시에 신용카드 번호 등의 개인 정보를 한번 입력해두면 이후에는 간단한 조작만으로 인터넷 쇼핑이 가능함.
- o 지식재산 : 지식재산 창조에 따른 위험이 증가할수록 그에 따른 이익에 대한 기회도 증가하므로, 기업은 점진적 혁신과 대돌파(breakthrough)와 같은 혁신 간에 균형된 결정이 필요함.
- o 인적자본 : 우수인재의 보유 정도보다 유지 능력이 보다 중요한데, 기업이 재정적 어려움에 직면하면 가장 먼저 인력자원을 감축하는 경향이 많음.
- o 네트워크 : 기술 및 제품의 주기와 시장에 빠르게 대응하기위한 노력의 일환으로 기업들의 비 핵심기술에 대한 아웃소싱을 증가시킴. 이 경우 자사 사업의 핵심구성부분에 대해서는 아웃소싱 전략 사용에 신중한 판단이 필요함.

다. 라이선싱전략 수행의 전제조건

급변하는 환경 하에서 기업의 경쟁적 우위확보와 다양한 수입증대의 원천을 확대하는데 가장 중요한 전략요인의 하나가 개발기술을 활용한 다양한 형태의 라이선싱을 제공하는 것이다. 그러나 라이선싱이 중요한 기업의 전략 대안이 되기 위해서는 먼저 상대 기업의 전략 목표와 핵심가치에 반드시 부합되어 하겠으며, 제공기업의 현재 시장지위 및 제품지위에 손상을 주지 않는 범위에서 이루어져야 한다.

한편 성공적인 기술이전과정은 기술제공기업과 기술수취기업 모두의 니즈를 충족할 수 있도록 여러 단계를 거쳐야 한다. 또한 기술이전 협약기간동안 서로 의존하는 관계로 상호이익이 되는 방법으로 이루어져야 한다. 따라서 기업 내에서 올바른 라이선싱 전략이 수행되기 위해서는 다음의 몇 가지가 충족되어야 한다.

1) 기업 내 모든 사람의 지지확보

기술이 다른 기업에게 이전되어지면, 기술제공기업은 필수적으로 상대기업과 파트너십을 형성하게 된다. 이 과정에서 기술이전은 시간, 선행투자 자본, 수행과정을 지켜보기 위한 모든 사람의 개입을 필요로 하게 된다. 또한 라이선스를 받는 기업의 투자를 보호하기 위하여, 기술제공기업에 의한 특허에 대한 침해를 방어할 수 있는 계획을 필요로 한다.

2) 지적재산의 탐색수행

소규모의 신규 창업기업은 추적해야 할 지적재산이 많지 않겠지만, 시간이 경과함에 따라 혁신기업은 상당히 많은 특허포트폴리오를 가지게 된다. 따라서 이들 기업이 기존 특허뿐만 아니라 특허잠재성이 있는 기술을 조사하는 것은 상당히 중요한데, 이를 통하여 기업의 핵심역량 또는 제휴할 수 있는 기술을 전략적으로 모색할 수가 있다. 특히 어떤 기술을 특허로 등록할지 또는 내부용도의 영업비밀로 보유해야 할지를 전략적으로 결정해야 한다.

기술전략의 결정에는 관련기술의 가치가 중요한 판단 요인이 될 수 있다. 그러나 기술제휴에 있어서 각 협상이 고유한 관계로 기술이전계약의 가치를 평가할 수 있는 완벽한 공식은 존재할 수가 없다. 일반적으로 기술제휴의 대가를 총매출액의 일정 비율로 할 것인가에 대한 결정 문제가 계약의 가치에 중요한 영향을 미치게 된다. 또한 기술사용의 지역적 제한 여부도 이전협상의 구조를 결정하는데 중요한 영향요소로 작용한다.

3) 이전대상 후보의 확인

기술제공기업과 기술수취기업간의 관계는 장기적 특성을 가지기 때문에 상대기업을 선정하는 것은 상당히 중요하다고 할 수 있다. 실무적으로 기술수취기업의 기술도입 및 사용 경력에 대한 기록과 수취 기술을 시장지향적인 활용으로 확대할 수 있는 능력은 기술제공기업에게 중요한 자산이 된다.

라. 라이선싱 프로세스에 대한 기술제공기업의 관점

성공적인 라이선싱 과정은 기술제공자와 기술도입자의 니즈를 충족시키기 위해서 반드시 따라야 할 몇 가지의 단계가 있다. 이는 계약기간동안 상호의존하게 되고, 상호 만족스런 방법에 부합되는 내용이 되어야 한다.

1) 기술이전 대상의 결정

기술이전의 대상은 제품, 공정, 노하우, 제조권, 시장 및 유통권리, 다른 제품의 생산에서 사용되어질 수 있는 제품사용권 등으로 다양하다고 하겠다. 따라서 기술사업자가 이전하고자하는 권리의 조합은 최고의 가치가 달성될 수 있도록 결정되어야 한다. 경우에 따라서 기업가들은 다른 형태의 기술이전 대상조합을 결정하는데, 일부 기업가는 다각화된 시장에서 회사를 확장하기 위하여 핵심기술을 대상으로 하기도 하지만, 다른 경우에는 영업상 우위를 위하여 조직내부에서 전적으로 사용되어질 전속의 기술을 결정하기도 한다.

2) 기술수취자의 혜택에 대한 정의

기술이전계약에 있어서 기술 수취자는 그들이 필요로 하는 혜택을 구입하게 되는데, 이러한 혜택에는 기술구매자에게 가장 큰 가치를 실현시켜줄 수 있는 것이 포함되어야 한다. 기술의 가장 높은 가치를 달성할 수 있는 기술제공자의 능력은 기술과 관련되어 고객이 인지할 수 있는 혜택, 기술과 함께 이전된 노하우에 종속된 혜택의 함수라고 할 수 있다. 이러한 혜택은 기술제공자의 관점에서 용이하게 정의되어질 수 있으며, 아울러 소비자의 관점도 동일하게 중요시 되어야 한다.

3) 시장조사의 수행

기술구매 결정에 있어서 시장특성은 상당히 중요하다고 할 수 있다. 기술수취자가 제품을 출시할 잠재시장이 노력여하에 따라서 합리적인 이익을 확보할 수 있을 만큼의 충분한 규모가 되는 가를 확인하는 것은 아주 중요하다. 만약 기술제공자의 기술이 아직 시장에서 잘 알려져 있지 않는 신기술의 경우에는 잠재고객을 유치하기 위해서 해당기술의 시장타당성에 대한 조사를 하여야 한다.

기술구매자는 협상전략의 차원에서 이전대상기술에 대한 시장타당성 조사를 스스로 진행하는 경우가 많은데, 기술제공자는 이와는 별도로 자사의 기술조사를 독자적으로 수행하는 것이 현명하다고 하겠다. 왜냐하면 기술구매자가 협상전략 차원에서 해당기술에 대한 부정적 측면을 제시할 수가 있는데, 이러한 부정적인 면이 극복가능한가에 대한 자체적인 조사가 필요하기 때문이다.

4) 기술구매자에 대한 진정성 유지

기술이전계약이 수년간 연장됨에 따라, 어떤 잠재적인 기술구매자가 기술이전계약의 조건을 충족시키고, 기술을 성공적으로 사업화할 수 있는 자원, 지식, 및 기술을 가지고 있는지를 확인하는 것은 아주 중요하다고 할 수 있다. 어떤 잠재적인 기술이전계약 후보자가 자신이 경험했던 이전의 기술이전계약에서 상대방을 접촉해본 경험에 대한 정보를 제공하여야 한다. 이 경우에 어떤 기술구매 계약에 있어서, 기술제공자는 기술구매 대상자를 찾아내는 과정에서 그 계약경험정보를 활용할 수 있을 것이다.

5) 기술이전계약의 가치결정

일반적으로 실무 계에서는 특허형태의 지적재산권의 가치가 다른 자산들 중에서도 가장 과소평가되어 있다고 보고 있다. 지적재산권의 가치를 결정하는 데는 몇 가지의 중요한 요소가 있는데, 기업이윤에 영향을 미치는 특허의 경제적 수명, 기업의 직접경쟁에 대한 잠재성, 지적재산권의 가치를 손상시킬 수 있는 정부규제 및 제한 가능성, 지적재산권 가치와 관련된 시장변화 등이다. 그런데 실질적으로 지적재산권의 최종가치는 선의의 당사자 간에 이루어지는 협상에 의해 결정된다고 하겠다.

기술이전계약에 있어서 지적재산권의 가치는 이전계약에 따른 가격으로 결정되어진다. 기술이전거래의 특성상 이전계약에 따른 합리적인 가격을 결정하는 것은 용이하지가 않다. 일반적으로 합리적인 가격은 시장에서 제 3자간의 거래에서 지불되는 시장가격 즉 팔길이 가격(arm's length price)을 의미한다. 그러나 기술이 거래되는 시장은 시장가격이 제 기능을 수행하지 못하는 시장실패가 존재하고 있다.

따라서 거래되는 기술의 성격에 따라 차이가 있겠지만, 기술제공자는 경제적 지대를 포함한 독점적 이윤을 실현할 수 있는 수준에서 가격을 결정하게 된다. 이러한 수준에서 기술제공자는 기술을 내부거래를 통하여 자기 기업내부에서 활용할 것인가, 또는 기술이전계약을 통한 제 3자에게 외부이전을 할 것인가에 대한 전략적 결정을 하게 된다. 후자의 경우에 해당기술의 성격과 도입기업의 특성에 따라 독점적 권리의 부여 여부를 판단하게 되며, 이에 따라 이전기술의 가격 즉 대가 결정도 상이하게 된다.[9)]

2. 지적재산권 관리전략

오늘날 어떤 기업도 단일 지적재산권전략으로 제품을 보호할 수 있는 것은 아니다. 경쟁적이고 글로벌한 환경으로 인하여 자신의 시장을 보호하고, 공존을 추구하고 있는 기업들로 부터 자사 제품을 보호하기 위하여 보호 장벽을 필요로 하게하고 있다. 예를 들면 직접회로 분야에서, 직접회로의 발명자가 자신의 발명에 대한 충분하도록 광범위한 응용권을 정의해놓지 않는다면, 경쟁업자가 최초 발명자의 응용에 귀속되지 않는 응용부분에 특허를 등록할 수 있으며, 나아가 이를 근거로 원 발명자의 고객에게 특허사용료를 요구할 수도 이다.

많은 발명은 프로세스와 컴포넌트의 결합으로 발생되어지는데, 이들 중 많은 부분은 어떤 기업이 자사의 용도에 맞게 사용 또는 수정할 수가 있는 것이다. 어떤 특허가 공표되면, 발명에 대한 모든 프로세스와 구성내용이 일반에게 공개되며, 경쟁업자들도 자사와 관련된 특허와 고안을 조사하기가 용이하게 된다. 따라서 기업의 지적재산권에 대한 위험은 실물자산에 대한 위험 보다 훨씬 심각하다고 할 수 있다.

특히 이러한 위험 중에서 계속해서 증가하고 있는 부분은 쉽게 통제할 수 없는 측면 즉 사람, 파트너, 및 환경 등과 관련되어 있다. 과거 기업들은 이런 위험 문제를 해결하기 위하여 방어적 측면에서 관련 기업간 지적재산권에 대한 상호 실시권(Cross-license) 전략을 이용하였다.[10)] 그러나 오늘날에는 정보통신산업을 중심으로 지식재산권의 가치에 대한 인식이 점점 더 강조되고 있음에 따라, 시장에서 지적재산권 보호를 위한 강력한 방어 전략과 함께 동일한 수준의 공격적 전략을 병행하여 사용하고 있다. 특히 특허전략에 있어서 탑다운 방식으로 구매하는 것과 아울러 수행된 특허를 지키기 위한 유인책도 요구되어진다.

- o 2003년까지 IBM은 자체 연구 인력을 통해 개발된 2만 5천 건 이상의 특허를 보유하여 라이센싱 계약을 통해서 연간 10억 달러 수익을 창출하는 결과를 낳았다. 이는 IBM이 R&D에 연간 5억 달러를 투자한다는 사실에 비교하면 놀라운 결과이다.
- o 텍사스 인스트루먼트(TI)도 전통적인 제품 및 서비스 판매 수입에 비하여 그 규모가 별로 크지는 않지만 지적재산권 라이선싱을 통해 좋은 결과를 낳고 있다.

가. 특허전략

수년 전만 하더라도 특허는 가장 강력한 방어 전략의 대상이었으며, 기업에 있어서는 비용센터의 역할에 불과 했다. 이러한 관점은 그 당시 대부분의 기업이 사용하고 있던 재무시스템이 역사적 원가회계의 개념에 입각하였기 때문이다. 따라서 어떤 기업이 다른 회사로부터 지적재산권을 구매하지 않는다면, 지적재산권은 그 회사의 대차대조표에 나타나지도 않으며, 이에 따라 잘못된 특허관리가 만연하게 된다.

이러한 잘못의 대표적인 사례로 폴라로이드 카메라와 경쟁하기 위하여 코닥이 인스턴트카메라 라인을 개발한 것을 들 수 가 있다. 그 당시 코닥은 즉석카메라 기술과 관련하여 폴라로이드사가 제기한 특허장벽을 철저하게 무시하였는데, 법원으로부터 특허침해에 대한 유죄를 선고받았다. 아울러 코닥은 특허침해손실에 대해 폴라로이드사에 925백만 달러를 지불하였고, 15억 달러 플랜트의 가동중단, 5억 달러 매출액에 해당하는 16백만 대의 카메라의 재구매, 작업자 700명 휴직 등을 단행해야만 했다. 또한 코닥사는 14년간의 특허침해소송에 따른 소송비용 100백만 달러를 지불하였다.

또한 해당기업의 무지로 특허관리가 잘못되고 있는 경우도 들 수 있다. 많은 기업들이 자사가 보유하고 있는 특허가 무엇인지를 잘 모르고 있다는 것인데, 특히 자사가 다른 회사와 합병되었거나, 또는 다른 회사를 취득한 경우에 더욱 그럴 가능성이 높다. 이에 대한 대표적인 사례로는 1960-70년대 제록스사의 팔로알토 연구센터(PARC)의 예가 있다. PARC는 오늘날 컴퓨터 환경에 기반이 되는 마우스 및 그래픽

사용자 호환 시스템을 개발하였다. 제록스사는 자사 스스로 컴퓨터 사업에 대해 잘 알지를 못했으며, 그 결과 그들 소유기술의 성공적인 사업화를 이룰 수가 없었다.[11)]

1) 성공을 위한 특허전략

기업의 유형자원에 대한 관리방법이 발전함에 따라 이와 관련된 기법은 이제 더 이상 차별화 요인이 될 수가 없다. 반면에 기술과 같은 무형자산을 기반으로 하는 차별화가 오늘날 기업에 있어서 중요한 요인이 되고 있다. 효과적인 특허관리전략은 기업에게 성공의 기회를 증진시켜주는데, 아래의 세 가지 방법이 있다.

- o 잠정적인 독점의 성립: 시장에서 특허를 소유한 기업은 First mover 전략으로 잠정적인 독점을 확보하고, 기업의 핵심기술 보호와 자사제품의 브랜드화에 영향을 준다.
- o 재무성과의 증진: 오늘날 대부부의 기업에서 지식재산권은 충분히 활용되지 못하고 있으며, 저평가되고, 새로운 수익구조를 창출하지 못하고 있다. 특허는 자사제품 보호기능으로써도 중요하지만 투자자 확보를 위한 수단 및 상호실시협약 등을 통해 수익을 창출할 수 있다. 무가치 특허의 폐기 또는 불필요한 특허를 대학이나 비영리단체에 기부하는 방법을 통해 유지비용과 세금을 절감한다.
- o 경쟁력 강화: 경쟁사의 지식재산권 정보를 조사/분석함으로써 경쟁사의 강점과 약점을 파악하여 특허권을 침해하는 경우를 사전에 인지할 수 있고, 경쟁사의 특허권을 침해하는 경우를 피할 수 있어 기업 경쟁력을 강화할 수 있다.

2) 특허 침해에 대한 이해

특허침해는 특허권자(발명자, 사용허가권자)를 제외한 사람이 청구항의 모든 구성요건을 포함하는 제품을 생산하거나 판매하는 경우에 발생하게 된다. 특허권은 그 객체인 특허발명을 독점적으로 지배할 수 있는 권리로서 특허권자만이 특허발명을 실시할 권리를 독점한다. 따라서 타인이 특허 발명을 정당한 권한이 없이 업(business)으로 실시한 경우 특허권 침해가 발생한다.

특허권의 침해에 대해서도 법적 보호조치가 적용되나, 특허권의 성격상 무체물을 대상으로 한 침해이므로 침해자체는 용이한 반면에, 침해 사실을 발견하는 것은 용이하지 않다는 특성이 있다. 일단 특허침해가 발견되면 특허권자는 침해자에게 정당한 사용료를 받을 수 있으며, 관련 제품의 생산 및 사용 등에 대한 금지를 취할 수도 있다. 특허권의 속성을 감안하여 특허권을 침해한 자에게 그 침해행위에 대하여 과실이 있는 것으로 추정되므로 그에 대한 거증책임이 있다.

또한 균등론(Doctrine of Equivalent)에 따라 특허청구범위(Claims)를 문언대로 침해하고 있지 않고 있다고 하더라도, 침해의 제품 또는 방법과 동일한 효과를 얻기 위하여 실질상 동일한 방법(substantially the same function)을 수행하면 침해가 성립되게 된다. 그런데 앞에서 언급한 바와 같이 침해행위에 대한 기소는 매우 어렵고 많은 비용이 소요되게 된다. 경우에 따라서는 기업이 전략적으로 경쟁기업의 재원을 고갈시키기 위하여 특허침해소송을 제기하기도 한다.

3) 경쟁우위로서의 특허

특허는 보유기업들에게 시장 선도자로서의 위상선점, 잠정적 독점의 제공, R&D 비용 등의 프리미엄을 반영한 초기 가격 설정을 통하여 강력한 경쟁우위를 제공하게 된다. 특히 특허는 기업들에게 전략적 포트폴리오의 구성을 통한 첨단기술 분야에서 경쟁우위 확보와 아울러 제품표준이 되는 지배적 디자인에서의 경쟁력 확보에서도 중요한 역할을 하게 된다.

산업의 구조적 측면에서 경쟁기업 또는 신규기업이 제품과 공정을 복사하는 등의 침해를 막을 수 있도록 경쟁적 우위를 갖는 특징을 특허로 보호함으로써, 특허장벽을 창출하게 된다. 이와 관련된 예로는 질레트의 사례를 들 을 수 가 있다. 질레트는 자사의 핵심기술인 2개의 날이 각각 얼굴의 윤곽을 따라서 독립적으로 움직일 수 있도록 하는 방식을 기본 특허화하였다. 이를 근거로 22개의 특허 가능한 발명들을 출원하여 특허 장벽을 형성하였는데, 심지어 포장을 찢을 때 남성 고유의 소리와 느낌이 나게 하는 포장방법도 특허화하였다. 이러한 장벽 하에서 경쟁기업들은 특허를 침해하지 않는 범위에서 기술개발을 위하여 좀 더 복잡하고 값비싼 방식을 찾을 수밖에 없으며, 이는 시장 경쟁력을 저하시키는 요인이 된다.

특허의 경쟁우위 정도는 특허의 범위에 의하여 영향을 받는다. 중소기업의 경우는 대기업이 관련 특허로 공격할 때 자원의 제약으로 경쟁이 어려운 관계로, 적은 규모의 사용료로도 보유특허에 대한 실시권을 양도하게 된다. 따라서 특허성을 가진 기술상의 영업 비밀을 특허권으로서 보호받을 것인지, 아니면 영업비밀로서 관리할 것인지 하는 것은 당해 기술의 종류와 수명, 업계의 수요, 경합기술의 유무, 침해행위의 발견 용이성 등에 대한 종합적인 검토를 전제로 전략적 결정이 이루어져야 한다.

특히 특허를 이용한 기술의 진입장벽이 높은 경우에는 연합 및 제휴 체계를 구축하여야 한다. 먼저 해당 특허에 대한 라이선싱을 통하여 기술의 진입장벽을 낮추는 한편, 동일 기술을 사용하는 기업 간 제휴체계를 구축함으로써 지배적 디자인의 가능성 증대, 기술의 보편성 증대를 통한 네트워크 효과의 이점 활용, 기업의 기술능력 증진, 신규시장에 대한 선 진입 등의 효과를 가져 올 수가 있다.

4) 특허감사(Patent Audit)의 수행

기업의 기존 특허포트폴리오의 구성에 따라 어떤 특허는 라이선싱하고, 또 어떤 특허는 취득할 것인가에 대한 전략적 결정이 필요하며, 이를 위한 대상 특허에 대한 원활한 감사가 이루어져야 한다. 먼저 특허포트폴리오 내에서 특허 맵의 작성을 통하여, 작성만료일, 일정별 유지비용, 특허관리 강화, 특허간의 상호관계 등에 대한 결정을 하여야 한다. 아울러 문서화 작업 또는 발명자를 통하여 특허와 관련된 know-how도 입수할 수 있는지를 파악하여야 하겠다. 또한 다른 기업이 취득코자 하는 특허와 특허를 인용하는 정도에 대한 조사와 함께, 관련 특허의 금전적 가치에 대한 평가도 이루어져야 한다.

나. 상표권 전략 개발

상표권은 기업 또는 제품을 다른 경쟁자들과 구별하기 위해 사용하는 방법으로서, 상품의 이름인 동시에 상품이 지니고 있는 품질 및 기능을 다른 유사상품과 구별할 수 있도록 보증하는 것이다. 상표권의 침해행위는 상표권자 이외의 제3자가 정당한 이유 없이 타인의 상표와 동일 또는 유사한 상표를 그 지정 상품과 동일 또는 유사한 상품에 위법하게 사용하는 행위를 말한다. 유사성에 대해서는 기존 상표와 완전히 동일한 것만을 의미하지는 않으며, 호칭, 관념, 외관이 비슷한 것을 포함한다.

지적재산권 침해에 대한 조사 결과를 보면, 60개 응답기업 중에서 지식재산권 침해 경험이 85%, 도메인 침해 78%, 저작권 침해가 40%로 나타났다. 또한 인터넷 상유명 상표 보호를 위한 특별 조사가 필요하다는 대답이 응답기업의 80%, 인터넷상 명칭에 대한 보호가 중요하다는 기업이 응답기업의 98%였다.

인터넷 통신망에 서로 연결되어 존재하는 호스트 컴퓨터(host computer)들을 식별하기 위하여 모든 컴퓨터에는 IP주소(Internet Protocol Address)가 부여되는데, IP주소는 모두 4바이트로 구성되어 0.0.0.0에서부터 255.255.255.255까지의 숫자조합을 사용하기 때문에 정확한 주소를 간편하게 확인하기가 곤란하다. 여기서 숫자로만 조합된 IP주소를 사람들이 쉽게 기억할 수 있도록 문자 형태로 만든 것이 인터넷 도메인이다.

오늘날의 도메인 이름이 상표의 기능을 하게 됨에 따라 타인의 특정 상표와 동일 또는 유사한 도메인 이름을 등록한 자가 자신의 웹사이트에서 상품을 판매 또는 광고할 경우에 일반 소비자로 하여금 상품의 출처에 대하여 오인·혼동을 야기하도록 할 수가 있다.[12] 이러한 상표(도메인) 침해에 대응하기 위하여 WIPO에서 제시하고 있는 전략을 보면 다음과 같다.

- o 인터넷 검색엔진을 통한 웹상에서의 도메인이름과 상표의 Audit 수행
- o 매월 기업의 도메인 이름 모니터링
- o 침해가 발생할 소지가 있는 웹, UseNet 등에 대한 매월 Audit 수행
- o 적당한 상표 및 저작권에 대한 경고가 게시되었는지 여부 조사
- o 기업이 웹에서 도안 또는 내용 사용에 대한 권리의 부여 여부와 적절한 허가 조치의 여부 확인

다. 영업비밀의 보호와 방어

영업비밀은 일반적으로 기업이 영업상 비밀로 관리하고 경제적 가치가 있는 기술상 또는 경영상의 정보를 의미한다. 오늘날 같은 정보화 사회에서는 기업 활동에 연관되는 여러 가지 정보의 가치가 증대되고, 그러한 정보의 획득 및 축적에 많은 비용이 소요되고 있어 재산적 가치가 있는 정보는 기업의 중요한 재산으로 간주되고 있다.[13)]

영업비밀의 보호와 방어의 대상이 되기 위한 요건을 보면, 비밀성, 경제성, 정보성을 가지고 있어야 하며, 그 각각은 아래와 같다.

- o 비밀성 : "공공연히 알려져 있지 아니하다(비공지성)"와 '상당한 노력에 의하여 비밀로 유지된다(비밀 유지성)'를 포괄하는 개념이다. 영업비밀은 절대적 비밀을 요하는 것이 아니기 때문에, 영업비밀에 대한 정당한 권한을 가지는 자뿐만 아니라 사실상의 보유자도 그 보호대상이 된다고 할 수 있다.
- o 경제성 : 독립된 경제적 가치를 가지는 것으로 영업활동에 유용한 것을 의미한다. 영업비밀로 인정되기 위해서는 보유자가 그 정보를 사용함으로써 경제적 이익을 얻거나 경쟁자에 대하여 경쟁적 지위를 제고함에 도움이 되어야 한다. 또한 그 정보의 취득/사용에 있어서 사용료를 지급하거나 독자적 개발을 위해 상당한 노력과 비용이 필요할 때만 인정되어진다.
- o 정보성 : 영업비밀로서의 보호 대상을 특정한 것으로서, 일반적 지식과는 구별되는 기술적 정보와 경영상의 정보를 의미한다.

3. 지적재산권 전략의 문제

지적재산권의 전략적 이슈는 보호와 경제적 가치의 극대화 양 측면에서 법적인 보호의 틀에서 권리화를 할 것인가, 또는 개별적 특유자산으로 관리할 것인가를 결

정하는 것이라 할 수 있다. 특허권의 경우에 배타적 사용권을 인정받는 보호의 측면도 있지만, 일단 특허가 등록되면 발명의 과정과 요소들이 공개되게 된다. 이는 어떤 기업이라도 목적에 맞게 사용하거나 수정할 수 있는 기회를 제공하게 되는 관계로, 경쟁기업의 특허전략 또는 사업전략에 노출될 수밖에 없다. 이러한 특허와 영업비밀의 특성을 비교하면 다음의 <표 6-2>와 같다.

따라서 기술 개발자는 관련 기술 및 공정의 특성을 반영하여 특허로 출원할지, 아니면 영업비밀로 취급할지에 대한 전략적 결정을 하여야 한다. 또한 이러한 문제를 해결하기 위한 방안으로 변형기술이전계약(Hybrid License)을 체결할 수가 있다. 즉 특허출원 전에 발명자와 사용권자 사이의 영업비밀의 사용도 포함된 계약을 통해서 특허의 존속기간 경과 후에도 사용료를 지급하도록 하는 것이다.

• 표 6-2. **특허와 영업비밀의 특성 비교**

구 분	특허	영업비밀
배타적 권리부여	O	X
공개여부	O	X
존속기간	출원일로부터 20년	영구적임

특허를 포함한 지적재산권 전략과 관련하여 다음과 같은 다양한 문제가 제기 될 수도 있다. 첫째, 기술 또는 제품 및 공정의 보호에 적용하는 것으로, 제품개발 초기와 개발주기 중 여러 단계에서 지적재산 보호의 수준과 유형을 결정하는 것이다. 특히 기업이 특허기술과 연관된 공정기술의 가치를 보호하지 못하는 경우가 종종 발생될 수 있으므로, 공정도 경쟁우위의 한 부분으로 특허 또는 영업비밀로서 보호되도록 한다.

둘째, 특허보호이전에 개발기술에 대한 상업화를 먼저 수행하는 것이다. 연구개발전략프로세스에서 보면 기술 개발자는 해당기술을 개발 단계에서 자체적으로 활용하여 사업화를 하게 된다. 보육과정을 통하여 개발기술을 숙성시키고, 기술에 대한 테스트, 시제품제작 및 시연을 통하여 출현 제품의 성능을 시험하게 되는데, 이 과정에서 개발기술에 대한 권리를 확보하기 위하여 특허 신청 및 등록을 하게 된다.

셋째, 상황에 따라서 선택적 특허전략을 활용하는 것이다. 구체적인 특허전략의 선택은 상황에 따라 달라질 수가 있는데, 경쟁자의 유무, 제품판매가 대비 연구개발비용의 비율이 2%를 하회하는 유무, 특허장벽과 고비용/많은 시간소요, 특허수명의 불확실성, 잠재적 이익 불확실성, 국외출원 유무 등에 영향을 받게 된다.

넷째, 특허와 관련된 소송을 회피하는 것이다. 잠재적 위험이 어디에 존재하는 지 여부를 인지한다면 특허 침해 소송 제기 가능성을 감소시킬 수가 있다. 일반적으로 특허관련 소송은 아웃소싱 또는 도급, 인력 이동, 특허괴물기업 활동, 경쟁기업의 자사 주가에 부정정인 영향을 미칠 의도 등에 의하여 증가하게 된다.

다섯째, 관련 당사자 간에 발명에 대한 상호협력을 증대하는 것이다. 오늘날 연구개발 관련 환경의 다양한 변화, 즉 특성화 요구증가, 국제시장에서의 압력, 인터넷 사용 증가, 지적재산법 영역의 확대, 연구개발 비용의 증가 등으로 인하여 기업간 연구개발 협력이 증대하고 있다. 이러한 협력의 증대는 한편으로 연구개발결과의 위조 등 위법행위의 가능성이 있으며, 다른 한편으로 특허권, 사용료의 귀속, 실시 및 개량특허 개발, 표절·도용 등으로 법적 분쟁을 야기할 수도 있다.

여섯째, 발명 팀은 연구시작부터 서로의 역할을 정의하고, 연구개발과정에서 일어날 수 있는 잠재적인 문제에 대한 논의가 있어야 한다. 이를 위해서는 참여자들이 연구 시작기인 동등한 교섭위치에 있을 때 관련 문제에 대한 고려가 이루어져야 하겠으며, 이는 모든 참가자의 협약에 대한 만족도를 증가시키게 할 것이다. 참가한 구성원들에게 권리를 허여할 지에 대한 다중협약을 취하는 특허 풀링(Patent pooling)을 통하여, 폐쇄특허(Blocking patent)의 문제를 해결할 수가 있다.[14] 특허 풀링을 위해서는 라이선스 계약과정에서 정확한 가치평가와 기여 정도에 따른 결과의 차등 적용이 가능하여야 하겠으며, 아울러 연구실 내에서의 영업비밀 취급이 가능하여야 한다.

일곱째, 특허의 기본적인 목적은 기업의 이익에 기여하는 것으로 특허관리는 비용부분이 아닌 수익부분으로 전환되어야 한다. 수익창출을 위한 기회를 상실하지 않기 위해서는, 특허 침해에 대응하기 위한 지적재산관리 메커니즘의 중요성을 항상 염두에 두어야 한다. 따라서 자기 회사가 보유하고 있는 특허와 경쟁기업에 대한 모니터링이 잘 이루어지지 않으면 효과적인 기술관리 계획은 불가능하게 된다. 이러한 지적재산권의 관리전략 결정에 영향을 미칠 수 있는 요인을 보면 다음과 같다.

o 당해 기술과 기업 프로젝트에 따른 특허 유형
o 특허에 대한 가치 평가
o 특정기술 분야에서 경쟁기업의 특허 조사: 특허 DB 및 특허맵 활용
o 특허청이 특허기술로 지정한 기술 분야
o 기존 특허의 잔여 시간
o 특허의 일정별 유지비용 수준

4. 기업의 지적재산권 전략 사례

기업의 지적재산권 전략사례로 우리나라 대표기업의 하나인 삼성의 예를 들어보기로 한다. 최근 삼성전자는 해외 기업의 특허공세로 인해 많은 특허료를 지급하고 있는 실정이다. 2004년 한해 지불한 특허료(로열티)는 모두 1조 5000억 원이었으며, 2010년에는 2조 5000억 원 가량으로 늘어나게 된다. 따라서 특허료 지급액을 줄이고 새로운 특허등록을 통한 특허료 수입을 늘리는 다각도의 특허전략이 절실히 요구되고 있다.

이와 관련하여 삼성전자는 지난 2000년부터 '특허 내실화 방침'에 역점을 두어왔으며, 특허의 질적 확대, 핵심인재 확보 및 양성, 미래 생존을 위한 성장 인자 확보에 주력하기로 하는 등 2007년까지 연간 2,000여건 이상의 새로운 제품 개발과 특허등록을 통해 전 세계 글로벌 기업 중 미국 특허등록 3위의 업체로 진입하기 위하여 "특허경영"을 대폭 강화하였다.

삼성전자는 유효특허와 표준·규격특허를 통한 특허 포트폴리오의 강화와 라이선스를 강하게 사용하고 있으며, 사업 시 필요한 상품기획 및 전략, 연구개발전략 수립 시 매우 중요한 자료로 활용하고 있다. 이를 위하여 삼성전자는 특허 MAP의 활용을 통하여 사업과 R&D전략과의 연계를 바탕으로 한 특허전략의 수립과 관리를 위해 아래 활동들을 수행하고 있다. 따라서 삼성전자는 전략적 인출, 특허소송 효율의 제고 및 전문 Infra 구축 등 사업의 경쟁력 강화수단으로 특허정보를 활용한다.

- o 문제특허 파악
- o 경쟁사 대응방안: 특허확보 현황, 특허 및 매출의 position 분석, 유효특허의 발굴 등
- o 취약 분야의 특허와 공백 기술 분야의 파악
- o 대체기술 확보방안: 선행기술개발 과제, 산학연을 통한 기술개발 및 특허기술의 매입

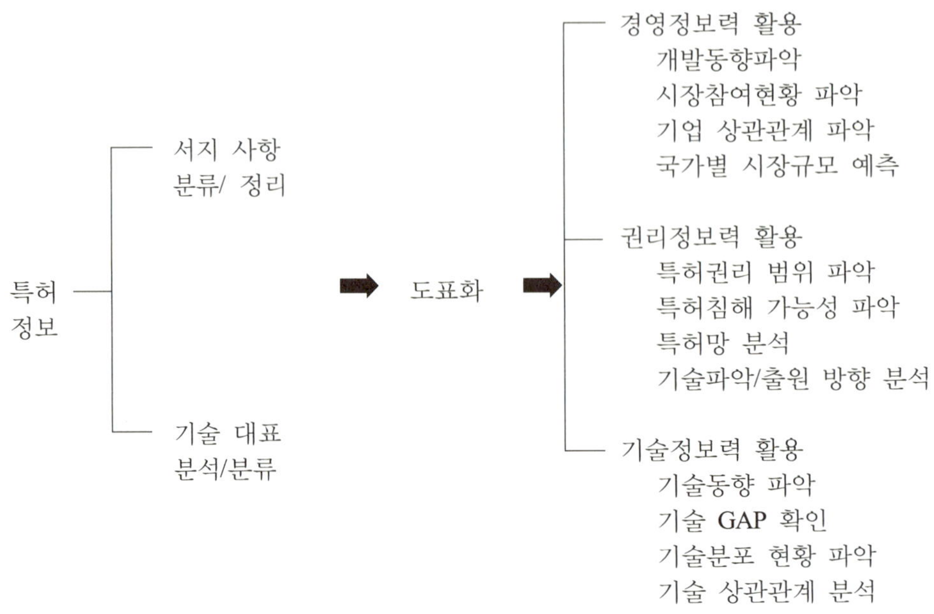

그림 6-1. 삼성의 특허정보관리시스템

5. 특허괴물과 대응전략

가. 특허괴물

1998년 무명의 미국 IT업체 '테크서치'사가 인텔에 특허침해 소송을 제기하였다. 소송의 내용은 인텔의 펜티엄프로급 컴퓨터 칩이 자신들이 특허를 지닌 명령어 축약형 컴퓨팅(RISC) 칩 기술을 무단 도용했다는 것이었다. 테크서치 사는 해당기술의 무단 도용의 대가로 인텔사의 칩 판매액의 3%를 매년 로열티로 지불하거나 또는 합의금으로 5억 달러를 지불할 것을 요구하였다. 소송의 대상이 된 기술은 '인터내이셔날 메터시스템스' 사가 개발했던 기술로서, 테크서치가 2-3년 전에 이 회사의 경영이 악화된 시점을 이용하여 구입·보유하게 되었다.

인텔측 변호사인 데트킨은 테크서치 사를 "남이 땀 흘려 번 돈을 날로 먹으려는 특허강도"라고 비난하였다. 이에 테크서치 사가 명예훼손으로 고소하자, 데트킨은 '특허강도'라는 말을 취소하고, '특허괴물'(Patent Troll)이란 표현을 사용하게 되었다. 여기서 '특허괴물' 즉 자기 제품은 하나도 없이 특허분쟁을 걸어 배상금만 노리는 회사란 말이 탄생하게 되었다.[15)]

현재 전 세계적으로 '특허괴물'로 불리는 특허사냥꾼 기업은 220여 개가 성업 중이며, 특허괴물 기업의 대부분이 지적재산권에 강한 미국계로 알려져 있다. 이중에서 대표적인 기업으로는 인터랙추얼 벤처, 인터디지털, 아카시아, NTP, 모사드, IP밸류, 로빈슨 등이 있다.

특히 가장 대표적인 '인터랙추얼 벤처(IV)'는 마이크로소프트(MS) 출신의 네이선 미어볼드(Myhrvold)가 2000년에 세운 회사이다. 미어볼드는 MS·애플·소니 등 글로벌 기업, 대학기금, 및 연기금으로부터 막대한 자금을 유치하여 펀드 규모가 50억 달러에 달하는 세계 최대 규모의 특허전문 업체다. 이 회사는 한국, 일본, 중국, 싱가포르, 인도 등 아시아 5개국에 지사를 두고, 아시아 지역 대학교수들에 연구비 등을 지원해 특허를 공동 보유하는 방식으로 끊임없이 특허 보유량을 늘리고 있다. 또한 IV는 최근 9년간 세계 각 지역의 대학과 기업들로부터 2만개의 특허를 사들였다.

나. 특허괴물의 특징

이 들 회사가 급성장하는 배경에는 이들은 실제로 제품을 제조 및 판매하는 회사가 아닌 관계로, 자신들이 보유한 특허로 다른 회사를 공격할 수 있는 반면에, 다른 회사가 이 회사들을 공격하여 피해를 줄 수 있는 방법이 없다는 점을 악용하고 있기 때문입니다.

일반적인 회사 간 특허소송의 경우에는 서로 특허를 상호 침해하는 경우가 빈번하므로 특허분쟁이 발생하는 경우 서로 합의를 하거나 Cross Licensing(특허교환)을 통하여 문제를 해결하게 된다. 반면에 특허괴물은 자사의 제품이 없는 관계로, 다른 회사의 공격에 대비할 필요가 없다. 따라서 이 회사는 지적재산권과 재판비용만 있으면 얼마든지 소송을 길게 가져갈 수가 있으며, 상대기업에 막대한 영업 손실을 유발시킬 수 가 있다.

특히 특허괴물은 구성원들 중 일부가 세계기업의 기술경영자 출신이어서 기술에 대해 매우 해박한 지식을 가지고 있으며, 특허소송 제기목적으로 부도가 난 기업들의 특허를 경매를 통해 지속적으로 매입을 하고 있다. 따라서 오늘날 세계경기의 침체기에 따른 많은 기술회사들의 도산이 발생하는 있는 현실과 지적재산권을 점차 강화하고 있는 글로벌 경제 환경의 변화를 감안해 볼 때, 특허괴물은 더 많은 지적재산권을 매입할 것이다.

다. 특허 낚기

특허 사냥꾼들은 세계 대학과 연구소에서 사업성이 있는 기술을 아이디어 단계에서 부터 구입한다. 이들은 우리나라 대학들에 대해서도 이미 특허를 매입하고 있는 실정이다. 이를 구체적으로 보면 서울대 114건을 비롯해 KAIST, 연세대, 고려대 등이 다국적 특허전문기업과 공유 계약을 맺은 기술만 260건이 넘는 것으로 나타나고 있다. 또한 특허괴물은 앞으로 매년 한국 대학에서만 400 - 600건의 특허를 확보한다는 방침이다.

특허괴물은 매년 대학교수들에게 연구개발비를 지원하여 가능성 있는 기술개발을 지원하고 있다. 또한 우리나라 대학들이 보유한 기술에 대하여 수억 원이 소요되는 해외특허출원 등을 해주는 대신 차후에 특허수입이 발생하면 반반씩 나누는 조건이다. 이러한 현상은 한미 FTA가 발효되면 미국계 특허괴물이 한국 기업을 겨냥한 특허분쟁이 더 기승을 부릴 것을 예상하게끔 하고 있다.[16)]

라. 특허소송 걸기[17)]

특허괴물의 소송 공격은 종종 치명적이라 할 수 있다. 블랙베리라는 스마트폰의 제조업체로 유명한 캐나다 리서치인모션(RIM)은 2003년 특허괴물인 NTP와의 소송에 져 미국 내 블랙베리 판매금지 처분을 받았다. 리서치인모션 사는 결국 6억 달러를 지불하고 NTP와 합의했지만, 그 여파로 회사가 파산 직전까지 가는 위기를 겪어야만 했다. 이와 유사한 예로 특허괴물은 아니지만 일본 니치아 화학과의 특허분쟁에 휘말린 코스닥 중견기업인 서울반도체는 주가가 급락하고, 소송비용으로 600억 원을 지불하여야 했다. 이외에도 국내기업들은 특허괴물들과 악연이 깊은데, 대부분 제조라인 없이 특허등록증만 가진 외국의 연구소 기업들이 로펌을 대리인으로 경고장을 보내는 경우가 많다.[18)]

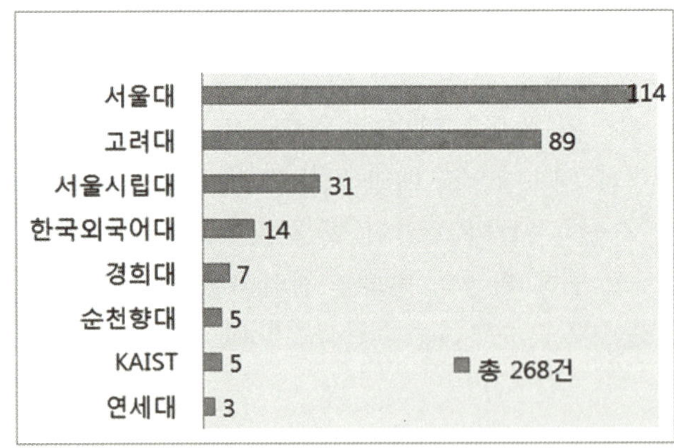

주: 체결 시기는 2006년 9월부터 2009년 3월이며, 국내 대학으로부터 특허가능성이 있는 아이디어를 유료로 구매한 것임.

그림 6-2. 인터렉추얼 벤처스(IV)와 국내 대학 간 협약체결 현황

국내특허 출원이 확인된 인터디지털도 그동안 삼성전자, 엘지전자 등을 상대로 상당한 수입을 거둬왔다. 이 회사는 2005년 12월 노키아를 시작으로 파나소닉, 삼성전자 등을 상대로 한 이동통신 관련 특허소송에서 잇따라 승소하였다. 당시 노키아는 2억5300만 달러, 삼성전자는 1억 3400만 달러의 로열티를 주기로 합의하였다. 이후 인터디지털은 LG전자, 팬택 등을 상대로도 특허소송을 제기하겠다고 경고하였으며, LG전자는 3년간 해마다 9500만 달러씩을 로열티로 지불하기로 합의한 바 있다.

국내 기업들이 공격목표가 되면서 이 회사의 국내 특허출원도 크게 증가하고 있다. 1996년부터 2002년까지는 10건 정도에 불과하였으나, 2003년부터 급증세를 보여 2005년에는 468건을 출원하였으며, 2006년에는 130건이 특허로 등록되었다. 특허청이 집계한 자료를 보면, 미국 펜실베이니아주에 본사를 둔 인터디지털은 1996년 '원거리 가입자군을 위한 무선전화 시스템' 특허를 시작으로 지금까지 국내에 1092건의 특허를 출원해 이 중 277건이 등록됐다. 이 회사의 특허는 무선통신 네트워크, 코드분할 다중접속(CDMA) 통신방식, 안테나 등의 분야로, 이동통신 관련 업체들을 주된 대상으로 삼은 것이다.

전국경제인연합회는 삼성전자와 현대자동차 등 국내 주요 R&D 투자기업 30개사를 조사해 작성한 '기업의 전략적 기술관리' 보고서를 발간하였다. 보고서에 의하면 국내 연구개발(R&D) 투자 상위 기업의 90%가 특허괴물(Patent Troll)의 공격을 이미 받았거나, 가능성을 우려하는 것으로 나타났다.

우리나라는 지금까지 반도체, 휴대전화, 디스플레이 등의 제품을 생산하는 삼성전자와 LG전자, 하이닉스반도체 등 IT 관련 기업이 특허괴물의 주요 타깃이 됐지만, 최근 국제적으로 자동차·조선·철강 등의 분야까지 확산하는 추세라고 보고서는 분석했다. 이를 포함해 앞으로는 신성장 동력인 환경·에너지·바이오 등으로 공격 범위를 넓혀갈 것으로 예상됨에 따라 장기적인 대응 전략을 수립해야 할 시점이라고 지적하고 있다.

보고서에 따르면 해당 기업의 70%는 당장은 아니더라도 앞으로 공격받을 가능성이 있다고 했고, 20%는 이미 공격을 받았거나, 단기간 내 공격받을 가능성이 있다고 예상했다. 특허분쟁관련 사이트인 페이턴트프리덤(www.patentfreedom.com)은 2004년부터 2008년까지 삼성의 특허 피소 건수가 38건으로, 마이크로소프트와 모토로라를 제치고 세계 1위에 오른 사례를 최근 올리기도 하였다.

또한 전국경제인연합회에서 작성한 동 보고서의 내용 중에서 조사대상 기업이 보유한 기술의 유출가능성에 대한 조사 내용이 있다. 국내 기업들은 핵심 기술을 유출할 가능성이 큰 관계자로 53.3%가 '퇴직 직원'을 지목했고, 33.3%는 '현직 직원'을, 13.3%는 '협력업체'를 꼽았다. 이밖에 경쟁업체에 의해 유출되거나 인수·합병(M&A)에 따른 유출되는 사례도 있는 것으로 나타났다. 비밀 유출은 주로 내부 관계자가 공모해 발생하는 경우가 많은 것으로 분석되고 있다.

마. 특허괴물 대응전략

최근의 사태로는 3D 가상현실 특허침해로 World.com 사로부터 제소당한 NC Soft사의 예이다. 현장에서 특허를 다루고 있는 직원들은 이런 종류의 사건을 처리하기가 상당히 어려운 일이라고 생각하고 있다. 그 이유는 많은 회사들이 특허를 전문적으로 담당하는 인력이 상당히 부족할 뿐만 아니라, 이런 사건을 대응하기에는 전문적인 지식이 아직은 부족한 경우가 많기 때문이다.

NC Soft와 World.com사간의 특허침해소송 사건은 NC Soft사 한 곳의 문제가 아니라, 게임업계의 전반적인 문제로 비화될 가능성이 매우 높을 수 가 있다. 따라서 이와 유사한 특허침해의 소송이 예상된다면, 타 게임회사간의 전략적 제휴를 통해 효과적으로 대응할 수 있는 전략을 구사하여야 할 것입니다.

이와 관련하여, 전경련 관계자는 철저한 사전 기술조사를 통해 분쟁 소지를 예방하고, 동종 업계와 연계해 특허 매입자의 매입 현황을 지속적으로 파악하는 것이 필요하다고 말하고 있다. 또한 우리 기업도 종전의 방어적인 자세에서 벗어나 특허선점을 통하여 공격을 사전에 차단하거나, 마이크로소프트 등의 외국 기업처럼 특허 자체를 사업품목으로 선정하여 적극적으로 수익을 창출하는 전략도 고려하여야 하겠다.

선진자본으로 무장되어 우리나라 대학을 상대로 침투를 증가시키고 있는 외국의 특허괴물에 대처하는 대응전략으로는 다음의 몇 가지를 들 수 있겠다.

① 맞소송

일방적으로 특허괴물의 소송에 끌려가지 말고, 적극적인 맞소송으로 대처하는 방안이다. 이에 대한 예로는 최근 차세대 성장 산업으로 부각하고 있는 LED반도체(광원으로 쓰이는 반도체)분야에서 서울반도체와 일본 니치아 화학공업이 4년간에 걸쳐 벌인 국제 소송이 대표적이라고 할 수 있다. 이 소송은 양측이 특허를 공유하는 것으로 마무리됐지만 서울반도체는 중소기업으로는 엄청난 규모인 600억 원이 넘는 비용을 특허소송비로 지출하였다.

② 특허지도 분석

앞의 예에서 볼 수 있듯이 특허괴물과의 맞소송에는 엄청난 시간과 비용이 소요된다. 따라서 특허괴물의 침해소송에 휘말리지 않도록 사전적으로 준비를 하는 방법의 하나가 특허지도의 분석이다. 최근에 국내 기업들은 사내에 특허분쟁 전담인력을 확충하는 한편, 해당분야의 특허지도를 작성해 설계과정에 참고하거나 특허괴물의 주장이 무효임을 증명할 증거자료를 확보하는 데 노력하고 있다. 예를 들면 LG전자 특허팀은 특허괴물이 국내에서 특허를 등록하는 것을 막기 위하여 지속적으로 모니터링을 하는 한편, 관계당국에 적극적으로 정보를 제공해 무효심판을 이끌어내려고 노력하고 있다.

③ 특허펀드의 조성과 운용

일반적으로 한국 대기업들이 국내 대학이 등록한 특허의 가치를 저평가하는 상황이 보편화되어 있다. 따라서 국내 대학들은 특허출원비용의 부담을 완화하고, 특허의 이전을 촉진하기 위하여 보유특허를 특허괴물에게 판매하는 경향이 증가하고 있다. 이러한 상황이 계속 증가한다면 대학의 특허가 국외로 계속 유출될 것이다.

국내 대학 보유 특허의 국외 유출을 막기 위해서는 정부나 대기업이 공동 특허펀드를 조성하여 특허를 구매해주거나, 해외 이전 및 사업화에 따른 자금을 지원해주는 것이 필요하다고 하겠다. 일본은 820억 엔의 정부예산과 민간 기업 및 금융회사가 출자한 펀드 등을 합쳐 최근 총 1조엔 규모의 '산업혁신기구'를 발족시키기로 결정했다. 이 기구는 향후 15년 동안 운영되는 한시적 조직으로, 대학과 기업의 특허 실용화를 목표로 자금을 집중지원하게 된다. 이를 통해 인터랙츄얼 벤처와 같은 특허괴물의 일본 침투를 원천봉쇄한다는 것이다.

④ 특허풀제 운용

이미 특허를 받은 기술을 외국 기업에 팔거나 빌려줘 돈을 버는 '특허 풀(pool)'을 만드는 것도 좋은 방법이 될 수 있다. 특허 기술을 갖고도 자본과 경험이 부족한 중소기업들을 대행해 특허 판매와 대여를 해주는 장치를 만드는 것이다. 특허를 침해하는 외국 기업들을 찾아내 소송을 걸고 배상금을 받아내는 역할도 맡길 수 있다. 따라서 중소기업들이 국외시장을 진출하는데 도움을 주기 위해서는 국가나 기업들이 함께하는 공동대응방법을 고려하는 것도 좋을 것이다.

⑤ 기타 방안

유럽에서 특허괴물이 성행하지 못하는 이유를 우리나라에서의 당면 문제를 해결하는데 적용하는 것도 한 방법이라고 할 수 있다. 즉 선발명주의, 독점권, 배타권 등 모두를 고려하여 법해석을 한 후 적용을 하면 특허괴물이 국내에서 활동하는 것을 방지할 수 있을 것이다. 또한 우리나라도 선진 외국과 같이 특허괴물(에스크베리타스)을 양성하는 것이다.

◆ 참고자료 : 산업재산권 관련 법체계와 연구노트관리 ◆

1. 산업재산권 관련 법체계

• 표 1. 산업재산권 법령체계도

번호	대통령령	부령
특허법	• 특허법시행령 • 특허등록령 • 특허권의수용·실시등에 관한규정	• 특허법시행규칙 • 특허등록령시행규칙 • 특허료 등의 징수규칙
실용신안법	• 실용신안법시행령 • 실용신안등록령	• 실용신안법 시행규칙 • 실용신안등록령 시행규칙
디자인보호법	• 디자인보호법시행령 • 디자인등록령	• 디자인보호법시행규칙 • 디자인등록령시행규칙
상표법	• 상표법시행령 • 상표등록령	• 상표법시행규칙 • 상표등록령시행규칙
발명진흥법	• 발명진흥법시행령 • 공무원직무 발명의 처분·관리 및 보상등에관한규정	• 공무원직무발명의처분·관리및 보상등에관한규정시행규칙
부정경쟁방지 및 영업 비밀보호에 관한법률	• 부정경쟁방지 및 영업비밀 보호에 관한법률시행령	
반도체집적회로의 배치설계에 관한법률	• 반도체집적회로의 배치설계에 관한 법률시행령	• 반도체집적회로의 배치설계에 관한법률시행규칙
변리사법	• 변리사법시행령	• 변리사법시행규칙
정부조직법	• 특허청과 그 소속 기관직제	• 특허청과 그 소속기관 직제시행규칙
국제조약	• 세계 지적재산권 기구(WIPO) 설립 협약 • 특허 협력 조약 (PCT) • 특허절차상 미생물기탁의 국제적 승인에 관한 부다페스트 조약 규칙 • 상표법 조약 • 상표법 조약 규칙 • 무역 관련 지적재산권에 관한 협정 • 국제특허 분류에 관한 스트라스부르그 협정 • 공업소유권의 보호를 위한 파리 협약 • 특허절차상 미생물기탁의 국제적 승인에 관한 부다페스트 조약 • 표장의 국제 등록에 관한 마드리드 협정에 대한 의정서 • 표장의 등록을 위한 상품 및 서비스의 국제분류에 관한 니스 협정	

자료 : 특허청(2010/5)

2. 연구노트관리[19)]

가. 연구노트 개요 및 서식

연구노트는 연구결과에 대한 진정한 발명자임을 확인하고, 연구실 내 구성원간의 지식 전수와 기술이전 계약 시 노하우 전수에 중요한 자료로 활용성이 높아지고 있다. 따라서 연구노트 작성과 활용방법에 대한 대학 연구자의 인식을 제고할 필요가 있다. 이에 따라 유용한 연구노트가 되기 위한 중요 특성과 구성요소에 대한 체크리스트를 보면 <표 2>와 같다. 또한 연구노트의 바람직한 형식과 연구노트의 표준양식을 보면 각각 <표 3>, <도 1>과 같다.

• 표 2. 연구노트 체크리스트 양식

연구노트의 체크리스트 지침	예	아니오	모름
모든 연구기록이 페이지에 일련번호가 매겨진 묶음형식의 노트에 기록되었는가?	□	□	□
본문이 지워지지 않는 잉크로 작성되었는가?	□	□	□
완료된 페이지에 공란이 없는가, 건너뛴 페이지가 없는가?	□	□	□
각 기록이 연속적으로 만들어지고, 서명되고, 날짜가 기입이 되고, 동시에 작성되었는가?	□	□	□
수정이 간결하고, 날짜가 기입되고, 서명되고, 증명되었는가?	□	□	□
정보의 기록이 읽기 쉽고, 일관되고, 시간 순서적이고, 빈틈없고, 완전한가?	□	□	□
후일에 만들어진 기록은 분리된 페이지에 기록되고 이전의 기록을 포함한 관련된 페이지와 상호 참조되었는가?	□	□	□
부수적 자료가 연구노트에 고정되고, 첨부된 사인에 의해 확인되었는가?	□	□	□
모든 기록이 공정하고 신뢰할 수 있는 서명자에 의해 통상적인 원칙으로 증명되었는가?	□	□	□
연구실의 연구노트들이 적절하게 보관되고 그것들의 위치가 표시되었는가?	□	□	□
연구노트는 연구자가 연구의 합법성을 증명할 수 있고 싶어 하는 만큼 오랫동안 보관되어지는가?	□	□	□

• 표 3. 연구노트의 바람직한 형식

① 묶음으로 이루어져 있어야 한다. • 페이지의 삽입이나 삭제가 어려움 • 페이지가 바뀌거나 손실될 우려 적음 • 색인, 검색 등을 할 때 유리함 : 바인더 공책보다 법정에서 증거채택 가능성 높음 ② 상단부나 하단부에 노트의 일련번호가 기재되어 있어야 한다. ③ 각 페이지마다 실험일자, 발명자, 기록자 증인란이 반드시 있어야 한다.

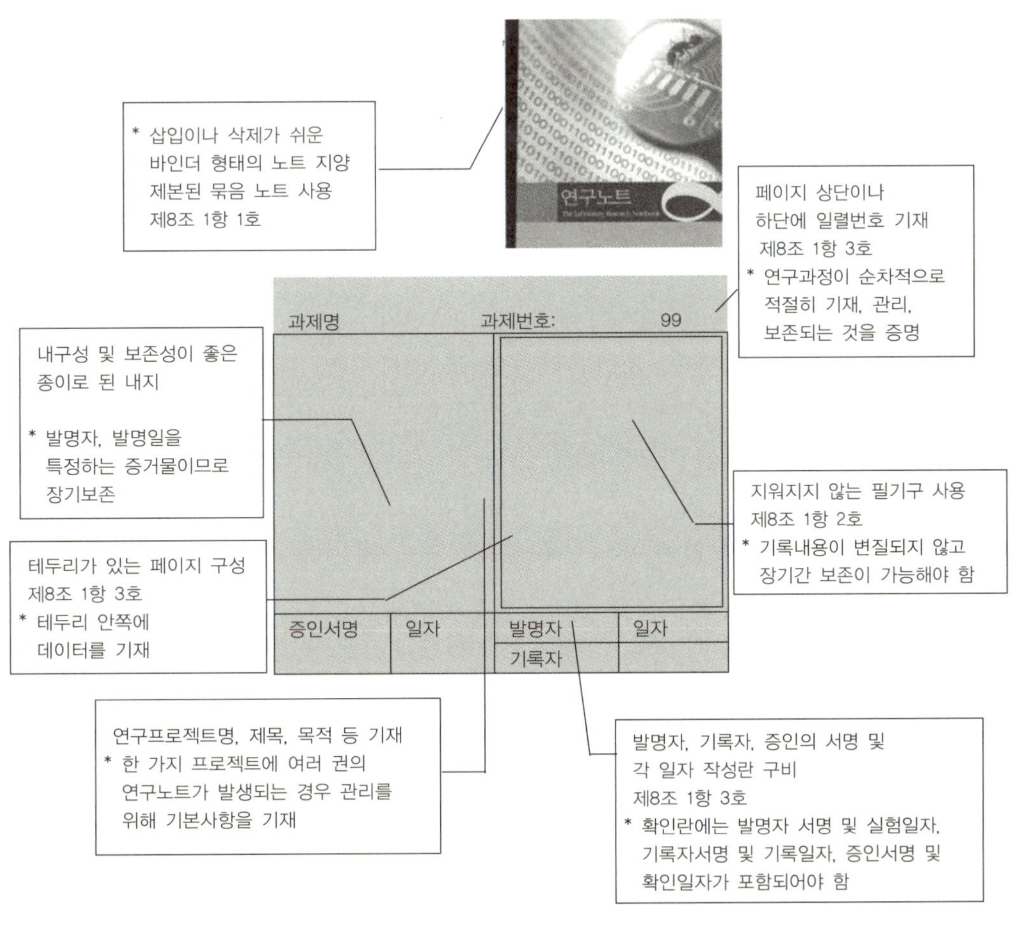

자료원 : R&D 특허센터

그림 1. 연구노트의 표준서식

나. 연구노트의 기재양식

① 연구노트의 사용자

- o 가능하면 한 사람이 자기 연구노트를 기재하는 것이 바람직하나, 한 개의 프로젝트를 여러 사람이 수행할 경우 연구노트 앞면에 사용자의 이름을 기재하는 것이 필요하다. 단일 프로젝트만을 기재하는 것이 바람직하다.

② 연구노트 내용

- o 제3자가 실시 가능하도록 구체적이고 상세하게 실험데이터를 기술할 뿐 아니라 발명의 착상, 착상의 실행을 위한 연구계획 등도 포함시켜야 한다.

③ 매일의 연구 활동을 즉시 기록

- o 연구기록을 시간 순서 별로 기재한다.
- o 메모해 두었다가, 연구노트에 옮기는 것보다, 바로 연구노트에 기재하는 것이 정확하고 시간을 절약해 준다. 메모해 놓고, 메모지를 붙이는 것은 부적절하다.
- o 발명을 완성시키기 위한 일련의 계속적인 행동이 특정기간동안 계속되었음을 날짜와 사실을 특정하여 증명하여야 한다.
- o 주석, 도면, 공식, 규모, 시험결과 등을 포함하는 연구진행 및 활동을 기록한다.
- o 페이지가 없는 뒷면에는 기록하지 않는다.

④ 연구노트 조작 가능성 가급적 배제

- o 원문기입, 스케치 및 도표는 지워지거나 나중에 기입될 가능성을 배제하기 위하여 지워지지 않는 필기구로 분명하게 기록한다. 필기구는 오래가고, 지워지지 않고, 물에 번지지 않는 것을 권장한다.
- o 연구노트에 직접 기입될 수 없는 것 등(예 : 사진, 실험기계의 출력물, 타 연구실의 실험결과 등)은 일자 순으로 풀 등으로 고착시킨다. 사후에 다른 실험 데이터 또는 사진으로 대체하는 것을 배제하기 위하여 범례에까지 화살표를 긋는다.
- o 잘못된 부분을 지울 때는 수정액 등으로 지우지 말고 볼펜 등으로 줄을 그어 수정하고, 중요한 수정인 경우 오기를 설명하는 주석에 일자를 기재하고 증인과 함께 서명한다. 페이지 전체를 수정할 경우 인접 페이지에 이 수정된 사항을 언급하고 발명자와 증인이 일자 기재와 서명을 한다.
- o 추가 삽입 부분 또한 삽입한 표시를 해야 하며 빈 공간을 남기지 않는다. 추가로 기입될 가능성을 배제하기 위하여 항목 사이의 공백에 커다랗게 사선

을 긋는다.

o 연구노트는 한 페이지라도 없어져서는 안 된다.

⑤ 각 페이지 해당란에 발명자와 기록자, 증인이 서명 란 및 일지 기재 란에 서명

o 기재한 모든 기록과 수정한 부분에 발명자, 기재자의 서명과 증인의 서명을 해야 한다.

o 증인은 발명자가 아니면서 발명에 대해 어느 정도의 지식을 가진 자가 적당하며, 증인의 공정성을 보여주기 위해서 같은 연구프로젝트 수행자보다 다른 연구팀의 구성원이 바람직하다.

다. 연구노트의 중요성

연구노트의 중요성은 여러 가지 측면에서 설명될 수가 있는데, 연구개발권리의 확보, 연구기관 및 구성원간의 지식전수 및 관리, 연구개발 결과의 활용 측면으로 나누어 볼 수가 있다.

첫째, 연구개발에 대한 권리확보 측면에서 연구결과를 특허로 보호할 경우에 준거자료로 활용될 수가 있다. 시장이 매우 큰 미국에서는 특허 획득시 선발명자에게 특허권을 주고 있어서 발명일자가 중요하며, 이는 연구노트 기재일과 깊은 관련이 있다. 또한 연구결과를 영업비밀로 보호할 경우 연구노트의 작성과 관리가 필요하다고 하겠다.

둘째, 연구기관 및 구성원간의 지식전수와 관리 측면에서 연구노트는 진정한 발명자가 누구인지를 증명할 수 있는 도구이다. 아울러 연구노트는 개인 및 기관의 노하우 관리 및 연구실내 구성원간의 지식전수를 위한 기초자료로 활용될 수가 있다.

셋째, 연구개발 결과의 활용측면에서 특히 기술마케팅 시 실사에 대비하는데 연구노트가 중요하다. 연구개발에 대한 특허권을 매도하거나 라이선싱 계약을 체결할 경우, 통상 연구결과에 대한 실사를 하게 되고 이 과정에서 충실한 연구노트의 기재는 필수적인 사항이다.

각주

1) K. R. Allen, Bring New Technology to Market, Prentice -Hall, 2003, P. 109
2) 김병학과 이상선, 「지적재산권 브랜드전략」, 두남, 2003, p. 32
3) 위키백과,
4) 김병학·이상선, 전게서, p.78
5) 여기에 해당되는 발명은 의약품발명 또는 농약이나 농약원제의 발명 등이다. 특히 1991년 1월 1일부터는 특허발명을 실시할 수 없었던 기간이 2년 미만인 경우에도 존속기간을 연장할 수 있다.
6) U.S. Copyright Office, lcweb.loc.gov/copyright
7) 1999년 벨기에에서 코카콜라를 마신 100여명이 복통 등을 호소하자 회사 측은 안전하다는 식의 사고 무마에만 급급하다 결국 전 유럽이 판매금지를 시키자 그때서야 생산공정상의 잘못을 인정하며 사과하는 식의 대응방안을 실시했다. 하지만 100년에 걸친 좋은 회사 이미지가 하루아침에 무너지는 결과를 초래했다.
8) '비즈니스 모델 특허'란 일반적인 기술 특허와는 달리 비즈니스 기법이나 프로세스의 발명에 대해 주어지는 특허이다. 과거에는 이러한 발명이 권리로서 성립될 수 없다고 인식되어 왔으나 1998년 미국에서 투자신탁의 운용에 관한 특허[허브 앤 스포크(Hub and Spoke) 특허]의 유효성이 인정된 이후부터 이 종류의 특허출원과 권리화가 급증하고 있다.
9) 기술이전 가격결정은 다른 전략적 목적, 즉 전사 차원의 이윤관리, 환위험 관리, 세금관리 등 에 의해서 이루어지는 것이 일반적이다. 세무 당국에서는 이윤관리차원에서 이루어지는 탈세를 방지하기 위해서 이전가격 조사를 하게 된다.
10) 상호실시권(Cross License) : 특정 산업재산권에 대해 실시권자 간에 상호 교환사용이 필요하다고 인정되는 경우 상호실시권을 허여하며, 이때 산업재산권의 경제적 가치가 동등할 경우에는 상호 무상으로 사용하게 되지만, 어느 한쪽의 경제적 가치가 더 높을 경우에는 가치가 낮은 쪽에서 그 차액만큼 보상해주고 실시권을 허여받는 것이 일반적이다. 상대방 특허의 경제적 가치를 평가하기 위해서는 특허의 수, 권리기간, 권리범위 및 기술적 가치(발병이 제품에 차지하는 비중 등), 원천기술이 아니면 개량기술인가. 특허의 유효성(무효 가능성은 없는가) 등을 검토해야 함
11) 반면에 IBM은 특허포트폴리오를 통한 가치의 극대화를 통해 1990년 3천만 달러였던 사용료 수익을 2000년에는 10억 달러로 증가시켜, 동기간 동안 증가율이 3,300%에 이르렀다.
12) 상표(도메인) 침해 유형으로는 "typosquatting", "Metatags", "word stuffing" 등이 있다. 기존 상표권자의 축적된 신용에 부당 편승하려는 의도를 가지고 타인의 상표를 도메인이름으로 먼저 선점하여 상표권자에게 되팔려고 하거나 상표권자의 온라인상의 영업활동을 방해하려는 등의 악의적인 도메인 무단점유행위가 이루어지고 있다.
13) 미국은 1996년에 첨단기술 불법 유출 억제를 목적으로 유·무형의 영업비밀 일체에 관하여 국내 절도행위뿐만 아니라 이른바 경제 스파이로 인정된 자에 대한 강력한 처벌을 골자로 하는 경제스파이법을 제정하였다.

14) 하나 이상의 특허가 각각 서로 다른 특허권자로 구성되어져 있어서 각각의 허락이 있어야만 기술을 사용할 수 있는 특허를 의미함.

15) 트롤(Troll)이란 용어는 영화 `반지의 제왕`이에서 많이 등장하는 용어이다. 트롤은 스칸디나비아와 스코틀랜드 전설에 등장하는 인간과 모습이 비슷한 거인 족으로서, 난폭한 행동을 일삼는다.

16) 이런 이유에서 서울대·KAIST 등 주요 대학들은 최근 IV와의 협약을 제한하기로 자체 결정을 내렸다. 이는 국내 아이디어가 외국 업체의 이익을 가져오는 반면에, 국내 기업을 공격하는 치명적인 수단이 될 수 있다는 우려에서 이다.

17) 이 내용은 연합뉴스의 2009.12.02 11:04 입력된 기사에서 발췌 정리한 것임.

18) 동부하이텍의 장관수 부장은 "반도체 쪽에선 레멜슨 파운데이션, 월프 파운데이션, 플라스마 피직스 등이 1990년대 초반부터 국내기업들을 압박해 대규모 로열티를 받아갔다"고 하였다. 그는 "지금도 아이티 주요 기업들은 일 년에 많게는 수십 차례 특허괴물들의 방문을 받는다"고 설명했다.

19) 특허청과 특허센터의 관련 자료를 발췌·정리하였음

제7장 기술이전 및 기술평가

제1절 기술이전의 개념과 특성

1. 이전대상기술과 기술이전의 개념

가. 거래대상으로서의 '기술'의 개념

기술은 관점에 따라 그 의미가 광범위하고 다양하게 인식될 수 있어서 하나의 개념으로는 정의하기 용이하지 않다. 기술은 동질적이지 않고 기술의 내용이나 성격, 형태에 따라 상이할 뿐만 아니라 기술문제를 다루는 사람의 위치, 관점, 목적에 따라서도 다르게 이해되어지는 관계로 다양하게 정의되어질 수 있다 여러 연구자들은 다양한 기준을 사용하여 거래대상기술을 분류하였는데, 특화정도(Hall & Johnson 1970), 변화의 정도(Abernathy & Utterback 1978), 기술요소(이진주와 이적교 1979), 영리추구(과학기술연감 1990), 기술의 적용과정(허영도 1991) 등이 있다.

지적재산권을 중심으로 하는 WIPO에서는 '생산품의 제조, 농공업분야에서 서비스를 제공하기 위한 체계화된 지식들'로 정의하고 있다. 한편 우리나라의 경우, 1999년 12월에 제정된 기술이전촉진법에서는 기술을 지적재산권을 포괄하는 것으로 정의하면서 '관련 법률에 따라 등록된 특허, 실용신안, 의장, 주요 설계도면 등 기술자료의 묶음, 논리적으로 정리된 새로운 아이디어, 컴퓨터 소프트웨어, 기술적인 노하우 등'이라고 하고 있다.

반면에 실무적인 기술이전계약의 내용에 포함되어 있는 거래대상으로서의 기술의 개념은 상당히 포괄적이다. 즉 지적재산권 및 노하우 등을 포함한 협의의 기술, 이전기술과 관련된 인력, 교육훈련 및 연수프로그램, 실제적인 기술이전과정에서 필요한 기술체화 상품, 부품 및 반제품 등을 포함하고 있으며 이를 정리하면 <표 7-1>과 같다.

• 표 7-1. 거래대상기술의 개념

기 준	형 태
실무계약	지적재산권을 포함한 기술, 전문인력 및 교육훈련프로그램, 기술체화상품 및 부품
전문인력에 대한 명세	전문연구인력, 기술인력, 숙련기능인력(H/W, S/W)
교육훈련 프로그램 (ETP)	기술자, 기술혁신관리자, 감독자, 관련 지방 및 중앙정부 관리를 위한 교육훈련프로그램 (현장, 대학, 직업학교, 연구소) 기술자. 기술혁신관리자, 감독자, 관련 지방 및 중앙정부 관리를 위한 해외 교육훈련프로그램 (현장, 대학, 직업학교, 연구소)
기술체화상품의 명세	완제품, 부품 및 중간재, 완제품관련 패키지 부품, 스펙코드 설비 및 원자재, 컨설팅매뉴얼, 출판물(특허문서, 실험자료, 명세문서, 지도, 학문적 결과)
기술수명주기	시작품 생산기술, 성장 및 안정화 기술, 쇠퇴기술
지적재산권	특허실시권, 산업재산권, 상표사용권, 노하우사용권
거래대상기술의 명세	기술정보 및 문서, 특정공장 및 설비의 건설, 제품제조의 전공정, 시험조사, 품질보증, 기업관리 노하우, 디자인, 컨설팅, 경영, 감독, 조사 및 구매 서비스

자료 : 교역대상기술의 개념을 수정(이영덕 1992).

나. 기술이전의 개념과 유형

1) 기술이전의 개념

기술이전에 대한 개념화는 여러 연구자들에 따라 상당히 다양하다. 사회/문화적 측면에서 인간의 노력과 관련하여 기술이전은 내면적/문화적 환경을 넘어 활동하는 인간의 노력에 대한 보답으로서 제공자와 도입자간에 다양한 메커니즘과 상호관계에 따라 결정된다(Kleiman & Jamieson 1978)는 견해와 함께, 과학과 기술이 인간의 활동을 통하여 확산되어 가는 과정으로 보는 견해도 있다(Brook 1966).

기술의 흐름 및 측정을 중심으로 기술이전은 새로운 생산시설과 설비의 확산을 위하여 설계 또는 공정관리에 필요한 지식요소를 이전시키는 것이며(UNCTAD

1971), 기술흐름의 측정 면에서 시장상품에 체화되어 있는 것과, 사용권의 부여 및 특허에 등록되어 있는 것으로 쉽게 측정되어지는 것이 아니다(Mansfield 1971).

또한 이전과정을 중심으로 기술이전은 특정기술을 효과적 또는 성공적으로 활용하기 위하여 요구되는 노-하우를 한 생산주체에서 다른 생산주체에로 이전시키는 과정(Teece 1979), 한 국가에서 이전이 이루어졌거나 현재 이루어지고 있는 기술적 효과를 도입국에서 재현하거나 유용하게 복제할 수 있는 능력을 습득하는 과정(Kohler 1973), 한 장소에서 발생되어 쓰이고 있는 과학적 또는 기술적 정보가 다른 곳에서 재평가되어 이용되어지는 과정(Brzakay 1977), 외국의 기술지식 요소를 도입국의 실정에 맞게 도입, 흡수, 소화 발전시켜 나아가는 과정(최관 1982) 등으로 정의되어진다.

한편 우리나라 외자도입법(1986)에서는 계약을 중심으로 기술이전을 "대한민국 국민 또는 법인이 외국인으로부터 산업재산권 기타 기술의 양수 및 그 사용에 관한 권리를 도입하는 계약"으로 정의하고 있다.

따라서 기술이전거래란 국내외적인 장소의 변화, 소유주체의 변화를 포함하며, 이전기술이 도입자의 조직 내에 흡수·체화되어 궁극적으로 공정기술 또는 제품기술로 조직외부로 확산되는 과정이 반복적으로 발생하는 것으로 보아야 한다(이영덕 1990).

2) 기술이전거래의 유형

기술이전거래의 유형은 주체별(정부 간 기술지원과 원조, 민간의 기술이전), 이전채널별(공식이전과 비공식이전) 등 다양한 기준에 따라 구분되어질 수 있다. 기술의 이전은 일반적으로 제품 및 생산에 소요되는 지식의 구성요소를 체화하고 있는 모든 제품 및 서비스가 어떤 매개체에 의해 한 곳에서 다른 곳으로 이동되는 것으로 재화와 용역의 이전, 개인이나 장비에 체화된 이전, 공식적/비공식적 이전에 관계없이 양 당사자 간의 협상과 거래관계에 의해서 이루어지게 된다. 따라서 기술이전은 양자 간의 거래 및 협상 여하에 따라 특정한 유형에 의해 기업 간 혹은 국가 간에 이루어지게 된다.

정부 간의 기술이전 유형은 일반적으로 선진국이 개도국에 제공하는 공적개발원조(ODA) 프로그램이나 기술원조(technical co-operation & assistance)등이 있다. 주로 공공부문에의 원조의 성격을 띠고 있는 관계로 연구기자재의 공급, 전문가의 지원, 인력의 현지 파견/참여 등 형태의 기술이전으로 주로 개인이나 장비에 체화되는 방식이 많았다.

민간베이스의 상업적 차원에서의 기술이전의 유형으로는 최근 국제간의 기술이전에 가장 보편적으로 사용되는 라이선싱이다. 라이선싱은 한 나라의 기술제공자(licensor)에 의해 제공되는 제조, 가공, 상표, 노하우, 기술원조, 머천다이징, 지식 또는 기타 숙련노동을 다른 나라의 기술사용자(licensee)가 사용할 수 있도록 기술제공자와 도입자가 협약하는 것 이다. 따라서 해외산업운영의 한 방법 또는 일반적으로 재산적 가치가 있는 상업적 또는 공업적 기술을 교역함으로써 그 대가를 지불하거나 수취하는 것을 통칭한다.

일반적으로는 기술도입과 기술자문의 계약형태로 실행되고 있다. 이러한 유형의 기술이전이 이루어지기 위해서는 현지시장에서 기술이 가치를 지녀야 하며, 기술이전의 효과를 높이기 위해서는 기술도입국의 기술 흡수능력이 어느 정도 존재하여야 된다.

이러한 유형 외에도 생산의 포괄적인 이동(packaged transfer)인 해외직접투자, 통상적인 경우와 반대인 기술개발국가가 선진국 내에 현지공장을 설치하여 기술을 체득하는 유형, 경영관리계약, 및 기술용역기업의 이용 등과 같은 기술이전의 유형이 있다.

본 장에서 논의의 대상은 유상거래를 목적으로 하는 기술이전이다. 따라서 기술이전거래의 형태는 협의로는 기술도입(수입)과 기술수출로 나누어 볼 수 있는 반면에, 광의로는 기술혁신전략 차원에서 기술도입, 기술협력, 기술계약, 공동연구, 직접투자 등이 포함되는 것으로 보아야 하며, <표 7-2>와 같다.

• 표 7-2. 기술이전의 유형

구 분	주 요 특 징
기술도입	상업적, 공업적 기술 교역에 대한 대가를 지불하여 기술을 도입하는 라이선싱의 한 유형으로써 일반적으로 외국자본이 현지기업의 지분을 소유하지 않음. 기술이전의 통제가 강한 가장 일반적인 이전유형. 제공자의 이윤극대화 추구가 용이.
기술자문	기술도입과 유사하나 기술이전이 주로 컨설턴트에 의한 직접적 방법 등에 의해 이루어짐. 기술이전의 통제가 비교적 강한 일반적 이전유형으로 제공자 이윤극대화 추구가 용이
협력약정	국가 간 혹은 기업 간의 계약이나 협약을 통하여 상호 기술이전의 성향을 갖고 있음. 기술도입이나 기술자문에 비하여 통제력 약함. 자본의 이동이 수반되는 경향이 적음.
공동연구	국가연구개발사업의 공동기반기술연구 및 첨단 신생기술 분야에서 빈번하며, 상호 기술정보 교환 및 공유 목적. 통제성 약함. 당사자 간의 시너지 효과 제고 가능. 자본이동의 경향이 적음.
기 타	기타 유형으로는 자본재 무역, 턴키 계약, 직접/합작투자, 컨소시엄, 경영관리계약, 현지공장 설치 등이 있음

2. 기술이전 관련특성

실제적인 기술이전과 관련하여 중요하게 고려하여야 하는 특성으로는, i) 기술이전관련 비용, ii) 기술이전과 관련된 제약조건 등으로 볼 수 있다.

가. 기술이전비용

일반적으로 기술시장은 판매자 시장인 특성을 가지고 있는 불완전시장인 관계로 기술이전비용은 판매자의 이윤추구를 극대화하려는 요인에 의하여 독점적 지대, 기회비용, 매몰비용 등으로 정해지게 된다. 그런데 기업 간 이전된 무형자산의 대가는 제공기업의 입장에서는 이익으로 인식되는 반면에 제공받는 기업의 입장에서는 비용으로 인식되어진다. 기업 간에 이전되는 기술에 대한 대가는 기술관련 특성과 관련기업간의 관계에 의하여 결정되어지는 관계로 하나의 기준(일례로 시장가격)에 의하여 결정되지 않을 뿐만 아니라 대가의 범주나 수준도 기술별 또는 기업별로 일정하지가 않다. 이러한 특성과 관련 지워볼 때, 기술대가에 대한 연구는 아주 다양한데, Teece(1976), Moxon(1979), Contractor(1980a, 1980b, 1984, 1985), Contractor & Root(1981), 이영덕(1990, 1992) 등이 있다.

기술이전 비용에 관련하여 가장 활발한 이론적 및 실무적 연구를 한 연구자의 한 사람은 Contractor이다. Contractor(1980a)는 제조 기술에 대한 표준회계방법을 제시하는 과정에서 비용으로 일시불 수수료, 경상기술료, 기술지원 수수료, 기타 서비스 수수료, 도입기업의 지분과 지불 배당금, 제공한 부품 및 상품의 순 마아진과 수수료, 도입자에 의해 개량 또는 혁신된 기술의 가치, 계약에 의한 세금절약분 등을 고려하였다.

따라서 기술이전비용을 구체적으로 측정하거나 분류하는 것은 용이하지 않으나, 대체로 기술이전 자체와 관련된 직접적 비용과 기술이전에 수반되는 간접적 비용으로 분류할 수 있다. 이와 관련된 많은 연구자의 견해를 체계화하면 <표 7-3>과 같다.[1)]

• 표 7–3. 기술이전거래비용

기 준		특 성
직접 비용	기술비용	• 로얄티(Lump-sum & Ordinary rate) • 기술지원비용, 가동 전 훈련비용 • 내부관리비, 기술체화 및 개선 R&D 비용
간접 비용	재화구매비용	• 기술이전과 관련된 원재료, 중간재, 부품, 설비 등의 수입비용
	관리성과의 배분	• 기술이전기업에 대한 지분배분 • 소유지분에 대한 이윤할당 • 기술사용료 지불에 따른 세금감면

자료 : 기술이전비용 부분을 유형화 함(이영덕 1990).

나. 제약조건

기술이전거래가 당사자 간의 협상에 의하여 이루어지는 만큼 기술이전과 관련된 제약조건도 다양하다. 일반적으로 기존 기술도입계약서에 공통적으로 포함되어 있는 제약조건으로는 도입기술의 비밀보장조항, 상호기술교류조항, 도입기술의 이전금지조항, 수출시장제한조항, 독점실시권 조항, 제품품질관리조항, 그랜트 백 조항, 경쟁·유사품의 생산 및 취급제한조항 등이 있다. 이들 중에서 가장 빈번하게 나타나는 제약조건은 도입기술 보장/보호조항, 도입기술사용 생산제품의 수출제약조항, 개량기술 사용제한조항 등이다.

이영덕(1992)의 전자통신 산업을 대상으로 한 기술도입전략에 관한 연구에 의하면 기술도입계약서에 포함된 도입기술에 대한 보장/보호기간에 관한 질문에 대하여 18개 기업이 기간 내 보호, 14개 기업이 계약만료 후 일정기간 보호를 요구하는 것으로 나타났으며, 특히 6개 기업의 경우에는 영구적인 보호를 요구하는 경우도 있었다. 수출제약조건 여부에 관한 질문에서 제약이 있다고 대답한 기업이 16건, 없다고 대답한 기업이 18건으로 나타났다. 개량기술사용조건에 관한 질문에서는 도입자와 제공자의 쌍방인정이 23건으로 가장 많았고, 제공자만 인정이 3건, 도입자만 인정이 1건 이였으며, 쌍방불인정의 경우도 7건이나 되었다.

제2절 대상기술의 평가와 관련기준

1. 대상기술의 평가

기술의 가치란 공정한 시장가치를 의미하는 것으로, 거래당사자가 기술에 대해 충분한 지식을 가지고 거래의 성사에 대한 일체의 강요를 받지 아니하는 상태에서 관련 재산권이 자발적인 수요자와 판매자간에 교환될 수 있는 금액을 말한다. 기술가치는 기술을 소유함으로써 미래에 얻을 수 있는 경제적 효익의 현재가치를 의미한다.

어떤 기술을 평가한다는 것은 기술관련 정책적 목적에서 예측하고 영향을 평가하는 기술평가(Technology assessment)와 실제적인 거래를 목적으로 그 가치를 평가하는 기술 가치평가(technology valuation)로 나누어 볼 수 있다.

가. 기술평가(Technology Assessment)

기술평가는 원래 정책적 의미에서 사용되기 시작하였던 관계로 공공목적의 정책수립 도구로서 수행되어졌다. 이러한 현상이 산업계에로 확산되면서 기술전략 측면에서 특정기술에 대한 기술평가활동이 이루어지고 있다. 따라서 이와 관련된 개념적 정의는 여러 측면에서 제각각 내려지고 있으며, 많이 사용되는 것을 보면 다음과 같다.

기술평가에 대한 초기 단계의 정의를 보면 기술의 예측과 관련성이 큰 것을 알 수 있다. Coates(1973)는 기술평가를 '기술이나 기술발전이 사회, 경제, 정치 및 제도적인 과정 등에 미치는 잠재적인 영향을 체계적으로 평가하고 분석하는 과정'으로 정의를 내리고 있어서 기술평가의 필요성이 사회에 미치는 영향에 대한 평가에 있는 것을 보여주고 있다. 또한 Strasser는 '대상기술의 장단점에 따른 기술의 내부 또는 외부의 경제, 환경, 사회 측면에서의 개선책을 위한 체계적 기대와 예측'이라고 정의를 내렸다.

한편 기술평가를 정책입안자를 위한 정책적 평가의 관점에서 정의를 내린 사람은 Daddario이다. Daddario(1996)는 미국 하원의 과학연구개발 소위원회의 보고서에서 기술평가를 '정책입안자에게 균형된 평가를 제공하기 위한 일환으로, 현재의 기술정책 문제를 파악하고, 여러 대안들이 미칠 제반영향들에 대한 평가결과를 제시함으로써, 기술프로그램의 특성, 의미, 상태 및 장점 등을 체계적으로 분석하는 방법이다' 라고 하였다. 따라서 기술평가는 기술프로그램을 도입함으로써 발생할 수 있는 세 가지의 결과 i) 바람직한 효과, ii) 바람직하지 못한 효과, iii) 효과의 불확실성을 파악하기 위하여 사용되어져야 한다고 하였다.

나. 기술 가치평가(Technology Valuation)

1) 기술 가치평가의 의의

기술 가치평가란 개별기술자산이 가져다주는 미래 수익을 현재 가치화하여 금액으로 환산하는 것을 의미한다. 이러한 기술 가치평가는 그 결과를 금융대출을 위한 담보로 활용하거나, 기술거래를 위한 자산의 가치로 활용하기 위한 목적으로 주로 이루어진다. 즉 실무적으로 중소·벤처기업의 무형자산을 평가하여 담보대출을 원활하게 하거나, 대학, 연구소, 기업들이 보유하고 있는 지적재산과 무형자산의 이전 및 사업화를 촉진시키기 위한 수단으로서 기술평가 활동이 활용되고 있다. 따라서 보통 상업적 의미에서의 기술평가란 기술 가치평가를 의미하는 말로 사용되어진다고 하겠다.

작금의 우리나라 경제현상에 비추어 우리에게 있어서 기술 가치평가가 갖는 의미는 더욱 크다고 할 수 있다. 21세기 지식정보기반경제 하에서는 연구개발, 기획관리, 첨단기술제품의 생산 등 고부가가치의 지식집약 활동의 비중이 증대되는 한편, 자원투입에 있어서도 유형자원의 투입보다는 기술을 포함한 무형자원투입의 중요성이 증대되고 있다. 따라서 개발기술의 산업적 활용을 증대시키기 위해서는 해당 기술에 대한 가치의 평가가 매우 중요하다. 즉, 기업이 지닌 무형 기술의 시장가치, 기업의 경영관리능력 등에 대한 정확한 평가를 위한 가치평가방법을 개발하고, 나아가 가치평가 기능을 수행할 수 있는 능력과 전문 인력을 양성하는 것이 중요하다고 할 수 있다.

2) 기술 가치평가의 대상

기술 가치평가의 대상이 되는 기술은 등록된 지적재산권인 특허, 실용신안, 의장, 상표, 컴퓨터 프로그램 및 미등록 기술적 노하우(특수 제품 기술·공법, 설계도면, 회로도, 기술사양서, 설비운전지침서, 배합 및 조합 기술서, 원가계산서, 특정 경험 또는 지식의 유·무형적 권리 등)등을 포함한다.

3) 기술 가치평가의 방법

기술 가치평가방법은 전통적으로 크게 비용접근법(Cost Approach), 시장접근법(Market Approach), 수익접근법(Income Approach), 25% rule 등이 있으며, 최근에는 재무관리분야의 가치평가에서 사용되는 각종의 첨단기법들이 적용되고 있는 실정이다. 우리나라에서는 2000년 2월에 기술이전촉진법이 제정되면서 관련기관, 학계, 산업계 등에서 개발기술의 가치평가를 위한 모형개발에 대한 많은 노력이 있어 왔다.

(1) 비용접근법

기술이 미래에 제공할 수 있는 서비스를 대체하는데 필요한 비용을 계량화함으로써 기술소유자에 대한 미래의 경제적 효익을 측정하는 방법이다. 이는 경제성 원칙에 따라 합리적인 사람이라면 다른 사람이 동등한 욕구와 효용을 갖는 어떤 자산을 얻기 위해 지불한 금액(비용) 즉 개발비용(획득비용), 문서화 비용, 권리화 비용, 감가상각 등을 고려한 비용 보다 더 많은 금액(비용)을 지불하려하지 않는다는 데에 근거를 두고 있다.

일반적으로 비용접근법은 대부분의 기술개발의 연구개발비가 공정한 시장가치를 충분히 제시하지 못하며, 보완재의 가치 및 위험에 대한 가치가 반영되지 못한다는 한계점이 있다. 반면에 이 방법은 사용이 용이하고 이 방법의 사용에 따른 비용이 적게 든다는 등의 장점이 있다. 따라서 이 방법은 기술과 사업의 분리가 곤란하고, 다른 방법의 사용이 용이하지 않은 경우에 사용하는 것이 바람직하다고 하겠다.

(2) 시장접근법

해당기술에 대한 사람들의 시장평가에 대한 합의로 미래 효익의 현재가치를 측정하는 방법이다. 이 방법사용의 전제는 관련 자료의 수집이 관건인 만큼 활발하고 공개적인 기술시장과 비교할 만한 기술들의 거래가 이루어져야 한다. 따라서 관련 자료가 있을 경우 관련 산업의 범위와 해당기술의 평균 사용료율 등을 제공할 수 있는 반면에, 유사시장이 존재하지 않거나, 관련 자료수집이 어렵고, 신흥기술의 경우엔 사용이 불가능하다는 단점이 있다.

(3) 수익접근법

기술의 사용기간에 걸친 기대수익창출능력을 자본화함으로써 그 기술의 공정한 시장가치에 대한 지표를 제공하는 방법이다. 이 방법은 기술수준과 시장특성을 반영한 미래 기대수익, 기대수익의 발생기간, 위험을 반영한 할인율 등을 결정하여, 미래 현금흐름을 순 현재가치(NPV)로 환산하는 것이다. 따라서 이 방법은 수익분석과 함께 기술공헌도를 분석하며, 나아가 두 분석결과를 곱하여 최종적인 가치를 산출한다. 기술공헌도는 해당 기술이 사업의 핵심요인인지를 확인하는 것으로 자사 사업내에서의 유용도와 경쟁사와의 경쟁 정도를 각각 분석하고, 얻어진 두 값을 산술평균하여 산출할 수 있다.

(4) 25% 규칙

이는 활용된 기술로부터 발생되는 수익률이 25%를 기준으로 하여 개략적으로 기술가치를 평가하는 방법이다. 이는 경험에서 나온 기준으로 이론적 뒷받침이 없을 뿐만 아니라 실제수익과 투자에 따른 위험을 고려하지 못한다는 약점이 있기는 하나 간편하고 비용이 적게 드는 관계로 초기의 판단을 위하여 주로 사용된다.

이상의 기술가치 평가를 위한 방법들의 특성과 장단점을 분석하였으며, 이를 비교가 용이하도록 표로 작성하면 <표 7-4>와 같다.

• 표 7-4. 기술 가치평가의 특성비교

평가모형	주요영향요인	적용가능성: 장점	한계점: 단점
비용접근법	• 기술개발비용 • 감가상각기간 • 감가상각방법	• 재무/회계처리 분야 • 정부출연연구소의 민간기술이전	• 미래수익을 고려하지 못함
수익접근법	• 기대수익의 현재가치 • 무위험 이자율 • 제품시장 특성	• 기술이전 및 상업화에 필요한 가치평가 • 논리적 타당성 높음	• 영향 요인 추정이 곤란 • 제품시장에 따라 변동성이 큼
시장접근법	• 유사기술의 시장가치 • 기업가치	• 라이선스 및 로열티 산정 시 근거자료 • 핵심 기술의 가치평가	• 기술시장의 필요성 • 중간기술 또는 요소기술의 평가에는 부적합
25% 규칙	• 기술사용의 수익률	• 공정 및 제품관련기술 평가 • 초기 평가	• 위험에 대한 고려 없음 • 정확성이 낮음

4) 사용방법의 결정

실제적으로 기술을 평가함에 있어서 어떠한 평가방법을 사용할 것인가에 관한 결정은 개별기술의 특성에 따라 상이할 뿐만 아니라 사용자의 최종 사용 목적이나 기대 효익에 따라 상이하다. 평가방법의 사용용도를 보면 크게 기술거래를 위한 경우로서, 기술도입, 기술판매, 및 기술이전협상 등이 있으며, 전략적 투자와 관련하여서는 투자결정, 투자지분결정, 제휴결정 등이 있다.

또한 기대 효익에 있어서는 전략적 효익, 재무 효익, 관리 효익 등이 있다(이동근 1999). 전략적 효익은 지적재산의 가치창출에 대한 기여 및 중요성을 공유하거나, 효과적인 지적재산의 관리를 위한 시사점을 제공하며, 기술전략 개발에 대한 투입요소로 활용하는 것 등이 해당된다. 재무 효익은 투자수익률 증대를 위한 지침을 제공하거나, 효과적인 라이선싱을 통한 가치의 창출을 도모하는데 있다. 관리 효익은 가치평가를 통하여 프로젝트의 투자에 대한 우선순위를 설정하는 것이다.

이와 같이 평가목적별 기술평가의 특성, 평가범위 및 고려요인에 관련 내용을 정리하면 <표 7-5>와 같다.[2)]

• 표 7-5. **평가목적에 따른 기술가치평가모형의 분류**

유형	기업보유 기술자산 관점 기술 가치평가	기업보유 지적재산권 관점 기술 가치평가	개발대상 기술선택 관점 기술 가치평가	지원 대상 개발기술 관점 기술 가치평가	거래대상 지적재산권 관점 기술 가치평가
평가대상 범위	기업이 보유한 유무형 기술자산의 가치평가	기업이 보유한 무형자산으로서의 지적재산권	R&D 프로젝트 선정시 단위기술의 가치평가	기술개발 지원 대상 단위기술의 가치평가	이전/거래대상으로서의 지식재산권
가치분석 Level	기업	기업	기업	산업	산업/기업
가치 표현	절대적/상대적 가치	상대적/상대적 가치	절대적 가치	상대적 가치 (등급)	절대적 가치
기업 경쟁력 연관도	매우 밀접	밀접	매우 밀접	밀접	무관
기업 경쟁력 정도	Middle	Low	High	High	Very High
가치평가 방법특징	• 기업 가치평가 • 시장접근법중시(비교 기업 가치)	• 지식재산권 가치평가 • 비용접근법 중시 수익접근법활용	• R&D프로젝트 평가 • 실물옵션방식 활용 비용 및 수익 접근법	• R&D파급효과 평가 • R&D 과제평가 • 수익접근법활용	• 기술 가치평가 • 수익접근법 중시 • 시장접근법적용
평가결과 활용방안	M&A 및 기업 가치평가용 가치평가	지적재산권 담보력 평가용 가치평가	R&D 프로젝트 평가용 가치평가	개발 자금지원 평가용 가치평가	기술이전/거래용 가치평가

자료 : 정혜순, "기술가치평가 : 기술이전을 위한 기술가치평가모델을 중심으로", 한국산업기술진흥협회, 기술관리, 2002/3, p. 20.

5) 평가방법의 정교화와 실물옵션법

기업의 미래 기술투자계획에 대한 시장의 기회가치를 평가하기 위해서는 수익과 비용의 예측, 연관된 불확실성의 탐색과 크기의 추정, 투자에 사용된 자본비용에 대한 추정 등 여러 가지 요소에 대한 복합적인 추정이 필요하게 된다. 따라서 최근에는 금융시장에서 사용되고 있는 옵션방법을 활용하여 미래의 불확실성을 관리하여 가치를 높일 수 있는 실물옵션방법이 개발되고 있다.

(1) 실물옵션의 개념

옵션이란 옵션 매입자가 일정한 유가증권 또는 상품 등을 미리 정해진 기간동안에 미리 정해진 가격인 행사가격으로 일정한 양을 사거나(콜옵션) 또는 팔 수 있는(풋옵션) 권리를 의미한다. 미래에 대한 불확실성과 변동성이 클 경우에는 선택권인 권리를 행사함으로서 부가가치를 창출할 수 있을 것이다.

실물옵션은 개발계획이나 투자안과 같이 증권거래소 등에서 거래될 수 없는 실물자산에 대한 옵션을 의미하고, 금융옵션과는 달리 옵션을 행사하기 위한 계약이 반드시 필요하지 않는 자유옵션에 해당된다. 기업은 시장 환경이 매우 불확실한 경우에 현재시점에서 전통적인 자본예산관리방법에 의해서 투자를 결정하기보다는, 미래에 대한 유연성을 기반으로 하고 있는 실물옵션을 이용하여 투자를 계획함으로써 보다 투자가치를 높일 수 있는 결정을 하게 된다.

(2) 실물옵션의 효율성

실물옵션 방법은 미래에 대한 여러 시나리오를 통하여 경제적 및 기술적 불확실성이 높은 환경에서 시점에 따라 투자대상에 대한 선택, 즉 수정, 포기, 확장 등을 변경할 수 있는 유용한 평가방법이다. 이러한 평가방법을 통하여 투자자들은 투자결정에 대한 조건부 의사결정이 가능해지고, 불확실성을 감안하여 시장에 대한 유용한 정보를 더 많이 수집한 상태에서 의사결정을 할 수 있게 된다.

특히 실물옵션은 시장에서 빠른 성장과 확산추세, 치열한 경쟁상황, 대체기술의 진입 등 변동성이 심한 산업분야에서 기술 가치를 평가할 때 더욱 효과적인 방법이다. 따라서 경영자가 전략적 의사결정에서 실제적으로 사용가능한 실물옵션의 유형을 하버드 경영대학에서는 여섯 가지 정도로 지적하고 있다.

실물옵션의 사용이 보다 효율적인 사례를 들어 보면 다음과 같다(성웅현 2002). 전자상거래 도서판매시장에서 확고한 위치를 확보하고 있는 아마존 닷컴의 경우에 기업의 가치를 수익접근법에서 사용되는 할인현금흐름으로 구해보면 상대적으로 낮게 평가될 수 있다. 그러나 이 기업이 몇 년 후 확장옵션을 사용하여 사업영역을 도서판매에서 비디오, CD 등 다른 사업영역으로 확장하기 위해서 요구되는 플랫폼기술에 투자하고 있는 경우를 생각해보자. 이 경우에는 수익을 당장 창출하지는 못하겠지만, 중장기적인 측면에서는 잠재적인 큰 수익으로 회수될 수 있다고 기대할 수 있을 것이다. 그러나 기존의 현금 할인법을 이용한 평가방법은 이러한 성장옵션을 현실적으로 반영하기가 어렵다고 판단된다.

이상과 같이 전통적 평가방법으로 평가할 경우 문제가 발생할 수 있는 미래의 불확실성이 큰 상황에서 올바른 평가로서 가치를 창출할 수 있는 실물옵션의 개념과 유용성을 살펴보았으며, 특히 아마존의 예를 들어 기술가치 평가에 있어서의 유용성을 살펴보았다. 이와 같은 실물옵션의 유효성을 구성하고 있는 구조를 정리하면 <그림 7-1>과 같다.

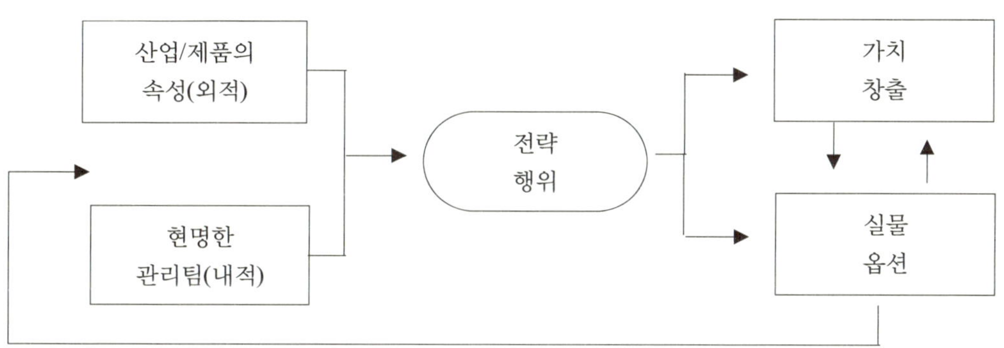

자료 : 성웅현, 기술 가치평가모형, 특허청, 2002/4, p. 118

그림 7-1. **실물옵션 사고의 효용성 구조**

2. 대상기술의 평가기준

기술거래에서 사용되어지는 대상기술의 평가기준은 구체적 거래 대상에 따라 상이하다. 실제적인 거래의 주요 대상인 지적재산권을 포함한 기술의 가치평가를 위한 항목의 구성에 있어서는 정량적 지표를 사용할 것인가 또는 정성적 지표를 사용 할 것인가에 따라 투입되는 변수가 상이하다고 할 수 있다.[3)]

또한 기술평가의 실시에 따른 보다 효율적인 실무적인 적용을 위해서는 보다 구체적으로 여러 가지 점들을 고려하여야 한다. 먼저, 어떠한 평가지표를 사용하겠는가를 결정하는 것이며, 둘째로 각 지표별로 구체적인 세부평가요소를 어떻게 확정할 것인가, 셋째로 선택된 지표와 확정된 요소에 대하여 어떻게 가중치를 부여하고 어떠한 척도를 사용하여 평가할 것인가에 대한 것이다. 끝으로 이렇게 확정된 평가 척도를 사용하여 구체적으로 평가하며, 나아가 가중치를 고려한 가중평균값을 산출하고, 그 결과에 따라 기술의 가치를 평가하는 것이다.

이러한 일련의 실무적인 평가과정에서 평가자 또는 평가목적에 따라서 차이가 있기는 하겠지만 어떤 형태로든 공유할 수 있는 평가지표를 도출하고 평가기준을 명확히 하는 것은 상당히 중요하다고 하겠다. 이러한 측면에서 우리나라의 관련기관에서 사용하고 있는 상이한 기준을 살펴보면 대부분의 경우에 평가지표는 기술성, 사업성, 사업 환경 관련성 등을 반영하는 것으로 구성되어 있으나, 구체적인 평가요소나 가중치 및 척도에서는 상당히 상이하게 나타나고 있다. 따라서 평가기준설정을 위한 하나의 예를 들어보면 <표 7-6>과 같다.

• 표 7-6. **기술평가관련 기준항목 구성 예시**

기술성 평가 항목	가중치	평가점수	득 점
1. 기술권리의 기술 지배력	5점		
2. 기술의 완성도, 신뢰성	5점		
3. 기술권리 범위의 명확성	5점		
4. 대체·유사기술의 존재 및 우위성	5점		
5. 개발기술의 실증력 및 개발단계	5점		
6. 기술 수명주기 상 위치, 예상수명	5점		
7. 개발기술의 장애, 추가연구 필요성	5점		
8. 개발기술의 종합 경쟁력	5점		
총 점	40점		

사업성 특성 항목	가중치	평가점수	득 점
1. 기술의 사업화 가능성	10		
2. 기술 활용 제품의 판매 가능성	5		
3. 제품의 가격 경쟁력	5		
제품의 비가격 경쟁력	5		
4. 제품의 시장성·성장성	10		
5. 제품의 부가가치·수익 실현가능성	10		
6. 제품판매에 관련한 법적 인허가 필요여부	3		
7. 사업화시에 타 기술의 필요성	3		
8. 경쟁제품, 대체·유사제품의 출현가능성	5		
9. 제품의 모방난이도, 시장침투능력	10		
10. 생산에 필요한 원료, 가공품 확보능력	5		
11. 생산설비투자, 경제성 및 필요성	4		
12. 절대적 수익기대액의 일정 기간내 달성가능성	5		
13. 사업투자(benefit)의 매력정도	10		

14. 효율적 생산체제(공정, 관리 등) 구축가능성	5		
15. 수출시장 진출가능성	5		
합　　계	100		

사업 환경적 특성 항목	가중치	평가점수	득 점
1. 해당기술 경쟁 환경	5		
2. 기업화 지원 여건	5		
3. 해당기술 개별지원시책	5		
4. 제품생산·판매에 관한 법적 규제	5		
5. 소비자 수용도 및 제약요인	5		
6. 해당분야 성장여건	5		
합　　계	30		

자료 : 박종오, "가술가치평가 방법론", 정보통신연구진흥원, 기술이전 및 가치평가 워크샾, 1999/12/17, p. 11.

한편 기술이전거래에서 거래대상을 광범위한 기술로 보는 경우에는 앞에서와 같이 기술만을 평가하는 기준을 사용할 수가 없다. 공공기관에 의한 테크노마트를 통한 기술거래에서는 일차적으로 거래대상 기술을 선별하기 위한 평가의 경우에는 경제성, 기술성, 전문성, 목적적합성, 국가적 파급성 등 중분류 기준을 사용할 수 있다. 이러한 분류기준과 요소들을 종합하여 일예를 제시하면 <표 7-7>과 같다.

• 표 7-7 **거래대상기술에 대한 평가기준**

구　분	항　　목
기술체화상품	거래상품의 시장성, 거래상품의 성장가능성 거래상품의 수명주기 및 발전단계, 거래상품의 선도화 정도 거래상품의 품질개선
숙련 및 전문 인력	관심분야의 직무경험, 관심분야의 자격증 소지여부 관심분야의 특허 및 지적재산권 보유 관심분야에 대한 연구결과의 발표 및 출간 회수 관심분야에 대한 연구결과의 인용 회수
국내 및 해외 교육훈련 프로그램	프로그램의 전문성(기술, 관리, 경영관련 서비스의 전문성) 프로그램의 경제적 효율성(예산, 기간, 이론/실무/현장경험의 배합 정도) 프로그램운영자의 전문성(관심분야의 경험 및 운영수준) 프로그램의 관리통제시스템(평가/피드백 시스템, 프로그램 개선 시스템)

기술	지방/국가 목표관련 평가기준	경제의 공헌도	수출증대, 국내판매 증대
		산업구조의 명확화, 국제경쟁능력의 증대	과학도시 로서의 역할강화, 고도산업구조로 전환, 기술개발의 기회제공, 벤처기업의 육성과 양산
	일반적 평가기준	경제적 효율성	기술의 질과 기능의 개선, 원가절감
		사용가능성	생산능력의 증가, 기술의 신뢰성
		개발가능성	기술의 이용가능성, 확산가능성, 적용/응용가능성

자료 : 이영덕과 홍성표(1997), 관련내용을 수정함.

◆ 참고자료 : 이익접근법의 평가절차 ◆

◑ 이익접근법(Income Appraoch)에 의한 기술가치평가 프로세스

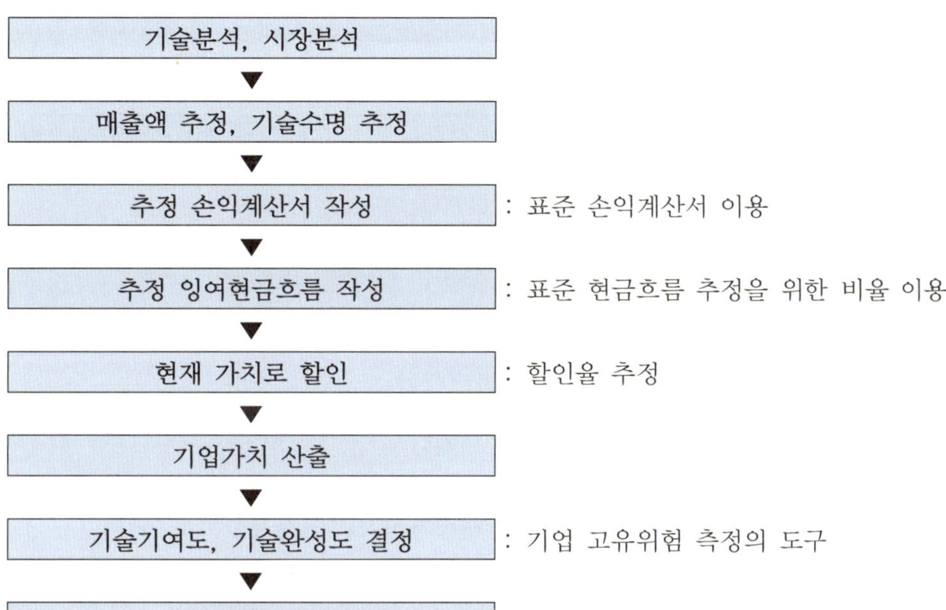

◑ 기술가치의 결정과 할인율의 추정:

$$\text{기술가치} = \sum_{t=1}^{T} \frac{FCF}{(1+r)^t} \times (\text{기술기여도}\cdot\text{완성도})$$

FCF(미래현금흐름) = 세후영업이익 + 감가상각비 - 자본적지출 - 운전자본의 증감

할인율 추정 = WACC(가중평균자본) 추정 + 기술력위험 프리미엄 추정 + 규모수준 위험 프리미엄 추정

◑ 기술수명주기의 분석

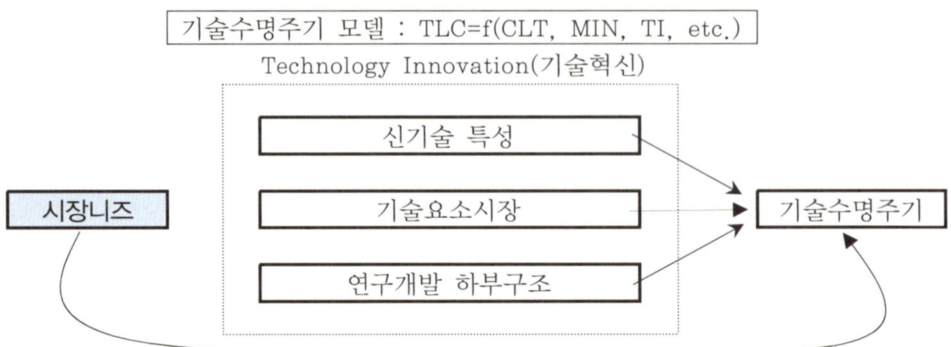

CLT는 인용수명주기를 의미함.

◑ 기술기여도 분석: 기술신용보증기금(2003)

- o 기술기여도를 영업활동으로 인해 발생하는 초과이익 중 기술자산으로 인해 발생한 기여분이라 정의
- o 무형자산의 구성요소를 기술자산, 시장자산 및 인적자산으로 구분
- o 각 개별특성이 반영된 평가지표와 각 평가지표에 부여된 배점을 기준으로 기술자산의 상대적 기여도를 측정
- o 개별자산의 특성이 고려되기 전에는 개별기여도가 같다고 보고 각 자산의 배점은 20점으로 동일하게 산정

- 기술기여 계수 = 기술자산평점 / (기술자산평점 + 시장자산평점 + 인적자산평점)

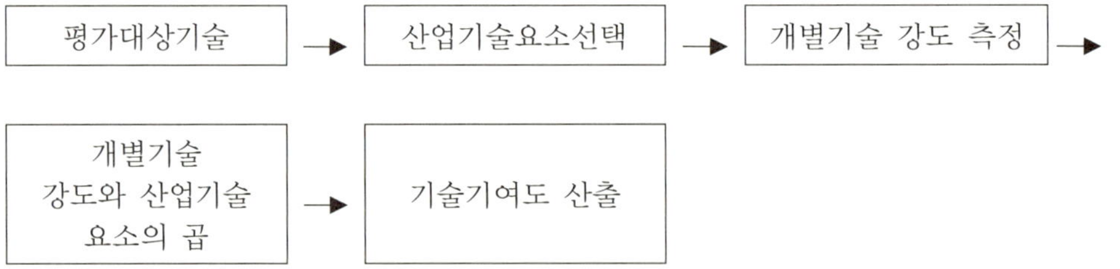

- 산업기술요소 = 최대 무형자산 가치비율 × 산업평균 기술자산 비중
- 개별기술 강도 : 사업에 활용되어 실현한 상업적 우월성에 대한 공헌

각주

1) 우리나라 주요부처별 기술이전 시 징수하는 기술료 징수조전은 아래 표와 같다.

구분	공동관리규정 (2001.12.19 제정)	공동관리규정 (2008.12.31개정)	공동관리규정 (2012.5.14 제정)
기술료 정의	연구개발결과를 실시하는 권리를 획득하는 대가로 실시권자가 연구 개발결과의 소유권자에게 지급하는 금액	연구개발결과를 실시하는 권리를 획득하는 대가로 실시권자가 국가(전문기관) 또는 연구개발 결과물 소유권자에게 지급하는 금액	
결과물 소유권자	영리법인 또는 국가(전문기관)8) (*)	영리법인	
기술료 징수권자	결과물 소유권자	전문기관	
기술료 징수규모	부처별 규정에 따름		공통규정 도입
기술료 징수실무 (미래부)	영리법인이 출연금 이상(요건충족 시 감면)의 기술료 스스로 징수하여 이중 50%('05부터 30%)를 전문기관에 납부	전문기관이 출연금 의 30%(요건 충족 시 감면)를 영리법인으로 부터 징수	전문기관이 출연금의 일정액 징수(중소기업 10%, 중견기업 30%, 대기업 40%) (매출정률제 없음)
기술료 징수실무 (산업부)	전문기관이 출연금의 일정액 징수 (중소기업 20%, 대기업 40%)	전문기관이 출연금의 일정액 징수 (중소기업 20%, 중견기업 30%, 대기업 40%) <필요 시 매출정률제 채택>	전문기관이 출연금의 일정액 징수(중소기업 10%, 중견기업 30%, 대기업 40%) <필요 시 매출정률제 채택>
기술료 징수대상	- 미래부 : 영리법인이 결과물을 실시하려는 경우 납부이행계획서 제출 - 산업부 : 최종평가 결과 일정요건(*)에 해당하면 기술료 징수 대상과제로 확정 * 과거에는 성공으로 판정한 과제가 대상이었으나 현재는 '불성실 수행'으로 판정받은 경우를 제외한 모든 과제가 기술료 납부대상임		

자료 : 김해도와 오동훈, "정부 기술료 제도의 쟁점과 개선방안", KISTEP ISSUE Paper 2014-03

2) 아울러 기술의 가치를 평가하는 목적에 따라 사용에 적합한 방법을 보면 주로 수익접근법과 시장접근법이 많이 사용되는 것을 알 수 있다. 또한 지적재산권의 가치평가에 있어서 평가의 목적이 내부평가, 자발적 라이선싱, 강제적 라이선싱, 제휴, 비용절약 등에 따라 아래의 표와 같은 상이한 방법을 사용하게 된다.

목 표	시장접근법	비용접근법	수익접근법	25% 규칙
내부가치평가	O	O	O	
자발적 라이선싱	O		O	O
강제적 라이선싱	O			
제 휴	O	O	O	
비용절약	O	O	O	O

자료 : W. Manfroy, “How to determine value of Intellectual Assets”, Fairfield Resources International, Seminar of LG Chemicals, Daejeon, 2000/3/3, p. 14.

3) 구체적인 평가방법에는 평점법, 비교평가법, 전문가 심사법, 델파이법 등이 있으며, 평가에 있어서는 항목 간 배점과 가중치 등을 임의적으로 택하는 것이 일반적이다. 또한 평가절차에 있어서는 관련 자료를 수집하여 일차적으로 평가표에 의한 배점평가를 실시, 관련 전문가를 활용한 2차 평가, 그리고 최종평가 등의 세 단계를 취하는 것이 보편적이다.

제8장 하이테크 마케팅

제1절 불연속적 혁신과 캐즘에 대한 대응

1. 불연속적 혁신과 시장특성

가. 하이테크의 개념

혁신의 특성을 규명하기에 앞서 혁신의 산물이 되는 기술 특히 하이테크 기술을 어떻게 정의할 것인가는 대단히 중요하면서도 쉽지 않은 일이란 것을 먼저 말할 필요가 있다. 왜냐하면 하이테크 기술이란 개념은 사용되는 용도나 또는 연구자들에 따라 상당히 다양하고 상이하게 규정되어 왔다. 일예로서 Mohr(2001)는 하이테크를 '디자인, 개발에 관여하고 있는 것과 과학적/기술적 지식의 체계적인 활용을 통하여 새로운 제품 또는 혁신적인 새로운 공정을 소개하는 것'이라고 정의하였다.

외국에서는 기술 인력의 비율, 연구개발비 수준, 해당산업에서의 등록 특허의 수 등과 같은 기준을 사용하여 하이테크 기술 산업을 분류하고 있다. 예를 들어보면 연구개발 인력비율의 크기에 따라 세 단계로 구분하여 하이테크 기술 산업을 분류하거나(미국 노동성), 특정산업에서의 부가가치 대비 연구개발비 지출비율(OECD), 연구개발 집약도 또는 순 매출액 대비 연구개발비 비율(US NSF) 등을 사용하기도 한다. 또한 많은 저비용 전자컴퓨터 제조업자는 최소의 엔지니어링 및 과학적인 투입으로 고도로 루틴화 된 공정 내에서 조립되어지는 대량생산된 부품수량을 사용하고 있다.

나. 불연속적 혁신의 개념

일반적으로 혁신은 크게 두 가지 측면에서 점진적 혁신과 급진적 혁신으로 볼 수가 있다. 점진적 혁신은 기존 제품이나 프로세스의 질적인 향상을 통하여 기업의 입지를 강화하는 방법으로서, 이에 대한 예로는 마이크로소프트사의 기존설계와 컴포넌트의 개량을 통한 차세대 MS Word 소프트웨어개발전략을 들 수 있다. 따라서 점진적 혁신은 연속적 개선으로서 소비자 행동양식의 변화를 요구하지 않는다.

이에 따라 1980년대 많은 미국 기업들이 점진적 개선에 관리의 관심을 집중시키고 업무프로세스를 단순화하거나 성과척도를 개발 및 모니터하고, 세계최고급 경쟁자와 대응하기 위하여 상호 벤치마킹을 하였다. 그러나 점진적 혁신이 경쟁력증대에 절대적인 요소임에도 불구하고 미국 기업들은 연속적인 개선을 수반한 대약진(breakthrough) 즉 급진적 혁신의 추종에 실패함으로써 기술집약적인 시장에서 미국 산업의 경쟁적 지위를 하락시키는 결과를 초래하였다.

반면 급진적인 혁신은 전혀 새로운 개념을 도입하여 기업에게 새로운 스킬이나 역량을 개발할 수 있는 능력을 제공하는 것으로, 불연속적인 혁신의 특성을 가지게 된다. 불연속적 혁신은 새로운 사업영역과 제품라인에로 유도하는 공정 및 제품기술에서 대약진이 일어나는 것으로, 소비자 행동양식의 변화와 기존 제품이나 서비스의 변경에 대한 요구, 나아가 이를 위한 인프라스트럭처의 변경을 요구하는 수가 있다.

지난 1980년대 세계를 주도하였던 많은 미국 기업들이 1990년대 범세계적인 경쟁무대에서 큰 시련을 겪은 바 있는데, 대표적인 기업으로 IBM, GE를 들 수가 있다. IBM은 지난 기간 동안 컴퓨터의 메인 프레임분야에서 연속적인 점진적 개선을 통하여 성장하여온 관계로, 불연속적 혁신을 수반하는 새로운 사업 분야에서 새로운 성공전략을 추구해야한다는 필요성을 이해하지 못하였다. 또한 GE는 1980년대 초에 공장자동화로부터 세라믹 부품에 대한 컴퓨터지원 디자인으로 새로운 하이테크사업을 성장시킬 수 있는 사업적 시도에 대한 이해부족으로 실패를 하였다.[1)]

한편 88올림픽 때 삼성전자는 고화질TV(HDTV) 시제품을 출시한 바 있으며, 우리 가전업체들이 근년에 세계시장에서 사업화에 큰 진전을 이룸으로서 후발적인 연구개발자라는 약점을 크게 만회한바 있다. 당시 일본의 전자업계에서는 HDTV를 가장 중요한 `차세대 상품'의 하나로 지목하고 NHK와 가전업체가 공동으로 새로운 제품시대에 대비한 방송기술의 보급을 위하여 시험방송을 계속하는 등 노력을 하고 있었다. 이러한 노력이 계속된 지 10년이 지난 90년대 후반에 미래시장의 불확실성과 사업화의 부진에 따라 기술개발 선도자의 위치를 포기하고 HDTV사업을 중단한 바 있었다.

이는 HDTV가 기존 TV와는 전혀 다른 제품, 즉 불연속적 혁신제품이었다는데 기인한다. 따라서 HDTV의 상업적 성공을 위해서는 일차적으로 소비자가 HDTV를 구입해야(즉 시장이 존재하여야)함은 물론, 방송국에서도 종래의 아날로그 방식을 탈피하여 HDTV용 프로그램을 제작하여야 한다. 방송국이 HDTV용 프로그램을 시청자에게 전달하기 위해서는 새로운 방송기기 및 영상제작기기가 필요하며, 새로운 방식의 방송제작기법이 요구되어진다. 아울러 프로그램을 제작/보급하는 사람들을 교육/훈련하는 방법도 달라져야만 한다.

다. 불연속적 혁신의 시장특성

불연속성적 혁신의 관리는 성공에 대한 보증이 없으면서 장기적이고 투자집약적인 과정이란 성격을 가진다. 따라서 불연속적 혁신의 가장 중요한 특징은 불확실성의 증대와 의사결정 타이밍의 곤란이라고 할 수 있다(Lynn et al 1996, pp.10-11).

먼저 불연속적인 혁신은 의사결정과 관련된 타이밍에 큰 문제를 야기하는데, 타이밍은 기술개발에 필요한 시간, 새로운 시장의 출현에 소요되는 시간, 개발을 위한 기술경쟁에 요구되는 시간 등의 면에서 나타날 수 있다. 이러한 문제는 기업이 통제할 수 있는 능력이 거의 없는 정부 규제 등과 같은 외생적 요인과 결합되어질 때 더욱 해결이 용이하지 않게 된다.

다음으로 불연속적 혁신은 제품에 대한 시장형성의 어려움으로 인하여 성공에 대한 강한 의구심과 높은 불확실성을 야기 시킨다는 것이다. 즉 해당기술의 계속적인 진화, 시장에 대한 잘못된 규정의 가능성, 및 아직까지 규정되지 않은 시장에로 현재개발 중인 기술을 인도하기 위한 지원기반인 인프라가 존재하지 않거나 미흡함으로 인하여, 해당 제품을 구매하는 것은 위험을 사는 것과 마찬가지라고 할 수 있다.[2)]

일반적으로 소비자들은 변화의 방향과 크기를 예측할 수 없는 불확실성에 따른 위험발생에 민감한 반응을 보인다고 할 수 있다. Everett Rogers는 기술만의 변화가 아니라 문화와 제도를 포함하는 불연속적 혁신의 변화를 소비자집단 혹은 사회가 어떻게 수용하는가를 기술수용수명주기(Technology Adoption Life Cycle)모델로 설명하였다.[3)] 이 모델은 기존의 제품수명주기모델에 소비자집단의 유형을 결합한 것으로 <그림 8-1>과 같다.

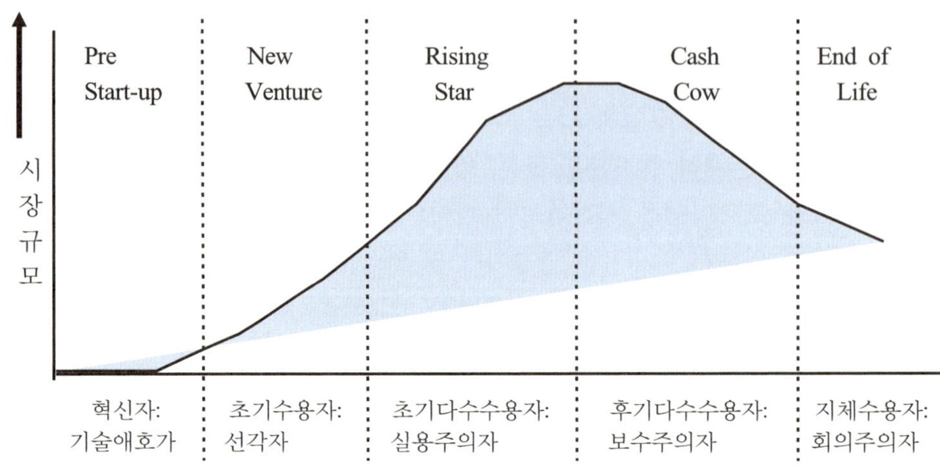

그림 8-1. **기술수용수명주기**

로저스는 이모형에서 소비자 집단을 다섯 가지 유형으로 분류하고, 유형에 따라 행동과 태도가 각각 다르게 나타난다고 하였다.

첫째 유형은 혁신자(Innovators) 혹은 기술애호가(Technology Enthusiast)이다. 이들은 기술이 가지는 이점과 혜택을 다른 사람들에게 알리기 위하여 혁신에 참여하거나 혁신관련 제품을 수요하게 된다. 이러한 집단이 가지는 특성은 몇 가지로 정리할 수 있는데, 이들에게는 기술 그 자체가 중요한 관심의 대상이 된다. 또한 이 들은 신기술 제품에 대한 호기심으로 관련기능에 대한 테스트를 누구보다도 먼저 하고 싶어 하는 특성을 갖는 관계로, 신제품이 가지는 결함에 대해서는 별로 중요하게 생각하지 않는다. 반면에 기술개발자 또는 보유자와 가능한 한 모든 지원과 협력적 관계를 갖고자 한다.

둘째 유형은 조기수용자(Early Adopters) 또는 선각자(Visionary)이다. 이들은 신기술에 대한 획기적인 돌파구를 통하여 다른 경쟁자들보다 먼저 기술의 경쟁우위를 확보하고자 한다. 따라서 이들은 신기술에 적합한 전략적인 응용분야를 쉽게 구상하고 모색할 수 있는 능력을 보유하고 있을 뿐만 아니라, 위험부담이 높은 대신에 보상수준도 높은 것을 약속하는 제안에 쉽게 매력을 느끼게 된다. 이들은 전체적인 해결방안에서 누락된 요소들을 보완하는 역할을 수행하게 되며, 신기술이 창출하게 되는 전략적 효과를 인지하는 관계로 신제품의 가격에 대해서는 크게 영향을 받지 않게 된다. 따라서 이러한 집단을 만족시키기 위해서는 이들이 원하는 빠른 시장참여, 고객니즈를 반영한 높은 수준의 맞춤형 기능보완, 및 기술적 지원의 제공이라는 조건을 충족시켜주어야 한다.

셋째 유형은 전기다수수용자(Early Majority) 혹은 실용주의자(Pragmatists)이다. 이들은 점진적 개선을 통한 지속적 생산성 향상이란 측면에서 혁신에 관심을 가지게 된다. 따라서 결과가 입증된 해결방안이 이들의 주된 관심사인 관계로 시장리더로부터 제품을 구입하는 것을 선호하게 된다. 이들은 혁신관리의 운영상에 나타날 수 있는 혼란을 기피하며, 신뢰감을 줄 수 있는 지원과 예측가능 한 결과에 많은 가치를 부여하게 된다.

넷째 유형은 후기다수수용자(Late Majority) 혹은 보수주의자(Conservatives)들로서, 경쟁상대와 비교하여 현상유지를 하는 경우에 만족하게 된다. 이들은 위험회피를 중요하게 보는 관계로 신기술에 대해서는 취약할 수밖에 없다. 또한 이들은 가격에 민감한 관계로 혁신을 있는 그대로 한정된 응용분야 내에서 수용하고자 하며, 믿음을 가지고 자신들의 결정에 조언을 해주는 특정한 사람들에게 의존하게 된다.

다섯째 유형은 지각수용자(Laggards) 혹은 회의론자(Skeptics)들로서, 이들은 현재의 상황에 만족하여 이를 유지하는 것에 집착을 하게 된다. 이들의 중요한 특징을 보면 생산성 증가에 대하여 신뢰하지 않는 대신에 반대급부를 요구하는 입장을 가지게 된다. 따라서 이들은 신기술에 대한 구매와 수용을 억제할 기회를 모색하며, 이로 인하여 최신 기술제품의 개발과 발전을 지연시키는 결과를 초래하게 한다.

위와 같은 5가지 유형의 소비자의 행동특성을 자동차의 예를 들어 설명하여 보자. 먼저 가솔린자동차와 성능 면에서 별 차이가 없는 전기자동차가 나왔다고 가정할 때, 언제 그 자동차를 구입하겠는가를 생각하여 보자. 만약 어떤 사람이 자동차가 시판되는 대로 즉시 살 것이라고 생각한다면, 그 사람은 혁신자이거나 또는 선각수용자에 해당될 것이다. 또한 어떤 사람은 전기자동차의 기능이 충분히 검증되고 동네 곳곳에 충전소가 설치된 후에 사겠다고 한다면 전기 다수수용자가 될 것이다. 반면에 모든 사람들이 전기자동차로 변경하여 가솔린자동차의 운영이 불편해졌을 때나 구입하겠다고 한다면 그는 후기다수수용자이며, 전기자동차는 나와는 무관한 것이라고 무시한다면 그는 지각수용자에 해당된다고 하겠다(G. A. Moore 1999, pp. 9-10).

2. 캐즘에 대한 대응

가. 캐즘의 개념

무어는 하이테크 마케팅에서 나타나는 캐즘을 설명하기에 앞서 기술수용수명주기상의 단계를 지나면서 발생하는 균열(crack)현상을 지적하였다. 최초의 균열은 혁신자와 초기 수용자간에 발생하는 것으로 중요한 기술제품이 새로운 주된 혜택으로 전환되지 못하는데서 발생하는 갭을 의미한다. 이러한 균열은 기술애호가는 이 제품이 가지는 구조적 특성을 사랑하지만, 다른 사람은 누구도 이 제품을 어떻게 사용하기 시작하는지를 알 수 없는데서 기인하게 된다. 또 다른 균열은 초기 수용자와 초기 다수수용자간에 발생한다. 이러한 균열의 현상으로 말미암아 기술수용수명주기상에서 선각자집단과 실용주의자 집단 간에 이질감이 발생하여 수명주기곡선이 단절되는 현상을 초래하게 된다. 이러한 균열현상을 유발시킬 수 있는 양 집단이 가지는 행동적 특성을 정리하면 <표 8-1>과 같다.

• 표 8-1. **선각자와 실용주의자간 균열의 발생**

선각자	실용주의자
• 모험을 즐긴다	• 신중하다
• 신속한 수용 의사결정	• 관망하는 태도
• 확대해서 생각함	• 기대치를 조절한다
• 자신의 판단에 따름	• 유대관계의 유지
• 대규모 지출	• 예산내의 집행
• 선제공격능력 보유	• 지구력
• 실용주의자를 수수방관자로 간주	• 선각자를 위험인물로 간주함

자료 : G. A. Moore, Crossing the Chasm, HarperBusiness, 1996, PP. 16-19, 유승삼, "한국 벤처기업 성장제약 및 성공전략", 벤처기업협회 주최, 한·미 비교를 통한 벤처산업의 발전전략, '97 한·미 벤처포럼, 인터콘티넨탈 호텔, 1997년 4월 25일, p. 104 요약 참고.

캐즘이란 첨단 기술을 기반으로 하는 제품의 마케팅에 적용되는 이론으로서, 하이테크 제품이 초기에 조금 판매된 후 본격적인 시장조성을 통한 주류시장에서 대중적인 판매로는 좀처럼 연결되지 않는 현상을 말한다. 즉 일반인은 새로운 첨단기술 제품이 얼마나 현실적으로 유용한가를 눈여겨보는 이른바 '탐방의 기간'을 거치게 되는데, 흔히 이를 캐즘이라고 한다. 첨단기술 제품일수록 특정 계층에서 시작된 일시적 호기심과 유행에 의해 형성된 초기 수요를 일반시장에 맞게 개발해 시장수요로 이끌어 가는 과정에서 발생할 수 있는 시장의 공백 및 단절의 상태를 캐즘이라고 한다.

예컨대 영상회의용 기기, 문서영상 처리기술, 태양에너지 응용기술 등은 기술적으로는 빼어난 첨단기술이면서 훌륭한 제품이지만 시장에서는 그다지 성공적이지 못한 것들이다. 초기의 시장 수요는 대부분 새로운 기술 자체에 대한 호기심이나 기능

탐구 욕구가 강한 엔지니어 계층이 주된 소비층을 이루게 마련인데, 이는 전체적인 수요측면에서 보면 대단히 제한적이다. 반면에 일반시장의 소비자는 실용적 측면에 큰 관심을 두고 타인이 사용하는 실례와 객관적인 유용성을 본 뒤 가치가 충분하다고 판단될 때만 구매의사를 표시한다(배수원, 2001/11/28).

나. 캐즘의 특징

캐즘은 초기수용자에서 초기 다수수용자로 전환하는 단계에서 하이테크사업을 성공적으로 이끌어갈 수 있도록 충분한 새로운 시장 또는 고객이 없다는데서 발생한다. 신기술 채택에 적극적이고 전략적인 초기 수용자에 의해 형성된 초기시장은 단기간 내에 포화상태에 이르고, 시장을 주도하는 일반 소비자들이 구매 욕구를 느낄 만한 수준에 이르지 못했을 때 상황은 급속히 악화돼 초기시장에서 얻은 수익은 금방 고갈된다. 따라서 이러한 상황에 대처하지 못하는 하이테크 벤처기업들은 주류시장 진입에 실패하여 도산하는 운명을 맞게 된다. 이와 같은 캐즘 현상이 발생하는 원인을 보면 아래와 같이 정리할 수가 있다.

- o 초기 시장에 더 이상 의존이 곤란함
- o 초기 수용자(선각자)들이 기대 수준에 못 미침
- o 초기 구매자의 개성에 맞는 특별/맞춤 제품요구 수행이 곤란함: 과중한 연구개발비 부담의 계속
- o 지속가능 한 사업개발의 미비
- o 주류시장에서의 현 제품 수용준비 미흡
- o 초기 다수수용자(실용주의자)의 기대를 충족시킬 완전제품의 부재
- o 실용주의자의 현 제품에 대한 참조사례의 부족
- o 초기시장에 새로운 경쟁력 있는 제품의 출현

다. 캐즘의 해결방안

캐즘의 해결을 위해서는 먼저 해당시장에 대한 이해와 아울러 시장참여 기업자신에 대한 이해가 있어야 한다. 시장에 대한 이해에 있어서, 첨단기술은 불연속적인 혁신을 기반으로 하고 있는바, 이러한 특성을 반영할 수 있도록 새로운 가치사슬을 창조해야만 한다. 예를 들면 첨단기술제품은 기존시장이 없는 관계로 기업이 일차적으로 기술개발에 성공하여 제품을 만들며, 나아가 유통경로를 구축하고 판매를 통하여 최종구매자에 도달하는 즉 시장창출을 하게 되므로 이와 관련된 모든 가치체계를 새롭게 만들어야 하겠다.

하이테크 기업이 기술수용수명주기 상에 다섯 개로 나누어져 있는 시장을 침투·점유하기 위해서는 먼저 자신을 파악하여야 한다. 즉 각 기업들은 전략적 포지셔닝을 통하여 자신의 전략적 위치가 주기 상에 어디에 속해있는가를 정확하게 분석하고 판단하여야 한다. 이러한 시장위치를 기반으로 각 사가 포함된 시장에 적합한 마케팅 방법을 적용하여야 한다.

또한 이러한 상황파악을 기반으로 캐즘을 뛰어넘어 주류시장으로 진입하기 위해서는 일차적으로 관련 마케팅전략의 올바른 수행이 있어야 하며, 나아가 조직문화 및 경영상에서의 변화도 수반되어야 한다. 캐즘 단계를 넘어 일반 시장으로 진입하기 위해서는, 첫째로 우선 틈새시장에 대한 선행적인 접근을 통하여, 해당시장에 완제품을 제공하거나 아니면 향후 제공을 보장하여야 한다. 둘째, 전체 시장이 아니라 한두 개의 세분화된 시장에서 지배적인 위치를 얻는데 마케팅의 초점을 두는 것이 중요하며, 이를 위하여 제품의 사용범위를 한정시키는 전략을 병행하는 것이 중요하다.

세분화와 관련하여 캐즘을 뛰어넘을 때는 총력을 기울여 화력을 한곳에만 집중시켜야 하는데, 시장세분화 프로세스를 보면 <표 8-2>와 같다. 노르망디 상륙작전에서처럼 전력을 한 곳으로 집중하여 거점을 확보하는 즉 선택과 집중의 전략을 수행하여야 한다. 또한 사용범위 제한과 관련하여서는 많은 하이테크 기업의 엔지니어출신 경영자들이 시도하는 한 제품에 여러 기능을 복합시켜 다용도 제품을 개발·출시하려는 전략은 매우 위험하다고 할 수 있다.

셋째, 캐즘을 뛰어넘는 데에는 반드시 회사 자체의 변화과정이 있어야 한다. 이때 해당기업은 가족적인 분위기나 개별적인 성공을 지향하던 경영관리형태를 벗어나서 예측 가능하고 협력적인 분위기를 가지는 조직경영관리로 전환하여야 한다. 또한 캐즘을 넘는 과정에서 발생한 계약적인 모순상황을 해소하여야 하는데, 이 과정에서 기업자산의 대폭적인 평가절하, 부진한 성과를 낸 임직원의 징계, 제품 및 기술의 미래에 대한 책임과 권한의 변화 등이 수반되어진다.

끝으로 캐즘의 극복을 위해서는 무엇보다도 기업문화의 변화가 중요하다. 앞에서도 지적한 바와 같이 캐즘은 불연속적 혁신에서 발생하는 문제인 만큼, 불연속성에 대처할 수 있는 기업문화 즉 조직구성원들의 학습문화를 구축하여야 한다. 구체적으로 조직구성원들이 공통된 주제에 대하여 토론하고 배움으로서 문제를 해결해 가는 자세를 회사의 문화가 되게 하는 학습조직을 만들어야 한다.

• 표 8-2. 시장세분화 프로세스 단계

단 계	특 성
1	시장을 고객니즈, 선택, 구매습관 등을 구별해줄 수 있는 변수를 중심으로 몇 개의 집단으로 나눔
2	각 세그먼트별로 고객의 특성과 인적 자료를 기술
3	다양한 세그먼트에 대한 유인을 평가하고 목표 세그먼트를 선택
4	선택된 세그먼트 내에 제품을 포지셔닝 함

자료 : J. Mohr(2001), p. 159

제2절 하이테크 마케팅전략

1. 하이테크 마케팅의 개념과 환경

가. 하이테크 마케팅의 개념과 상황제약모형

하이테크 마케팅이란 고객과 시장을 만족시킬 수 있는 성공적인 사업을 위하여 지배적인 디자인을 구축하도록 연구개발 프로젝트의 계획, 수행 및 사업화를 촉진하는 일연의 과정이라고 정의할 수 있다(김한주 2001/11). 또한 이와 관련하여 하이테크 마케팅이란 혁신을 기반으로 한 하이테크 제품의 개발, 광고 및 판매촉진을 통한 시장 진입/점유, 나아가 사용자와 연결하는 유통 등의 제 활동에 관한 계획, 수행, 및 성과평가에 이르는 일연의 과정이라고 정의되기도 한다.

이러한 정의를 함에 있어서 먼저 시장계획과 관련하여 가치창출에 따른 두 가지의 명백한 전략적 접근의 차이, 즉 시장주도(마켓 풀)와 혁신주도(기술푸시, 제품주도)에 대한 이해를 하여야 한다. 시장주도는 마케팅 담당자가 시장으로부터 고객니즈 등에 관련된 광범위한 정보를 수집하고, 중앙집권적 데이터관리시스템에 따라 수집된 정보를 확산시키며, 나아가 이러한 정보를 기능 간 또는 부문 간의 의사결정에 활용하게 된다. 이러한 과정에서 내려지는 의사결정은 협력적인 방법으로 수행되게 된다.

따라서 고객을 중심으로 한 시장주도는 시장(고객, 경쟁자 등)에 관한 정보를 수집, 공유, 사용하는 것을 의미한다(Mohr 2001, pp. 98-99). 반면에 제품주도는 수용되는 제품이 합리적인 가격에서 이용가능 하다면 고객은 제품의 성능에 대하여 잘 알고 있는 관계로 구매할 수 있다는 것이다. 이는 전반적으로 충분한 량이 생산되어 공급되는 관계로, 고객은 구매에 대해서는 안심해도 된다는 사고를 기반으로 한다.

이러한 두 가지 전략적 관점에 따라 하이테크 제품의 시장은 분리되어지는데, 시장집중화 전략결정에 있어서 시장의 상대적인 비중과 혁신의 상대적인 비중에 따라 표적시장이 <그림 8-2>와 같이 선택되어진다고 할 수 있다.

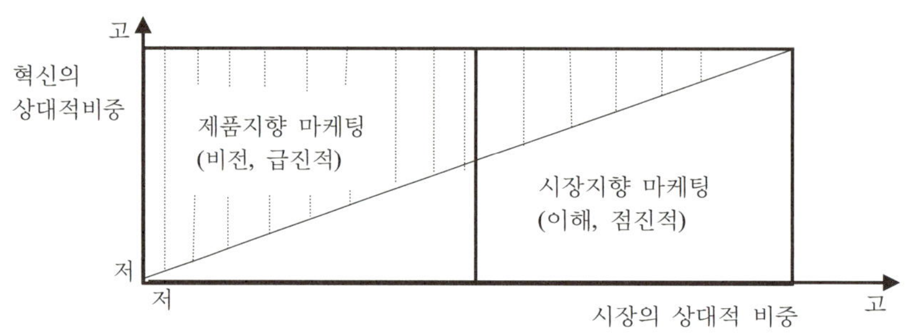

자료 : E. Viardot(1998), p. 115

그림 8-2. 혁신의 유형과 표적시장의 선택

하이테크 제품에 대한 마케팅 담당자는 제품범위, 가격, 판촉 및 유통에 따른 가용자원을 최적화하면서 보다 높은 수익을 가지는 시장에 대한 점유율을 증대시키도록 노력하게 된다. 따라서 마케팅 활동의 범주는 변화가 없다고 하더라도, 해당제품의 기술적 특성을 반영하여 활동의 구성과 구성요인들의 중요도는 변화하게 된다(E. Viardot 1998, pp. 15-17). 이러한 변화는 하이테크 마케팅 담당자가 기본적인 관점을 제품중심에서 마케팅중심으로 전환함에 따라 발생한다고 볼 수 있는데, 전환에 따른 중요한 특징을 보면 <표 3>과 같다.

이상에서 보는 바와 같이 하이테크 제품에 대한 마케팅전략은 가치창출에 대한 관점이 어떻게 변화하느냐 즉, 상황적 제약에 따라 달라질 수 가 있다. 상황적 제약에 따른 마케팅 모형은 마케팅전략을 통한 신제품의 성공이 혁신을 인식하는 상황, 즉 기술주도로 보느냐 또는 시장주도로 보느냐에 의하여 영향을 받는다는 관점에 입각하고 있다.

• 표 8-3. 제품중심에서 마케팅중심으로 전환

기 준	형 태	가 정	목 표	담당부서
제품	품질 제품기술	고객이 스스로 제품구매 고객은 제품우위 확인 능력 고객은 제품이 타당한 경우 보다 많은 지불의사	좋은 제품 발견 질 좋은 제품생산 제품기능의 설명	R&D 디자인 생산
생산	가용성과 합리적 가격		충분한 수량생산 병참/유통 최적화	생산 병참/판매
판매	이해자극	고객이 필요로 하는 것 구매 판매기법에 따라 고객의 보다 많은 구매 조장	제품/회사인지 증대 제품구매 조장	판매 마케팅
마케팅	니즈와 동기부여에 반응	고객의 궁극적 관점이 장기적인 판매전환에 가장 중요 제품에 대한 고객의 관심은 제품의 문제 해결 능력 또는 니즈의 충족 능력에 의존함	고객 니즈의 인식 고객 니즈의 충족	마케팅 전 부서

자료 : E. Viardot, Successful Marketing Strategy for High-Tech Firms, Artech House, 1998, P.3

1) 급진적 혁신에 의한 공급자주도

급진적 혁신에 따른 기술기반의 공급자 주도시장에서의 특징을 보면 다음과 같다. 첫째, 연구개발부서와 마케팅부서간의 상호작용 특성이 혁신의 형태에 따라 영향을 받는다. 공급자주도(일명 제품주도) 시장에서는 연구개발의 역할이 절대적인 관계로 기술적 우위를 상업적으로 응용함에 있어서 R&D가 마케팅 담당자들에게 방향을 제시하여 주게 된다. 따라서 마케팅의 역할은 시장을 확인하는 정도이다.

둘째, 적절하게 사용되어지는 마케팅 조사기법의 형태가 영향을 받는다. 급진적 혁신을 중심으로 하는 기술주도의 경우에 고객들이 종종 새로운 기술을 알지 못하는 관계로 시장자료를 수집하는 것이 용이하지 못하다. 따라서 표준적인 시장조사를 통한 고객 피드백의 가치는 명확하지 못하므로, 이 경우에는 질적인 조사방법을 통하여 R&D의 지침을 제공하는 것이 보다 보편적이다.

셋째, 광고의 역할에 관계된 것으로 급진적 혁신관련 제품의 경우에 일단 가변적인 상업시장이 확인되면 마케팅 담당자들은 고객들을 교육시켜야 할 뿐만 아니라 전체적으로 당해 제품에 대한 초기 수요를 자극하여야 한다.

끝으로, 가격책정과 관련하여 급진혁신관련 제품의 경우에는 이전 제품에 비추어 중요한 우위를 제공함으로 고객들은 신기술에 대한 높은 프레미엄을 지불하려고 한다. 그러나 시장담당자는 급진적 혁신이 반드시 많은 수익을 가져온다는 잘못된 가정을 해서는 안 된다.

2) 점진적 혁신에 의한 시장주도

시장주도에 의한 점진적 혁신에 있어서는 연구개발-마케팅간의 상호작용이 상당히 상이하게 되며, 마케팅 활동은 절대적인 것이 된다. 고객은 제품개발에서 가장 중요한 역할을 수행하게 되며, 자신들의 요구와 선호를 반영할 수가 있다. 이러한 상황에서는 기업은 고객니즈를 파악하고, 고객니즈를 충족시켜줄 수 있는 적절한 혁신의 개발에 관한 정보를 R&D부서에 전달하기 위하여 표준 마케팅 조사방법들을 사용할 수가 있다. 광고는 전형적으로 선택된 수요를 자극하고, 기업의 특유 브랜드와 제품에 대한 선호를 구축하는 역할을 하게 된다.

또한 많은 점진적 혁신은 절대적으로 해당기업의 제품이 대규모 시장에서 진부해서 가치가 없다고 판단되면 중대한 투자를 필요로 할 수도 있다. 따라서 시장 담당자는 장기적인 재무적 매력도란 관점에서 잠재적 수익을 수반하는 혁신의 본질을 혼돈해서는 안 된다.

나. 하이테크 마케팅 환경

하이테크 마케팅과 관련된 환경의 중요한 특성은 시장의 불확실성, 기술 불확실성, 경쟁의 가변성, 및 기타요인으로 요약할 수가 있다.

1) 시장불확실성

시장불학실성은 특정기술에 의하여 만족될 수 있는 고객 니즈의 형태와 정도에 대한 애매 모호성에 관련된 것이다. 시장불확실성은 새로운 기술로부터 고객이 원하는 대상, 고객 니즈와 열망을 변화시키는 방법, 이러한 불확실성이 시장의 개발과 크기에 미치는 방법 등에 대하여 알지 못하는 것으로부터 야기되어진다.

따라서 시장불확실성이 발생하는 원천으로 다음의 다섯 가지가 지적될 수 가 있다(Mohr 2001, pp. 8-10). 첫째는 고객의 두려움, 불확실성, 및 의심에서 불확실성이 기인한다. 시장불확실성은 처음부터 신기술이 소개하게 될 니즈와 문제뿐만 아니라 자신의 니즈를 부합시킬 것인지에 대한 고객의 의구심, 불확실성, 및 두려움으로부터 야기되어진다. 고객은 새로운 혁신의 수용을 지체시키거나, 새로운 혁신에 대한 높은 수준의 정보와 교육을 요구하기도 하며, 나아가 구매후의 재 보증 또는 계속되는 의구심의 해소를 위한 보충을 요구하게 된다. 따라서 시장참여기업은 판매를 전

후하여 이러한 불안을 해소하기 위한 단계를 취하여야 한다.

둘째, 고객 니즈의 급변으로부터 불확실성이 발생한다. 고객의 니즈는 혁신기술 환경 하에서는 변화가 신속하면서 예측불가능 한 방법으로 이루어진다. 이러한 상황에서 고객 니즈를 이동하는 표적으로 하여 이를 만족시켜야 한다.

셋째, 고객 의구심의 영속성에서 불확실성이 계속된다. 고객의 의구심은 시장에서 새로운 제품에 대한 명백한 표준의 부재로 영속되어진다. 따라서 하이테크 마케팅의 중요한 역할의 하나는 새로운 기술에 대한 수용결정에서 소비자가 직면하는 불학실성을 인식하여, 새로운 기술에 대한 표준을 설정하도록 하여야 한다.

넷째, 앞의 세 요인들에 기인한 불확실성은 고객과 제조업자 간에 혁신이 얼마나 빨리 전파되어질 것인가에 대하여 존재하게 된다. 많은 경우 하이테크 혁신에 대한 시장은 대부분이 예측하는 것 보다 느리게 실현되어진다고 할 수 있다. 일예로 미국 소비자들이 어떤 제품의 최초 소개로부터 10년 내에 수용할 가능성에 대한 조사에서 칼라 TV는 3%, CD플레이어는 60%를 약간 상회하는 수준을 보였다.

마지막으로, 혁신이 얼마나 빨리 전파될 것인가에 대한 불확실성은 제조업자가 당해 제품의 시장크기를 예측하는데 제약을 가하게 된다. 시장예측은 현금흐름계획, 생산계획 및 충원계획에 중요한 요소임에도 불구하고, 이러한 불확실성으로 말미암아 예측상의 오차가 발생하게 된다.

2) 기술적 불확실성

기술적 불확실성은 기술이 특정한 니즈를 충족시킬 수 있다는 약속을 고객에게 전달할 수 있을지 여부를 모르는 것을 의미한다. 이러한 불확실성이 발생할 수 있는 요인 다음의 다섯 가지로 요약할 수 있다. 첫째, 새로운 혁신이 약속한대로 기능할 것인가에 대한 불확실성이다. 예를 들면 새로운 암 치료제가 시장에 소개되었을 때, 환자들은 신약이 실제적으로 암을 치료할 수 있을 것인가에 대하여 노심초사하게 된다.

둘째, 기술적 불확실성은 새로운 제품의 이용가능성에 대한 시간계획과 관련이 있다. 하이테크 산업에서 제품개발은 보편적으로 예상보다 긴 시간을 필요로 하게 되며, 이로 인하여 제조업자나 고객이 모두 골머리를 앓게 된다.

셋째, 기술적 불확실성은 새로운 기술의 공급업자로부터 발생하게 된다. 만약 고객에게 문제가 발생하면, 공급업자가 신속하게 효율적인 서비스를 제공할 수 있겠는가, 또는 기술자가 신속하게 달려올 수 있겠는가 등에 관한 불확실성이다.

넷째, 예기치 못한 결과나 또는 부수적 효과에 대한 실질적인 관심은 기술적 불확실성을 유발시킨다. 예를 들면 많은 기업들이 미래에 자사의 사업이 보다 생산적이 된다는 기대에 따라 정보기술에 대한 투자를 증대시켰다. 그러나 수년 후 사람들은 정보기술에 대한 투자가 생산성을 증대시킬 것에 대한 의구심을 가지게 되었거나 또는 지속적인 SW의 업그레이드 노력과정에서, 개인적 활동 즉 이-메일이나 또는 인터넷 검색 등에 컴퓨터를 사용하는 것이 실제적으로 생산성 저하를 초래하였다고 생각한다.

끝으로, 하이테크 시장에서 기술적 불확실성은 새로운 개발이 해당기술을 진부화시키기 전에라도 신기술이 얼마나 오래 동안 유동적일 수 있을 것인가를 확신할 수가 없기 때문에 발생한다. 일반적으로 신기술이 시장에 소개되어지면, 기술성과는 점진적으로 개선되어지기 시작한다. 그 후 계속적인 막대한 연구개발 노력으로 인하여 신기술이 한계에 도달하기 전에 그 성과는 막대하게 증가되게 된다.

3) 경쟁적 가변성

하이테크 시장에서 기반을 이루고 있는 중요한 특징의 하나가 경쟁에 따른 가변성 문제이다. 이는 경쟁구도의 변화를 의미하는데, 경쟁구도에는 예상경쟁자, 경쟁자가 제공하는 제품, 경쟁도구 등이 있다. 이러한 경쟁적 가변성은 다음 세 가지 원인에 의하여 발생한다고 하겠다. 첫째, 기업이 향후 시장에서 새로운 경쟁자가 될 것인가를 하이테크 시장에서는 잘 예측할 수 없다는 것이다. 실제적으로 많은 경우에 새로운 기술은 위협적인 산업의 외부에 있는 기업들에 의하여 사업화되어지고 있는 것이 사실이다. 이 들은 파괴적이지만 종종 기존 참여기업들에 의하여 간과되어진다.

둘째, 기존 산업경계 영역 밖으로부터 오는 새로운 경쟁자는 종종 자신만의 경쟁기법을 수반하게 되는데, 이러한 경쟁기법은 기존 시장참여자들에게는 생소한 것인 경우가 많다. 흔히 이와 같은 새로운 참여기업은 게임의 규칙을 새롭게 작성하며, 모든 시장 참여자들을 위하여 산업의 면모를 변화시킨다. 예를 들면 소매서적상위주로 되어 있던 서적유통산업에 아마존과 같은 닷컴 기업이 참여함으로써 획기적으로 산업의 성격을 변경시켰다.

셋째, 새로운 경쟁은 종종 제품경쟁의 형태나 또는 소비자의 니즈에 관한 문제를 만족시켜주는 새로운 방법의 형태로 야기되어진다. 신규 진입자와 기존참가자 양자에 의한 혁신은 옛날 기술의 진부화를 가져와 하이테크 산업에서의 사업사망률을 보다 높아지게 하며, 경쟁의 가변성을 촉진시킨다. 따라서 계속적인 산업리더십은 창조적 파괴라는 이름으로 방해를 받게 된다. 역설적이긴 하지만 기업은 차세대 최선의 기술개발에 역량을 투입해야하며, 이러한 행위가 현재의 성공기반을 파괴하고 현재의 기술이 진부하게 되기도 전에 기업의 매몰투자(sunk investment)를 촉진하게 한다.

4) 기타 요인

이상 하이테크 마케팅에 대한 주된 세 가지 요인 외에도 공통적인 몇 가지의 부가적인 요인을 지적할 수가 있다. 첫째는 단위비용으로 새로운 제품의 최초 생산비용은 기존 제품의 재생산비용에 비추어 현저하게 높다고 하겠다. 이러한 형태의 비용구조는 제품의 디자인에 내재되어 있는 노하우나 지식이 제품이나 서비스 가치의 실질적인 부분을 나타내는 데 있다. 둘째는 수요측면에서의 수확체증현상이다. 이는 제품의 가치가 보다 많은 사용자가 수용함에 따라 증가하는 경우에 존재하는 것으로, 혁신으로부터의 효용이 사용자의 수와 정의 관계에 있는 것을 의미한다. 셋째, 교역불가능성의 문제로서 노하우가 사람이나 조직관행에 부착되어 있는 경우에 지식자체를 가치평가 하는 것이 곤란한데서 발생하게 된다. 끝으로 지식의 확산으로 지식의 창출과 배분에서 발생하는 시너지는 관련 지식의 축적을 풍부하게 한다. 이러한 확산은 관련기술의 개발에서 수확체증을 창출하며, 부품과 하부시스템의 모듈화를 초래하게 된다. 또한 이러한 모듈화는 사용자에게 여러 시간에 걸쳐 공통된 표준과 양립가능성을 기반으로 보다 많은 선택의 기회를 제공하게 된다.

2. 하이테크 마케팅전략

가. 캐즘과 마케팅

하이테크 제품에 대한 마케팅은 시장특성의 세 단계, 즉 초기시장단계, 캐즘 단계, 주류시장단계로 나누어 살펴 볼 수 있다.[4)]

1) 초기시장 단계

초기시장단계에서는 앞에서도 설명한 바와 같이 시장구성이 선각자와 기술애호가들로 되어있는 관계로 고객목표는 획기적인 돌파구 마련을 통한 전략적인 경쟁우위를 확보하는 것이다. 사용하는 제품과 관련한 시스템 통합은 고객 자신이 가지며, 기업은 고객의 특별한 니즈를 충족시키기 위한 맞춤형 서비스를 제공하여야 하는 관계로 막대한 비용과 지원을 필요로 하게 된다. 경쟁 상황에 있어서는 투입 제품이 아직 독자적인 영역을 형성하지 못한 관계로 하나로 정립되지 못하고 다양한 솔루션의 범주 내에서 존재하게 된다. 또한 시장 내에서의 의사소통은 산업과 전문영역을 초월하여 수평적인 상태로 이루어지며, 공급자들은 우선 좋은 평판을 구축하는데 주력하게 된다. 이러한 시장상황에 해당되는 제품의 예를 정보통신분야를 중심으로 보면 1993년도의 펜 인식 노트북, 컬러 프린터, 객체지향언어, 플래쉬 메모리카드, 무선관련제품 등을 들 수 있다.

이 단계가 연구개발에 주는 의미는 일차적으로 고객에게 개발기술에 대한 확고한 비전을 제시하여야 하며, 이를 기반으로 제품중심으로 혁신을 주도하는 것이다. 따라서 해당 제품이 갖는 아키텍처가 성공에 결정적인 요소인 동시에 엔지니어링이 마케팅을 선도하게 된다.

2) 캐즘 단계

두 번째 단계는 시장이 사라지는 캐즘의 단계이다. 이 단계에서는 기존의 선각자들로 구성된 시장이 너무나 작고 협소하므로, 더 이상 선각자들의 특정한 맞춤형 요구에 부응할 수 없는 자원상의 한계에 도달하게 된다. 아울러 새로운 시장에 해당되는 실용주의자들을 시장에 유인하는데 필요한 신뢰를 적용한 성공사례가 부족한 관계로, 새로운 시장이 형성되지 못하고 시장에서는 관망하는 상태가 지속되어진다. 이에 따라 혁신제품에 대한 매출의 신장이 정체 또는 감소하는 반면에 새로운 매출기반이 형성되지 못하는 시장의 불안정적인 상태가 지속되어진다. 이러한 단계에 해당되는 정보통신분야에서의 1993년 당시의 사례를 보면 OS/2, 넥스터 검퓨터, CD-ROM 제품군, 하이퍼텍스트, 멀티미디어 관련제품 등이 있다.

이러한 단계가 R&D에 주는 시사점을 보면 신제품의 구성에 있어서 완전제품군, 즉 본원제품, 기대제품, 증가제품, 잠재제품 등을 결정하며, 고객니즈의 모든 것을 충족할 수 있도록 이들 간에 우선순위를 결정하여야 한다. 아울러 목표고객이 기대하는 수준이상으로 서비스를 지원할 뿐만 아니라 완전제품과 관련된 동반자 또는 제휴자와 밀접한 관계를 유지하여야 하여야 하겠다. 또한 기존에 상존하는 시스템과 신제품이 공존할 수 있는 인터페이스를 강화하고, 새로운 기능의 개발에 못지않게 향상된 기존기능을 재구성하여 활용도를 높이도록 하여야 한다.

3) 주류시장단계

세 번째 단계는 주류시장 단계로서, 해당 신제품에 대한 본격적인 시장이 실용주의자와 보수주의자에 의하여 형성되게 된다. 고객에 대한 목표는 원가절감을 위한 점진적 생산성 향상에 있으며, 시스템 통합의 책임은 공급자가 지게 된다. 시장에서 주요하게 요구되는 사항은 대규모 생산을 위한 산업표준의 설정에 있으며, 신뢰할 수 있는 적절한 비용에 의한 판매와 고객지원이 이루어진다. 따라서 시장에서의 경쟁은 단일 솔루션 범주 내에서 이루어지며, 공급자의 최대 관심사는 이윤의 추구에 있다고 할 수 있다. 이에 해당되는 예를 1993년 정보통신분야를 중심으로 보면 MS

의 윈도즈, HP 레이저 프린터, 썬 워크스테이션 등을 들 수 있는데, 시장을 주도하는 제품은 많은 응용분야의 여러 세분화된 시장에서 널리 사용되어지는 특성을 갖게 되었다.

이러한 단계가 R&D에 미치는 영향을 보면 성장에 따라 세 가지 단계로 나누어 볼 수 있다. 먼저 초기단계에는 시장에서 교두보를 구축할 수 있도록 재활용이 가능한 완전제품의 구성요소를 고속성장의 키로 활용하는 레버리지 효과를 강화하는 것이다. 두 번째 단계는 완전제품을 제도화하는 것이다. 이러한 완전제품은 해당 제품 분야에서 표준으로 위치하게 되며, 협력업체는 표준으로 된 완전제품의 핵심기능에 부가가치를 창출시킴으로서 성장을 주도하게 된다. 따라서 해당제품과 관련하여 한계를 넘어서는 협력업체간의 협력과 정립된 지원체계를 구축하게 된다. 마지막은 완전제품의 통합화 단계이다. 이 단계에서는 첨단제품에 대하여 보다 높은 간단성, 저렴성, 신뢰성, 편리성을 실현할 수 있도록 완전제품군을 통합함으로써, 보수주의자에게로 시장을 확대하여야 한다.

나. 하이테크 마케팅 전략결정

하이테크 제품에 대한 마케팅의사결정을 관리하는 프레임워크는 하이테크 환경에 대한 이해를 강화하는 동시에 하이테크의 구성 속에서 관리자가 마케팅에 따른 위험을 관리하는데 도움을 줄 수가 있다. 하이테크 마케팅 전략결정은 <그림 8-3>과 같이 해당기업의 내부적 고려와 고객에 대한 이해를 결합한 가운데서 제품, 가격, 판매촉진, 유통에 대한 의사결정이 이루어지는데, 이러한 결정은 사회, 윤리, 규제적 환경에 의하여 제약되어진다. 또한 최근의 정보통신기술의 발달에 따른 인터넷, 또는 웹을 사용한 온라인상의 활동 등으로 인한 새로운 전략패러다임이 창출되기도 한다.

1) 제품전략

하이테크 마케팅에 있어서 제품의 개발과 관리는 전형적인 표준 마케팅 실무를 따른다고 할 수 없다. 앞의 기술수용수명주기에서 본 바와 같이 하이테크 시장에서 제품을 관리하기 위하여 제품수명주기를 사용한다는 주장은 일종의 결함에 불과한데, 이는 경쟁 가변성으로 제품이 결코 성숙기에 도달하지 않을 수도 있다는 것을 의미한다. 또한 시장의 불확실성은 제품의 시장도입에서 성장으로의 진보가 캐즘에 의하여 크게 붕괴되어진다는 것을 의미한다. 따라서 제품전략은 장기적인 관점에서 가용자원을 고려한 제품개발의 지침을 제공하기 위한 기술로드맵을 작성하는데서 시작하여야 한다.

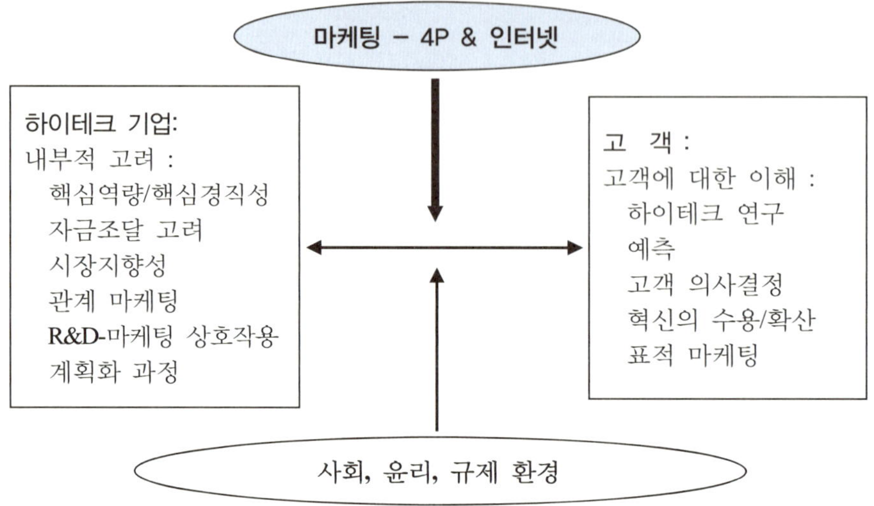

자료 : Mohr(2001), P. 25 그림을 수정함.

그림 8-3. 하이테크 마케팅 전략의 프레임워크

기술로드맵은 바람직한 미래에 대한 산업의 정의된 견해 및 이의 달성을 위한 장기전략의 일환으로 제시된 비전에서 설정된 목표들을 달성하기 위한 포괄적인 기술전략을 나타낸 것으로 <그림 8-4>와 같은 구조를 갖는다. 따라서 기술로드맵에는 전략적 목표에 기초한 성과목표, 현재 기술의 확인, 기술적 장벽과 도전, 연구개발 우선순위, 시간프레임과 연구개발 연계를 보여주는 통합된 연구개발 계획, 및 구체적인 수행전략 등이 포함되어진다. 기술로드맵의 구성요소는 크게 상황분석, 기술종착지 분석, 갭 분석으로 되어있다. 상황분석은 일반 환경 분석, 산업 환경 분석, 사업환경 분석 등 환경에 관한 분석이며, 기술 종착지 분석은 현재의 기술수준, 기술추세, 기술예측, 핵심기술, 기술궤적 등에 관한 분석이다. 마지막으로 갭 분석은 해당산업에서의 외국 또는 경쟁기업과의 기술능력 및 격차를 분석하는 것이다. 이러한 구성요소들 간의 관계를 그림으로 나타내면 <그림 8-5>와 같다.

자료 : R. Scheer, Technology Roadmaps, Energetics Inc, USA의 수정

그림 8-4. 기술로드맵의 구조

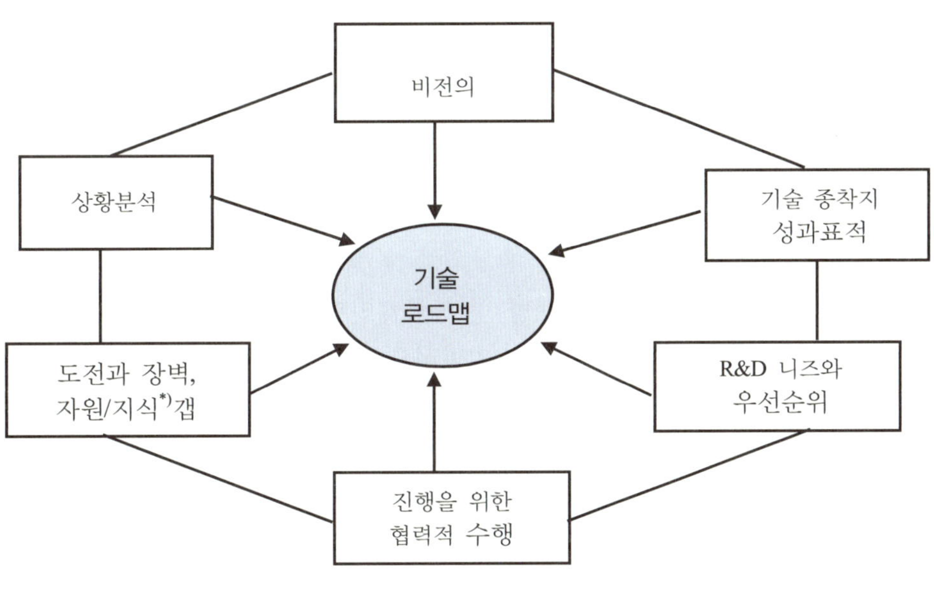

그림 8-5. 기술로드맵의 요소

하이테크 제품전략은 다음의 몇 가지 문제를 고려하여야 하는데, 첫째로 기업이 기초가 되는 제품플랫폼 기술을 무엇으로 할 것인가를 결정하여야 하며, 둘째는 제품에 포함되어야 하는 기능의 수준을 알아야 하며, 셋째로 기업이 성공이 의문시되는 신제품에 대한 투자와 개발을 언제 어떻게 멈출 수 있는지를 알아야 한다. 또한 마지막으로 지적재산권을 어떻게 통제 및 관리하며, 개발기술을 이전할 것인지 아니면 스핀-오프형 창업을 할 것인지에 대한 결정을 하여야 한다.

2) 유통전략

하이테크 시장에서 유통경로의 역할에 대한 의사결정과 공급체인관계 관리는 대단히 복잡하다. 인텔의 예를 들어보면, 인텔이 현재 보다 업그레이드된 칩을 개발하려고 할 때 고객들은 칩을 대체하는 대신에 새로운 컴퓨터를 구매하기를 강력하게 원할 수 있다. 이러한 상황은 인텔의 대규모 고객으로서 인텔칩의 대부분을 구매해주는 컴퓨터 제조업자와의 관계를 소원하게 할 가능성이 아주 높게 한다는 것이다. 따라서 시장관리자들이 공급체인 상에 있는 모든 구성원에게 자신의 의사결정이 미치게 될 영향을 고려하는 것이 중요하다. 또한 기술판매에 있어서 유통경로 구성원들의 역할은 아주 중요하다고 할 수 있다.[5] 다음의 연구는 유통경로 구성원의 중요성을 실증적으로 보여주는 하나의 예이다(Dataquest et al 1997).

- o 딜러를 방문하는 고객들의 75%가 마음속에 컴퓨터의 브랜드를 결정하지 못하고 있으며, 그들 중 90%는 딜러의 권유에 의하여 브랜드를 결정한다.
- o 마음속에 특정 브랜드를 가지고 있는 고객의 23% 중에서 53%가 딜러가 추천하는 브랜드로 변경하게 된다.

따라서 하이테크 시장에서 유통채널 및 공급체인관리가 유통의사결정에 대한 프레임워크를 제시해 준다고 할 수 있다. 일반적으로 유통채널의 선택에 영향을 미치는 요인은 시장의 크기, 유통네트워크 비용, 시장에 투입되는 제품의 형태, 유통채널의 통제정도, 채널의 유연성 등으로 볼 수 있다.

첫째, 시장의 크기와의 관계에서, 고객속성의 다양성은 시장을 커버할 수 있는 한도 내에서 갭을 제거하기 위하여 간접유통채널의 사용을 정당화시킨다. 아울러 정보통신 기술의 발달로 인한 인터넷 또는 웹이 새로운 유통채널로 사용되는 환경변화를 반영하여 전자상거래 형태로 변화하고 있다. 미국 PC시장에서 매출액 1위를 기록하고 있는 Dell 컴퓨터는 오프라인 상의 유통 및 거래를 지양하고 전적으로 인터넷을 통한 온-라인 상에서 주문, 제조, 인도, AS를 수행하는 버추얼 시스템을 운영하고 있다.

둘째, 거래의 규모와 관련하여, 유통시스템에 대한 의사결정은 전적으로 비용 즉 절대적 비용과 고객 당 비용을 고려한 수익성 제고에 있다고 하겠다. 유통상을 통하여 유통하는 경우에 판매원을 이용할 때 비해 고정비용은 경감시킬 수가 있으나, 유통상에 대한 지불이 판매수익의 일정 부분을 차지하는 관계로 가변비용을 크게 증가시킬 수가 있다.

셋째, 제품특성과 관련하여 하이테크 제품은 비표준화 제품과 표준화 제품의 두 범주로 나누어 볼 수 있다. 비표준화 제품은 특정 고객의 주문과 고객과의 개별적 접촉에 의하여 제조가 이루어지는 관계로 직접 판매원에 의한 판매가 요구되어진다. 반면에 표준화 제품은 제품의 특성이 잘 알려져 있고, 대규모로 판매되어지며 단위당 비용이 상대적으로 낮은 관계로 전문 유통상을 통하여 유통하는 것이 타당하다고 할 수 있다.

넷째, 유통네트워크의 통제정도에 따라 고객 및 시장과의 관계가 결정되어진다. 폐쇄적인 제조업자는 고객과 유통에 관련된 정보를 별로 공유하지 않는 대신에 자신의 정책에 따라 일방적으로 판매정책을 수행한다. 그러나 이와 같이 자신과 시장 사이의 장벽을 높혀 나가는 제조업자는 잠재적으로 높은 위험성을 유발할 수가 있는데, 유통과정에서 고객으로부터 피드백을 받을 수 없거나, 유통상이 계약을 파기하기 전에는 자사의 기술이 다른 사람에 의하여 복사되는 것을 파악하지 못하는 경우가 많다.

다섯째, 유통네트워크의 유연성 문제와 관련하여 일반적 유통계약은 장기계약의 형태를 가지는 것이 보편적이다. 왜냐하면 네트워크의 담당자를 채용·교육을 시키는 것은 많은 시간과 투자를 필요로 하는 반면에 그 효과는 단기간에 나타나지 않기 때문이다. 특히 하이테크 제품에 있어서 제품의 범주 간에 높은 율로 서로 모방하는 경향이 있으며, 시장 세그먼트는 계속해서 변화하므로 유통네트워크를 구축하는 것이 용이하지 못하다.

3) 가격전략

표준 가격책정은 하이테크 시장에서 많은 잘못을 유발시키는데, 경험곡선에 근거하여 누적생산에 따른 고정비용의 감소로 비용이 감소한다는데 입각한 가격책정은 단순하게 타당한 것만은 아니다. 실제적으로 경쟁의 가변성은 기업들이 실제적으로 어떤 제품에 대하여 결코 대규모 판매를 할 수 없다는 것을 의미한다. 나아가 생존을 위해서 하이테크 기업이 현재의 제품라인을 진부하게 하는 새로운 혁신을 계속적으로 시장에 도입시켜야 한다. 이는 경쟁우위의 원천을 규모의 경제와 생산비에 의존하고 있는 기업은 시장에서 퇴조하기 쉽다는 것을 의미한다.

하이테크 시장담당자는 가격책정에 있어서 관련환경에 대해 철저한 이해를 하여야 한다. 하이테크 시장의 가격결정과 관련된 환경요소로는 신속한 변화추세, R&D 투자, 후방양립성과 파생물, 인터넷, 경쟁, 신기술의 수익/비용에 대한 고객의 인지, 단위비용, 네트워크 외부성, 가격/성과 비율에 대한 압력, 짧고 가변적인 수명주기 등을 들 수 있다. 그런데 이들 변수는 개별적으로 기업의 가격결정에 영향을 미칠 뿐만 아니라 상호작용을 통하여 영향을 미치게 된다. 따라서 하이테크 기업들의 올바른 가격책정은 3Cs 즉 고객, 경쟁, 비용 등 세 요인에 대한 상호균형이란 기초 위에서 이루어져야 하겠으며, 가격과 비용간의 관계에 의한 고객 분류 매트릭스를 보면 <표 8-4>와 같다.

• 표 8–4. 고객 분류 매트릭스

순지불가격 \ 제공 비용	낮음	높음
높음	**소극적:** 높은 교체비용 핵심부품	**운반선 거래자:** 높은 서비스/ 높은 가격
낮음	**기반 협상자:** 가격 민감 낮은 서비스	**공격적:** 높은 서비스 낮은 가격

아울러 시장에서의 가격결정은 흔히 기술적 패러독스라 칭하는 주의를 따라야 하는데, 기업이 해당제품의 가격을 낮게 책정하는 것이 더욱 수익성을 좋게 한다는 것이다. 즉 실제적인 수익은 업그레이드, 서비스, 보완제품 등의 판매를 통하여 추구하는 방법을 사용하게 된다. 하이테크 제품에 대한 가격책정의 프레임워크는 마케팅믹스에 따른 가격책정을 관리함에 있어서 고객 지향적이어야 한다는 것을 강조하고 있다. 하이테크 산업에서 가격이 급격하게 하락한다는 사실에 비추어 가격패러독스의 관점에서 이윤을 추구해야 한다는 것을 한 번 더 강조하게 된다.

4) 판촉전략

하이테크 제품에 대하여 고객과의 판촉 및 광고를 수행하는 것은 매우 어려운 과업이다. 일반적으로 시장에 대한 신호를 통하여 신기술이 이용가능 할 때까지 고객으로 하여금 구매를 지연하게끔 설득하는 데는 사전홍보가 중요한 방법인데, 이 경우에도 타이밍의 문제는 여전히 남게 된다. 사전공지(홍보)방법은 전통적 제품과 하이테크 제품 모두에서 사용가능 한 방법이지만 상대적으로 하이테크 제품의 경우에 더욱 효과가 좋은 것으로 알려져 있으며, 그 이유는 다음과 같다.

첫째, 고객이 직면하는 진부화의 두려움과 불확실성이란 제약 하에서 사전공시는 고객들이 미래 기술에 대한 도약의 기대로(일명 leapfrogging이라 함) 현재 존재하는 기술을 지향하는 것을 조장하게 된다. 둘째, 기술적 불확실성은 인도의 시간스케줄에 대한 불명확성을 내포하는데, 실제적으로 하이테크 제품에 있어서 예상된 시간보다 적어도 몇 달씩 지연되는 경우가 많다. 셋째, 사전공지는 의도적인 문제가 일어나는 경우에 사용되어진다. 미국 법무성 자료에 의하면 기업이 사전공시를 하는 의도가 특별히 고객의 경쟁업자의 제품에 대한 구매를 방지하는데 있는 경우에, 반경쟁 벌칙이 부과되게 된다.

이와 같은 사전공시방법 외에도 하이테크 마케팅에서는 고객의 두려움, 불확실성, 의구심을 줄여주기 위하여 의사소통 방법이 사용되어진다. 하이테크 마케팅 담당자는 소비재시장에서 사용되어지던 전략들을 종종 전환하여 사용하게 되는데, 일예로 고객들의 인지된 위험을 경감시키기 위하여 강력한 브랜드 이미지 구축을 위한 의사소통을 많이 하게 된다. 따라서 전통적 제품과 하이테크 제품의 마케팅에서 판촉전략의 중요한 차이는 다음과 같다.

- o 기술 지향적 기업에 있는 사람이 시장지향 또는 고객 지향적으로 전환되는 것은 결코 용이하지 않다.
- o 하이테크 제품구매를 둘러싸고 있는 고객, 기술, 경쟁 불확실성의 결합은 소비자들에게 보다 많은 위험을 제공하며, 이러한 위험을 감소시킬 전략을 필요로 한다.

끝으로 판촉 및 광고활동에 있어서 또 다른 중요한 것은 고객과의 관계를 개발하고 유지하는 것이다. 고객관계 마케팅(CRM: Customer Relationship Marketing)은 기업으로 하여금 강한 충성심과 매출액 증대를 가져오는 고객과의 상호 호혜적인 장기적 관계를 형성하도록 하여 준다. 고객관계를 설정함에 있어서 모든 고객을 일률적인 대상으로 하는 것이 아니라 기업의 수익성, 고객규모 등에 따라 고객의 등급을 부여하게 된다. 이러한 등급을 기반으로 자사의 수익추구행위가 합리성을 유지할 수 있도록 최선의 고객을 확인, 인지 및 보상하게 된다.

◇ 참고자료 : 컨셉설정과 하이테크 마케팅 고려요인 ◇

1. 컨셉이란

o 정의:

- 제품의 아이디어를 소비자 니즈관점에서 현실적으로 생산 가능한 제품으로 구체화
- 기업이 기능적으로 시장에 제공가능하다고 판단한 제품을 소비자 입장에서 제품으로 명확화 한 것

예 참여정부, 문민정부, 국민정부, 보통사람 정부

Concept = Needs(시장고객측면) + Seeds (기술축면)
= Attribute (제품특성, 속성) + Benefit (소비자 효익, 만족, 가치)

o 구성요인: 7대 요인

- Relevance(관련성), Reaction(반응), Unique(독특성), Condition(조건), Differential(차별성), Consumer-Oriented(고객지향성), Scenario(구성)

concept은 개념이 아니라 본질이다

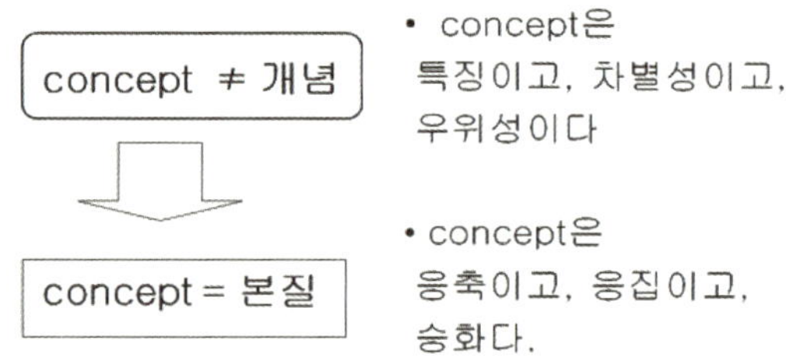

예 박카스의 컨셉 : 세월을 먹지 않는 (늙지 않는 – 40여 년을 한결같이)

2. 하이테크 기술/제품 시장에 진입시기(Timing)

o 4세대 R&D의 사고변화 : 무엇을, 어떤 정확한 방법으로 만들 것인가?

- Know - Why, – How, - Who, – What
- Learning by Exploring (사유, 탐색)
  by Searching (조사 , Web 조사)
  by Doing (실행, 현장 실무)
- 개발기술의 사업화: Business 개념의 확장
  Time to Market : 시장수용, Time to Acceptance : 고객수용

o 시장성과 경제성을 고려한 기술개발: R&D vs R&BD

- 연구개발에 사업화 개념의 반영(Business Development)
- 기술기획단계에서 수요자의 잠재적 니즈 반영
- 상품의 사업화 전 과정에 대한 피드백
- 연구개발 성과평가의 대상만이 아닌 기획대상으로서 사업화

o Time-to-Market를 대비한 기술전략: R&D vs C&D

- 외부 연구자산과 연계한 제품개발
- 복합기술의 효율적 확보와 제품화
- 내부 기술역량활용의 효율성 제고
  * P&G 신제품 개발사례,
  * 모토롤라 슬림휴대폰 사례 (삼영테크놀러지 키패드기술 활용)

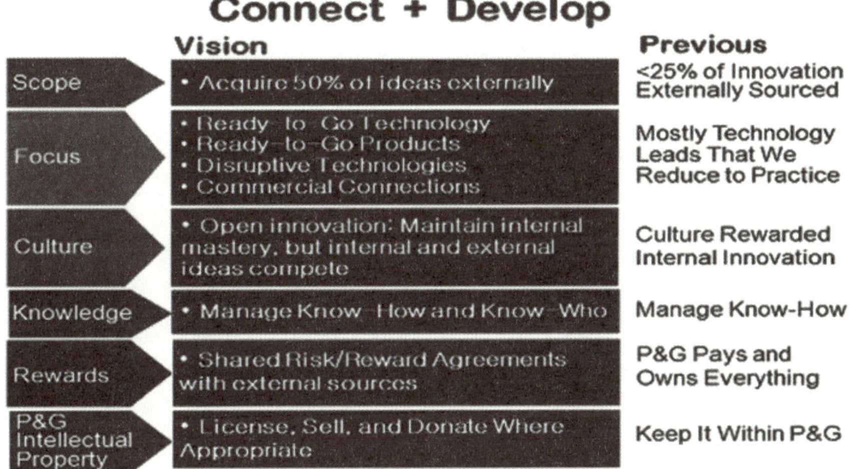

Figure 1. - Procter & Gamble is shifting an increasing proportion of its R&D into the external, virtual world.

3. 하이테크 기술/제품의 기능성, 혁신성, 사회적 이미지 제공

o 디자인 경영시스템의 구축

- 소비자의 기능 및 혁신 니즈의 반영
- 소비자의 사회적 관계 반영
- 소비자의 감성 반영:
  (예) 휴대폰 단말기의 실패사례 : 기능적 속성위주제품의 시장실패

o 아이디어의 시각화와 디자이너의 혁신감각

- 아이디어의 제품화에 반영

예 덴마크 뱅앤 올룹스사의 음향기기

- R&D활동이 R&D ED으로 확대

4. R&D전략 수행과정에 마케팅 활동 반영

o 하이테크 제품 특성의 분석

- 기술개발 단계와 시장개발 단계 간 기간적 차이가 짧음
- 제품화과정에 프리테스트 마켙과 테스트 마켙을 별도로 거치기가 어려움

o R&D전략의 수행과정에 마케팅 활동 반영

- 연구개발 기획과정에 시장에 대한 선행조사 (前주기 마케팅)
- 제품개발단계에 고객기능 분석 및 최적 상품화 기회분석 (後주기 마케팅)

각주

1) Lynn et al(1996 spring)은 이에 반하여 일본 기업들은 소비전자분야에서 미국기술을 추종함으로써 점진적 혁신을 통하여 성장하였다는 주장을 비판하고 일본 기업에 의한 비연속적 혁신을 강조하였다. 소니는 디스플레이 및 디지털기술로서 소비재 전자분야에서 선구자 역할을 하였으며, 토시바는 액정화면기술로서 데스크 탑 컴퓨터 시장에서 지배적인 기업으로 도약함으로써 랩탑 컴퓨터에서 리더의 자리를 구축하였다.
G. S. Lynn et al, "Marketing and Discontinuous Innovation: The Probe and Learn Process", California Management Review, Spring 1996, p. 9
2) 초기 이 분야에 대한 연구는 거시적 관점에서 불연속적 혁신이 산업의 구조, 산업의 진화 및 신규화에 어떠한 영향을 미치는가에 관심이 집중된 관계로, 경영관리 차원에서 불연속적 혁신에서 경영자의 시장이해의 개발방법, 성과평가방법, 투자결정방법, 사업기회의 평가와 선별 등과 같은 분야에 대한 이해가 부족하였다. 따라서 전통적인 신제품 마케팅전략이나 신규사업기회를 평가하는 할인현금흐름 방법 등이 불연속적 혁신에 적용하는데 부적합하였다. 따라서 불연속적 혁신에서 모든 경영자는 시장, 기술 및 타이밍에 대한 불확실성을 제거하여야만 한다.
3) 하이테크 제품에 대한 고객들의 구매행위는 새로운 제품 수용에 따른 교체비용, 훈련필요 등에 대한 잘못된 결정의 위험에 영향을 받는다. Mohr는 로저스의 기술혁신수용주기모형에 관한 연구에 기초하여 다음과 같은 5개요인의 특성을 제시하였다.

요 인	특 성
상대적 우위	비용대비 새로운 기술수용에 따른 혜택
양립성	혁신의 수용과 활용이 기존의 처리방법이나 표준문화규범을 기초할 수 있는 정도
복잡성	새로운 제품의 사용상 어려움 정도
제품혜택에 대한 의사소통능력	새로운 제품의 소유와 사용에 따른 혜택에 대하여 잠재적인 고객들과 의사소통하는데 따른 용이성과 투명성
관측가능성	새로운 제품을 사용하는 고객에 대한 혜택의 관측가능성과 이미 제품을 수용한 고객이 받게 되는 혜택을 다른 고객들이 관측하는데 따른 용이성

자료 : J. Mohr, Marketing of High-Technology Products and Innovations, Prentice Hall, 2001, p. 148, table 6-1. 와 E. Rogers, Diffusion of Innovations, Free Press, 1983.

4) 이 부분은 Moore(1999)의 pp. 27-87과 유승삼(1997) pp. 106-117을 요약하여 정리하였음
5) 일반적으로 하이테크 제품의 유통상이 갖추어야 할 능력의 중요도를 보면, 시장에 대한 이해, 고객 및 경쟁자에 대한 정보제공, 제조업자에게 좋은 평판제공, 제품판매에서의 적극적 활동, 공급유지와 고객서비스 등의 순으로 나타났다(E. Viardot 1998, p. 209).

제9장 기술금융

제1절 기술금융의 특성과 개념

1. 하이테크 중소기업의 성장과 자금조달 원천

가. 하이테크 중소기업의 성장과 자금조달 특성

하이테크 기술을 보유하고 있는 연구자는 보유기술을 활용하여 창업을 통한 직접적인 사업화에 나서거나 또는 보유기술을 제 3자에게 이전시키게 된다. 여기서 주로 논의의 대상이 되는 경우는 전자로서 하이테크 창업을 위한 사전조사 창업 준비단계), 하이테크 벤처기업의 창업(창업 단계), 초기성장 및 고도성장(성장 단계), 성숙의 단계를 거치는 것이 보편적이다.

그런데 이와 같이 하이테크 기업의 발전단계가 진전됨에 따라 연구개발 또는 사업화에 따른 기존 자금수요의 확충 또는 새로운 자금수요가 발생하게 된다. 실제적으로 많은 하이테크 중소기업의 사업적 성패가 원활한 자금조달 여부에 달려있다고 할 수 있다. 따라서 하이테크 중소기업의 경영자는 사업성공을 위해서 발전단계의 진전에 따른 자금조달의 시기적절성과 단계의 진전에 따라 변화하는 자금의 성격에 적합한 조달원천을 확보하는 것이 아주 중요하다는 것을 잘 인식하여야 한다.

그 실례로 <그림 9-1>에서 볼 수 있는 바와 같이, 기업발전단계에 있어서 제품개발과 관련된 기초연구에 대하여 정부의 정책자금을 제공받는 단계와 제품화와 관련되어 상업적 자금인 벤처캐피탈을 제공받는 상업화단계 사이에 기업 활동에 필요한 자금이 제대로 조달되지 못하는 죽음의 계곡이 발생하게 된다.[1)]

나. 필요자금형태와 조달원천

하이테크 중소기업의 발전단계를 필요자금의 형태별로 구분하면 <표 9-1>과 같이 세 단계로 구분할 수 가 있다. 첫째, 초기단계에는 창업 준비자금, 연구개발 자금, 창업자금이 필요하게 된다. 창업 준비자금은 창업의 씨앗자금으로 제품개발 및 시장조사를 위한 자금과 사업계획수립을 위한 자금 등으로 구성된다고 할 수 있다. 특히 창업자금은 창업 중이거나 또는 창업 1년 이내 기업으로서 제품을 시판하지 않은 기업이 초기 단계의 제조, 판매활동에 필요한 자금을 의미한다.

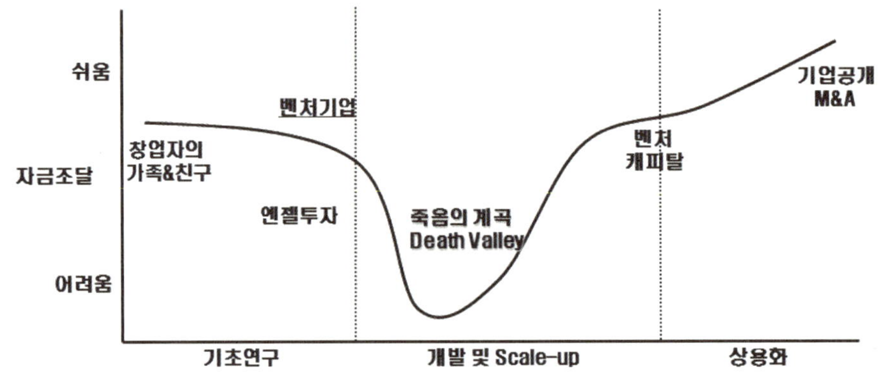

자료 : 정승일, 기술금융현황 및 발전과제, 기술사업화전략, 2009/6/15

그림 9-1. 하이테크 중소기업의 발전단계별 자금조달 원천과 죽음의 계곡

둘째, 성장단계에는 2, 3단계의 창업자금과 연결자금이 필요하다. 2, 3단계의 창업자금은 주로 운전자금으로서, 제품의 생산/출하기업의 재고증가 또는 초기 확장을 위한 필요 자금, 매출액 및 이익증대 기업의 시장 확대/마케팅 자금이 해당된다고 할 수 있다. 또한 연결자금은 주식의 최초상장을 위한 준비단계에서 필요한 자금으로 기업 상장 6개월에서 1년 전의 기업 확장 및 자본금구성 조정을 위한 주식매입자금으로서, 나중에 주식공개 시 증자자금으로 상환되어진다.

셋째, 발전 단계에서 기업매수 또는 인수를 위한 자금이 필요하게 된다. 이러한 자금에는 다른 기업의 전부 또는 일부매수에 필요한 기업매수자금과 기업인수 자금이 해당되어진다. 특히 기업인수자금은 고용된 전문경영인에 의한 미공개기업 또는 가족소유형태 기업의 인수자금과 기존기업의 사업 중 일부를 인수받아 사업 활성화 추진에 필요한 자금 등이 있다.

• 표 9-1. **하이테크 중소기업의 단계별 지원자금의 형태**

단 계	종 류	내 역
초기단계 자금지원	창업 준비(Seed) 자금지원	• 제품개발 및 시장조사를 위한 자금, • 사업계획 자금
	연구개발(R&D) 자금지원	• 신기술/신제품 연구개발
	창업(Starting) 자금지원	• 창업 중 또는 창업 1년 이내의 기업으로 제품을 시판하지 않은 기업에 대한 자금지원
	1 단계 자금지원	• 초기단계의 제조/판매활동에 대한 자금지원
성장단계 자금지원	2 단계 자금지원	• 제품 생산/출하기업의 재고증가 및 초기 확장을 위한 운전자금
	3 단계 자금지원	• 매출액 및 이익증대 기업 시장 확대/마케팅 운전자금
	연결(Bridge)자금 지원	• 기업 상장 6개월- 1년 전의 기업 확장 및 자본금구성 조정을 위한 주식매입자금을 지원함. • 나중에 주식 공개시 증자자금으로 상환됨
발전단계 자금지원	기업매수자금 지원	• 다른 기업의 전부 또는 일부매수 필요자금
	기업 인수자금 지원	• 고용된 전문경영인에 의한 미공개기업 또는 가족소유형태 기업의 인수 • 기존기업 사업의 일부를 인수받아 사업 활성화 추진시 지원

자료 : 한국조세연구원, 벤처기업육성을 조세지원방안, 1997

이와 같이 하이테크 중소기업은 발전단계별로 상이한 형태의 자금을 필요로 하게 되는데 이러한 자금을 조달하기 위하여 다양한 자금조달원천을 이용하게 된다.

① 연구개발단계에서 필요한 연구개발비는 기업가 및 가족들에 의하여 제공되는 개인자금과 정부의 연구개발 자금이 주요 조달원천으로 활용되는 것이 대부분 이며, 엔젤자금도 원천으로 이용되어진다.

② 연구개발을 거쳐 창업단계에서는 창업팀 구성, 창업계획서 작성, 시연을 위한 시제품의 제작 등과 관련된 일련의 사업화 자금이 필요하게 된다. 이때에는 기존의 정부정책자금, 엔젤자금에 덧붙여서 신규투자 및 융자를 위한 벤처캐피탈을 자금원천으로 활용하게 된다.

③ 성장단계에서는 성장의 정도와 특성에 따라 다시 성장초기, 성장기, 성장후기 단계로 나누어질 수 있다. 성장초기에는 신제품의 출시와 함께 시장개척을 통한 매출액 증대가 발생하게 된다. 이 시기에는 운전자금의 필요성이 증대하게 되는데, 이

를 위하여 하이테크 기업들은 자금을 투자 받기위하여 벤처캐피탈과 기관투자가를 활용하거나, 또는 담보제공을 통한 자금을 차입하기 위하여 일반금융기관을 활용하게 된다. 또한 성장단계 및 성장후기 단계에서는 기업 경영활동의 증대와 경영성과의 창출 등을 근거로 신규상장을 통한 자본시장을 이용하거나, 또는 종래와 마찬가지로 필요한 자금을 차입하기 위하여 일반금융기관을 활용하게 된다.

④ 성숙단계에서는 기존사업의 확대 또는 신규사업진출에 필요한 자금조달을 위하여 자본시장을 통한 자기자본의 모집 또는 회사채를 발행하게 된다.

• 표 9-2. **하이테크 중소기업의 발전단계별 주요자금조달 원천**

발전단계		자금조달 원천
연구개발 단계		자기자본, 엔젤, 정부정책자금
창업 단계		벤처캐피탈, 엔젤, 정부정책자금
성장 단계	초기 단계	벤처캐피탈, 기관투자가, 일반금융기관
	성장 단계	자본시장(기업공개: IPO, 회사채 등), 일반금융기관, 기관투자가
	후기 단계	자본시장, 일반금융기관
성숙 단계		자본시장, 일반금융기관

2. 기술금융의 개념과 특성

가. 기술금융의 개념

기술금융이란 협의의 개념과 광의의 개념으로 구분하여 정의할 수 있으나 일반적으로 연구개발 단계를 거쳐 사업화되어 현금흐름을 창출하는 전 과정에 걸쳐서 소요되는 금융자원을 공급하는 시스템으로 정의 된다(OECD 2006). 혁신형 중소기업이 연구개발 과정과 개발한 기술을 사업화하는 과정에서 필요로 하는 자금을 기업이 보유한 기술을 평가하여 지원하는 기업금융의 한 형태를 말한다.

나. 기술금융의 특성

1) 기술시장실패와 기술금융의 어려움

시장실패의 특성이 금융시장에서도 일반적으로 나타나고 있다고 할 수 있다. 특히 하이테크 벤처기업의 경우 개발기술관련 정보의 불균형적 분포 내지는 비대칭성의 심화로 인하여 기술개발자금 조달의 어려움에 처하는 것이 보편적이다. 이는 기술시장의 불완전성 또는 시장실패로 인하여 기술에 대한 정확한 교환가치를 측정하는 것이 곤란하다는 것에 기인한다고 할 수 있다. 따라서 무형자산인 기술의 보유정도가 큰 기업이나 기술개발의존도가 큰 중소기업의 경우에 기술의 담보가치가 상대적으로 낮게 평가되는 관계로 물적 담보가 가능한 유형자산을 많이 보유한 중소기업에 비추어 자금조달이 어렵거나 불리한 조건으로 자금을 조달하는 경향이 많은 실정이다.

금융의 공익성과 정보의 비대칭성을 기준으로 기술금융의 특성을 분류해 보면 <그림 9-2>와 같다. 일반적으로 민간 기업이 처하게 되는 금융영역은 (II)영역으로 순수한 민간에 의한 시장자율에 의하여 금융이 이루어지게 된다. 한편 기술혁신 중소기업이 처하게 되는 금융영역은 공익성이 높고 정보의 비대칭성이 높은 시장실패 영역 즉 (IV)영역에 속하게 된다. 이 영역에서는 시장의 자율적 기능에 의한 자금조달이 어려운 관계로 정책금융을 통한 높은 수준의 정책적 지원이 필요하게 된다.

2) 기술금융의 양면적 성격

기술금융의 양면적 성격 즉 개별성과 공공성에 대한 혼합현상은 개별기업의 자금조달 문제에만 국한되지 않고 사회적 문제로 확대될 수가 있다. <그림 9-3>을 보면, 기술개발에 따른 개발기업의 사적 편익이 사회 편익보다 작게 되는 관계로 기술개발에 대한 투자가 적정수준이하에서 결정되게 된다. 따라서 국가차원에서의 민간 기업에 의한 적절한 기술개발수준을 유지하기 위해서는 최적보조가 이루어져야 한다. 이러한 최적보조 방안으로 기술개발에 대한 세제지원, 기술금융시장에서의 시장실패요인을 제거할 수 있는 정책금융 지원과 같은 정부개입이 필요하게 된다.

특히 개발대상 기술특성과 투자규모와의 관계를 나타내주는 <그림 9-4>를 볼 때, 기초연구 분야는 공공연구기관이 주도하는 반면에, 개발연구 분야는 민간 기업이 이를 주도하게 된다. 그러나 응용연구의 경우에는 민간주도와 정부주도 어느 한쪽에서 결정되는 영역이 아닌 관계로 연구예산의 과소투자가 이루어지게 된다.

이러한 현상은 기술사업화 단계와 위험/가치와의 관계를 나타낸 <그림 9-5>에서도 알 수 있다. 연구개발단계에서 자본시장상장의 단계로 진전됨에 따라 위험은 감소하는 반면에 가치는 증가하게 된다. 위험곡선과 가치곡선이 교차하는 지점 바로 전 단계에서는 기술개발에 따른 위험이 가치보다 훨씬 큰 반면에 연구개발측면에서의 자금공급은 감소하는 관계로 기술금융의 과소공급 상태가 발생하게 된다.

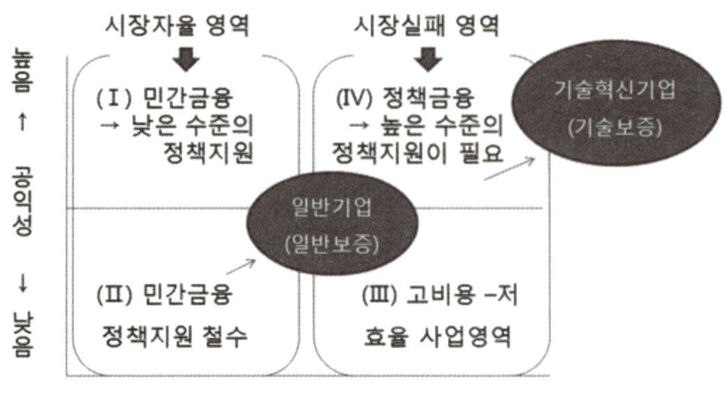

자료 : 김주훈, 혁신주도형 경제로의 전환에 있어서 중소기업의 역할, KDI, 2005

그림 9-2. 기술금융의 공익성과 정보의 비대칭성

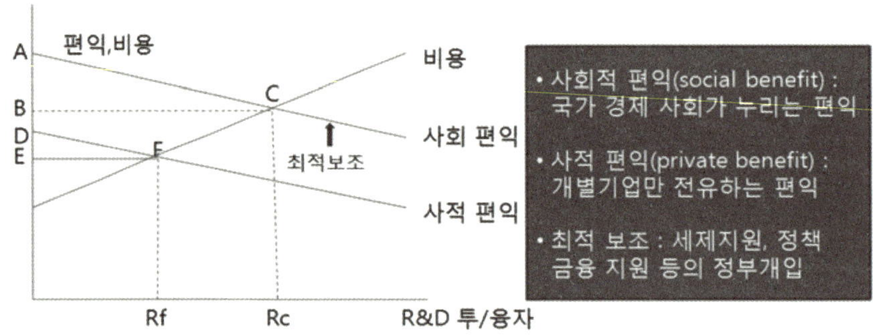

자료 : 김주훈, 혁신주도형 경제로의 전환에 있어서 중소기업의 역할, KDI, 2005

그림 9-3. 기술의 사회 편익과 사적 편익

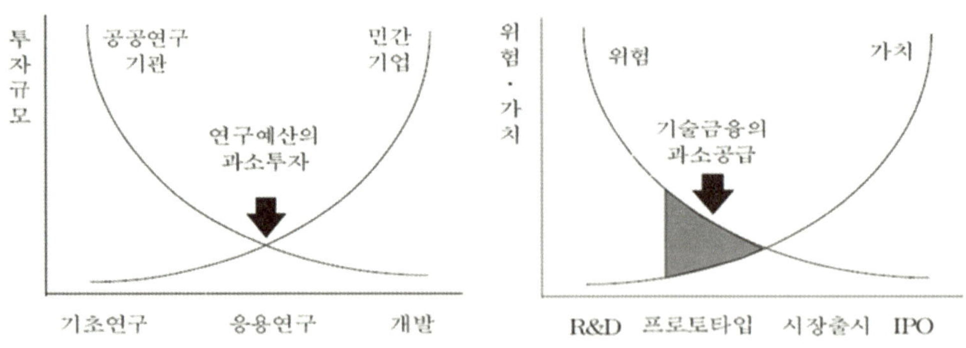

자료 : 정승일, 기술금융현황 및 발전과제, 기술사업화전략, 2009/6/15

그림 9-4. 기술금융공급의 문제점

그림 9-5. 기술금융과 위험/가치 관계

제2절 기술금융 지원정책

1. 기술금융의 정책지원 방향과 지원내용

가. 정책지원 방향

정부가 제공할 수 있는 금융지원정책은 직접적으로 기술개발자금을 지원하는 방안과 더불어 시장기능의 정착과 활성화를 지원하는 방안으로 볼 수 있다. 직접적인 개발자금의 지원은 정부가 정책적으로 계속 유지하는 가장 중요한 방안이다. 그러나 개발기술의 성격과 중소기업의 성장에 따른 경영활동과 관련 지워 볼 때, 연구개발자금의 특정성 문제 등과 같은 글로벌 환경에 따른 제약과, 사회적 효율성 또는 공평성 차원에서 제약이 있을 수밖에 없다.

한편 시장기능의 정착과 활성화 지원방안은 기술개발기업에 대한 자본시장시스템을 통한 직접적 투자지원과 은행시스템을 통한 간접적 융자시스템으로 볼 수 있다. 자본시장시스템에 대한 지원은 하이테크 기업이 외부시장을 통하여 직접적으로 자금을 조달하는 방법에 대한 지원으로 벤처 캐피탈시장의 육성, 벤처기업의 IPO지원, 개발기술의 거래활성화를 위한 기술신탁활성화 등이 있을 수 있다.

은행시스템에 대한 지원은 하이테크 기업이 사업화를 위한 추가적인 개발자금, 사업화에 관련된 시설/설비자금 및 운영자금 등을 금융기관을 통하여 확보하는데 필요한 지원을 하는 것이다. 대부분의 하이테크 기업은 사업화 초기 단계에서 상대적으로 미미한 매출액 증가에 비해 급격하게 증가하는 운영자금에 대한 수요를 경험하게 된다. 따라서 이러한 자금수요를 충당하기 위해서는 금융기관의 적극적인 융자지원이 필요한데, 이를 위해서는 거래대상기술에 대한 올바른 가치평가시스템를 통한 기술담보활성화 지원, 하이테크 중소기업에 대한 금융기관들의 공동신용평가와 공동위험관리 등에 대한 정책적 지원이 필요하다.

나. 기술금융 지원내용

중소벤처기업에 대한 융자기반이 취약한 금융환경 속에서 기술금융제도는 기술력담보에 의한 융자를 가능하게 하여 기술위주 중소벤처의 성장에 긍정적인 역할을 담당한다. 기술금융은 조달방법에 따라 직접금융과 간접금융으로, 공급주체에 따라 일반금융, 정책금융, 및 보증금융으로 나누어질 수 있다. 또한 지원 방법 및 회수 조건 등에 따라 투자, 융자, 보증 등으로 역할을 구분할 수도 있는데, 이를 정리하면

<표 9-3>과 같다.

• 표 9-3. **기술금융의 유형**

구 분	유 형	내 용
조달방법	직접금융	주식, 회사채 등 금융시장에서 직접 조달
	간접금융	은행 등 금융기관의 대출을 통해 간접 조달
공급주체	정책금융	정부의 출연, 보조금, 기금의 융자금 등
	일반금융	은행, 창업투자회사 등의 투자 및 융자금 등
	보증금융	기술보증기금의 기술평가보증 등

유 형	자금공급 주체	내 용
투 자	벤처캐피탈 투자사모펀드	벤처기업 투자
융 자	정부, 은행	기술개발자금, 기술사업화 시설자금
신용보증	보증기금	기술개발보증, 벤처창업보증
정책자금	정부	산업기술개발자금 등의 정책자금
기타		기술가치보험, 기술유동화증권, R&D 프로젝트 파이낸싱, 공모시장 등

자료 : 정승일, 기술금융현황 및 발전과제, 기술사업화전략, 2009/6/15

또한 이러한 기술금융을 지원내용, 주요대상, 및 지원방법에 따라 중요한 특징을 정리하면 <표 9-4>와 같다. 먼저 정책금융은 연구개발에 대하여 지원하는 금융으로서 출연 및 보조가 있는데, 보조의 경우에는 연구개발의 성격에 따라 연구개발비의 50-75%를 지원하게 된다. 또한 사업화를 위한 추가개발에 있어서는 개발에 필요한 자금을 재특금리에 연동하여 융자를 제공하게 된다. 한편 연구개발, 사업화를 위한 추가개발, 성장/성숙단계에 필요한 자금조달을 위하여 시중금리로 민간금융도 제공되어 진다. 끝으로 기술개발에 따른 창업, 사업화, 기술이전, M&A 등의 활동과 관련하여 필요한 자금조달을 위하여 보증이 제공되는데, 일반적으로 보증료는 1-1.5% 정도이다.

• 표 9-4. 우리나라의 기술금융 지원내용과 지원방법

구 분		지원내용	주요 대상	지원방법
정책금융	출연, 보조	국가 R&D 사업, 기술혁신개발사업 등	연구개발 활동	출연, 보조(연구개발비의 50-75%)
	기 금	과학기술진흥기금, 중기진흥 및 산업기반기금, 산업기술개발융자자금 등	추가개발 사업화	융자(재특금리 등에 연동)
민간금융	은 행	국책은행, 시중은행의 기술개발자금	연구개발, 사업화, 성장 및 성숙	융자 (시중금리)
	기술금융사	투자, 회사채 인수, 투자조합 결성, 기술개발융자/투융자		투융자 (시중금리)
	창업투자사	주식, 전환사채 인수에 의한 투자지원 및 벤처투자조합결성 등		
신용보증		기보의 기술신용보증기금 신보의 신용보증	창업, R&D, 사업화, 기술이전, M&A 보증	보증(보증료 1-1.5%)

자료 : 이 기원, "기술금융현황과 활성화 방안", 한국기술거래소, 기술사업화웹진, 2008 Winter와 서울시정연구원, "중소기업 기술혁신 촉진방안", 2005를 참고로 수정하였음.
주: 은행에서는 대부분 기보의 기술평가보증서를 담보로 기술금융 실행

2. 우리나라 기술금융의 실태와 문제점

가. 우리나라 기술금융의 지원현황

지식경제부의 2008년도 기술금융지원 현황자료에 의하면, 우리나라가 2005년-2007년 까지 기술개발과 관련하여 지원한 기술금융은 기술평가대출에 따른 융자, 기술투자금융의 투자, 기술평가보증의 보증 등 세 가지 형태가 있다. 융자의 경우에 2005년 4,830억 원, 2006년엔 6,238억 원, 2007년 4,675억 원으로, 2006년도에 제공된 자금이 다른 해에 비해 30% 정도 많은 것을 알 수 있다. 한편 기술투자금융에 있어서는 2005년 7,573억 원, 2006년엔 7,333억 원, 2007년 9,917억 원으로, 2007년도에 제공된 자금이 다른 해에 비해 30% 이상 많은 것을 알 수 있다.

끝으로 기술평가보증의 경우에 2005년 6,791억 원, 2006년엔 17,402억 원, 2007년 35,564억 원으로, 다른 지원 자금에 비추어 년도별 증가폭이 2-3배에 이르고 있다. 한편 2015년 5월말 기술평가보증 잔액은 19.4조 원으로 크게 확대되었다(조대형

2015). 이러한 현상은 하이테크 벤처기업을 포함한 산업계의 요구와 정부의 기술사업화 수준의 획기적인 개선을 위한 기술담보활성화를 위한 정책적 노력이 결합되어 나타난 것이라고 할 수 있다.<그림 9-6>

나. 기업성장단계별 기술금융자금의 특성 구분

하이테크 벤처기업의 성장단계는 창업기, 초기성장기, 고도성장기, 및 성숙기로 나누어 볼 수 가 있다. 일반적으로 하이테크 벤처기업은 개발기술을 활용하여 신규로 기업을 설립하는 창업기를 거쳐, 개발기술을 활용한 시제품의 개발, 테스팅, 시연, 시장테스트를 통한 신규시장에 제품을 출시하는 초기성장기로 발전하게 된다. 또한 초기시장진입에 성공한 기업은 엔지니어링 및 대량생산기술의 확보와 적극적인 마케팅노력의 투입으로 시장에 출시한 제품에 대한 대량생산 및 대량판매로 발전하는 고도성장기로 발전하며, 장기적인 시장성과 수익성을 확보하거나 확보를 위한 기반을 마련하게 된다.

끝으로 이러한 고도 성장기를 거쳐 감에 따라 기존 제품의 수명주기가 성숙기에 이르게 됨으로써, 시장에서의 경쟁이 심화되는 동시에 기존 제품을 대체하는 신제품 또는 기존제품을 개량/개선한 제품이 다양하게 시장에 출현하게 되는 성숙기를 맞이하게 된다. 이 단계에서 기존 기업은 새로운 기술개발을 통한 신제품 개발, 새로운 사업 및 지역으로 확대, 또는 기존사업이 한계사업에 도달할 때까지 현 사업을 유지하는 전략을 취하게 된다.

이러한 하이테크 벤처기업의 신규설립에서 성숙기에 이를 때까지의 각 단계와 기술개발과 관련된 각종의 자금간의 관계를 보면 <표 9-5>와 같다고 할 수 있다. 먼저 기업의 창업기에는 주로 연구개발을 통한 기술개발 및 창업보육과 관련된 자금이 연관되어진다. 정책금융부문에서는 기술개발자금, 창업보육자금, 사업화를 위한 추가개발자금 등이 관련이 있으며, 민간금융부문에서는 벤처캐피탈 등에 의한 투자자금이 주로 해당되게 된다. 이러한 정책금융부문 또는 민간금융부문의 자금지원을 위해서는 하이테크 벤처기업과 기업이 보유한 기술에 대한 가치평가가 주로 이루어지는데, 기술보증기금 등과 같은 공공기관에서 평가한 벤처창업보증, 기술평가/이전보증 등을 근거로 자금조달이 이루어진다.

• 표 9-5. 기업성장단계별 기술금융자금의 특성구분

구 분		창업기	초기 성장기	고도 성장기	성숙기
정책 금융	기술개발자금	●	●	●	●
	R&BD	●	●		
	창업보육	●			
민간 금융	투자(벤처캐피탈, 사모펀드·PEF)	●	●		
	융자(은행권, 시설자금)		●	●	●
보증	벤처창업보증	●			
	기술 가치평가/이전보증	●	●	●	●

자료 : 김경환, "기술금융현황과 지식기반시대의 기술금융정책방향", 한국기술거래소, 기술사업화웹진, 2008 Winter

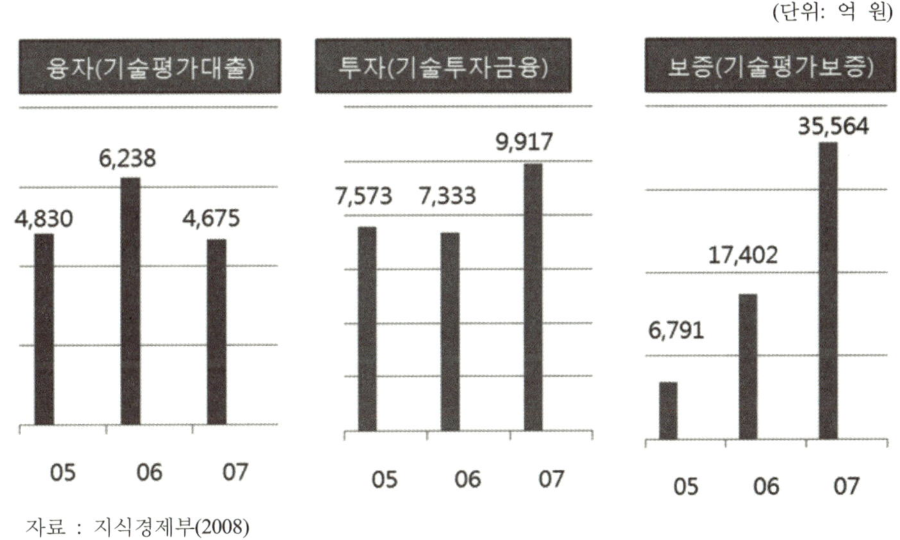

자료 : 지식경제부(2008)

• 그림 9-6. 우리나라 기술금융지원현황

한편 초기성장기에는 주로 사업화 자금이 필요한 만큼 공공부분에서는 연구개발 및 사업화 추가개발과 관련된 자금이 지원되게 된다. 반면에 민간금융부문에서는 은행권에서 제공되는 융자금을 포함하여 투자기관에서 제공하는 투자를 중심으로 자금이 제공되게 된다. 이와 같이 민간금융부분에서 투자 또는 융자가 이루어지기위해서는 앞에서와 마찬가지로 기술보증기금 등과 같은 보증기관에서 기술 가치평가를 통한 보증이 이루어져야 한다.

고도 성장기에는 대량생산-대량판매를 통한 수익이 실현되는 단계인 관계로 관련 제품의 품질우위를 중심으로 가격우위가 뒷받침 되어야 한다. 이를 위해서는 제품의 생산과 관련된 엔지니어링기술의 확립·생산설비의 구축·공장 확대, 생산공정과 생산기술의 표준화를 위한 기술 확보, 및 시장 확대를 위한 마케팅 기술이 많이 필요하게 된다. 따라서 이시기에는 주로 대규모 시설/설비, 공장 확대, 및 마케팅강화를 위한 운영자금이 많이 소요되며, 동시에 새로운 사업에 필요한 기술의 개발을 위한 자금도 필요하게 된다. 전자의 운영자금은 주로 민간금융부문에서 조달되어야 하는데, 이를 위해서는 기술 또는 무형자산의 담보를 위한 기술평가보증이 이루어져야 한다. 후자의 경우에는 주로 정책금융부문에서 제공되는 기술개발자금에 의존하게 된다. 아울러 이러한 현상은 수명주기의 마지막 단계인 성숙기에서도 유사하게 이루어진다고 할 수 있다.

다. 하이테크 중소기업의 기술금융관련 문제점

일반적으로 하이테크 중소기업은 기술 불확실성과 경영 불확실성이 높은 관계로 기술개발 후 사업성공 시점까지 실패할 확률이 높다는 한계를 지니고 있다. 이에 따라 기술금융은 상업적으로 운영되는 민간 금융기관의 역할보다는 정부 산하의 기술보증기금이나 중소기업진흥공단 등을 통한 공적 금융기관을 중심으로 이루어지고 있는 실정이다. 실제적으로 2006년에 중소기업이 조달한 외부자금 307조 원 중에서 기술금융을 통하여 조달한 금액은 1.7%인 5조 2천억 원에 불과한 것으로 추정되고 있으며, 이 가운데서 기술보증기금의 기술평가보증을 통하여 조달한 금액이 3조 9,000억 원 정도로 전체의 70%이상을 차지하고 있다.

1) 기술금융지원에 관한 실태조사 결과

한국리서치는 2008년에 은행의 여신담당자들을 대상으로 한 중소기업에 대한 신용대출 실태를 조사하였다. 조사결과인 <표 9-6>에 의하면, 응답자의 76%가 기술가치평가를 통한 신용대출의 필요성은 있으나 실제적으로 신용대출이 제대로 이루어지지 않는 것으로 응답하였다.

우리나라에서 기술금융이 활성화되지 못하는 이유는 <표 9-7>과 같다. 표에서 보는 바와 같이 민간 금융권에서 기술금융에 대하여 보수적인 입장을 견지하고 있다는 것이 가장 크다고 하겠다. 이에 따라 민간 금융기관에서는 여전히 부동산 등의 실물담보대출 관행을 선호하고 있을 뿐만 아니라, 벤처캐피털 업체 등도 단기성과 실현에 치중하고 있어 하이테크 벤처기업들의 사업화 초기에 대한 투자를 기피하는 경향이 크기 때문이다. 아울러 금융기관이 기술금융에 보수적인 이유에 대한 조사에서도, 하이테크 중소기업에 대한 불확실성이 47.2%로 가장 중요하였으며, 기술평가 정보부족, 부실화에 대한 문책, 평가역량부족 등의 순으로 중요한 것으로 나타났다.

또한 한국개발원이 2006년 중소기업의 대출여건개선을 위한 설문조사결과인 <표 9-8>에 따르면 하이테크 중소기업이 금융기관으로부터 자금조달이 어려운 사유로서 과도한 금융기관의 담보요구가 응답자의 42.1%로 가장 중요하였으며, 금융기관의 과도한 위험회피성향, 과거실적위주 심사, 사업성평가능력의 부재, 복잡한 절차 등의 순으로 중요한 것으로 나타났다.

2) 기술금융활성화의 장애요인2)

우리나라에서 시행되고 있는 각종 기술금융의 활성화에 어려움을 겪게 되는 요인은 대체로 아래의 네 가지 유형으로 정리할 수가 있다.

첫째, 기술금융관련 기관 또는 담당자들의 기술평가에 관한 인식부족과 이에 따른 저조한 활용성에 기인한다고 하겠다. 일반적으로 기술평가는 신용평가에 비해 상대적으로 낮은 공신력과 사회적인 인식이 부족한 실정이다. 따라서 기술평가가 반드시 필요한 정책금융에 있어서도 과거실적 및 담보 등 재무적 평가에 의한 자금공급이 대부분인 관계로 기술평가 인프라의 지속적인 확충과 전문성/신뢰성 제고에 장애요인으로 작용하고 있다.

• 표 9–6. 중소기업의 기술가치평가에 의한 신용대출의 필요성

구성	구성비율(%)
필요 없음	3
필요하나 잘 이루어지지 않음	76
필요하며 적절히 이루어지고 있음	12
필요하며 잘 이루어지고 있음	9

자료 : 한국리서치, 기술금융활성화 및 선진화방안마련 설문조사: 은행 여신담당자 대상, 2008(이기원, 2008)

• 표 9-7. **금융기관이 기술금융에 보수적인 이유**

이 유	순위	구성비율(%)
기술중소기업에 대한 불확실성	1	47.2
기술중소기업의 기술평가정보 부족	2	20.2
부실화에 대한 엄격한 책임	3	15.8
금융기관의 평가역량 부족	4	7.2
기타	5	4.0

자료 : KDI, 중소기업 투자여건 개선에 관한 설문조사, 2006/9(이기원, 2008)

• 표 9-8. **하이테크 중소기업이 금융기관에서 자금조달이 어려운 이유**

이 유	순위	구성비율(%)
과도한 담보요구	1	42.1
과도한 위험회피 성향	2	32.1
과거실적위주 심사	3	11.8
사업성 평가능력의 부재	4	11.1
복잡한 조달 절차	5	4.0

자료 : KDI, 중소기업 투자여건 개선에 관한 설문조사, 2006/9(이기원 2008)

둘째, 금융기관이나 벤처캐피탈회사가 위험회피성향에 따라 담보위주의 투자와 융자를 하는 것이 금융계의 오래된 관행이라는 것에 있다. 이러한 관계로 수익성과 안정성, 유동성을 중시하는 민간부문에서 기술금융의 자율적인 활성화를 기대하는 데는 한계가 있다고 할 수 있다. 이러한 사유로 인하여 지식경제부, 기술보증기금, 은행, 평가기관 등 정부 및 관련기관이 합동으로 기술금융 지원활성화를 위하여 의욕적으로 추진한 '혁신형 중소기업 기술금융 지원 사업'도 은행의 손실부담 회피로 말미암아 큰 성과를 나타내지 못하고 있다.

셋째, 기술금융상품 구조가 하이테크 중소기업의 특성이 제대로 반영되도록 되어 있지 않은데 기인한다고 할 수 있다. 즉 기존의 금융상품이 융자상품 위주로 형성되어 있는 관계로 무형기술자산의 비중이 높은 하이테크 중소기업의 위험도에 맞는 금융상품이 부족하다. 또한 기존상품의 경우에 위험분산에 어려움이 있어서 기술보증에 따른 기술금융의 위험은 기술보증기금으로 집중되는 반면에, 성공 시에 수익을 공유하는 데는 한계가 있다고 하겠다.[3)]

끝으로, 정책금융에 있어서 정부 또는 관련기관 간에 기술금융관련 지원기능의 분산으로 비효율성이 초래되고 있다는 것이다. 특히 정부 연구개발사업의 경우 '사전수요조사 - 연구개발 기획 - 과제선정(위험부담) - 성과관리' 등의 프로세스에서 과정별로 관리주체가 상이하여 기술혁신의 전(全)주기를 효과적으로 연결하지 못하고 있다. 이에 따라 수요지향형 연구개발과제의 개발에 대한 지원과 연구개발이후의 후속지원간의 연계가 원활하지 못하게 되는 문제를 발생시키게 된다.[4)]

3. 기술금융활성화 제도

가. 새로운 기술금융 상품 및 제도의 개발

1) 기술(지적재산) 유동화증권 발행

기술사업화를 촉진하기 위한 효율적인 기술관리 방안의 하나가 기술금융측면에서 지적재산권을 증권화하는 것이다. 즉 특허보유자들이 보유특허를 특수목적회사인 유동화 전문회사(SPC)에 위임 또는 신탁하고, SPC는 보유특허(기술)를 풀링하여 사업화 자금조달을 위한 증권을 발행하는 것이다. 이렇게 발행된 증권을 시장에서 투자자들에게 판매하여 자금을 조달 하는 방법이다. 기술유동화증권으로 자금을 조달하는 메커니즘을 보면 <그림 9-7>, <그림 9-8>, <그림 9-9>와 같다.

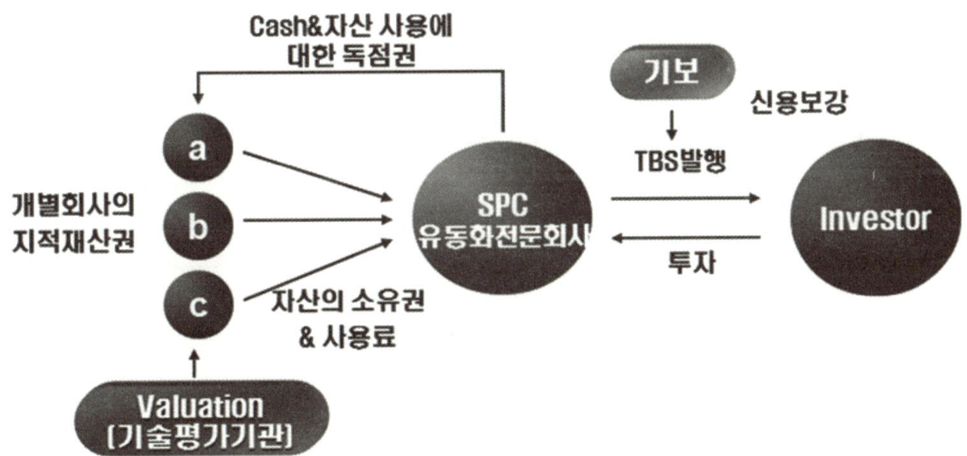

그림 9-7. 기술유동화증권(TBS: Technology-Backed Security) 발행 메커니즘

- 일본: ㈜ 스카라의 광학기술 특허(2003년-): 신탁회사의 역할 미미

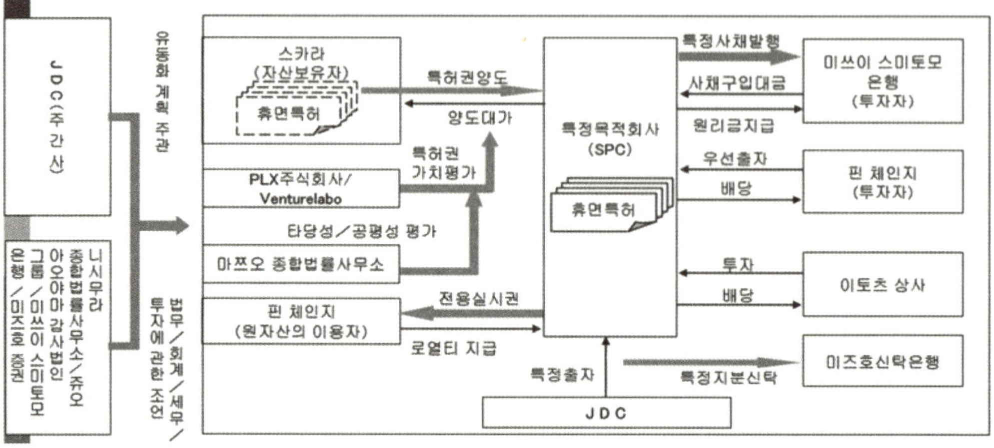

JDC(주간사)
니시무라 종합법률사무소/쥬오 아오야마 감사법인 그룹/미쓰이 스미토모 은행/미즈호 증권
유동화 계획 주관
법무/회계/세무/투자에 관한 조언
스카라 (자산보유자)
휴면특허
특허권양도
양도대가
특허권 가치평가
PLX주식회사/Venturelabo
타당성/공평성 평가
마쯔오 종합법률사무소
전용실시권
핀 체인지 (원자산의 이용자)
로열티 지급
특정목적회사 (SPC)
휴면특허
특정출자
JDC
특정사채발행
사채구입대금
원리금지급
미쓰이 스미토모 은행 (투자자)
우선출자
배당
핀 체인지 (투자자)
투자
배당
이토츠 상사
특정지분신탁
미즈호신탁은행

그림 9-8. 외국의 기술유동화증권 사례: 일본

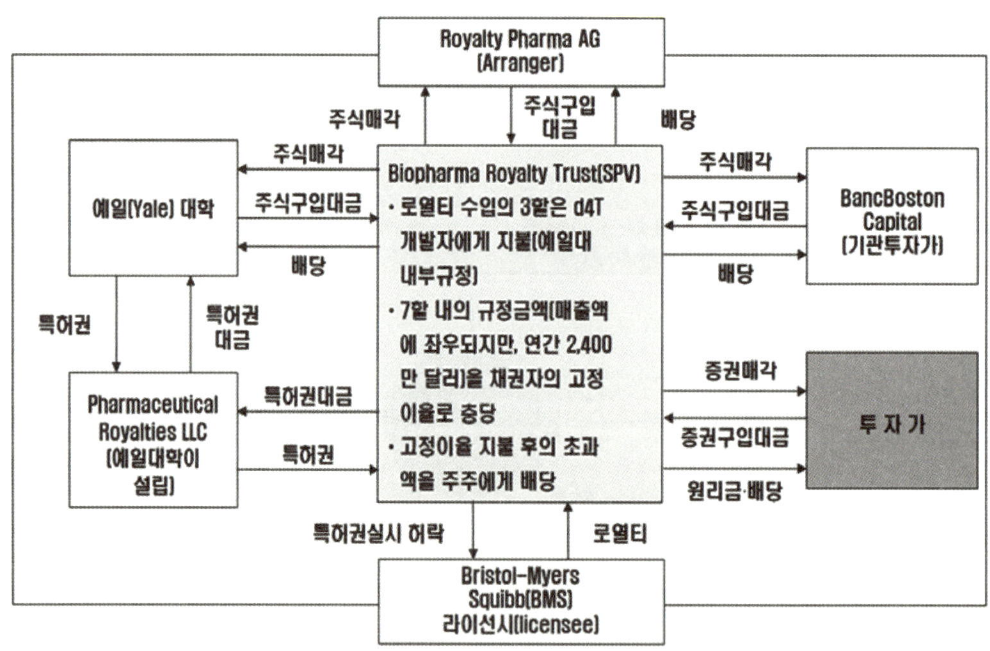

자료 : 권재열, 기술신탁제도 활성화 방안, 숭실대학교 법과대학, 2006년 10월 29일

그림 9-9. 외국의 기술유동화증권 사례: 미국 예일대, AIDS치료제 특허(2001년):신탁중요

이러한 자산유동화증권발행을 통한 자금조달에는 여러 유형의 자산이 담보로 활용되고 있는데, 부동산 모기지, 신용카드 매출, 프랜차이즈권리 등이 있다. 그러나

지적재산권을 담보로 증권을 발행하는 데는 아직 여러 가지의 문제점이 있을 수 있다. 제기될 수 있는 문제점으로는 특허의 짧은 유효기간으로 인하여 가치의 저하가 심할 수 있으며, 미래 기대수익에 대한 측정의 어려움에 따른 불확실성의 증대, 기술예측관련 시장데이터의 부족 등으로 인하여 금융시장에 적용하는 데는 한계가 있다는 것 등이다.[5)]

2) 신성장동력 투자펀드 및 공공기업벤처캐피탈의 조성

IT, BT, 융합산업 등 고위험 미래 신 성장산업을 대상으로, 특정산업에 대한 민간투자를 유도하기 위하여 투자를 전문으로 하는 섹터펀드(Sector Fund)를 민·관이 공동으로 조성하는 것으로서 민·관 공동의 「신성장동력 투자펀드」 및 「기업벤처캐피탈(P-CVC)」 등이 있다. P-CVC는 정부와 기업이 공동으로 펀드를 조성하여 기업벤처캐피탈에 출자, 대·중소 상생협력 또는 벤처기업에 투자하는 것이다.

이는 성장패러다임의 변화에 따라 중소(벤처)기업의 신기술 개발 및 신규설비투자 자금조달의 방안이 직접금융으로 급격하게 변화하고 있으므로, 신기술금융 사업 역시 직접금융에 초점을 맞추어 초기 사업모델로 모태펀드 투자운용 방안을 구축하는 것이 타당하다는 관점에 따르고 있는 것이다. 또한 급변하는 세계적인 경쟁 환경하에서 지분투자 및 투자조합가입과 같은 신기술금융지원과 연계하여 경영컨설팅 지원을 병행함으로써 시너지 효과를 극대화하기 위한 방법이기도 하다.

운영파트너를 통하여 독립펀드로 구성된 신기술금융모태펀드는 팩케이지 딜과 체리픽 딜에 적절하게 배분되어 안정적인 포트폴리오를 구성하게 된다. 전자인 팩케이지 딜은 창업투자모태펀드와 벤처캐피탈 모태펀드를 팩케이지로 한 자금의 일정비율을 지역자치단체 및 대학의 핵심추진 사업인 신규상장(IPO) 직전 단계의 중소벤처기업에 투자하게 된다. 또한 후자인 체리픽 딜은 투자조합으로서 로드맵에 따라 육성되는 창업벤처기업 또는 기술평가기관의 기술평가 인증을 받은 혁신 중소기업에 일정비율 이상을 직접투자 하게 된다.<그림 9-10>, <그림 9-11>

이러한 자금포트폴리오의 운영은 운용파트너(발굴 및 운용)과 관리기업(전략적 연관성 분석) 상호간의 협력을 통하여 위험대비 높은 수익률 달성을 지향하는 동시에 비즈니스의 연계성을 강화하게 된다.

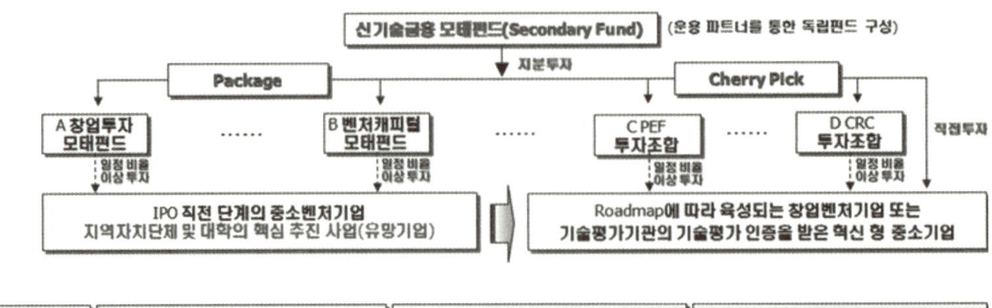

환경 변화	기업규모나 선후진국에 관계없이 무차별적인 기술개발 경쟁이 가속화	고위험·고수익 투자구조로 전환	경제의 개방화 및 글로벌화 가속
중소기업의 3대 취약점	기술개발 능력 부족	금융능력 부족	정보력 및 경영능력 부족
추진방안	급변하는 세계적 경쟁환경 속에서 정보력과 전문경영능력 확보가 사업성공의 필수 요건이 되고 있는 가운데, 신기술금융(지분투자 및 투자조합 가입) 지원과 연계하여 경영컨설팅 지원을 병행함으로써 시너지효과를 극대화		

자료 : 경낙용, 모태펀드 투자운용을 위한 신기술운용 초기사업 모델, 2007/11

그림 9-10. 신기술금융 모태펀드의 운용구조

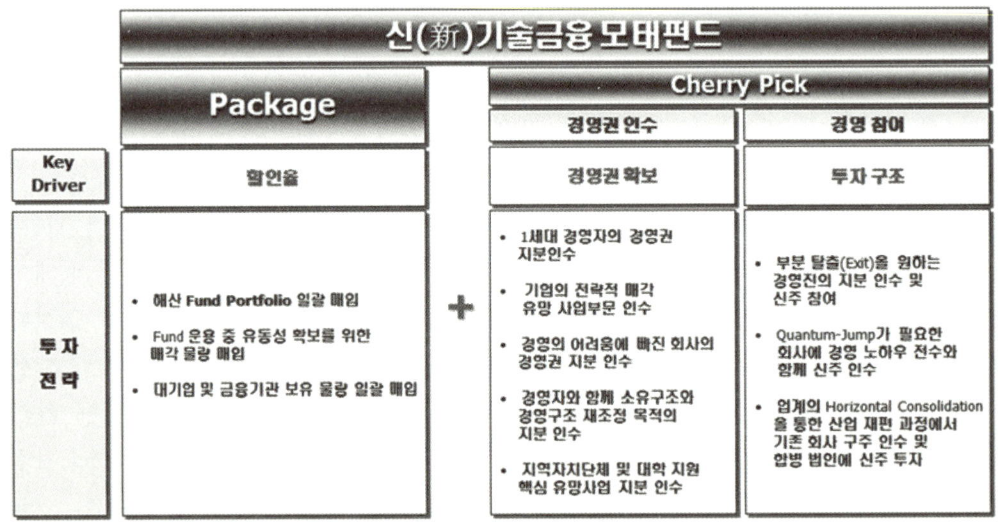

자료 : 아주아이티, 2007/11

그림 9-11. 신기술금융모태펀드의 투자전략

3) R&D 프로젝트 금융

연구개발기술의 사업화 촉진을 위한 금융지원의 한 방법으로서, 정부의 R&D 투자와 민간의 사업화 투자를 연계하여 R&D 투자의 성공률을 제고시키고, 정부와 민간이 위험을 분담하는 금융기법이다. 이 기법은 일반 기업고객을 대상으로 기업 혁신을 위한 IT Project 관련 전략적 자금조달 파트너십의 체결을 통하여 고객의 예산

상황을 충족시키고, 나아가 고객의 자금운용관리가 가능하도록 맞춤식 지불일정을 제시할 수가 있다. 따라서 이 금융기법을 이용한 IT 투자예산에 대한 금융을 통해 IT 관련 예산 중 일부를 기업의 핵심 사업 및 고소득 창출이 가능한 분야에 투자할 수 있으며, 기존 IT 자원에 대한 빠른 교체주기에 따른 자원 재생산 능력을 배가할 수 있다는 장점이 있다.

IT사업 분야에서 투자 고려 시 가장 큰 장애요인에 대한 전 세계 CEO 765명을 대상으로 설문조사가 실시되었다. 설문조사의 결과를 보면 IT 투자관련 효과분석 및 투명성 확보를 위한 투자관리 프로세스 정립, 기존 핵심 사업에 대한 투자 대비 예산 집행의 우선순위 설정문제 등이 가장 중요한 장애요인으로 나타났다.[6)]

<그림 9-12>의 하단에 있는 활동을 설명하여 보자. 첫째, 고객의 IT금융은 IT자산, 프로젝트기반 건물 및 신규 사업개발을 취득하기 위한 리스, 차입, 프로젝트 금융 등을 하는 것을 의미한다. 둘째, 자산회수방안(Asset Recovery Solution) 강구는 중고 설비의 재판매 및 역 병참관리를 통하여 잔존가치를 관리하고, 고객으로부터 중고설비의 재구매 및 재판매, 안전한 자산처분과 자료갱신 등의 활동을 의미한다. 셋째, IT 솔루션 제공자를 위한 제휴금융은 제휴파트너, 경로파트너 및 공급업자를 위한 운전자본을 제공하는 것을 의미하며, 주로 매출채권과 재고자산이 이용되어진다. 넷째, 고객금융자문 활동은 IT프로젝트 금융 고객에게 금융자문서비스를 제공하고, 재무관리와 자본구조에 대한 컨설팅을 포함한다.

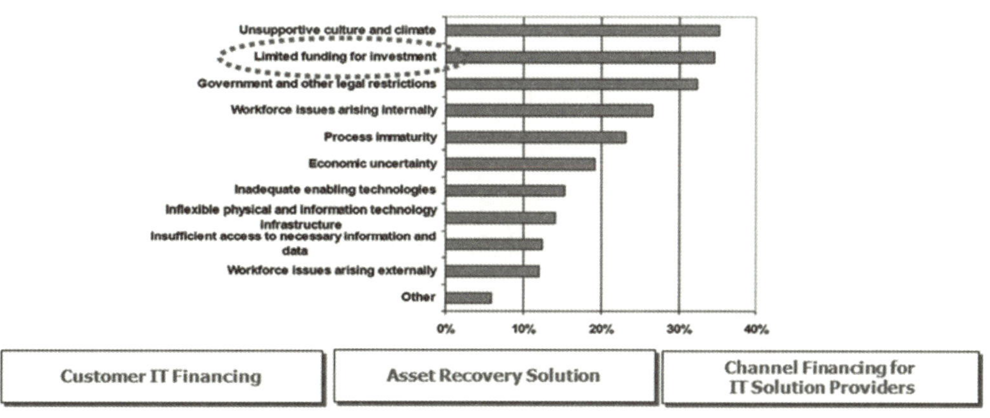

자료 : 아주아이티, IT Project Financing Solution Draft, 2007년 12월

그림 9-12. 기업의 IT투자운용의 애로요인

이상에서 살펴 본 새로운 기술금융 상품에 대한 종류와 특징에 대한 개요를 요약 정리하면 <표 9-9>와 같다.

• 표 9-9. 기술금융 유형과 특징

유형	특성
기술유동화증권	중소기업이 기술을 담보로 발행한 기술담보채권이나 기술자산을 기초 자산으로 유동화전문회사가 발행한 후 투자자에게 매각하여 자금을 조달하는 증권
R&D프로젝트 금융	정부의 R&D 투자와 민간의 사업화 투자를 연계하여 R&D 투자의 사업화 성공률을 제고하고, 정부와 민간의 위험분담으로 기술사업화를 촉진하는 금융기법
기술자산 신탁	기술자산의 관리 및 처분을 신탁회사에 신탁하고, 신탁회사는 수탁기술자산의 이용 또는 처분을 통해 자금을 조달
기술평가보증보험	보험회사의 위험관리능력과 기술평가기관의 기술평가를 결합한 새로운 형태의 보험으로서, 기술평가기관의 기술평가서와 보험회사의 보험증서를 은행에 제출하여 자금을 조달
기술현물출자	중소기업이 기술을 담보로 발행한 기술담보채권이나 기술자산을 기초 자산으로 유동화 전문회사가 발행한 후 투자자에게 매각하여 자금을 조달하는 증권

주: 관련법령은 자산유동화에관한법률(1988년), 기술이전 및 사업화촉진에 관한 법률(2009년 일부개정), 벤처기업육성에관한특별조치법(2009년), 기술개발촉진법(2009년 일부개정)

나. 기술혁신 친화적 금융시스템의 조성

기술금융의 가장 큰 애로요인의 하나가 대상이 되는 기술이 불확실성과 위험인 큰 관계로 정확하게 상업적 가치를 평가하기가 용이하지 못하며, 이로 인하여 기술을 활용한 자금조달이 용이하지 못하다는 것이다. 따라서 기술금융을 활성화하기 위해서는 새로운 금융상품의 개발에 못지않게 기술에 대한 정확한 평가시스템을 구축하고, 평가에 관련된 정보를 통합적으로 유통할 수 있는 유통시스템의 구축이 필요하다. 이에 우리나라 정부에서는 개발기술의 사업화 수준을 선진국 수준으로 개선한다는 정책적 목표를 달성하기 위하여 혁신 친화적 금융시스템의 구축을 위한 관련 제도 및 정책을 시행하고 있다.

먼저 기술금융 활성화를 위한 기술평가모형 개발, 평가정보의 유통 등 공신력 있는 기술평가시스템을 구축하는 것이다. 이를 위하여 국내 주요 기술평가기관(기보, 거래소 등)의 공동참여 하에 표준화된 기술가치 평가모형의 개발을 추진하였다. 이를 통하여 평가기관별로 상이한 기술수명, 할인율 등 핵심변수 추정에 대한 표준화된 기준을 마련하고, 업종별, 용도별로 표준화된 매뉴얼을 제작하며, 나아가 기술평가 지침서를 제작하고자 하였다.

다음으로, 기술평가정보의 활용도 제고를 위하여, 각 기관에 분산된 기술평가정보를 통합적으로 유통 및 활용하고자 기술평가정보 유통시스템을 개편하였다. 기술평가정보 유통시스템은 2006년 3월부터 운영 중인 것을 확대한 것으로, 산업은행, 기술보증기금, KISTI 등 17개 기관이 보유한 기술·시장·기업·기술평가 등의 정보를 통합 구축·유통하는 것으로 약 12만 건의 DB가 구축되어 있다. 더 나아가 새롭게 구축되는 시스템은 현재의 기술정보에 대한 단순 검색엔진 기능에서 향후 기술평가·기술동향·시장 등의 정보를 통합적으로 활용할 수 있는 온라인 유통 및 기술평가시스템으로 수준이 향상되는 한편 참여기관도 26개로 확대되게 된다.

또한 기술금융의 공급 확대를 통하여 시중의 풍부한 자금을 기술혁신투자로 적극 유도할 수 있는 시장 친화적 기술금융시스템을 조성할 예정이다. 기술금융의 공급규모는 2008년 3.1조원에서 2012년 5.6조원으로 학대될 것이다. 새로운 기술금융시스템의 조성내용을 보면 융자제도 확대 및 정책자금 지원체계 개선 등이 있다.

시중은행의 기술평가대출을 확대하기 위하여 각종 제도가 마련된다. 시중은행이 중소기업에 대해 기술평가 신용대출을 하는 경우, 정책자금을 연계 지원하여 민간과 정부가 위험을 분담하는 협조융자(Co-finance) 제도, 민간 금융기관 대출채권에 대한 신용보강 및 협조를 지원하여 혁신형 중소기업에 대한 신용대출을 촉진하는 합성대출 협조제도, 기술평가 즉 R&D 프로젝트에 대한 경제성·사업성을 토대로 연구개발·사업화 자금을 패키지로 지원하는 R&D 프로젝트 보증제도 등이 도입된다.

또한 기술혁신 친화적으로 중소기업 정책자금 지원시스템을 개선하여, 시장실패가 발생하는 창업 및 초기단계, 고위험·신산업분야의 혁신형 중소기업에 집중하도록 하고 있다. 이러한 정책금융의 일환으로 메자닌 금융을 도입/확대하고자 하였다. 메자닌 금융은 기술평가를 기반으로 위험을 감수하는 직접금융의 성격으로서, 기술역량은 우수하나 담보여력이 부족한 중소기업의 자금난 해소에 기여할 것으로 예상된다. 이러한 금융의 사례는 2008년 4월에 중소기업청에서 시범 실시한 성장공유 대출제도이다. 투자로 전환할 수 있는 대출 즉 성과공유형 대출은 대출과 투자, 부채와 자본 중간형태의 금융방식을 통칭하는 것으로, 혁신형 중소기업의 자금조달에 적합한 방식이다. 이와 같이 중간형태의 금융의 예로는 후순위채권, 전환사채, 신주인수권부 사채 등을 들 수 있다.

각주

1) 정승일(2009)의 연구에 의하면, 이 단계에서는 시장의 잠재적인 투자자는 기술에 대한 충분한 정보를 가지고 있지 못하는 동시에 고위험 때문에 투자를 기피하게 된다. 따라서 비록 벤처캐피탈이나 비즈니스엔젤이 투자를 한다 하더라도 정부부문에서 20-25% 정도의 정책자금이 제공될 필요가 있다.
2) 이 기종, "기술금융현황과 활성화 방안", 한국기술거래소, 기술사업화웹진, Winter 2008에서 관련내용 발췌함.
3) 이러한 문제를 해결하기 위하여 독일 등 선진국에서는 정부주도로 유동화 프로그램, 투/융자 복합상품 등 새로운 금융상품을 개발하여 기술금융에 적용하고 있다.
4) 이러한 현상은 몇 가지의 추가 문제를 유발하게 된다. 개발기술에 대한 사업화 성공률이 저조하게 되고, 연구기관 등의 R&D과제 및 미활용기술에 대한 사후관리체계가 미흡하게 되며, 이로 인해 중복 기술개발투자 및 우수기술 사장 등의 문제를 야기하게 된다.
5) 손수정, "지식재산권 증권화를 위한 탐색적 연구", 과학기술정책, July·August 2007, p. 93. 기술유동화 방법은 신탁과 회사에 의한 방법이 있는데, 각각 적용법이 상이 하며 특성이 상이하다. 자세한 것은 권재열, 기술신탁제도 활성화 방안, 숭실대학교 법과대학, 2006년 10월 29일, 슬라이드 13 참조.
   또한 기술유동화증권 발행방식에 따른 특성의 차이를 비교하면 다음과 같다.

방식	회사방식	신탁방식
구체적 형식	특정목적회사	특정목적신탁
지적재산 소유권	양도	신탁
로열티 등 금전채권	양도	신탁
자금운용형태	유가증권(사채)	유가증권(수익증권)
양도성·유동성	높음	높음
근거법률	자산유동화법	자산유동화법

6) IBM Global CEO Study, 2006, 경낙용(2007/11)에서 재인용

제10장 기술이전 협상전략

제1절 협상전략에 대한 이해

1. 협상의 특성과 협상전략

가. 협상의 개념

협상이란 이해 충돌이 있을 경우 교환, 또는 공동이익의 실현에 관한 합의에 도달할 목적으로 명백한 제안이 표면상에 제시되는 과정이다. 따라서 협상의 대상은 아래와 같은 몇 가지의 중요한 구성요건을 충족시켜야 한다. 이러한 구성요건을 충족시키면서 협상의 특성을 잘 나타내는 예로서 아버지와 아들간의 협상과정을 들어보면 <그림 10-1>과 같다.

- 협상의 구성요건
  - o 협상당사자의 의도적인 행위
  - o 공동의 이해(이익)의 충돌
  - o 당사자 간의 분쟁
  - o 협상의 중단과 대상자 변경의 권한
  - o 협상당사자의 최종결과에 대한 거부권
  - o 협상의 결과로 당사자의 공동이익의 증진

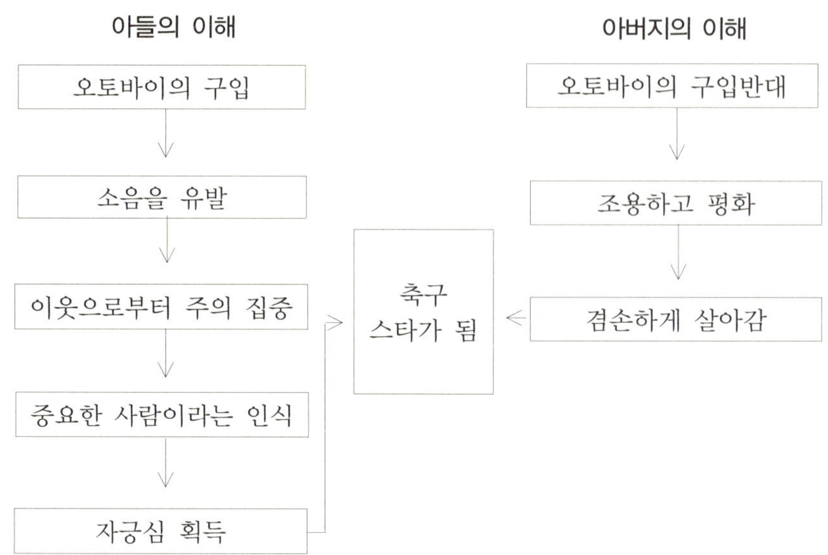

자료 : 이영덕, "국제협상전략", 충남대학교 경영대학원, 최고경영자과정 강의교재, 2002/4, P. 2

그림 10-1. **협상의 개념에 대한 일 예**

나. 협상의 목적

협상의 목적은 왜 협상을 하려고 하는가?, 또는 협상의 대상이 무엇인가?, 협상참여자들 간의 힘의 배분 상태, 및 협상이 허용되는 시간스케줄 등 다양한 기준에 따라 나누어 볼 수 있는데, 대체로 다음과 같이 분류할 수 있다.

- o 연장협상 : 정상적인 관계를 지속하려는 즉, 현재 있는 협정의 시한을 연장하려는 협상을 말한다.(대부분의 양국간 외교협상)
- o 정상화협상 : 정전(Ceasefire)이나 휴전을 통하여 전쟁을 중지시키거나, 외교관계를 다시 수립하거나, 군사동맹체결로 일시적인 점령을 없애고, 기타 전쟁후의 명확하지 않은 관계를 강화조약을 통해서 공식화하는 것과 같이 비정상적인 관계를 마무리하거나 묵시적으로 이루어진 합의를 공식화하려는 협상을 말한다.
- o 재분배협상 : 협상당사자간의 공동이익보다 상충하는 이해가 협상의 주체가 된다. 이러한 유형의 협상은 한 쪽에 이득이 있으면 다른 한쪽에게는 불리한 양보를 강요한다.
- o 혁신협상 : 상충하는 이해보다 공동이익을 협상의 주체로 삼는 협상을 말한다. 즉 협상당사자간의 공동이익을 추구하기 위한 기능의 수행을 위하여 새로운 제도를 만들거나 새로운 협정에 합의하는 것을 목표로 삼는다.

o 부수효과를 노리는 협상 : 협상의 실질적인 합의보다 선전이나 정보 수집 또는 협상당사자의 무력행사를 보류, 저지, 단념시키는 결과를 얻어내기 위한 협상을 일컫는다.

다. 협상의 과정

일반적으로 협상에 있어서는 협상의 목적을 보다 잘 달성하기 위하여 여러 형태의 협상과정을 거치는 것이 보편적이다. 협상과정은 협상당사자간의 모든 행동과 의사소통을 포함하는 것으로서, i) 안건과 의사일정에 관한 예비협상, ii) 합의결정으로 유도하기 위한 대안과 우선순위의 형성, iii) 상대방의 인식을 변화시키기 위한 설득과 의사소통, iv) 대안과 결과의 폭을 넓히기 위한 위협, 약속, 기정사실 또는 창의적 문제 해결활동 등이 협상과정에 포함된다. 이러한 협상과정을 조직 내에서의 개인간 의사결정과정에서의 협상과정으로 나타내면 <그림 10-2>와 같다.

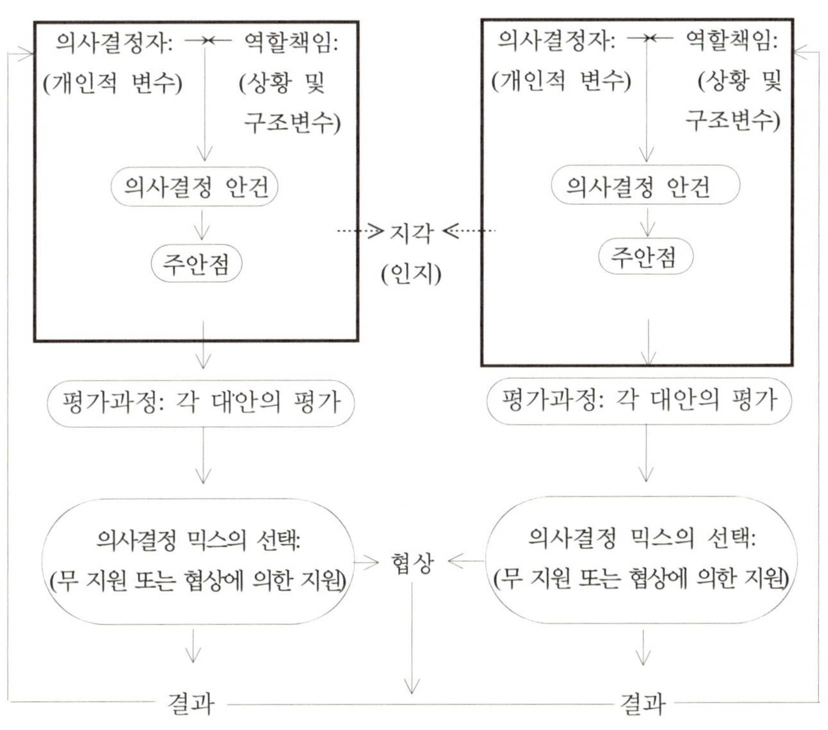

그림 10-2. 의사결정과 협상과정

라. 협상의 유형

협상은 전략적 관점에서 볼 때 협상에 따른 실질적 결과를 중요시하느냐 또는 협상당사자간의 관계적 결과를 중요시하느냐에 따라 <표 10-1>과 같이 유형을 나누어 볼 수 있다. Newson, Walter B.(1989)는 4개 유형의 협상을 제시하였는데, 일반적으로 분배적 협상과 통합적 협상으로 분류하게 된다.

분배적 협상은 일명 경쟁적 협상이라고 명명되기도 하는데, 승-패식 협상(win - lose negotiation)으로서, 당사자 간의 관계가 기본적으로 경쟁적이어서 어느 한쪽이 이익을 보는 만큼 상대방이 손해를 보게 된다. 반면에 통합적 협상은 협상자 모두가 승리하는 협상(win-win negotiation)을 의미하는데, 협상당사자의 공통이익을 증진시킨다는 측면에서는 통합적 협상이라고 불리어진다. 그 특성으로는 협상당사자들이 적대적이거나 방어적이라기보다는 개방적이며 친화적 관계를 유지하려고 한다는 측면에서는 협력적 협상이라고 할 수 있다. 관련자의 이해관계가 상호 배타적이지 않으며, 어느 일방의 목적 실현이 상대방의 목적달성을 저해하지 않는 상황에서 이루어질 수 있는 협상유형이다.

분배적 협상이 고정된 가치를 분배하려는 상황을 전제하고 있는데 반해, 통합적 협상은 가치가 고정되어 있지 않고 양자의 협조에 의해 가치가 창출될 수 있다는 점을 전제로 한다. 따라서 전자의 유형에는 당사자들이 자신의 이익만을 극대화시키려는 전략과 전술을 동원하는데 비해, 후자의 유형에서는 자신의 이익을 1차적으로 중시하지만 상대방의 이익까지 포함한 공통이익에 관심을 갖는 형태, 즉 전자가 이기적 협상이라면 후자는 도덕적 협상이라 할 수 있다.

• 표 10-1. **이중관련모형**

		실질적 결과 중요성	
		NO	YES
관계적 결과 중요성	NO	회피	경쟁
	YES	수용	협력

자료 : Newson, Walter B.(1989), Academy of Management Executive, cited by R. J. Lewicki et als(2006), Essentials of Negotiation, 4th edition, McGraw Hill, p. 89, Figure 4-1.

2. 협상력과 협상력 영향요인

가. 협상력의 정의와 형태

카스키는 협상력을 '상대방의 행위에 변화를 일으킬 수 있는 능력' 이라고 정의하였으며, 단체교섭에서는 이를 좀 더 구체적으로 표현하여, `자기가 주장하는 조건에 상대방을 동의하게 하는 능력'이라고 정의하고 있다. 이를 당사자 간의 상대조건에 대한 동의에 따른 비용으로 나타내면 아래의 식과 같다.

$$\text{A의 협상력} = \frac{\text{A가 B의 조건에 동의하는데 따르는 비용}}{\text{B가 A의 조건에 동의하는데 따르는 비용}}$$

협상력(P) = f (D), 의존성(D) = g (OV, OS)

그런데 이러한 협상은 사회/제도적 상황의 기반이 되는 상식을 배경으로 하고 있으면서, 당사자 간의 공통 이익, 상충된 이익, 타협기준 혹은 목표로 특징을 지울 수 있다. 따라서 협상 당사자 간에 협상력을 평가하기 위해서는 협상자의 능력과, 이를 중심으로 한 협상환경, 시야, 시간의 변화 등을 고려하여야 하며, 그들 관계는 <그림 10-3>과 같다.

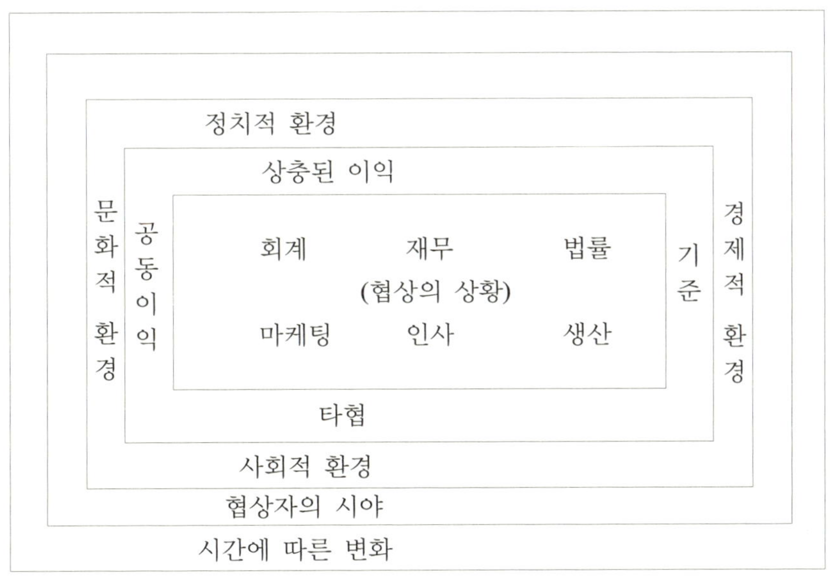

그림 10-3. 협상력의 배경(영향요인)

나. 협상의 구조와 결과

협상구조는 <그림 10-4>와 같이 해당기업간의 우위요인, 환경적 요인, 및 실제로 협상을 담당하는 협상가 등 삼자간의 관계로 파악할 수가 있는데, 이러한 과정에서 가장 중요하게 인식하여야 하는 것은 협상가이다. 왜냐하면 협상과정이 일연의 전략적 의사결정의 행위과정으로 이해되어야 한다는 점에 비추어, 의사결정에 대한 참여자로서의 협상가를 중요하게 고려하여야 하는 것은 당연한 일이라고 하겠다.

한편 협상의 결과는 협상을 통하여 어떠한 효익을 실현시켰느냐와 관련된 것으로 크게 소유권, 통제, 경제적 효익 등의 3가지로 나누어 볼 수 있는데, <표 10-2>와 같다. 먼저 소유권은 협상을 통하여 실제 활동할 수 있는 대상 국가의 수뿐만 아니라 일 국내에서 합작투자를 통한 이익 배분 문제와 관련이 있다. 통제는 어느 한 국가 또는 기업이 합작투자에 있어서 외부의 간섭이 없이 자신의 자산을 운영하고 우선순위를 부여할 수 있는 능력을 의미한다. 경제적 효익은 협상을 통하여 당해 국가의 GNP에 미치는 공헌도, 기업의 이익에 대한 공헌도 등과 관련을 갖는다고 할 수 있다.

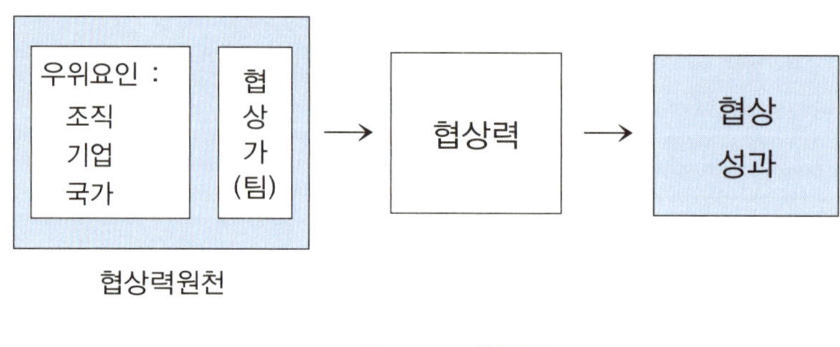

그림 10-4. 협상구조

• 표 10-2. 협상의 결과

소유권	• 소유권은 활동대상 국가 수뿐만 아니라 일 국내에서 합작투자를 통한 이익의 배분 문제와 관련 있음.
통 제	• 통제는 어느 한 국가 또는 기업이 합작투자에 있어 외부간섭이 없이 자신의 자산을 운영하고 우선순위를 부여할 수 있는 능력을 의미함.
경제적 효익	• 경제적 효익은 투자국가의 국민총생산에 미치는 공헌도 및 기업의 이익에 대한 공헌을 의미함.

3. 협상가의 개념과 태도·유형

가. 협상가의 개념

협상가란 이해당사자간의 협상과정에서 실제로 협상을 진행하는 담당자를 의미한다. 구체적인 협상에 있어서 협상가는, i) 사업을 경영하는 대표 자신이나, ii) 협상만을 전담하는 별도의 전문가로 존재하는 것이 보편적이다. 이러한 협상전문가는 한 개인이거나 또는 복수의 사람으로 구성된 팀이다.

협상과정에서 일방 협상자가 상대방 협상자에 대하여 가지는 우위가 협상력으로서, 최종협상의 결과에 중요한 영향을 미치게 된다. 이러한 점에서 협상가의 개인적 능력 또는 자질이 해당 기업(개인)의 우위와 아울러 협상의 중요한 요인이 된다. 따라서 협상가가 협상의 진행자 또는 전문가로서 가져야 하는 중요한 특성요인으로 다음의 몇 가지를 지적할 수가 있다.

- o 신뢰의 부여 : 상대방에게 행복 부여, 만족을 증진
- o 대안을 제시 : 쌍방의 합의 촉진을 위한 대안제시
- o 협상내용의 구체화 : 구체적 진전과 유리한 위치 선점을 위함
- o 적절한 시기포착 : 협상의 개시시점, 양보시점/수준, 종료시점 포착
- o 협상가와 권한의 원천분리 : 협상가는 협상권한이 자신에게 귀속되어 있지 않다는 것을 상대방에게 주지

나. 협상가의 태도와 유형

협상가가 어떠한 형태의 사람인가에 따라 구체적인 협상의 과정이나 진행에 상당히 중요한 영향을 미친다. 따라서 협상가의 개인적인 협상능력의 조건과 협상가의 욕구에 따라 협상가의 의사전달과정은 상당히 상이하게 된다. 협상능력이 기술, 권한, 협상에 대한 기대, 전문지식들 중에서 어느 것을 기반으로 하는 가 또는 협상가의 욕구가 성취, 협력, 및 힘 중에서 어느 것인가에 따라 구체적인 협상에 따른 의사결정과정은 <그림 10-5>와 같이 상이하게 된다.

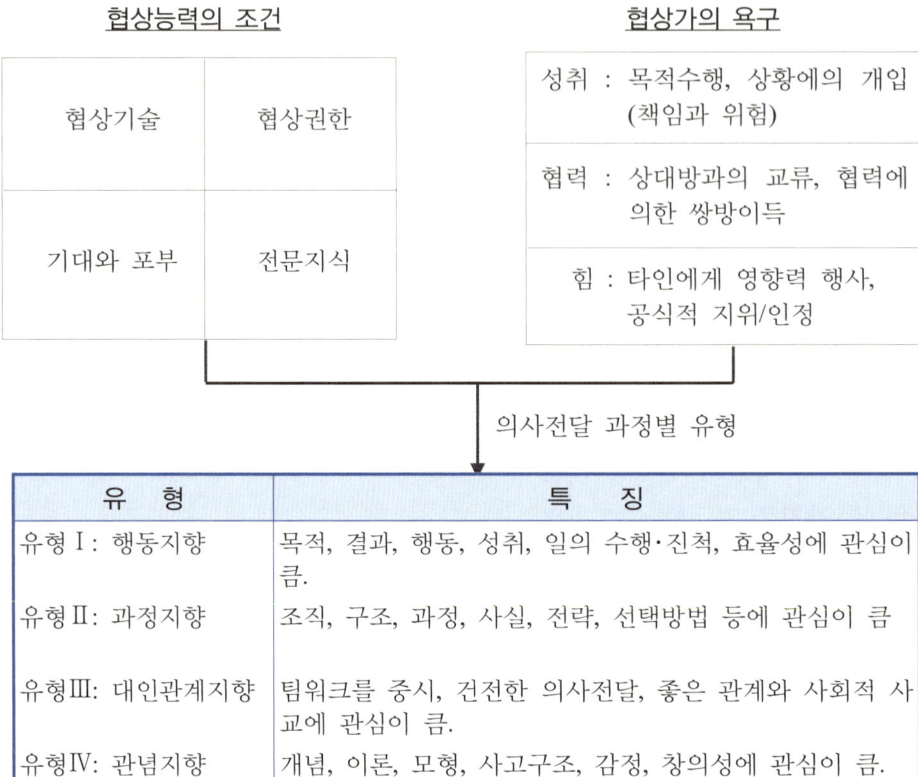

유 형	특 징
유형Ⅰ: 행동지향	목적, 결과, 행동, 성취, 일의 수행·진척, 효율성에 관심이 큼.
유형Ⅱ: 과정지향	조직, 구조, 과정, 사실, 전략, 선택방법 등에 관심이 큼
유형Ⅲ: 대인관계지향	팀워크를 중시, 건전한 의사전달, 좋은 관계와 사회적 사교에 관심이 큼.
유형Ⅳ: 관념지향	개념, 이론, 모형, 사고구조, 감정, 창의성에 관심이 큼.

자료 : 장대환, 국제기업협상, 김영사, 1989, p.89을 기반으로 응용함

그림 10-5. **협상능력, 협상가 욕구 및 의사결정유형과의 관계**

4. 협상모형의 구조

이상의 협상유형, 협상목적, 협상환경, 협상력, 협상자 등을 종합적으로 고려해 볼 때 협상모형의 구조는 <그림 10-6>과 같다. 협상의 결과는 협상 목표와 관련된 선행조건에 의하여 결정된 협상과정에 의하여 결정되어진다고 할 수 있다. 이러한 일련의 과정에 영향을 미치는 요인이 작용하게 되는데, 협상배경은 협상목표와 협상과정에 영향을 미치게 되며, 협상조건은 협상과정에 영향을 미치게 된다.

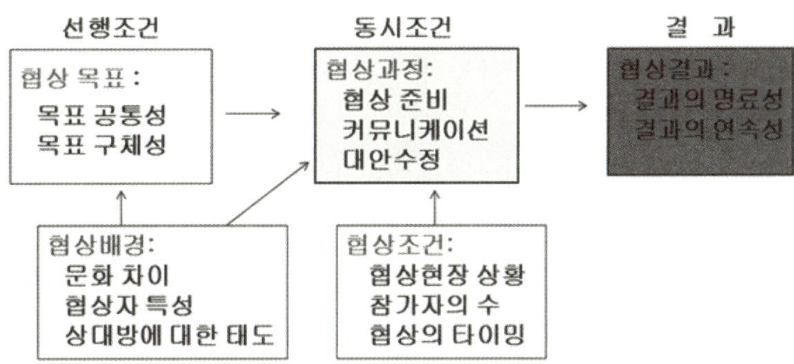

자료 : Sawyer, J & Guetzkow, H.,(1965), "Bargaining and Negotiation in International Relationships"

그림 10-6. 협상모형의 구조

제2절 기술이전 협상전략

1. 기술이전 협상력

가. 기술이전 협상력의 개념

기술이전에서 아주 중요한 요소의 하나인 협상력은 개념적으로는 잘 정의할 수 있으나, 실제적으로 어떻게 측정할 것인가에 관련해서는 정의를 내리는 것이 용이하지가 않다. 따라서 협상력에 대한 측정 가능한 정의를 위한 노력은 1970년대 초반부터 많은 연구자들에 의하여 활발히 이루어져 왔다.

Teece(1976)는 기술이전의 협상력을 경제적 효익인 효과적인 기술이전을 위하여 필요한 지식을 흡수하고 전달하는데 소요되는 제공자와 도입자간에 발생되는 총원가로 보았다. 한편 Maxon(1979), Contract(1980) 등은 관계 기업 간 기술이전에 있어서 협상력을 기술이전의 직접비용과 간접비용을 포함한 대가로 보았다.[1)]

Timberg(1981)는 기술이전 협상력을 지분율 또는 기술사용료에 한정하는 것은 의미가 없다고 하면서 협상력의 중요 요인으로 부품·원료·설비에 대한 이전가격 조작과 제공자로부터의 연결구매 등을 통한 효익의 배분을 고려하여야 한다고 하였다.

Fagre & Wells(1982)는 협상력이란 소유권, 통제, 효익 배분 등이 종합적으로 측정되는 것이라 하였다. 소유권 측면에서 교섭력을 측정하기 위하여 실제지분율, 기업수정 지분율, 국가수정 지분율 등을 제시하였다. Lecraw(1984)는 협상력을 소유권, 통제, 경제적 이익으로 볼 때 중요성에 따라 등급을 매긴다면 소유권이 가장 중요한 것은 아니라고 하였다. 또한 라이선싱에 있어서 통제를 단순지분율로 측정하는 것은 타당하지 못하며, 기술 대가도 그 다양성이 너무 큰 관계로 경제적 효익의 측정치로 타당한 것은 아니라고 하였다.[2)]

이동선(1988)은 김기영(1987) 연구와 같이 자율적 의사결정권을 협상력으로 파악하였다. 자율적 의사결정권은 구체적으로 이전기술의 활용과 관련한 7개 항목 즉 제품/생산량의 결정, 가격결정, 상표결정, 해외시장진출결정, 원료·부품·설비의 구매결정, 연구개발, 기술료와 지급기간의 결정 등을 중요도에 따라 가중 평균한 값으로 하였다.

나. 협상력의 비교

기존 연구자의 협상력 개념은 소유권, 경영통제, 경제적 효익 배분 등 세 가지로 분류할 수가 있으며, 연구결과를 비교하면 <표 10-3>과 같다.

• 표 10-3. **협상력에 관한 비교**

학자	협 상 력	협상력분류		
		소유권	통제	효익배분
Teece (1976)	기술이전의 총원가 : 정보의 교환가치, 공정 또는 제품의 설계 및 노하우의 이전원가, 기술적응/수정 연구개발비, 가동 전 훈련원가 및 초과제조원가			0
Maxon (1979)	기술이전 비용 : 각종 사용료, 직접비용과 간접비 배분, 중간재 이전가격, 지분참가에 의한 추가배당, 높은 이자비용, 수출제한, 원산지제한, 내부관리제한			0
Contractor (1980)	기술이전 대가 : 일시불 수수료, 경상기술료, 기술지원수수료, 도입자 지분과 배당, 부품/상품 순 마진과 수수료, 개량된 기술가치, 계약에 의한 세금 절약			0
Timberg (1981)	영업제한행위 : 부품·원료·설비의 이전가격 조작, 제공자와의 연결구매			0
Fagre & Wells (1982)	소유권, 통제, 효익배분의 종합적 고려 : 소유권은 지분율로 측정(실제지분율, 기업수정 지분율, 국가수정 지분율)	0	0	0
Lecraw (1984)	소유권, 통제 : 정부는 정치적 동기에서 소유 지분 중시, 경제적 효익 배분의 한계 정치비용	0	0	

이동선 (1988)	자율적 의사결정권 : 제품/생산량 결정, 가격결정, 상표결정, 해외시장진출결정, 원료·부품·설비 구매결정, 연구개발, 기술료/기간 결정		0	

자료 : 이영덕, "정보통신 기술도입협상전략에 관한 연구", 충남대학교 경상대학 경영경제연구소, 경영논집, 1992/6, p. 100

2. 기술이전 협상력 원천

가. 기술이전 협상력 원천

기술이전의 협상력 원천에 대한 연구는 1970년대부터 많은 연구자들에 의해 다양하게 진행되어 왔으나, 1978년 사례연구 방법을 이용한 Baranson의 연구를 통하여 보다 체계화 된 이후 Stoever, Contractor, Lecraw 등에 의하여 활발하게 이루어졌다.

Baranson(1978)은 미국기업의 협상력의 저하요인을 사례연구방법을 이용하여 분석하였다. 본 분석에서 배런손은 기술공급원의 다양화, 현지정부의 간섭과 지원, 기술도입자의 능력향상 등을 중요한 요인으로 지적하였다. 한편 Stoever(1979)는 보다 다양한 협상력 원천을 제시하였는데, 시장제공, 새로운 일자리의 창출, 훈련기회 제공능력 등의 경제적 측면과 협상능력, 선례, 외부 동맹국이나 제 3자의 이용능력, 새로운 미디어의 이용, 공공적 관계 또는 독자적으로 행동할 수 있는 능력 등을 제시하였다.

Contractor(1980)는 다국적기업의 관계회사간의 기술이전과 독립기업간의 기술이전을 구분하여 기술대가와 1인당 국민총생산, 제조생산/국내총생산, 연구자의 수 등의 영향관계를 분석하였다. 또한 1981년 연구에서 기술이전에 대한 영향요인은 선진국과 개도국 간에 각각 다르다고 하였다.[3)]

Torre(1981)는 현지정부의 간섭에 대한 사회 비용/이득 분석에서 현지정부의 단순하고 융통성 없는 정책은 예비투자자의 잠재적 진입을 방해하는 반면에 유연성 있는 정책은 사회적 이익까지 함께 얻을 수 있다는 것이다. 현지정부가 자국 경제개발의 정책적 우선순위를 이해하고 있으면서, 기술도입에 대한 제반 분석과정과 교섭훈련 및 경험에 관련된 문제를 생각하여야 한다고 하였다. 한편 Fagre & Wells(1982)는 다국적기업과 피투자국 정부 간의 협상력에 영향을 미치는 변수로 제공기업의 기술수준, 상품차별화 정도, 수출시장 접근성, 제공 상품라인의 다양성, 경쟁기업과의 경쟁수준 등의 5가지를 제시하였다.

Graham(1983)은 국제협상에 대한 문화의 영향을 중요시하면서, 협상력의 영향요인으로 협상과정의 개방정도, 상대방의 움직임, 어필의 유형, 수용 태도, 기업의 협상전략, 매력성, 권한의 크기, 신뢰도, 협상참여자의 개인적 특성 등 협상가 요인 및 협상과정요인을 지적하였다.

Lecraw(1984)는 페그르와 웰즈의 연구를 바탕으로 다국적기업의 기업특유 요인을 분석하였다. 기업특유요인은 기술능력, 마케팅기법, 상표가치, 희소자원 공급능력, 전문경영지식, 시장접근가능성, 모·자회사의 연계성, 잠재적인 공급기업의 수 등을 지적하였다.

김기영(1987)은 기술이전 협상력의 영향요인으로 시장요인, 기술요인, 경쟁요인, 정부요인, 기업조직요인의 5가지를 제시하였다. 그는 국내기업의 교섭력 영향요인으로 해외시장에로의 침투능력, 생산우위, 기술의 보유능력, 국내시장기회의 제공 등을 지적하였다.[4] 한편 이동선(1988)은 협상력의 영향요인으로 기술특성, 기업특성, 사업특성, 환경 등의 네 개로 크게 분류하였다. 기술특성은 기술수준과 기술유형의 두 요소가, 기업특성에는 기업규모, 주 제품의 시장지위, R&D 투자액, 경험, 상대기업 정보 등이 있다. 사업특성에는 생산, 마케팅, 부품과 설비의 대체조달 가능성, 해당기술의 대체적 공급원 수, 제품시차 등이 있다. 환경특성에는 정부규제, 정부유인, 시장규모와 전망, 목표시장의 해외지향성, 국내기업 간 도입경쟁의 수 등이 있다.

나. 기술이전 협상력 원천의 비교

이상의 협상력 원천에 대한 연구결과를 요약하면 기술적 요인, 제공자 요인, 도입자 요인, 환경적 요인 등으로 분류할 수 있으며, 자세한 내용은 <표 10-4>와 같다.

• 표 10-4. **협상력 원천에 관한 연구 요약**

학자	협상력의 원천	협상력 원천분류			
		기술	환경	제공자	도입자
Baranson (1978)	기술공급원 다양성, 현지정부의 간섭과 지원, 기술도입자의 능력	0	0 정치환경		0
Stoever (1979)	제공자의 능력 :자본과 기술, 시장/고용/훈련기회 제공능력, 교섭경험, 도덕적 정직성, 대체안 이용 가능성, 대중매체 활용능력			0 특히 강조	0
Torre (1981)	현지정부의 정책 :규제 수준/차별화, 정책적 우선순위, 영속성교섭훈련과 경험		0 정부규제 환경		0

Contractor (1980, 1981)	도입기업 규모, 계약기간, 도입비용, 기술의 상업적 가능성, 현지국 특성 : 도입국 연구자 수 1인당 총생산과 제조생산 비율	0	0		0
Fagre & Wells (1982)	제공자 능력 :기술수준, 제품차별화 정도, 제품다양성, 수출시장근접성, 경쟁기업과의 경쟁수준, 기업규모 현지정부의 소유 지분 정책		0		0
Pointer (1982)	도입자 측면 : 운영관리 복잡성, 관계기업 간 거래량, 대외수출량 현지 인력 수준, 자회사 규모, 다른 산업에의 참여정도				0 자회사 중심
Graham (1983)	협상자 측면 : 개인적 특성, 매력성, 신뢰성, 권한의 크기		0 문화환경		
Lecraw (1984)	제공자/현지기업 측면 :기술능력 마케팅 기법, 상표력, 전문경영지식, 희소자원 공급력, 시장접근성, 모/자회사 연계성, 잠재적 공급기업 수			0	0
김기영 (1987)	시장요인, 기술요인, 경쟁요인, 정부요인, 기업조직요인	0	0	0	0
이동선 (1988)	기술특성, 기업특성, 사업특성, 환경특성	0	0	0	0

자료 : 이영덕, ibid., 1992, p.102

3. 기술이전 협상프로세스

기술이전에 있어서 기술공급자와 기술도입자간에는 의견차이가 존재하는 것이 일반적인 현상이다. 이러한 의견의 차이를 해결하는 방법은 여러 형태가 있을 수 있는데, 힘의 우위를 이용하는 방법, 일방적으로 양보하는 방법, 합리적인 의견 차이의 해소하는 방법 등이 있을 수 있다. 기술공급자 입장에서는 먼저 힘의 우위를 이용하는 방법이 우선적으로 사용될 수도 있겠으며, 특히 해당기술을 반드시 필요로 하는 기술도입자의 경우에는 기술공급자의 무조건적인 요구조건도 최대한 수용하려 할 것이므로 가능할 수가 있다. 한편 기술공급자와 기술도입자의 사정이 반전된 경우에는 기술도입자가 힘의 우위를 사용하여 결정하려고 할 것이다.

그러나 대부분의 경우 기술이전과 관련하여 일방적 우위를 형성하기는 쉽지 않은 관계로, 당사자 간의 기술이전과 관련된 협상이 필요하게 된다. 즉 기술이전협상에 있어서 어느 일방의 당사자가 쉽사리 협상의 주도권을 장악하지 못하는 경우에 상대방에 대한 정보의 수집, 이해의 조정, 이를 통한 합의에 도달하는 <그림 10-7>과 같은 협상과정을 거치게 된다. 협상의 준비단계에서는 기술거래의 목적과 협상대상에 대한 명확한 정립이 이루어져야 한다. 기술거래를 통해서 무엇을 얻어내려고 하는 지, 기술거래의 목적 및 동기를 명확히 하고, 협상대상을 명확히 파악하는 것이 중요한다. 주요협상 대상의 선정과 관련하여 협상의 대상이 되는 부분과 협상의 대상에서 제외되는 부분에 대한 명확한 구분이 필요한데, 이와 관련된 사항을 정리하면 <표 10-5>와 같다.

아울러 효율적인 협상을 위해서는 협상초기인 준비단계에서 부터 협상이 진행되는 동안 협상내용 및 일정관리를 효율적으로 하기위한 협상일정관리 체크리스트를 작성하여야 한다. 협상의 유형에 따라 체크리스트의 구체적인 내용은 차이가 있겠지만, <표 10-6>에서 보는 바와 같이 보편적으로 기술이전관련 협상에서는 기술이전 유형, 기술협상목표, 중요사항, 보조사항 구분, 협상 당사자, 협상의 주도권, 비밀유지 및 보호, 자료의 취득, 지원제도의 연계, 협상중단의 시점 등에 대한 구체적인 내용이 포함된다고 할 수 있다.

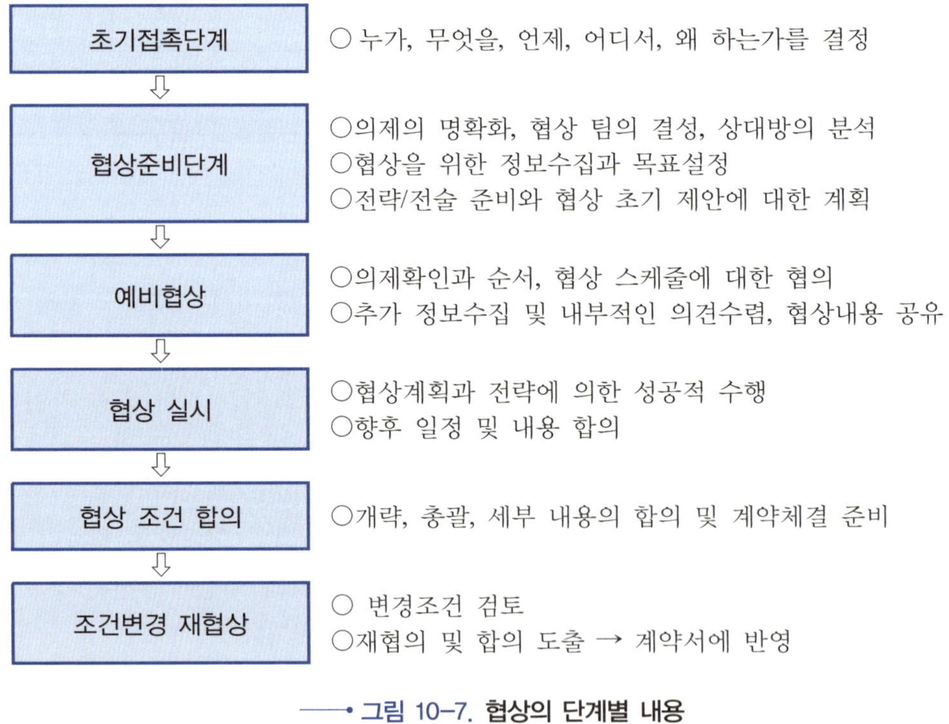

그림 10-7. 협상의 단계별 내용

• 표 10-5. 협상대상 사항의 특징

협상대상에서 제외되는 사항	원칙적으로 협상에 의해 조정가능 사항
• 기술거래 관련 경영방침, 정책 • 기술거래 관련 이익보증, 손실보전 • 계약제품의 상업성, 특정목적 적합성 • 계약 기간 후 기술료 계속지급 및 수출 제한	• 계약기술의 종류 및 범위 • 실시권의 성격(독점 또는 비독점) • 실시지역 및 수출문제 • 기술연수 및 초청 등 인원, 기간, 비용, 대가 • 기술료 결정방식, 산출시기, 지급시기, 세금문제 등 • 계약기간, 종료방식 및 효과 • 불가항력 조항의 내용 및 범위

자료 : K&P 홀딩스(2002), EE Negotiation 교육과정

• 표 10-6. 기술이전협상 체크리스트

주요항목	세부내용
1. 기술이전의 유형	• 어떤 형태의 기술이전을 선호하는가?
2. 협상의 목표	• 어느 수준의 조건을 제시할 것인가 • 절대 양보해서 안 되는 조건은 무엇인가? • 양보가 가능한 조건은 무엇인가?
3. 중요사항, 보조사항 구분	• 중요사항은 무엇인가? • 보조사항은 무엇인가
4. 협상 당사자	• 협상당사자는 누구로 할 것인가? • 상대방의 협상당사자는 누구인가?
5. 협상의 주도권	• 어느 쪽이 더 유리한 입장인가?
6. 비밀유지 및 보호	• 특허관리의 체계가 있는가? • 특허유지비용의 지급의사가 있는가? • 협상상대방 종업원의 비밀유지 서약 여부(서약서 등) • 외부회사와의 비밀유지가능여부(거래관계에 비밀조항 있는가?) • 어느 수준까지 공개할 것인가? • 비밀보호계약, 각서, 서약서 중에서 어떤 형태로 할 것인가? • 비밀보호 위반 시의 처벌 또는 손해배상 조항은? • 산업재산권의 개량에 따른 귀속은?
7. 자료의 취득	• 협상에 활용할 자료는 확보되었는가?
8. 지원제도의 연계	• 어느 지원제도가 협상 상대방에게 유효한가?
9. 협상중단의 시점	• 어느 시점에서 협상을 중단할 것인가? • 협상상대방 의 최소 요구 조건은? • 협상상대방 요구조건 중 수용 가능한 정도는?

자료 : K&P 홀딩스(2002)

기술협상의 조건은 크게 우선협상조건, 후속협상조건, 일반조건, 부속조건 등의 4가지로 구분할 수가 있는데, <표 10-7>과 같다. 첫째, 우선협상조건은 기술이전에서 가장 중요한 요소인 기술료의 결정에 관한 것이다. 기술료는 이전대상의 기술의 특성, 대상산업 및 사업의 특성, 기술시장의 특성, 기술이전 당사자 간의 관계 등에 따라 다양한 형태가 있을 수 있다. 또한 기술료의 산정 기준도 총매출액, 순매출액, 순이익 등으로 다양하며, 적용율도 상황에 따라 상이하다고 하겠다. 둘째, 후속협상조건에 관한 것으로 기술의 범위 및 제공방법, 라이선스의 범위, 대가, 개량기술 등의 기술이전에 따른 부대조건에 관한 사항으로 되어 있다. 셋째, 일반조건에 관한 사항은 당사자 표시 및 전문, 용어의 정의, 기술보증에 관한 사항, 분쟁의 해결 등에 관한 것이다. 끝으로, 부속조건에 관한 사항으로, 계약기간 및 해지사유, 계약의 양도 제한 등이 있는데, 필요에 따라 적절한 협상을 거치면서 조정되어질 수 가 있다.

• 표 10-7. **협상조건 총괄표**

구분		주요 내용
우선협상조건	기술료	• 특허권뿐만 아니라 노하우, 컴퓨터 SW, 저작권 등 지적 재산권 전반에 대하여 그 실시, 사용의 반대급부로서 지급되는 금전적 또는 대물적 보상
	선급기술료	• 기술료의 발생과는 아무런 관련 없이 별도로 기술공급자에게 지불되는 금액으로 계약기간 중에 발생이 예상되는 기술료에 관하여 그 일부 또는 전부를 계약발효와 동시에 또는 계약에서 정하는 지불기간의 초기에 지불하는 경우에 해당
	경상기술료 (running royalty)	• 기술에 의해 제품이 판매되고 이익이 발생된다는 전제하에 양 당사자가 지급, 수납하기로 하는 기술료 • 매출액이나 순이익을 기본으로 하여 정해진 산정 기준에 일정비율을 곱하여 산출된 금액을 정기적으로 지불하는 형태
	최저기술료 (minimum royalty)	• 기술공급자의 입장에서 안정적인 기술료 확보방안으로 사용되며, 계약기간의 전 기간(全其間) 또는 소정의 기간에 대하여 지불되어야 할 기술료의 최저액을 정하는 경우
	최대기술료 (maximum royalty)	• 기술도입자의 최저기술료에 대한 대응수단으로 사용되며, 기술료의 최고상한액을 설정하여 아무리 많은 양의 계약제품을 제조, 판매하여도 실제로 발생되는 기술료에 구애되지 않고 지불하는 형태로서 제조, 판매에 의해 지불되는 총 기술료의 상한액을 정함으로써 더 많은 생산 동기를 주기 위해 사용

구분			주요 내용
		고정기술료 (fixed payment)	• 계약제품의 판매액 등에 관계없이 기술에 대한 대가를 고정금액으로 지급
		일시불 (lump-sum payment)	• 계약 시 고정금액을 일시불로 하고 그 이후에는 대가를 지불하지 않는 방식으로 특허 라이선스나 엔지니어링 라이선스에서 적용되는 대가지불방식
		고정지불 (installment payment)	• 기술료로 일정금액을 결정한 뒤에 그 금액을 계약 기간 중 연간 최소한도 일정한 금액수준 이내에서 분할 지급하는 방식
후속협상조건	기술의 범위, 제공방법		• 기술이전계약의 대상이 되는 기술의 범위(특허 및 노하우(Know-how))와 이전 방법에 대하여 협상을 할 때에는 그 내용을 구체화 시켜야 한다.
	라이선스의 범위		• 권리의 성격이 독점적인지 비독점적인지, 양도가능한지, 위탁제조가 허락되는지 및 기술도입자가 다시 다른 실시권자를 지정할 수 있는 재실시권(sublicense)이 허락되는지 여부에 대하여 고려
	기술의 대가 (Consideration & Payment)		• 기술료와 관련한 기술료 산정이나 감사, 기타 조세 및 관세 등에 관한 사항
	개량기술 (Improvement)		• 추가적인 기술개량이 있다면 이들 기술을 별도의 산업재산권으로 출원 관리하는 것이 우선이며, 기존의 기술과 신규성, 독창성이 인정되지 않는 수준의 기술이라면 그 내용을 기술도입자에게 설명하고 추가적인 기술료를 지급토록 유도하는 것이 바람직
일반조건	당사자 표시 및 전문 (Parties, Recitals)		• 계약을 체결할 당사자들의 명칭·국적·설립 준거법·주소와 계약체결일자, 각 당사자에 대한 설명과 계약의 체결의도, 배경 및 동기에 관한 사항 • 계약내용의 해석에 있어 간접적인 영향을 주게 되므로 협상과정에서 간단하게 언급할 필요가 있음
	용어의 정의 (Definitions)		• 계약서에서 언급되는 모든 용어는 계약서에서 일관되게 적용되고 해석됨. 이들 용어에 대하여 분명하게 정의해 두지 않는다면 후일 포괄적인 해석으로 인해 당초 협상이나 계약의 의도와 관계없는 결과를 불러올 수 있으므로 계약기술, 계약제품, 그리고 계약지역 등 주요용어의 의미와 범위를 명확하게 정의해야 함 • 계약기술은 기술도입자(licensee)가 허여 받은 계약의 대상이 되는 특허기술로 등록국가 및 등록번호를 분명하게 표현하여야 함. • 계약제품은 기술도입자(licensee)가 특허기술을 적용하여 제

구분		주요 내용
		조, 판매할 수 있는 제품임을 협상 과정에서 확실히 하여야 하며, 표시되지 않은 제품(item)은 별도의 새로운 특허실시 계약을 체결하지 않으면 실시할 수 없는 것으로 규정하여야 함. • 실시지역은 계약된 특허기술을 적용하여 계약제품을 제조, 판매 등의 실시행위를 할 수 있도록 기술공급자(licensor)로부터 수권 받은 지역적 범위를 말하며, 이는 곧 등록국가를 의미 • 계약에서 사용되는 용어에 대하여는 협상과정에서 분명하게 정의하는 것이 향후 발생될지도 모르는 불미스러운 사태를 막을 수 있는 방법임
	기술보증에 관한 사항 (Warranty)	• 보증이란 계약 당사자 중 일방(warrantor)인 기술공급자가 상대방(warrantee)인 기술도입자에게 진술한 사실이 진실임을 약정하는 것 • 협상과정에서 가능하면 보증의 문제에 대하여는 계약조항에 반영하지 않도록 유도하는 것이 바람직
	분쟁의 해결	• 해당분쟁에 대해 관할권이 있는 법원이나 사법기관에서의 소송에 의한 구제조치도 가능하나, 소송에 의한 해결에 앞서 화해나 중재 등의 대체적 분쟁해결수단(alternative dispute resolution, ADR)을 활용하는 것이 바람직 • 미리 분쟁에 대비하여 분쟁의 조기해결을 위한 장치로서 WIPO 중재센터 또는 대한상사중재원 등의 중재기관을 지정하는 규정을 실시계약에 첨가할 수 있음 • 기술이전 협상과정은 문제발생의 소지를 충분히 검토하고 제거하는 것이 우선이며, 그렇지 못한 경우에는 중재기관의 중재를 받아들이도록 서로 협조를 구하여야 함
부속 조건		• 계약기간 및 해지사유, 계약의 양도 제한 등이 있으며, 필요에 따라 적절한 협상을 거치면 될 것

자료 : K&P 홀딩스(2002)

4. 기술료 협상사례[5)]

가. 협상의 배경

한국의 B사는 특정 산업용 장비의 생산에 필요한 독립적 기능의 핵심부품 C(이하 계약제품이라고 함)를 수입하여 지금까지 자체 수요에 충당하여 왔으나, 당해 산업용 장비의 원가구조 개선 및 가격경쟁력 강화를 위하여 2년 정도 후에는 자신이 직접 생산하기로 계획을 세우고 이에 필요한 기술을 일본의 A사로부터 도입하기로 하였다. A사의 기술은 세계적으로 정평이 있을 뿐만 아니라 핵심부품 C의 자체생산에 필요한 제반 지원(기술지도, 부품공급 등)을 제대로 받을 수 있을 것으로 기대되었다.

한편, A사로서도 한층 더 개량된 신제품이 개발·완료되어 출시됨에 따라, 종전의 C에 대한 기술을 어떠한 형식으로든 활용하여 수명주기를 연장하고, 신제품 개발에 투입한 막대한 비용을 회수하는 데 기여하는 한편, C의 생산에 부수되는 핵심부품 및 기자재를 B에 수출하고자 기대하였다.

양사는 서로의 이해관계 접점을 찾을 수 있을 것으로 생각되자 계약제품 C의 기술이전에 대한 협상을 개시하였다.

나. A사의 제시조건

A사는 이미 동일한 기술을 얼마 전에 중국에 라이선스한 바 있어 자신의 기술이전 요구조건을 제시하는 데 많은 시간이 소요되지 않았다. 더구나 회사의 당해 연도 실적이 악화되어 결산기 도래 이전에 기술이전을 통하여 경영실적개선에 다소나마 보탬이 되기를 기대하였다.

A사는 계약기술의 이전에 대한 주요 요구조건들을 협의서(term sheet)로 작성하여 B사에 제시하였는데, 그 중에서 쟁점이 되었던 기술료에 대한 부분을 요약하면 다음과 같다.

- o Initial Payment : 계약 모델당 1억 엔
- o Running Royalty : 계약제품에 소요되는 에너지 소모량 부피(cc)당 8엔
- o 최저기술료 : 매 연도별로 3천대 이상의 계약제품을 생산, 사용하고 이에 미치지 못하더라도 생산, 사용한 것으로 간주하고 기술료를 지급할 것

다. B사의 반대조건 제시

A사의 협의서(term sheet)를 접수한 B사는 여러 가지 항목에서 이해관계의 차이를 발견하였지만, 특히 계약제품이 사용될 산업용 장비의 원가구조를 개선하고자 하는 기본 전략에 큰 차질을 줄 것으로 예상되는 기술료에 대하여 가장 크게 주목하였다.

A사가 제시하는 경상기술료의 산출방식대로 기술료를 추정한 결과, 경상기술료만으로도 총 제조원가의 10%에 육박하였다. 또한 최저물량을 충족하지 못해 최저기술료를 지급하는 상황까지 감안한다면 실질적인 부담은 훨씬 커질 것으로 예상되었다. 현재 수입하여 사용하고 있는 계약제품의 총 입고가격에 수준을 맞추더라도 기술료가 추정 총 제조원가의 10% 이상을 점한다면, 기술도입에 의한 자체생산은 별 의미

가 없을 것으로 판단되었다.

따라서 자체생산의 의미를 가질 수 있으면서 장기적으로 계약제품이 사용될 장비의 가격경쟁력을 충분히 확보할 수 있다고 판단되는 기술료 수준을 추정하여 다음과 같이 역으로 수정 제의를 하였다.

라. 협상에 의한 이해관계 차이의 조정

A사가 제시한 조건이 비록 어느 정도의 양보를 전제로 한 것이긴 하지만, 양사의 기술료에 대한 이해관계의 차이는 매우 컸다. B사가 수정 제시한 것도 어차피 자신이 바라는 조건이므로 양보 조정의 가능성은 충분히 있었다. 이해를 돕기 위하여 A사와 B사의 이해관계 차이의 크기를 다음과 같이 정리하여 볼 수 있다.

협상이란 이러한 이해관계(또는 위험부담)의 차이를 합리적인 대화와 설득에 의하여 양보와 타협의 정신으로 조정해가는 과정이다. 이러한 차이를 조정하는 데 있어서 시간(time), 정보(information), 및 영향력(power)의 세 요소를 어떻게 잘 활용하여 자신의 요구 방향에 조금이라도 근접하도록 합의를 이룰 수 있을지가 관건이라 할 수 있다.

A사가 처한 시간적 촉박성 및 A사의 동일 기술에 대한 중국 기술수출의 내용(정보)을 협상에 충분히 활용한 B사가 보다 유리한 입장에서 합의를 이끌어낼 수 있었다. 실상 B사는 2년이라는 충분한 시간적 여유가 있는 관계로 협상을 느긋하게 이끌어갈 수 있었으며, 자신이 조금이라도 만족하지 못한다면 언제든지 다른 수단으로 전환할 준비를 하고 있었다. 6~7회에 걸친 지루한 기술료 협상은 아래와 같은 합의점을 도출하게 되었으며, 그 합의 결과를 회의록에 명시하고 서명함으로써 다른 조건들의 협상으로 넘어가게 되었다.

- o Initial Payment : 5천만 엔/Model
- o Running Royalty : 기술이전으로 B사가 국산화(localization)하는 부품금액 합계의 5%
- o 최저기술료 : 계약초기 2년간은 최저기술료의 적용을 배제하고 3차년도 이후에만 적용하되, 잔여 계약기간 3년간 누계 9천 대분을 보장함. 계약기간 연장의 경우는 연간 4천대를 넘지 않는 범위 내에서 새로이 수정 합의함

제3절 정보통신산업의 기술이전 협상전략

1. 협상전략 모형의 구성

가. 기술도입 협상력 및 협상력 원천의 재구성

1) 협상력의 구성

기술도입 협상력은 단일 요소보다는 소유권·통제·경제적 효익 배분을 종합적으로 고려하여 변수를 설정하여야 한다는 것이 연구자들의 보편적인 견해이었다. 그러나 실제적으로는 협상력을 측정하기 위하여 이들을 종합적으로 고려한 변수를 조작화하는 것은 용이한 일이 아니다.

따라서 이러한 문제를 해결하기 위한 하나의 방법은 협상력을 계약서 조항들의 내용과 이에 대한 만족도로 측정하는 것이다. 이러한 판단은 보편적으로 일방 당사자가 높은 협상력을 가졌다면 협상과정에서 타방 당사자보다 유리한 위치를 점할 수 있는 관계로 계약서를 보다 유리하게 작성할 것이며, 아울러 작성된 계약서 내용(조건)에 대해서도 그렇지 못한 경우보다 더욱 만족할 것이라는 데에 근거하고 있다.

기존 기술도입과정에서 작성된 계약서에 보편적으로 포함되어 있는 조항들 가운데서, 기술도입 협상력을 측정하기 위하여 계약서상의 비밀보장기간조항, 분쟁발생시 조정기관 조항, 기술도입형태조항, 기술이전방법조항, 수출제약조건조항, 개량기술 사용조건 조항, 대금지급방법조항 등 7개 조항을 선택한다. 구체적인 측정방법으로는 이들 조항에 대한 만족수준을 5점 척도로 측정한 값을 각 조항에 대한 중요도순으로 측정한 가중치를 고려하여 가중 평균한 값으로 협상력을 도출한다.

2) 협상력 원천의 구성

① 기술요인 : 기술요소와 협상력과의 관계는 대체로 기술의 유형·수준·발전단계·개발난이도·독특성·상업적 성공가능성 등에 따라 결정되어진다. 기술의 유형은 기업특유 기술·시스템특유 기술·산업특유 기술로 분류하거나 또는 신제품개발 기술·기존제품개량 기술로 분류할 수도 있다. 기술의 발전단계는 도입, 성장, 성숙, 쇠퇴 등 네 단계로 분류할 수 있는데, 성장성숙기의 기술일수록 도입자의 협상력이 낮아진다. 기술수준은 첨단기술과 보편적 기술로 분류할 수 있는데, 첨단기술일수록 도입자의 협상력이 낮아진다. 끝으로 기술의 개발난이도가 상대적으로 높고, 상업적 성공가능성이 높은 경우에는 도입자의 협상력은 낮아진다.

② 환경요인 : 협상력은 경제 환경·정치 환경·기술 환경 등과의 관계에 의하여 결정되어진다. 경제적 환경요인으로는 국내시장의 개방정도, 관련제품시장의 규모와 성장률 등이 있다. 정치적 환경요인으로는 정부의 규제 및 지원에 대한 역할(개입)이 있다. 기술적 환경요인으로는 자사기술과 도입기술간의 기술격차, 당해 기술에 대한 국내 기업 간 도입경쟁의 정도, 당해 기술의 공급가능 대안 등이 있다.

③ 도입자 및 제공자 요인 : 제공자나 도입자와 협상력의 관계는 도입자(제공자)의 규모·기술능력·경영상태 등에 의하여 결정되어진다. 규모요인에는 자산, 매출액 등의 절대적 척도가 있으며, 기술능력요인에는 매출액 대비 연구개발비 비율, 전체 종업원 대비 연구인력 비율, 연간 특허건수로 본 연구개발실적, 과거 기술이전 경험 등이 있다. 또한 경영능력요인으로는 제품판매망의 수준, 과거 전반적 재무상태, 주력 제품의 시장지위 및 시장점유율 등이 있다.

④ 협상과정요인 : 협상과정과 협상력의 관계는 협상과정의 당사자 관계와 일반적 요인 등에 의하여 결정된다. 당사자 관계에는 쌍방에 대한 신용정도, 쌍방의 기존 교섭경험 등이 있으며, 일반적 요인에는 교섭대안에 대한 사전적 평가정도, 당해 사업 수행에 대한 적극성 정도 및 가장 어려웠던 협상진행 단계 등이 있다.

나. 협상전략모형

앞에서 재구성한 기술도입 협상력과 협상력 원천변수들을 체계적으로 정리하고, 이전기술의 실제 사용에 따른 사업성과의 관계를 연계시켜 기술이전 협상전략모형을 설정하면 <그림 10-8>과 같다. 아울러 협상모형을 구체화하기 위하여 관련변수들에 대한 조작적인 정의 및 측정방법을 정리하면 <표 10-8>과 같다.

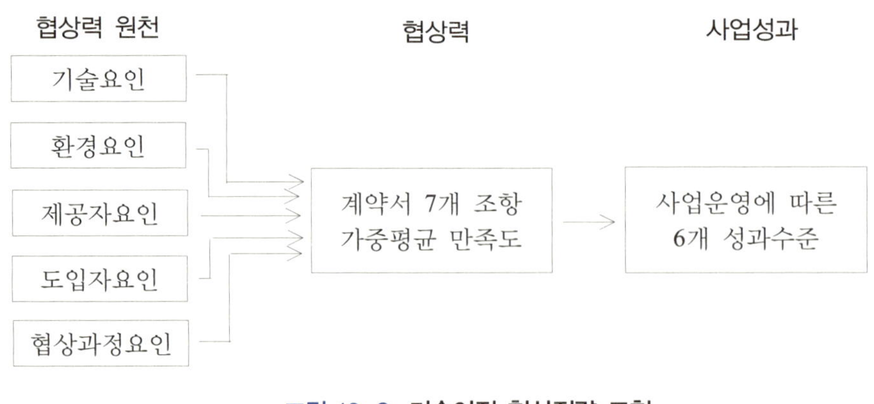

그림 10-8. 기술이전 협상전략 모형

• 표 10-8. **협상력, 협상력 원천, 사업성과 변수와 측정**

<table>
<tr><th>협상력</th><th colspan="2">협상력 원천</th></tr>
<tr><td rowspan="7">• 계약서 조항의 만족도 계산 :
$$\frac{\sum_{i=1}^{7}(DOS * DOI)_i}{\sum_{i=1}^{7}(DOI)_i}$$
DOS : 만족수준 ┐ R1 -
DOI : 중요도 ┘ R14

• 7 개 측정변수 :
비밀보장기간 : 계약기간 내, 기간 후 일정기간, 영구

• 기술댓가 : 정액지급, 사용료, 착수금, 지도료

• 도입형태 : 독점특허권, 비독점 특허권, 상표권, 기술 용역

• 기술이전방법 : 제품제작, 기술훈련, 기술자문, 기술자료 제공

• 수출제약조건 : 유,무

• 개량기술사용조건 : 쌍방인정, 제공자인정, 도입자 인정, 쌍방불인정

• 대금지급방법 : 일시불선불, 분할지급, 후불(RR1 - RR7)</td>
<td>기술
요인</td><td>기술유형 : 신제품개발, 기존제품개선(A4) → 유목척도
기술단계 : 도입, 성장, 성숙, 쇠퇴단계(A5) → 유목척도
기술수준 : 국내첨단을 기준(B1) → 5 단계
기술개발난이도(B2), 기술관련 제품수준(B3) → 5 단계
상업적 성공가능성(B5)`→ 5 단계</td></tr>
<tr><td>환경
요인</td><td>경제적 환경 : 경기상황전반(E1),시장개방도(E2)
시장규모(E10) → 5 단계
정치적 환경 : 제한(E3),혜택(E5),조정(E4) → 5 단계
기술적 환경 : 기술격차(E7), 국내기업 간 경쟁정도(E8), 해당기술의 도입대안(E9) → 5 단계</td></tr>
<tr><td>제공자
요인</td><td>규모: 자산(C1),매출액(C2) → 5 단계
기술능력 : R&D비율(C5), 연구자비율(C6),
특허건수(C7), 기술이전건수(C8) → 5 단계
경영능력 : 제품판매망 수준(C9) → 유목척도
재무상태(C10),주제품 시장지위(C11),
주제품 시장점유율(C4) → 5 단계</td></tr>
<tr><td>도입자
요인</td><td>규모 : 자산(D1),매출액(D2) → 5 단계
기술능력 : R&D비율(D5), 연구자비율(D6),
특허건수(D7),기술이전건수(D8) → 5 단계
경영능력 : 제품판매망 수준(D9) → 유목척도
재무상태(D10),주 제품 시장지위(D11),
주 제품 시장점유율(D4) → 5 단계</td></tr>
<tr><td>협상
과정
요인</td><td>당사자 관계 : 신용정도(G1),사전적 인식(G2) → 5 단계
교섭경험(G3),교섭당사자(G4) → 5 단계
일방적 관계 : 사전적 대안분석수준(G5) → 5 단계
최초조건의 수용정도(G7) → 5 단계
해당사업의 적극성정도(G8) → 5 단계
어려운 협상진행단계(G9) → 유목척도</td></tr>
<tr><td colspan="2">성 과 요 인</td></tr>
<tr><td colspan="2">제품개발 : 소요기간(Q1),소요비용(Q2) → 5 단계
기술적 성공수준(Q5), 제품의 상업적 성공수준(Q6) → 5 단계
경쟁사 대비 : 품질개선 수준(Q3),가격개선수준(Q4) → 5 단계</td></tr>
</table>

자료 : 이영덕, 1992

2. 우리나라 정보통신산업 기술이전 협상전략

따라서 본 분석에서는 정보통신 분야에서 기술이전의 경험이 있는 100개 기업을 대상으로 설문지를 조사하였다. 설문지 조사에서 해당기업들이 기 도입한 기술 중에서 제일 중요하다고 판단되는 대표적 기술을 중심으로 응답하도록 하였다.

가. 계약서항목에 대한 빈도분석

계약서상의 도입기술에 대한 보장/보호 기간에 관한 질문에 대하여 18개 기업이 기간 내 보호, 14개 기업이 계약만료 후 일정기간 보호를 요구하는 것으로 나타났으며, 특히 6개 기업의 경우에는 영구적인 보호를 요구하는 경우도 있었다. 결정된 기술대가의 구성을 보면 19개 기업이 정액지급, 9개 기업이 사용료, 6개 기업이 착수금을 요구하는 것으로 나타난 반면에 기술지도료의 경우에는 한 건도 없었다. 기술도입형태에 관한 질문에서는 독점적 반권이 7개 기업, 비독점적 반권이 15개 기업으로 대부분이 반권의 형태를 가지고 있는데, 상표권은 1건, 기술용역은 11건으로 나타났다. 구체적인 기술제공방법에 관한 질문에서는 기술훈련 14건으로 가장 많았으며 제품제작시공과 기술자문이 각각 7건, 기술자료제공이 5건으로 나타났다. 수출제약조건 여부에 관한 질문에서 제약이 있다고 대답한 기업이 16건, 없다고 대답한 기업이 18건으로 나타났다. 개량기술사용조건에 관한 질문에서는 도입자와 제공자의 쌍방인정이 23건으로 가장 많았고, 제공자만 인정이 3건, 도입자만 인정이 1건 이였는데, 쌍방불인정의 경우도 7건이나 되었다. 끝으로 대금지급방법에 관한 질문에서는 22개 기업이 분할지급을 하는 반면에 7개 기업은 일시불 선불로 지급하고, 5개 기업은 일시불 후불로 하는 것으로 나타났다.

나. 협상력과 협상력 원천, 협상력과 성과간의 교차분석

협상력과 협상력 원천간의 교차분석을 위하여 먼저 계약서 항목에 대한 만족수준과 가중치 분석한 표를 이용하여 복합변수인 협상력 변수(RR)을 구성하였는데, 구성된 협상력 변수는 최저값이 1.21, 최대값이 5.00, 평균이 3.04 값을 갖는 것으로 나타났다.[6] 따라서 교차분석을 위하여 협상력 변수의 평균을 중심으로 평균값보다 작은 집단을 1 집단으로 하고, 평균값보다 큰 집단을 2 집단으로 구분하였다. 또한 협상력 원천변수와 성과변수들은 대부분의 경우에 5점 척도로 측정된 관계로 1,2점을 1집단, 3점을 2집단, 4,5점을 3집단으로 구분하였다.

1) 협상력과 협상력 원천과의 관계분석

이와 같이 분류한 집단구분에 따라 먼저 협상력과 협상력 원천간의 교차분석의 결과를 정리하면 다음과 같다. 첫째, 일반적 특성변수와 협상력 변수간의 교차분석 결과를 보면 유의적인 결과를 보여주는 변수가 하나도 없었다. 둘째, 기술 변수와 협상력 변수간의 교차분석 결과를 보면 교섭당시 기술수준, 기술개발 난이도, 상업적 성공가능성 등에 대하여 유의적인 차이가 있는 것으로 나타났다. 셋째, 환경 변수와 협상력 변수간의 교차분석 결과를 보면 국내 경기상황, 국내의 시장개방정도, 기술관련제품의 시장규모 등에 대하여 유의적인 차이가 있는 것으로 나타났다. 넷째, 제공자 변수와 협상력 변수간의 교차분석 결과를 보면 제공자의 자산규모, 매출액 대비 R&D 비율, 전체 종업원 대비 연구자 비율, 년 특허건수, 기술이전 건수, 판매망 수준, 전반적인 재무상태, 주력제품 시장지위 등에 대하여 유의적인 차이를 가지는 것으로 나타났다. 다섯째, 도입자 변수와 협상력 변수간의 교차분석 결과를 보면 자산규모, 매출액규모, 기술이전경험, 판매망 수준, 주제품 시장지위, 관련제품 시장점유율 등에 대하여 유의적인 차이를 나타냈다. 끝으로 협상과정 변수와 협상력 변수간의 교차분석 결과를 보면 쌍방의 신용정도, 협상전 상대방 인지정도, 협상경험, 협상당사자, 협상대안의 평가수준, 협상의 적극성 정도, 어려운 진행단계 등에 대하여 유의적인 차이를 보였다. 이러한 분석 결과를 표로 정리하면 <표 10-9>와 같다.

2) 협상력과 성과간의 관계분석

협상력과 성과간의 교차분석 결과를 보면 제품개발소요기간, 제품개발 소요비용, 기술적 성공도, 상업적 성공도 등에 대하여 유의적인 차이가 있는 것으로 나타났다. 이러한 분석 결과를 정리하면 <표 10-9>의 다음 부분과 같다.

• 표 10-9. 협상력과 협상력 원천간 및 협상력과 성과간의 교차분석 결과

협상력 원천변수	χ^2	유의 수준	협상력 원천변수	χ^2	유의 수준
기술요인 :			기술제공자요인 :		
기술수준	9.0420	0.010	자산규모	6.9111	0.032
개발난이도	10.6667	0.005	R&D/매출액 비율	10.6015	0.005
상업적 성공가능성	8.8889	0.012	연구자/총종업원 비율	5.2381	0.073
시장환경요인 :			년 특허건수	8.2424	0.016
			기술이전경험	5.2135	0.074
국내 경기상황	4.5713	0.100	판매망 수준	11.1427	0.004
국내 시장개방정도	8.2500	0.016	전반적 재무상태	4.7423	0.093
관련제품 시장규모	11.5238	0.003	주력제품 시장지위	5.5143	0.064
협상과정요인 :			기술사용자요인 :		
쌍방 신용정도	9.8859	0.007	자산규모	8.8352	0.012
사전 상대방인지	7.5584	0.023	매출액규모	11.9167	0.003
교섭경험	8.3268	0.016	기술이전경험	9.7778	0.008
협상당담자	5.6923	0.058	판매망 수준	7.8214	0.020

협상대안 평가정도	18.2727	0.0001	주제품 시장지위	8.0571	0.018
협상의 적극성정도	6.9082	0.032	동제품 시장점유율	11.9351	0.003
어려운 진행단계	5.2857	0.071			
성 과 변 수					
기술적 성과 :			**사업적 성과 :**		
제품개발 소요기간	5.2778	0.071	품질개선수준	10.1647	0.006
기술적 성공도	12.2308	0.002	상업적 성공도	10.0314	0.007

각주

1) 각 연구에 따라 기술 대가를 구성하는 요소는 다소 상이하다. Maxon은 기술이전에 따른 직접비용뿐만 아니라 기술이전관련 제한조치 등 포괄적인 간접비용을 포함시켰다. 한편 Contractor는 기술 대가를 직접비용에 매몰원가 상각분, 기회 원가를 포함하였다.
2) 합작투자나 라이선싱에서 단순지분율 측정은 타당하지 못한데, 그 이유로는 제공자가 현지제약에 의한 낮은 지분율을 보상받기 위하여 이전가격 조작 또는 연결구매 등의 방법을 많이 이용한다는 것이다. 또한 기술 대가 경우도 타당하지 못한데, 기술시장의 불완전성 또는 기술 대가에 대한 현지국의 제한 등으로 인하여 실제적인 기술 대가는 사용료 이외의 직·간접적인 여러 형태로 다양하기 때문이다.
3) 선진국은 도입기업의 규모, 계약기간, 특허를 포함한 법적 비용, 도입기업의 수출성향 등을 중요한 영향요인으로 취급하는 반면에, 개도국은 기술의 상업적 연수, 공급기업의 대체가능성, 기술이전비용 등을 중요시한다.
4) 협상력 영향요인을 방어적 요인과 공격적 요인으로 구분하여 시장기회의 제공, 부수적인 원료부품 및 기계설비의 구입, 기술소화능력, 정부의 도입경쟁조정 및 구매보장 등을 방어적 요인으로, 해외시장침투능력, 기술보유기업간의 경쟁 등을 공격적 요인이라고 하였다.
5) 본 기술이전협상 사례는 2008년 1학기에 충남대학교 대학원 특허학과의 특허경영 수업에서 발표된 내용의 일부로서 비밀유지를 위하여 기업명과 기술(제품)명을 A, B, C로 표현하였다.
6) 계약서항목에 대한 만족수준과 중요도에 대한 가중치를 분석하면 아래의 표와 같다.

	만족수준*1)						중요도*2)							
	1	2	3	4	5	계	1	2	3	4	5	6	7	계
보호/보장기간	4	9	7	11	3	102	1	3	6	2	4	3	15	176
기술대가의 구성	6	6	18	2	2	90	2	3	3	4	8	9	5	162
기술도입형태	4	1	17	6	6	111	1	2	4	8	9	9	1	155
기술제공방법	3	6	10	7	8	113	5	3	3	7	6	4	6	144
수출제약조건	5	5	12	5	7	106	4	9	8	2	3	5	3	120
기술개량사용조건	3	3	16	6	6	111	4	9	5	8	2	3	3	118
대금지급방법	5	6	16	3	4	97	17	5	5	3	2	1	1	77

주 : 1) 1 : 아주 불만족, 2 : 불만족, 3 : 보통, 4 : 만족, 5 : 아주 만족을 나타내며, 계는 빈도수에 각 값을 곱한 것을 합계한 수치임.
2) 1부터 7까지의 값은 중요도 순위를 역으로 한 값으로, 1은 중요도가 7번째인 것을 의미하며, 7은 중요도가 첫 번째인 것을 의미한다. 또한 계는 빈도수에 각 값을 곱한 것을 합계한 수치임

제11장 신기술 창업전략

제1절 벤처기업

1. 벤처기업의 개념과 현황

가. 벤처기업의 개념과 특징

1) 벤처기업의 개념

세계적으로 벤처기업이 신기술 분야의 성장을 주도하고 혁신의 견인차 역할을 하고 있는 선진국 특히 미국의 경우에도 벤처기업에 대한 정의가 있는 것은 아니다. 기술의 수명주기가 짧아지고 종래의 점진적 혁신위주에서 급진적 혁신이 보다 빈번하게 출현하는 새로운 혁신환경 하에서, 환경 불확실성, 시장불확실성, 경쟁의 가변성 등을 보다 잘 극복하고 성장을 주도하기 위해서는 종래의 대규모, 대량생산, 기계식 의사결정의 틀에서 벗어나서 강력한 혁신주도, 신속한 의사결정, 기민한 환경 적응을 수행할 수 있는 형태기업의 필요성이 증대되었다. 이러한 필요에 따라 혁신에 의한 신기술 창출, 창출기술의 시장 확산 등에 따른 높은 위험을 감수하는 동시에 높은 성공보수를 추구하는 기업이 출현하게 된 것이 벤처기업이라 할 수 있다.

따라서 벤처기업에 대한 일률적인 개념적 정의가 존재하는 것은 아니며 국가에 따라, 필요에 따라, 특별한 규정을 하는 경우와 그렇지 않은 경우로 다양하다. 먼저 OECD에서는 벤처기업을 특별하게 규정하지 않는 대신에 R&D의 집중도가 높은 기업 또는 성공의 핵심요인이 기술적 우월성 및 기술혁신에 있는 기업을 의미하는 것으로 보고 있다. 미국에서는 소기업투자와 관련하여 위험성이 크지만 높은 성공수익이 기대되는 신기술 및 아이디어를 이용하여 독립적으로 사업을 영위하는 신생기업으로 보고 있다.

이에 반하여 일본이나 우리나라에서는 벤처기업을 규정하고 있다. 일본의 경우 벤처기업을 중소기업으로서 R&D 비율이 매출액의 3%이상으로서 창업 후 5년 이내의 기업으로 규정하고 있다. 벤처기업을 특별법에 따라 엄격하게 규정하고 있는 대표적인 국가인 우리나라는, 1997년 제정된 '벤처기업 육성에 관한 특별조치법'에 따라 벤처기업의 확인제도를 두고 있다. 동 법에서 정하고 있는 벤처기업의 형태는 4가지였으나, 그 동안 벤처관련정책의 수행에 따른 문제점들이 노출됨에 따라 2002년 10월 동 법을 개정하였으며, 여기에서 벤처기업의 범위를 <표 11-1>과 같이 수정하였다.

이와 같이 여러 나라에서 직·간접적으로 정의하고 있는 벤처기업에 대한 개념을 종합해 볼 때, 벤처기업을 명확하게 정의하기는 쉽지 않다고 하겠다. 따라서 기술혁신 및 혁신의 확산과정과 관련하여 벤처기업을 '첨단기술 또는 창의적인 아이디어를 사업화하는 과정에서 높은 위험을 부담하는 동시에 높은 잠재적 수익을 기대하는 첨단기술집약형 중소 신생기업'으로 정의할 수가 있다(이영덕 1999).

• 표 11-1. **벤처기업의 유형**

유 형	범 위	확인기관
벤처 투자기업	• 벤처투자기관으로부터 투자받은 금액이 자본금의 10% 이상일 것(단 문화상품 제작 법인은 자본금의 7% 이상일 것) • 투자금액이 5천만 원 이상일 것 • 투자내역을 유지한 기간이 벤처확인요청일로부터 직전으로 연속하여 6개월 이상일 것	한국벤처 캐피탈협회
연구개발기업	• 기술개발촉진법 제 7조 규정에 의한 기업부설연구소 보유 • 업력에 따라 아래 기준을 충족할 것 - 창업 3년 이상 기업: 벤처확인요청이 속하는 분기의 직전 4분기의 연간 연구개발비가 5000만 원 이상이고, 연간 매출액 대비 연구개발비 비율이 **별도로 정한 기준*** 이상일 것 - 창업 3년 미만 기업: 확인요청이 속하는 분기의 직전 4분기의 연간 연구개발비가 5000만 원 이상일 것(연간 매출액 대비 연구개발비 비율 적용 제외) • 연구개발기업 사업성평가기관으로부터 사업성이 우수한 것으로 평가된 기업	기술보증기금 중소기업진흥공단

기술평가 보증기업	• 기보로부터 기술성이 우수한 것으로 평가 • 기보보증 또는 중진공의 대출을 순수 신용을 받을 것 • 보증 또는 대출금액의 각각 또는 합산금액이 8천만 원 이상이고, 총 자산에 대한 보증 또는 대출금액의 비율이 5% 이상일 것	기술보증 기금
기술평가 대출기업	• 중진공으로부터 기술성이 우수한 것으로 평가 • 중진공의 대출 또는 기보의 보증을 순수 신용으로 받을 것 • 보증 또는 대출금액의 각각 또는 합산금액이 8천만 원 이상이고, 총 자산에 대한 보증 또는 대출금액의 비율이 5% 이상일 것	중소기업 진흥공단
예비 벤처기업	• 벤처기업의 창업을 위해 법인설립 또는 사업등록증을 준비 중인 자 및 창업 후 6개월 이내인 자 • 기보 또는 중진공으로부터 기술성이 우수한 것으로 평가	기술보증 기금 중소기업 진흥공단

자료 : 전국벤처기업단체협의회, 지방벤처기업의 협황과 협력활성화 방안, 2009년 12월, p. 18
주 : 1997년 벤처기업 육성에 관한 특별조치법, 2002년 월 동 법의 개정법안, 2004년 동법의 개정법안.
*) 별도로 정한기준은 ‘업종별 연구개발투자비율’표로 정해져 있음.

2) 벤처기업의 특징

이러한 포괄적 정의에 따른 벤처기업이 가지는 특징으로는 일차적으로 고객지향성을 강조할 수가 있는데, 고객니즈 지향, 고객 불만이 혁신의 씨앗, 고객평가가 혁신의 동인, 고객만족이 자금조달 원천, 투명성을 통한 시장성공의 추구 등을 들 수가 있다(정진호 1999, p.116). 또한 벤처기업이 국가혁신체계에서의 위치, 글로벌 환경변화에서 가지는 위치, 기업자체의 성격을 고려하여 보면 다음과 같이 그 특징을 정리할 수가 있다(이영덕 2001, p. 8).

① 국가정책적 성격

o 국가경쟁력의 원천

o 새로운 산업구조편성의 주도적 역할의 담당자

o 국가차원의 과학 기술력의 원천, 연구개발-산업의 연계 고리

o 고부가가치와 고도 전문 인력 공급 및 창출의 결합점

② 기업가치 지향적 성격

o 고도의 전문능력과 전문기술을 갖춘 고학력자

o 생태계적 사고에 의한 발상의 전환과 외부자원의 활용

o 감성과 기술이 결합한 젊은 세대의 기업가

o 장인정신, 헝그리 복서정신, 탐험가 정신, 따뜻한 마음의 결합

o 수평적 인간중심의 조직과 구성원 능력발휘 중시

③ 사업적 성격

o 높은 R&D비율과 높은 기술 인력의 구성비

o 창업자 배경과 관련성이 큰 기술

o 고성장 분야사업(매출액, 부가가치, 수익성)

o 기술수용수명주기를 중시

o 니치마켓을 중시

o 첨단 기술 집약단지와 시장의 연계지역에 입지

나. 벤처기업의 현황

1) 벤처기업의 태동

우리나라 벤처기업의 현황을 설명하기에 앞서 우리 벤처기업의 시발점과 역사를 어떻게 볼 것인가에 대한 설명이 있어야 하겠으며, 아울러 오늘날 1만개가 넘는 벤처기업들이 최근 4-5년 사이에 급속하게 나타나게 된 벤처관련 대내외적인 환경의 변화도 분석이 있어야 하겠다. 흔히 벤처계의 대부로 회자되는 미래 산업의 정문술 회장, 삼보컴퓨터 이용태 회장 등 벤처창업 1세대에 속하는 기업 및 창업자들은 어떠한 이유와 시대적 환경에서 벤처라는 사업을 수행하게 되었는가에 대한 언급이 선행되어야 한다.

국내 벤처기업의 태동은 1980년대 초의 큐닉스, 삼보컴퓨터 등을 비롯한 컴퓨터 관련 중소기업이 외국에 의존하던 기술들을 국산화해보겠다는 의지에서 해당기술의 상업화를 성공한데서 시작되었다. 1980년대 중반에는 컴퓨터분야에서 정보통신분야에로 확대되어 관련기술의 전문가들이 메디슨, 팬택, 미래전자, 한글과 컴퓨터 등 기술 집약형 중소기업을 활발하게 창업하였다. 우리나라 벤처기업의 태동기인 1983년에 보도된 한국경제신문 조사 자료에 의하면 해당기술의 당시 벤처기업의 수는 40개 정도였으며, 업종별 분포는 정밀화학 30.0%, 컴퓨터 22.5%, 일반기계/부품 22.5%, 전기/전자 15%, 의료기기 7.5% 순이었다.

1997년 벤처기업협회와 산업자원부가 공동으로 조사한 결과에 따르면, 1989년 40여 개에 불과하던 벤처기업수의 수가 1994년엔 1,000여 개, 1996년 1,500여 개, 1997년에는 2,500여 개로 증가하는 등 가파른 증가세를 보였다. 이 당시 매출액이나 고용규모에서 중소기업이 국민경제에 점하는 비중이 절대적인데 비하여 아직 벤처기업이 점하는 비중은 작았다. 또한 2006년에는 43,000여 개로 증가가 예상되어 기업체 수에서는 1996년 대비 29배 증가를 전망하였다. 이에 따라 향후 우리나라 산업구조가 벤처형 구조로 전환될 것으로 전망되기도 하였다(무한기술투자, 1997/6).

2) 벤처환경의 변화

지난 1998년 우리경제가 IMF보호체제에 들어감에 따라 대내외적으로 엄청난 환경의 변화와 대규모 구조조정을 통한 대량실업 등 커다란 국민적 시련을 겪은 바 있었다. 이러한 현상은 외형적으로는 우리나라의 경제규모가 세계 12위 정도에 이르렀는데 비추어 내부적으로 많은 변화에도 불구하고 국가의 관련정책이 70-80년대의 기본골격을 탈피하지 못하고 있었으며, 다른 한편으로는 기업의 경쟁능력을 결정하는 핵심역량이 제대로 뒷받침하지 못하는데서 기인하였다. 즉 국가의 산업정책이 대기업과 기타기업(일명 중소기업) 정책으로 이분법적으로 구분되어 대기업 지향적 구조를 유지하고 있으며, 기업도 규모위주의 양적 팽창에 치우쳐 조직의 탄력성과 기민성이 부족하여 국제환경변화에 능동적으로 대처할 수 없는 실정이었다.

따라서 1998년 우리정부는 IMF체제를 조기에 탈피하고, 새로운 일자리의 창출, 21세기를 대비한 새로운 지식기반 산업구조의 형성, 및 산업경쟁력 제고의 일환으로 신(첨단)기술의 개발과 상업화를 담당할 벤처창업의 활성화와 중견기업으로의 육성을 위한 방안을 찾는데 정책적 관심을 집중시켜 왔다. 참신한 기술보유자들을 기업가로 연결시켜 끊임없이 도전하는 정신을 고취시킴으로써 21세기에 부응하는 고부가가치를 바탕으로 하는 젊고 새로운 산업구조로 재편성될 수 있도록 할 필요가 있었다. 또한 산업 및 국가전반에 새로운 일의 의지와 재 창업 의지의 확산기반 마련을 위한 혁신을 주도할 기술창업(벤처기업)의 활성화가 절실하였으며, 나아가 이러한 기술창업기업(일명 신 개미군단)이 기존의 틈새시장확보 수준이 아닌 국제적인 신시장의 개척 및 국민총생산에 대한 기여도를 제고하는 것이 절실하였다.

이러한 환경변화에 능동적으로 대처하기 위해서는 새로운 산업구조에 적합한 '대기업-중소기업-벤처기업'으로 된 국가경쟁력 제고의 한 축으로서, 국가혁신체제와 지역혁신체제의 연계를 통한 '기술개발-기업화'의 상호작용을 확산시킬 뿐만 아니라 기존산업과의 협력을 통한 지역산업 및 지역경제를 발전시키는 중요한 담당자로서 벤처기업의 역할과 중요성이 증대되고 있다.

1990년대부터 전 세계적으로 확산되고 있는 WTO, TR, GR 등 글로벌 환경변화에 따라 정보통신산업은 새로운 성장산업으로 떠오르고 있는 여러 첨단산업 중에서도 가장 유망한 산업으로 각광받게 되었다. 정보통신기술이 복합화/초단기화/디지털화되고 있는 점을 감안하여 정보통신산업은 컴퓨터, 통신, 반도체 기술, 및 이들의 융합에 의한 멀티미디어 등 새로운 기술을 위주로 시장이 형성되어 가고 있을 뿐만 아니라, 정보통신에 대한 수요가 고급화, 다양화되고 있다. 또한 정보통신 산업은 지식정보사회의 도래에 따라 고부가가치 산업 및 국가경제 발전을 위한 전략산업으로서의 그 중요성이 날로 증대되고 있다. 정보통신산업분야에서의 다품종 소량품목을 전문적으로 생산하는 기술 집약형 정보통신 벤처기업의 역할이 대단히 중요하게 인식되고 있다.

3) 벤처기업의 현황

앞의 현황에서도 언급한 바와 같이 우리나라 벤처창업은 1999년부터 2000년 사이에 비교적 시장상황이 밝게 전망된 정보통신분야를 중심으로 집중적으로 증가하였는데, 이때는 국가의 정책적 의지, 국민의 직간접적 지원, 엔젤·벤처 캐피털 및 코스닥의 활성화 등을 포함한 자금/금융부문에서의 적극적 지원에 힘입은 바가 크다고 하겠다. 2002년 3월경이 우리나라 벤처기업의 수가 최고정점에 이른 시기에 해당하는데, 전국적으로 11,000여 개의 벤처기업이 창업되었으며, 벤처평가기관에 의해 벤처기업으로 인증된 기업이 전체의 54.0%를 점하였다. 또한 이 시기에는 민간 및 공공 연구기관에 종사하는 연구원에 의한 창업과 대학의 실험실을 중심으로 한 교수창업도 활발하였는데, 전국적으로 연구원 창업이 1100여 개 사, 교수창업이 700여 개였다.

우리나라 벤처기업의 연도별 현황을 분석한 <표 11-2>를 보면, 2002년 3월을 정점으로 하여 우리나라의 벤처기업의 증가 속도는 감소하게 되었다. 이 기간은 벤처기업에 대한 대국민 시각이 상당히 부정적인 시기였으며, 이에 따라 벤처기업의 창업 열기도 급격히 감소하게 되었다. 이러한 침체의 시기는 4년간 지속되게 되었으며, 2006년에 접어들면서 다시 창업 붐이 일어나게 되어 벤처기업의 수가 만개를 상회하게 되었으며, 2013년 3월말 현재 28,763개에 이르게 되었다.

이를 업종별로 보면 <표 11-3>과 같은데, 전국적으로 제조업이 20,985개 73.0%로 가장 많았으며, 그 다음이 정보처리/SW업 4,389개 15.3%, 건설운수 406개 1.4%의 순으로 나타났다. 또한 지역별 분포를 보면 서울21.4%, 경기 30.5%로 수도권이 14.930개 51.9%로 50%이상을 점하고 있으며, 다음으로 대전/충남지역과 부산/울산지역 소재기업이 각각 7.1%, 9.0%를 점하고 있었다. 반면에 제주나 강원지역에 소재하고 있는 기업은 상대적으로 아주 적은 것을 알 수 있다.

또한 신기술 벤처창업의 붐이 일기 시작한 1997년도부터 연구원과 교수의 실험실 창업이 일어나기 시작하였다. 교수 및 연구원 창업 현황인 <표 11-4>를 볼 때, 이들 창업은 2000년대 초 벤처창업의 붐과 함께 크게 증가하기도 하였다. 2001년 12월 말을 기준으로 연구원 및 교수창업의 경우를 보면 대전/충남지역이 337개 사 18.2%로 전국에서 가장 높게 나타났다. 그러나 연구원 창업의 경우 2000년 이전에 비하여

2000년 이후 창업의 열기가 상당히 약화되었으며, 2003년, 2004년에는 창업기업의 증가세가 크게 감소하였다.

• 표 11-2. **유형별 벤처기업 수(2013년 3월말)**

(단위 : 개)

년도	벤처캐피탈 투자기업	연구개발 기업	특허 신기술개발기업		기술평가 대출기업	전체 누계
			신기술개발 기업	기술평가 보증기업		
1998	494	584	766	198	-	2,042
1999	845	917	1,708	1,464	-	4,934
2000	1,393	8309	1,668	4,907	-	8,798
2001	1.545	1.292	2,402	6,153	-	11,392
2002	1,124	1,325	6,329		-	8,778
2003	718	1,483	5,501		-	7,702
2004	442	1,416	6,109		-	7,967
2002	1,124	1,325	6,329		-	8,778
2003	718	1,483	5,501		-	7,702
2004	442	1,416	6,109		-	7,967
2005	330	1,425	7,977		-	9,739
2006	367	1,543	8,500		1,548	12,218
2007	519	1,887	5,011		6,314	14,015
2008	-	-	-		-	15,401
2009/5	565	2,140	14,246		544	17,514
2013/3	681	1,441	25,465		1,128	28,763*)

자료 : 중소기업청, 벤처기업정밀실태분석, 2013
주 : *)는 예비벤처기업 48개를 포함한 갯수임

그 동안 위와 같은 벤처기업의 양적 팽창에도 불구하고 벤처기업의 인증제도, 벤처관련 정책의 일관성 및 체계성 부족 등의 정책적 측면과, 벤처기업의 사업전략, 벤처기업가의 윤리 및 경영철학의 부재 등과 같은 전략적 측면에서 여러 문제가 제기되어 왔으며, 혁신을 주도할 벤처기업가의 도덕적 해이, 문어발식 사업 확장 등으로 많은 폐단을 노출시켰다.[1)]

아울러 이러한 요인과 2001년부터 시작된 벤처관련 국내외적인 환경의 불확실성

증대로 인하여 벤처창업의 열기는 상당히 냉각되었으며, 정부에서도 벤처기업 및 관련정책에 대한 재평가를 하게 되었다. 이러한 이유로 인하여 벤처기업은 수적으로 증가세를 멈추고 감소하는 현상이 발생하였다. 지난 10년간 우리나라 벤처기업의 변화양상과 벤처기업에 대한 사회적 인식변화 및 정부정책 변화의 특성을 보면 <그림 11-1>과 같다.

• 표 11-3. 업종별/지역별 벤처기업의 수(2013년 3월말)

(단위 : 개, %)

업종별	제조업	정보처리 S/W	연구개발 서비스	건설 운수	도/소매업	농·어·임 광 업	기타	계
전국	20,985	4,389	301	406	352	75	2,254	28.763
%	73.0	15.3	1.0	1.4	1.2	0.3	7.8	100

지역별	서울	부산 울산	대구 경북	광주 전남	대전 충남	경기	인천	강원	충북	전북	경남	제주	계
전국	6,154	2,592	2,808	1,164	2,048	8,776	1,390	469	736	700	1,851	75	28,763
%	21.4	9.0	9.8	4.0	7.1	30.5	4.8	1.6	2.6	2.4	6.4	0.3	100

• 표 11-4. 교수 및 연구원 창업 현황

(단위 : 개)

	2000 이전	2001	2002	2003	2004	2005	2006	2007	총계
교수	263	99	99	72	64	90	82	74	843
연구원	85	19	14	5	6	15	8	8	160
계 (증감)	348	118	113 (-5)	77 (-36)	70 (-7)	105 (35)	90 (-15)	82	1,003

자료 : 중소기업청(2007)

4) 벤처기업 실적

앞 표에서 본 바와 같이 20001년 말을 정점으로 벤처기업의 수는 감소추세였으나, 2004년 4월 이후 다시 증가세로 전환하여 2009년 5월 기준 17,514개 사에 이르고 있다. 이는 벤처 산업 내 자체적인 구조조정이 마무리 단계에 접어들고, 정부의 벤처 활성화 정책에 대한 기대도 일부 작용한 것이 주요 요인이라고 하겠다. 이러한 벤처기업의 수적 증가와 함께 우리나라 벤처기업의 경영성과를 보면 <표 11-5>와 같다.

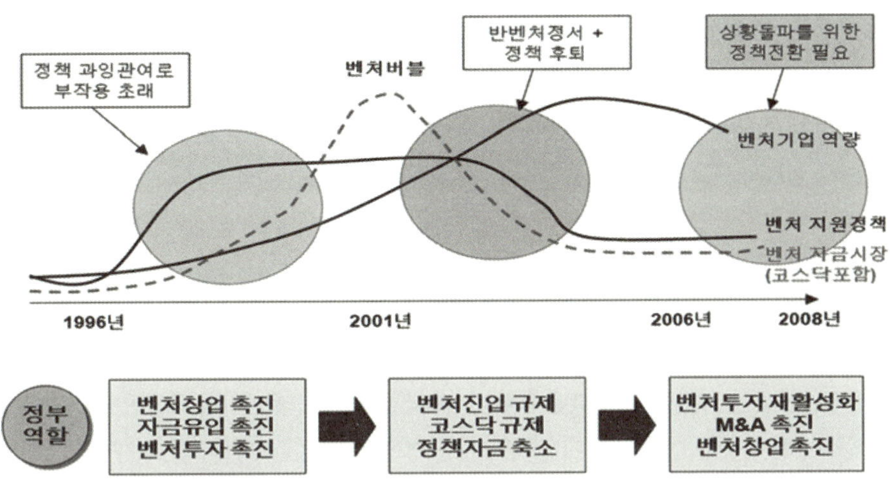

자료 : 홍길표 외 3인(2008/12), 중소기업청 연구보고서, p.1

그림 11-1. 우리나라 벤처기업관련 정책의 변화과정

• 표 11-5. 벤처기업 경영성과

(단위: 개, 억 원, %)

		2000	2001	2002	2003	2004	2005	2006	2007	2008
평균매출액		53.03	65.64	68	73.4	78.9	68.8	74.2	53.1	60.1
평균종업원수		39.11	31.6	37.5	39.1	33.5	34.8	29.1	25.3	27.3
재무상태	자기자본 비율(%)	-	50.4	42.3	38.3	50.1	47.4	45.3	38.8	39.1
	부채비율 (%)	-	97.6	128.2	142	99.4	111.2	120.5	157.9	154.9
보유특허권 수(평균,개)		2.9	3.2	3	3.3	3.7	4.1	5	3.2	2.8

자료 : 중소기업청, 「벤처기업정밀실태조사」, 2009
주 : 1999,2000년에는 자기자본비율 및 부채비율이 조사항목에서 제외

2008년도 전체 벤처기업의 평균 매출액은 60.1억 원으로 전년의 53.1억 원에 비하여 13.4%증가하였으나, 매출액대비 영업이익율은 7.0%로 전년의 8.3%에 비하여 1.3%나 감소하였다.

또한 벤처기업 재무현황을 보면 2008년 벤처기업의 자기자본비율은 39.1%로 전년의 38.8%에 비하여 0.3% 증가하였으며, 부채비율은 154.9%로 전년(157.9%)대비 3.0%p 감소하였다.

2008년도 기준 지적재산권(특허권) 보유현황을 보면, 국내 특허권을 보유한 기업

의 보유 평균 특허권 수는 2.8건, 실용신안 1.0건, 디자인권 1.0건, 상표권은 1.1건, 해외산업재산권 0.4건이었다. 한편 2009년 6월 현재 특허출원중인 특허권 수는 평균 1.8건, 실용신안 0.2건, 디자인권 0.2건, 상표권 0.2건, 해외산업재산권 0.6건으로 나타났다.

2. 벤처기업에 대한 연구

가. 외국의 연구

벤처기업에 대한 연구는 1970년대부터 미국을 중심으로 시작되었으며, 주로 기업가의 역할과 벤처창업보육시설에 대한 연구가 중심이었다. 외국의 연구를 보면 주류가 창업에 영향을 미치는 요인으로서 혁신창업자, 관리조직특성, 기술창업보육센터(TIC, TBI), 벤처캐피탈, 지역적 클러스터링 및 지속적 발전 등을 주로 연구대상으로 다루고 있다. 다른 한편으로는 창업기업의 성공에 대한 전략의 적합성에 대한 연구도 증가하고 있다. 특히 혁신창업자의 창업에 대한 영향에 관한 연구는 초기의 혁신자의 개인적 자질 중심에서, 관련분야의 전문성, 미래에 대한 기대, 지원시스템의 활용 등 다양한 변수를 다루는 방향으로 발전하고 있다. 최근에는 벤처창업의 입지적 성격을 중요시하여 기술적/사업적 클러스터의 조성과 지속적 발전과의 관계를 다루고 있다(표 11-6, 표 11-7).

나. 국내의 연구

1) 중소기업 및 벤처기업의 경영애로요인 조사

먼저 중소기업 및 벤처기업 지원관련 연구를 간단히 종합해 보면 다음과 같다. 이들 기업에 대한 구체적인 지원 사업수단은 금융 지원, 세제 혜택, 기술 지원, 인력개발, 기술 및 경영정보 제공, 구·판매지원, 입지 확보 지원 등이 있다. 지원구분은 대상 중소기업의 생산 요소에 대한 지원, 수요 측면의 지원, 창업 등 기타지원으로 분류될 수 있다.

중소 제조업의 심각한 경영애로 요인은 인력 부족, 원자재 가격 상승, 판매 부진, 임금 상승 등의 순서로 나타났다. 중소 제조업 하청 기업이 모기업과의 거래에서 겪는 애로 사항을 살펴보면 납품 단가 조정의 어려움, 대금 결제 지연 또는 장기어음 지급, 수주량 감소 등의 순서로 나타났음을 알 수 있다. 이러한 연구는 중소기업의 경영애로사항 개선을 위한 제도적인 개선방안을 다루고 있을 뿐 실제 성공 기업들의 성공 요소가 무엇인지에 대해서 연구하지 않음으로써 중소기업의 창업과 그 활성화를 위한 적극적이고도 유효한 전략 및 정책 제시가 어려웠다는 것이다(한국은행 조사부 1996; 대전충남본부 2000, 2001).

• 표 11-6. **연구결과의 요약**

연구자	특 성	비 고
Allen & Rahman (1985)	• TBI와 창업기업의 생존율관계 분석 • TBI의 효율화/활성화	TBI에 대한 연구
Sutart & Abetti (1986)	• 능력 있는 기업가 • 전문적인 시장/기술 팀 • 방만하지 않은 경영 • 신중한 R&D 투자 • 안정적 시장 • 조직과 전략의 적정한 균형	하이테크 벤처기업의 조사
Roberts (1991)	• 기업발전단계별 성공요인에 대한 분석 • 창업자, 기술개발/이전, 자금조달, 마케팅전략, 관리전략 등 기능별 성공/실패요인 분석 • 조사방법: 설문지조사, 심층면담, 사례연구	보스턴지역의 MIT모태 하이테크창업
Kreuger (1993)	• 기술에 대한 긍정적 경험과 창업의지의 관계(+)	
Carter et als(1994)	• 창업 후 경영전략의 초점의 일관성과 성공관계(+) • 전략적 대안 : 저 가격정책, 고 서비스/품질정책, 시장요구에 대한 적응, 입지선정, 시장매력도, 틈새시장, 유행성, 신기술의 개발과 활용	
Dodge et als (1997)	• 창업기업 발전단계별 성공요인 분석 • 초기 단계: 자금능력, 시장지식, 지역적 위치, 고객관계, 경쟁자파악, 현금흐름관리 • 성장/안정화 단계: 사업확장, 고객관계, 경쟁자파악, 현금흐름관리	
Brush et als(1997)	• 창업기업 발전단계별 성공요인 분석 • 초기 단계: 창업자의 개인적 특성(교육수준, 전문 지식/경험), 종업원 역량(고객관계) • 성장/안정화 단계: 조직역량(효율성, 고객서비스 체제, 비용), 창업자 근무년수	
大村幸生 (1998)	• 일본 벤처기업 실패원인: '벤처의 룰' 경시 • 실패한 경영자 특성: 무리한 확장, 거래처와의 구두약속 과신, 신속한 사업청산 부족, 금융기관과의 신뢰부족, 막연한 장미 빛 기대, 간부진의 충고 외면, 진솔한 경영부족 • 성공한 경영패턴: 스펀지형 기술관리, 유연한 네트워크, 수요자의 에이전트화, 감동연출형 경영	일본 구주지역의 벤처기업에 대한 조사로 조직특성을 강조

Yuan(1998)	• 과학산업단지 TBI와 벤처창업 연계 • BI의 전략의 목표지향성/정책지향성 : 지역발전과 연계, 기술을 가진 기업가의 지원 • 대기업에 의한 기업가 정신의 확장과 사내벤처 • 대학기반 TBI와의 중소창업기업 연계(교육/인력)	대만의 신주과학산업단지의 TBI와 지역연계를 강조

• 표 11-7. **벤처기업 성과(성공과 실패)의 영향요인에 대한 정리**

영향요인 / 연구자	창업자 특성	산업 환경	자원과 능력	경쟁 전략	조직 특성	기 타: 지원인프라
Van de Ven, et al(1984)	O				O	O
Sandberg(1984)	O	O		O		
Gartner(1985)	O	O	O	O	O	
Cooper et al(1986)		O		O	O	
Sandberg & Hoper(1987)	O	O		O		
Roure(1987)		O	O			
Covin& Slevin(1990)	O	O		O		
Kunkel(1991)		O		O		
Tsai et al(1991)		O	O	O		
McDougull et al (1992)		O		O		O
Blunden(1993)			O			O
Blake(1993)		O		O	O	
Herron & Robinson(1993)	O	O		O		
McDougull et al (1994)		O		O		
Chandler & Hanks(1994)		O	O	O		
Baum(1995)	O	O		O	O	
Slevin& Covin(1995)		O	O	O	O	
Hart et al(1995)	O	O	O	O		
Bamford et al(1996)		O	O	O		
Dodge et al(1997)	O	O	O	O		O 지역적 위치
Brush et al(1997)	O				O	
大村辛生(1998)	O		O	O	O	
Yuan(1998)	O					O 과학단지연계

자료 : 백금희, "벤처기업의 성공적인 창업방안에 관한 연구", 연세대학교 산업대학원 석사학위논문, 1998/6, p. 26의 표를 수정 보완함.

2) 전체 산업에서의 벤처창업기업에 관한 연구

이와 관련된 많은 연구는 전 분야에 걸친 중소 창업기업을 대상으로 설문지 조사 및 2차 자료를 통하거나, 또는 몇 개 기업을 대상으로 한 심층사례분석을 통하여 성공/실패요인을 도출하고, 그 결과를 활용하여 창업기업에 관한 제도적 육성책을 제시하고 있다.(중소기업협동조합 중앙회 1993, 중소기업진흥공단 1995, 상공회의소 1993, 이영덕 외 2인 1996, 한정화 1998/2003, 김영배 1998 등).

중소기업 진흥공단(1995)은 '88~'91년 중 동 공단으로부터 창업조성자금을 지원받은 348개 업체 중 설문지가 회수된 170개 업체를 분석대상으로 성패영향요인을 분석하였다. 기업의 구분은 성장성, 수익성, 활동성, 창업자 만족도 등을 종합하여 성공기업과 부진기업 그리고 보통기업의 세 그룹으로 분류하였다. 성패요인을 크게 다섯 가지 항목으로 구분하고, 각 항목을 다시 몇 가지 세부요인별로 나누었다. 분석결과는 아래의 <표 11-8>과 같다.

• 표 11-8. **창업기업의 성공/실패요인**

구 분	분석결과	
창업자 일반특성	• 창업이전 종사업종과 관련정도 (+) • 창업이전 종사분야 (?)	• 유사업종 근무기간 (+) • 창업이전 직장동료의 도움 (+)
생산 부문	• 본격생산 돌입시기 (-)	• 시제품 품질수준 (+)
판매/ 마케팅 부문	• 판매가격 차별화 (*) • 흑자개시 년도 (-)	• 초기의 광고선전비 투입 (+)
기술 부문	• 국내 자체기술 (+) • 추가제품 개발건수 (-)	• 국외기술 (-) • 추가제품의 유사성 (+)
자금조달/ 금융 부문	• 초기 투자규모 (-) • 투자내용 (*)	• 투자의 계획대비 집행정도 (+)

한정화(1998)는 메디슨을 포함한 5개 창업기업에 대한 분석을 통하여 벤처창업기업의 성공 및 실패 요인을 기업가, 자원, 산업, 전략 등 4개의 영역으로 나누어 제시하였으며, 분석결과를 정리하면 <표 11-9>와 같다. 또한 한정화는 1999년 연구에서 Bruno(1986)의 첨단벤처기업의 10대 실패요인에 대한 연구를 기반으로 벤처기업의 성과결정요인으로 기업가속성, 자원속성, 산업속성, 및 전략속성 등을 제시하였다. 한정화의 2003년 연구에 의하면 벤처기업가는 사회기회를 인지하여 계획을 세우고 사업에 필요한 자원을 동원하고 사업과정에서 직면하는 위험을 극복하게 된다는 것

이다.

• 표 11-9. 우리나라 벤처기업의 성공실패요인분석

유형	성 공 요 인	실 패 요 인
기업가	• 비전제시 • 창업초기 시련극복 집념 • 고학력 • 위험부담성향 • 도전의식 • 광적인 실천력 • 오기발동	• 성급한 국제화 • 무리한 다각화 • 외형확대(대기업으로 도약 집착) • 초기성공의 과신 • 오너의 독단적 경영
자 원	• R&D능력과 선진기술도입 • 자금확보(벤처캐피탈, 자금원 다양) • 독특한 경영이념과 공동체 문화 • 권한위임과 책임경영 • 성과에 대한 공정한 보상 • 성공체험과 자신감 축적	• 성장속도와 내부자원의 부조화 • 과도한 투자에 의한 자금부담 • 정부지원에 대한 과다한 의존 • 외부영입 인력과 갈등 • 성과배분상의 내부갈등
산 업	• 성장산업(연 10-20%) • 기술경쟁 심화 • 기술변화 속도가 빠름 • 국내시장의 초기 성장단계 • 대기업과 직접적 경쟁이 없음 • 해외시장의 성장	• 해외기업의 국내진출 • 국내 외국기업과의 경쟁 • 산업의 성숙화와 국내경쟁격화
전 략	• 초기 적절한 시장진입 • 틈새시장공략 • 철저한 시장수요예측 • 공격적 마케팅 • 저가정책 • A/S 차별화 • 고객밀착 • 관련 사업으로의 다각화	• 매출위주 성장전략 • 무리한 M&A • 과다한 차입경영 • 본업을 소월히 함 • 정부 의존적 성장전략 • 비전과 경영전략에 공감미흡

자료 : 한정화, "전략이론관점에서 본 벤처기업의 창업과 경영성과", 한국경영전략학회, 추계학술세미나, 1998.9.18, p. 60.

김태현(2005)은 벤처기업의 성장단계별로 성과결정요인이 변화한다는 전제하에서 성과결정요인에 대한 실증연구를 하였다. 성장 초기단계에는 창업자가 기업의 성패에 미치는 영향 정도가 절대적이라고 할 수 있다. 창업자의 경영철학이나 경영이념이 조직 내에 체화되어 나타나는 것이 바로 기업문화로서 이는 벤처기업의 자원요인 중 조직특성에 큰 영향을 미친다.

제2절 신기술 창업전략

1. 기술벤처창업 사전적 준비과정

신기술 벤처창업은 해당기술 아이템이 시장상황이나 시장에서의 수용가능성 측면에서의 적정성, 창업자가 기술과 경영 양 측면에서 가지는 속성, 창업관련환경의 변화정도와 예측가능성, 창업의 시간적 타이밍 등 여러 요인에 의하여 결정되어진다. 따라서 벤처창업은 창업기업가, 창업환경, 사업전략계획의 적정성, 가용자원의 함수라고 할 수 있다.

가. 창업자의 창업결정

벤처창업을 하고자 하는 예비 창업자는 구체적인 창업과정에 진입하기에 앞서 창업에 따른 몇 가지의 문제를 분석하여야 하겠으며, 이러한 분석의 결과를 평가하여 어느 수준이상이라고 스스로 평가되는 경우에 한하여 창업에 대한 결정을 하여야 한다.

- o 자신의 장·단점이 새로운 모험사업에 적합한가 또는 부적합한 가 여부
- o 벤처창업의 목표 및 의지 즉 창업을 하고자 하는 목표가 뚜렷한 가 또는 창업과정에서 발생할 수 있는 각종의 어려움을 헤쳐 나갈 만큼 강인한 의지가 있는 가
- o 재정상태 즉 창업초기 1년 정도를 다른 수입 없이 생활이 가능한 가
- o 벤처창업에 따른 구성원 및 가족이 호응하는 정도
- o 급속하게 변화하는 벤처환경에 대한 대처능력과 혁신을 추구하고 수용할 수 있는 의지는 어느 정도인가

나. 벤처창업 아이템의 선정

벤처창업을 준비하는 과정에서 실제적으로 가장 중요한 것이 사업 아이템의 선정이다. 대부분의 기술창업에 있어서, 창업자가 기술개발자인 경우 자기 기술에 자부심을 넘어선 막연한 시장기대에 사로잡히는 경우가 많다. 특히 새로운 아이디어에 의한 창업의 경우에 관련 아이디어는 구체적인 상품화가 가능한 아이템 수준이기보다는 개념적 수준에 있는 경우가 많으며, 신기술 창업의 경우에도 관련기술에 대한 현재 시장이 없는 관계로 시장크기나 고객의 니즈를 판단하는 것은 쉽지 않다. 따라서 창업 아이템의 선정에 있어서는 다음과 같은 사항에 대한 분석이 있어야 한다.

o 해당 아이템이 속하는 업종의 시장크기, 경쟁상태, 및 성장가능성
o 창업 아이템과 유사한 사업이 존재하는 경우에 경험자 또는 유사 사업종사자들과의 면담 및 의견의 교환
o 사업화의 추진에 따른 해당 아이템과 관련된 기술개발에 필요한 부품 및 전문가, 엔지니어 등의 조달 용이성
o 사업화에 따른 자금조달 원천
o 해당 아이템 관련 특허관련 상황 및 법적인 타당성
o 해당 아이템의 수익창출모델에 대한 예측

2. 아이디어와 사업계획서의 작성

가. 사업 아이디어의 개발과 사업성 분석

1) 사업아이디어의 개발

대부분의 사업아이디어 개발에 있어서 아주 불확실성과 위험이 큰 획기적인 새로운 시장에 대한 분석에 앞서 미 충족 틈새시장의 존재여부에 대한 분석부터 진행하게 된다. 따라서 현 시장에서 발생할 수 있는 공급부족을 해결하고 기존의 수입을 대체할 수 있는 가능성에 대한 조사와 아울러, 이를 위한 저원가 및 차별화 우위의 활용가능성을 분석하게 된다.

또한 신기술 등 새로운 지적자원에 의한 혁신가능성도 분석하게 되는데, 이를 위해서는 <그림 11-2>와 같이 새로운 혁신관련 아이디어가 창안되어 집합화 하는 과정에 대한 이해가 있어야 할 뿐만 아니라 체계적인 아이디어의 형성과정도 이해하여야 하는데, <그림 11-3>과 같다. 또한 신기술창업이 특히 실패의 위험이 높다는 측면을 고려하여 처음 제안한 아디어의 사업화 실패로부터 다른 제품화에 성공하는 일명 '잿더미 뒤집기'의 가능성에 대한 분석도 있어야 하겠다. 많은 벤처기업의 성공과 실패에 대한 실증조사에서 새로운 아이디어 및 기술의 사업타당성에 대한 분석에 있어서 공통적으로 제기되면서 가장 중요한 사실은 아이디어를 소비자관점에서 개관적으로 관찰하고, 아이디어 창출의 다양한 원천에 대한 사용가능성과 원천의 주변을 잘 살펴보라는 것이다.

또한 고객의 니즈는 해당산업의 시장상황에 따라 많은 영향을 받는다. 산업의 세분화 정도와 통합화 가능성에 따라 산업구조는 재편성될 수 있는데, 규모의 경제 또는 경험곡선, 다양한 시장니즈의 표준화 및 통합화, 집중화(focused) 또는 세분화(segmentation) 등을 분석하여야 한다. 나아가 기존시장참여 기업의 현 상황에 대한

만족특성과 산업구조의 고착화에 따른 예상되는 보복가능성도 분석하여야 하는데, 산업의 낮은 성장 속도, 높은 철수장벽, 높은 산업집중도, 기존기업의 경쟁전략, 기존경영자의 태도 등에 의하여 영향을 받는다.

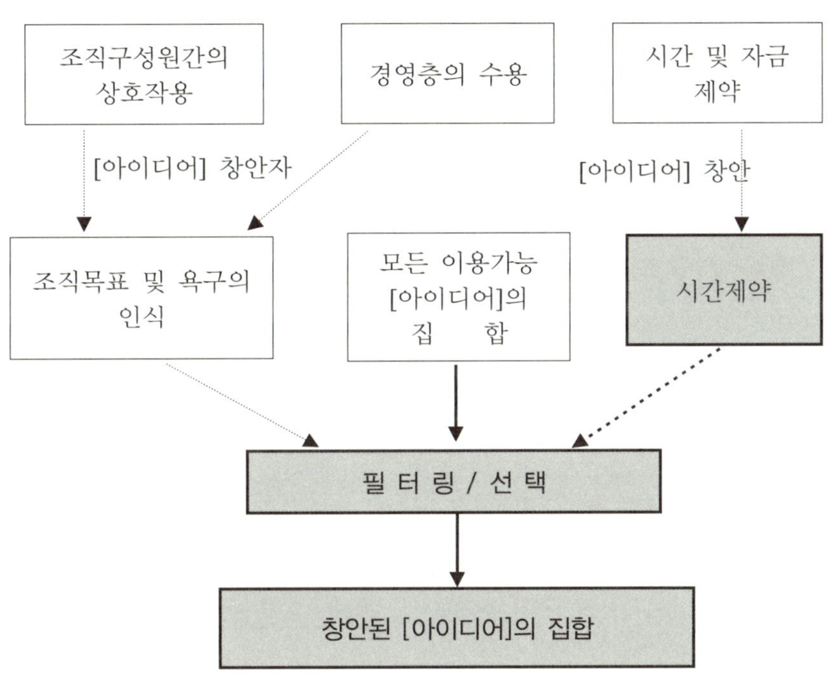

자료 : 이영덕(2000/4)

주 : 중소기업의 경우는 연구개발 전담부서의 공식적 조직체계의 미비, 조직의 집중도/통합도가 높은 관계로 아이디어의 형성이 창업경영자나, 전반관리자 등에 의한 제안보다 실효성이 크다.

그림 11-2. 아이디어의 제안과 통합화

2) 사업성 분석

새로운 아이디어의 사업가능성에 대한 평가는 아이디어를 대상으로 분석하지 않는 대신에 예상되는 사업을 대상으로, 시장관련분석, 기술 및 비용관련 분석, 경쟁관계 분석, 및 재무관계 분석을 하여야 한다.

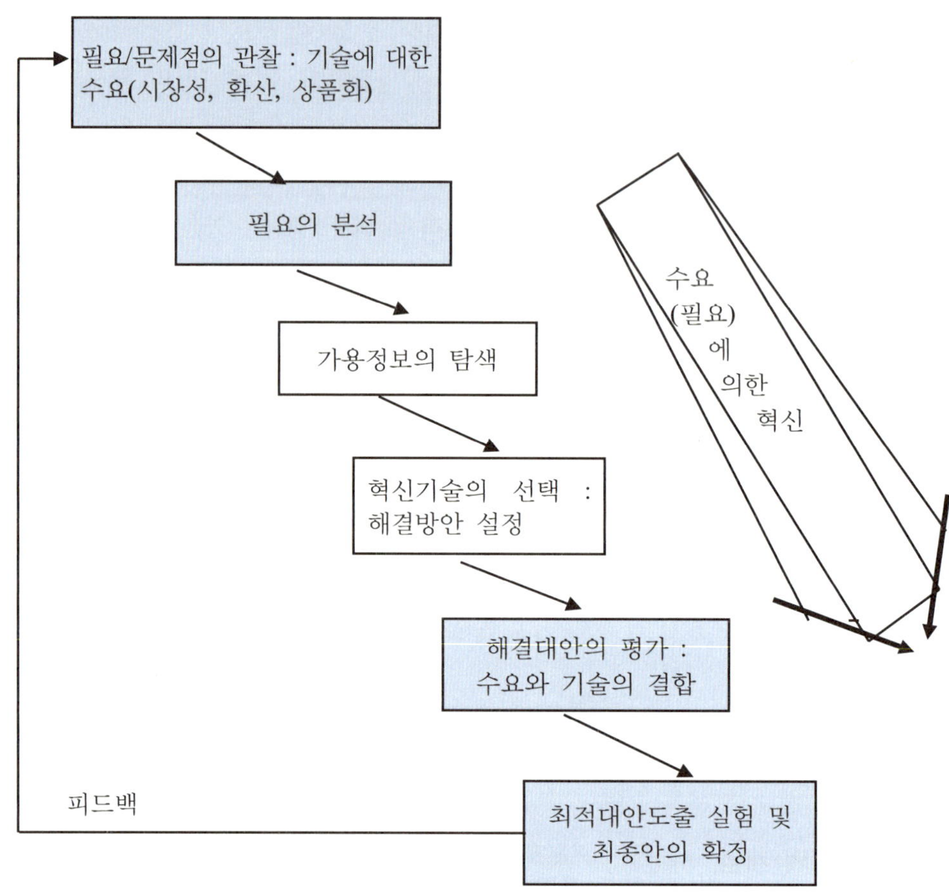

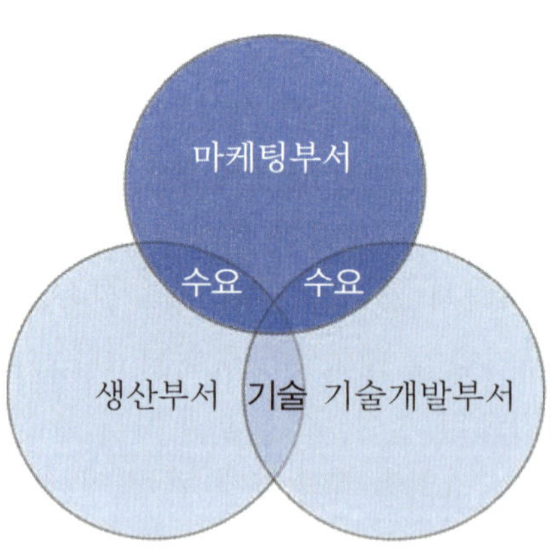

그림 11-3. 아이디어의 형성과정

(1) 시장관련 분석

먼저 시장관련 분석에서는 성장성, 수익성, 안정성을 분석하여야 한다. 성장성은 해당 아이디어가 창출할 수 있는 시장규모의 대소와 시장성장률의 고저로 평가할 수가 있다. 그런데 아이디어 및 기술의 신규성과 독특성이 큰 경우에는 초기 시장이 알려져 있지 않는 관계로 성장성에 대한 예측은 상당히 과대평가되어지기 쉽다. 수익성은 해당제품에 대한 당해 기업의 비용체계와 가격구조, 품질 및 판매방법, 세후이익, 손익분기점, 투자자산규모, 경쟁기업의 비용/가격구조 등에 의하여 결정된다. 수익성 역시도 새로운 아이디어의 제품화에 의한 신규시장의 경우에 공급체계가 구비되지 못한 관계로 원가관리가 이루어지지 못하여 가격구조와 비용체계를 수립할 수 없는 것이 일반적이다. 마지막으로 안정성은 예상 시장점유율, 추정매출액, 투자액의 회수기간, 고객접근성 등을 분석함으로써 평가할 수 있다. 이러한 시장분석에 있어서는 해당 기업들이 전략적 관점을 효율성 위주로 할 것인가 또는 효과성 위주로 할 것인가를 결정하여야 한다.[2)]

(2) 기술 및 비용관련 분석

기술 분석은 우선적으로 해당 기술 또는 사업아이디어가 수명주기 상에 어디에 해당될 것인가와 이들 기술이 제품화될 때 제품의 수명주기 특성을 어떻게 예측하는가에 대한 분석을 하여야 한다. 이러한 분석과 관련하여 초기 시장의 규모와 연속시장의 특성을 파악하기 위하여 해당기술이 고객들에게 수용되는 과정에 따른 특성인 기술수용수명주기에 대해서도 파악하여야 하겠다. 이러한 분석을 통하여 해당기술의 제품화 가능성이 평가되어지면 구체적인 사업계획서 작성을 위한 다음의 사항들에 대한 구체적인 분석을 하여야 한다.

o 기술개발/연구개발비 규모
o 핵심기술의 조달방법과 비용추정
o 공장입지의 선정/조성, 공장규모, 기계/장비의 규모
o 제조공정의 비교분석과 대안적 제조공정 유무
o 노동력 확보와 노무비 추정
o 원자재 확보와 재료비 추정
o 폐기물 처리방안과 비용추정

(3) 경쟁관계분석

경쟁관계분석은 해당 기술 및 예상되는 제품이 시장에서 전략적으로 어느 위치에

해당 하는가 즉, 전략적 위치설정으로 부터 출발한다고 하겠다. 아울러 동 기술 및 제품에 해당되는 산업이나 업종에서 기술수준, 경쟁우위 형태, 및 표적시장의 특성에 따른 전략적인 집단을 추정함으로써 현재의 경쟁자 또는 잠재적인 경쟁자를 선정할 수가 있다. 이러한 과정을 통하여 일차적으로 경쟁자를 선정하고, 해당제품과 대체가능 한 제품, 해당제품의 생산과 마케팅에 따른 공급업자와 유통업자 등의 시장의 경쟁구조특성을 분석 할 수가 있다. 따라서 경쟁구조의 분석을 통하여 보다 자세한 경쟁관계를 분석하기 위하여 아래의 요인들을 고려하여야 하는데, SWOT 분석과 표적 사업의 선택이 실제적으로 가장 중요하면서 어려운 부분이다.

- o SWOT분석과 표적 사업 선택
- o 관련사업의 통제능력(가격, 경비, 유통, 구매)
- o 당해 업종 진출에 따른 장애(특허, 리드 타임, 인력, 자원 등)
- o 경쟁기업의 시장지배구조
- o 대기업과 중소기업 간의 경합/협동관계
- o 해당사업에 대한 네트워크의 구성정도

(4) 재무분석

재무분석은 기술창업을 결정하는 4대 요인의 하나로서 초기 종자돈을 어떻게 마련하느냐 로부터 시작하여, 추가적인 연구개발비용의 조달, 사업에 따른 설비 및 운전자금의 조달 등과 관련된 일련의 자금의 유입과 유출에 대한 총괄적인 계획과 분석을 의미한다. 이러한 분석과정에서는 반드시 시장에서의 전망이 해당사업의 현금유/출입에 지대한 영향을 미치므로, 연구자들에 의한 벤처창업의 경우에 현실적으로 정확한 판단을 하기가 어려운 경우가 많다. 따라서 재무분석은 중장기적인 벤처기업의 유지와 발전에 대한 중요한 관건이 되는 동시에 외부자금조달, 증자 및 신규상장(IPO)에 이르는 과정에 지대한 영향을 미친다. 이러한 점을 감안하여 아래 사항들에 대한 체계적이고도 정확한 예측과 추정을 위하여, 필요한 경우에 전문가에게 자문을 받는 것이 필요하다고 할 수 있다.

- o 필요자금 투자규모와 시기
- o 자금조달 방법의 결정과 운용방안
- o 추정 대차대조표와 손익계산서
- o 투자수익율 예측
- o 투자위험 분석

나. 사업계획서의 작성

1) 창업팀 구성의 확인

벤처창업의 첫 번째 단계는 실제적인 창업을 통한 사업을 수행할 인적구성으로서의 경영진의 구성, 업무분장을 위한 조직의 구성, 및 구성원들 간의 역할 배분과 지분관계 등에 관한 것으로 다음 사항을 검토하여야 한다.

o 구성원간의 응집성, 팀워크, 결단성: 가족적 관계, 인간적 관계
o 집단적 성취감, 정당한 과업배분, 성과의 명확한 배분
o 직능별 담당직무의 구체화와 기능의 효율적 수행
  - 기술개발팀, 생산/가공팀, 마케팅/영업팀, 경영관리팀
  - 법률부문, 외부조달부문
  - 기술팀, 경영팀, 자본팀의 유기적 결합
o 경영진의 구성: 최고경영자(CEO), 마케팅담당경영자(CMO), 기술담당경영자(CTO), 재무담당경영자(CFO), 정보담당경영자(CIO)
  •팀리더 체크사항
    - 자금조달능력
    - 법률, 세무, 기획능력(컴퓨터)
    - 리더십(혁신)
    - 기술파악능력
    - 휴먼네트워크(정보)

2) 창업과정

창업과정은 사업의 성격, 기술의 특성, 창업의 형태 등에 따라 다양한 차이가 있겠으나, 보편적으로 구성되는 사항을 보면 아래와 같다.

o 1 단계(개념설정): 아이디어 발상과 실행계획수립, 창업전 단계
o 2 단계(기반작업): 아이디어 수정과 세부 실행계획의 수립, 창업전 단계 자금, 기술, 제품/용역, 시장
o 3 단계(제품/용역의 개발): 시제품 생산, 시험조사, 회사설립, 팀워크 구성, 공장설립, start-up 단계
o 4 단계(본격 생산/시장개척): 제품/서비스의 본격생산과 판매시작, 벤처자본의 조달, 기업화 단계
o 5 단계(성장/발전): 시장/판로확대, 생산 확대/공장증설, KOSDAQ 상장

3) 사업계획서의 작성

초기사업에 필요한 자금조달에 있어서나 유관기관으로부터 벤처 인증을 위한 사업 및 기술평가에 있어서 가장 중요한 것이 사업계획서의 작성이다. 사업계획서의 작성에 따른 통일적 규격은 없으나, 일반적으로 사업계획서에 포함되어야 하는 내용들을 정리하면 아래와 같다.

(1) 회사의 개요 및 사업계획서의 목적

o 회사개요: 업체명, 대표자, 전화, 설립년도, 소재지, 자본금, 주주구성
o 경영자의 회사운영지침, 회사비전

(2) 주요내용

o 주요사업요약, 제품설명, 회사 보유기술

(3) 사업전망과 계획

o 해당 사업의 제품/기술관련 전망
o 사업계획
- 전반적 계획: 주요 활동의 일정계획, 연도별 계획,
- 시장상황분석: 사업/시장 환경 분석, 시장조사/분석, 당해 사업/제품의 시장성/사업성 분석
- 제품개발계획: 개발현황, 기존제품과의 차별성, 타제품과의 관계, 비용, 위험, 지적재산권, 제품개선/신제품 계획
- 제조/운영계획: 장소, 설비, 관련법률 문제
- 마케팅계획 : 전반적 계획, 광고/판촉, 유통, A/S 및 보증제도, 수출전략
- 관리조직계획: 조직, 주요경영진 구성, 종업원 고용/보상제도
- 재무계획: 추정 재무제표/자금회수 계획
- 향후 사업계획

(4) 부록사항

o 해당 사업/기술/제품에 대한 컨설턴트의 보고서, 조직도

한편 1998년부터 대덕지역 한 엔젤클럽의 운영위원으로 많은 벤처기업의 사업계획서를 심사하였으며, 중소기업청 주관 실험실 창업에 대한 경진대회의 심사위원으로 정보통신관련 해당기업에 대한 사업성과 기술성을 심사하였다. 이러한 심사에서 공통적으로 지적한 사항들로서, 첫째로 사업계획과 사업의 범위가 명확하지 않아서

해당기업의 사업영역과 전략적 위치를 파악하기가 쉽지 않았다는 것이다. 둘째, 해당기술 및 사업에 대한 전망과 관련하여 미래의 시장예측이나 기술전망에 대한 객관성과 합리성이 상당히 결여되어 과도하게 시장을 크게 잡거나, 시장증가와 원가(비용)증가 간에 합리적 연관성이 부족하여 수익성에 대한 판단근거가 없어서 객관성이 상당히 약하다는 것 이었다.[3)]

3. 창업기업의 경영관리전략

가. 연구개발 관리

창업기업의 연구개발 관리는 기술의 수명주기에 따라 초기단계, 중간단계, 후기단계 등 세 단계로 나누어 볼 수 있다. 일반적으로 기술집약적인 신제품의 경우에는 초기시장이 기존에 존재하지 않는 관계로 초기단계에서 어떻게 연구개발 관리를 하는가가 사업의 성공에 상당히 중요하다고 할 수 있다. 따라서 이와 관련된 관리방안을 벤처테크 메니지먼트 사의 경험을 기초로 정리하고자 한다.

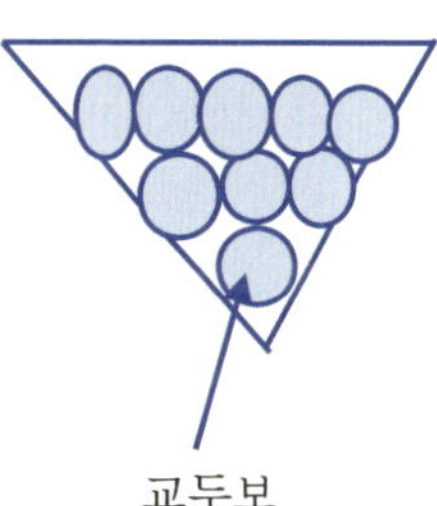

① **초기 단계**: 교두보 구축
- o 볼링 핀 모델: 작은 점(교두보 거점)에서 확산과 연쇄효과
- o 완전제품 구성요소의 재활용

② **중간 단계**: 완전제품의 제도화
- o 표준이 되는 완전제품 구축
- o 장기성장보장 제품의 구현
- o 협력업체와의 협력강화

③ **후기 단계**: 완전제품의 완전통합화
- o '보다 --하게'를 시장에서 확대: 간단, 저렴, 신뢰, 편리 등
- o 보수적인 시장참여자에게 수익획득 기회제공
- o '기술-생산-마케팅'이 연계된 연구개발 전략

나. 마케팅관리

벤처창업기업의 마케팅 전략은 하이테크마케팅 장에서 하이테크 기술 및 제품의 마케팅 전략부분에서 이미 설명한 바 있다. 본 항에서는 자세한 마케팅 전략에 대하여 다시 설명하지 않는 대신에 하이테크 창업에서 가장 문제가 되는 초기 제품의 시

장(고객)에 알리기와 경쟁우위로서 중요한 브랜드 관리에 대해서만 설명하고자 한다(벤처테크 메니지먼트사 1999).

첫째, 신규시장에 알리기 전략과 관련하여 ebizHolding 사는 기업과 상표의 일체감 조성, 네트워크의 활용 등 아래와 같은 구체적인 알리기 전략을 제시하였다(ebizHoldings 2000).

- o 기업과 브랜드의 일체감 확보: 기업 표현방식과 고객이 받는 인상
- o 브랜드 가치의 확대: 기업가치의 향상; 삼성전자
- o 홍보 및 PR : 단순 광고가 아닌 커뮤니케이션의 장 제공
- o 네트워크의 활용: 관련기업 및 유관기관과의 네트워크의 구성을 통한 활용 전문기관에 대한 아웃소싱

둘째, 시장에서 고객에 대한 충성도를 제고시키고 차별화 우위를 확보함으로써 높은 교체비용을 유발시킬 뿐만 아니라 안전적인 시장성과 수익성을 동시에 실현시켜 줄 수 있는 가장 중요한 전략요인이 해당기업의 브랜드관리이다. 특히 시장에서 기술과 제품의 수명주기가 짧아지는 혁신제품의 경우에 급격한 시장점유율의 변화를 방지하거나 완화하여주는 핵심적인 경쟁요소가 고객관계관리이며, 이러한 관리는 상표, 브랜드, 마케팅 노하우 등 마케팅 경쟁우위를 기반으로 한다. 따라서 브랜드 마케팅에 대한 자세한 이해와 이에 대한 올바른 전략수립을 위한 특성을 살펴볼 필요가 있으며, 이는 <표 11-10>과 같다(김연성 2000).

• 표 11-10. 브랜드 마케팅 전략

구 분	구성영역	내 용
기본토대	철 학	비전, 미션
전략적 기준 (3C)	경 쟁	차별성
	고 객	관련성
	기 업	적합성
기본 요소	제품영역	범위, 속성, 역량
	언어영역	브랜드 네임, 슬로건
	시각영역	상징, 색상, 로고, 패케이지
전술적 기준 (2C)	일관성	구성요소 간 강화 와 보완
	지속성	통합마케팅 의사소통
지향성	가 치	고객-브랜드 관계가치

자료 : Meta Branding, 김연성 2000

다. 재무/자금조달 관리

벤처창업기업의 재무관리는 초기 연구개발자금 및 창업자금, 테스트 마켓의 진입에 따른 시제품 제작과 관련자금, 출하제품의 시장진입에 따른 운전자금 및 시설자금, 계속적 성장으로 인한 IPO 등 자금의 조달과 관리에 관한 것으로 볼 수 있다.

벤처기업의 성장단계에 따른 지원자금의 형태와 조달방법에 대한 산업기술진흥협회의 1997년 3월 실태조사에 따르면 자금은 크게 융자와 투자의 형태를 가지며, 창업 이전단계, 중소벤처, 중견벤처, 상장기업 단계 등 발전단계에 따라 구체적인 융자와 투자의 주 원천이 상이하다는 것이다. 이러한 조사결과를 정리하면 <표 11-11>과 같다(산기협 1997/3).

• 표 11-11. **벤처기업 발전단계와 지원 자금 형태**

기업규모		창업전	중소벤처	중견벤처	상장기업
금융시장	융자	엔젤 캐피탈	• 신용보증기금 • 벤처캐피탈 특별보증	• 기술담보제도 • 신용보증의 특별 한도 • 벤처캐피탈의 특별보증	• 자체신용 • 직접금융시장
	투자	개인투자가	벤처캐피탈	장외시장	증권거래소

자료 : 산기협, 기술관리, 1997/3

자금조달 형태는 일반적으로 재무관련 벤처창업환경이 세계적으로 가장 잘 발달되어 있다는 미국에서도 큰 차이를 보이지는 않았다. 1990년대에 실시된 Wall Street Journal의 조사에 따르면 미국에서도 초기 벤처기업의 중요한 자금원천으로 패밀리 자금이 60%를 상회하여 가장 많았으며, 벤처캐피털의 자금은 15%에 불과하였다. 또한 Robert의 조사결과를 보면 결과는 더욱 심하여 패밀리 자금이 74%, 벤처캐피털이 5%에 불과하였다<표 11-12>.

위와 같은 한국과 미국 양국에서의 벤처창업기업의 발전단계에 따른 다양한 자금의 조달/관리 특성을 분석한 결과를 기초로 하여, 벤처기업이 성장과정에 따라 나타나는 특성과 자금조달과의 관계를 정리하면 <표 11-13>과 같다. 이 표를 통해서 다섯 단계로 된 성장과정에서 단계별 핵심성공요인의 차이가 존재하며, 이를 반영하여 재무 측면에서 자금조달 및 관리 특성의 차이가 있음을 알 수 있다.

• 표 11-12. 미국의 벤처창업자의 자금조달 형태

Wall Street Journal 조사	E. B. Robert의 조사
• 자기자본/친족/지인 : 62 (%) • 엔젤 : 23 (%) • 벤처캐피탈과 주식공개: 15 (%)	• 자기자금 : 74 (%) • 친족과 지인 : 5 (%) • 엔젤 : 7 (%) • 벤처캐피탈 : 5 (%) • 사업회사 : 6 (%) • 주식공개 : 3 (%)

• 표 11-13. 벤처기업의 성장단계별 특성

성장단계	성공요소	특 징	자금조달 형태
구상기	시장성 있는 아이디어, 사업계획	• 창업을 위한 검증되지 않은 아이디어, 사업계획만 있는 단계	사업계획서만으로 엔젤투자가를 설득하여 창업자금을 조달
창업기 (보육)	법률서비스 창업자본: Seed Money	• 벤처투자가 등으로부터의 검증절차를 거쳐 회사설립을 마치고, 각종 장비와 시설을 갖추어 회사로서의 외양을 갖추는 단계	위와 동일 함
성장기	틈새시장 확보 및 브랜드 인지도	• 상품화에 성공하여 시장에 진입하는 단계	생산과 마케팅을 위한 사업자금을 엔젤투자가, 전문투자기관으로부터 조달
확장기	안정적수요 지속적인 신제품 개발	• 매출이 신장되고 신제품의 지속적인 개발로 사세가 확장되는 단계	벤처캐피탈 이외에 운영자금을 자기신용으로 은행 등으로부터 조달, IPO(주식공개모집)도 고려하는 단계
성숙기	업계표준달성, 및 경쟁업체에 대한 방어 전략	• 확고한 인지도 및 신뢰도 확보 • 유능한 인재 확보 용이 • 시장의 규모확대에 주력하는 단계	확고한 자기신용에 의한 차입, 장외시장을 통한 직접금융 등 자금조달 유연성확보

주 : 벤처기업의 사업성이 충분히 인정되는 경우(예: Yahoo, Netscape 등) 창업과 동시에 IPO(Initial Public Offering, 주식공개모집)를 통해 중견기업으로 도약하는 경우도 드물지 않음

라. 네트워크관리

1) 네트워크의 개념과 범위

네트워크관리란 창업자 또는 벤처기업이 내부와 외부 자원의 활용을 통하여 경쟁우위를 획득하기 위한 전략적 행동을 의미한다. 또한 네트워크는 광의와 협의로 정의될 수 있다. 광의의 네트워크는 내부적 네트워크와 외부적 네트워크의 연계·균형·조화를 의미하며, 협의의 네트워크는 외부적 네트워크(널리 사용되는 네트워크의 대상)를 의미한다. 한편 내부적 네트워크는 일차적, 본질적 범위로서 구성원들 간의 수평적, 유기적 관계, 지식자산의 창출-변환-확산을 위한 조직학습과 경험을 공유하는 것을 포함하게 된다. 외부적 네트워크는 이차적, 보완적 범위로서 지역네트워크, 국가네트워크, 글로벌네트워크로 확대되어 질 수 있다.

2) 네트워크의 필요성과 기능

일반적으로 벤처기업은 성장과정에서의 두 가지의 딜레마에 직면하게 되는데, 하나는 성장기회의 활용에 필요한 자원이 부족하다는 것이며, 다른 하나는 자원을 축적함에 따라 조직의 유연성이 상실될 수 있다는 것이다. 따라서 벤처기업들은 직접적으로 자원을 소유하거나 통제하지 않는 대신에 외부자원을 적극적으로 활용함으로써 필요한 자원을 적기에 활용할 수 있으며, 자원보유에 따른 위험을 감소시키게 된다. 아울러 이를 통하여 사회적 관계를 통해 시장거래비용보다 낮은 비용으로 필요자원을 획득하고, 지역사회로부터의 도움과 재무자원을 획득하며, 나아가 유통채널에의 접근, 정보획득, 혁신을 촉진할 수 있게 된다. 또한 이러한 과정을 통하여 창업자의 활동에 대한 정당성의 제공과 잠재적인 도움원천에 대한 탐색이 가능하며, 이를 통하여 제품이나 서비스에 대한 새로운 아이디어 규명, 시장이나 정보에 대한 접근이 가능하다.

3) 네트워크의 활용

벤처기업들은 상대적으로 시장지위가 약한 관계로 시장교환에서 유리한 위치설정이 용이하지 않을 뿐만 아니라, 설립역사 및 내부부존 자원의 축적정도 등에서도 상대적으로 열위에 있다. 따라서 외부자원의 적극적인 활용을 통한 네트워크관리가 가지는 장점을 활용하는 것이 성과를 제고시켜주는 일이란 것은 많은 연구에 의하여 알려져 있다.

벤처기업들의 네트워크유형 선택에 영향을 미치는 요인은 크게 창업자특성, 자원

특성, 기회특성으로 나누어 볼 수 있다. 창업자 특성에는 교육수준, 기업가정신, 창업이전 직장과의 관련성, 자원특성에는 기술능력, 기회특성에는 산업성장성이 포함된다. 네트워크의 유형은 원천별 활용도와 기능별 활용도로 나누어 볼 수 있다. 원천별 활용도는 대학/연구소, 정부부처, 사업관련, 금융관련 등으로 나누어지며, 기능별 활용도는 마케팅, 기술, 자금, 일반경영 등으로 구분할 수 있다.

많은 연구들은 벤처기업의 외부 네트워크의 활용-영향요인-성과간의 관계를 실증적으로 규명하고자 하였으며, 이들 연구의 결과를 보면 <표 11-14>, <표 11-15>와 같다. 이 표에서 외부적 네트워크 선택의 가장 중요한 요인이 기술능력과 기업가 정신임을 알 수 있다. 이를 원천별로 보면, 대학/연구소나 금융관련에서는 역시 기술능력과 기업가 정신이 가장 중요한 반면에, 정부부처의 경우에는 산업성장성과 기술능력이, 사업관련에서는 교육수준이 가장 중요한 것으로 나타났다. 한 가지 특이한 것은 이전직장과의 관련성은 금융관련을 제외하고는 네트워크의 선택에 (-)의 영향을 미친다는 것을 알 수 있다.

또한 성과와 네트워크 원천과의 관계를 보면 사업부문과 금융부분이 (+)의 관계가 큰 것을 알 수 있다. 이러한 연구결과를 통하여 벤처기업들은 성과제고를 위한 네트워크전략 선택에 대한 유용한 정보를 얻을 수가 있다.

• 표 11-14. **외부적 네트워크 활용도와 영향요인**

		네트워크 활용도				
		전체	대학/연구소	정부부처	사업관련	금융관련
영향요인	산업성장성	+	+	++	+	+
	교육수준	+	+	+	+++	-
	기업가정신	++	+++	+	+	+
	이전직장연관성	--	---	--	-	+
	기술능력	+++	++	++	+	+++

주 : +/- : 관계 있음 ++/-- : 중요함 +++/--- : 아주 중요함

• 표 11-15. 외부네트워크 원천별 활용도와 벤처기업의 성과

		높은 성과(n=27)	낮은 성과(n=27)	중요도
네트워크 원천별 활용도 평균	전체	2.28	1.90	+++
	대학 및 연구소	2.16	1.76	+
	정부부처	1.84	1.65	+
	사업관련	2.57	2.16	+++
	금융관련	2.25	1.76	+++

주 : +/- : 관계 있음 ++/-- : 중요함 +++/--- : 아주 중요함

한편 외부네트워크관계에서 창업기업의 성공률 제고를 위해서는 전통적인 창업보육가의 기능을 넘어서서 더욱더 다양하고 직접적인 지원자의 역할 즉 엑셀러레이터의 역할이 강조되고 있다(김선우 2015). 이러한 제도가 먼저 발달된 선진국에서는 엑셀러레이터가 공정한 선발, 조기 투자, 차별화된 1:1 멘토링, 코칭 중심 단기간 집중지원 등을 하고 있다. 형태면에서는 미국은 전형적인 민간주도형 모델을 하고 있으며, 독일은 인큐베이터를 중심으로 멘토링 특화를 하고 있는 반면에 스웨덴에서는 대학 중심으로 운영하며 투자에 대한 지분은 보유하지 않고 있다.

우리나라에서는 창업의 성공률을 높이고 성장을 가속화시키는 민간 전문기관 또는 기업으로 2010년에 설립된 '프라이머'를 최초의 엑셀러레이터로 볼 수 있으며, 쿨리지코너 인베스트먼트, 패스트트랙 아시아 등 최근 3년간 20여 개가 설립 및 운영 중에 있다. 엑셀러레이터는 성공한 벤처인으로 자신의 성공 노하우, 투자재원을 활용하여 스타트-업 기업을 발굴·투자하고, 나아가 6개월 내외의 짧은 기간 동안 실전 창업교육 및 전문 멘토링을 지원하고 있다.

◇ 참고자료 : 벤처기업의 활성화 및 성공조건 ◇

1. 벤처기업의 활성화 조건

가. 사회/문화/경제/기술 조건

1) 사회/문화적 조건

o 사회구조적인 연성화와 善進化
- 소프트웨어대국, 정보강국, 문화예술대국, 연성정치, 도덕선진국,
- 경제적 풍요 - 문화 - 예술 - 감성의 조화: 상대적 부족감 탈피

o 부와 일에 대한 균형 된 국민감정: 정당한 부에 대한 이해

o 이분법적 사고탈피(흑백, 또개, 대기업/중소기업 ---)

o 지식산업화와 인간존중/전문가존중 사회풍토: 획일적 기술지향성 지양

o 문화와 정보가 접목된 산업화

o 남의 노력은 정당하게 보호되어야 한다는 범국민적 시각: 지적재산권보호

2) 기술적 조건

o 혁신의 보편화와 산업화 여건조성

o 국가혁신체계 하에서의 벤처산업육성(공급자-수요자-인프라)

o 벤처를 배태하는 토양의 조성: TBI, TIC, Post TBI

o 기술인프라구축을 통한 하부여건의 조성(SW산업이 특히 중요)

o 학연산 파트너십과 기술이전/사업화 가속화
- 연구소의 목적 기초연구, 산업연구, 경쟁전 개발 분야에서의 공동연구
- 국책연구소의 공동시험장 활용과 원내 창업센터의 조성
- 미션지향형 기술정책과 확산지향형 기술정책의 혼합화와 창업확산
- 대학 - 연구소의 1인-1사 지원체계의 구체화와 참여연구원 인사고과 반영

o 기술-전문인력-기술체화 상품의 거래네트워크 형성: 테크노마트의 조성
- 물리적 시장: 기술전시회, 상담회, 시연회
- 사이버 시장: 전자상거래, 기술/인력/상품 DB 구축, 사이버 지원센터

o 특허의 창업화와 창업기업의 파생특허

나. 기업가 조건

1) 미국의 기업가

o 적극적인 도전의식과 실패로부터 배우려는 자세
- 강한 성취욕구와 상장욕구 - 기회 및 목표지향적
- 끈질긴 문제해결 노력 - 낙관적인 현실인식과 유머감각
- 실패에 대한 적절한 관리: 피드백 결과의 활용

o 주도적으로 일을 처리하고 솔선수범함
- 주도적이고 강한 책임감 - 지위와 권력에 대한 낮은 욕구
- 팀 구축자이자 영웅 메이커
- 정직과 신뢰에 바탕을 둔 인간관계

o 강한 인내력과 결단력
- 사업에 대한 높은 몰입도 - 신속한 결단과 실천/인내심
- 계산된 위험수위와 위험의 공유

2) 일본의 기업가 조건

o 자금이 모였을 때 무리한 확장을 말라

o 판매처와 금융기관과는 구두약속을 하지 말라

o 적자발생시 과감한 사업축소와 자산매각 단행

o 미래 경제 환경에 대한 성급한 판단금지

o 간부들의 의견개진 활성화 유도와 의사결정에 반영노력

o 결과에 대한 겸허한 인정과 진솔한 경영에 전념

3) 한국의 조건

o 시종 여일하라: 돈 벌면 신분이 높아지고 싶어함을 경계

o 부하직원이란 개념을 버려라: 가장(사장)은 신이 아니다

o 머리는 냉철하게 차갑고 가슴은 따뜻하게

o 감사하는 마음을 가져라: 국가, 사회, 가정, 소비자에게

o 고상돈/허영호를 생각하라: 사업이 먼저 돈은 결과임

o 고통도 함께하고 영광도 함께 한다 : 품앗이, 상부상조, 향약 정신

o 올라갈 때 떨어질 것을 대비하라: 기존 사업과 후속사업의 연계

다. 관리조직 조건

o 유연한 조직구조: 프랙탈 구조
o 네트워크 구조
  - '비전 - 목표 - 환경 - 경영관리'의 자체조직화와 내부적 네트워크 구조
  - 다른 기업과의 협동적 관계 형성: 외부적 네트워크 구조
o 유기체/생명체로서의 조직
  - '양분흡수 - 꽃피움 - 열매 맺음 - 씨앗 퍼트림' 의 순환
  - 눈(雪) 굴리기와 눈(雪) 다지기: 성장과 안정의 조화
o 수평적 구조에 의한 구성원의 평등의식과 대화/토론의 문화

2. 벤처기업의 성공조건

가. 외국 벤처기업의 사례: 성공조건

1) 일본 사례

o 스폰지형 하청(자라형 하청)
  - 대기업 하청형 벤처기업에 의한 철저한 기술흡수
o 독자적 기술을 핵으로 유연한 네트워크 형성
  - 독립 기술회사로서의 벤처기업
  - 기술- 경영 - 자본적 네트워크 구조의 형성
o 신조류로서의 벤처기업화
  - 수요자의 에이전트화로 수요자 지향적 기술 및 상품관리
  - 職住接近型 비즈니스 전개로서 SOHO 창업
  - 感動演出型 비즈니스 전개로서 고객감성 지향적 상품/서비스 관리
  - 낮은/중간 기술에서의 기능지향형 창업활성화: 일명 하이 타치 벤처

2) 미국의 실리콘벨리의 사례

o 직접적 요인
  - 주체: 벤처기업가 정신의 광범위한 확산 사회적인 높은 평가
  - 기술: 첨단 과학기술의 계속적 연구와 실용화 노력(TOP의 70% 이공계)
  - 자본: 풍부한 투자자와 전문화, IPO, M&A의 활성화, 투자액 회수용이

o 간접적 요인

- 하부산업구조: 확립에 의한 협력업체(하청업체 및 납품업체)가 풍부
- 사회인식: 벤처기업에 대한 호의적 시각, 성원, 격려로 우수인력 규합이 용이
- 자율성: 관련활동의 높은 자율성, 자유경쟁/적자생존 원리, 성공/실패에 대한 철저한 자기책임
- 실패에 대한 관용: 사업실패는 좋은 교훈, 훈장을 얻었다는 인식

3. 인큐베이터와 엑셀러레이터의 기능비교

벤처창업을 활성화하고 성공률을 제고시키기 위하여 기술보육센터의 기능을 강조하여 왔다. 이러한 인큐베이터는 대부분이 비영리기관에서 운영되어지며, 보육 공간 및 회의장소의 제공이라는 기본적 기능과 함께, 기술·인력·자금·마케팅·경영지원 등의 다양한 지원적 기능을 제공하는 것으로 되어 있다. 이러한 다양한 기능의 제공에도 불구하고 실질적 성과에 대해서는 여러 가지 주장이 제기되고 있다.

	인큐베이터	엑셀러레이터
고객	o 과학에 기초를 둔 모든 사업(바이오 테크, 나노, 의료장비, 클린에너지 등), o 비기술 사업, 모든 연령과 성별, 해당 산업과 섹터에서 경험 있는 사람 포함	o 웹기반, 모바일앱, 소셜 네트워킹, 게임, 클라우드 기반, SW설계 등 즉각적 대량투자가 필요하지 않는 사업, o 컨셉을 증명할 수 있는 사업, o 젊고 열정을 지닌 남성, 게이머, 해커 등 선호
비즈니스 모델	o 인큐베이터의 비즈니스모델은 90% 이상 비영리 목적임 o 기업과 투자가에 의해 영리목적으로 설립	o 주로 영리를 목적으로 하는 비즈니스모델
스폰서	o 대학교, 경제단체, 지역단체, 정부	o 기업가와 투자가
선발과정	o 대부분 지역사회에서 경쟁적 선발	o 다양한 지역과 국가, 전 세계에서 경쟁적 선발
지원기간	o 1-5년 이상(평균 33개월)	o 단기(1-6개월) 간의 boot camps
투자	o 보통 직접적인 투자는 하지 않음	o 미국 : 팀당 18만~25만 달러까지 투자, 보통지분을 4-8% 보유
시설	o 인큐베이션 기간 동안 합리적인 가격 또는 무료로 보육 공간제공	o 부트 캠프기간 동안 미팅장소 제공, 일부는 공간을 장기적으로 제공하기도 함

자료: 김선우, “창업생태계에서 엑셀러레이터의 역할과 이슈”, 과학기술정책, 2015/06

각주

1) 실험실 및 연구원 창업의 문제점은 다음과 같다. 첫째, 각 학교가 실험실 창업을 지원/관리해줄 시스템이 부재한 관계로 창업절차에 대한 전 과정을 창업자인 교수가 처리하여야 한다. 둘째, 실험실 및 연구원 창업의 경우 현 직업을 유지하는 관계로 창업 business에 대한 프로근성이 부족하고, 사업(경영)에 대한 철저한 준비부족으로 사업화 단계에서 어려움에 봉착하게 된다. 셋째, 창업단계를 거쳐 성장하는 경우 공장/생산시설 확보에 대한 계획이 미비하다. 끝으로, 사업이 성공/실패했을 경우 대학이나 연구기관과의 관계 정리가 어떻게 이루어지는지에 대한 규정이 미흡하다.
2) 전략적 의사결정의 기준은 크게 효과성(effectiveness)과 효율성(efficiency)으로 나누어진다. 효과성은 목표를 달성한 정도를 기준으로 하는 것이며, 효율성은 투입된 요소대비 목표의 달성정도를 기준으로 하게 된다. 따라서 이들 양 기준을 중심으로 시장을 나누어, 특징을 보면 아래 도와 같다.

효과성 \ 효율성	낮음	높음
높음	**공격적 전략:** 성장성/시장확대 수익성 저하	**공격적/확대전략:** 성장성 주력 시장 개척/확대 수익성/안정성유지
낮음	**사업철수:** 한계사업정리 철수장벽회피	**방어적 전략:** 안정적 성장 현 시장 유지

3) 1994년도부터 1년 동안 보스턴대학교 경영대학원에서 보스턴 지역의 벤처기업에 대한 사업계획서 발표과정에 여러 번 참여하여, 미국 벤처기업의 사업계획서와 전문가들의 평가방법을 배울 기회가 있었다. 이러한 과정에서 느낀 것은 대부분의 창업자인 발표자가 자기 사업의 내용을 중요한 사항을 위주로 상당히 자세하고 솔직하게 발표하였으며, 발표내용에 일차적인 호감을 갖도록 하기 위해서 무척 노력한다는 것이었다.

제12장 기술거래기관과 테크노마트

제1절 기술거래의 필요성 증대와 기술거래 실태

1. 기술거래의 필요성 증대

우리나라는 1960년대 경제개발이 추진된 이래 기술개발을 위한 정책 및 투자가 끊임없이 이루어져 왔다. 이러한 정책적 노력의 결과로 60-70년대의 과학기술 발전을 위한 기반을 마련하였으며, 70-80년대에는 외국기술의 도입 및 모방에 의한 리버스 엔지니어링을 통한 소화/흡수/개량화에 상당한 성공을 이루었다.

그 결과 전자, 반도체를 포함한 여러 산업분야에서 개량화 된 기술의 산업화/상업화에도 성공하였다. 이러한 성공을 기반으로 21세기 우리나라가 나아가야 할 과학기술정책의 방향은 첫째, 국가경쟁력의 제고와 지식정보기반 경제의 확립을 위한 전략 및 핵심기술의 개발촉진, 둘째 국가 및 민간 개발기술의 산업계 이전촉진을 통한 산업화의 활성화에 있다고 하겠다.

최근에는 전 세계적으로 공공 및 민간 부문에서 개발한 기술의 이전거래를 통한 벤처창업의 활성화 및 산업계에로의 확산에 관심이 고조되고 있다. 이러한 추세에 따라 우리나라에서도 과학기술분야에서 국가지원으로 이루어진 연구개발기술의 실용화촉진을 위한 기술거래 활성화방안 마련의 필요성이 더욱 증대되고 있다.

따라서 대학, 연구소, 민간 기업이 보유한 미활용 기술의 활용촉진을 위한 기술이전거래의 활성화 조직의 구축(기술이전촉진법의 제정과 전담기관의 구축) 및 효율적인 기능의 수행이 필요하겠다. 아울러 국가혁신체제 관점에 따른 국책연구소 및 대학보유 기술의 실용화 촉진을 위한 벤처창업, 연구원 및 대학의 실험실창업 활성화를 위한 정책방안의 마련이 절실하다고 할 수 있다. 또한 기술무역수지 적자를 획기적으로 개선하기 위해서는 기술집약적인 부품산업 및 자본재 산업의 육성이 절실하다고 하겠다.

2. 우리나라의 기술이전거래의 실태

가. 기술수출입 현황

우리나라의 대외 기술거래와 관련된 특징은 어려 가지 면에서 살펴볼 수 있겠으나, 기술수지 측면과 수출지역 측면으로 나누어 볼 수 있다. 우리나라는 기술무역에서 있어서 만성적인 적자를 지속하고 있는 대표적인 국가의 하나이다. <표 12-1>에서 보는 바와 같이 해마다 기술수입의 증가가 훨씬 커지는 관계로, 2000년까지의 수치로 비교했을 때 기술무역 수지비율은 아주 낮은 실정이다. 그러나 2001년 이후 우리나라에서 새로운 산업분야의 성장기회의 증가에 따라 기술수출의 증가율이 커짐에 따라 기술무역수지율도 크게 개선되게 되었다. 2012년도 OECD분석 자료에 의하면 우리나라는 기술수입이 16,049백만 달러, 기술수출이 10.408백만 달러를 보여 무역수지가 5,641백만 달러의 적자를 기록하여, 기술무역 수지비는 0.63을 보였다.

이러한 기술무역수지율의 변화를 다른 선진 각국과 비교해 보면 아직 우리의 수지율은 상당히 낮은 수준에 머무르고 있다는 것을 알 수 있다. <표 12-2>를 보면 일본의 경우는 수지율이 3 점대에 이르고 있으며, 미국, 영국 및 독일도 1-2 점대를 이루고 있어, 이들 국가 모두는 기술수출이 기술수입을 상회 내지 크게 상회하고 있는 것을 알 수 있다. 따라서 다른 선진 국가들에 비추어 현저하게 무역수지비율이 낮은 것으로 나타나 적자상태가 심각할 것을 알 수 있다. 특히 미국과 일본과 비교해 볼 때 그 상태가 심각하며, 연도별로 볼 때도 크게 개선되지 않는 것으로 나타났다. 2007년을 기준으로 볼 때 기술무역수지비율이 멕시코(0.09 2005년), 스페인(0.17, 2006년)과 함께 하위권에 머물러 있는 것으로 나타났다.

그런데 2013년도 실적을 보면 한국은 0.57로 2007년에 비해 큰 변화가 없는 반면에 일본과 영국은 각각 5.88, 3.07로 2007년에 비해 무역수지 흑자가 크게 증가하였으며, 미국과 독일은 각각 1.44, 1.23으로 나타나 큰 변화가 없는 것을 알 수 있다.

이러한 기술무역의 적자는 지금까지의 고도성장을 통한 우리의 경제개발과정에서 발생하는 다양한 요인에 기인한다고 할 수 있다.

첫째, 우리나라에서는 수출증대를 위한 전략산업의 발전에 필수적인 부품산업이 상대적으로 취약하여, 제품생산에 필요한 핵심기술의 자체개발을 통한 국내확보가 부족하였던 관계로 이러한 부족기술을 외국에서 도입하는 방법을 통하여 해결하고 있다.

• 표 12-1. **우리나라의 기술무역 추이**

년 도	기술수입		기술수출		기술무역 수지비(B/A)
	계약건수 (건)	대가지급액 (백만불):A	계약건수 (건)	대가수취액 (백만불):B	
1991	582	1,183.0	39	35.2	0.03
1992	533	850.6	80	32.5	0.04
1993	707	946.4	105	45.1	0.05
1994	430	1,276.6	129	110.9	0.09
1995	236	1,947.0	123	112.4	0.06
1996	189	2,297.2	85	108.5	0.05
1997	-	2,411.7	-	162.9	0.07
1998	-	2,386.5	-	140.9	0.06
1999	-	2,685.8	-	193.3	0.07
2000	-	3,062.8	-	201.0	0.07
2001	-	2,643.0	-	619.0	0.23
2002	-	2,721.0	-	638.0	0.23
2003	-	3,286.0	-	816.0	0.25
2004	-	4,247.0	-	1,416.0	0.34
2005	-	4,525.0	-	1,625.0	0.36
2006	-	4,838.0	-	1,897.0	0.39
2007	-	5,103.0	-	2,178.0	0.43
2008	-	5,670.0	-	2,530.0	0.45
2009	-	8,438.0	-	3,582.0	0.42
2010	-	10,234.0	-	3,345.0	0.33
2011	-	9,900.0	-	4,032.0	0.41
2012	-	11,052.0	-	5,311.0	0.48
2013	-	12,038.0	-	6,846.0	0.57
2014	-	15,540.0	-	9,765.0	0.63
2015	-	16,049.0	-	10.408.0	0.63

출처 : 미래창조과학부 「기술무역 통계조사」 (각 년도)
주석 : * 2001년부터 OECD TBP(Technology Balance of Payment) 매뉴얼 기준으로 산출
* 2001년부터 기술수출은 정부신고분(10만달러 이상) 집계에서 설문조사 방식으로 변경됨

• 표 12-2. **국가별 무역수지율 비교**

연 도	한국	일본	미국	독일	영국
1998	0.06	2.1	3.2	0.8	1.8
2000	0.07	2.4	2.6	0.7	2.0
2002	0.23	2.56	2.35	0.76	2.30
2004	0.34	3.12	2.28	1.11	2.08
2007	0.43	3.49	1.75	1.11	1.94

출처 : 미래창조과학부「기술무역 통계조사」(각 년도)

둘째, 그 동안의 정부, 산업계, 학계, 연구계의 노력으로 원천 및 응용 기술의 확보에 막대한 연구개발비를 투자하고 있으나, 산업계에서 개발기술의 활용이 부진하여 기술개발투자비의 회수가 지극히 미약한 실정이다.

끝으로 기술수출을 통한 부수적인 수출확대와 합작투자를 통한 국제경제협력 분야에 대한 효율적인 참여가 부족할 뿐만 아니라 개발도상국을 대상으로 한 기술협력 증진도 미약하여, 기술교역 증진에 대한 기여도가 낮다고 하겠다.

우리나라의 기술수출에 따른 또 하나의 특징으로서 수출대상이 되는 기술, 산업, 지역에 대한 편중현상이 심하다는 것이다. 이러한 현상은 근래 개발도상국들이 산업화를 추진하는 과정에서 우리나라의 생산기술에 대한 수요가 크게 증가하고 있는데 기인한다고 할 수 있다. 또한 우리나라는 그 동안 경제개발과정에서 다른 개발도상국에 대비하여 수출주력산업을 중심으로 비교우위분야를 확보한 관계로, 이러한 산업분야에서 기술수출이 편중되고 있는 것이 현 실정이다.

2014년도 기술무역통계에 대한 분석자료인 <표 12-3>을 보면 산업별 기술무역수지는 상당히 상이하다. 기술수출 면에서 가장 수출규모가 큰 산업은 전기전자, 정보통신, 기계 순인 반면에, 2012년 대비 가장 증가폭이 큰 산업은 섬유, 화학, 정보통신 순으로 나타났다. 기술수입 면에서는 전기전자, 정보통신, 기계, 화학 등의 순으로 큰 것으로 나타났다. 한편 전반적인 기술무역수지 적자는 57.8억 달러로 수지비율이 0.63에 머무르고 있다. 산업별로는 전기전자 43.7억 달러, 기계 5.4억 달러, 화학 4.1억 달러의 적자를 기록하는 등 전반적으로 대부분이 적자였던 반면에 정보통신만 6.7억 달러의 흑자를 보였다.

• 표 12-3. 산업별 기술무역 현황(2014년도)

(단위: 억 달러, %)

구분	기술수출			기술도입			기술무역수지	
	금액	전년대비 증감률	구성비	금액	전년대비 증감률	구성비	금액	수지비율
농림수산	0.5	566.5	0.5	2.6	62.9	1.7	-2.1	0.18
섬유	1.8	91.6	1.9	3.5	559.4	2.2	-1.6	0.53
화학	3.2	-43.7	3.3	7.3	18.0	4.7	-4.1	0.44
소재	0.2	123.4	0.2	3.1	22.3	2.0	-2.9	0.07
기계	15.0	-25.2	15.3	20.3	39.3	13.1	-5.4	0.74
전기전자	41.0	27.9	41.9	84.6	16.4	54.5	-43.7	0.48
건설	2.5	228.0	2.6	3.8	3.5	2.4	-1.3	0.66
정보통신	28.2	275.4	28.8	21.4	84.9	13.8	6.7	1.31
기타	5.3	309.5	5.5	8.8	26.0	5.7	-3.5	0.61
전체	97.7	42.6	100.0	155.4	29.1	100.0	-57.8	0.63

출처 : 미래창조과학부 「기술무역 통계조사」 (각 년도)

또한 기술무역의 지역별 편중현상도 큰 것을 알 수 있다. <표 12-4>를 볼 때, 2014년도 기술수출에 있어서 중국이 29.5억 달러(30.2%)로 가장 컸으며, 미국(19.7억 달러, 20.1%), 베트남(7.8억 달러, 8.0%), 싱가포르(7.2억 달러, 7.4%)의 순으로 나타났다. 기술수입에 있어서는 미국이 73.8억 달러(47.5%)로 가장 컸으며, 일본(13.2억 달러, 8.5%), 스웨덴(9.7억 달러, 6.3%), 독일(7.6억 달러, 4.9%)의 순으로 나타났다. 이에 따라 기술무역수지 적자는 미국, 스웨덴, 일본, 독일 등의 순으로 나타났으며, 흑자는 중국, 베트남, 슬로바키아, 싱가포르 등의 순으로 나타났다.

한편 외국에서 도입된 기술이 도입기업의 조직 내에서 체화, 흡수과정을 거쳐, 공정이나 제품을 통하여 확산되는 일련의 이전과정이 잘 이루어지지 못하고 있는 것이 또 다른 하나의 문제점으로 지적되고 있다. 이와 같이 도입기술의 이전이 잘 안 되는 이유는 여러 가지 면에서 찾아 볼 수 있으며, 중요한 요인을 정리하면 아래와 같다.

• 표 12-4. **지역별 기술무역 현황(2014년도)**

(단위: 억 달러, %)

구 분		기술수출		기술도입		기술무역수지
		금액	구성비	금액	구성비	금액
무역 적자국	미국	19.7	20.1	73.8	47.5	-54.1
	스웨덴	0.3	0.3	9.7	6.3	-9.5
	일본	6,9	7.1	13.2	8.5	-6.2
	독일	1.4	1.4	7.6	4.9	-6.1
	프랑스	0.2	0.2	4.9	3.1	-4.6
무역 흑자국	중국	29.5	30.2	5.1	3.3	24.4
	베트남	7.8	8.0	8.0	0.1	7.8
	슬로바키아	3.0	3.1	0.0	0.0	3.0
	싱가포르	7.2	7.4	5.1	3.3	2.1
	체코	1.0	0.1	0.1	0.1	0.9

출처 : 미래창조과학부 「기술무역 통계조사」 (각 년도)

o 해당기업에서 자체 기술개발 방향과 연계된 체계적 기술이전전략 부재

o 국내 외국기술의 도입관련 정보를 체계적으로 제공할 수 있는 기관 부족 및 해당기관의 역할수행 미진

o 정보체계의 미비로 도입기술에 대한 적정성 파악에 어려움

o 대부분 외국의 합작선 또는 기존 도입선으로 부터 정보입수

o 기술도입 교섭능력 부족: 국내 협상전문 인력 절대부족

한편 한국산업기술진흥협회에서 2009년도 기술수출입 애로사항에 대한 설문조사를 실시하였는데, 그 결과는 <표 12-5>와 같다. 먼저 기술수출의 애로 요인을 보면 기업규모에 불분라고 기술구매자에 대한 발굴 및 탐색, 계약조건 설정과 협상, 수출입 기술타당성 분석 등이 중요한 애로요인을 나타났으며, 기술도입의 경우에도 비슷한 중요도를 보였다.

• 표 12-5. 기술수출도입 과정상의 애로사항

구분 (%)		수출입 기술 타당성 분석	구매자에 대한 발굴·탐색	수출입 기술가치 평가	계약조건 설정과 협상	계약서 작성	사후관리 (분쟁, 대금지급·수취)	기타	합계
기술수출 애로사항	대기업	14.9	34.3	17.9	23.9	0.0	7.5	1.5	100
	중소기업	7.7	38.8	14.3	20.3	0.7	14.7	3.5	100
기술도입 애로사항	대기업	21.6	9.8	31.4	29.4	0.0	5.9	2.0	100
	중소기업	25.2	22.8	20.5	23.6	0.0	5.5	2.4	100

출처: 산업기술진흥협회(2009)

나. 국내 개발기술의 이전확산 현황

우리나라에서 위와 같은 기술도입과 관련된 특성과는 별도로, 국내에서 개발된 기술의 산업계 확산을 통한 활용이 저조한 실정이다. 따라서 일차적으로 연구개발기술이 제대로 이전되지 못하며, 나아가 여러 분야에로의 2차 확산을 통한 사업화에 대한 성공률이 상대적으로 낮은 수준이다(IITA 1999). 국내에서 출원된 특허를 포함한 산업재산권의 휴면 율이 전반적으로 70% 수준에 이르고 있다(연구자 1998).

그러나 1999년 이후 정부는 연구개발기술의 산업계 이전을 통한 기술 확산을 위한 정책적 노력을 추진하여왔다. 이러한 노력의 결과로 2007년부터 정책효과가 어느 정도 증대되고 있다. <표 12-6>과 같이 2012년도 공공연구기관의 기술보유 건수는 신규와 누적 각각 24,661건, 190,238건으로 나타났다. 특히 공공연구소의 기술보유건수는 12,179건으로 전년도의 8,262건에 비해 47.4% 대폭 상승하였는데, 대학연구소의 12,482건 보다 다소 적은 것으로 나타났다. 특히 대학연구소의 11,733건보다는 크게 적은 것을 알 수 있다. 또한 공공연구기관의 기술이전율은 <표 12-7>과 같이 '12년도 27.1%, '11년 26.0%, '10년 23.1%, '09년 22.7%로 나타나 지속적으로 증가하는 추세 보이고 있다. 그런데 공공연구소의 기술이전율은 대학연구소의 이전율보다 훨씬 높기는 하나, 2012년에는 전년도보다 이전율이 4.7% 감소하여 34.9%를 기록하였다.

이전되는 기술의 형태를 보면 <표 12-8>과 같이 2012년의 경우 특허와 노-하우가 각각 63.7%, 24.5%로 대부분을 점하였다. 이러한 현상은 전년도에 비추어 다소상이한데, 특허의 경우에는 2006년의 55.2%에 비하여 크게 증가하였으나, 노-하우의 경우에는 2006년도의 34.0%에 비하여 크게 감소하였다. 이러한 현상은 공공연구기관의 특허등록이 증가함에 따라 이전유형도 영향을 받아 특허는 증가하고 노-하우는 감소한 것으로 판단된다.

공공연구기관의 기술이전에 따른 기술료 수입을 보면 <표 12-9>과 같다.2015년 공공연구기관의 기술료 수입은 204,170백만 원으로 '07년도 104,413백만 원 대비 95.5% 증가하였으며, 연도별로도 지속적으로 증가하고 있다. 2015년도 공공연구소의 기술료 수입은 142,383백만 원이고, 대학은 61,792백만 원으로 공공연구소의 수입이 전체의 69.7% 차지하였으며, 또한 연 10억 원 이상의 기술료수입이 발생하는 기관이 40개였다. 한편 2012년 기준 기술이전 1건당 평균기술료는 약 25백만 원으로 '06년도 39.6백만 원에 비하여 크게 감소하였다. 공공연구소 기술의 경우 1건당 평균 기술료는 27.8백만 원으로 '06년도의 54.5백만 원에 비하여 약 26.7백만 원이 감소하였다.

• 표 12-6. 공공연구기관 기술보유 현황

(단위: 건)

구분 / 연도		공공연구소				대학			합계
		국공립 시험 연구기관	출연(연) 및 부설 연구기관	기타 공공 연구소	소계	국공립 대학	사립 대학	소계	
'12	누적	3,735	89,849	33,456	127,040	22,069	41,171	63,240	190,280
	신규	581	7,831	3,767	12,179	4,777	7,705	12,482	24,661
'11	누적	3,218	49,004	14,506	66,728	18,204	31,507	49,711	116,439
	신규	741	5,354	2,167	8,262	4,181	7,552	11,733	19,995
'10	누적	2,104	34,899	12,914	49,917	15,990	21,460	37,450	87,367
	신규	526	4,044	2,466	7,036	3,522	7,881	11,403	18,439

자료 : 지식경제부와 한국산업기술진흥원, 공공 연구기관 기술보유현황 조사결과, 2013년 6월 30일

• 표 12-7. 연도별 공공연구기관 기술이전율

	기술이전율(%)					
	2012	2011	2010	2009	2008	2007
전체	27.1	26.0	23.1	22.7	22.2	27.4
공공연구소	34.9	39.6	38.1	31.2	29.7	42.4
대학	19.5	16.4	13.8	16.6	16.2	15.3

자료 : 지식경제부와 한국산업기술진흥원(2013년 6월 30일)
주 : 기술이전율 = (당해연도)기술이전건수/(당해연도)신규기술보유건수

• 표 12-8. 2012년 보유 및 이전 기술의 유형별 비율

(단위: %)

	특허	실용신안	디자인	상표	노하우	기타
보유비율	74.1	1.7	1.6	2.0	7.6	13.2
이전비율	63.7	0.4	0.7	0.2	24.5	10.4

자료 : 산업자원부와 기술거래소, 공공 연구기관 기술이전현황 조사결과

• 표 12-9. 공공기관의 기술료 수입

(단위: 백만 원)

구분	2010	2011	2012	2013	2014	2015
전체	124,514	125,812	165,180	135,353	140,332	204,170
공공연구소	91,836	83,209	117,017	98,461	89,797	142,378
대학	32,678	42,603	48,162	36,892	50,535	61,792

자료 : 산업통상자원부, 「2016년 기술이전·사업화 조사분석 자료집(공공연구기관)」, 2016

특허청에서는 특허를 포함한 산업재산권의 활용증대를 통한 특허기술유통체계 구축을 위한 정책적 자료를 도출하기 위하여 1999년 6월 26일부터 30여 일 동안 2834개 기관을 대상으로 특허의 출원과 활용을 포함한 관리실태, 직무발명에 대한 보상 및 운영체계, 휴면 특허의 실태 등에 대한 설문조사를 통한 종합적인 실태조사를 실시하였다. 이러한 조사에서 조사대상 기관의 총 산업재산권 대비 휴면 율은 53.2%로 나타났으며, 특허/실용신안의 휴면 율은 63.4%로, 1996년의 76.0%보다 상당히 낮아진 것으로 나타났다.

이 조사에서 민간 및 공공부분에서 개발된 특허기술이 제대로 사용되지 못하는 이유가 다양하게 제시되었는데, 대상기관들의 복수응답을 고려한 중요한 사유를 보면 아래와 같다.

- o 현재의 기술수준으로 경쟁력이 없기 때문이 39개 기관(A)
- o 상품화 이익이 낮기 때문이 62개 기관(B)
- o 방어적 차원의 권리획득이 많기 때문이 68개 기관(C)
- o 사업화자본의 부족 등 여건이 허락하지 않기 때문이 62개 기관(D)
- o 무응답이 153개 기관(E) : 해당기관의 지식재산 활용에 대한 마인드 부족과 무관심을 반증함

제2절 기술이전거래기관의 조직과 기능

1. 기술이전거래기관의 필요성

오늘날 연구개발 기술의 활용을 제고시키고, 활용가능성이 높은 기술개발을 위한 노력의 일환으로 기술이전거래기관에 대한 관심이 높아지고 있다. 이러한 기관의 필요성은 여러 면에서 찾아 볼 수 있는데, 이를 크게 국제경쟁력 차원, 국가혁신체계 관점, 기술벤처 및 지재권사용의 활성화 등 세 가지 관점에서 볼 수 있다.

가. 국제경쟁력 제고의 필요성

1980년대부터 종래 미시경제학에서 경쟁력결정의 중요한 요인으로 간주하고 있는 비가격 요인에 대응하여, 국민경제의 제도적 특성의 중요성에 대한 인식이 증대되면서 이에 관한 연구들이 포터, MIT 경쟁력위원회, OECD 등에 의하여 이루어졌다. 이러한 연구를 통하여 국민경제제도의 구조가 중요한 장기적인 국가경쟁력의 원천이라는 사실들이 밝혀졌으며, OECD에서는 이를 구조적 경쟁력(structural competitiveness)으로 개념화하였다.

한편 구조적 경쟁력의 개념은 기업의 경쟁력 결정요인을 종래의 견해와 달리 기업내부의 제도적 측면에 국한하지 않고, 다른 기업, 대학, 정부연구소 등과의 네트워크, 및 국내의 경제 환경으로 확대하였다. 또한 제조기업의 경쟁력은 기업관련 서비스산업의 활동과 인프라의 서비스수준에 의하여 영향을 받는다고 하였다.

기업관련 서비스산업의 활동은 제조활동과 관련된 특수정보를 수집·분석하여 제조 기업에 공급하거나 기업혁신에 대한 자문을 제공하는 등 제조 기업이 스스로 담당할 수 없는 전문적인 활동이 해당된다. 또한 인프라 서비스는 전통적인 인프라(즉 교통, 통신, 금융 등)를 포함한 정보인프라(즉 정보고속도로, 정보유통, 정보콘텐츠 등) 및 기술 인프라(즉 기술거래, 기술협력 및 지원네트워크 등) 등이 해당되어 진다(송위진과 황혜란 1993).[1]

기업경쟁력의 중요한 원천이 되는 기술은 구조적 경쟁력 차원에서 어떤 요소보다도 활발한 이전거래를 통한 활용도를 제고하는 것이 중요하다. 따라서 기술이 하나의 상품으로서 시장메커니즘을 통하여 거래될 수 있다면, 개발기술의 활용도가 제고될 것이며, 나아가 이를 통한 국가경쟁력도 높아질 것이다. 그러나 기술거래와 관련된 시장은 불완전시장일 뿐만 아니라, 시장거래에 따른 정보의 불균형분포, 시장참여자의 소수, 기회주의, 의사결정에 따른 합리성의 제한 등으로 인한 시장실패가 발생하는 관계로 일반 상품과 달리 시장거래에 많은 제약이 따르고 있다. 따라서 기술거래에 따른 이러한 제약을 완화하여 아래와 같은 성과를 얻기 위해서는 적극적인 시장거래메커니즘의 조성이 필요하다.

- o 새로운 국가경쟁력의 제고 : 지적자산 확충, 신 사회간접자본의 확충, 국가경제에서의 네트워크체계 구축, 정부의 적절한 역할, 공정경쟁 확대
- o 기술경쟁력의 증대 : 기술서비스 및 R&D 활동의 강화, 기술 확산과 혁신의 촉진, 수요자와 공급자간의 긴밀한 관계유지를 통한 기술능력 창출
- o 자유경쟁을 바탕으로 한 시장거래메커니즘 조성을 위한 전문기술거래기관의 구축이 필요함.

나. 국가차원의 기술혁신체계의 필요성

조직이든 국가든 적절한 기술적 노하우와 조직체계로 된 기술적 토대가 없이는 자신의 전략적 목표를 달성할 수가 없다. 오늘날과 같이 첨단기술을 축으로 하여 기술체계가 크게 변화하는 시기에는 기업과 국가는 자신의 기술적 토대의 강점과 약점을 철저히 평가하여 조직형태의 변화나 인적자원관련 기술의 변화에 대처하여야 한다. 국가기술정책면에서 기술적 지식의 토대에 대한 정보, 현재의 기술진보에서 가장 중요한 지식토대에 대한 정보를 확보하는 것이 중요하다. 따라서 과거의 사회경제적 구조와 정책이 미래의 구조와 정책에도 계속 영향을 미친다는 관점 하에서, 상당기간 동안 국가차원에서 기술혁신활동을 지원할 수 있는 안정적·제도적인 틀로서 국가혁신체제가 존재하게 된다(Noisi et al. 1993).[2)]

기술혁신체계의 중요한 골격은 기술개발자(연구소, 대학, 기업) - 기술사용자(수요기업)간의 상호작용 확대를 통한 개별적 거래관계를 강화하는데 있으며, 이를 활성화하기 위하여 지원기술인프라를 확충하는 것이라 하겠다. 이와 같이 기술거래를 확대하기 위해서는 기술개발과 기술이전을 기능적으로 통합화하고 효율화하는 새로운 혁신체계가 필요하다. 종래에 기술개발과 기술이전에 관련된 정책과 제도는 분산되어 있거나 또는 기능적으로 중복되어 있는 경향이 있어서, 범 국가차원의 통합이 부족하여 부처별 또는 용도별로 개별적으로 운용되고 있었다.

따라서 대학 또는 국책연구소 등에서 개발된 기술이 중소기업으로 이전되는 것이 원활하지 못할 뿐만 아니라 개발 기술을 활용한 스핀-오프형 벤처기업의 활성화가 부족한 실정이었다. 이러한 문제점을 개선하기 위해서는 기술 개발자 - 기술사용자 간의 개별적 거래관계를 사회적 내지는 제도적 거래관계로 확대하고, 이와 관련된 기술 인프라 및 지원시스템을 통합시키는 국가차원에서의 혁신체계의 정립이 필요

하다. 아울러 이러한 기능을 전담할 중심시스템으로서 기술이전거래기관이 필요성이 높다고 하겠다.

또한 기술혁신체제에 따른 연구개발조직의 촉매 또는 상호접점으로서의 기술이전거래기관의 필요성이 있다고 볼 수 있다. 연구개발과 관련된 과학기술창출관련 연구주체(즉 경조직)와 과학기술의 활용을 촉진하고, 관리평가 및 관련정책을 결정하는 주체(즉 연조직)와의 기능적 연계확대를 통하여 개발기술의 활용이 활성화된다. 따라서 이러한 필요성을 달성하기 위한 연결시스템으로서 기술이전거래의 전담기관이 필요하다고 하겠다(Tassey 1991).

다. 벤처산업의 육성과 특허사용 활성화의 필요성

21세기 지식정보기반경제의 구축에 따른 중요한 산업정책의 변화는 크게 세 가지로 볼 수 있다. 첫째, 산업사회에서 지식정보사회에로의 전환에 따른 종래의 전통적 대기업위주의 정책에서 기술집약형 중소기업 및 벤처기업의 활성화를 통한 부품산업을 육성함으로써 산업의 국제경쟁력을 제고시키는 동시에 대기업과 중소 벤처기업간 협력적 관계를 구축한다는 것이다. 둘째, 고도정보화사회의 도래에 따라 일차적으로 종래의 전통적 산업위주에서 정보를 기반으로 하는 정보산업을 육성함으로써, 세계 환경의 변화에 능동적으로 대처하고 높은 부가가치를 실현한다. 나아가 정보산업에서 파급되는 기술들을 종래의 전통적 산업에 접목시킴으로써 전통산업을 지식산업으로 발전시킨다는 것이다. 끝으로, 이러한 국내산업의 재편과 새로운 발전을 기반으로 우리 경제를 세계화의 일환으로 동북아지역의 진출을 확대하기 위한 지역허브로 발전시킨다는 것이다(산업자원부 2000, 산업연구원 1999).

이러한 우리나라의 정책목표를 달성하기 위해서는 무엇보다도 기술을 포함한 국가 지식자산의 효율적인 활용을 위한 노력이 중요하다. 따라서 이러한 노력의 일환으로써 개발기술의 스핀-오프형 벤처창업의 활성화와 이를 통한 스핀-온형 기술개발이 중요하다고 하겠다.

- o 기술공급자(대학, 연구소)와 제품생산자(제조기업)간의 가교로서 벤처기업을 육성
- o 학·연·산 파트너십의 강화를 통한 확산가능 기술의 개발을 촉진
- o 개발기술의 이전촉진과 이전기술의 사업화를 가속화하기 위한 거래 및 정보를 제공하는 시장메커니즘으로서 기술이전거래기관이 필요함.
- o 벤처를 배태하는 토양(TBI, TIC, BI)과 아울러 벤처기업 경영지원체계를 가진 통합적 지원센터기능을 연계하는 기술이전거래기관이 필요함.

라. 국가 기술정보시스템의 구축과 활용

1) 국가 R&D정보 지식포탈(NTIS)의 구축

대학, 국책연구소, 민간연구소 등에서 보유하고 있는 미활용 지적재산의 활용을 촉진함으로써 지적재산의 산업계 확산을 확대하고, 투입된 연구개발 자금의 회수를 통한 새로운 연구개발 사업에 대한 재투자가 중요하다고 할 수 있다. 나아가 이차적으로 기업 활동에 투입된 지적재산을 활용하여 파생적인 지적재산을 창출함으로써 기업 및 국가차원에서 '지적재산의 투입-변환-산출'이라는 선순환 과정을 확대하여야 한다<그림 12-1>.

- o 대학, 국책연구소, 민간연구소, 개인보유 휴면 지적재산권의 활용 촉진[3)]
- o 지적재산권 사용기업으로 부터 파생특허의 출원을 촉진
- o 국내외 특허관련 일반적 정보 및 전문적인 정보를 제공
- o 특허출원과 사용에 관련된 one-stop서비스 기능을 수행하기 위한 전문기관이 필요함
- o 과학기술 '창출-사용-관리/보호'의 호 순환을 위한 촉매장치로서 전문기관이 필요함

이러한 필요성에 따라 2007년에 국가차원의 기술정보를 총괄적으로 관리하고 활용할 수 있는 시스템을 구축하였는데, 교육과학기술부 주관 하에 운영되는 국가기술정보시스템인 '국가 R&D정보 지식포탈(NTIS: National Science & Technology Information Service)'이다. 이러한 NTIS의 구성체계도를 보면 <그림 12-2>와 같다.

<그림 12-2>의 체계도에 따라 국가 연구개발을 담당하는 관련부처가 본 시스템에 연계되게 된다. <표 12-10>과 같이 국가R&D 관련 모든 부처·청과 연계된 국가R&D 정보 지식포털(NTIS)은 R&D와 관련된 모든 부처·청(대표전문기관)과 연계하여 국가R&D정보 서비스를 제공한다. 2007년에는 국가R&D의 98.2%(06년 기준)를 차지하는 10개 부처·청과 연계되었으며, 2008년에는 R&D 관련 전체 15개 부처·청과 연계를 확대·완료 하였다.

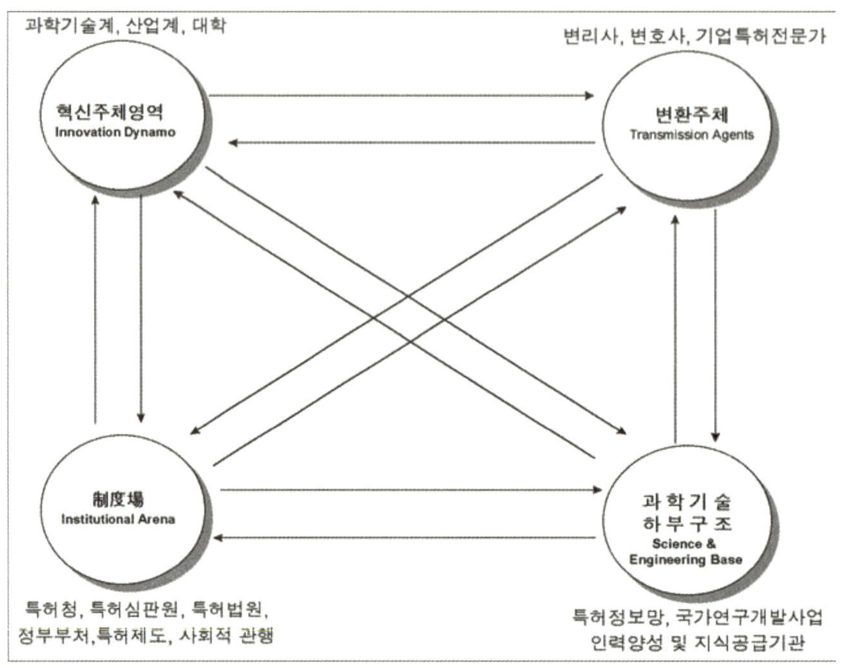

자료 : 박동현, "특허타운 구축을 위한 네트워크 구축 및 활성화 방안", 과학기술특허포럼, 1999/11, p. 7, 그림1

그림 12-1. 국가혁신체제와 지적재산체계

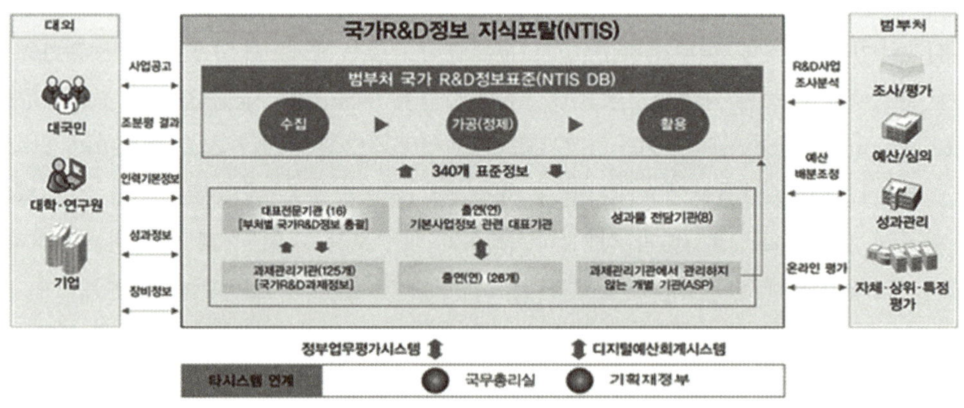

자료 : NTIS 웹페이지(2010년 7월)

그림 12-2. 국가 R&D정보 지식포탈

• 표 12-10. 참여기관 현황

참여기관	NTIS 연계 연도
문화체육관광부(한국콘텐츠진흥원) 농림수산식품부(농림수산식품기술기획평가원) 농촌진흥청(농촌진흥청) 지식경제부(한국산업기술평가관리원, 정보통신산업진흥원) 중소기업청(한국산업기술평가관리원) 보건복지가족부(한국보건산업진흥원) 환경부(한국환경산업기술원) 국토해양부(한국건설교통기술평가원, 한국해양과학기술진흥원) 방위사업청(국방기술품질원)	2007년
기상청(기상청) 문화재청(국립문화재연구소) 식품의약품안전청(식품의약품안전청) 산림청(산림청) 소방방재청(소방방재청)	2008년

자료 : NTIS, 웹페이지(2010년 7월 20일)

NTIS의 구성 체계는 참여하고 있는 5개의 주요기관들의 개별적 역할수행과 함께, 기관간 상호작용으로 되어 있다. <그림 12-3>에서 보는 바와 같이 미래창조과학부가 실질적인 총괄 기관으로서 정책결정과 수행을 담당하고 있다. 이러한 정책결정과 수행의 효율성을 위하여 두 개 집단의 협의회를 운영하고 있으며, 관련 부처의 실국장급으로 된 국가연구개발정보관리위원회를 운영하고 있다. 끝으로 NTIS 세부시스템 구축 계획 수립 및 수행, 통합시스템 구축사업수행의 행정 지원을 위하여 총괄추진기간 및 협동연구기관을 두고 있다<표 12-11>.

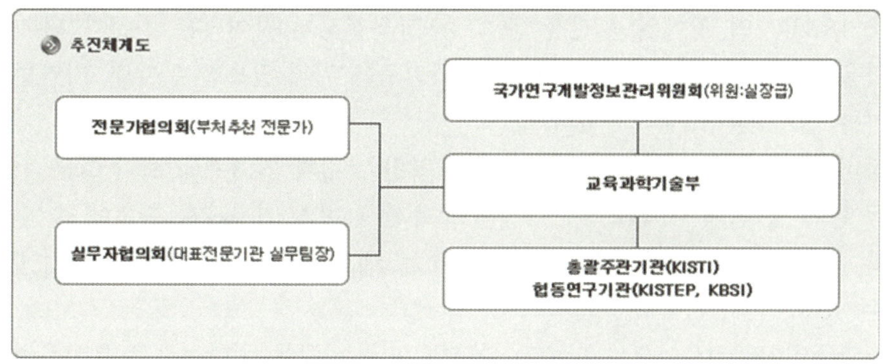

자료 : NTIS 홈페이지(2010년 7월 20일)

그림 12-3. NTIS의 추진체계도

• 표 12-11. NTIS 구성기관별 역할

구 성	주요 기능
국가연구개발정보관리위원회	사업수행 정책조절
교육과학기술부	NTIS 주요정책 총괄 및 주요의사결정 수행
전문가협의회	• 주무부처의 의견 수렴 및 제시 • NTIS구축사업에 대한 자문 • NTIS와 부처 대표전문기관 자체시스템연계방안 수립 및 이행 • 연계 이후 활용성 확보를 위한 운영방안수립
실무자협의회	NTIS와 부처 대표전문기관 자체시스템 구체적 연계방안 협의 등
연구기관(KISTI, KISTEP, KBSI)	NTIS 세부시스템 구축 계획 수립 및 수행, 통합시스템 구축 사업수행 행정지원

자료 : NTIS 웹페이지

2) 주요 서비스

(1) R&D 종합서비스

부처별로 관리하고 있는 국가R&D사업정보를 종합하여 국가R&D현황에 대한 다양한 서비스를 제공한다.

o 사업관리: 국가R&D사업의 종합적인 현황과 과제정보, R&D사업 추진현황에 대한 체계적이고 심층적인 조사·분석을 기반으로 한 각종 통계정보를 제공한다.

o 인력: 국가R&D에 참여한 연구자의 전공과 논문, 연구실적 등에 대한 정보를 제공한다. 이로써 국가R&D과제 신청 시 인물정보의 중복입력을 피할 수 있으며, 국가R&D사업 평가위원 선정 등 각종 정책결정에 참여하는 전문가 위촉 등에 활용하실 수 있다. 또한 공동연구, 협력연구를 위해 필요한 분야별, 지역별 전문가를 쉽게 찾아보실 수 있다.

o 장비·기자재: 국가R&D사업을 통해 도입된 장비와 기자재의 보다 효율적인 '공동 활용'을 위해 대학과 연구기관이 보유한 장비와 기자재를 한눈에 볼 수 있도록 하며, 연구 장비를 사용하면서 접하는 애로사항을 전문가에게 직접 질의할 수 있다.

o 성과: 국가R&D사업으로 창출된 다양한 연구 성과를 종합적으로 분석하여 제공한다.

- o 국가R&D Board: 국가 R&D사업의 투자, 성과 등의 현황을 간단 명료한 그래픽과 함께 부처별, 지역별로 제공한다.
- o 지역R&D정보서비스: 지역의 R&D 투자·인력·장비기자재 현황정보를 한눈에 알 수 있다.
- o 과학기술통계: 민간R&D투자 현황과 기술무역, 특허 등 국가R&D사업 이외의 각종 통계자료를 다양한 그래픽으로 알기 쉽게 제공한다.

(2) 기술·산업 정보서비스

- o 정보유통서비스 : 각 부처의 각기 다른 과제관리 프로세스와 정보화 수준에 따른 이용자의 불편을 해소하기 위해 부처로부터 정보를 종합적으로 수집해, 가공·정제해서 더욱 의미있는 정보로 제공하기 위한 서비스이다.
- o 과제: 연구관리 전문기관의 과제 진행현황을 제공하는 서비스로, 관리 업무를 보다 효율적으로 수행할 수 있도록 돕는다.
- o 식별: 국가R&D 과제에 대한 과제고유번호와 식별자(identifier)를 발급하는 서비스로서, 이를 통해 국가R&D 과제를 보다 쉽게 활용할 수 있다.
- o 분류: 과학기술관련 정보·인력·연구개발사업 등을 효율적으로 관리하기 위한 '국가과학기술표준분류체계' 정보를 제공한다.

3) 국가R&D사업 통합공고서비스

국가R&D사업 통합공고서비스는 국가R&D사업 공고와 과제제안서(RFP: Requirement for Proposal)의 주요정보 및 국가R&D사업·과제의 추진현황 등을 통합적으로 제공함으로써 R&D사업 모니터링 체계 구축을 지원하는 서비스이다. 각 부처별, 기관별로 산재되어 있는 사업공고, 현황정보 뿐만 아니라 공지사항, 성과전시회 정보 등의 다양한 공지·성과 소개 정보를 검색·수집하여 제공한다. 또한 부처별 시행계획, 중장기계획, 관련 법령에 대한 정보를 제공하는 등 R&D 과제를 기획하는 연구자들에게 유용한 정보서비스이다. 통합검색 기능을 추가하여 필요한 정보를 보다 쉽게 검색할 수 있도록 하였으며 마이페이지를 통해 필요한 사업공고 내용은 스크랩할 수 있도록 구현하여 정보를 다시 검색해야 하는 번거로움을 제거하였다.

(1) 국가R&D 사업 조사·분석서비스

국가R&D사업 조사·분석서비스는 각 부처에서 수행되고 있는 국가R&D사업을 범부처 차원에서 종합적인 조사·분석을 통해 평가 및 예산 심의 조정의 기초 자료로 활용할 수 있도록 지원하는 서비스이다. 표준 양식에 의한 실시간 전자접수시스템 구현하였으며 온라인 분석처리(OLAP: Online Analytical Processing)를 이용한 다차원 분석 및 리포팅 기능을 강화하였다.

조사·분석서비스에서는 조사 분석 대상의 사업정보, 사업별 과제 정보, 성과정보 및 제재정보를 등록하고, 등록된 정보에 대한 검증 작업이 이루어진다. 검증 작업에는 신청과제에 대한 신청 과제간, 수행 과제간, 타 기관 신청과제간의 유사도를 검토하거나 성과 정보의 중복 입력이 없는지 확인하게 된다. 통계기능을 개선하여 사업정보를 이용하여 정해진 지표에 의한 간단한 형태의 통계뿐만 아니라 사용자가 여러 지표를 설정하여 볼 수 있는 사용자 맞춤형 통계가 제공된다.

(2) 국가R&D사업 평가지원서비스

국가R&D사업 평가지원서비스는 평가업무지원(평가계획관리, 평가기준관리, 평가 관련 자료 등록 등)를 수행하고, 평가유형별 업무프로세스를 등록·관리하며, 평가진행 상황을 모니터링 할 수 있도록 지원하는 온라인 평가서비스이다. NTIS 평가위원 통합관리시스템과의 연계를 통해 평가위원 Pool을 구성하였으며 OLAP을 통한 평가지원 정보의 다차원 분석 및 모니터링이 가능해진다.

평가지원서비스에서는 성과지표 및 표준평가표, 평가대상, 평가 종류, 총괄담당자를 설정하는 등 평가업무를 위한 기반 환경을 구성하게 된다. 자체평가를 위해 평가대상 사업 및 사업담당자를 선정하고, 자체 평가 계획수립에서 평가자료 준비, 평가결과의 등록/조회까지 평가의 전 업무를 지원하게 된다. 상위평가, 특정평가에서는 평가위원회에 대한 관리, 위원별/총괄 평가의견서 등록 및 현황 모니터링을 지원한다.

2. 기술거래의 메커니즘

기술거래의 활성화를 위해서는 무엇보다도 통합적 기술이전거래시스템 즉 기술제공자 - 기술사용자를 효율적으로 연계시켜주면서 기술거래와 관련된 제도/기관을 포함한 지원인프라를 기능적으로 연결시켜주는 기술거래네트워크로서의 기술거래기관의 구축이 절실하다고 하겠다. 그런데 이러한 기술거래기관은 종래에 주로 이루어져 왔던 이벤트중심의 물리적 기술이전거래시장(일명 테크노마트)의 상설화 및 체계화, 인터넷이나 WEB을 통해 기술거래관련 정보를 제공하고 실제적인 기술이전거래를 수행하는 사이버 시장의 구축 및 양 시장의 기능활성화를 지원하는 통합지원시스템으로 구성되어야 한다.

3. 기술거래기관의 기능과 특성비교

가. 기술거래기관의 기능

기술거래기관의 중요한 기능은 기술의 거래 및 알선/중재 기능, 기술이전지원기능, 기술사업화지원기능, 기술거래관련 정보제공기능 등으로 나누어 볼 수 있다.

기술거래기관이 담당해야 할 가장 중요한 기능인 기술의 거래 및 알선/중재 기능의 수행을 위해서는, 거래대상기술의 탐색 및 선정, 거래대상자의 물색 등이 이루어져야 하겠다. 특히 대상기술의 선정과정에서 필요한 기술성, 경제성, 사업성 평가를 위해서는 <그림 12-4>와 같이 기술관련기관과의 연계를 통한 외부전문가를 활용하여야 한다.

기술제공자와 기술수요자간의 매칭을 통한 실질적인 이전거래의 원활화를 위하여 전문 기술거래컨설턴트에 의한 기술시장분석, 기술거래협상, 지적재산권 보호 및 활용, 회계/재무사항, 마케팅/홍보사항 등에 대한 전문적인 지원기능이 수행되어야 한다. 아울러 기술수요자의 탐색을 위하여 연구개발 및 산업기술 현장에서 오랜 경험을 보유한 기술전문가들을 활용한 잠재적인 기술수요자의 발굴 및 기술수요의 발굴 기능도 수행하여야 한다(일본테크노마트의 어드바이저 기능).

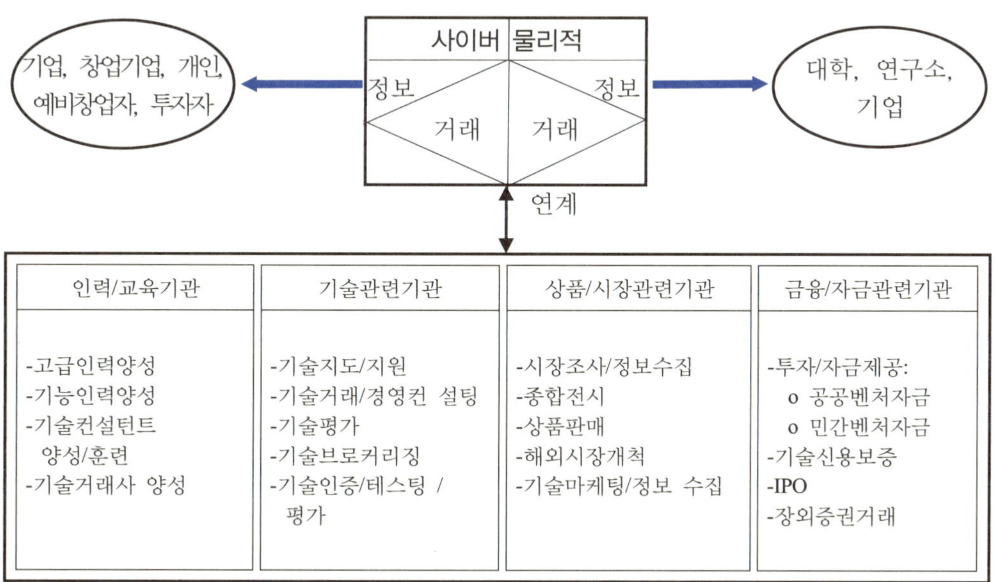

자료 : 이영덕, "기술이전 활성화를 위한 공공기술거래기관의 역할" 한국산업기술진흥협회, 기술관리, 2000/4, 그림 1

그림 12-4. 기술거래의 개념적 구조

거래기술을 활용한 사업화 및 실용화를 촉진하기 위해서는 이전기술을 통한 벤처창업 및 제품생산/판매를 지원하기 위한 기능과 아울러 중소기업에 대한 기술경영컨설팅이 수행되어야 하겠다. 특히 초기 기술창업기업의 보육을 위해서는 공공 및 민간의 벤처캐피탈을 통한 자금지원, 이전기술의 사업화에 필요한 추가연구를 위한 연구개발 자금의 지원, 시제품제작·시험평가·인증에 대한 지원, 시장조사 및 국내외 마케팅 활동을 위한 관련전문기관과의 연계기능이 이루어져야 한다.

정보제공기능의 수행은 기술거래의 이해당사자들에게 보다 유용성이 있는 정보의 제공과 기술공급자를 위한 개발기술의 보호라는 양 측면을 조화시키는 범위 내에서 결정되어야 한다. 이러한 정보제공의 양면성을 감안하여, 기술거래관련 DB의 구축 및 web의 구축·운영에 있어서 개방형 방식과 폐쇄형 방식 등 이원적으로 운용되어야 한다. 개방형 방식에서는 일반인(회원 및 비회원)에게 거래기술 및 거래방식에 관한 일반적 정보를 제공함으로써 인터넷상으로 관심 대상기술을 일차적으로 선별하거나, 또는 거래기술관련 일반적 동향을 알 수 있도록 하는 것이다. 폐쇄형 방식에서는 유료회원제를 활용하여 대상기술에 대한 전문적인 검색, 거래관련 전문컨설턴트와의 상담, 기술거래관련 유관기관과의 상담, 거래대상기술에 대한 전문적인 시장동향의 파악 등에 대한 전문적인 정보와 서비스를 제공하여야 한다(일본의 테크노마트).

앞에서 살펴본 봐와 같이 기술이전기관이 수행하게 되는 본원적 기능은 기술을 탐색/평가하여 거래대상기술을 선택하고, 거래를 알선/중재 및 실제적인 거래를 수행하는 것이라고 하겠다. 본원적 기능의 원활한 수행을 위하여 거래가 이루어진 기술의 사후관리 및 서비스차원에서 벤처창업 또는 기존 기업에로의 확산을 지원할 뿐만 아니라, 거래관련 종합적인 정보를 제공하는 지원기능도 수행하여야 한다.

나. 공공 및 민간기관의 기술거래특성 비교

우리나라에서도 기술거래의 전문화에 대한 법적 장치의 마련에 따라 2000년 4월에 민관 공동출연을 통한 한국기술거래소(재단법인)가 출범하였다. 그러나 기술거래기관의 활동과 관련하여 정부부처, 기술보유기관, 전문기술 컨설팅회사 등에서 별도의 유사조직을 구성하거나, 한국기술거래소의 기능(기술이전, 기업거래, 기술투자기능) 및 역할에 대한 이론이 제기되고 있다.

이러한 문제점을 해결하고 우리나라의 기술거래시장의 올바른 정착과 발전방안을 모색하기 위해서는 선진외국의 기술거래관련 정책 및 조직사례를 살펴봄으로써 민간 및 공공 기술거래기관의 역할, 성격, 기능에 대한 특성을 분석할 필요가 있다<표 12-12>.

선진국의 기술이전체계를 보면 민간기업 중심의 자율지향형(미국 및 일본)과 공공중심의 기술이전체계 구축형(유럽형)으로 나누어 볼 수 있다.

• 표 12-12. 기술거래 공공 및 민간기관의 특성 비교

구 분		주 요 활 동	민간기관	공공기관	비 고
총체적 기능		• 종합적 매매시스템	0	△	물리/사이버시스템
기술거래 및 알선·중재	기술선정	• 기술의 등록(자료집, 초록), 기술평가/검증	0	0	본원적 기능 : (협의의 거래소) 기술브로커/기술이전컨설턴트에 의한 전문적인 중재 및 지원
	대상자 선정	• 기술수요자의 등록과 검색 • 선정기술의 마케팅/홍보	0 0	0 △	
	Matching	• 기술공급자와 수요자의 매칭 • 기술거래조건의 제시와 협상 • 기술거래 계약	0 0 0	0 △ -	
사업화 및 확산지원	벤처창업	• 실용화 연구개발지원 • 생산기반지원(시작품, 테스팅, 인증 등) • 투자/자금지원(국내외 벤처캐피탈, 운전자금) • 마케팅/홍보지원	△ - 0 0	0 0 0 △	2차 지원적 기능 : 기술경영 컨설턴트 및 전문기관 연계
	기존기업	• 현장 기술지도 및 이전기술 현장체화지원 • 기술전략수립 및 이전기술 활용전략	0 0	0 △	
정보제공	제공정보	• 거래대상(기술, 체화상품, 기술전문인력/교육) • 거래거래 관련조건 • 기술거래 지원활동	0 0 0	0 - 0	1차 지원적 기능 :
	정보전달 방향	• 일/양방향(기술수요자 - 거래기관 - 기술 공급자)	양방향	일방향	DB의 구축/유지 DB 모듈의 개발 외국 DB와 연계
	망구성/관리	• open/closed • 유료회원제 전용망 • 국제망과 연계	0 0 0	0 - 0	

전자에 속하는 미국의 경우를 보면 기술이전은 사업부문간 또는 기업간 이전이 주를 이루면서 대부분 민간기업에 의하여 주도되고, 보완적으로 특수한 프로그램에 따라 정부가 기술이전거래를 지원하는 형태를 취하고 있다. 특히 기술이전중개자라고 불리는 다양한 조직들이 정보, 전문지식, 자금을 공급함으로써 기술이전거래를 지원하는 기능을 수행한다. 기술이전중개자의 관련업을 보면, i) 기술이전소개, 정보

제공업, 기술중개업, 기술이전상담업, ii) 법률 및 컨벤션업, iii) TBI업 및 연구단지업 등으로 다양한 형태로 구성되어 있다.

후자에 속하는 국가의 기술이전거래 기능 및 형태는 국가별로 약간의 차이가 있다. 독일은 기술이전을 전담하는 전형적인 조직인 슈타인바스(재단)를 두고 기술정보의 이전, 이전행위의 강화(재정지원, 연구그룹 결성지원, 기술공장 및 기술서비스센터), 경쟁 전/후의 이전 등과 같은 기능을 수행하고 있다. 한편 노르웨이는 신기술의 사업화촉진을 위한 프로그램(BUNT)에 따라 기술이전에 따른 전문컨설턴트에 의하여 지원이 이루어지는데, 기술공급자와 개발기술사용 중소기업 간의 사업개발전략의 연계를 위하여 기술거래컨설턴트와 기술경영컨설턴트가 지원하도록 하고 있다.

제3절 테크노마트의 기능과 발전단계

1. 테크노마트의 기능과 활동

가. 테크노마트의 개념과 기능

국가 간 또는 한 국가 내에서의 기술이전거래를 활성화하기 위해서는 시장실패에 따른 거래의 장애요인을 완화하고 거래가격에 대한 보다 객관적인 정보의 제공을 위한 공개시장거래를 수행하는 전문적인 기술이전거래시장 즉 테크노마트 형성의 필요성이 더욱 크다고 할 수 있다. 따라서 테크노마트란 국가의 장기 비전과 목표의 실현을 위하여 기술이전거래의 효율화를 달성하기 위한 기술 및 산업 관련 정부부처, 관련기관이 연계되어 작동되는 on-line 및 off-line상의 전문적인 기술이전거래시장이라고 할 수 있다. 이러한 테크노마트의 관련구조를 그림으로 나타내면 <그림 12-5>와 같다.

테크노마트란 협의로 보면 기술의 매매가 이루어지는 물리적 시장으로 정의할 수가 있다. 초기의 테크노마트가 이러한 형태로서 구체적인 장소에서 정기적 내지는 부정기적으로 이루어지는 기술거래시장을, 즉 messe, event를 의미한다. 이를 확대하면 광의의 국내외 기술의 수요자와 공급자간에 이전거래가 이루어지는 시장으로서 단순한 공간적 차원을 넘어서 기술이전거래의 전 단계에 걸쳐 체계적인 기술이전거래가 가능하게 하는 총체적인 기술이전시스템을 의미한다. 이 경우에 총체적 기술이전시스템은 구체적인 장소와 형태를 갖는 물리적 시장시스템과 웹이나 인터넷을 통한 사이버 시장시스템으로 구성된다.[4)]

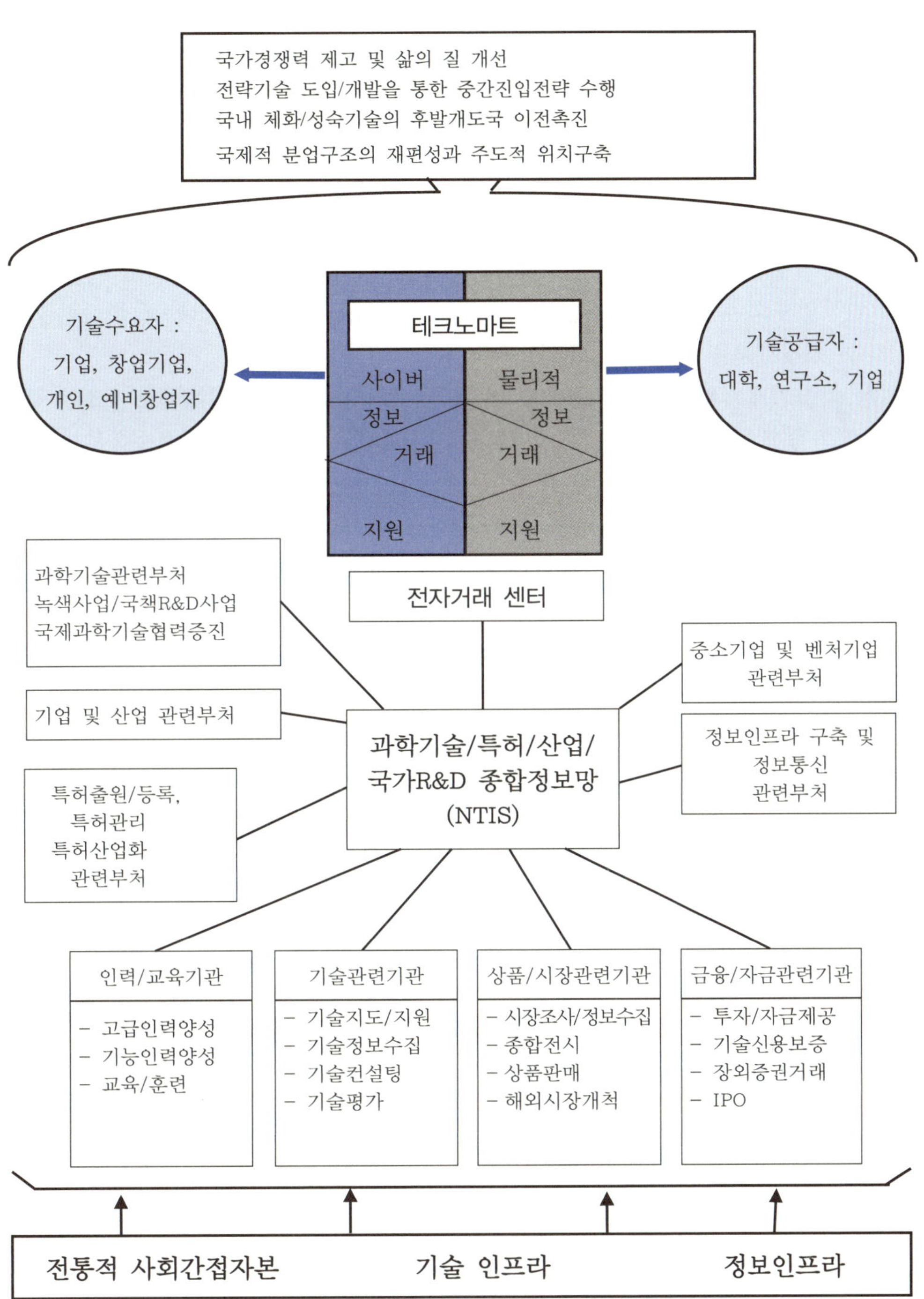

자료 : 과학기술특허포럼 제2차 심포지엄 자료 중 <그림 7>(이영덕 1998(c))을 수정함

그림 12-5. 테크노마트의 비전과 관련구조

테크노마트의 기능을 보면 직접적인 기술거래와 관련된 기능과 기술거래에 대한 지원서비스를 제공하는 기능으로 나누어볼 수 있다. 먼저 기술거래와 관련된 기능으로는 과학기술, 산업, 기업활동 관련정보를 제공하고 기술, 기술체화 상품, 인력 및 교육훈련프로그램의 거래를 알선·중재하는 동시에 직접적인 판매를 담당하는 것이다. 이러한 기능을 효율적으로 수행하기 위하여 테크노마트는 국제적인 수평적 또는 수직적 분업구조 하에서 지역적 허브 및 글로벌 허브로서의 역할수행과 아울러 국내의 민간연구소나 국책연구소가 보유하고 있는 미활용 특허에 대한 활용촉진을 위한 기술 중개기능을 수행하게 된다.

또한 기술거래지원서비스 기능으로서는 글로벌 기술전문가 인적네트워크의 구성을 통한 기술에 대한 실질적인 조언, 중개, 알선서비스를 제공하는 기술유통 자문가의 기능을 수행하는 것을 들 수 있다. 이러한 지원기능을 효율적으로 수행하기 위해서 테크노마트를 둘러싼 연구개발, 생산, 중소기업지원, 교육훈련, 회의 및 전시 등 분야에서 <표 12-13>과 같은 시설과 조직이 필요하다. 아울러 이러한 기능을 종합적이고도 체계적으로 제공하기 위하여 컨벤션센터가 설립되는 경우에 관련시설과 조직은 컨벤션센터와 함께 종합적인 지원센터 내에 위치하는 것이 바람직하겠으나, 기존에 설립되어 있는 지원시설 및 조직을 기능적으로 연계할 수도 있다.

• 표 12-13. **테크노마트 지원관련 시설**

기 능	관련시설/조직
기초연구기능	• Research Park
연구개발기능(R&D)	• Science Park • Technology Business Incubator
생산기능	• Business Incubator • High Technology Industrial Park
중소기업 지원	• 특허사업화알선센터 • 중소기업지원센터
회의 및 전시	• Convention Center • Messee
교육/훈련	• 대학교 • 전문연구소 • 전문교육기관 • 직업훈련원
기술평가/컨설팅	• 지적재산권평가원 • 컨설팅기관 • 기술평가기관 • 품질/표준평가기관

자료 : 이영덕, "정보통신 기술거래 활성화를 위한 테크노마트의 역할", 정보통신연구진흥원, 정보통신연구진흥, 창간호, 1999/4

나. 테크노마트의 활동

테크노마트를 전문기술이전거래시장으로 볼 때 활동은 기술거래와 관련된 본원적 활동과 기술거래를 촉진하기 위한 정보의 제공 및 종합지원을 하는 지원활동으로 나누어 볼 수 있으며, 이를 가치사슬의 개념을 원용하여 정리하면 다음과 같다.[5)]

본원적 활동은 거래대상관련 기술 자료를 투입하고(투입), 해당기술을 알선·중개·거래하고(운영), 거래된 기술을 사후관리하며 사업화에 대한 서비스를 제공(마케팅 및 서비스)하는 일련의 연속된 기능을 의미한다. 지원활동은 본원적 활동을 원활하게 수행할 수 있도록 표준거래, 대금결제, 금융 및 자금조달, 사업화 등을 종합적으로 지원하고(하부구조), 물리적 시장과 사이버시장의 운영에 필요한 전문 인력 및 웹이나 인터넷, 전자상거래, DB구축 등과 관련된 기술관리(인력관리와 기술관리), 이에 필요한 자재, 설비 등을 조달하는 기능(획득) 등이다. 이와 같은 테크노마트의 본원적 활동과 지원적 활동을 표로 정리하면 <표 12-14>와 같다.

이러한 본원적 활동과 지원적 활동의 수행을 통하여 테크노마트는 국내외 공공 및 민간보유의 미 활용기술 또는 특허의 활용을 촉진하며, 글로벌 기술전문가 네트워크의 구성을 통한 기술에 대한 조언, 중개 및 알선 서비스를 제공한다(이영덕 1998(d)). 또한 테크노마트는 회원별로 기술정보, 사업동향정보, 특허정보, 사업화 및 창업정보 등 관련정보를 DB화하여 제공하게 된다. 끝으로 테크노마트는 기술 수요자와 공급자에 대한 조사와 탐색, 거래대상기술에 대한 평가를 통한 선별, 기술거래에 대한 컨설팅, 기술창업관련 시장조사, 자금조달지원, 공장설립지원 등 기술이전 거래의 지원관련 전 과정을 종합적으로 처리하게 된다. 이러한 활동을 잘 수행한 예로 Japan Technomart(재단)를 들 수 있으며, 그 기능을 보면 <그림 12-6>과 같다.

• 표 12-14. 테크노마트의 활동

<table>
<tr><td rowspan="4">지원활동</td><td>하부구조</td><td colspan="3">통합지원시스템 : 표준거래, 거래대금 지불, 자금조달지원, 상업화, 회계표준, 벤처, 기타</td></tr>
<tr><td>인적자원관리</td><td colspan="3">전문 인력 : 테크노마트의 물리적 시장과 사이버 시장을 유지/보수/개선하는 활동인력</td></tr>
<tr><td>기술관리</td><td colspan="3">기교 및 기술 : 웹, 인터넷, 전자상거래, DB 관련기술</td></tr>
<tr><td>조달관리</td><td colspan="3">구매 : 자재, 설비</td></tr>
<tr><td colspan="2" rowspan="2">본원적 활동</td><td>기술, 전문인력교육훈련 프로그램 기술체화상품</td><td>거 래
중 개
조언/알선</td><td>계약체결과 이전,
신 제품과 기술,
A/S</td></tr>
<tr><td>투 입</td><td>운 영</td><td>산출과 서비스</td></tr>
</table>

자료 : 대전 국제테크노마트 세미나의 관련내용을 체계화하였음(이영덕 1998 (d)).

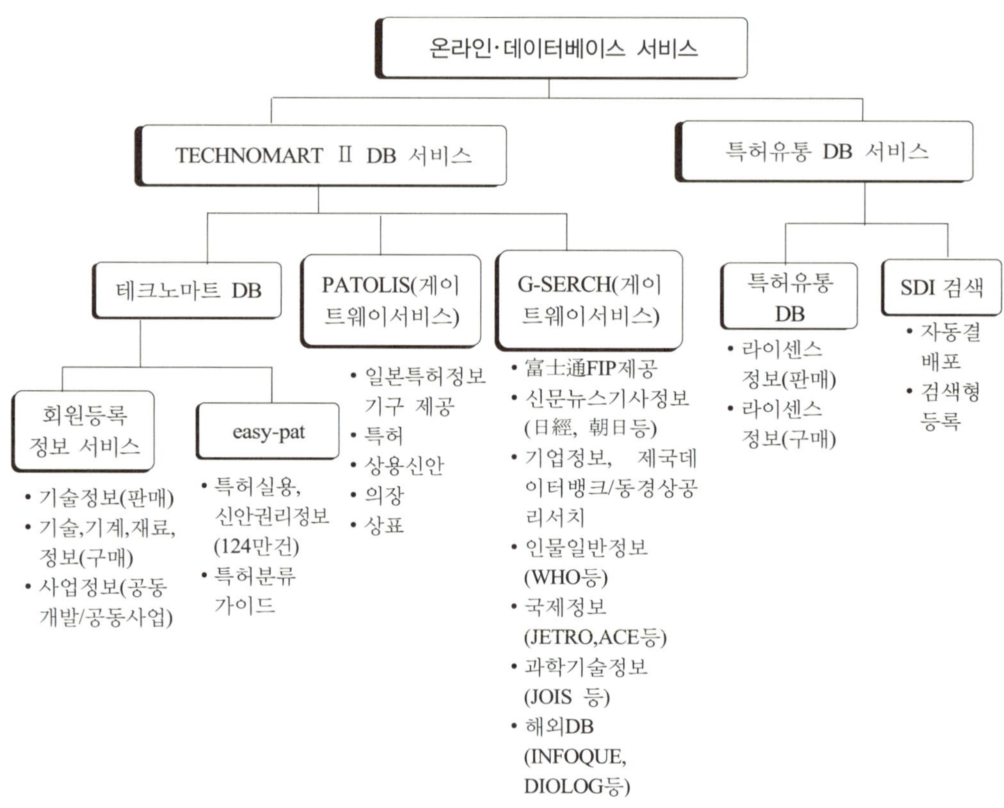

자료 : 일본 테크노마트(재), 일본 테크노마트의 기능, 1998. (http://www.tm.or.jp/)

주 : 주요활동 및 기능은 다음과 같다.

- 온라인 데이터서비스 : 테크노마트 DB구축, 특허·유통 D/B서비스 시행.
- 연구조사사업 : 기술수요 조사, 수탁연구수행(기업연구소에서 수행)
- 지도 및 조언사업 : 전국에 22명의 어드바이저와 각 지부에 현지 기술어드바이저를 두고 정기적으로 회원기업을 방문하여 기술관련 상담실시
- 홍보사업 : 정기적인 기술관련 정보의 신문게재, 회보를 통한 등록정보 제공
- 이벤트 및 해외사업 : 지역단위의 전시·상담·세미나 개최, 일본의 기술정보를 해외기업 및 기관에 제공, 해외 테크노마트의 개최

그림 12-6. **일본테크노마트(재)의 기능**

한편 유엔공업개발기구(United Nation of Industrial Development Organization: UNIDO)의 테크노마트는 개발도상국 중소기업의 기술이전 및 합작투자를 지원하기 위해서 조직된 기구로, 기술정보의 교환 및 기술거래 기능을 수행하고 있다. UNIDO의 산업기술정보은행(INTIB: Industry and Technological Information Bank)을 중심으로 관련 국가의 개발기구, 재정지원기구, 기술이전 전문 컨설팅회사가 참여하여 1991년부터 매년 1회씩 개최되는 테크노마트이다.

UNIDO와 각국이 공동으로 기술거래시장을 개최하며, UNIDO와 INTIB은 제공가

능 기술정보를 입수하여 기술이전정보를 표준화, 통합화한다. 라틴아메리카, 아시아, 아프리카, 동유럽 등 4개 지역 73개 국가의 기술이전을 위해 제작한 데이터베이스에 테크노마트에 참가하는 상담자, 전시자, 단순 방문자 및 테크노마트의 판매기술이 목록으로 작성되어 제공된다.

2. 테크노마트의 발전단계

오늘날 세계 여러 국가에서 기술거래활성화를 위하여 추진되고 있는 테크노마트는 초기단계의 부정기적이고 부분적인 기술전람회와 같은 행사위주에서 출발하여 수행기능, 개최장소, 활동지역, 참여주체, 활동목적 등 여러 면에서 오늘날의 테크노마트로 발전하여 왔는데, 특성을 비교하면 <표 12-15>와 같다.

• 표 12-15. **테크노마트의 발전**

기 준	초기 단계	현재 및 미래
일반적 특성	• 부정기적, 부분적 • 기술전시회의 한 형태	• 정기적, 종합적 • 전문 기술이전거래시장
장 소	• 선진국 도시	• 선진국 도시, 선발개도국
사업의 주도	• 선진국 민간기업 또는 지방정부	• 선진국의 민간기업 또는 지방정부 • 선발개도국 정부
주요 목표	• 선진국 • 민간기업의 기술활용 증대 : 일본 (재)테크노마트 • 대학 또는 연방정부지원 연구소 기술 • 활용 증대 : 미국 텍사스오스틴	• 선진국 : 해외 활용기회 증대 • 개도국 : 정부기술의 이전촉진, 벤처기업 및 중소기업의 육성
지리적 범위	• 지방 또는 국가	• 국가, 이국간, 지역적, 범세계적

자료 : 이영덕 1998(d)

일반적으로 테크노마트는 기술거래가 국제화되고, 기술관련시장의 글로벌화가 진전됨에 따라 다음의 4단계를 거쳐서 발전하는 것으로 전망할 수 있다. 그러나 대상이 되는 모든 테크노마트가 실제적으로 반드시 4단계를 순차적으로 거쳐서 발전하는 것은 아니다.

제1단계는 국내 테크노마트(National Technomart)의 구축이다. 국내 테크노마트는 한 국가 내의 특정한 거점도시를 중심으로 일정한 지역적 범위 내에서 그 지역에 있는 기술공급자와 기술수요자간의 기술거래를 촉진하기 위하여 기술설명회, 전시회,

기술교류회 등 소규모의 공식적 또는 비공식적인 만남의 장을 제공하는 것에서 출발한다(Local Technomart). 이 거점도시를 중심으로 전국을 대상으로 물리적 시장과 사이버 시장을 통하여 광의의 기술이전거래를 수행하며, 나아가 양 시장에서의 거래를 원활하게 하기 위하여 종합지원기능센터를 물리적 또는 사이버로 구축하여 운영하는 등 전문적 기술거래시장으로 발전하게 된다(National Technomart).

제2단계는 양국간 테크노마트(Bilateral Technomart)의 구축이다. 이는 일명 협의의 국제테크노마트로 한 국가에서 조성된 테크노마트 사업을 지역·경제·기술적인 측면에서 가장 관련성이 큰 다른 국가의 테크노마트 사업과 연결시켜 두 국가 간에 테크노마트 사업을 구축하는 것이다.[6)]

제3단계는 지역 테크노마트(Regional Technomart)의 구축이다. 이는 이국 간 테크노마트를 더욱 발전시켜 경제·지리·문화적으로 유사한 지역을 대상으로 지역 내에 속하고 있는 국가 간에 기술거래를 촉진하기 위하여 개별국가의 테크노마트사업을 개방하여 기능적으로 연계시켜 수행하는 테크노마트이다.[7)] 지역적 테크노마트는 동일지역 내에서 <그림 12-7>과 같이 기술을 중심으로 한 국제분업구조가 수직적 또는 수평적으로 새롭게 형성되는 것을 촉진하게 된다. 아울러 새로운 국제분업구조의 형성은 국가별로 생산, 마케팅, 기술 등 관련기능의 전문화를 유도하게 되며, 나아가 국가 간의 기술거래를 효율화하는 동시에 기술거래자체를 확대시키게 된다.

제4단계는 글로벌 테크노마트(Global Technomart)의 구축이다. 향후 글로벌 경제환경의 변화와 함께 기술 환경도 급변하게 됨에 따라, 세계적으로 거래대상기술 및 거래대상지역의 확대가 절실하게 된다. 따라서 국가 및 지역을 초월하는 글로벌 조직 하에서 선진국과 개도국을 망라하여 범세계적인 활동범위와 영역을 가진 국가와 기업을 대상으로 한 전문기술거래메커니즘 즉 글로벌 테크노마트가 형성되게 된다.[8)]

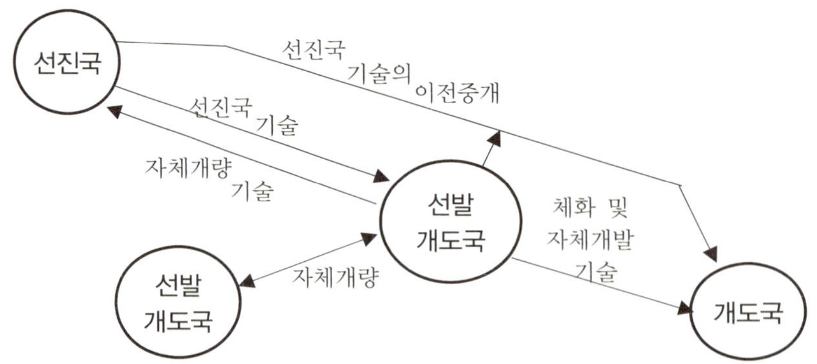

자료 : 산업기술진흥협회 세미나에서 제시된 내용을 수정함(이영덕 1998(a))

그림 12-7. 새로운 국제분업구조의 형성과 기술이전거래

제4절 테크노마트관련 지원법 및 제도

1. 테크노마트 관련 법·제도에 대한 인식

테크노마트와 관련된 법제도적 측면은 중앙정부 차원에서나 지방정부차원에서 현재 테크노마트에 대한 완전한 정책적 구상이 확정되지 않은 관계로 통합적인 법제도적 체계화가 이루어져 있지 못하였다. 따라서 테크노마트에 관한 법제도적 접근은 테크노마트와 관련성을 가지고 있다고 판단되는 주요한 활동 내지 대상을 중심으로 관련된 법과 제도를 분석하는 수준에서 다음의 몇 가지 측면으로 한정될 수밖에 없는 실정이다.

첫째, 테크노마트의 거래대상인 기술거래활동에 관련된 법제도(정책포함)로서 먼저 우리나라는 기술도입에 관련된 전반적인 제도 내지는 정책적 기조로 1997년 2월 공표 된 재정경제원고시를 통하여 기술교역에 따른 규제축소를 통한 자유화를 확대하는 한편 규제대상 거래행위에 대한 축소에 있다고 하겠다.

둘째, 테크노마트 거래대상 기술특성에 관한 것으로, 실제적인 기술거래에 있어서 중요한 위치를 점하고 있는 특허를 포함한 지적재산권에 대한 법적 장치를 강화하는 것이다. 따라서 지적재산권 및 신지적재산권에 관한 법적 장치를 강화함으로써 동 재산권의 범위, 보호, 거래관련 규제 등과 관련된 사항을 법제화하였다.

셋째, 사이버 테크노마트 기술거래에 관한 것으로서, 테크노마트를 통한 기술거래의 한 유형인 기술사용자와 기술공급자가 인터넷이나 웹을 통한 사이버 공간에서 만나서 상담하고 실제적인 거래를 수행하는 사이버 기술거래가 향후 기술거래시장으로서 기능의 중요성이 국내외적으로 확대될 것이다. 이러한 경우 실제적인 거래의 많은 부분이 전자거래의 형태로 이루어지질 것이다. 따라서 기술거래와 관련된 전자거래의 표준, 지불시스템, 비밀보호 등과 관련된 법 및 제도에 대한 많은 연구가 필요하겠다.

끝으로, 국가차원에서 기술혁신체제의 구축에 관한 것으로서, 정부는 기술혁신법을 제정하여 지방정부의 산업적 특성과 기술혁신정책을 연계시킴으로서 지방의 기술혁신역량을 확충하고, 이를 바탕으로 국가기술혁신체제의 구축을 통하여 시너지 효과를 창출할 수 있는 제도적 장치를 마련한다. 나아가 이를 기반으로 지역 간 네트워크 및 전국적 네트워크를 구성함으로써 범국가적인 기술핵심역량을 축적하고, 혁신기술의 확산을 촉진함으로써 국가경쟁력을 제고시키고자 한다.[9)]

2. 우리나라의 기술도입 자유화관련 규정 및 조치

한국산업기술진흥협회 자료에 의하면 우리나라는 지난 1962년도부터 1997년까지 약 1만 여건의 기술을 도입하여 국가발전의 기반을 구축하여왔다. 정부는 국가적 특성을 감안하여 수립된 도입기술의 모방전략을 통한 기술적 토대의 구축이란 정책적 목표를 실현하기 위하여 기술도입에 적극적으로 개입하는 산업정책 및 과학기술정책을 수행하였다.

이러한 정책의 일환으로 정부는 적극적으로 필요기술의 도입을 권장 및 알선하였으며, 이를 효율적으로 추진하기 위하여 정부는 해외차관 도입을 통한 각종의 기술도입 프로젝트를 추진하는 한편, 각종의 허가 내지는 신고제를 통하여 도입기술의 사용 및 기술사용료 등에 직접적으로 개입하였다.

그러나 기업관련 환경이 범세계적으로 개방화, 자유화되는 추세에 따라 정부의 이러한 보호 및 규제정책은 기업의 자유로운 활동의 확대라는 면에서 설득력을 잃었으며, 선진국의 맹렬한 공격으로 인하여 규제축소는 불가피하였다. 따라서 1978년부터 시작된 우리 정부의 기술도입관련 정책의 기조는 종래의 규제 및 직접개입이란 입장에서 규제축소를 통한 자유화로 전환되게 되었다. 이를 위하여 1997년 2월에 시행된 제 11단계 기술도입 자유화조치에 따라 기술도입의 신고대상 범위를 크게 두 경우 즉, 우주항공분야, 방위산업분야 등 국가정책 차원에서 관리해야할 분야와 우리나라의 국제경쟁력 제고에 필요하다고 판단되는 고도기술로서 조세감면을 받고자 하는 경우로 국한하였다.

외국기술도입관련제도의 대폭적인 변화는 1998년 11월에 제정된 외국인투자촉진법을 들 수 있다. 정부는 외환위기 이후 외국인 투자유치의 중요성 부각에 따라 외국인 투자제도를 대폭 정비하였는데, 동 법에는 투자절차, 지원, 투자지역, 사후관리, 기술도입계약에 대한 구체적인 내용이 포함되어 있다. 또한 2010년 4월에 외국인투자촉진법의 7차 개정이 있었다. 중요 개정내용으로는 외국인투자에 대한 현금지원 강화, 외국인 의무투자금액폐지, 및 외국인 투자지역 지정/개발 확대(즉 대덕연구개발특구 포함) 등이 있다.

한편 2008년 3월에는 조세특례제한법의 개정이 있었다. 동법은 2007년1월 1일 이후 최초로 체결하는 기술도입계약으로 첨단고도기술의 도입대가에 대하여 2009년12월 31일 이전에 지급한 경우에 한하여 지급일로부터 5년간 법인세를 면제할 것을 규정하고 있다. 그러나 최초로 대가를 지급하기로 한 날이 2010년 1월 1일 이후인 경우에는 법인세 감면이 적용되지 않도록 하였다.

그 동안 외국기술의 도입과 관련된 국내 정책 및 제도의 변화과정을 표로 정리하면 <표 12-16>과 같다.

• 표 12-16. 우리나라 기술도입관련 조치/정책의 변화

구 분	조 치 내 용	대상분야
제1단계 (1978.4)	• 자동인가 사항 - 선불금 3만불이하, 경상기술료 3%이하, 계약기간 3년 이하 - 정액은 10만불 이하	기계, 조선, 전기, 전자, 금융, 화학, 섬유
제2단계 (1979.4)	• 자동인가사항 - 선불금 50만불이하, 경상기술료 10%이하, 계약기간 10년 이하 - 정액은 10만불 이하	원자력, 방위산업을 제외한 전산업
제3단계 (1980.7)	• 자동인가사항 - 경상기술료 10%이하, 계약기간 10년 이하	전산업
제4단계 (1982,7)	• 인허가 권한의 주무부장관에 완전 위임	전산업
제5단계 (1984.7)	• 인가제에서 신고제로 전환	전산업
제6단계 (1986.7)	• 단순상표권 도입허용	전산업
제7단계 (1988.7)	• 계약기간이 3년을 초과하는 기술도입계약으로 정액 기술료가 10만불을 초과하거나 경상기술료가 2%를 초과(또는 착수금이 5만불 초과)하는 경우 등을 제외하고는 외환관리법의 적용으로 갑류외환은행에 위임	전산업
제8단계 (1993.3)	• 계약기간이 1년을 초과하는 기술도입계약으로 정액기술료가 30만불을 초과하거나 경상기술료 3%를 초과(또는 착수금이 5만불 초과)하는 경우 등을 제외하고는 갑류외환은행에 위임	전산업
제9단계 (1994.4)	• 갑류외환은행의 계약인증제 폐지(지급인증 대체)	전산업
제10단계 (1995.4)	• 항공/우주, 원자력, 방위산업 및 조세감면을 받고자하는 고도기술산업의 경우를 제외한 전산업 분야의 기술도입에 대한 정부신고제 폐지	일부산업
제11단계 (1997.2)	• 원자력분야를 정부신고대상 범위에서 제외	일부산업
제12단계 (1998.11)	• 외국인투자촉진법 제정: 외환위기 이후 외국인 투자유치의 중요성 부각에 따라 외국인 투자제도를 대폭 정비한 외국	전산업

	인투자촉진법 제정 - 투자절차, 지원, 투자지역, 사후관리, 기술도입계약에 대한 구체적인 법령포함	
조세특례제한법 개정 (2008.3)	• 2007.1.1 이후 최초로 체결하는 기술도입계약으로 첨단고도기술의 도입대가에 대하여 2009.12.31 이전에 지급한 경우에 한하여 지급일로부터 5년간 법인세를 면제함 • 최초로 대가를 지급하기로 한 날이 2010.1.1. 이후인 경우에는 법인세 감면이 적용되지 않음	고도기술 수반사업:*)
7차 개정 (2010.4)	• 외국인투자촉진법 개정 - 외국인투자에 대한 현금지원강화 - 외국인 의무투자금액폐지 - 외국인 투자지역 지정/개발 확대: 대덕연구개발특구 포함 등	전산업

자료 : 산업기술진흥협회, op. cit., 1997, p. 199 <표 II-65>를 수정/보완함

주 : *) 국민경제에 대한 경제적 또는 기술적 파급효과가 크고, 산업구조의 고도화 및 산업경쟁력강화에 긴요한 기술인지여부로 판단하며, 전자/정보 및 전기 분야, 정밀기계/신 공정분야, 신물질/정밀화학 및 생물 산업 분야, 광학/의료기기분야, 항공수송분야, 환경/에너지 및 자원분야, 건설/사회기반시설분야 등 8개 분야이다.

3. 사이버 기술거래시스템으로서의 전자거래 관련법규

가. 사이버 기술거래와 전자상거래[10)]

테크노마트의 사이버거래에서 시급하게 연구·보완되어야 할 분야가 바로 관련조직 및 법제도이다. 그 이유는 첫째, 종이문서에 기반을 둔 기존의 조직 및 제도의 개선이 필요하기 때문이다. 즉 상거래시 계약, 매매, 특허·상표권과 관련된 수많은 재산권문제 등이 있는데, 기존의 문서거래에 기반을 둔 법제도로는 사이버 공간에서의 상거래와 기술정보에 관한 재산권 보호문제에 대한 적절한 해답을 찾을 수 없게 되었다.

둘째, 국가 간 상이한 경제·사회·문화·제도 등의 차이를 뛰어넘어 표준화된 제도가 필요하게 되었다. 컴퓨터를 통한 기술매매가 전 세계의 어느 누구하고나 이루어질 수 있고, 실제로 국경을 달리하는 국가 간 거래가 활발해짐으로 전 세계 전자거래 활동을 지원 혹은 규제할 국제표준의 새로운 법제가 필요하다.

셋째, 테크노마트에서는 정형적 상품이나, 현장에서의 거래뿐만 아니라 무형의 기술정보를 인터넷이나 WEB 등의 사이버 공간을 이용해 거래(전자상거래)하기 때문에 새로운 조직 및 제도가 필요하다.[11)]

그러므로 1980년대에 컴퓨터를 통한 국제적인 정보의 교환, 매개 등을 둘러싼 계약, 불법행위 등과 관련된 '컴퓨터법(Computer Law)'이라는 용어가 보편적으로 사용

되기 시작하였다. 또한 전자상거래에서 나타나는 재산권의 보호문제, 더 나아가 국제간 거래의 문제로까지 발전되고 있는 구체적 사안들에 대해 현재의 법과 제도로는 한계가 있기 때문에 '정보법학(Information Law)'이라는 이름으로 새로운 문제들을 제시하며, 이를 연구하고 있다.

나. 전자상거래 관련법제

전자거래와 관련된 근간이 되는 기존 법률은 '공업 및 에너지기술기반조성에 관한 법률 및 동법 시행령'과 '전자거래기본법'이 있다. 특히 전자거래기본법은 전자상거래에 대한 국내 최초의 법률로서 전자문서, 전자상거래행위, 전자상거래 촉진 기반조성, 보칙, 벌칙, 부칙으로 이루어져 있다.

그러나 '공업 및 에너지기술기반조성에 관한 법률 및 동법 시행령'은 원래 공업·광업 및 에너지 발전을 위한 법률이기 때문에 전자거래에 관한 직접적이며 자세한 법적 토대를 구축하고 있지 못하다. 또한 '전자거래 기본법'은 전자문서와 전자거래 등과 관련한 용어해설, 행동준칙을 일반적으로 명문화했을 뿐 자세한 세칙이 없고, 전자거래상 국제규범과의 상호성 여부가 불충분하다. 따라서 전자거래의 과세문제, 특허, 저작권에 대한 보호 및 관리에 관한 규정이 정치화되고 있는 실정이다(<표 12-17> 참조).

우리나라는 이러한 문제를 해결하기 위한 법률적 노력을 공법 분야와 사법 분야에서 계속하여 왔는데, 대부분의 관련 법률이 사법 분야에 해당되고 있다. 위에서 열거한 바와 같이 양 분야의 관련 법률을 보면 <표 12-18>과 같다.

- o 사법 분야 : 전자거래기본법, 전자서명법, 전자상거래소비자보호법, 약관규제법, 인터넷주소자원관리법, 전자어음법 등
- o 공법 분야 : 전자정부법, 각종 정보화 관련법 등

<표 12-18>의 전자거래 관련 법체계 중에서 중요한 법률을 대상으로 동 법률의 목적에 대한 중요한 특징을 살펴보면 다음 <표 12-19>와 같다. 동 표의 내용 중에서 법률제정 목적을 중심으로 볼 때, 법률의 차이에도 불구하고 궁극적인 목적은 국민편익증진과 국민경제의 발전에 이바지하는 것으로 하고 있으며, 각 법의 성격에 따라 구체적인 목적은 상이한 것을 알 수 있다.

• 표 12-17. 전자거래 관련법제

관련법	목 적	용 어 정 의		조 직	활 용	한 계
		전자문서	전자상거래			
공업 및 에너지 기술 기반 조성에 관한 법률 및 동법 시행령	이 법은 공업·광업 및 에너지산업의 발전을 위한 기술기반을 조성하고 공업·광업 및 에너지 산업의 경쟁력 강화에 기여하는 사업의 지원을 위하여 필요한 사항을 규정함으로써 국민경제의 발전에 이바지함을 목적으로 한다.	전자문서라 함은 컴퓨터 등 정보처리능력을 가진 장치(이하 "컴퓨터"라 한다)상호간의 전기통신설비를 이용하여 전송·처리 또는 보관되거나 출력된 문서 형식의 자료로서 표준화된 것을 말한다(제2조3).	"전자상거래"라 함은 공동의 표준을 사용하여 전자화한 상업적인 거래를 말한다(제2조5)	전자문서의 표준의 제정·개정 및 폐지에 대비를 위한 한국산업정보전자문서교환위원회를 둔다(위원장1인, 위원 40인 이내)(제7조⑥)	기술기반조성사업(제5조), 기술인력의 교육·훈련 등(제6조), 기술연구시설 확충(제9조), 기술연구의 집단화 지원(제10조), 신기술보육사업(제11조), 국제협력 촉진(제12조), 기술진단·지도 실시(제13조)	공업·광업 및 에너지산업 중심의 법률
전자 거래 기본법	이 법은 전자문서교환등 전자적 방식으로 이루어지는 거래의 법적 효력을 명확히 하고, 그 안정성·신뢰성을 확보 및 거래의 공정을 기함으로써, 건전한 거래질서를 확립하고 전자상거래의 촉진을 통한 국민경제의 발전에 이바지함을 목적으로 한다(제1조).	전자문서라 함은 컴퓨터 등 정보처리 능력을 가진 장치(이하 컴퓨터 등이라 한다)에 의하여 전자적 형태로 작성되어 송·수신 또는 저장되는 정보를 말한다(제2조 1).	전자상거래라 함은 재화나 용역의 거래에 있어 그 전부 또는 일부가 전자문서에 의해 처리되는 거래를 말한다(제2조 4).	• 전자상거래촉진 등에 관한 사항을 심의하기 위하여 전자거래정책협의회를 둔다(제21조). • 전자거래협의회의 구성 및 운영에 관해 필요한 사항은 대통령령으로 정한다(동조 ③). • 전자거래 촉진 등과 관련된 표준화, 법/제도 연구, 전자거래의 건전한 발전을 위한 환경조성 및 자원을 위한 한국전자거래진흥원을 설립한다(제22조). • 전자거래와 관련한 교육훈련, 기술지도, 정보제공 등을 지원하는 전자상거래지원센터(제26조)	전자거래촉진계획의 수립·시행(제20조), 전자거래의 표준화추진(제23조), 기술개발의 추진(제24조), 전자상거래의 국제협력촉진(제25조), 전자거래촉진법인·단체 등에 대한 지원(제27조), 전자거래분쟁조정(제28조)	• 전자상거래상 국제규범과의 상호성의 여부가 불충분 • 전자거래의 과세문제, 특허나 저작권에 대한 보호 및 관리 규정의 미흡

첫째, 전자거래법은 전자거래의 법률관계를 명확히 하고 전자거래의 안전성과 신뢰성을 확보하며 전자거래의 촉진을 위한 기반을 조성함으로써 국민경제의 발전에 이바지하는 것을 제정목적으로 하고 있다.

둘째, 전자상거래 소비자 보호법은 전자상거래·통신판매 등에 의한 재화 또는 용역의 공정한 거래에 관한 사항을 규정함으로써 소비자의 권익을 보호하고 시장의 신뢰도 제고를 통하여 국민경제의 건전한 발전에 이바지하는 것을 목적으로 하고 있다.

셋째, 전자서명법은 전자문서의 안전성과 신뢰성을 확보하고 그 이용을 활성화하기 위하여 전자서명에 관한 기본적인 사항을 정함으로써 국가사회의 정보화를 촉진하고 국민생활의 편익을 증진을 목적으로 하고 있다.

넷째, 정보망 이용촉진 및 정보보호법은 정보통신망의 이용을 촉진하고 정보통신서비스를 이용하는 자의 개인정보를 보호함과 아울러 정보통신망을 건전하고 안전하게 이용할 수 있는 환경을 조성함으로써 국민생활 향상과 공공복리의 증진에 이바지하는 데 목적을 두고 있다.

끝으로, 전자금융거래법은 전자금융거래의 법률관계를 명확히 하여 전자금융거래의 안전성과 신뢰성을 확보함과 아울러 전자금융업의 건전한 발전을 위한 기반조성을 함으로써 국민의 금융편의를 꾀하고 국민경제의 발전에 이바지하도록 제정목적을 하고 있다.

• 표 12-18. **전자거래 관련 법체계 분류**

법 제	관련 법
전자거래 관련 법제	전자거래기본법, 전자상거래소비자보호법(전자상거래소비자보호지침), 전자서명법(전자서명인증업무지침), e러닝(전자학습)산업발전법, 전자어음의 발행 및 유통에 관한 법률 등
소비자 보호 관련 법제	전자상거래소비자보호법 외에 소비자 보호 관련 법제로는 소비자 기본법, 약관의 규제에 관한 법률, 할부거래에 관한 법률 등
전자정부, 정보통신망 및 개인정보 보호 관련 법제	전자정부법, 정보화촉진기본법, 정보통신망이용촉진및정보보호등에관한법률, 위치정보의 보호 및 이용 등에 관한 법률, 개인정보의 기술적·관리적 보호조치 기준(고시), 정보통신서비스 정보보호지침(고시), 개인정보보호지침(고시) 등
디지털 콘텐츠 및 지적 재산 관련 법제	저작권법, 부정경쟁방지 및 영업비밀보호에 관한 법률, 인터넷주소자원에관한법률, 온라인디지털콘텐츠산업발전법, 음반·비디오물 및 게임물에 관한 법률, 지식정보자원관리법, 컴퓨터프로그램보호법 등

자료 : 산업자원부, 2007 e비즈니스 백서 (2007.12), 법제처 홈페이지(2016), 국회 홈페이지

• 표 12-19. 전자거래 관련 법체계의 주요 법률 내용

법률명	제정	목적	주요 개정 내용
전자거래 기본법	'99년	전자거래의 법률관계를 명확히 하고 전자거래의 안전성과 신뢰성을 확보하며 전자거래의 촉진을 위한 기반을 조성함으로써 국민경제의 발전에 이바지	• '05.3 - 56개의 개별 법률에서 정하고 있는 기록·보고·보관 등 사인의 문서행위를 전자문서로 할 수 있도록 규정(제4조 2항) - 공인전자문서보관소규정을 신설하여 전자문서의 보관 및 증명서 발급 가능 규정(제31조의2 이하) • '07 - 전자화 문서가 전자화 대상문서와 내용/형태가 동일하다면 전자화문서의 보관으로 법령상 문서보관에 갈음할 수 있도록 규정(제5조 제2항) - 전자문서의 신뢰성 확보를 위해 작성에 사용되는 시설 또는 장비에 대하여 산업자원부(현 지식경제부) 장관의 인증부여 제도 신설(제23조 제3항) 등 • '08.2 - (정부조직법) 일부개정 - (방송통신위원회의 설치 및 운영에 관한 법률) 일부개정 • '12.6.1 **- 전자문서 및 전자거래 기본법으로 개정:** 전자문서 및 전자거래의 법률관계를 명확히 하고 전자문서 및 전자거래의 안전성과 신뢰성을 확보하며 그 이용을 촉진할 수 있는 기반을 조성함으로써 국민경제의 발전에 이바지
전자 상거래등에서의 소비자 보호에 관한 법률	'02년	전자상거래·통신판매 등에 의한 재화 또는 용역의 공정한 거래에 관한 사항을 규정함으로써 소비자의 권익을 보호하고 시장의 신뢰도 제고를 통하여 국민경제의 건전한 발전에 이바지	• '05.3 - 소비자피해보상보험계약의 범위확대(제24), 결제대금예치제도의 신설(제13조), 구매권유광고 수신거부의사 등록 시스템 확인 의무화(제24조의2), 소비자의 청약철회 제한 시 사업자의 조치의무 규정(제17조) 등 • '07.8 - 「자본시장과 금융투자업에 관한 법률」의 투자매매업자·투자중개업자에 의한 증권의 거래, 대통령령이 정하는 금융기관에 의한 금융상품의 거래 및 일상 생활용품, 음식료 등의 인접지역에의 판매를 위한 거래에 대하여는 제12조 내지 제20조의 규정을 적용하지 아니한다. [시행일 2009.2.4]]
전자 서명법	'01년	전자문서의 안전성과 신뢰성을 확보하고 그	• '05.12 - 전자서명인증업무지침에 관한사항(제8조제2항), 인증업무준칙의 변경명령위반 시 지정취소 규정(제

		이용을 활성화하기 위하여 전자서명에 관한 기본적인 사항을 정함으로써 국가사회의 정보화를 촉진하고 국민생활의 편익을 증진	12조 제1항 4호), 인증업무의 안전성과 신뢰성 확보를 위한 모든 공인인증서의 효력정지규정(제16조 제2항), 공인인증서의 부정사용 금지 및 양도 대여 금지(제23조 제4항, 제5항), 정보보호진흥원의 전자서명인증관리업무에관한준용규정(제25조 제2항) 등 • '08.5 (시행령) - 공인인증기관 지정 유효기간의 확대 - 공인인증기관 지정의 유효기간을 2년에서 3년으로 확대
정보통신망이용촉진및정보보호등에관한법률	'01년	정보통신망의 이용을 촉진하고 정보통신서비스를 이용하는 자의 개인정보를 보호함과 아울러 정보통신망을 건전하고 안전하게 이용할 수 있는 환경을 조성함으로써 국민생활의 향상과 공공복리의 증진에 이바지	• '06.12 - 개인정보의 침해 문제에 대하여 고지 및 동의제도의 개선 - 개인정보의 취급 위탁이 있는 경우 수탁자의 책임 강화 등 • '08.5 - 유형별 일일 평균이용자 수가 일정기준에 해당하는 자는 이용자에게 주민등록번호를 사용하지 않고도 회원가입을 할 수 있는 방법을 의무적으로 제공(제23조의2 신설) - 개인정보 보호의무 위반행위자에 대한 과징금 부과(제64조의3 신설) - 동의를 받지 않은 개인정보의 수집 등 일부 개인정보 보호의무 위반행위 중 위법성이 큰 일부 행위를 형사처벌 대상으로 상향 조정(제71조 및 제73조)
전자금융거래법	'06년	전자금융거래의 법률관계를 명확히 하여 전자금융거래의 안전성과 신뢰성을 확보함과 아울러 전자금융업의 건전한 발전을 위한 기반조성을 함으로써 국민의 금융편의를 꾀하고 국민경제의 발전에 이바지	• '08.2(금융위원회의 설치 등에 관한 법률 일부개정) - 「금융감독기구의 설치 등에 관한 법률」을 「금융위원회의 설치 등에 관한 법률」로 하고, 같은 조 제5호 중 「금융감독기구의 설치 등에 관한 법률」 제3조의 규정에 따른 금융감독위원회를 「금융위원회의 설치 등에 관한 법률」제3조에 따른 금융위원회(이하 "금융위원회"라 한다)로 변경(제2조 제3호) - 「금융감독기구의 설치 등에 관한 법률」 제62조를 「금융위원회의 설치 등에 관한 법률」 제62조로 변경(제41조제3항) 등 • '08.2 - (정부조직법) 일부개정

자료 : 산업자원부, 2007 e비즈니스 백서 (2007.12), 법제처 홈페이지(2016), 국회 홈페이지

다. 우리나라 사이버거래 기본구상의 방향

그 동안 우리나라는 저작권법, 전자거래 기본법, 기존 관련 법률의 개별단위 개정 등 약 29개의 주요 법률을 제·개정하여 사이버 거래 관련 법제를 정비하여 왔다. 이처럼 중앙부처를 비롯한 관련기관, 지방정부 등은 사이버 거래의 활성화를 위해 다양한 준비를 해오고 있다. 따라서 우리나라도 미국이나 독일과 같이 관련 법률, 하부구조, 인력 등의 조속한 정비를 통해 전자거래에 관한 기본구상을 마련하여 왔다. <표 12-20>과 같이 전자거래에 관한 기본구상에 따른 기본원칙을 보면 다음과 같다.

• 표 12-20. 우리나라 사이버 거래 기본구상

분야	방안	관련조직
법률체계 정비	• 전자거래법: 전자문서 및 전자거래 기본법으로 개정 • 저작권법, 특허권 등 기존 법률의 정비 • 국가차원의 전자거래 법률체계 구축: 금융, 소비자보호 등 • 국제적 통합법 준비 - 미국과 EU법(안)을 분석하고, 필요할 경우 범아시아법을 아시아 국가들과 협의하여 우리나라의 입장이 미국, EU, 아시아법을 절충하여 국제통합법을 제정할 때 반영되도록 해야 함	국회 법무부 미래창조과학부 등
인력자원 육성	• 교육자 양성과 교과과정의 신설 • 중앙, 지방정부의 전문직 공무원 육성 및 채용 • 민간기업의 담당자 교육실시	교육부, 출연연, 대학, 중앙 및 지방 정부 등
통신기반 구조 정비	• 네트워크의 안정성·접근성 제고 및 확장 • 홈페이지 구축사업 전개 • 국가·개인의 정보, 기술의 보안을 위한 안전장치 마련 • 민간부문의 통신기반구조 육성 • 전자지불시스템 구축	미래창조과학부 산업자원통상부 행정자치부 은행 등
관련단체 육성	• 전자거래지원센터 운영 • 정부차원의 전자거래진흥원 설립 • 민간부문의 거래자보호원 혹은 피해자 고발센터 설립함 - 민간부문으로 하여금 전문지식이 없고, 개인수준의 이용자를 보호할 필요가 있음	시민단체 등
기타	• 정부와 관계한 조달기업의 전자거래 의무화	

첫째, 전자거래에 대한 법적 제한을 최소화하여 자유로운 거래의 분위기를 유지할 필요가 있다. 즉 법과 제도를 운영하는 기본원칙은 정보 및 개인의 권리를 보호하면서도 정보가 널리 활용, 유통될 수 있도록 하여야 한다.

둘째, 인터넷을 통한 컴퓨터통신망을 이용한 거래는 기존의 거래규범으로는 규정할 수 없는 문제들이 야기되고 있음으로, 관련법제는 인터넷의 개방성·자율성·세계성을 감안한 법적 규율을 세계적으로 통일하여야 한다.

셋째, 컴퓨터상의 거래의 경우에도 기존의 거래와 동일한 것에는 기존의 거래에 적용되는 법률 및 규정을 인정하여 거래자간에 법규에 대한 신뢰성 및 예측가능성, 법규의 안정성을 유지하여야 한다.

넷째, 테크노마트에서 거래되는 것은 기술뿐만 아니라 기술체화상품, 기술자문, 공동연구, 상품, 인력 및 교육프로그램, 직접투자 등 매우 광범위함으로, 전자상거래의 개념을 테크노마트에서는 보다 확대·해석할 필요가 있다.

각 주

1) Justman & Teubal(1993)은 기술혁신을 지원하는 인프라가 전통적 인프라, 기술인프라, 정책인프라 등 세 가지의 주요한 부분으로 구성된다고 하였다. 특히 기술인프라는 과학기술활동을 지원하는 하부구조로서 두 가지로 구성되어진다. 하나는 기술센터, 사회적·기능적인 제도 혹은 복수기업 능력, 즉 하드웨어관련 직능과 조직이다. 다른 하나는 소프트웨어관련 직능과 조직에 관한 것으로 혁신체제의 상위부문(연구개발자와 기술사용자)과 하부시스템간의 인터페이스 역할을 수행하는 새로운 메커니즘, 이니셔티브 및 조직 등이다.

2) 국가혁신체제는 1980년부터 많이 연구되어 왔다. Freeman(1987)은 일본의 혁신체제가 도입기술과 그것의 토착화 및 개선을 적절히 결합시켜 상대적으로 빠른 기술발전을 성취했다고 전제하고, 혁신체제와 관련되는 일본정부의 역할을 통산성의 역할, 도입기술 및 역 엔지니어링과 관련된 기업전략의 역할, 교육과 관련된 사회적 혁신, 기업의 계열구조를 들고 있다.

   룬드발(Lundvall, A., 1992)은 프리만이 정의한 개념을 좀 더 구체적으로 적용하여 발전시켰다. 그는 탐구활동에 관련되는 모든 조직과 제도를 협의의 국가혁신체제의 개념에 포함하였다. 그리고 광의의 개념으로는 탐구활동 뿐만 아니라 학습에 영향을 미치는 국가의 모든 조직 및 제도들을 포함하였다. 전자는 연구개발부서, 기술연구소 및 대학 등의 연구기관에 한정하였으나, 후자는 한 국가의 생산체제, 마케팅체제, 재정체제 등 경제체제 전반과 그 하부체제를 포함하였다. 국가혁신체제에 관한 최근의 연구로는 호주정부의 분석이 있다. 호주정부는 기업의 기술혁신에 연관되는 많은 요인들을 열거하고 이들을 정책의 대상영역에 따라 크게 네 개의 그룹으로 나눠 각 그룹별로 호주의 현황과 특성을 분석하였다. 첫째 그룹은 기업의 기술혁신과 직접적으로 연관을 맺는 기술의 소화·흡수, 산업연구개발, 상업화, 개량, 조직환경 등의 혁신주체영역(innovation dynamic)이다. 두 번째는 기술학습, 정보와 기능의 흡수 및 연계에 영향을 미치는 인력이동, 국제관계, 개인 및 조직간 네트워크, 기업윤리, 업계의 가치관과 신뢰 등이 포함되는 변환주체(transmission agents)이다. 셋째는 제도적인 부분(institutional arena)으로서 금융지원제도, 법률제도, 통신제도, 일반교육환경, 이자율, 환율, 경쟁정책 등 거시경제 요인과 산업구조 등을 포함하였다. 마지막으로는 대학, 기술훈련, 공공연구, 기초연구지원 등 과학기술 하부구조(science and engineering base)를 들고 있다.

   국가혁신체제는 국가시스템 내에서의 구성요소간의 상호작용이 외부환경과의 상호작용보다 한 국가의 연구개발활동 혹은 기술혁신에 더 중요하다는 관점에 기반을 두고 있다. 결국 국가혁신체제 개념은 과학·기술혁신에 대한 부분적 분석을 지양하고 국가를 분석단위로 하여, 국내외 환경의 제약하에서 기업, 산업, 대학, 공공연구기관 및 정부(기관)의 혁신을 하나의 총체적 관점으로 추구하는 것이다.

3) 휴면 특허를 포함한 지적자산의 활용방법에 대한 1999년 특허청 조사에서 휴면특허기술의 이전채널결정에 관한 조사 결과를 보면 다음과 같다.
   - 상대방(기업)의 직접교섭에 의해 : 65개 기관(A)

- 자사의 직접교섭에 의해 : 63개 기관(B)
- 인터넷 및 PC통신을 통해 : 12개 기관(C)
- '특허마트'지 등 기술유통정보책자를 통해 : 36개 기관(D)
- 권위있는 유통기관(특허기술정보센터 등)을 통해 : 14개 기관(E)
- 무응답 : 173개 기관(F)

4) 이 경우에 거래대상기술은 기술, 기술체화 상품, 인력 및 교육훈련프로그램 등을 포함하며, 기술이전거래는 라이선싱, 기술자문, 협력약정, 공동연구, 자본재무역, 직접투자 등을 포함한다. 또한 총체적 기술이전시스템이란 기술을 실제적으로 거래하는 시스템, 기술 및 시장 관련정보를 관리/제공하는 시스템, 기술거래 및 기술사업화를 종합적으로 지원하는 시스템을 통합한 시스템을 의미한다.

5) 가치사슬은 포터가 기업의 경쟁우위원천과 경쟁전략의 관계를 설명하기 위하여 사용한 개념으로서 경쟁전략분석에서 가장 일반적으로 사용되고 있다.

6) 이 테크노마트에서는 주로 선진국과 개도국간의 기술거래가 많은데, 선진국과 후발개도국간의 기술거래는 일 방향으로 이루어지는 반면에, 선진국과 선발개도국간의 기술거래는 부분적으로 양방향으로 이루어진다. 한편 최근에 전개되는 기술 환경의 속성상 국가간 또는 기업 간 기술제휴가 중요한 만큼 선진국 상호간의 기술거래도 많이 이루어지는데, 이 경우에는 단순한 라이선싱보다는 공동연구, 합작투자 등의 보다 적극적 참여형태가 보편적이다. 이러한 유형의 테크노마트사업에는 한일 테크노마트, 한미 테크노마트, 일중 테크노마트 등이 있다.

7) 지역 테크노마트 사업을 통하여 관련국가간 국제분업구조가 새롭게 조성됨으로서 기술-생산-마케팅 기능이 회원국가간에 효율적으로 배분되어 전문화되게 된다. 이러한 유형의 테크노마트사업에는 APEC 테크노마트가 있다.

8) 이러한 유형의 테크노마트에는 UNIDO 테크노마트가 있으며, 과학도시연합에서 운영하고 있는 WTA 테크노마트도 이러한 유형으로 발전될 수도 있다.

9) 산업자원부가 주도하여 추진한 지역기술기반의 조성 및 운영합리화에 관한 법률(일명 지역기술혁신법)은 지방의 혁신을 위한 기반을 조성하고 나아가 지역혁신을 전국적으로 네트워크화 함으로써 확산효과를 최대화하는데 법률제정의 취지가 있다. 따라서 이러한 정책적 취지를 실현하기 위하여 지방 기술혁신을 위한 각종 시책의 추진, 기술기반확충을 위한 테크노파크의 전국적 확대, 기술창업보육센터 및 지역기술혁신센터의 전국적인 운용, 중앙과 지방간의 효율적인 기술협력체제 구축을 위한 기술혁신전략협의체 구성 등을 추진/운영하도록 하였다. (자료 : 산업자원부, 98년 2월, 7월 자료)

10) 이에 대한 연구는 상대적으로 취약한 상태이다. 따라서 이 부분의 내용은 이영덕과 강병수(1999(c))의 중요한 내용을 발췌한 것으로, 동 원고를 발표한 후에 발생한 관련 규정의 변화부분은 추가적으로 보완하였다.

11) 전자상거래는 재화나 용역의 거래에 있어 그 전부 또는 일부가 전자문서교환 등 전자적 방식에 의해 처리되는 거래를 말한다(전자거래 기본법(안)-제2조 3). 즉 전자상거래는 일반적으로 개인과 조직 모두를 포함해서 텍스트, 음성, 화상을 포함한 디지털 데이터의 처리와 전송에 기초한 상업 활동과 관련된 모든 종류의 거래를 말한다.

제13장 주요 국가의 기술사업화 법·제도 및 프로그램

제1절 미국의 사업화 법·제도 및 프로그램

미국의 사업화에 대한 법·제도적 방안마련과 관련된 중요한 특성을 보면 다음과 같다. 사전적으로 전문가집단들에 의하여 범국가적 차원에서 검토되어질 뿐만 아니라, 정책입안에 있어서도 주관 부서와 관련 부서간의 역할 및 기능적 연계에 대한 체계적인 구상이 이루어지고 있다. 또한 정책 및 제도의 마련에 대한 법적인 근거가 체계적으로 뒷받침하고 있다는 점도 큰 특징의 하나이다.

1. 사업화관련 법·제도

가. 사업화에 대한 인식

미국의 국가연구개발 결과에 대한 산업계 이전 촉진을 위한 법제도적 뒤받침은 1970년대 후반 미국 산업의 대외적인 경쟁력의 약화를 극복하기 위한 차원에서 이루어졌다. 그 당시 미국은 임무지향적 정책차원에서 국방 분야를 중심으로 수많은 연구개발이 이루어졌음에도 불구하고, 여러 정책분야에서 즉 특허정책(전용실시권의 불허), 규제지향적 연구개발정책 등으로 인하여 산업계의 활용이 지극히 미미하였다. 따라서 1980년 정부와 의회는 정부개발투자로 발생한 연구결과가 산업계로의 이전되는데 발생하는 장애요인을 제도적으로 제거하기 위한 노력의 일환으로 배이-돌법(Bayh- Dole Act, 1980)과 스티븐슨-와이들러 기술혁신법(Stevense-Wydler Innovation Act, 1980)을 제정하였다.

배이-돌 법의 제정으로 종래의 정부연구개발투자로 얻어진 기술의 소유권이 연방정부에 귀속되고, 정부보유 산업재산권에 대한 전용실시권을 금지한 조치가 철회됨으로써, 1980년대 기술이전을 추진한 대학이 20여 개에서 1992년에는 139개 대학으로 확대되었으며, 1,557건의 특허가 취득되었다. 또한 스티븐스-와일들러 법의 제정 취지를 보면 '상업 및 공공목적의 기술혁신을 촉진하기 위한 국가차원의 종합적인 정책이 없는 관계로 국내 기술이전과 연방정부의 과학기술자원의 활용촉진에 있다.

1980년대 초의 이러한 정부의 정책적/제도적 노력을 효시로 하여, 정부 R&D 성과의 산업계 이전촉진을 위한 제도를 모니터링하고 개선하기 위한 입법적 노력이 지속적으로 전개되고 있다. 1986년 연방기술이전법(Federal Technology Transfer Act)의 제정으로 연방연구기관들이 민간기업과 공동연구를 수행할 수 있도록 하였다. 또한 양자간 기술이전을 위한 보다 명확한 메커니즘의 형성, 연방연구기관 연구원의 상업화를 위한 개발과정에 참여, 기술이전활동 결과의 연구원 성과평가시스템에 반영 등 상당한 효과를 가져 왔다.

나. 사업화에 대한 제도적 발전

1980년대에 들어서 미국정부의 연구성과 확산정책은 크게 1980년에 제정된 「Stevenson-Wydler 기술혁신법」을 토대로 연구기술 응용실을 설립하고 연방연구기관이 소유한 연구성과의 민간기업보급을 의무화시킨 프로그램과 연방정부와 연구개발계약을 체결한 연구자에 대한 특허소유권 보유를 인정하려는 정책으로 대별된다.

1986년에 입법화된 「연방기술이전법」은 「Stevenson-Wydler 기술혁신법」의 내용을 보완하여 민간기업에 대한 연방연구소의 기술이전을 강화하고 있다. 그 주요 내용은 기술이전을 위한 연방연구소컨소시엄(FLC)을 설치하고 민간과의 기술이전 및 공동연구에 대한 계약체결권과 연구자의 발명실용화업무 참여결정권을 연방연구소장에게 부여하여 함으로써, 연방소유 특허 중에서 연방연구소가 획득한 특허계약 수입의 일부를 연구자에게 인센티브로 환원하도록 하고 있다. 또한 상무성은 산하의 NBS(National Bureau of Standards)를 NIST(National Institute of Standards and Technology)로 확대·개편하여 민간기업의 기술능력제고와 연방자원 연구개발성과의 민간이전을 위한 프로그램을 운영하게 하였다.

주요 프로그램으로는 첨단기술프로그램(Advanced Technology Program: ATP), 주정부 기술지원 활성화프로그램(State Technology Extension : STEP), 중소기업 기술혁신 프로그램(Small Business Innovation Research : SBIR) 등이 있다. 첨단기술프로그램(ATP)은 1989년의 「국가경쟁력기술혁신법」에 의하여 상무부 기술행정실의 주관

하에 상업화 이전단계의 원천적 기술연구개발을 지원하기 위하여 고안되었다. 이 프로그램은 미국 기업에 대해서는 연 20만 달러까지 3년간 자금을 지원하고 컨소시엄에 대해서는 5년간까지 지원한다.

주정부 기술지원 활성화프로그램(STEP)은 연방정부가 주정부의 기술지원 및 이전사업을 촉진하기 위하여 1988년 제정된 「무역 및 경쟁력 향상을 위한 종합법」에 의해 1990년부터 시행되었다. 특히 STEP프로그램은 주정부 단위의 기술지원 프로그램을 활성화함으로써 산업기반을 합리화하고 중소기업의 경쟁력 향상에 필요한 지원을 촉진하기 위하여 만들어진 프로그램이다.

중소기업기술혁신 프로그램(SBIR)은 산업계의 기술개발촉진, 연방차원 기술개발사업에서의 중소기업의 역할 증대, 연방지원기술개발사업 성과의 상업적 응용활성화를 목적으로 1982년에 제정된 「중소기업기술촉진법」에 근거하여 1983년부터 시행되어오는 범부처적 성격의 연방프로그램이다. 이들 프로그램은 연구개발 결과의 상업화에 중추적인 역할을 담당하고 있다.

한편 연구주체 간 연계촉진을 위한 제도 및 기구로서는 국가연구개발관련부처 산하에 FFRDCs(Federally Funded Research & Development Centers)를 설치하여 계약에 의거 대학, 연구기관, 기업 등에서 연구개발 활동을 공동 또는 위탁연구를 함으로써 정부와 외부기관간의 교류를 촉진하고 있다.

과학재단(NSF)에서는 대학과 산업계의 협동연구프로그램에 의해 기업 및 대학과 공동으로 산·학 공동연구센터, OASC(Office of Advanced Scientific Computing), 공학연구센터를 설립 운영함으로서 산·학 공동연구를 수행하고 있으며, 비영리연구기관의 복수 고객연구(multi-client study)에서는 공동과제의 발표를 통한 수요자 파악뿐만 아니라 연구목표의 공동분석, 평가추진 및 개발성과의 공동사용 등을 규정하고 있다. 그리고 혁신연구센터(innovation center, industrial liaison center) 등 대학별 산·학 공동연구센터를 설치하여, 산·학 공동연구 및 연구개발성과에 대한 사업화촉진에 노력하고 있다.

이와 같이 1970년대에 정부 연구개발에 대한 민간 기업으로의 기술이전 및 사업화 촉진을 위한 법적/정책적 중요성의 인식에 따라 사업화를 위한 각 부처별 프로그램의 구축과 함께, 제도적 장치의 마련이 있어 왔다. 따라서 기술사업화와 관련된 미국 정부부처의 프로그램을 연구개발의 단계와 연결시켜 보면 <그림 13-1>과 같다. 또한 사업화관련 프로그램을 관련 예산, 사업화단계에 따른 커버 정도, 산업계 기여자금, 미국립과학재단 지원자금 등의 기준을 중심으로 비교하여 보면 <그림 13-2>와 같다.

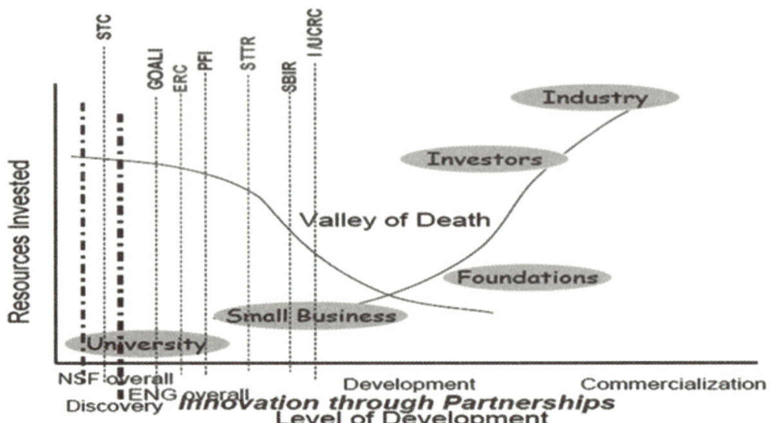

그림 13-1. 기술사업화 조직/프로그램의 특성

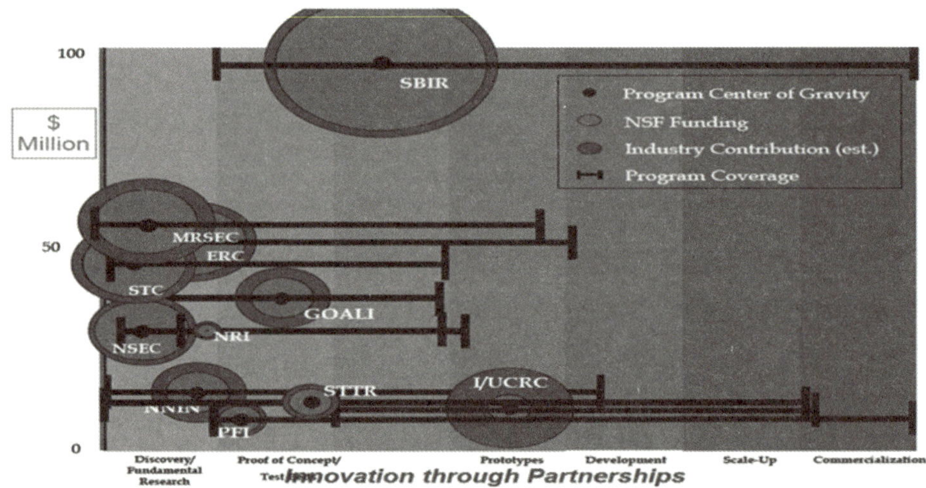

주: o MRSEC : Materials Research Science and Engineering Center로 위스콘신-매디슨 대학의 재료연구 과학기술센터로 나노구조 연구

o STC: Society for Technical Communication로 통신기술연구 개인회원 조직

o NSEC: National Safety Education Center 로 북일리노이 대학교에서 운영하는 직업안전 및 건장관련 기구임

o PFI: The Pellet Fuels Institute로 에너지 자립을 추구하는 북미무역단체의 하나

o I/UCRC: Industry/University Cooperative Research Program Centers로 NSF에서 자금지원 받음

o GOALI: Grant Opportunities for Academic Liaison with Industry로 학계와 산업계의 협력을 위한 NSF Grant 지급

o NRI : National Research Institute

o ERC : Engineering Research Center

o NNIN: National Nanotechnology Infrastructure Network로 NSF에서 자금지원

그림 13-2. 미국 사업화 관련 조직/프로그램의 특성비교

2. 사업화 프로그램

가. 미항공우주국(NASA)의 사업화관련 프로그램과 조직

1) 기술이전 및 상업화의 노력

미 항공우주국(National Aeronautics and Space Administration: NASA)의 전략적 계획과 변화를 향한 아젠다에서는 NASA의 항공우주 미션에 비교 가능한 것으로서 기술사업화임무의 중요성을 고양시키고 있다. 즉 NASA는 기술과 발명에 대한 잠재적인 상업적 활용을 최대화하기 위하여 프로그램/프로젝트의 출발에서부터 기술의 사업화에 적극적으로 초점을 두고 있는 방법을 택하고 있다. 이에 덧붙여 NASA는 상업기술관리팀(MCTMT)을 설립하여 기술사업화과정을 전체적으로 검토하고 있으며, 주 정보원으로서 상업기술네트워크(NCTN)을 구축하였다. 상업기술관리팀은 NASA의 각 센터의 기술상업국(CTO) 관리자와 NASA의 각 전략기업에 대한 대표자들로 구성된다.

NASA는 전통적으로 기술적 성과, 비용, 일정계획 측면에서 진전도를 측정하여 왔다. 냉전 후 근자에 NASA는 국가경제의 안전에 대한 기술적 공헌을 다른 성과지표로 사용하고 있다. 그 결과 민간부문과의 연구개발 파트너십 형성에 대한 강조가 NASA를 위한 사업을 수행하는 새로운 방법의 기초가 되고 있다. 따라서 NASA는 효과성, 효율성 및 적기의 고객반응에 관한 정부의 상업적 실무에 대한 새로운 기준을 설정하고 있다.

2) 기술이전 및 사업화 프로세스 개괄

미항공우주국(NASA)의 상업적 기술프로세스는 국방성의 사업을 민간부문의 사업과 보다 밀접하게 결합할 수 있도록 하는 여러 실무와 메커니즘의 혼합을 포함한 사업을 수행하는 새로운 방법을 소개하는 것이다. 이러한 실무에 있어서 공통되는 요소는 기술파트너십이다. 기술파트너십이란 정부, 산업, 학계간의 사업협약으로서, 각 당사자는 일치된 목표의 성취를 위하여 자원을 사용하고, 위험을 공동분담하며, 노력하는 자에게 보상하는 것이다. 1998년 말경 NASA는 NASA 연구개발예산의 10-20%에 해당하는 국가성과검토 목표에 대비하여 산업계와의 기술적 파트너십의 정도를 측정하여야 하였다. 이 목표는 상업적 파트너십을 통하여 새롭고 상이한 방법으로 NASA 임무의 10-20%와 기술적 목표를 달성하는 것이다.

모든 NASA의 프로그램과 프로젝트는 상업기술프로세스(CTP)를 따르도록 하고 있다. 이 프로세스의 최종목적은 각 프로그램/프로젝트의 상업적 영향을 최대화하도록 하는데 있다. 아래 그림에서 보는 바와 같이 NASA의 사업화 프로세스는 독자적으로 이루어지는 것이 아니라, 각처의 전반적인 전략적 계획화와 관리과정의 통합화 내에서 이루어진다. 따라서 NASA의 기술계획화 프로세스와 각처의 프로그램/프로젝트 관리프로세스가 포함되어진다<그림 13-3>.

[기술이전 및 사업화와 관련된 NASA의 정책 및 지침 문서]

o NASA 전략적 계획
o NASA 전략관리 핸드북
o NASA 기술사업화 프로세스 문서
o NASA 프로그램/프로젝트 관리프로세스 및 요구사항
o 정부 피고용인에 의한 발명
o 특허라이선싱과 특허응용으로부터 수취하는 사용료 및 기타 지불금
o NASA 기술이전 자료에 대한 외국인의 접근
o NASA SW의 외부 공표
o 우주법 협정
o NASA의 프로그램/프로젝트에 대한 의사소통 지식프로세스 정책
o 프로그램/프로젝트로부터 NASA의 지식에 대한 의사소통시 요구사항

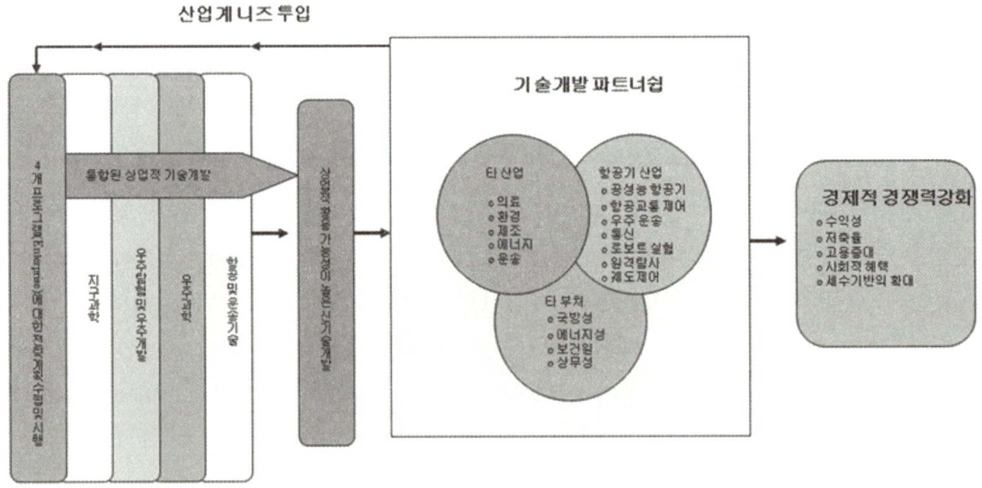

주: NASA는 고객과의 관계를 강조하기 위하여 미션단위를 기업체(Enterprise)로 표현
자료: NASA, Technology Commercialization Process Handbook, 이성덕 자료

그림 13-3. NASA의 기술사업화 프로세스

3) 사업화를 위한 주요 프로그램 및 조직

NASA는 기술의 사업화를 위한 도전으로 NASA 상업기술네트워크(National Commercial Technology Network: NCTN)을 구축하여 NASA의 프로그램, 프로젝트, 연구자, 계약자, 자금제공자 및 수취자를 지원하고 있다. NCTN은 NASA의 항공우주 프로그램, 기타 연방 연구개발에서 발생되는 과학적 선도 및 기술을 적기에 이전시킴으로써 미국경제 전반에 상업적 응용을 확대하는데 있다. 따라서 이러한 기능을 효율적으로 수행하기 위하여 NCTN은 다음과 같은 프로그램과 조직을 구성하고 있다.

(1) NASA 센터의 기술상업국

NASA는 NASA본부, 케네디 우주센터, Ames 연구센터 등을 포함하여 미국 전역에 18개의 센터를 두고 있다. 각 센터는 전 범위에 걸친 기술의 사업화를 관리하고 조정하기 위하여 기술상업국을 두고 있는데, 신기술의 보고, 기술적 지원, 협력 프로젝트, 및 산업적 도약 등의 활동을 수행한다.

(2) 지역 기술이전센터(Regional Technology Transfer Center: RTTC)

미국 전역에 6개의 NASA의 지역 센터를 두고 있는데 동북부 센터, 남동부 센터, 중서부 센터, 극서부 센터, 중대서양 센터, 중부대륙 센터 등이다. 이들 센터는 미국 기업이 상업적 및 산업적 응용을 위하여 NASA 및 기타 연방정부 자금지원 기술에 대한 접근, 평가, 및 획득을 지원한다. 전국적 네트워크의 일부로서 RTTC는 6개 연방 기술컨소시엄 지역과 연계되어 있다.

RTTC는 기술적 자문서비스를 제공하는 기술이전 전문가를 스탭으로 고용하고 있을 뿐만 아니라 다른 전문가를 접촉할 수도 있게 하고 있다. 정해진 지역 내 산업계에 서비스를 제공하며, 산업계 고객들에게 NASA 또는 연방연구소를 기반으로 한 기술의 사업화, 평가 및 입지결정을 지원한다.

1992년 1월부터 운영된 이래 주 및 지방수준의 70개 이상 연합조직이 포함된 지역 네트워크를 구축하였으며, 이를 통하여 미국 기업의 실질적인 지원을 제공하고 있다. RTTC의 주요 서비스는 기술조달/확보, 기술/시장분석, 기술이전 및 사업화 프로제트와 협정의 개발 등이다. 이를 위하여 매년 수천 명의 고객들에게 기술적, 상업 및 일반적 지원을 제공하고 있다.

(3) 국가기술이전센터(National Technology Transfer Center: NTTC)

NTTC는 미국 산업과 NASA 및 연방기술원과의 연계를 통하여 미국 산업의 국제경쟁력을 제고하는 역할을 수행한다. 즉 정부연구소의 연구결과를 미국 산업계로 이전함으로써 미국의 첨단기술과 숙련된 작업 기술이 신제품을 개발하고 고용을 창출하는 데 기여하도록 하자는 데 있다.

NTTC는 웨스트 버지니아주 휠링에 있는 휠링 제슈트 대학에 본부를 두고 있으며, 워싱턴 DC에도 사무소를 두고 있다. NTTC는 NASA, 국방성, 에너지성을 비롯하여 16개의 연방정부부처가 협력하여 다음과 같은 업무를 추진하고 있다.

첫째, NTTC는 온-라인 서비스가 지원하는 국가관문(National Gateway)을 통하여 연방기술의 산업계이전을 강화하고 있다. 이와 관련하여 i) 연방정부 보유기술 등에 대한 정보수집 및 DB관리, 컴퓨터정보시스템 등을 운영, ii) 산업계에 NASA 및 연방 기술, 전문가, 시설에 대한 신속한 접근 서비스를 제공, iii) 특정기술에 대한 시장성 및 기술성 평가의 수행, iv) 교육/훈련 프로그램의 개발 등의 서비스를 제공한다. 이들 서비스 중 일반적 서비스는 무료로 이루어지는 반면에, i) 직접 인터넷 검색, ii) 기술전문가 서비스, iii) 시장조사 서비스 등은 유료로 이루어진다.

둘째, NTTC의 웹사이트의 홈페이지에 NASA, 연방 연구개발 연구소, 사업화가 가능한 NASA 및 연방연구소 기술의 하이라이트 등을 집합화한 디렉토리를 운영하고 있다. 아울러 소기업혁신연구(Small Business Innovation Research: SBIR), 소기업기술이전연구(Small Technology Transfer Research: STTR), 선도기술프로그램(Advanced Technology Program: ATP) 등을 포함한 연방정부 프로그램에 대한 지원신청에 관한 정보를 포함하고 있다.

셋째, NTTC는 기술이전 및 혁신관리와 관련하여 디자인 및 훈련을 강조하고 있다. NTTC가 제공하는 교육훈련 프로그램에는 NASA 항공국, 해군연구처, 환경보호처 등과 관련된 국립산업확장처 교과과정 및 프로젝트, 중소기업 제조업자들을 대상으로 생산현장에서 신기술과 기법을 통합적으로 교육하는 프로그램 등이 있다. 이러한 교육훈련에 관한 정보제공을 위하여 '테크놀러지 터치스톤' 이라는 인터넷 전용잡지를 운영하고 있다.

(4) **기술창업보육센터**(Technology Business Incubator: TBI)

TBI는 신규 및 초기단계 기업의 발전과 보육센터내의 신생기업을 성숙시키기 위하여 고안/운영되는 설비이다. 보육센터의 고객기업은 실질적으로 보육센터 내에 입지하거나 공동입지를 가져야 하는 것이 강제적인 것은 아니지만, 보육센터는 입주기업이 상례적 또는 실제적인 현장 서비스를 받는 데 필요한 물리적 시설 즉 사무실, 회의실, 연구소 등을 보유하여야 한다. NASA의 TBI는 NASA가 개발한 기술을 상업적으로 활용하는데 필요한 아래와 같은 일련의 서비스를 최소 사용료를 기반으로 초기 설립단계에서부터 제공하고 있다.

- o 연구소 활용, 엔지니어링 시작품제작, 생산 시작품제작, 테스팅, 분석, 기타 필수적 연구개발지원, 제품개발, 다른 기술전문가 활용 등을 지원
- o 사업계획개발
- o 시장연구 및 분석
- o 시초 제조활동 구축
- o 제품유통 및 기타 판매활동 구축
- o 사업컨설팅, 법률, 회계, 세무, 보험, 금융전문가(벤처자본가, 비 기관 개입투자자와의 네트워킹을 포함한), 금융 및 자본시장 등에 대한 접근
- o 사무실 및 제조운영설비/시설에 대한 초기단계 기업사용
- o 사업계획개발, 벤처분석, 관리 및 조직 기법, 컴퓨터기술, 컴퓨터재무회계, 사업시스템 디자인 등에 관한 특수 교육고객기업의 사업 활동에 중대한 부문과의 네트워킹,
- o 대학/대학교의 과학 및 공학 분야, 사업개발 전문가의 저 비용에 의한 활용

(5) 전자네트워크/NASA TechTracS

NASA가 발표한 변화를 위한 아젠다의 또 다른 핵심은 상업적 기술미션을 지지하기 위한 혁신적 방법으로서 인터넷/인트라넷을 사용한다는 계획이었으며, 1994년 전자네트워크가 NASA의 단일 인터페이스로 구축되었다.

전자네트워크의 핵심부분 중 하나는 범부처 기술사업화데이터 및 프로세스관리시스템인 NASA TechTracS이다. 이 시스템은 모든 프로그램/프로젝트 관리자가 기술사업화 책임을 수행하는데 도움이 되도록 이용가능하며 모든 프로세스 단계를 지원한다. 각 센터의 상업기술국은 이 시스템을 가지고 있으며, 상업기술국은 NASA 프로그램 및 프로젝트 관리자가 이 시스템에 접근하고 활용하는 것을 지원한다.

이 시스템에 덧붙여서 온-라인 NCTN은 현재 프로그램에 대한 NASA의 국가네트워크, 상업기술프로그램에 의하여 자금이 지원되거나 연관된 센터 및 사무실에 의하여 운영되고 있는 20개 이상의 웹사이트를 망라하고 있다. NCTN 웹사이트는 본부의 기술상업국에서 운영되는데, 네트워크의 핵심자원 또는 관문으로서의 서비스를 하고 있다.

- o NASA techTracS Tech Finder : 방문자에게 상업적 잠재력과 혜택을 가진 NASA가 개발한 기술에 대한 다양한 정보를 포함한 DB의 제공
- o NASA Strategic Plan : NASA에 대한 전략적 개괄을 제공
- o NASA Tech Briefs : 방문자에게 Tech Briefs를 구독할 수 있는 능력의 제공, 지

난 20년간 달성된 NASA 요약서 검색, 자원리포트의 재검토, 기술지원 패케이지와 NASA의 특허요약서 등을 제공한다.

o Aerospace Technology innovation : 기술사업화, 항공우주, 기술개발과 우주의 상업적 개발 등의 영역에서 온-라인 정보를 제공한다.

o NASA Spinoffs : 민간기업 부문에서 성공적으로 사업화 된 NASA 기술에 대한 정보를 제공한다.

이상으로 NASA가 주도하거나 연계시켜 놓은 프로그램 및 제도를 개괄적으로 소개하였는데, 이와 관련된 자세한 내용은 <표 13-1>과 같다.

• 표 13-1. NASA의 사업화 관련 프로그램 및 제도

조 직	서비스 내용
Advantage컨설팅 회사	• 사업개발/제안서 지원, - 사업기회 포착 및 성장지원
Alpa 컨설팅	• 기술위주 기업에 대한 혁신과 실용화 지원
Carl Nelson 컨설팅	• 하이테크 창업의 SBIR 및 실용화 지원
Danwbreaker	• 고등기술기업이나 투자자에 대한 전문적인 실용화지원, 사업계획, 시장조사, 협상전문
Oregon 혁신센터	• 기술위주 기업에 대한 비영리적 자금공급 센터 • SBIR 프로그램이나 컨설팅 그리고 제안서 준비 및 제출을 위한 안내의 내용을 담은 비디오 자료제공
UNISPHERE	• 고등기술 제품과 서비스의 회사에 대한 가상 벤처시장을 운영함 • 23 개국의 공공 또는 사적 협력자에 의해 지원받는 국제적인 기관임(워싱톤 DC)
JADE Research	• 1993년 이후 SBIR/STTR에 자원/프로그램을 제공하는 선두의 공급회사 - 낮은 가격 제안서 및 자금요청서 준비 프로그램 제공 : SBIR-ToolKit, SBIR-Forms, SBIR-Advisor - 사용자에게 새로운 기회, 도전, 변화를 최신화 함 : SBIR-Guide, SBIR-Legal, SBIR-Accountant - 전문적 서비스 제공 : Bid-Matching Service, Proposal/Project Support

자료 : NASA, The Handbook of commercialization, NASA, 1998.

나. 연방연구소 컨소시엄 기술이전 프로그램

1) 개요

미국에서 연방정부자금지원 연구기관의 기술이전을 촉진하고 협조하는 주된 기구의 하나가 기술이전을 위한 연방연구소 컨소시엄(Federal Lab Consortium: FLC)이다. 이 컨소시엄의 주된 목적은 연방연구소 시설을 다른 연방기구(즉 주, 지방 및 지역 정부, 민간부문 등)와 연계시킴으로서 연방연구소 시스템 내에서 개발된 기술적 지식의 효과적인 활용촉진에 있었다.

본 컨소시엄은 1974년 국방성의 후원 하에 설립되었으며, 그 후 범정부적 차원으로 확대되었다. 이러한 확대의 제도적 장치로서 1986년에 연방기술이전법이 제정되었으며, 이 법을 통하여 컨소시엄이 법적 장치로서 대부분의 연방 연구소의 참여를 조건으로 하고 있다. 또한 이 법은 연방기술과 전문성이 공개될 수 있고, 향후의 개발과 상업화를 위하여 개별연구소를 통하여 민간산업계에서 이용할 수 있는 제도적 장치를 마련하였다.

2) 기능

- o 연구 작업이 수행된 연구소에 대한 기술이전을 지원/증진시킴
- o 연방연구소 기술의 이전을 위한 재료, 기법, 훈련방법의 개발
- o 이전프로그램 내에서 부처와 랩에 대한 자문과 조언
- o 연구기술응용국간의 의사소통 및 조정
- o 연구기술응용국(Office of Research and Technology Applications: ORTA)와 지역/주/지방 국간의 의사소통 및 조정
- o 민간, 대학, 주/지방기관에 의한 기술이전프로그램 창안에 대한 지원
- o 연구소 내에서의 적정기술이전 메커니즘의 원활화
- o 자원단체에 의한 기술이전프로그램 설치에 대한 지원
- o 기술이전 노력의 효과적인 수행을 위한 랩 밖의 자문활동

이러한 기능의 수행을 위하여 각 부처에서는 연구개발 예산의 일부를 컨소시엄에서 사용할 수 있게 하고 있다. 따라서 이에 해당하는 예산은 각 부처에서 국립과학기술표준국으로 이전된다. 이전된 예산 중에서 5%는 기술이전 노력의 효과를 증진시키기 위한 프로그램과 메커니즘 개발을 위한 주·지방·비영리 조직에 대한 지원금, 상금, 협동계약을 포함한 기술이전시범프로그램에 사용된다.

3) 해당기술국

(1) 연구기술응용국

① 조직 : 기술의 이전을 수행하기 위하여 1980년 기술혁신법에 따라 연방 실험실 내에 만들어진 조직이다. 동국은 다른 환경에서 적용의 잠재적 가능성이 있는 동일 실험실 시설 내에서 만들어진 기술과 아이디어를 확인/평가하는 책임을 갖는다. 아울러 연방연구개발 자원의 사용을 촉진하는 다른 조직과의 협동/지원을 추진한다.

② 지원형태 :

- o 위치 및 전화번호와 같은 정보의 제공과 확인
- o 진행 중 또는 완료된 비체계적인 작업에 대한 접근
- o SW, HW, 공정기술, 기구 등을 포함한 설비 및 연방연구소 시설의 활용
- o 인력교류
- o 라이선싱을 위한 특허에 대한 접근
- o 체화된 공학기술, 협동적 연구개발

(2) 협동적 연구개발 : 민간-공공 합작기업

① 조직 : 연방기술이전법의 조항과 1990년 국방성의 권한부여에 따라 민간기업, 대학, 주/지방정부, 재단, 비영리조직, 이들의 컨소시엄들이 정부연구소와의 협동연구계약에 대한 참여를 강화하기 위하여 생성된 조직이다.

② 재산권의 소유 : 이 계약에 따르면, 연구소 종사자들이 창출한 고안에 대한 권리와 사용권은 참여회사. 대학, 컨소시엄에게 미리 주어진다. 또한 연구소의 소장은 미리 규모에 관계없이 행해진 협동적 노력으로부터 발생한 고안(창안)에 대한 정부의 소유권을 포기한다.

(3) 연방 피고용인 및 상업화 활동

① 특성 : 연방 연구개발 자원의 사용을 확대하기 위하여, 연방기술이전법에 따라 연구활동을 활성화 한 연방연구소 과학/공학/기술자에게 현금으로 상금을 주는 제도이다. 이러한 활성화 유형에는 i)연구소의 임무에 공헌하거나 상업적 가치가 있는 과학적 또는 기술적 선도활동, ii) 상업화를 유도하는 기술이전 등이 있다.

② 재산권 소유와 보상 : 위의 현금상금에 덧붙여, 연구 창안 활동에 책임이 있는 연방 종사자들에게 자신의 활동과 관련된 특허에 대한 라이선싱으로 발생되는

사용료의 15%를 배분하는 제도도 있다. 관련 정부부처는 이러한 사용료 공유 프로그램을 법제화 된 지침에 따라 자신의 특성에 맞게 운영할 수 있다. 이 경우에 해당 부처가 이러한 발명을 특허화 하지 않는 경우에는 발명가는 정부가 유보한 발명에 대한 권리를 취득할 수 있다.

(4) 정보의 보급

① **특성** : 상무성의 국립기술정보서비스(National Technology Information Service: NTIS)는 연방연구소에서 개발된 기술을 포함하여 연방자금지원/창안기술에 대한 정보의 수집, 보급, 이전을 담당하는 기관이다. NTIS하에 운영되는 연방기술이용센터(Center for Utilization of Federal Technology: CUFT)는 민간부문에 이용 가능한 정부기술 연구개발 자원 및 신기술에 대한 기술적 자원에 관련된 각종의 서류를 비용변제 방식에 따라 출간/배포하고 있다.

② 기술이전 조직 : 기술이전정보센터(Technology Transfer Information Center: TTIC)는 연구결과를 실제로 사용할 수 있도록 관련 개인이나 조직에 이전시킴으로써 연방개발 발명을 상업제품에로 신속한 전환을 촉진하는 역할을 한다. 이러한 역할의 신속한 수행을 위하여 동 센터는 다음의 서비스를 제공한다.

- o 준거/참고 : 정보센터의 스탭이 각자의 기술이전 필요에 관련된 정보를 얻을 수 있는 교량역할을 수행한다.
- o 회수/개발 : 스탭은 기술이전, 연구개발, 및 기술개발과 관련된 정부의 활동에 있어서 최근의 발전과 보조를 맞추기 위한 서적, 보고서, 컨퍼런스페이퍼, 신문, 저널 기타 관련 자료를 수집한다. 이와 아울러 동 센터는 연구노력을 지원하며, 랩 연구컨소시엄에 참여하며, 과학계/정부/산업계/학계 등을 통한 기술정보의 교환과 개발에 대한 조정을 담당한다.
- o 산업체에 대한 기술이전 : 산업계에 대한 기술이전에 있어서 연구의 필요성을 확인하고 우선순위를 정하기 위한 산업계와의 공동노력, 기술전문가의 고용, 문제 기술서를 통한 문서화와 배포, 해당 산업의 필요에 부합되는 잠재적인 기술을 확인하기 위한 연방연구소, 대학, 및 민간부문 연구시스템의 결합, 기술의 평가 및 기술적 발견에 대한 문서화, 적정 사업체에 대한 보고서의 배포 등의 기능을 수행한다.

(5) 특허

정부연구소에서 민간부문에 대한 기술이전은 연방정부 자금지원 하에 수행된 연구개발로부터 도출된 특허에 대한 소유권에 의하여 영향을 받는다. 일반적으로 정부는 이들 발명에 대하여 소유권을 가지며, 회사에 대하여 독점 또는 비독점적 라이선스를 부여한다.

대학 및 중소기업의 특허절차법에 따르면 만약 대학, 중소기업, 비영리 조직인 경우에 계약자에게 권리가 부여되는 것으로 보고 있다. 단지 특정 권리의 경우에는 정해진 시간절차에 따라 사전에 정해졌거나 합의에 따라 상업화를 필요로 하는 정부 또는 조직에 대하여 유보할 수 있다.

또한 특허 및 상표법에 관한 수정법에 의하면 기술의 이전을 강화하고 있다. 5장에 의하면 정부소유, 계약자가 운영하는 연구소가 연구소 수준에서 내부에서 수집된 특허에 대한 라이선스를 연구에 대한 보상으로 결정하는 것을 허용하고 있다. 동 법은 규모에 불문하고 개인 회사가 정부소유 특허를 전 기간에 걸쳐 독점적으로 사용하는 것을 인정하고 있다. 따라서 대학과 비영리 기관에 의하여 운영되는 연구소가 연방정부가 특정한 권리를 보유하는 한 일정제약 하에서 연구소에서 행해진 발명에 대한 권리를 보유하는 것을 허용한다.

연방기술이전법은 규모에 관계없이 연방연구소와 협동적 연구개발협정에 따라 수행된 연구결과인 발명에 대한 권리의 보유를 인정한다. 정부는 이들 특허를 사용료 없이 사용할 수 있는 권리를 갖는다. 또한 정부가 권리를 보유하는 경우에는 라이선싱으로부터 발생되는 사용료의 15%는 연방종사 발명가에게 배분되어야 한다. 단지 대통령의 인가가 없는 한 개인 발명가가 받는 연간 사용료가 10만 달러를 상회할 수는 없다.

연방기술이전법의 규정에 의하면 정부는 연구자에게 사전에 정해진 금액을 지불하고 난 후에 잔액을 해당 정부운영 연구소로 이전시켜야 하며, 그 대부분은 기술개발연구소로 배분된다. 모든 연구소는 년 예산의 5%에서 5%를 초과한 자금의 25%를 합친 수준까지 보유할 수 있다. 남은 75%는 재무성으로 이송하여야 한다. 연구소에서 보유한 자금은 발명에 따른 운영과 라이선싱에서 발생한 경비, 연구소의 과학/기술/공학인력에 대한 보상, 연구소간 인력교환, 연구소 및 부처 임무에 일치하는 교육/훈련, 부가적 기술이전 활동 등에 충당한다.

(6) 지역적 노력

상무성의 국립과학기술표준국(National Institute of Standards and Technology: NIST)은 제조기술 이전을 위한 지역 센터 망을 운영하고 있다. 대학 또는 주/지방 단위로 운영되는 이들 센터는 NIST의 프로그램에 따라 중소규모 제조업에서 개발된 지식과 기술의 이전을 위하여 고안된 것이다. 센터에 대한 지원금은 미국소재 비영리 기관 또는 그들이 지원하는 회사, 국내운영에서 기술을 사용하는 미국소재 중소제조업체에 국한된다. 중요 조건은 연방자금지원기간이 6년이며, 적어도 50%의 비용부담 등이 있다. 또한 NIST는 경쟁력 촉진을 위한 주의 노력에 대한 기술지원을 제공하기 위하여 주기술확장프로그램(STEP)을 운영한다.

다. 기술이전 및 혁신센터

1) 산·학 협동컨소시엄(TIC)의 설립·운영

산업계가 대학의 연구자원(고급인력, 연구결과, know-how, 장비, 정보 등)을 손쉽게 활용하여 기술혁신을 효과적으로 달성하도록 하기 위하여 ①대학에 학과별 연구실과는 다른 별도의 전담연구소를 설립하여 산업계 위탁연구를 수행하거나(대학부설 산업연구전담연구소 설립) ②산업체가 대학 캠퍼스나 주변에 연구소를 설립하여 대학과의 협동연구를 통해 연구 과제를 수행한다(산·학 협동연구를 위해 대학 근처에 산업체가 연구소 설립). TIC의 주요 활동내용을 보면 다음과 같다.

(1) 기존의 학과 연구실 조직과는 별도로 산업계 위탁연구를 전담하는 연구소를 설립·운영한다. (산업연구센터 중심체제)

① 산업계, 대학, 주정부 등이 건설비를 공동 출연하여 연구소 설립(컨소시엄 형태가 많음)
   o 랜슬리어 공과대학(RPI)의 Center for Industrial Innovation (CII)
   o Stanford 대학의 Center for Integrated System(CIS)

② 기존의 학과별 연구소는 기초연구 중심인데 비해 산업연구센터는 산업화 연구를 산업체와 공동으로 추진

(2) 대학 내 또는 대학 주변에 있는 대학 소유의 부지에 기업들이 건물을 지어 입주하여 기업이 대학과의 산·학 협동을 바탕으로 독자적인 연구개발 활동을 추진한다. (Research Park 또는 Technology Park 형태)

① 대학이 대학소유 부지를 일정 기간 동안 기업 또는 토지개발업자들에게 임대해주고 기업은 부지에 본사 또는 연구소 등을 지어 입주시킨다.
   o RPI의 Rensselaer technology Park
   o Cornell 대학의 Business & Technology Park
   o Iowa 대학의 Oakdale Research Park

② 대학과의 연구협력 긴밀도는 산업연구센터보다 적으며, 대학과의 연계를 통한 시설활용, 자문 및 정보획득 등의 유대관계를 활용하기 위해 대학주변에 입주하고 있다.

(2) 창업보육센터의 입주

1980년 불과 50여 개 미만이던 창업보육센터는 1993년 무려 530여 개로 증가하였으며, 이중 전체의 약 70% 이상인 약 380여 개가 1988년 이후에 설립되었다. 또한 창업보육센터 중 2/3는 어떤 형태로든 정부의 재정적인 지원을 받고 있으며, 이 외에도 1/4정도는 공공부문과 민간부문으로부터 동시에 지원을 받고 있다. 여기에는 공공창업보육센터, 공공-민간 창업보육센터, 대학창업보육센터, 민간창업보육센터 등 4 종류가 있다.

제2절 일본·유럽의 사업화 법·제도 및 프로그램

1. 일본의 특성

가. 전반적인 특성

미국의 기술이전 메커니즘이 유럽이나 일본의 것과 다른 이유는 정부-산업 간의 관계 및 정부연구소의 목표가 상이한데 주원인이 있다. 공공 연구기관과 산업계와의 계속적인 상호작용은 연구가 산업계의 요구를 조정할 수 있는 기회를 증대시킬 뿐만 아니라 과학자와 공학자들 상호간에 진행 중인 연구에 대한 이해를 증진시키는 기회를 제공한다.

반면에 일본과 유럽의 경우는 정부연구소가 민간부문의 요구에 보다 민감하다. 부분적으로 연구소의 의사결정에 산업이 참여하거나, 또는 연구를 위하여 연구소와 산업이 계약을 체결하고 있다. 기술개발에 있어서도 수요-풀을 강화하는 메커니즘을 통하여 기술이 특정요구를 충족시키는 데 기여하도록 함으로써, 규정된 산업 및 기업의 문제에 대한 해결책을 도출할 수 있도록 채택 및 이용되어진다.

일본은 공동연구를 명시한 국가차원의 법규는 제정되어 있지 않으나 대부분의 성, 청들은 산·학·관 공동연구의 중요성을 인식하여 특허권의 우선 실시, 특허권 수수료의 징수 등을 명시한 공동연구 규정을 자체적으로 구비하여 시행해 왔다. 그러나 일본의 경우에도 대학, 연구소 등에서의 기술이전이 활발하지 못한 것에 대한 문제점을 가지고 있었고, 이러한 기술이전활동에 초점을 맞춘 “대학 등에서의 기술에 관한 연구 성과의 민간 사업자에 대한 이전촉진에 관한 법률”이 1998년에 제정되어 기술이전을 통한 기술사업화에 힘쓰고 있다.

동법의 제정을 시작으로 기술사업화에 대한 많은 정책적 노력을 경주하여 왔는데, 중요한 특성을 정리하면 아래와 같다.

o 1998년 기술이전촉진법 제정:
  - 대학/연구기관 TLO 설치(47개), 운영비 정부 지원
  - 벤처캐피탈/민간기업과 공동 벤처 투자기금 조성
o 일본 소기업혁신연구제도(SBIR):
  - '신사업창출촉진법'에 의거, 7개 부처 공동 추진
o 2004년 신탁업법 개정:
  - 기업/기술이전기관 신탁업무 허용, 지적재산권에 의한 자금조달 기회확대
  - 2005년 미쓰비시UFJ신탁은행 설립, 신탁업무 개시
o 2008년 이노베이션창조기구 설립:
  - 대학, 기업 등 보유 성장분야 최첨단 기술의 사업화를 위한 민관공동출자펀드
o 민간차원의 기술평가 활동 미흡, 경제산업성/특허청 등 평가모델 개발, 기술평가정보센터

나. 기술사업화관련 법령

(1) **과학기술기본법**(1995년)

일본은 개발기술의 이전을 촉진하기 위하여 과학기술기본법을 1995년에 제정하였다. 본법의 의의는 기술이전에 대한 규정을 명시하는 동시에 정부의 연구개발 투자로 획득된 성과를 산업계로 확산시키기 위한 기술이전을 정부의 정책영역으로 명시하기 위한 것이다. 또한 동법의 중요한 내용을 보면 국가가 사업화 촉진을 위하여 다음 시책을 시행할 것을 규정하고 있다.

o 과학기술 데이터베이스의 구축과 연구기관 간의 정보네트워크 구축 등 연구개발과 관련한 정보화 촉진
o 연구자 교류
o 공공연구개발, 연구시설 등의 공동 이용 등 연구개발에 관련된 교류
o 연구개발 성과의 공개, 연구개발의 정보제공

(2) **대학 등에서의 기술에 관한 연구 성과의 민간 사업자에 대한 이전 촉진에 관한 법률사항**

일본은 대학 등 연구기관 개발기술의 민간이전을 촉진하기 위하여 1998년에 이전촉진에 관한 법률 재정하였다. 본법은 기술이전 연결고리 중 연구기관 내 기술이전

전담조직이 부재하거나 또는 발달하지 못하여 발명이 활성화되지 못한다는 판단에 따라 수평적 기술이전을 활성화하기 위한 것에 제정배경이 있다. 또한 동법의 중요한 내용을 보면 연구기관 기술의 이전촉진을 위하여 다음 시책을 시행할 것을 규정하고 있다.

- o 대학이나 연구소의 기술이전 전담조직의 설립(비 강제적으로 대학 외 별도법인 가능)
- o 기술이전 기관의 사업화 촉진을 위한 조치(재정 및 정보 지원)
- o 연구 성과를 사업화하는 벤처, 중소기업 지원

아울러 기술이전을 촉진하기 위하여 기술이전 사무소를 설치하여 기능을 활성화하는 다음의 업무를 추진하도록 하였다. 첫째, 대학에서에서의 연구 성과를 평가하여 사업화 가능성이 있는 아이템을 선정하도록 한다, 둘째, 기술평가를 한 후 특허권을 획득하여 기업에 해당기술을 라이선싱 해준다. 끝으로, 기술실시료 등 수익의 일정 비율은 대학에 제공한다.

(3) 산업활력재생특별조치법

일본은 개발기술의 사장 방지와 사업화 촉진을 위하여 1999년에 산업활력재생특별조치법을 제정하였다. 이 법의 중요내용을 보면 발명기술에 대한 국가의 활용 및 실시에 관한 것으로 다음과 같다.

- o 연구 개발자는 발명을 보고하여야 한다(보고의무).
- o 국가가 필요한 경우에 국가에 무상라이선싱을 허여하여야 한다(국가의 무상 실시권 보유).
- o 국가가 그 발명의 실시가 불충분하다고 판단한 경우에 제 3자에게 실시할 것을 명할 수 있다(실시권 유보 및 강제).

다. 일본의 중소기업기술혁신제도

(1) 관련법률 및 운영체계

일본은 중소기업의 기술혁신을 촉진하기 위하여 미국의 소기업혁신연구제도(SBIR)를 준거로 '사업창출촉진법'을 1998년 12월에 제정하였다. 또한 이 법을 근거로 중소기업을 위한 하부 규정을 만들었는데, 1999년 2월에 제정된 '새로운 사업의 창출을 촉진하기 위한 기본방침'이 대표적인 것이다. 이 방침에 따라 중소기업자에 대한 지원을 위한 특정 보조금 등의 조건을 규정하였으며, 아울러 중소기업청은 매년 관계 성/청과의 협의체인 '중소기업기술혁신제도 연락회의'에서 '중소기업자 등에 대한 특정보조금 교부방침'을 결정하였다.

(2) 중소기업기술혁신제도 관련 주요 지원제도

일본의 중소기업기술혁신제도(SBIR)에서는 타 사업과 연계하여 타당성조사단계(F/S단계) → 기술개발단계 → 판로개척 → 사업화단계로 이어지는 연계지원체계를 구축하고 있다. 사업화단계의 지원은 정부계 금융기관(중소기업총합사업단, 중소기업 투자육성주식회사, 중소기업금융공고) 등을 활용하고 있다. 본 제도는 지원업체의 선정과정을 중시하는데, 선정단계는 1차 서면심사(기관내부) → 2차(외부 심사위원회) → 3차 최종선정 등의 3단계로 이루어지며, 그 내용도 '중소기업기술혁신제도 연락회의'의 협의 등을 통해 정책을 조율하는 방식을 취하고 있다. 이러한 본 프로그램의 자세한 특징을 정리하면 <표 13-2>와 같다.

또한 기술사업화와 관련하여 일본 정부가 지원하는 제도를 SBIR제도와 비 SBIR제도로 구분해 볼 수 가 있다. SBIR에서는 기술사업화와 관련된 4단계 모두에 대하여 필요한 지원제도를 두고 있는 반면에 비 SBIR에서는 연구개발 및 판로개척 단계에 대해서만 지원이 이루어진다. 이와 관련된 두 지원제도에 따른 자세한 지원특성의 차이를 보면 <표 13-3>과 같다.

라. 기술사업화 전문 인력 양성

일본은 세계 최고의 기술경쟁력에도 불구하고, 기술사업화 능력 및 인재의 부족을 대미 경쟁력 약화의 원인으로 인식하게 되었다. 이에 따라, 2002년 도후꾸(東北)대학을 시작으로 대학을 중심으로 기술경영(MOT) 교육프로그램의 도입이 급속하게 증가되었는데, 일본의 MOT 과정 개설 대학 수는 '02년 18개에서 '03년에는 27개로 증가하였다.

2003년 2월에 경제산업성은 2007년까지 年 1만 명 수준의 MOT 인력양성을 목표로 한「MOT 교육 진흥계획」발표하였다(지적재산추진계획 2005).

- o 기술계대학 졸업자에 대한 MOT 교육 확대 실시 (문무과학성)
- o 2003년 1천명 수준의 MOT 이수자를 '07년 1만 명으로 확대 (경제산업성)
- o MOT 확대를 위해 각 대학에서 제휴학위(Joint Degree) 추진 (문무과학성)
- o 연구개발, 경영에 대한 풍부한 지식과 경험을 가진 민간기업의 인력을 교원 및 강사로 적극 활용 (문무과학성)
- o MOT 수강학생의 경제적 부담경감을 위한 조치 실행 (각 부처)

o 대학의 MOT 강좌개설 및 활동을 대학평가에 반영 (문무과학성)

• 표 13-2. 일본의 SBIR 지원내용

관계 성청	특정보조금 지원 사업 분야
총무성 (통신/방송 기구)	- 선진 기술형 연구개발조성금 - 통신.방송 신규사업 조성금 등
문부과학성	- 독창적 혁신 기술개발연구 제안 공모 제도와 관련되는 보조금 - 과학기술 진흥 조정비 중 일부
후생노동성 (의약품 부작용 피해 구제.연구 진흥 조사 기구)	- 보건의료 분야에 있어서의 기초적 연구 사업과 관련되는 위탁비 - 희소 질병용 의약품등 시험 연구 조성금 등
농림 수산성	- 민간결집형 Agribusiness 창출 기술개발 사업 보조금 - 바이오 신기술.신분야 창출을 위한 기초연구추진사업과 관련되는 위탁비 등
경제 산업성	- 창조 기술 연구 개발비 보조금 - 석유.천연가스 개발/이용 촉진형 연구와 관련되는 위탁비등 - 신사업 개척 조성금중 신기술에 관한 연구개발과 관련되는 것 - 산업기술 실용화 개발 사업비 조성금 - 민간 기반기술 연구 지원 제도와 관련되는 위탁비 - 중소 IT벤처 지원 사업과 관련되는 위탁비 등
환경성	- 차세대 폐기물 처리 기술 기반 정비 사업과 관련되는 보조금

• 표 13-3. 일본의 사업화 지원내용 비교: SBIR과 비SBIR

단계	SBIR지원내용(특정교부금교부)	비 SBIR
1. 타당성 검토	- 과제 대응 신기술 연구 조사 사업 중소 벤처기업에 대해, 경제.사회 요구에 즉시 대응할 수 있는 기술개발 과제를 제시해 실현 가능성 조사 실시	
2. 연구개발	- 특정 보조금 등으로 지정된 여러 가지 연구개발 예산 지원	- 중소기업자의 연구비의 10%상당액을 세액공제 등 세제 혜택
3. 판로 개척	- 시작품 개발 등 기술개발관련 자금	- 신사업 개척 조성금 교부 창업자나 벤처에 의한 판로 개척 등에 전문가의 지도를 실시하면서 조성금을 교부
4. 사업화 단계	- 신용보험 제도에 의한 신용보증 - 중소기업투자육성주식회사에 의한 투자 - 중소기업 금융공고의 특별 대출	

미국보다 제조업 비중이 높은 일본은 미국수준인 年 1 만 명 배출을 목표로, 향후 5년간 50개 대학에 MOT 석사과정 신설을 통해 연간 1만 명의 MOT 전문 인력 양성하는 한편, MOT 교재 및 교과과정 개발을 대학 등 70여개 전문기관에 위탁하여 추진하기로 하였다. 또한 기업(샤프, 캐논 등 50개사)과 대학(와세다, 게이오 등 30개) 공동으로 「기술경영(MOT) 컨소시엄」을 구성하여 협력체계를 구축하도록 하였다

<표 13-4>.

• 표 13-4. 일본의 MOT 컨소시엄 참여주체별 역할

참여주체	역 할
대 학	MOT 프로그램 도입·운영, 기업 인력의 MOT 교육
기 업	MOT 학위 취득자 우대채용, 전문인력의 강사 파견
경제산업성	MOT 프로그램 개발지원('04년 9.5억엔, '05년 5억엔), 산업정책 담당관 우대채용 등

2. 미국-일본-유럽의 비교

유럽의 기술사업화에 대한 노력은 유럽 국가들이 공동으로 추진하는 정책과 개별 국가별로 추진되는 정책적 노력으로 구분해 볼 수가 있다. 유럽 국가들이 공동으로 추진하는 기술사업화 관련 제도는 혁신릴레이센터의 운영이다. 혁신릴레이센터는 1995년에 33개국의 71개 컨소시엄과 243개 파트너조직이 참여하여 설립된 조직이다. 동 센터의 중요한 기능은 기술이전에 대한 자문, 기술의 타당성 분석, 기술금융 및 지적재산권에 대한 자문, 협약지원 등의 서비스를 제공한다. 동 센터는 유로정보센터(Euro Information Center: EIC)와 통합하였으며, 2013년까지 기업유로네트워크(Enterprise Euro Network: EEN)로 확대/개편될 예정이다.

또한 개별 국가별로 기술사업화를 지원하는 제도 및 프로그램을 운영하고 있는데, 독일의 슈타인바이스 재단과 노르웨이의 신기술 기업성장 프로그램 등이 있다. 이러한 개별국가별 노력을 가장 적극적으로 추진하고 있는 영국의 제도와 프로그램을 살펴보고자 한다.[1)]

가. 영국

유럽 국가 중에서 특히 영국에서는 기업의 경쟁력 제고와 경제개발의 과정에서 혁신의 중요성과 개발기술의 사업화촉진을 강조하는 동시에 이를 가장 잘 강화할 수 있는 환경의 조성에 역점을 두고 있다. 이러한 정책수단으로는 다양한 기업의 역할에 대한 이해, 교육의 역할, 재정정책의 영향, 토지사용 및 광범위한 활동과 이들 정책의 지방에로의 확산을 포함한 정부정책의 효과 등이 있다. 1998년 영국정부가 발표한 '경쟁력 백서-지식기반경제의 구축'에 의하면 광범위한 정부의 정책이 기업을 촉진하고 혁신을 자극할 수 있는 능력을 배양하는데 투자를 증진시키고, 나아가

과학과 공학의 기반을 증진시키며, 기술기반 및 지식의 창출·활용을 증진시키는데 있다고 하였다(DTI 1998). 이러한 견지에서 영국정부가 지원하는 사업화 활성화 방안을 보면 <표 13-5>와 같다.

• 표 13-5. 영국의 사업화 수단과 정부자금지원 메커니즘

사업화 수단	정부의 주도정책
국가 우선순위로서의 학계와 산업계 니즈 와 각자 니즈에 대한 이해의 공유	• 예측 프로그램 • 졸업 후 연구를 위한 CASE 자금지원 • 산업적 CASE 자금지원 • 교육회사스케임(TCS) • HEROBIC • Industry Fellowship • LINK
기업에 대한 교육	• Biotechnology Means Business(BMB) 청년 기업가 스케임
높은 상업성을 가진 학술연구의 발굴, 보호 및 상업화 메커니즘	• BMB 바이오기술 활용플랫폼 챌런지
신규 학술발견에 대한 상업화 매력증진을 위한 위험을 감소시키는 자금지원	• 대학도전자금
상업적 잠재력을 가진 생명과학 연구의 초기 상업화 단계를 지원하기 위한 자금지원	• BMB 사업모니터링과 보육 도전
기업, 혁신, 기술이전, 및 사업화 지원을 위한 재정적·문화적 환경조성	• 정부백서 - DTI의 백서(1998) - 미래를 위한 혁신 : R&D투자(HM재무 및 무역산업성 1998) • 지역개발처의 지역경제 전략 • Higher Education Reach-out to business and Community Fund • National Network of Farady • 기업투자 스케임 • 중소기업에 대한 S&R투자 세액공제 • Virtual Center of Excellence • Enterprise Centres • Innovative Manufacturing Initiatives • Liberalization of Defence Agency Research

자료 : Parry, M, "Commercialization, technology transfer, innovation and enterprise -the processes and their support", The 1st WTA Taejon Technomart International Symposium, Taejon November 11, 1999, p.p. 142-3.

나. 미국-일본-유럽 간의 특성비교

위와 같이 미국을 중심으로 선진국의 개발기술 사업화와 관련된 법·제도 및 정책 프로그램 등을 분석하였다. 이러한 분석결과를 몇 가지의 기준, 즉 정책기간, 속성, 관련제도 및 프로그램 등을 중심으로 재 작성하여 상호비교하면 <표 13-6>과 같다.

• 표 13-6. 미국-일본-유럽의 관련 정책/제도의 비교

제도/정책	기간 속성	특성	선진국의 관련기구/ 정책
1. 신기술의 사업화센터 설립	단기	기구설치	미 국 : NTTC, 일본 : JST 프랑스 : ANVAR, 영국 : BTG
2. 기술이전/사업화 사업의 네트워크화 추진	단기	기반구축, 투자확대	미 국 : NTTC 일본 : JST 프랑스 : CTI
3. 연구개발 사업화 촉진법 마련 (연구자에 대한 인센티브 강화)	단기	법규제정	미 국 : 연방기술이전법 일 본 : 신기술사업단법
4. 사업화 촉진을 위한 의무 활동제 도입	중기·단기	법규제정	미 국 : 연방기술이전법
5. 연구결과 사업화를 목적으로 하는 연구원 창업의 적극 지원	단기·중기	지원제도	프랑스 : INRIA
6. 중소기업 기술교육 프로그램	중기	지원제도	미 국 : NTTC 일 본 : 연구교류촉진법 프랑스 : CTI
7. 사업화 재정지원방안	단기	지원제도	미 국 : 스티븐스-와이들러법, 연방기술이전법, SBIR, STTR, SBA, WTC 프랑스 : ANVAR 영 국 : BTG, DTI
8. 사업화연구 및 시장조사연구 지원 방안 모색	단기	투자확대, 지원제도	미 국 : NTTC 프랑스 : ANVAR, FIST ,CTI 영 국 : BTG, DTI
9. 사업화연구 및 시장조사연구 지원 방안 모색	중기·단기	기반구축	일 본 : AIST, JITA 프랑스 : ANVAR, FIST
10. 외국 사업화지원 기관들과의 국제기술협력촉진	중기·단기	기반구축	일 본 : AIST, JITA 프랑스 : ANVAR, FIST

자료 : 배종태, 1997.7, p. 124. 수정함.

제3절 우리나라의 사업화 법·제도 및 프로그램

1. 사업화관련 법

우리나라가 연구개발을 통한 기술개발의 촉진과 이를 활성화하기 위한 법/제도적 장치의 마련은 지난 1990년대 초반부터 시작하였다. 연구개발 활동과 관련하여 과학기술부는 기술개발촉진법과 협동연구개발촉진법을 제정하였다. 한편 개발기술을 통한 산업화의 촉진을 위한 법적 장치의 마련은 1990년대 후반에서야 본격화되었다. 물론 중소기업의 창업지원을 위한 법이 제정되어 있기는 하였으나, 1997년에 '벤처기업육성에 관한 특별조치법'을 제정함으로써 기술벤처창업의 활성화를 위한 법적 장치를 마련하였으며, 소프트웨어 개발촉진법, 산업입지 및 개발에 관한 법률의 개정, 대덕연구단지법의 개정, 과학기술법의 제정 등 법제도적 장치가 마련되거나 보완 중에 있다.

가. 기술이전촉진법

동 법의 제정배경은 먼저 기술이전 및 사업화의 기반을 확충하기 위하여 기업의 기술혁신을 촉진하고, 아울러 공공 부문 기술 개발의 성취도를 제고함으로써 궁극적으로 기술력을 중심으로 한 산업 구조로의 개편을 위한 터전을 마련하고자 함에 있다.[2]

동 법의 주요내용을 보면 산자부장관은 과기부장관 및 관계중앙행정기관의 장과의 협의를 거쳐 「기술이전 및 사업화촉진계획」을 수립하며, 공공기술의 민간이전확산, 민간기술의 이전과 거래, 사업화 촉진 및 기술의 사업화를 위한 투자촉진방안을 마련하여야 한다는 것이다. 또한 투자촉진계획의 심의조정을 위하여 「기술이전 및 사업화정책심의회」 설치하며, 산업자원부 장관을 위원장으로 하고 관계부처 차관 및 관계전문가를 포함하여 총 12명을 위원으로 한다.[3]

아울러 기술이전 및 사업화 중심추진기구로서 「한국기술거래소」를 설립하여 국내외 기술의 원활한 이전, 기술거래 및 기술평가의 활성화 및 기술이전 및 사업화 촉진계획 중 세부사업 수행 등의 업무를 추진한다. 기술 중개·알선 및 평가를 위하여 관계중앙행정기관의 장은 「기술거래기관」 및 「기술평가전문기관」을 지정하고 지원하며, 공공연구기관에 「기술이전 전담조직」 설치를 의무화한다.

끝으로 민간 기술거래활동 촉진을 위해 「민간기술이전전문기관」을 육성, 지원하며, 기술거래 전문가 양성 및 거래 촉진을 위해 「기술거래사」 등록제도를 도입하는 한편, 공공연구기관의 장이 개발성과의 이전으로 기술료수입 발생 시 연구자에게 일정부분 배분하도록 하는 규정을 두었다.

나. 벤처기업육성에 관한 특별조치법('97.10.1~'07.12.31, 계속 시행)

동 법의 제정배경은 기존 기업의 벤처기업으로의 전환과 벤처기업의 창업을 촉진하여 우리산업의 구조조정을 원활히 하고 경쟁력을 제고 하는 데 기여함에 있다. 이러한 취지를 달성하기 위하여 다음과 같은 주요 내용을 규정하고 있다.

벤처기업의 정의에 관한 규정으로 중소기업기본법에 의한 중소기업으로서 특허권, 실용신안권 등 산업재산권, 외국으로부터의 도입기술 또는 다른 법률에 의한 기술개발사업에 의해 개발된 신기술 또는 지식을 이용하여 사업화 하는 기업이나 자체개발기술을 사업화 하는 기업으로 하고 있다.

벤처기업 자금지원제도 마련관련 규정으로 기금관리기본법의 적용을 받는 70여개 기금의 운용자금중 10% 이내를 벤처기업에 지원하도록 하고 있다.

국공립연구기관 연구원, 대학교수 등의 벤처 창업 및 임원 겸임 허용에 관한 규정으로 3년 이내의 범위 내에서 휴직 및 소속기관장의 허가에 의한 겸임 또는 겸직 허용하고 있다.

벤처기업에 대한 특례제도에 대한 규정으로 기술신용보증기금의 벤처기업에 대한 우선보증, 벤처기업에 대한 현물출자 대상에 특허권 등을 포함하도록 하는 산업재산권 등의 출자특례 등을 두고 있다.

다. 중소기업제품 구매촉진 및 판로지원에 관한 법률

동 법의 제정배경은 중소기업의 구조고도화를 통하여 중소기업의 경쟁력을 강화하고, 중소기업제품의 구매촉진 및 판로확대와 중소기업의 경영기반을 확충함으로써 국민경제의 균형 있는 발전에 기여함에 있다. 이러한 취지에 따른 주요내용을 보면 다음과 같다.

기술개발지원사업(기술혁신개발사업) 실시에 관한 규정으로 중소기업의 기술개발을 촉진하기 위하여 기술개발성과의 사업화에 관한 사항을 포함하고 있으며, 기술개발주관기업과 기술개발사업의 성과활용, 기술개발사업의 기술료 및 그 납부에 관한 사항 등이 포함된 협약을 체결하여 시행하도록 규정하고 있다.

기술지도사업에 관한 규정으로 중소기업의 기술개발 등을 지원하기 위하여 국공립연구기관, 대학, 정부출연연구기관 등이 중소기업자와 공동으로 수행하는 산학연공동기술개발사업 및 중소기업에 대하여 실시하는 기술지도사업에 출연할 수 있도록 규정하고 있다.

중소기업 기술개발제품의 우선구매에 관한 규정으로 중소기업자가 개발한 기술개발제품의 수요창출을 위해 정부나 공공기관 등에 대하여 이들 제품의 우선구매를 요청하는 등의 조치를 취할 수 있도록 규정하고 있다.

창업보육센터 등 지원에 관한 규정으로 중소기업창업 및 진흥기금을 설치하여, 중소기업 기술개발, 창업보육센터사업자 및 입주자에 대한 지원 등에 사용할 수 있도록 규정하고 있다.

라. 민군 겸용 기술사업촉진법

동 법의 제정배경은 민군 겸용기술의 연구개발을 촉진하고, 군사부문과 비군사부문 간의 기술이전을 확대하며 규격을 통일함으로써 산업경쟁력 및 국방력의 강화에 기여함에 있다. 이러한 취지에 따라 동 법에서 규정하고 있는 주요 내용을 보면 다음과 같다.

먼저 민군기술이전사업 정의에 관한 규정으로 '민 또는 군이 보유하고 있는 기술을 상호 이전하는 사업'으로 정의하고 있다. 또한 민군 기술이전사업을 위한 제반 업무추진에 관한 규정으로 기술이전과제의 발굴 및 선정, 기술교육 및 연구원의 파견, 이전결과의 평가 및 실용화지원, 기술보유자와 기술수요자 교류 등을 정하고 있다.

마. 조세특례제한법

동 법의 제정배경은 조세의 감면 또는 중과 등 조세특례와 이의 제한에 관한 사항을 규정하여 과세의 공평을 기하고 조세정책을 효율적으로 수행함으로써 국민경제의 건전한 발전에 이바지함에 있다. 따라서 동 취지와 관련된 기술사업화 관련 주요 내용을 보면 다음과 같다.

기술거래에 대한 조세감면 규정으로 특허권 또는 실용신안권의 등록을 한 내국인이 당해 특허권 또는 실용신안권을 2003년 12월 31일까지 양도 또는 대여하거나, 기술비법(내국인이 스스로 연구, 개발한 것으로서 과학기술분야에 속하는 기술비법)을 보유하고 있는 내국인이 계약에 의하여 당해 기술비법을 2003년 12월 31일까지 제공함으로써 발생하는 소득에 대하여는 당해 소득에 대한 소득세 또는 법인세의 100분의 50에 상당하는 세액을 감면하도록 하고 있다.

바. 신기술사업금융지원에 관한 법률

동 법의 제정배경은 신기술신용보증기금을 설립하여 기술신용보증제도를 정착·발전시킴으로써 신기술사업에 대한 자금의 공급을 원활하게 하는데 있다.

- 적용대상 규정: 신기술 사업의 범위
  - o 기술을 개발하거나 이를 응용하여 사업화 하는 중소기업 즉 제품개발 및 공정개발을 위한 연구사업, 연구개발의 성과를 기업화·제품화하는 사업, 기술도입 및 도입기술의 소화개량사업 등을 영위하는 중소기업
  - o 산업기술연구조합

- 기술신용보증기금 설치와 업무 규정
  - o 정부 및 금융회사 등의 출연금을 재원으로 기술신용보증기금을 설치
  - o 신기술사업자가 금융기관으로부터 자금을 조달하는데 따르는 금전채무 보증 등 금융지원업무 수행

그런데 1986년에 제정된 신기술사업금융지원에 관한 법률의 개념과 방식이 30년 동안 그대로 유지됐다. 이로 인해 그간 고도화된 산업기술의 변화 및 발전 동향의 반영이 불가능했을 뿐만 아니라 신기술금융사업 금융권의 위축과 이에 따른 벤처캐피탈 활성화 지연 및 벤처투자에 대한 실적의 저조라는 문제가 제기되어 오고 있다.

이상의 기술사업화와 관련된 법률의 목적과 개정사유 및 내용의 중요부분을 표로 작성하면 아래 <표 13- 7>과 같다.

• 표 13-7. 기술사업화 관련법의 개정 내용

기술개발촉진법 일부개정 2009.4.22	
목적	신기술의 개발을 촉진하고 그 성과를 보급하여 기업의 국제경쟁력을 강화함으로써 국민경제의 발전에 이바지함.
관련 내용	기술개발에 대한 지원 : 재정·금융지원 등 기술개발을 장려 신기술의 인증 및 지원 특정연구개발사업의 추진 연구수행기관에 대한 출연 연구개발지원사업자 등에 대한 지원 기술정보지원 등 기업부설연구소인정
시행령 2008.12.31	신기술이용제품 제조자에 대한 자금지원 신기술이용제품의 우선구매 신기술이용제품 제조자에 대한 기술지도

벤처기업육성에 관한 특별조치법 시행일 2009.5.8 <한시법:2017.12.31>	
목적	기존 기업의 벤처기업으로의 전환과 벤처기업의 창업을 촉진하여 우리 산업의 구조조정을 원활히 하고 경쟁력을 높이는 데에 기여하는 것.
관련 내용	주식회사의 자본금 규모에 대한 특례 : 500만원 이상으로 교육공무원등의 창업 시 휴직 허용 교육공무원등의 겸임이나 겸직에 관한 특례 산업재산권 사용에 관한 특례, 실험실공장에 대한 특례 창업보육센터에 입주한 벤처기업과 창업자에 대한 특례 산업재산권 등의 출자 특례 : 특허권 등을 현물출자 할 수 있다 우선적 신용보증의 실시 : 기술신용보증기금은 벤처기업과 신기술창업전문회사에 우선적으로 신용보증을 하여야 한다.
벤처기업요건 (시행령) 2009.2.3	-창업투자회사 등으로부터 5천 만원 이상, 자본금의10%이상을 출자 받은 기업 -연구소를 보유하고 연간 연구비가 5천 만원이상 매출액의 5%이상인 기업 -기술신용보증기금이 보증하거나, 중소기업진흥공단으로부터 개발기술의 사업화나 창업을 촉진하기 위한 무담보자금을 대출받고 보증 또는 대출기관으로부터 기술성이 우수한 것으로 평가를 받을 것

기술의 이전 및 사업화 촉진에 관한 법률 일부개정 2009.4.22	
목적	공공연구기관에서 개발된 기술이 민간부문으로 이전되어 사업화되는 것을 촉진하고, 민간부문에서 개발된 기술이 원활히 거래되고 사업화될 수 있도록 관련 시책을 수립·추진함으로써 산업 전반의 기술경쟁력을 강화하여 국가경제의 발전에 이바지함
관련 내용	기술이전·사업화 촉진계획의 수립 및 시행 기술이전·사업화정책심의회 : 20인 이내의 위원, 위원장은 지식경제부장관 기술이전·사업화 정보의 등록 및 제공 촉진 한국기술거래소의 설립·운영 : 상설기술거래시장, 중개 알선 평가 사업화지원 공공연구기관의 기술이전·사업화 전담조직 : 전담조직은 법인으로 사업화 전문회사 : 민간부문에서의 사업화, 소요되는 비용을 정부가 지원 기술거래사의 등록·육성 및 지원 : 시행령 제21조 참조 지방자치단체의 기술이전·사업화 촉진사업에 대한 지원 : 정부는 지방자치단체에 필요한 비용을 지원 공공기술 이전의 촉진 : 기술료의 일정 부분을 연구자 등 에게 적정하게 배분 지적재산권 등의 무상양여, 기술이전·사업화 추진비용의 지원 특허신탁관리업의 허가

민·군겸용기술사업촉진법 일부개정 2008.2.29	
목적	민·군겸용기술의 연구개발을 촉진하고, 군사 부문과 비군사 부문 간의 기술이전을 확대하며 규격을 통일함으로써 산업경쟁력과 국방력을 강화하는 데에 이바지함.
관련 내용	민·군겸용기술사업 추진의 기본방향 - 민과 군의 자발적·적극적인 참여와 상호 협력 촉진 - 민·군겸용기술의 연구개발과정에서의 공정한 경쟁 도모 - 민·군겸용기술의 연구개발에 대한 투자 확대 및 투자효율 증대 민·군기술이전사업의 추진 - 기술이전과제의 발굴 및 선정 - 기술이전을 위한 기술교육 및 연구원의 파견 -기술이전 결과의 평가 및 실용화 지원 민·군규격통일화사업의 추진 방위산업물자 및 방위산업체 지정 시 우선 고려 <개정 2008.2.29> 사업참여자가 사업화하는 경우 벤처기업지원에 준하여 지원 국가에 귀속된 연구 기기·설비 및 시험제품 등을 무상으로 양여

산업기술단지 지원에 관한 특례법 일부개정 2008.3.18	
목적	기업·대학·연구소등의 인적·물적 자원을 일정한 장소에 집적시켜 기술을 공동으로 개발하고 그 성과의 사업화를 촉진하며, 기업·대학·연구소 등의 상호 연계 및 협력을 통하여 지역혁신을 가져오게 함으로써 지역경제의 활성화와 국가경쟁력의 제고에 이바지함.〈개정 2007.1.3〉
관련 내용	국·공유재산의 매각 : 산업기술단지의 조성 시 국유재산 또는 공유재산을 수의계약으로 사업시행자 또는 산업기술단지에 입주하는 자에게 매각 또는 임대 공장설립 등에 대한 특례 : 산업기술단지내의 시험생산시설은 공장의 범위에 포함되지 않음 개발부담금, 대체산림자원조성비, 농지보전부담금, 대체초지조성비, 교통유발부담금 등 각종부담금 면제 산업기술단지의 원활한 조성을 위하여 도로·용수공급시설·하수도시설 등 기반시설의 설치를 우선적으로 지원 소득세·법인세·취득세·재산세 및 등록세 등을 감면(조세특례제한법에 의함) 산업기술단지의 조성에 필요한 시설비의 전부 또는 일부를 지원 국가 또는 지방자치단체는 소속공무원을 입주기업에 파견, 기술 및 경영지도 교육공무원 등의 휴·겸직 허용

대덕연구개발특구 등의 육성에 관한 특별법 일부개정 2009.4.22	
목적	연구개발특구의 육성을 통하여 그 지역에 있는 대학·연구소 및 기업의 연구개발을 촉진하고, 상호협력을 활성화하며, 연구개발 성과의 사업화 및 창업을 지원함으로써 국가기술의 혁신 및 국민경제의 발전에 이바지함.
관련 내용	핵심분야별 전문 연구생산집적지 육성 특구 연구개발 성과의 사업화 기반구축 연구개발 활동 및 지적재산권 관리의 지원에 관한 사항 특구 안의 대학·연구소 및 기업의 연구개발 성과의 사업화 촉진에 관한 사항 첨단기술기업의 창업 및 유치 촉진 연구소기업의 설립 연구소기업 및 첨단기술기업 세제지원 및 부담금 감면의 특례
조세 감면	조세특례제한법 제12조2항 : 2009년 12월 31일 까지 지정 받은 연구소기업 및 첨단 기술기업은 3년간 법인세 100%감면, 다음 2년간 법인세 50%감면 첨단기술기업의 자격 : 대덕특구 입주기업, 매출액의 5% 이상 연구비지출, 특허권으로 보호받는 첨단제품 매출이 전체 매출의 30% 이상 (지식경제부 고시 제2008 - 107호)

산업발전법 일부개정 2008.2.29	
목적	산업의 경쟁력을 강화하고 그 균형있는 발전을 도모하여 산업구조의 고도화를 촉진함으로써 국민경제의 발전에 이바지함
관련 내용	정부는 기업이 경제적 수익성·환경적 건전성·사회적 책임성을 함께 고려하는 지속가능한 경영활동을 추진할 수 있도록 종합시책을 수립·시행 산업의 경쟁력강화 첨단기술 및 첨단제품의 범위를 정하여 이를 고시 신산업의 창출촉진 산업기술 및 생산성의 향상 사업전문화유도 기업간협력의 촉진 지역진흥산업의 시행 기업구조조정전문회사 설립 기업구조조정조합의 등록 한국생산성본부를 설립한다

산업기술혁신 촉진법 일부개정 2009.4.22	
목적	산업기술혁신을 촉진하고 산업기술혁신을 위한 기반을 조성하여 산업경쟁력을 강화하고 국가 혁신역량을 높임으로써 국민경제의 지속적인 발전과 국민의 삶의 질 향상에 이바지함.[전문개정 2009.1.30]
관련 내용	산업기술개발사업의 추진 및 사업화 개발기술의 사업화 촉진, 신제품의 인증공공기관의 인증, 신제품 구매촉진 인증, 신제품 품질보장사업의 실시 산업기술 혁신기반 및 환경조성 산업기술인력의 활용, 연구장비·시설 등의 확충 및 활용촉진, 산업기술의 표준화 국제산업기술협력 국제산업기술협력, 남북한 산업기술협력의 촉진, 해외 우수 연구개발센터의 유치 촉진 산업기술혁신 유관기관설립 한국산업기술평가관리원(KEIT)의 설립 한국산업기술진흥원(KIAT)의 설립 한국산업기술시험원의 설립, 한국세라믹기술원의 설립, 한국공학한림원의 설립 전문생산기술연구소의 설립 및 지원

중소기업기술혁신 촉진법 일부개정 2009.2.29	
목적	중소기업의 기술혁신을 촉진하기 위한 기반을 확충하고 관련 시책을 수립·추진함으로써 중소기업의 기술경쟁력 강화를 통하여 국가경제발전에 이바지함.
관련 내용	중소기업의 기술혁신촉진지원사업 - 기술혁신에 필요한 자금지원 - 기술혁신과제의 사업타당성조사 - 수요와 연계된 기술혁신개발의 지원 - 기술혁신성과의 사업화 지원 - 기술혁신을 위한 경영 및 기술의 지도 - 기술혁신형 중소기업 발굴 육성 - 경영혁신형 중소기업 육성사업 - 산업·안전 등에 관한 해외규격획득 및 품질향상지원 - 중소기업 정보화 지원사업 - 중소기업의 생산환경개선 및 생산성향상 지원 - 산·학·연 공동기술개발사업 등 산학협력 지원사업

중소기업진흥 및 제품구매촉진에 관한 법률 일부개정 2008.12.19	
목적	중소기업의 구조 고도화를 통하여 중소기업의 경쟁력을 강화하고 중소기업 제품의 구매 촉진 및 판로 확대와 중소기업의 경영 기반을 확충하여 국민경제의 균형 있는 발전에 기여함.
관련 내용	공공기관의 중소기업제품 구매의 개선 원자재 확보와 품질 향상을 위한 사업의 지원 기술개발제품 등에 대한 우선구매 중소기업제품의 성능인증 기술개발제품구매촉진위원회의 구성 · 운영 중소기업진흥공단의 설립 중소기업제품 판매회사의 설립 경영안정지원 중소기업의 가업승계 지원 <신설 2008.4.10> 중소기업가업승계지원센터의 지정 경영지도사 또는 기술지도사 제도

2. 사업화관련 제도 및 프로그램

우리나라는 1998년 이후 미 활용기술의 산업계 이전을 통한 사업화를 촉진하기 위하여 정책적인 노력을 계속하고 있으며, 그 일환으로 2000년 2월 기술이전촉진법이 제정되었다. 동 법은 공공연구기관 개발기술의 민간부문 이전을 통한 사업화 촉진과, 민간부문 개발기술의 원활한 거래를 위한 관련시책을 수립·추진하며, 기술이전·기술평가 및 기술정보의 유통 등 그 기반을 확충함으로써 산업전반의 기술경쟁력 강화를 통한 국가경제 발전에 기여함을 목적으로 하고 있다. 이러한 목적의 실현을 위하여, 해당 연구기관에 기술이전 전담조직설립을 규정하는 한편, 국가차원에서 기술거래를 전담할 조직으로 한국기술거래소를 설립하였으며, 관련제도의 조직화를 규정하고 있다.[6)]

또한 2008년도부터 정부의 조직개편과 정부 연구개발 및 사업화 정책/제도의 효율적인 수행을 위하여 정보통신부, 과학기술부를 다른 부서와 통합하는 한편 기존부서의 명칭을 변경하였다. 아울러 관련정책을 실질적으로 수행하는 기관에 대한 통폐합도 이루어졌는데, <표 13-8>과 같이 한국기술거래소, 정보통신연구진흥원 등을 포함한 여러 기관이 업무성격별로 분할/통합되거나 또는 명칭이 변경되었다.[7)]

• 표 13-8. 연구개발 관련기관의 통/폐합과 업무분할

업무이관 현황

◎ 신설기관의 기능에 맞춰 업무, 인력, 예산 등 자원을 합리적으로 분배하기 위해서는 R&D 지원 업무를 절차에 따라 3단계로 구분하여 적용

<대상기관 업무 현황 및 분배 결과>

업무구분		ITEP	KOTEF	KTTC	KMAC	IITA	디자인	청정	분배결과
기술개발 사전업무	정책연구	O	O		O	O			진흥원
	중장기 기술전략	O	O		O	O			
	기술기반 지원	O	O		O	O			
기술개발 지원업무	기술개발 과제 기획·평가·관리	O	O		O	O	O	O	평가관리원
기술개발 사후업무	성과분석	O		O	O	O			진흥원
	기술이전·사업화			O	O	O			
기타	행정 및 관리	O	O	O	O	O			균등분배

지역사업 업무는 지역혁신에 대한 중장기 기술전략, 정책연구, 기술개발지원, 기술기반조성 등이 패키지로 이루어져야 하므로 진흥원에 배분

사업이관 현황

◎ 114개 대한 사업별 이관현황

※ 사업에 대한 자세한 이관 현황은 상단에 위치한 (구)기관별 사업소개를 통해 확인하실 수 있습니다.

자료 : 지식경제부(2009), 신설기관에 따른 대상기관 업무이관 현황 및 분배결과

이상과 같은 법 제도적 장치와 아울러 개발기술의 사업화를 위한 제도와 프로그램을 부처별/기관별로 시행해 오고 있는데, 이를 정리하면 <표 13-9>와 같다.

• 표 13-9. 우리나라의 사업화관련 지원제도 및 프로그램

프로그램별 지원 단계

주관부서	사업명 \ 지원단계	사전조사	연구	개발	생산설비	시장진입
지경부 지원사업	전략기술개발사업		■	■		
	중기거점기술개발사업		■	■		
	차세대신기술개발사업		■	■		
	성장동력기술개발사업		■	■		
	민군겸용기술개발사업		■	■		
	부품소재기술개발사업		■	■		
	항공우주부품기술개발사업		■	■		
	바이오스타프로젝트사업		■	■		
	우수제조기술연구센터사업		■	■		
	산업핵심기술개발사업		■	■		
	산업기술기반구축사업		■			
	지역혁신개발사업		■	■		
	지역혁신 마케팅활성화사업					■
	21세기프론티어기술개발사업		■	■		■
	국제공동기술개발사업		■	■		

주관부서	사업명 \ 지원단계	사전조사	연구	개발	생산설비	시장진입
중기청 지원사업	중소벤처창업자금			■	■	
	구매조건부 신제품개발사업		■	■		
	중소기업기술혁신개발사업		■	■		
	중소기업 이전기술개발사업			■		
	신기술 디자인개발사업			■		
	개발기술 사업화 자금지원			■	■	
	아이디어 상업화 지원사업			■		
	신기술 사업화 평가	■				
	경영혁신자금				■	
	사업전환지원사업			■	■	
	중소기업제품구매목표비율제도					■
	중소기업제품공공구매제도					■
	중소기업개발제품우선구매제도					■
	내수기업의 수출기업화사업					■
	수출중소기업 Global Brand 육성					■

가. 자금지원

개발기술 사업화 자금지원	
사업목적	중소기업이 보유한 우수 기술의 사장을 방지하고 개발기술의 제품화 · 사업화를 촉진
신청대상	○ 제조업, 지식서비스업을 영위하는 중소기업으로서 다음 기술을 사업화하고자 하는 기업 또는 자체기술을 사업화하고자 하는 Inno-Biz기업 - 정부시행 기술지원사업에 참여하여 기술개발에 성공(완료)한 기술 - 특허 또는 실용신안 등록 기술 - 정부 및 정부 공인기관이 인증한 기술, 국내외의 대학, 연구기관, 기업, 기술거래기관 등으로부터 이전 받은 기술 - 기술이전촉진법상 기술평가기관으로부터 기술평가인증을 받은 기술
융자지원 범위	□ 시설자금 : 생산설비, 시험검사장비 도입 등에 소요되는 자금 □ 운전자금 : 원부자재 구입비용, 시장 개척비용 등 - 시설자금 : 8년 이내(거치기간 3년 이내 포함) - 운전자금 : 5년 이내(거치기간 2년 이내 포함) ○ 대출한도 : 업체당 연간 20억원(운전자금은 5억원)

아이디어 상업화 지원사업	
사업목적	대학 · 연구기관(주관기관)이 보유한 창업인프라를 통해 성공 가능성이 높은 우수 아이디어를 발굴하여 상품화제작, 마케팅 등을 원스톱으로 지원하는데 소요되는 비용의 일부를 지원
신청대상	○3년 이내의 창업 초기기업 및 창업이 가능한 예비창업자 * 아이디어 : 새로운 개념의 아이디어, 또는 기존제품에 비해 성능 및 기능이 개선될 수 있는 아이디어로서 사업기간 내에 개발이 완료되어 실물로서 결과가 도출될 수 있어야 함 ○연구개발 과정 없이 바로 상품화 진행이 가능한 사업아이디어 또는 연구개발 완료된 기술을 이용한 파생형 신제품 아이디어를 가진 자
지원 범위	○예비창업자 및 창업 초기기업(3년 미만)을 대상으로 전체 사업비의 70% 범위내(과제별 50백만원 내외)에서 정부에서 지원하고 나머지 비용은 예비창업자 등이 부담 * 예비창업자 또는 주관기관은 현금 또는 현물로 부담 (예비창업자는 총사업비의 10% 이상을 현금으로 부담) ○아이디어 발굴, 상품화제작, 소비자 반응평가, 자금조달연계 등 창업부터 사업 안정화까지 전담코치를 지정하여 일괄 지원
중소기업청 창업진흥과 : 042-481-4410	

중소기업 이전기술개발사업	
사업목적	○중소기업이 대학, 연구소 등 공공연구기관의 우수 보유기술을 이전받아 실용화하는데 소요되는 추가 개발비용을 지원 ○연구기관의 연구성과를 중소기업으로 이전하여 우수 기술의 사장을 방지하고 실용기술로 연계하는 사업
신청대상 및 지원 범위	공장등록증 보유 중소제조업체 * 기업부설연구소 보유기업, 창업보육센터(BI) 입주기업, 소기업, SW개발업체는 사업자등록증으로 갈음 □ 선도과제(개발기간 2년이내, 최고 5억원까지 지원) ◦대학.연구소 등 공공연구기관이 보유한 우수 기술을 이전, 상용화를 목적으로 개발하기 위해 제안하여 채택된 지정공모과제 □ 실용과제(개발기간 1년이내, 최고 2.5억원까지 지원) ◦기술거래기관(TLO포함) 등을 통해 시장에서 기술이전이 이루어진 기술의 상용화 추가개발을 위한 자유응모과제 접수마감일 기준으로 기술이전계약후 2년이 경과되지 않은 기술만 해당
중소기업청 기술개발과(042-481-4444/7)	

신기술 사업화 평가	
사업목적	중소기업이 개발하고자 하는 신기술에 대하여 개발타당성, 시장성, 성공가능성, 사업전략 수립 등의 사업화평가를 지원하여 사업화 성공률을 제고
신청대상	○중소기업기본법에 의한 중소기업으로서 업력 7년 이내의 창업기업 ○사업화 실현 가능성이 높은 신제품 개발 기술 ○잠재시장 규모가 크고 성장 가능성이 높은 신제품 개발 기술 ○반드시 신기술을 보유한 중소기업과 1인 이상의 외부전문가를 포함하는 2~3인의 프로젝트팀을 구성하여 신청 -외부전문가는 신청 기술관련 전문가, 사업화 기획 전문가(컨설턴트) 또는 투자심사역 등으로 구성 가능
지원내용	총 평가비용(과제당 4천만원 한도)의 75%까지 평가기관에 지원하며, 중소기업은 25% 부담 * 중소기업 : 인건비 등 현물부담 20%, 현금부담 5% 연계지원 평가결과 우수과제의 지원 ○사업화평가 이후 연계지원평가 위원회에서 우수과제로 추천된 과제는 차년도 중소기업청 R&D 사업으로 지원범위 내에서 자동 연계 지원
중소기업청 기술개발과(042-481-4442)	

사업화기술개발사업
▶ 구매조건부 신제품개발사업 □ 지원내용 O총 사업비의 75% 이내 지원, 주관기업이 25% 부담 * 민간부문 과제는 총 사업비의 55%이내(대기업 20%, 주관기업 25%) - 일반과제 : 최고 3억원까지 지원, 개발기간 2년 이내 - 투자연계과제 : 외부투자를 조건으로 6억원까지 지원, 개발기간 3년 이내
▶ 해외바이어 주문형 기술개발사업 □ 지원내용 O 총 사업비의 75%이내에서 최고 1억원까지 지원(중소기업 25% 부담), 개발기간 1년 이내 □ 지원대상 업체 O 해외발주처(바이어)로부터 신제품개발 Order 받은 중소기업으로 발주계약 후 1년이 경과하지 않은 계약으로서 협약일로부터 1년 이내에 신제품 개발이 가능한 기술 <우선지원 대상 기업> ● 중소기업 글로벌 전략품목 31개(중기청 홈페이지 참조)
문의처 : 중소기업청 기술개발과(042-481-4444/7)

·우수기술개발 중소기업 사업화 연계지원 사업

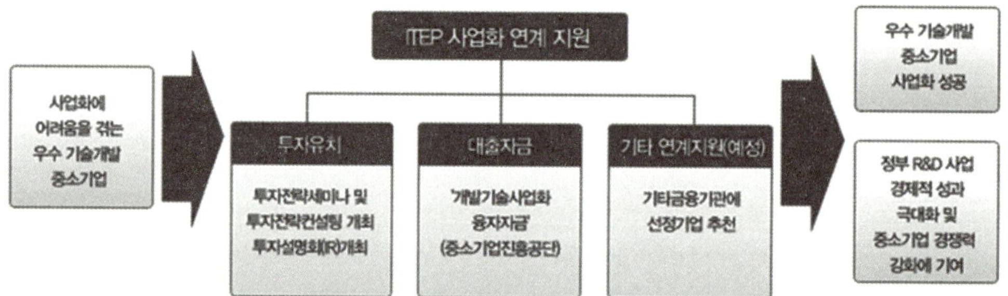

[우수기술개발 중소기업 사업화 연계지원 체계도]

지식경제부 및 중소기업청 기술개발(R&D)사업을 성공적으로 수행한 우수 중소기업에 한해, 사업화 촉진을 위한 투자유치(IR), 개발기술사업화 융자자금(중소기업진흥공단) 등의 연계 지원을 실시

나. 세제 지원

연구인력개발비 세액공제 (제10조) 일부개정 2008.12.26	
지원 대상	국내외 중소기업의 과학기술분야 연구기관또는 전담부서 연구개발서비스업을 영위하는 기업 산업기술연구조합, 산학협력단 기술시험 · 검사 및 분석업을 영위하는 중소기업
지원 내용	중소기업 : '가' 항과 '나' 항 중 택일 가. 해당 년도의 연구·인력개발비 중 직전 4년간 연평균금액의 초과 분의 50% 나. 해당 과세연도에 발생한 연구·인력개발비의 25% 세액공제 중소기업 이외의 자 : '가' 항과 '나' 항의 합 또는 '다' 항 중 택일 가. 해당 년도의 중소기업의 위탁 연구·인력개발비 중 직전 4년간 연평균금액의 초과 분의 50% 나. 해당 년도의 중소기업의 위탁 이외의 연구·인력개발비 중 직전 4년간 연평균금액의 초과 분의 40% 다. 해당 과세연도에 발생한 연구·인력개발비의 3% + 매출액대비 연구·인력개발비의 × 2분의 1 (6%한도)

연구 및 인력개발을 위한 설비투자에 대한 세액공제 (제11조) 개정2008.9.16	
지원 대상	국내외 중소기업의 과학기술분야 연구기관또는 전담부서 연구개발서비스업을 영위하는 기업 산업기술연구조합, 산학협력단 기술시험 · 검사 및 분석업을 영위하는 중소기업
지원 내용	내국인이 2009년 12월 31일까지 연구 및 인력개발을 위한 시설 또는 신기술의 기업화를 위한 시설에 투자(중고품에 의한 투자는 제외)하는 경우에는 투자금액의 10% 세액공제
제한 사항	특허받은 국내기술의 개발성과를 처음으로 기업화한 것 기술개발촉진법 의하여 신기술로 인정한 것을 처음으로 기업화한 것 연구기관이 개발한 기술의 성과를 처음으로 기업화한 것 실용신안법에 의하여 등록을 한 신규의 고안을 처음으로 기업화한 것 컴퓨터프로그램 보호법에 의하여 등록을 한 컴퓨터프로그램저작물을 처음으로 기업화한 것 반도체집적회로의 배치설계에 관한 법률」에 의하여 설정등록된 반도체집적회로의 배치설계를 처음으로 기업화한 것

기술이전소득 등에 대한 과세특례 (제12조)	개정2008.9.16
지원 대상	내국인이 특허권, 실용신안권, 또는 산업기술혁신 촉진법에 따른 한국산업기술진흥원이나 기술이전 및 사업화 촉진법에 관한 법률 규정에 따른 기술거래기관으로부터 2009년 12월 31일까지 특허권 등을 취득한 경우
지원 내용	취득금액의 3%(중소기업은7%) 세액공제. (양도 또는 대여함으로써 발생하는 소득 에 대한 세액공제는 2005년 12월 31일 개정 때 삭제됨)
제한 사항	이 경우 공제받을 수 있는 금액은 당해 과세연도의 소득세 또는 법인세의 100분의 10을 한도로 한다

연구개발특구에 입주하는 첨단기술기업 등에 대한 법인세 등의 감면 (제12조의2) [본조신설 2006.12.30]	
지원 대상	1. 「대덕연구개발특구 등의 육성에 관한 특별법」 제2조제3호의 규정에 따라 2009년 12월 31일까지 지정을 받은 첨단기술기업 2. 「대덕연구개발특구 등의 육성에 관한 특별법」 제9조제1항의 규정에 따라 2009년 12월 31일까지 승인을 얻어 설립한 연구소기업
지원 내용	3년 동안 법인세 또는 소득세의 100% 세액을 감면, 그 다음 2년 동안 법인세 또는 소득세의 50% 세액을 감면.
제한 사항	첨단기술기업지정 : 국내외 특허권을 보유하고 산업발전법에 따라 고시된 「첨단기술 및 제품」을 생산.판매하는 기업으로서, 첨단기술 매출액이 30%이상, 매출액의 5%이상 R&D에 투자한 기업

외국인 기술자에 대한 소득세의 면제 (제18조) [개정 2006.12.30]	
지원 대상	외국인기술자 외국인투자촉진법에 따른 기술도입계약에 의한 외국인기술자
지원 내용	국내에서 최초로 근로를 제공한 날(2009년 12월 31일 이전에 한함)부터 5년 동안 근로소득세 면제
제한 사항	지원대상 외국인기술자 - 외국에서 다음의 산업분야에 5년 이상 종사하였거나 학사학위 이상의 학력을 가지고 당해 분야에 3년 이상 종사한 기술자로서 다음 각목의 1에 해당하는 사업을 영위하는 사업자와의 고용계약에 의하여 근무하는 자 - 기획재정부령에 의한 비영리법인인 연구기관에서 연구원으로 근무하는 자 - 기획재정부령에 의한 엔지니어링기술도입계약에 의한 기술자 - 특정연구기관에서 연구원으로 근무하는 자 - 정부출연연구기관 에서 연구원으로 근무하는 자

외국인투자에 대한 법인세등의 감면 (제121조의2) [개정 2009.1.30]	
지원 대상	국내산업의 국제경쟁력강화에 긴요한 산업지원서비스업 및 고도의 기술을 수반하는 사업 외국인투자지역에 입주하는 외국인투자기업 기타 외국인투자유치를 위하여 조세감면이 불가피한 사업으로서 대통령령이 정하는 사업
지원 내용	법인세 소득세 : 5년 간 외국인투자비율의 100% 세액감면 그 다음 2년 간 외국인투자비율의 50% 세액감면 5년간 소득이 발생하지 않은 경우는 최초 발생한 해로부터 3년 간 외국인투자비율의 100% 세액감면 그 다음 2년 간 외국인투자비율의 50% 세액감면 내국법인과 합병하여 당해 합병법인의 외국인투자비율이 감소한 때에는 합병 전 외국인투자기업의 외국인투자비율을 적용 취·등록세, 재산세, 종합토지세 : 지방자치단체 조례에 따라 15년 까지 감면 대상사업을 영위하기 위한 자본재에 대한 관세, 특별소비세, 부가가치세 감면

◆ 참고자료 : 2005년 이전의 사업화 관련 프로그램/제도 ◆

가. 자금지원제도

제도명	사업개요	지원대상	지원내용	문의처
중소기업 기술이전 개발지원	국내외 대학, 연구기관, 기업 등이 개발 또는 보유하고 있는 기술을 중소기업이 이전 받아 실용화·상업화하는데 필요한 기술개발자금의 일부를 지원함	신청일 이전 1년이내에 기술이전계약을 체결한 중소기업의 사업화되지 않은 다음 기술이어야 함 - 관련법에 의한 특허권, 실용신안권, 의장권, 저작권 등으로 등록 또는 출원중인 기술 - 각종 국가연구개발사업을 통하여 개발완료 또는 실증화 테스트를 마친 기술 - 각종 학회지, 논문, 간행물 등에 수록 소개된 기술 - 해외 도입 기술로 국내 기술거래기관을 통하여 인정된 기술 - 기타 소유권이 있는 기술로 보유기관과 계약 체결된 기술. 단, 기술보유자가 개인 등의 경우 소속 대학·연구기관 또는 기술거래·평가기관 등을 통해 상업적 목적으로 중개 또는 거래된 기술	ㅇ총 개발사업비의 75%범위 내에서 최고 1억원까지 지원 (S/W분야는 최고 50백만원까지 지원) ㅇ2003년도 지원규모 : 총 59억원 (예정)	ㅇ중소기업청 기술정책과: Tel 042-481-4434 ㅇ중소기업진흥공단 기술협력진흥실: Tel 02-769-6802/6
특허경비 지원	대학, 출연연구소, 국공립(연) 등이 개발한 우수기술에 대한 지적재산권을 확보하기 위하여 국내외 특허출원, 등록 비용 등 지원	ㅇ이공계 정부출연연구소, 국공립연구소 연구원의 직무상의 연구 성과 ㅇ대학 교수와 연구원의 직무상의 연구성과 - 단, 대학과 교수와의 공동 명의도 가능	ㅇ국내 또는 해외 특허출원 및 등록 비용에 대해 기준단가이내에서 실경비를 지원 - 해외출원지원은 출원국 심사를 거쳐 3개국 이내로 제한함	한국산업기술진흥협회 연구성과지원사업단: Tel 02-2185-8827
기술평가 수수료 지원	정부가 지정한 기술평가기관에서 기술평가를 받은 중소·벤처기업 및 개인에게 평가 수수료의 일부를 지원함	ㅇ기술평가기관에서 기술평가를 받은 중소·벤처기업 및 개인 ㅇ지원이 가능한 평가의 범위 - 기술거래, 무체자산 산입, 현물출자, 기술투자, M&A 등을 위한 것으로서 정부가 지정한 기술평가기관에서 평가를 수행한 것	건당 지원한도 : 기술평가수수료의 50%이내에서 최고 1,000만원까지	한국기술거래소 기획실: Tel 02-6009-4303
특허 기술 평가 지원	국공립 전문 연구기관 및 시험분석기관 등으로부터 발명에 대한 기술성 및 사업성을 평가받는 경우 평가 수수료의 일부를 지원함	특허기술 평가지원 신청대상은 내국인으로서 신청일 현재 특허법, 실용신안법의 심사청구에 의해 등록 또는 실용신안등록유지결정을 받은 권리자, 그 승계인 및 전용실시권자로서 개인 및 중소기업과 벤처기업으로 함	신청인 1인에 대한 평가수수료 지원은 연간 4건까지로 하며 총 평가수수료의 80% 범위내 (1인당 연간 지원총액은 3천만원을 초과하지 못함)	ㅇ한국기술거래소 가치 평가실: Tel 02-6009-4382 ㅇ한국발명진흥회 특허기술평가실: Tel 02-3459-2884

(앞 표에서 계속)

제도명	사업개요	지원대상	지원내용	문의처
신기술 아이디어 사업화타당성 평가	중소기업 등이 보유한 신기술 아이디어에 대해 기술성·사업성을 평가하는 경우 평가에 소요되는 비용을 정부가 지원함 - 평가에 소요되는 비용은 전액 정부가 평가기관에 직접 출연하며, 신청기관(신청자)의 부담은 없음.	ㅇ신청자격 : 신기술아이디어를 보유한 다음과 같은 자 - 창업을 준비중인 개인이나 법인 - 신청일 현재 정상 가동중인 중소기업기본법상의 중소기업 ㅇ신기술아이디어의 범위 - 제품 및 공정의 혁신적 개선이 가능한 기술과제 - 산업재산권(특허·실용신안으로 등록·출원중인 기술)으로서 제품화되지 않은 기술과제 - 해외에서 도입을 추진중인 우수기술 ㅇ신청분야 - 제조업 전분야 - 비제조업 중 정보처리 및 컴퓨터 운영관련업, 전자상거래업, 통신업, 전기가스수도사업,하수처리 및 폐기물처리업 등 - 기타 제품 및 공정의 혁신적 개선이 가능한 기술분야 등	ㅇ평가결과가 우수한 과제에 대해서는 기술혁신개발사업, 이전기술개발사업 등의 R&D 사업과 중소벤처창업자금, 개발기술사업화자금 등 창업 및 사업화에 필요한 정책자금을 연계 지원함 - 사업화 성공을 위한 기술·경영 등 입체적인 종합 컨설팅 지원 - 기술신보를 통한 성장단계별 보증 지원 - 창업투자회사, 엔젤 등을 통한 민간투자자금의 유치 지원 - 기술이전 및 거래 지원	ㅇ한국기술거래소 가치평가실: Tel 02-6009-4393
연구원 창업 지원사업	원천기술을 보유한 국내외 연구원, 유학생의 창업을 효율적으로 지원함으로써 신산업 창출 및 공공기술의 실용화를 촉진	연구원창업기업을 전문적으로 보육하고 있는 출연(연) 창업보육센터 - KAIST, KIST, 광주과기원 등 13개 창업보육센터	ㅇ국내외시장진출지원, 투자유치활동지원, 기술.경영.법률컨설팅지원, 시작품 제작지원 등을 위한 보육경비 - 13개 창업보육센터간의 협의를 거쳐 작성된 공동보육사업 위주로 지원 - 세부사업별로 수혜기업이 경비의 30%이상을 부담	ㅇ한국산업기술진흥협회 연구성과 지원사업단: Tel 02-2185-8827
기술이전 비용지원	대학, 연구소, 기업 등이 보유하고 있는 기술을 이전받는데 필요한 비용 일부 지원함	2003년 5월 15일 이후에 기술이전 촉진법에서 정한 한국기술거래소, 기술거래기관, 기술거래사(이 경우 반드시 사업자 등록을 필한 자여야 함)의 중개아래 기술이전계약을 체결한 기업 및 개인	기술이전을 받을 때, 기술제공자에게 지불하는 기술이전 계약 선급금의 70%범위 내에서 최고 5천만원까지 지원	한국기술거래소 기반조성실: (02)6009-4345
우수기술 수출지원	우수한 기술 또는 제품을 보유한 국내의 기업이 해외로 진출하고자 하는 경우 해외의 업무알선기관이 요구하는 보수금의 일부를 지원함	우수한 기술 및 기술제품을 보유한 중소기업, 대학, 연구기관, 개인으로서 - 보유 기술을 해외에 매매, 라이센싱하려는 기관(개인) - 해외에서 합작 또는 투자유치를 통해 사업을 추진하고자 하는 기관(개인) - 우수한 기술로 만들어진 제품을 해외에서 판매하려는 기관(개인)	한국기술거래소와 업무협약을 맺은 해외 업무알선기관에 지불하는 착수금의 70%이내에서 건당 최대 1,000만원까지 지원(해외지역 기술성·시장성 조사 및 수요자 알선 등 업무추진에 필요한 경비)	한국기술거래소 기반조성실 (02-6009-4345)

(앞 표에서 계속)

제도명	사업개요	지원대상	지원내용	문의처
개발 및 특허기술 사업화자금 지원	기술성, 사업성이 우수한 중소기업 개발기술을 사업화 및 상품화하는데 필요한 자금을 지원함	제조업, 제조업관련서비스업, 지식기반서비스업을 영위하는 중소기업으로서 다음 중 하나에 해당되는 기술을 사업화 하고자 하는 기업 - 최근 3년 이내 중소기업청 등 정부시행 기술지원사업에 참여, 성공판정 받은 기술 - 특허 또는 실용신안 기술평가 확정등록이 3년이내인 특허권 또는 실용신안권 보유 기술 - 특허청에 등록된 특허기술 정보센터(한국특허정보원)의 선행기술조사결과 신규성과 진보성을 인정받는 특허출원기술 - 국내외 대학, 연구기관, 대기업, 기술거래기관으로부터 3년 이내 기술이전 협약을 체결하여 기술이 양도되고 이전받은 결과물이 제품화가 가능한 기술 - 중소기업청 Inno-Biz 선정업체 보유기술	○ 개발기술 및 특허기술의 사업화에 소요되는 원부자재 구입비용, 시장개척비용 등 ○ 개발기술을 활용한 제품양산에 필요한 생산설비 구입비용 ○ 지원금리:연 5.75%, 변동금리 ○ 지원기간:5년이내(거치기간 2년 포함) ○ 지원한도:업체당 5억원 이내(운전자금은 3억원 이내) ○ 담보방법:중소기업진흥공단 전액 신용대출 ○ 지원규모:600억원(2003년도)	중소기업진흥공단 각 지역본(지)부

자료 : 한국기술거래소, 기술이전지원제도 안내, 2003.,
　　　한국산업기술진흥협회 홈페이지(http://www.koita.or.kr/) 발췌, 편집
※ 보다 자세한 정책자금관련 정보는 정책자금안내시스템(http://www.finainfo.go.kr/)에서 검색가능

나. 조세지원제도

제도명	사업개요	지원대상	지원내용	문의처
연구·인력 개발비 세액 공제	기업에서 발생한 연구 및 인력개발비의 일정률을 법인세(또는 소득세)에서 공제해 주는 제도임(조세특례제한법 제10조)	ㅇ개인, 법인 사업자 (부동산업 및 소비성 서비스업 제외) ㅇ연구개발비 - 전담부서 연구요원 및 연구업무 직접지원 직원의 인건비, 연구용 재료비등 자체, 위탁 및 공동기술개발비 등 ㅇ인력개발비 - 국내외 위탁교육훈련비 및 기술연수비, 사내직업훈련비등 인력개발비	다음의 세액공제방법중 하나를 선택 - 당해연도 발생한 비용이 직전 4년간 평균 연구 및 인력개발비 발생금액을 초과하는 금액에 대하여 50% 세액공제(중소기업이 아닌 자는 40% 세액공제) - 당해과세연도에 발생한 연구 및 인력개발비의 15% 세액공제 * 감면받을 세액을 당해연도에 공제받지 못할 경우에는 7년간 이월공제를 허용함	- 재정경제부 조세지출예산과: Tel. 02-503-9212 - 관할세무서
연구 및 인력개발을 위한 설비투자에 대한 세액 공제	내국인이 연구 및 인력개발 또는 신기술의 기업화를 위한 시설투자(중고품에 의한 투자 제외)에 대하여 투자금액의 일정률을 세액공제해 주는 제도(조세특례제한법 제11조)	ㅇ기업부설연구소 및 연구개발전담부서(기술개발촉진법시행규칙 제7조와 제8조) ㅇ산업기술연구조합육성법에 의한 산업기술연구조합에서 직접 사용하기 위한 연구시험용 시설을 취득한 자	당해 설비 투자금액의 7/100를 세액공제	- 재정경제부 조세지출예산과: Tel. 02-503-9212 - 관할세무서
외국인 기술자에 대한 소득세 면제	외국인 기술자가 엔지니어링 또는 근로를 제공해 주거나 특정연구기관에서 연구 업무에 종사하는 경우 소득세를 면제해 주는 제도임(조세특례제한법 제18조)	ㅇ 엔지니어링기술진흥법에 의한 기술도입계약에 의하여 국내에서 기술을 제공하는 자 (30만불이상의 도입계약에 한함) ㅇ특정연구기관, , 비영리법인 연구기관 및 정부출연연구기관(일부)에서 연구원으로 근무하는 자 ㅇ외국에서 다음의 산업분야에 5년이상 종사하였거나 학사학위이상의 학력을 가지고 당해분야에 3년이상 종사한 기술자 - 기계·전자·전기·항공공업, 방위산업,정밀화학, 신소재산업, 생물산업, 정보처리 및 컴퓨터운용관련업, 부가통신업, 석유화학 및 석유정제업, 엔지니어링사업, 광업, 건설업 ㅇ외국인투자촉진법에 의한 기술도입계약에 의하여 국내에서 내국인에게 근로를 제공하는 자	ㅇ외국인기술자가 국내에서 내국인에게 근로를 제공하고 지급받는 근로소득으로서 당해 외국인기술자가 국내에서 최초로 근로를 제공한 날(2003년 12월 31일이전인 경우에 한함)부터 5년이 되는 날이 속하는 달까지 발생한 근로소득 ㅇ외국인투자촉진법에 의한 기술도입계약에 의하여 근로를 제공하는 외국인기술자가 국내에서 내국인에게 근로를 제공하고 지급받는 근로소득 - 단, 동법의 규정에 의하여 기술대가에 대한 소득세 또는 법인세가 면제되는 경우의 외국인기술자의 근로소득으로서 그 기술도입계약에 관한 신고필증교부일부터 5년이 되는 날이 속하는 달까지 발생하는 소득에 한함	- 재정경제부 국세조세과: Tel 02-503-9227~8 - 관할세무서
외국인투자에 대한 조세 감면	외국인투자기업이 국내에서 국내산업의 국제경쟁력 강화에 긴요한 산업지원서비스업 및 고도기술을 수반하는 사업을 영위하는 경우 조세감면 등의 혜택을 줌으로써 외국인투자를 적극 유치함은 물론 국내산업의 구조 고도화와 산업경쟁력 강화를 도모(조세특례제한법 제121조)	ㅇ국내산업의 국제경쟁력 강화에 긴요한 산업지원서비스업 및 고도의 기술을 수반하는 사업 ㅇ외국인투자지역에 입주하는 외국인투자기업이 영위하는 사업 ㅇ기타 외국인투자 유치를 위하여 조세감면이 불가피한 사업으로서 대통령령이 정하는 사업	ㅇ법인세, 소득세 : 사업개시후 최초로 소득이 발생한 과세연도부터 7년간 100%, 그후 3년간 50% 감면(사업개시일로부터 5년이 되는 날이 속하는 과세연도까지 소득발생이 없을 경우 5년이 속하는 과세연도부터) ㅇ취득세, 등록세, 재산세, 종합토지세 : 5년간 100%, 그후 3년간 50%(단, 지방자치단체의 조례로 15년까지 연장 가능) ㅇ관세, 특별소비세, 부가가치세 : 조세감면 대상사업을 영위하기 위하여 도입하는 자본재에 대해 면제	- 재정경제부경협총괄과: Tel. 02-503-9130

(앞 표에서 계속)

제도명	사업개요	지원대상	지원내용	문의처
기술이전소득에 대한 세액감면	국내에서 개발한 기술을 내국인(외국인)에게 제공함으로써 발생하는 소득에 대한 법인세 또는 소득세를 감면해 주는 제도임(조세특례제한법 제12조제1항)	ㅇ특허권 또는 실용신안권의 등록을 한 내국인이 당해 특허권 또는 실용신안권을 2003년 12월 31일까지 양도 또는 대여함으로써 발생하는 소득 ㅇ기술비법을 보유하고 있는 내국인이 계약에 의하여 당해 기술비법을 2003년 12월 31일까지 제공함으로써 발생하는 소득 ㅇ내국인이 기술이전촉진법에 의한 한국기술거래소 기술거래기관, 민간기술이전전문기관으로서 한국기술거래소에 등록한 기관 기타 대통령령이 정하는 기관을 통하여 2003년 12월 31일까지 양도·대여 또는 제공함으로써 발생하는 소득	ㅇ양도, 대여 또는 제공함에 따른 발생소득에 대한 소득세 또는 법인세의 50%를 세액감면	- 재정경제부 조세지출예산과: Tel. 02-503-9212 - 관할세무서
기술도입대가에 대한 조세면제	국내산업의 국제경쟁력 강화에 긴요한 고도의 기술을 도입하는 경우 기술제공자가 받는 기술도입대가에 대한 조세면제(조세특례제한법 제121조)	ㅇ전자·정보 및 전기분야 등 재정경제부장관이 외국인투자위원회의 심의를 거쳐 정하는 고도기술 수반사업 ㅇ조세면제대상 고도기술사업의 범위 : -『외국인투자등에대한조세감면규정』 별표 1의 기술(재경부 고시 2001-1호 2002. 1.14)	기술제공자가 받는 기술도입대가에 대한 법인세 또는 소득세를 5년간 면제	- 재정경제부 경협총괄과: Tel. 02-503-9130
학술연구용품에 대한 관세감면	과학기술 또는 산업기술의 연구개발에 공헌하기 위하여 수입하는 물품에 부과되는 관세의 일부를 감면해 주는 제도임(관세법 제90조)	기업의 부설연구소와 연구개발전담부서 및 산업기술연구조합이 수입하는 물품	해당관세액의 80/100	- 재정경제부 관세제도과: Tel. 02-503-9231~2 - 관세청 통관기획과: Tel. 042-481-7813
		특정연구기관 및 비영리법인 연구기관이 수입하는 물품	해당관세액의 80/100 (공공의료기관 및 학교부설 의료기관은 50/100)	

자료 : 과학기술부, 기술혁신지원제도, 2003. 발췌, 편집

각주

1) 개별국가의 기술사업화 지원프로그램에 대하여 독일과 노르웨이를 제도를 소개하면 아래와 같다.
   - o 독일 슈타인바이스 재단:
     - 네트워크형 추진체계와 기술이전 프로그램 보유
     - 세계 47개국 680개 기술이전센터(STC), 합작회사 및 프로젝트 협력
   - o 노르웨이 신기술 기업성장 프로그램(BUNT, Business Development Using New Technology)
     - 기술사업화 전문 컨설턴트 선발/훈련, 중소기업의 기술 및 경영상 경쟁력 강화와 부가가치 창출 지원
2) 이 부분은 이영덕 외 1인, 기술거래·평가 전문교육, 한국기술거래소, 2003.10과 한국기술거래소, 대학TLO 기술이전업무 매뉴얼, 2003.6.을 참고로 작성되었음.
3) 산업자원부 산업기술정책과, 기술이전 및 사업화 본격 확산을 위하여 기술거래소 설립, 기술이전 전담조직 설치 등 추진(보도자료), 2000. 2.
4) 산자부, 과기부, 정통부, 교육부, 농림부, 보건복지부, 환경부, 건설교통부 및 해양수산부
5) 국회법률지식정보시스템 http://likms.assembly.go.kr/law/jsp/main.jsp
6) http://www.itep.re.kr/
7) http://www.kiat.or.kr/01_business/business/local/work_09.asp

1. 미국 텍사스대학교 벤처 및 기술사업화연구소(ICC)의 교육훈련프로그램

1) Program Overview

The ability to commercialize new technology rapidly is essential for competitive advantage in dynamically changing private and public sector environments. Science and technology commercialization is key to the reinvention of organizations and the basis for the creation of new technology-based enterprises.

Through this program you'll have the opportunity to gain the knowledge and innovation skills to cope with the formidable economic, social, financial, and political changes associated with creating value from knowledge in an age of global information and digital knowledge. The focus is on the rapid transfer of research, knowledge, and technology from the laboratory to the market.

(1) Who Should Apply(MS/STC is ideal for professionals who)

- o Work in multi-functional, and perhaps global and virtual, product development teams.
- o Work in supply chain management or supplier partnering. Are interested in general management of technology commercialization processes.
- o Work in technology transfer at a university, R&D laboratory, incubator, or science park.
  - Are involved in government or commercial research and development.
  - Are involved in policy on science and technology in government or other

organizations.

- o Want to learn how to start and operate high technology ventures, either as new start-ups or spin-offs, or within an existing organization.

(2) How You Will Benefit Throughout this program(you will be encouraged to)

- o Act as change catalysts for the improvement of technology commercialization processes.
- o Form more effective relationships with partner organizations for the transfer of technology into or out of the organization.
- o Manage technology valuation and licensing activities.
- o Perform more effective and efficient technology assessment.
- o Develop fast and effective transfer models, which have enhanced success and application.
- o Create more effective public/private relationships, alliances and partnerships.
- o Become more effective technology managers and planners.

(3) Designed for Working Professionals

This twelve-month program is designed for professionals who want access to advanced knowledge while being fully engaged in career responsibilities. Through entirely web-centric courseware, including both synchronous and asynchronous communication tools, participants are organized into virtual and global teams to collaborate on technology assessments and other commercialization projects. You'll have the opportunity to gain business knowledge, skills, and abilities with a heavy emphasis on process orientation; creativity and innovation; intellectual property protection; entrepreneurship; and high technology. Special emphasis also is placed on learning how to start and manage entrepreneurial ventures.

(4) Faculty

The Program faculty are from The University of Texas as well as from other learning organizations, and all have teaching, research, or practical experience in science and technology commercialization. The faculty guide students in integrating commercialization theory with real world application by stimulating intellectual curiosity, analytical thinking, research, and the practice of creative and innovative management.

(5) Program Candidate Qualifications

The prospective candidate should have a minimum of five years of professional work experience, have a bachelors degree from a regionally accredited institution or the equivalent, have a grade point average of 3.0 on all undergraduate work and on all completed graduate study, and an above-average score on the Graduate Record Exam (GRE) or the Graduate Management Admission Test (GMAT). Please refer to the testing information at http://www.ic2.org/msdegree/test.htm for additional information regarding acceptance of test scores.

(6) Admission

Admission decisions are made throughout the year by the Director and the Graduate Admissions Team. Due to limited enrollment, early application to the MSSTC Degree Program is strongly encouraged. Rolling admissions will continue through mid-May 2002; however application files must be turned throughout April to make the UT admissions deadlines.

(7) Enrollment Information

This twelve-month MSSTC program begins in May of each year and consists of twelve 3-credit courses delivered over three semesters. Each semester all students are automatically enrolled in four courses. A Master of Science degree in Science and Technology Commercialization is conferred by The University of Texas at Austin upon successful completion of the program.

(8) Fee Structure:

The fee is $42,000 for the entire one-year program; however US citizens may immediately qualify for $32,500 in Non-Need Based Federal Financial Aid. The Financial Aid payment plan begins 6 months after graduation. Tuition cover the following items:

a) Tuition

o Program orientation workshop
o Program software workshop
o Textbooks and other class material
o Program software, technical infrastructure, and research databases
o Access to The University of Texas at Austin and IC?Institute resources and services
o 3 year membership to The Ex-Students' Association -- the alumni organization for The University of Texas at Austin.

b) Payment:

Several payment plans are available. Before orientation, please notify us in writing of which payment plan option you prefer for billing. We are pleased to accept payments for the program fee using your Visa or Master Card charge cards. A non-refundable registration fee of $1,000 is due upon admission in order to secure program placement. This initial fee is applied to your total tuition on the first billing cycle.

Payment Plan Options:

Option I: Payment of the entire fee at the beginning of the Program.

Option II: Payment of the fee in three installments. Each installment is due at the beginning of each of the three semesters.

Option III: Payment of the fee in four installments. This plan is available for those students who qualify for and are awarded financial aid.

c) Financial Assistance:

Many MSSTC students are funded by their respective companies through continuing education programs. Students are now eligible to apply for state, federal, and institutional assistance by filling out the Free Application for Federal Student Aid (FAFSA). Applications can be completed online at http://www.fafsa.ed.gov/.

Applications are also available at any high school, college, university, junior college, or community college throughout the country. Your financial need is calculated based on the information you include in the FAFSA. At UT-Austin, this will determine your eligibility for need-based assistance programs, as well as some of the non-need based programs. You will need to authorize The University of Texas at Austin to receive your FAFSA information by entering the following Title IV School Code: 003658. To go directly to the UT Financial Aid website for Alternative Loans, please visit "http://www.utexas.edu/student/finaid/loans/altlenders.html". For further information regarding financial aid at The University of Texas at Austin, please visit "http://www.utexas.edu/student/finaid/".

In addition, there are a number of websites which provide fellowship and grant information. Links to these websites are kept current on the IC2 home page. The links cover many areas, including:

- o Department of Education
- o Government information
- o National Science Foundation
- o NIH Information

- o Oak Ridge Information
- o Social Science Research Council or email: grants@acls.org
- o UT General Libraries
- o Woodrow Wilson National Fellowship Foundation
- o Veterans Administration
- o Veterans Administration benefits are available to eligible students through the Office of the Registrar at The University of Texas at Austin. Please call (512) 475-7540 for more information. General information regarding Veterans Administration benefits is available at the VA web sites: http://www.vamuskogee.net (for UT Austin students) or http://www.va.gov (for other applicants).

(9) Related Programs

- o Technology Commercialization Competition (TCC)
- o Master of Science in Science and Technology Commercialization (MSSTC) Degree Program, IC2 Institute, The University of Texas at Austin
- o The Engineering Entrepreneurship Society (EES)
- o College of Engineering, The University of Texas at Austin

WIN A FREE YEAR AT ATI, CASH PRIZES AND MORE: Judging & Coaching IC2 Corporate Partners and Fellows, as well as Venture Capital firms, academic leaders, practitioners in technology commercialization, and senior executives from organizations sponsoring students through the MSSTC degree program will serve as either competition coaches or judges. Below is a list of tentative coaches and judges and their affiliations.

2) e-Learning & Support Guidelines

(1) In-Class Technical Guidelines

The Gregory A. Kozmetsky Global Classroom provides high speed Internet connections, AC power, and audience microphones at every seat. Students are required to attend class with a laptop computer and can access the Internet using standard DHCP network settings (see Network Settings). Every class session is recorded to video tape and encoded to real video for later review. To ensure all interactions are recorded, students are asked to use the push-to-talk audience microphones throughout class (i.e., asking/ answering questions, comments, presentations, etc.).

(2) Activating a mail.utexas.edu Email Account

The University Mailbox Service (UMBS) is a mail service offered at no extra charge to all UT Austin students, faculty and staff. If you have access to an Internet-ready computer and an e-mail client such as Eudora, all you need to do is activate your UMBS username and password. There is no charge for the use of UMBS, but you will need a place (such as your own computer, or a floppy diskette or ZIP disk) to store your e-mail messages after you download them. You may also click here to access the main Email services page at the ACITS website.

(3) Software

The MSSTC degree program is a web-centric program that relies heavily on online collaborative tools and the University of Texas BlackBoard system. The University of Texas at Austin BlackBoard site provides access to program information such as course syllabi, faculty profiles, class presentations, links to streaming media, coordinated assignment calendars, and other useful information. You must have a valid UT EID to access these resources. See the UT EID FAQ for more information regarding UT EIDs.

(4) Network Settings: TCP/IP w/DHCP enabled

If you are using a company laptop that is configured for VPNs, Proxy servers, or other custom settings, please contact your company's support staff for assistance enabling DHCP for our location. Many students have recommended NetSwitcher ($9) to store multiple network settings (www.netswitcher.com).

(5) Broadband Internet Access

Students must have access to the Internet. The MSSTC program highly recommends a broadband Internet connection through an area provider (e.g., cable modem, DSL, etc). Dial-up users may experience long download times and slow load times when using online collaborative tools.

(6) General Queries and Assistance

o program coordination, requesting CDs, course dates/times

- Ida Granado 512-475-8956
  Program Coordinator, MSSTC Program
  ida@icc.utexas.edu
- Dr. Brad Zehner 512-475-8925
  Program Director, MSSTC Program
  brad@icc.utexas.edu

3) Course Descriptions

(1) First Quarter

a) STC 380 Converting Technology to Wealth (3 credit hours)

Instructor: Uttarayan Bagchi and Brett Cornwell

Examine how technology is converted to wealth through the commercialization process.

Areas of focus: Issues involved in the entire technology commercialization process. The importance of technology commercialization to economic development. How to assess a technology for its commercial value.

b) STC 382 Marketing Technological Innovations (3 credit hours)

Instructor: Kathleen S. Mackie

Develop an understanding of the forces driving competition and demand in markets or technology-intensive products and services.

Areas of focus: The importance of a customer focus as opposed to a technology focus. How to apply marketing principles to the commercialization process. Skills in launching, promoting, pricing, and distributing high technology products.

c) STC 383 Technology Management and Transfer: Theory and Practice (3 credit hours)

Instructors: David V. Gibson and Meg Wilson

Address the evaluation, formulation and use of technology transfer models.

Areas of focus: How to formulate, evaluate and use models of stakeholders, success factors and barriers to accelerate knowledge and technology transfer and application. How to document and critically evaluate key knowledge/ technology management processes in specific, national, and global contexts. How government policies affect commercialization of R & D, especially in universities, national laboratories, consortia and small companies.

d) STC 386T1 Financing New Ventures (3 credit hours)

Instructors: Michael Brandl and August Petersen

Learn financial planning, methods for determining capital requirements, and various ways of financing growth and making investment decisions.

Areas of focus: The key differences between large and small businesses and procedures for starting a new venture. How to manage financial resources, make financial projections, and value a new venture. The importance of linking strategy to finance in a new venture.

(2) Second Quarter

a) STC 384 Commercialization Strategy (3 credit hours)

Instructor: Timothy Ruefli

Gain an understanding of technology and commercialization strategies as a part of business strategy.

Areas of focus: The various levels of strategy and how to position commercialization and technology strategy within the business strategy of an enterprise. To perform an analysis of an industry and how to identify and maximize the use of core competencies. How to develop a commercialization strategy and how to position products and services relative to competition in an industry.

b) STC 386T2 Risk Analysis (3 credit hours)

Instructor: Uttarayan Bagchi

Explore decision and risk analysis, methods for structuring and modeling decision problems, and application of methods to a variety of problems.

Areas of focus: The basic tools available for structuring problems involving risk and uncertainty. To apply these tools to the analysis of problems involving risk and uncertainty.

c) STC 394c Managing Product Development and Production (3 credit hours)

Instructor: Viswanathan Krishnan

Examine the many and best practices organizations are using to accelerate the product development and production processes.

Areas of focus: The processes of product development and production, including how to accelerate and otherwise improve these processes. Enhanced skills in project management and process flow analysis and design. Key issues involved in lean production, mass customization and supply chain management.

d) STC 395 The Art and Science of Market-Driven Entrepreneurship (3 credit hours)

Instructor: Barbara Fossum

Learn the process of creating new ventures, the dynamics of growth-oriented firms, and the roles of entrepreneurs and entrepreneurs.

Areas of focus: To identify and determine what managers need to know about the critical driving forces in a new venture success. How successful entrepreneurs and investors create and build value for themselves and others. The financial and non-financial resources necessary for new ventures and how to identify the criteria used to screen and evaluate proposals.

(3) Third Quarter

a) STC 381 Legal Issues of the Commercialization Process (3 credit hours)

Instructors: Emerson Tiller, Paula Murray, and John Allison

Examine the numerous legal challenges organizations face as they commercialize technology in a global environment.

Areas of focus: The general processes of converting knowledge and technology to rationally valued intellectual property via copyrights, patents and trademarks. The ownership and financial resource implications for various legal forms of organizations. Issues involved in shareholder buy and sell agreements, management team agreements, employee stock options, licensing and joint development agreements.

b) STC 385 Creative and Innovative Management (3 credit hours)

Instructor: John Daly

Learn to apply new concepts and ideas, initiatives, and methods that can be used to provide new directions or modes of operation for organizations and activities.

Areas of focus: Factors and leadership behaviors which enable creativity and innovation in organizations. The nature of team leadership and team dynamics in assuring creative collaboration. Methods to successful lead change and persuasively advocate ideas. Handling organizational crises, difficult management problems, and build both employee and customer loyalty

c) STC 391 Internationalization of Technology (3 credit hours)

Instructor: Meg Wilson

Explore a broad set of issues of commercializing technology on a global scale.

Areas of focus: Information resources essential to the practice of international commercialization of technology. How macro historical and current forces affect global commercialization processes. Practical micro-processes of commercializing technologies including partnering, business and tax structures, financing, marketing, cultural acclimatization, country policies and trade issues.

d) STC 396 Technology Enterprise Design and Implementation (3 credit hours)

Instructor: Barbara Fossum

Develop a multi-disciplinary approach to the preparation and presentation of a detailed, growth oriented business plan for a technology enterprise or project

Areas of focus: How to create and present a business plan for a new venture. To determine the critical tasks to be accomplished during start-up and early growth, and what is necessary for success. To identify decisions which can increase the reward-to-risk ratio at various stages of the company's development.

2. 우리나라 기술사업화 교육훈련프로그램

가. 기존의 단기교육 및 정규과정 프로그램

(1) (사)한국 기술가치평가협회의 기술평가 교육과정

a) 목 적: 기술가치평가사 양성

b) 기술기업가치평가사 양성을 위한 교육과정(총 20시간)

ㅇ 가치평가관련 기초

- 기술기업가치평가사의 기능과 역할(60분), 기술기업가치평가개론(60분)

ㅇ 기술성 관련

- 기술흐름 및 동향(90분), 기술성 분석(60분), NTTC Top Index(60분), 기술정보의 분류/검색/분석(60분)

ㅇ 시장성 및 수익성 관련

- 산업시장 분석(90분), 수요예측(90분)

ㅇ 경영자 관련

- 경영역량 분석(60분)

ㅇ 평가방법관련

- 회계와 가치평가의 관계 및 한계(90분), 현금흐름표 작성 및 재무분석(90분)

ㅇ 기술·기업가치평가기준관련

- 기준의 의의 및 개요(60분), 가치평가기준 및 보고기준, 행위규범(90분), 기업/기술가치평가준칙/절차(90분), 위험물, 계산SW, 전자보고(60분)

ㅇ 사례발표

- 기업가치평가사례(60분), 벤처기업가치평가사례(60분), 기술가치평가 절차 및 사례(90분), 가치평가 실무연습(60분)

ㅇ 기타

- 지식재산권 및 특허정책(90분)

c) 기술가치평가사 양성 현황

ㅇ 기술가치평가협회에서 실시하는 소정의 양성실무교육과정 이수후 시험에 합격하면 자격요건 심사후 협회명의 자격증 부여

ㅇ 2001. 12월 현재 약 100여명에게 자격증 부여

(2) 한국기술거래소『기술거래실무』과정

a) 본 과정의 목적: 기술사업화를 위한 기술거래이전, 가치평가, M&A 등의 기술거래 실무능력을 배양하여 보다 우수한 전문가를 양성·배출함으로서 기술거래 시장을 활성화하는데 있다.

b) 교육생 특혜: 한국기술거래소의 기술 거래·평가 전문가로 등록되어 기술이전 및 거래를 위한 정보와 지원 시스템에 직접 혜택을 받을 수 있다. 본 과정의 수료자는 기술거래소가 운영하고 있는 기술거래사와 전문가 집단간 커뮤니티에 참여할 수 있으며 지속적으로 실무자간 Network을 형성해 나가실 수 있다.

c) 교육대상

- ○ 기술거래기관, 기술평가전문기관, 기술거래·평가 민간기업, 공공연구기관·대학·테크노파크·기업부설 연구소 기술이전 전담조직의 기술이전·거래 담당 임직원
- ○ 한국기술거래협회(KTTA)와 한국과학기술정보연구원(KISTI)에서 실시하는 기술거래전문 기초과정을 이수한 분
- ○ 기타 기술거래·평가 관련 교육을 이수한 분으로서 기술거래 및 평가에 대한 기본이론지식을 갖추신 분

d) 강사진

o 한국기술거래소 기술거래, 기술평가, 기술투자, M&A 전문가 집단

e) 교육과정

일정	모듈	강의과목	강의내용	비 고
첫째 날	거래 기초	기술거래의 기본원리와 전략	- 거래대상 기술 종류/특징 - 기술거래의 형태와 전략 - 기술거래 절차	접수 및 안내
둘째 날	관련 법규	기술이전 정책 및 지원제도	- 국내외 기술이전사업화 정책 - 기술거래 법규와 제도 - 기술사업화 지원정책 및 제도	
셋째 날	지적 재산권	특허실무	- 특허 출원·등록 절차 - 특허 선행조사분석 - 국가별 특허제도 - 등록특허 이익실현 전략 - 저작권법 - 지적재산권 분쟁·관리 - 국제 특허·저작권법 및 비교	
		지적재산권 및 기술·시장정보활용	- 지적재산권의 전략적 활용 - 기술 및 시장 정보 활용 분석 - 국내외 기술 개발동향 활용 분석	
넷째 날	가치 평가	기술력(가치) 평가실무	- 기술시장 조사 - 기술가치 평가/기술료 결정 - 기업가치 평가(분야별, 성장단계별) - 기술가치평가 결과활용 - 기술거래/이전 가치, 비용 - 기술평가 절차 등	
다섯 째날	거래 알선	공공기술 이전·거래 실무 (대학기술의 이전사례)	- 공공 출연(연)의 기능 및 역할 - 공공기술의 이전 및 활성화 방안 - 공공연구기관의 기술이전절차 - 공공연구기관의 기술이전계약 형태 - 이전기술의 사업화성공사례	
여섯 째날		기업기술 거래 실무	- 기술거래(도입, 판매) 전략 - 기술거래 사례 연구 - 기술거래 계약서 작성 - 기술마케팅 계획 - 기술 라이센싱 전략 - 기술료 종류와 산출법	
일곱 째날		M&A 실무	- M&A 이론 - 제휴 및 협상 - M&A 등 사업화 전략 수립	
여덟 째날	투자 전략	기술투자 전략 실무	- 투자동향 및 특징 - 기술기업의 재무, 회계분석 - 증권거래법, 상법, 세법 등 관련법규 - 국내외 투자 성공전략 - 사후관리 실무	평가 및 수료

(3) 기술신용보증기금의 기보아카데미

a) 교육일정

첫째 날

시 간	과 목 명	강 사 진
09:30~11:00	기술정보 분류/분석	
11:00~12:30	특허관계법	
12:30~13:30	중 식	
13:30~15:30	기술가치평가와 회계원칙	
15:30~17:30	정보가치와 기술가치	

둘째 날

시 간	과 목 명	강 사 진
09:30~11:00	시장조사 및 수요예측	
11:00~12:30	중소·벤처기업 육성정책	
12:30~13:30	중 식	
13:30~15:30	재무분석 및 계획	
15:30~17:30	기술자산의 가치평가와 기준	

셋째 날

시 간	과 목 명	강 사 진
09:30~11:00	코스닥등록 및 실무	
11:00~12:30	기업현금흐름과 가치평가사례	
12:30~13:30	중 식	
13:30~15:30	지적자산 평가	
15:30~17:00	기술평가실무준칙 및 사례	

b) 교육목적: 기술보증관련 기술/특허 및 벤처기업의 평가 전문가를 양성함

c) 강사진: 정부부처 기술/특허 평가관련 담당자, 전문업체, 기술신용보증기 금의 전문가, 이 분야 전공교수

(4) 한국과학기술정보연구원의 기술이전 전문가 교육

a) 교육목적 : 기술거래 및 이전 관련 종사자 및 관심 있는 일반인을 대상으로 "기술이전 전문가 교육"을 운영하고 있다. 특히 이번 과정은 UNIDO와 공동으로 기술이전 및 거래를 위해 전문가로서 기본적으로 숙지하여 응용할 수 있는 " R&D 프로

젝트의 사업타당성 평가"를 중심으로 구성하였다.

b) 교육대상 (30명 선착순)

- 기술거래 및 기술평가 관련 기관 종사자
- 대학의 TLO 등 공공기술 사업화 관련 종사자
- 기업 및 연구소의 기술관리 및 이전거래 종사자
- 기술거래 및 평가에 관심 있는 자
- 기술의 사업타당성 분석에 관심 있는 자

c) 교육과정

	시간	일정
첫째 날	9:00 - 9:15	개회 및 인사말
	프로젝트평가 개념 및 방법론	
	9:15 - 10:30	UNIDO 예비투자 방법론 - 기본개념
	10:30 - 10:45	휴식
	10:45 - 12:00	데이터 입력구조 - 투자, 생산비 및 프로젝트 재무 - COMFAR 체계
	12:00 - 13:00	점심식사
	COMFAR 기초	
	13:00 - 14:15	사례연구(1)-COMFAR Ⅲ EXPERT에서의 데이타입력
	14:15 - 14:30	휴식
	14:30 - 16:00	연속강의
둘째 날	**재무평가 사례연구(1)**	
	9:00 - 10:30	재무평가 기초이론
	10:30 - 10:45	휴식
	10:45 - 12:00	연속강의
	12:00 - 13:00	점시식사
	13:00 - 14:15	사례연구를 위한 프로젝트 평가(1)
	14:15 - 14:30	휴식
	14:30 - 16:00	사례연구 완료(1)
셋째 날	**재무평가 사례연구(2)**	
	9:00 - 10:30	COMFARⅢ EXPERT의 기본응용 - 사례연구(2)
	10:30 - 10:45	휴식
	10:45 - 12:00	연속강의
	12:00 - 13:00	점심식사
	13:00 - 14:15	사례연구를 위한 프로젝트 평가(2)
	14:15 - 14:30	휴식
	14:30 - 16:00	사례연구 완료(2)
	16:00 - 16:30	수료증 수여식 및 폐회

(5) 대학교의 정규과정 기술평가 교육프로그램

a) 개관 : 현재 우리나라에서 기술평가에 관한 교육프로그램의 표준 운영 안(지침)이 마련되어 있지 못하고, 기관별로 목적에 따라서 운영되고 있다. 특히 대학교 차원에서 학부과정에서 본 프로그램을 운영 중인 곳이 거의 없으나, 경기대학교의 산업재산권학과에서 과목당 3시간 3학점과정으로 강좌를 열고 있다.

b) 전공교육 과목구성

o 아래 교육과목 구성 표에서 굵은 글씨로 표시된 부분이 기술사업화와 특별히 관련을 가지고 있는 과목들이다.

전공 교육과정표

구분	학년	학기	교과목명	학점
학부 공통	1	1	산업재산권 개론 기초통계학	3 3
		2	경상수학 경제학 원론	3 3
전공 이론 및 실습	2	1	세계 과학기술사 기술경영론 특허법 미시경제학	3 3 3 3
		2	세계 산업재산권 제도론 상표법 기술이전론 거시경제학	3 3 3 3
	3	1	국제경제학 산업재산관리실무 의장법 경제정책론	3 3 3 3
		2	기술경제론 저작권법 공공선택론 심판절차 산업정책론	3 3 3 3 3
	4	1	한국과학기술사 인적자원개발론 기술정보관리론 기술금융론	3 3 3 3
		2	한국경제론 산업재산권세미나 연구개발관리론 과학기술정책론	3 3 3 3

나. 교육프로그램 평가 및 개선책

1) 현행 교육프로그램의 평가

(1) 목　　적: 기술이전 전문가, 특허기술이전전문가, 기술가치평가사 양성
(2) 대　　상: 구체적인 제한은 없으며, 관련 업무 종사자로 광의로 함
(3) 교육기간: 단기간(3일 이내), 어느 정도 장기간(시수는 차이가 많음)
(4) 강의방법: 주로 일방적 주입식강의, 일부 사례연구 및 토의식
(5) 강　　사: 자체 전문강사 거의 없고, 외부강사 의존, 학회이용
(6) 교 과 목: 목적에 적합한 교과목 구성 필요, 교과목의 표준화된 교안이 없음
(7) 교육평가 및 피드백: 대부분이 평가가 없으며, 피드백시스템은 있으나 평가결과를 제대로 교과운영에 반영하는 시스템은 부재
(8) 교육생 활용계획: 구체적인 활용계획이 없음. 수료생 사후관리 계획 없음
(9) 수강생의 입장: 미래 기술관련 자격증 시대에 대한 막연한 대비
(10) 종합적 평가: 기술사업화관련 분야에 대한 국가 및 민간의 관심이 증대되기 시작한지가 불과 3년 정도 불과하므로, 기술사업화에 대한 전반적인 인식이 미약하다. 이러한 상황아래서 벤처기업의 활성화와 기술 확산을 촉진을 위하여, 기술평가, 기술이전, 기술창업에 대한 각 기관별, 각 주제별로 교육과 세미나가 이루어져 왔다. 따라서 교육생들에게 구체적으로 명확한 교육목표를 제시하지 못하고 있으며, 해당 교육생을 대상으로 목표에 부합된 교과과목을 일정한 비중에 따라 교육하는 프로그램의 모듈화와 시스템화가 되어있지 못하다.

2) 개선방안

o 교육목표의 명확화와 적합한 교육대상의 선발: 교양용, 전문가용
o 교육목표의 구체화에 따른 교육기관의 특성화
o 모듈별 교육프로그램의 특성화와 시스템화
o 모듈별 전문 강사의 강의프로그램의 개발 및 보호, 개선지원: 전문가지원시스템
o 기술사업화 관련전문성과 결합된 자격부여를 위한 교육평가 및 실무경험부여
o 수료생의 사후관리 및 활용방안 구체화
o 정규 교육기관에 의한 중/장기 교육 방안의 모색: 대학의 학부, 석사과정
o 관련정부부처 공동의 전문 인력 양성 및 활용방안 마련 및 정책적 협력
o 유관기관의 사회적 관심의 확산과 관련 일자리의 창출 및 확대 노력

다. 기술경영(MOT)교육의 확대

1) 학위과정

o 국내에 기술경영과 관련이 있는 교육과정을 개설한 대학원은 총 18 개로 이를 통

해 연간 400여명 정도의 인력이 양성

- o 정부지원을 받는 전문대학원은 공학계열에 설립된 서울대학교, 성균관대학교, 한국기술대학교, 포항공과대학교와 KAIST
- o 경상계열에 설립된 전문대학원은 건국대학교 기술경영전문대학원

대학명	서울대	성균관대	포스텍	한국기술 교육대	합 계
모집인원	37명	56명	20명	50명	163명

2) 단기 인력양성과정

- o 지경부지원에 의한 4일 내외의 단기인력교육/훈련 프로그램
- o 현장 실무자를 대상으로 4개 기관을 통해 연간 1,500여 명이 교육

3) 대학에서의 기술경영에 대한 인식

- o 전국 이공계 대학교수 대상 조사에서 대상교수의 65%가 기술경영에 대해 알고 있음
- o 응답교수의 18%만이 소속 대학에 기술경영관련 교과목이 개설됨
- o 기술경영의 필요성에 대해서는 95%가 도입이 필요하다고 응답
- o 전체의 67%가 정규과정으로의 도입을 희망

4) 기술경영교육의 당면과제

- o 기술경영 전문 인력양성의 확대: 2010년까지 연간 2,500여 명 수준으로 기술경영 전문인력(학위과정)을 양성
- o 기존 기술경영관련 전문대학원의 교과과정 및 교육프로그램은 현장실무능력 함양위주로 개편/재편성
- o 이를 위한 새로운 기술경영전문대학원의 설립/운영 지원
- o 기술경영에 적합한 교재와 교과과정의 개발/보급 필요
- o 기술전략과 경영전략을 연계한 교육과정과 기술사업화에 필요한 기술마케팅, 기술평가 및 기술금융, 기술자산 관리 분야를 교과과정/교과목 개발

		서울대	성균관대	한국기술 교육대	포항공대	KAIST
기초공통	전략경영	기술경영전략론	기술전략		기술전략경영	혁신사업전략
	기술정보 시스템	정보기술응용론	- 기술정보관리 - 지식경영	-기술정보관리 -지식경영론 -생산시스템관리	×	×
	기술경영 통계	경영통계론	기술경영통계	연구방법론	×	통계분석 방법론
	글로벌경영	×	국제기술경영	×	Global Business and Strategies	×
	기업가정신	×	기업가정신& 윤리	기업가정신과 벤처 창업	창업론	- 기업가 정신 - 사내기업가 정신과 이노베이션
	기업법	네트워크산업규제론	법, 기술 및 정책	×	×	지적재산권 관리 및 비즈니스에 필요한 법개론
기본	기술경영	기술경영 의사결정론	기술경영공학 개론	기술경영론	기술경영 총론	
	연구개발 관리	- 연구자를 위한 기술관리 & 사업화 - 신기술패러다임 분석론 - 연구개발 관리론	신제품개발론	신상품 경영론	×	- 공정 및 운영관리 - 통합적 관점에서의 신제품개발
	기술사업화	- 연구자를 위한 기술관리& 사업화 - 기술사업화론	기술사업화	기업 사업화론	창업론	기술사업화 우수사례

• 표 1. 기술사업화 학위과정 교과목 현황

심화	기술정책	산업기술정책	기술정책	기술정책론	×	이노베이션 시스템과 기술정책
	기술/시장 분석	기술경영시장 분석방법론	- 기술가치평가 - 시장분석 - 신기술동향 분석	시장분석론	특허와 정보분석	×
	기술예측	- 기술예측론 - 신기술수요 분석론 - 신기술확산론	기술예측	기술예측론	×	×
	기술로드맵	×	기술정보관리	×	×	×
	프로젝트 관리	×	프로젝트관리	프로젝트관리론	×	공정 및 운영관리
	연구인적자원관리	기술경영조직 관리론	조직인사관리	기술인사 조직론	인사조직 관리	혁신조직과 리더십
	혁신프로세스관리	생산계획 및 통제	제조전략	혁신경영론	Techology& Innovation Management	이노베이션 시스템과 기술정책
	기술자산 관리	지적재산관리론 특허와 정보분석	기술자산관리	기술자산 관리론	Product Lifecycle Management	지적재산권 관리 및 비즈니스에 필요한 법개론
	기술마케팅	첨단기술 마케팅론	기술마케팅	기술마케팅	- Technology Marketing - Marketing Management	마케팅관리
	기술창업	첨단기술과 창업	벤처창업론	벤처경영론	창업론	벤처창업의 이론과 실제
	기술가치평가 및 기술 금융	- 기술가치평가론 - 원가회계및재무분석론 - 신기술가격전략론	- 기술가치평가 - 기술재무 - 금융공학	- 기술가치 평가론 - 기술재무론	Entrepreneurial Finance and Venture Capital	기술경영을 위한 재무론
	기술이전 및 협상	기술경영 조직관리론	기술계약	×	협상론	협상과 커뮤니케이션
현장실무	국내인턴십		○	○	○	○
	해외인턴십		○	○	○	○

자료 : 이영덕 외 5인, 2010/3

• 표 2. 기술사업화 단기교육과정 교과과정 내용

교육 과목명	교육내용(요약)	기관		
		표준협회: 일반교육	능률협회: 일반/ 심화 교육	KAIST: 일반교육
국제기술 협상사례	• 기술수출 노하우 및 국제계약 실전 사례 • 기술거래협상실무전략	o/ 4 기업대표	o/ 4 기업대표	o/ 2 변리사
시장 분석	• 마케팅경영관리의 5단계 전략-전술 • 시장조사/분석방법론 • 시장보고서사례 • 시정정보 소스(Source) • 시장보고서사례 • 마케팅전략기획 기업사례	o/ 4 기업대표	o/ 4 기업대표	없음
기술 기획 및 전략	• R&D Management • 통합기술관리진단 • 기술예측 • R&D 관리 전략 • 지식관리	o/ 4 금융기관	o/ 4 금융기관	o/ 3 기획전문가
기술 경영학 개론	• 기술경영, 기술전략의 설계 • 전략적 기술경영과 연구개발전략 • 경영전략의 이해 • 경영전략과 기술개발전략의 연계/적합성 • 조직 및 인력관리: 기술부문과 비기술부문간의 연계성 • 기술경영의 최근이슈	o/ 4 교수	o/ 4 교수	o/ 2 기업체 간부
기술 자산 관리	• 산업재산권 개요 • 신기술개발과 출원 • 산업재산권 권리화 및 라이센싱 기술사업화 • 특허분쟁대응전략 • 표준화와 산업재산권을 활용한 시장선점 효과	o/ 4 지원기관	o/ 4 변리사	o/ 8 특허청, 지원기관
글로벌 기술 마케팅	• 국제기술마케팅 • 기술마케팅이노베이션 • 기술마케팅 기법 • 하이테크기술 세일 • 잠재고객개발과 협상전략 • 상품개발, 국제기술마케팅	o/ 4 컨설팅회사 대표	o/ 4 컨설팅회사 대표	o/ 6 교수

교육 과목명	교육내용(요약)	기관		
		표준협회: 일반교육	능률협회: 일반/ 심화 교육	KAIST: 일반교육
기술 사업화	• 기술전략 및 신기술사업화 • 과정모형과 프로세스 • R&D 프로젝트 관리 • 기술사업화 전략	o/ 4 교수	o/ 4 교수	o/ 5 교수
기술거래 및 기술 재무	1. 기술대가산정과 협상요령 • 경상기술료의 산출공식 등 • 기술료와 세금문제 • 기술대가를 둘러싼 협상요령 2. 기술재무 및 기술정책지원제도	o/ 4 기술거래사 회장	o/ 4 기술거래사 회장	o/ 2 기술신용보 증기금
기술 가치 평가	• 가치평가 개론/ 가치평가 기본 이론/ 기법 • 기술성평가/시장성평가 사례 • 기술가치평가 사례	o/ 2 기술거래사 회장	o/ 4 연구원	o/ 3 기술가치평 가협회
특허/ 기술이전 세무 회계	• 기술이전 관련 세법규정 • 기술이전 관련 회계규정 • 산학협력단 등 회계 및 세무 사례	o/ 2 회계사	없음	없음
M&A 이론과 실제	• M&A기본개요 • M&A 협상 및 전략 • 실사 • 자금조달 • M&A 관련 계약/법률 • M&A 관련 세무 및 회계 • 기업구조조정실무사례 • PMI	o/ 4 교수	o/ 4 교수	없음
연구소기업	• 도입취지 • 설립절차 • 설립구조/해외사례 • 국내사례 및 성공전략	없음	없음	o/ 6 과기부 연구소

자료 : 이영덕, 전주기계탄소연구원 CEO 전문교육, 기술사업화 전문교재, 2009/6
주 : o/4: 과목 유무/시수, 교수 등:교과목 담당자

3. 우리나라 기술사업화 지원사업 프로그램

구분	사 업 명	내 용
정부보유 기술이전	중소기업 기술무상양허사업	연구기관 보유기술의 중소기업 무상 양허 <http://htvc.kaist.ac.kr>
	보유기술이전사업	기술무상양허, 기업화 지원, 기술지도, 기술자문 <http://www.kigam.re.kr/>
	기술이전 및 산업화 촉진사업	정보통신연구관리자금에 의한 기술개발결과의 민간이전에 대한 전담관리 <http://www.iita.re.kr/~iita/0/ITA_Home/>
	기술이전사업 (유상이전 포함)	기술개발결과의 민간이전, 매달 기술이전설명회 개최 <http://www.etri.re.kr/>
	공기반 미활용기술 확산 보급사업	공기반사업 중 미활용기술(실패과제)의 기업체 이전 <http://www.itep.re.kr/>
기술연계 지원	신기술복덕방사업	기술이전정보제공, TBI입주, 벤처자금, 기술지도 등과 연계 지원 <http://ctc.kitech.re.kr/>
	과학기술복덕방	유상·무상기술, 출연연 개발기술 안내 등
	국내외 테크노마트 개최	기술의 공급자와 수요자간 직접상담기회 제공 <http://203.250.245.5:8000/cgi-bin/intro.cgi>
	기술이전계약상담	기술이전에 따른 환경·계약·절차에 대한 상담
	기술거래소	국내외 기술관련정보 수집, 거래알선사업 <http://home.smipc.or.kr/>
	사이버기술시장	국내기술시장, 해외기술시장, 벤처자본, 창업 등에 관한 정보제공<http://www.kisti.re.kr/>
	해외산업기술 중개·알선사업	해외기술 탐색 및 적정협력기업 알선, 도입협상지원 등의 기술중개업무 <http://www.itep.re.kr/index_active.html>
기술정보 확산사업	이노넷	창업·자금·입지·인력·기술 등 기업의 경영활동 전반에 대한 정보 제공 <http://www.innonet.nm.kr/sframe.html>
	국내외 기술이전 정보제공	산업기술정보원의 기술이전 정보, D/B 정보제공, 가공정보의 유료지원
	산업재산권 진단사업	기업에서 필요로 하는 산업재산권 정보제공, 국내외 선행기술조사 등
	기술도입 타당성분석	기술도입에 따른 기술적·경제적 타당성 분석 <http://203.250.245.5:8000/cgi-bin/intro.cgi>
	연구개발정보 수집, 가공, 유통	정보서비스, 지역정보화, 효율적인 정보제공시스템 구축 등

(앞 표에서 계속)

구분	사 업 명	내 용
기술정보 확산사업	창업종합지원사업	공동상담창구 운영 및 일부자문기능수행 <http://htvc.kaist.ac.kr/support.html>
	기술정보 확산사업	기계·소재 분야 각종 기술정보를 D/B화하여 회원사에 제공
	산업기술플라자사업	기술개발지원사업 및 각종 기술제도의 안내, 국내외 산업기술정보제공 등
	한국산업기술대전	기술개발에 성공한 제품 및 기술의 홍보와 기술개발 의욕 고취 <http://www.itep.re.kr>
연구 기자재공동 활용	기술이전을 위한 실험공장 운영	국립기술품질원 내에 여러 분야의 실험공장을 운영하여 제품화 전단계의 실험을 실시 <http://www.nitq.go.kr/>
	보유시험설비 개방	국립기술품질원 보유 설비를 중소기업의 기술개발에 활용
	연구기자재 공동활용사업	연구소 보유 각종 분석장비의 교육 및 외부분석요청에 대한 지원 <http://www.kist.re.kr/>
	고가 장비 공개활용	각 분야 보유장비를 중소기업에 공개 이용 <http://www.kist.ac.kr/>
	화학 파이롯 플랜트 이용	연구소 내 Kilo Lab에 입주, 제품의 사업화를 위한 시험생산 실험을 수행 (산업기술지원단 042-868-8280)
	고가 첨단기기 무상양허	첨단 기기 30종을 관련 중소기업에 일정기간 무상양허 <http://www.kribb.re.kr/>
	공용실험실 운영	네트워크 분석기 등 78종을 68개 기업활용
	공동연구센터 설립 및 운영	1997.7월 설립, 18개 기관입주 <http://www.etri.re.kr/temp/research/re_6.html>
기술경영 지도	홈닥터식 책임지원	중소기업에 현장기술지도, 기술자문, 인허가 업무대행 및 기술정보 제공 등을 수행 <http://www.nitq.go.kr>
	이동기술원 운영	차량으로 지방 공업단지, 논공단지를 이동순회하면서 검교정 및 기술지도, 기술자문업무 수행
	생산기반 기술개발지원	국내 취약기술인 금형, 주물, 용접, 표면처리, 열처리 기술 등을 중소기업에 기술지원 <http://www.kitech.re.kr/>
	생산기술 도우미 자문	중소기업현장 애로기술 부문 전문가를 현장에 직접 파견하는 기술자문
	경영지도	경영종합관리능력향상(경영종합진단지도) <http://home.smipc.or.kr/>

(앞 표에서 계속)

구분	사 업 명			내 용
기술 경영 지도			리펙토링 진단 지도	기업진단을 기초로 공장발전수준(5단계)에 따른 공장혁신지도
	개별 지도	기술 지도	국내 전문가 지도	공정개선(자동화)분야, 공업 및 생산기반기술분야, 부품소재기술분야 등
			외국인 전문가지도	국내전문가로서 해결이 곤란한 기술에 대한 외국 전문가 초청지도 실시
		기획 지도	ISO 인증지도	품질관리 ISO인증획득 및 품질경영체제 기반 구축을 위한 지도
			100PPM(품질혁신)지도	100PPM 참여업체 대상의 불량율 개선과 모기업과 협력업체간 품질연계체제를 확고히 하는 품질혁신 지도
	집합 지도		집합지도	경영 및 공통애로기술 분야
			모기업 합동지도	계열수급업체에 대해 모기업과 합동으로 지도팀을 편성하여 실시하는 지도
	견학 연수 지도		견학지도	국내외 우수모범사례가 되는 생산현장의 방문을 통한 지도
			해외연수	중견기술자 및 중간관리자 등에 대한 미국 일본 생산현장 연수
	자동화 기술지원			생산성 제고를 위한 교육훈련 및 기술지도 <http://www.kpc.or.kr/>
	QM 컨설팅프로그램			QM, ISO, KS, 경영, 환경, TPM, IE, VE, 물류 컨설팅 및 업체 진단, 지도, 심사, 등 <http://www.ksa.or.kr/>
	기술이전 전문가 교육			중소기업의 기술이전 전문가 양성 교육 <http://203.250.245.5:8000/cgi-bin/intro.cgi>
	교수들(1,650여명)의 Brain Pool System			대학·기업간 협력과 교류를 통한 기술, 인력, 정보 지원 <http://plaza.snu.ac.kr/~unitef/>
	연구원 파견제도			1992년부터 기업체 연구원 파견 및 기술지도 <http://www.kist.re.kr/>
	유망선진업체 기술지원			연구개발비가 매출액의 2%이상인 기업을 유망선진업체로 지정, 기술지도 및 기술정보제공<http://www.kimm.re.kr/>
	정밀기기 수리 재활용			정밀 계측기기의 점검 및 수리 지원 <http://krissol.kriss.re.kr/kriss98/index.htm>
	기술전수교육			전력변환, 중전기기 시험평가기술에 대한 기술지도 및 교육실시 <http://www.keri.re.kr/>
	첨단기기 분석지원사업			연구소 보유 각종 분석장치를 이용한 분석결과를 지원<http://comp.kbsi.re.kr/>

자료 : 박동규, "산업기술확산제도에 관한 연구", ITEP, 1999/1, pp. 164-6, 일부 수정.

참고문헌

국내문헌

- 강대신, "전략적 R&D 수행을 위한 특허 및 논문 분석", KIST, 2006/11/17, PPT자료
- 경낙용, 모태펀드 투자운용을 위한 신기술운용 초기사업 모델, 2007/11
- 고석찬과 김인환, "첨단 분리신설기업의 형성과 지역혁신환경의 조성", WTA, 제2회 국제심포지엄, 대전, 1998/9/17.
- 과학기술정책관리연구소, 한국의 국가혁신체계, 1998.
- 교육과학기술부와 한국산업기술진흥협회, 기술무역통계조사, 2008
- ______________________________, 기술수지조사, 2009
- 국회법률지식정보시스템 http://likms.assembly.go.kr/law/jsp/main.jsp, 2009
- 권재열, 기술신탁제도 활성화 방안, 숭실대학교 법과대학, 2006년 10월 29일
- 김경환, "기술금융현황과 지식기반시대의 기술금융정책방향", 한국기술거래소, 기술사업화웹진, 2008 Winter
- 김광두외 10명, 연구결과의 상업화 촉진방안에 관한 연구, 한국산업경제연구원, 1991/5.
- 김기영, "한국기업의 기술도입전략과 도입교섭력", 이학종. 정구현 외, 「한국기업의 구조와 전략」, 서울, 박영사, 1987.
- 김명관과 신수경, "신기술의 사업화 촉진을 위한 방안(1)", 한국산업기술진흥협회, 기술관리, 1999/2.
- 김수동, "최근의 세계지재권 동향과 21세기 한국 특허정책 방향", 생명공학동향, 1997.11
- 김주훈, 혁신주도형 경제로의 전환에 있어서 중소기업의 역할, KDI, 2005
- 김태현, "벤처기업의 성장단계별 성과결정요인에 대한 실증연구: E, R, I, S 중심으로", 한양대학교 대학원 석사학위논문, 2005
- 김해도와 오동훈, "정부 기술료 제도의 쟁점과 개선방안", KISTEP ISSUE Paper 2014-03
- 류제택, 특허분쟁예방준비 PPT자료, 2006/10
- 류태규외 9인, "대학 및 공공(연) 지식재산전략매뉴얼", 한국지적재산연구원, 2008년 12월 19일
- 미래창조부, 『기술무역 통계조사』, 각 년도
- 박동규, "산업기술확산제도에 관한 연구", ITEP, 1999/1.
- 박종오, "가술가치평가 방법론", 정보통신연구진흥원, 기술이전 및 가치평가 워크샵, 1999/12/17.
- 박현우, "기술라이센싱", 서울, 한국과학기술정보연구원, 2002.7.
- 배수원, "캐즘"의 함정, 디지털 포럼, 2001/11/28
- 배종태, 주요선진국의 연구개발 실용화사업 동향과 우리나라 정책방안, 한국과학기술원, 1997/7/30.
- 백금희, "벤처기업의 성공적인 창업방안에 관한 연구", 연세대학교 산업대학원 석사학위논문, 1998/6.
- 삼성경제연구소, 정보화촉진기금 융자사업 성과분석, 1998/9.

- ○ 산업기술연구소, 기술이전 및 실용화 추진체 설계연구, 과학기술부, 1999.
- ○ 산업연구원, 벤처기업을 위한 자금원 확충방안, 1998/2.
- ○ 산업자원부, 기술이전촉진법, 2000/2.
- ○ _________, 기술이전 및 사업화 본격 확산을 위하여 기술거래소 설립, 기술이전 전담조직 설치 등 추진 (보도 자료), 2000. 2.
- ○ _________, e비즈니스 백서 (2007.12)
- ○ 산업통상자원부, 「2016년 기술이전·사업화 조사분석 자료집(공공연구기관)」, 2016
- ○ 성웅현, 기술가치평가, 특허청, 2002/4.
- ○ 손수정, "지식재산권 증권화를 위한 탐색적 연구", 과학기술정책, July·August 2007, p. 93.
- ○ 송병태, "시스코사의 M&A 사례", 한국산업기술진흥협회, 기술관리, 2000/4.
- ○ 송위진과 황혜란, "과학기술정책연구에 대한 새로운 접근", 과학기술정책동향, 1994/6.
- ○ 서울시정연구원, "중소기업 기술혁신 촉진방안", 2005
- ○ 아주아이티, IT Project Financing Solution Draft, 2007년 12월
- ○ 오재건, 연구성과 확산사업의 전략적 추진방안, 과학기술정책관리연구소, 1997/2.
- ○ 유승삼, "한국 벤처기업 성장제약 및 성공전략", 벤처기업협회 주최, 한·미 비교를 통한 벤처산업의 발전전략, '97 한·미 벤처포럼, 인터콘티넨탈 호텔, 1997년 4월 25일
- ○ 이공래, "국가혁신시스템의 구성요소", 과학기술정책동향, 1996/7.
- ○ 이 기원, "기술금융현황과 활성화 방안", 한국기술거래소, 기술사업화웹진, 2008 Winter
- ○ 이동선, "자율적 의사결정권으로 측정한 기술도입교섭력과 도입효과에 관한 연구" 서울대학교 대학원, 경영학과 석사학위논문, 1988.
- ○ 이성덕, "정보통신 기술개발전략", 정보통신연구관리단, 1998/9.
- ○ 이영덕, "우리나라 전자통신산업의 기술도입협상에 관한 분석", 경영논집, 충남대학교, 경상대학 경영경제연구소, 1992/12.
- ○ ______, "정보통신 산업의 가치사슬과 국제경쟁력 분석", 정보화사회, 통신개발연구원, 1993. 봄호.
- ○ ______(a), 미국의 정보통신 연구개발정책 및 지원제도 분석연구, 정보통신연구관리단, 1996/1.
- ○ ______외 2인(b), 정보통신 중소창업기업의 성공요인과 정책적 과제, 정보통신부, 1996/11.
- ○ ______과 홍성표, 정보통신 벤처 및 중소기업의 기술개발지원사업의 효율적 수행을 위한 장안에 관한 보고서, 정보통신연구관리단, 1997/2.
- ○ ______(a), "기술환경의 변화와 연구개발의 전략적 제휴", 한국산업기술진흥협회, 세미나, 유성관광호텔, 1998/1.
- ○ ______외 2인(b), "SW 창업기업의 성공요인 분석을 통한 국제경쟁력 제고방안", 한국기술혁신학회, 춘계학술발표회, 한국기계연구원, 1998/4/25.
- ○ ______(c), " 정보통신 중소기업의 기술개발 및 혁신전략", 충남대학교-나고야대학공동 국제학술세미나, 충남대학교 경영경제연구소, 1998/5/29.
- ○ ______(d), "대전 국제테크노마트의 개념적·이론적 구조", 대전 국제테크노마트에 관한 세미나, 대전광역시, 1998/8.

○ ______(e), “벤처기업 및 기술집약형 중소기업의 기술개발 효율화 방안”, CNU- KAIST 기술전시회 및 기술세미나, 충남대학교 학연산공동관, 1998/9.
○ ______(f), “특허활용 활성화를 위한 벤처산업의 육성방안”, 과학기술·특허포럼 제 2차 심포지엄, 충남대학교 모의법정, 1998/11/24.
○ ______과 이성덕(a), “초고속정보통신 기술개발사업에서의 기술확산을 고려한 자원배분 우선순위설정에 관한 연구” 한국정보기술응용학회, 정보기술응용연구, 창간호, 1999/2.
○ ______(b), “정보통신 기술거래 특성과 테크노마트에 관한 연구”, 정보통신연구진흥원, 정보통신연구진흥, 1권 1호, 1999/4.
○ ______(c), “정보통신 벤처창업의 활성화 방안”, STEPI 포럼, 1999/7/30
○ ______과 강병수(d), “테크노마트와 지원법 제도”, 한국기술혁신학회, 기술혁신학회지, 제 2권 제 2호, 1999/9.
○ ______(e), “대전광역시 지식정보산업의 전망과 육성방안”, 2000년대 대전 3대 중심산업의 전망과 과제 심포지엄, 엑스포 국제회의장, 1999/9/28.
○ ______(f), “정보통신 연구개발기술의 사업화 촉진을 위한 방안 연구”, 정보통신연구진흥원, 1999/12/13.
○ ______(a), “기술거래활성화를 위한 테크노마트의 활용전략”, 기술이전협의회 창립세미나, 2000/2/29.
○ ______(b), “신규사업을 위한 필요기술 획득전략”, 정보통신연구진흥원, 정보통신 이전기술의 사업화 전략, 2000/4/26.
○ ______(c), “대덕밸리 벤처기업의 경쟁전략”, 21세기 벤처프라자, 제 2차 포럼, 대덕롯데호텔, 2000/8/11.
○ ______(d), 실험실창업 및 지적재산권 관리운영방안 연구, 충남대학교, 2000/10
○ ______(a), “테크노 벤처 창업전략”, 중소기업청/대전시중소기업지원센터, 제 3회 테크노벤처창업교실, 대덕롯데호텔, 2001/11/19.
○ ______(b), “정보통신 개발기술의 사업화프로세스 모형에 관한 연구”, 기술혁신학회, 추계학술발표대회, 서울대학교, 2001/12/4.
○ ______(a), “국제협상전략”, 충남대학교 경영대학원, 최고경영자과정 강의교재, 2002/4.
○ ______(b), “대전·충남지역 벤처기업의 산·학·연 연계성 강화”, 한국은행 창립 52주년 기념학술세미나, 대전·충남지역 벤처기업의 성장전략: 발제, 한국은행 대전충남본부, 2002/6/24
○ ______(c), “대덕밸리 벤처기업의 네트워크 전략”, 충남대학교 경영경제연구소 중점연구소지정 국제세미나, 대덕밸리 벤처기업의 산학연관 협력방안, 충남대학교 경상대학, 2002/11/19
○ ______, 기술사업화 정책 및 제도, 특허청, 2002.
○ ______, 기술거래평가전문교육, 한국기술거래소, 2003.10
○ ______, 전주기계탄소연구원 CEO 전문교육, 기술사업화 전문교재, 2009/6
○ ______, 국제경영전략론 강의교재, 2009, p. 7.
○ ______ 외 5인, 대학원 MOT 학위과정 설립사업계획서, 2010/3
○ ______, 기술사업화: 전략, 제도, 마케팅, 기술사업화 강의안, 2010

○ ______, 글로벌 환경변화와 협상전략, 조달청, 강의교재, 2010/4/22
○ ______, 기술사업화, 두산인프라코어, 미니 MBA, 2010/6/26
○ ______과 조석홍, 『기술경영』, 두남, 2013/3
○ 이정원, "21세기 과학기술선진국 실현을 위한 과학기술능력 확충방안", 1996/6
○ 이종옥외 3인, 『연구개발관리』, 경문사, 2005
○ 이홍래, "국가혁신체제의 구성요소", 과학기술정책동향, 1996.7.
○ 장대환, 국제기업협상, 김영사, 1989.
○ 정혜순, "기술가치평가 : 기술이전을 위한 기술가치평가모델을 중심으로", 한국산업기술진흥협회, 기술관리, 2002/3.
○ 재정경제부고시, 기술도입자유화조치, 1997/2.
○ 정보통신부, 벤처관련 정책자료 및 보도자료, 1999 - 2002
○ 정보통신연구관리단, 정보통신 중장기 기술기획(안), 1996.12.
○ 정승일, 기술금융현황 및 발전과제, 기술사업화전략, 2009/6/15
○ 정진호, "지식사회의 벤처기업의 창업", 한국산업기술평가원/산업자원부, 제 7회 한국산업기술대전 산업기술포럼, 21세기 기술혁신을 위한 기술창업 전개방향, COEX 대회의장, 1999/11/22
○ 조대형, 「기술금융 활성화를 위한 기술담보대출 활용방안」, 국회입법조사처, 『이슈와 논점』 제990호, 2015.5.12.
○ 중소기업청, 중소기업청 고시 제 1998-19호 (개정 1998.8)
○ _________, 「벤처기업정밀실태조사」, 2009
○ 지식경제부, 기술사업화 관련 정책 및 연구자료, 2008-2010
○ _________와 한국기술거래소, 기술이전·사업화 발전방안 및 특허신탁제도 설명회, 2009/9/26
○ K&P 홀딩스, EE Negotiation 교육과정, 2002
○ 특허청, 특허관련 보도자료 및 조사자료, 1998.9
○ ______, "국가R&D특허전략 매뉴얼", R&D 특허센터, 2008
○ 특허법, 전자상거래법 등을 포함한 각종의 법규 및 제도
○ 한국개발원, 중소기업 투자여건 개선에 관한 설문조사, 2006/9(이기원 2008)
○ 한국기술거래소, 대학TLO 기술이전업무 매뉴얼, 2003.6.
○ -------------, 기술이전지원제도 안내, 2003.
○ 한국리서치, 기술금융활성화 및 선진화방안마련 설문조사: 은행 여신담당자 대상, 2008
○ 한국벤처기업단체협의회, 지방벤처기업의 현황과 협력활성화 방안, 2009/12
○ 한국산업기술진흥협회, '97 산업기술백서, 1997/10.
○ ___________________, R&D강좌, "연구개발의 아웃소싱", 한국산업기술진흥협회, 기술관리, 1999/6
○ ___________________, 기술이전·산업화촉진을 위한 기술마케팅 전략발굴 및 이전대상기술조사, 1998/10.
○ ___________________, 「산업기술중요통계요람」, 2001.
○ ___________________와 교육과학기술부, 기술무역통계조사 보고서, 2008/12, p.26.

○ ____________________와 교육과학기술부, 기술무역통계조사 보고서, 2008/12, p.26.
○ 한국산업기술평가관리원 http://www.itep.re.kr/ , 2009
○ 한국산업기술진흥원, http://www.kiat.or.kr/01_business/business/local/work_09.asp , 2009
○ 한국조세연구원, 벤처기업육성을 조세지원방안, 1997
○ 한정화, "전략이론관점에서 본 벤처기업의 창업과 경영성과", 한국경영전략학회, 추계학술세미나, 1998/9/18.
○ ____________________, "기술창업 어떻게 할 것인가", 한국산업기술평가원/산업자원부, 제 7회 한국산업기술대전 산업기술포럼, 21세기 기술혁신을 위한 기술창업 전개방향, COEX 대회의장, 1999/11/22
○ ____________________, 벤처창업과 경영전략, 홍문사, 2003
○ 현재호와 오재건, 기술이전사업의 전략적 추진에 관한 연구. STEPI, 1996/7.
○ 홍길표 외 3인, 중소기업청 연구보고서, 2008/12
○ 홍성도, 「기술경영 및 투자전략」, 특허청, 2002,

외국문헌

○ J. Baranson, Technology and Multinationals, Lexington Books, 1978.
○ W. G. Biermans, Managing innovation within networks, Routledge, 1992.
○ E. C. Bears et al., "Analysis of Federally Funded Demonstration Projects", Final Report, Executive summary, and supporting case studies, Rand Corp., April 1976.
○ H. Boar, The Art of Strategic Planning for Information Technology, John Wiley & Sons, 1993.
○ Booz, Allen & Hamilton, New Product Management for THE 1980s, Booz, Allen & Hamilton Inc., 1982.
○ Bozeman, B. and Grow, M. "Technology Transfer from US Government and University R&D Laboratories", Technovation, 1995.
○ J. R. Bright, Practical Technology Forecasting, Technology Future Inc., 1970.
○ H. Chesbrough, Open Innovation: Renewing growth from Industrial R&D, Sept 27, 2004.
○ ____________, Open Innovation, Harvard Business School Press, 2006.
○ F. J. Contractor, "The Profitability of Technology Licensing by U.S. Multi- nationals : Framework of Analysis and An Empirical Studies", Journal of International Business Studies, Fall 1980.
○ ————————, "The Composition of Licensing Fees and Arrangements as A Function of Economic Drevelopment of Technology Recipient Nations", Journal of International Business Studies, Winter 1980.
○ R. G. Cooper, Winning at New Products, Addison-Wesley Pub., 1986.
○ Dussauge, P. et al, Strategic Technology Management, John Wily & Sons, 1996.

- Ehretsmann et al., "The commercialization of stagnant technologies", R&D Management 19, 3, 1989.
- N. Fagre & L.T. Wells, jr., "Bargaining Power of Multinationals and Host Governments", Journal of International Business Studies, Fall 1982.
- G. Faltin, "Creating a Culture of Innovative Entrepreneurship", 서울대학교 행정대학원, 57회 국가정책세미나, 한국과 독일의 벤처산업 육성을 위한 지원체계, 서울대학교 호암관, 2000/6/16.
- D. Gibson, "Inter-Organizational Technology Transfer : From Standard Packages to Spin-Offs", J.B. Sedaitis (ed), Commercializing High Technology : East and West, Rowman & Littlefield Pub., 1997.
- R. K. Goel et al., "Guidelines for successfully transferring government-sponsored innovations", Research Policy 20, 1991.
- J. L. Graham, "Brazilian, Japanese, and American Business Negotiations", Journal of Inetrnational Business Studies, Spring/Summer 1983.
- W. G. Howard, jr & B. R. Guile, (eds), Profiting from Innovation, The Free Press, 1992.
- IBM Global CEO Study, 2006
- Japan Technomart(財), Business Domain and the Related Material, 1998/7.
- Jolly, V.K., Commercializing New Technologies, Harvard Business School Press, 1997.
- R.B. Kaplan & D.P. Norton, The Balanced Scorecard, Harvard Business School Press, 1996
- Kline, S. J. and N. Rosenberg, "An Overview of Innovation" in The Positive Sum Strategy : Harnessing Technology for Economic Growth, The National Academy Press, 1986.
- S. D. Knox and T.J. Denison, "R&D centered innovation : extending the supply side paradigm", R&D Management, 1990.
- D. J. Lecraw, "Bargaining Power, Ownership, and Profitability of Trans-national Corporations in Developing Countries", Journal of International Business Studies, Winter/ Spring 1984.
- D. H. Lester, Critical Success Factors for New Product Development, Research·Technology Management January-February 1998.
- R. J. Lewicki et als, Essentials of Negotiation, 4th edition, McGraw Hill, 2006.
- B. A. Lundvall, "User-Producer Relationships, National Systems of Innovation and Internationalization", National Systems of Innovation, Pinter Publishers, 1992.
- G. S. Lynn et al, "Marketing and Discontinuous Innovation: The Probe and Learn Process", California Management Review, Spring 1996
- W. Manfroy, "How to determine value of Intellectual Assets", Fairfield Resources International, Seminar of LG Chemicals, Daejon, 2000/3/3.
- N. B. McEachron, Management of Federal R&D for Commercialization, Executive Summary and Final Report, SRI International, September 1978.
- W. E. McMullan and K. Melnyk, "University innovation centers and academic venture formation", R&D Management, 18, January 1988.

○ W.L. Miller & L. Morris, Fourth Generation R&D: Managing Knowledge, Technology, and Innovation, John Wiley & Sons, Inc, 1999
○ J. Mohr, Marketing of High-Technology Products and Innovations, Prentice Hall, 2001
○ G. A. Moore, Crossing the Chasm, HarperBusiness, 1996
○ R. W. Moxon, "The Cost, Conditions, and Adaptation of MNC Technology in Developing Countries", R. G. Hawkins (ed.), Research in International Business and Finance V.1 : The Economic Effects of Multinational Corporations, Jai Press, 1979.
○ NASA, Technology Commercial Process Handbook, 1998
○ Newson, Walter B.(1989), Academy of Management Executive,
○ NSF, Science and Engineering Indicator, 1996.
○ NTTC, The Handbook of Commercialization, 1998.
○ OECD, "The SME Financing Gap: Theory and Evidence," 2006.
○ Parry, M, "Commercialization, technology transfer, innovation and enterprise-the processes and their support", The 1st WTA Daejeon Technomart International Symposium, Daejeon November 11, 1999.
○ T. A. Poynter, "Government Intervention in Less Developed Countries ; The Experience of Multinational Companies", Journal of International Business Studies, Spring/Summer 1982.
○ R. Radosevich and G.S. Smith, "A Model for Entrepreneurship Infrastructure Development in the Creation of Technopolis", J.B. Sedaitis (ed), Commercializing High Technology : East and West, Rowman & Littlefield Pub., 1997.
○ S. Ripsas, "Venture Capital and High-Growth Start-Ups in Germany", 서울대학교 행정대학원, 57회 국가정책세미나, 한국과 독일의 벤처산업 육성을 위한 지원체계, 서울대학교 호암관, 2000/6/16.
○ E.M. Rogers, Diffusion of Innovation, 3rd ed., The Free Press, 1983.
○ R. F. Root & T. S., Robertson, "Negotiating Compensation in International Licensing Agreements", Sloan Management Review, Winter 1981.
○ R. Rothwell, "Successful industrial innovation: critical factors for the 1990s", R&D Management 22, 3, 1992.
○ L. P. Russel et als, Third Generation R&D: Managing the Link to Corporate Strategy, Arthur D. Little, INc, 1991
○ Sawer, J & Guerzkow, H.,"Bargaining and Negotiation in International Relationship"
○ W. A. Stoever, "Renegotiations ; The Cutting Edge of Relations Between MNCs and LDCs", Columbia Journal of World Business, Spring 1979.
○ T. Stewart, Intellectual Capital: The New Wealth of Organization, Currency/Doubleday, 1997
○ K. E. Sveiby, The New Organizational Wealth: managing and Measuring Knowledge-based Assets, Berrett-Koehler, 1997
○ Tassey, G., Technology Infrastructure and Competitive Position, Kluwer, 1992.

- David J. Teece, The Multinational Corporation and The Resource Cost of International Technology Transfer, Ballinger Publishing Co. 1976.
- S. Timberg, "Restrictive Business Practices in the International Transfer and Diffusion of Technology", O. Schachter & R. Hellawell, Competition in International Business, Columbia Univ. Press, 1981.
- Jose De La Torre, "Foreign Investment and Economics Development ; Conflict and Negotiation", Journal of International Business Studies, Fall 1981.
- E. Viardot, Successful Marketing Strategy for High-Tech Firms, Artech House, 1998

저자 약력

■ 이 영 덕 (Lee, Young-Duck)

- 영남대학교 상경대학 경제학과 졸업, BA
- 서울대학교 대학원 경영학과 졸업, MA, Ph.D. 국제경영전공(기술전략)
- 미국 보스턴대학교 경영대학 국제공동연구교수
- 미국 텍사스대학교(오스틴) 벤처 및 기술사업화연구소(ICC) 초빙연구원
- 한국기술혁신학회 부회장 및 감사
- 한국기술이전협의회 회장
- 21세기 벤처플라자 회장
- 현재 : 충남대학교 경상대학 경영학부 교수(기술거래사)
  충남대학교 국가정책대학원 과학기술정책전공 겸무교수

〈주요 연구실적〉

- 「The Determinants of Inbound and Outbound Open Innovation Activities in Korean Manufacturing SMEs」(2013)
- 「정보통신 대학개발기술 동기-전략-성과 분석」(2008)
- 「정보통신 기술사업화 성공요인 분석」(2004)
- 「Commercialization on Government-sponsored IT Technologies in Korea」(2004)
- 「정보통신 국책개발기술의 사업화 과정모형에 관한 연구」(2002)
- 「충남대학교 실험실창업 및 지적재산권 관리운영방안 연구」(2000)
- 「사업화 지원센터 구축 및 운영방안에 관한 연구」(1999)
- 공저, 「기술경영」, 두남, 2015
- 공저, 「중국벤처비지니스의 이해」, 두남, 2004
- 「기술사업화의 전략 및 제도」, 특허청, 2002
- 「국제조세론」, 충남대학교, 1983, 1993 외 다수

(Tel: 042-821-5552, Fax: 042-823-5359 http://www.cnu.ac.kr/~younglee,e-mail: younglee@cnu.ac.kr)

기술사업화 전략과 제도

초 판 1쇄 발행 —— 2014년 4월 10일
초 판 2쇄 발행 —— 2017년 2월 20일
지은이 —— 이 영 덕
펴낸이 —— 전 두 표
펴낸곳 —— 도서출판 두남
서울시 강동구 성내로6길 34-16 두남빌딩
신 고 : 제25100-1988-9호
TEL : 02) 478-2065~7, 2311
FAX : 02) 478-2068
E-mail : dunam1@unitel.co.kr
http://www.dunam.co.kr

정가 28,000원

ISBN 978-89-6414-521-0 93320